港珠澳大桥跨海集群工程建设技术总结与应用成果书系

港珠澳大桥主体工程技术协同管理与创新成果
隧道篇

苏权科　丁　浩　闫　禹
吴泽生　方　磊　胡学兵　编著

人民交通出版社股份有限公司

北京

内 容 提 要

港珠澳大桥东接香港特别行政区，西接广东省（珠海市）和澳门特别行政区，是国家高速公路网规划中珠江三角洲地区环线的组成部分和跨越伶仃洋海域的关键性工程，是连接珠江东西两岸新的公路运输通道。

本书结合港珠澳大桥主体工程，针对沉管隧道这一结构形式的工程技术理论研究进行论述，重点对管节设计施工技术、接头设计施工技术、地基沉降控制技术、管节工厂化预制技术、浮运和沉放关键技术、防灾减灾关键技术、物理模型试验技术等进行了介绍。

本书可供从事沉管隧道工程研究、设计、施工和管理的工程技术和研究人员、教师和学生等参考。

图书在版编目（CIP）数据

港珠澳大桥主体工程技术协同管理与创新成果.隧道篇/苏权科等编著.—北京：人民交通出版社股份有限公司，2023.4
ISBN 978-7-114-18502-1

Ⅰ.①港… Ⅱ.①苏… Ⅲ.①跨海峡桥—桥梁工程—隧道工程—工程管理—创新管理—成果—汇编 Ⅳ.①U448.19

中国版本图书馆 CIP 数据核字（2022）第 258122 号

Gang-Zhu-Ao Daqiao Zhuti Gongcheng Jishu Xietong Guanli yu Chuangxin Chengguo Suidao Pian

书　　名：	港珠澳大桥主体工程技术协同管理与创新成果　隧道篇
著　作　者：	苏权科　丁　浩　闫　禹　吴泽生　方　磊　胡学兵
责任编辑：	李　沛　刘　彤　王海南
责任校对：	赵媛媛　魏佳宁
责任印制：	张　凯
出版发行：	人民交通出版社股份有限公司
地　　址：	（100011）北京市朝阳区安定门外外馆斜街 3 号
网　　址：	http://www.ccpcl.com.cn
销售电话：	（010）59757973
总 经 销：	人民交通出版社股份有限公司发行部
经　　销：	各地新华书店
印　　刷：	北京市密东印刷有限公司
开　　本：	787×1092　1/16
印　　张：	38.25
字　　数：	690 千
版　　次：	2023 年 4 月　第 1 版
印　　次：	2023 年 4 月　第 1 次印刷
书　　号：	ISBN 978-7-114-18502-1
定　　价：	220.00 元

（有印刷、装订质量问题的图书，由本公司负责调换）

港珠澳大桥跨海集群工程建设技术总结与应用成果书系

编审委员会

顾　　问：朱永灵

主　　任：郑顺潮

副 主 任：苏权科　韦东庆　余　烈　黄永兴　林志剑
　　　　　张劲文　李　江

编　　委：段国钦　景　强　王彦林　周永川　曾雪芳
　　　　　张鸣功　曾宪洲　李　强　蔡晓波　刘少燕
　　　　　高文博　丘文惠　张顺善　杨卫国　朱　定
　　　　　戴希红　曹汉江　郑向前　刘　刚　张　建
　　　　　谭钜源　宋　樱　肖　洁　苏　毅　高星林
　　　　　陈　越　刘　谨　江晓霞　刘吉柱　方明山
　　　　　钟辉红　柴　瑞　谢红兵　钱叶祥　方　磊
　　　　　孔雷军　熊金海

《港珠澳大桥主体工程技术协同管理与创新成果 隧道篇》

编 写 组

组　　　长：苏权科

副 组 长：丁　浩　闫　禹　吴泽生　方　磊　胡学兵

编写人员：（排名不分先后）

　　　　　　吴胜忠　程　亮　曹　鹏　李　科　郑熙熙
　　　　　　曾雪芳　张顺善　戴希红　曹汉江　郑向前
　　　　　　吴清发　刘　坤　李书亮　李国红　李洁玮
　　　　　　夏子立　周　妮　常　林　钟勇华　朱翼翔
　　　　　　罗谷安　胡德亮　徐小萍　唐丽娟　蓝晓燕
　　　　　　刘　彬　田　睿　麦权想　任海威　黄志雄
　　　　　　陈　伟　胡敏涛　温　华

FOREWORD | 序 言

2018年10月23日,港珠澳大桥正式通车。习近平总书记出席大桥开通仪式并巡览港珠澳大桥。他指出,港珠澳大桥是国家工程、国之重器。他强调,港珠澳大桥的建设创下多项世界之最,非常了不起,体现了一个国家逢山开路、遇水架桥的奋斗精神,体现了我国综合国力、自主创新能力,体现了勇创世界一流的民族志气。这是一座圆梦桥、同心桥、自信桥、复兴桥。大桥建成通车,进一步坚定了我们对中国特色社会主义的道路自信、理论自信、制度自信、文化自信,充分说明社会主义是干出来的,新时代也是干出来的!对港珠澳大桥这样的重大工程,既要高质量建设好,全力打造精品工程、样板工程、平安工程、廉洁工程,又要用好管好大桥,为粤港澳大湾区建设发挥重要作用。

港珠澳大桥是在"一国两制"框架下粤港澳三地首次合作共建的超大型交通基础设施项目,东接香港特别行政区,西接广东省珠海市和澳门特别行政区,是珠三角环线的重要组成部分和跨越伶仃洋海域、连接珠三角东西岸的关键性工程。路线起自香港口岸人工岛,接珠澳口岸、珠海连接线,止于珠海洪湾;全长约55km。大桥主要由海中桥隧主体工程,香港、珠海、澳门三地口岸,香港、珠海、澳门三地连接线三部分组成。

港珠澳大桥的建成为完善国家综合运输体系和高速公路网络,密切珠江西岸地区与香港地区的经济社会联系,改善珠江西岸地区投资环境,加快产业结构调整和布局优化,提升珠江三角洲地区综合竞争力,保持港澳地区的持续繁荣和稳定,支持香港、澳门融入国家发展大局,对内地与香港、澳门互利合作起到了重要的推进作用。

港珠澳大桥主体工程集桥、岛、隧于一体,面临诸多世界级技术挑战,包括海中快速成岛、隧道基础处理与沉降控制、隧道管节沉放对接、大规模工厂化制造、海上埋置式承台施工、水下结构止水、大节段钢结构安装、超长钢桥面铺装、交通工程系统集成等。来自全国各地的建设精英云集伶仃洋,逢山开路遇水架桥,用智慧和汗水浇筑了这一举世瞩目的超级工程,在浩瀚伶仃洋上创造了中国桥梁建设的崭新诗篇。

2003—2009年,六年前期研究奠定共建基础。2003年8月,国务院正式批准三地政府开展港珠澳大桥前期工作,同意粤、港、澳三地成立"港珠澳大桥前期工作协调小组"。2004年3月,协调小组办公室正式挂牌成立,港珠澳大桥各项建设前期工作全面启动。

港珠澳大桥前期工作推进的过程远非一帆风顺，内地与港澳地区在政策法规、管理体制、办事程序、技术标准、思维习惯等多方面存在差异，每一项问题都需反复论证、反复协调。六年的前期研究工作开展了大量的专题论证，共完成了专题研究报告51项。在各方的不懈努力下，协调解决了大桥登陆点、桥位方案、桥隧工程方案比较、口岸查验模式论证、投融资方案、通航标准及锚地影响、环境影响评价等关键性问题。

2009—2018年，九年创新管理引航工程建设。作为"一国两制"框架下粤港澳三地首次合作共建的超大型跨海交通工程，同时作为世界总体跨度最长、钢结构桥体最长、海底沉管隧道最长的公路跨海大桥，也是公路建设史上技术最复杂、施工难度最大、工程规模最庞大的桥梁，港珠澳大桥在管理机制、建设理念、科研技术等方面进行了一系列的创新。港珠澳大桥科技创新工作始终坚持"项目来源于工程，研究依托于工程，成果应用于工程、服务于行业"的理念，注重科研与生产的紧密结合，突出科研成果应用。在科学技术部、交通运输部的支持下，"港珠澳大桥跨海集群工程建设关键技术研究与示范"于2010年列入"十二五"国家科技支撑计划，由交通运输部组织实施，研究参与单位包括21家企事业单位、8所高等院校，组成了以企业为龙头，产学研用相结合，覆盖桥、岛、隧工程全产业链的"智囊团"，科研队伍人数超过500人，共设5大课题、19个子课题、73项课题研究。一系列的研究成果大范围应用于项目实践，解决了工程推进中的重点难题，积累形成了数百项发明专利和一系列科技成果，构建了跨海集群工程建设关键技术的体系，有力支撑了港珠澳大桥工程建设，对我国大型跨海通道工程技术进步发挥了重要推动作用。

2019—2022年，四年总结凝练深化创新成果。4年来，管理局克服疫情等种种困难，组织编写组人员查阅、收集、整理相关工程设计施工咨询监理等档案资料，对港珠澳大桥项目建设总体组织、桥梁工程、人工岛工程、隧道工程和交通工程等方面的先进做法、关键技术以及由大桥工程推动的产业变革进行了总结提炼；同时，通过深入调查研究、广泛征求意见、反复修改完善，编制完成这套"港珠澳大桥跨海集群工程建设技术总结与应用成果书系"。

这套丛书包括总体篇、桥梁篇、人工岛篇、隧道篇和交通工程篇5个分册，贯穿港珠澳大桥跨海集群工程可行性研究到工程建设的全周期。丛书的出版，将有利于推动港珠澳大桥主体工程技术协同管理与创新成果的公开，有利于加强科技成果的推广应用，为我国跨海交通集群工程建设与管理提供借鉴和范式，有利于中国桥梁建设技术走出国门，为构建"一带一路"作出新的贡献，为世界桥梁建设贡献中国智慧。

港珠澳大桥管理局局长
本书系编审委员会主任

2022年10月

PREFACE 前 言

港珠澳大桥连接内地、香港和澳门地区,是集桥梁、海底隧道、人工岛于一体的超级综合集群项目。其中,岛隧工程是港珠澳大桥的控制性工程。港珠澳大桥海底隧道全长5.6km,是迄今为止世界最长、埋入海底最深(最深处近50m)、单个沉管体量最大、使用寿命最长、隧道车道最多、综合技术难度最大的沉管隧道,被称为港珠澳大桥核心控制性工程,也被称为交通工程中的"珠穆朗玛峰"。

海底沉管隧道是港珠澳大桥的重要组成部分,建设难度极大,在港珠澳大桥工程之前国际上也尚无先例。针对港珠澳大桥连接线的路线布置及海域地质特点,在沉管隧道工程项目前期论证、设计及建设过程中开展了诸多专项研究,取得了一系列具有突破性的研究成果。

港珠澳大桥沉管隧道工程的成功建成,在外海沉管设计、施工、管理等关键技术及装备上都实现了突破:自主研制具有国际领先水平的专用装备系统,自主开发大型沉管外海拖航、锚泊定位、深水无人沉放对接成套施工技术,自主创新包含外海深水作业保障、决策指挥管理、长大隧道线形管理、全面风险管理等在内的综合管理系统。

本书在已有成果基础上,重点分析和总结沉管隧道工程建设的几大主要难题及对应的解决方案。全书共分为8章,第1章回顾了国内外沉管隧道建设发展历程,综述了港珠澳大桥沉管隧道的建设背景、项目概况及面临的建设重难点问题等;第2章分析了港珠澳大桥沉管隧道结构选型难题,系统阐述了新型半刚性管节结构体系与设计方法,以及部分无黏结预应力体系、沉管管节接头记忆支座等新型结构的研发过程;第3章针对沉管隧道最终接头设计与施工难题,介绍了新型主动止水钢壳混凝土最终接头设计与施工工艺;第4章研究了港珠澳大桥沉管隧道基础沉降控制技术面临的挑战,系统介绍了管节结构纵向刚度影响的分区沉降控制标准、组合式复合地基刚度调平方法,以及新型组合基床设计与施工关键技术等;第5章根据港珠澳大桥半刚性管节特点,介绍了"三级阶梯"式预制工厂设计、分节"浇筑—顶推"流水化作业、大断面混凝土结构浇筑工艺及裂缝控制等关键技术；第6章分析了港珠澳大桥沉管隧道工程外海浮运沉放关键技术难题，详细阐述了外海超大沉管浮运沉放控制关键参数设置依据，以及外海深水超大沉管浮运、系泊、对接、沉放等关键技术和装备的研发过程；第7章针对港珠澳大桥沉管隧道在运营期可能出现的病害、灾害，阐述了离岸特长沉管隧道建设防灾减灾及应急救援关键技术；第8章介绍了港珠澳大桥沉管隧道从设计、施工到运营过程中开展的相关模型试验方法和案例。

限于编者的水平和经验以及技术资料的完整性，书中错误、疏漏及片面之处在所难免，恳请读者批评指正。

作 者
2022年8月

CONTENTS 目　　录

第1章　设计施工综述

1.1　沉管隧道工程概述 …………………………………………… 002
1.2　隧道工程设计综述 …………………………………………… 006
1.3　隧道工程施工综述 …………………………………………… 068

第2章　半刚性管节设计与施工技术

2.1　港珠澳大桥沉管隧道结构选型的挑战 ……………………… 082
2.2　新型半刚性管节结构体系的提出 …………………………… 085
2.3　半刚性管节构造体系与设计方法 …………………………… 090
2.4　部分无黏结预应力体系研发与应用 ………………………… 099
2.5　沉管管节接头记忆支座研发与应用 ………………………… 101
2.6　创新性技术成果小结 ………………………………………… 104

第3章　主动止水钢壳混凝土最终接头设计与施工

3.1　港珠澳沉管隧道最终接头 …………………………………… 108
3.2　新型最终接头概念 …………………………………………… 115
3.3　最终接头设计关键技术 ……………………………………… 118
3.4　最终接头制造与安装关键技术 ……………………………… 131

3.5 创新性技术成果小结 ………………………………………………… 143

第4章　基于刚度协调设计的沉管隧道地基沉降控制技术

4.1 港珠澳沉管隧道基础沉降控制技术面临的挑战 ……………………… 146
4.2 考虑管节结构纵向刚度影响的分区沉降控制标准 …………………… 148
4.3 组合式复合地基刚度调平设计技术 …………………………………… 152
4.4 基于回弹再压缩特征的天然地基沉降分析 …………………………… 158
4.5 新型组合基床设计与施工关键技术 …………………………………… 171
4.6 创新性技术成果小结 …………………………………………………… 187

第5章　超长大断面混凝土管节工厂化预制技术

5.1 港珠澳沉管隧道管节制作的挑战 ……………………………………… 190
5.2 "三级阶梯"式预制工厂设计关键技术 ……………………………… 191
5.3 分节"浇筑-顶推"流水化作业关键技术 …………………………… 193
5.4 大断面混凝土结构浇筑工艺及裂缝控制技术 ………………………… 206
5.5 创新性技术成果小结 …………………………………………………… 224

第6章　外海深水超大沉管隧道浮运与沉放关键技术

6.1 港珠澳大桥沉管隧道工程外海浮运沉放关键技术难题 ……………… 226
6.2 外海超大沉管浮运沉放控制关键参数 ………………………………… 227
6.3 外海深水超大沉管浮运关键技术和装备 ……………………………… 234
6.4 外海深水超大沉管系泊关键技术和装备 ……………………………… 270
6.5 外海深水超大沉管沉放对接关键技术和装备 ………………………… 283
6.6 外海超大沉管浮运沉放物理模型试验 ………………………………… 309
6.7 外海深水深槽大型沉管浮运沉放成套施工工艺 ……………………… 321
6.8 创新性技术成果小结 …………………………………………………… 325

第 7 章　离岸特长沉管隧道建设防灾减灾关键技术

7.1　离岸特长沉管隧道接头及结构防火试验 …………………… 328

7.2　离岸特长沉管隧道防水灾监测技术 …………………………… 344

7.3　足尺沉管试验隧道防火灾综合试验 …………………………… 355

7.4　特长沉管隧道通风排烟技术 …………………………………… 374

7.5　特长沉管隧道安全设施配套标准 ……………………………… 377

7.6　特长沉管隧道防灾救援技术及预案 …………………………… 381

7.7　创新性技术成果小结 …………………………………………… 384

第 8 章　港珠澳大桥沉管隧道大型物理模型试验技术

8.1　沉管隧道预制管节足尺模型试验技术 ………………………… 388

8.2　离岸特长沉管隧道管节结构防火模型试验技术 ……………… 467

8.3　沉管隧道碎石垫层物理模型试验技术 ………………………… 486

8.4　外海深水超长沉管隧道浮运沉放模型试验技术 ……………… 506

8.5　沉管隧道通风排烟模型试验技术 ……………………………… 546

8.6　创新性技术成果小结 …………………………………………… 591

参考文献

CHAPTER ONE 第1章

设计施工综述

1.1 沉管隧道工程概述

1810年,Charles Wyatt首次在伦敦进行沉管隧道施工试验,但未能解决防水问题,直到19世纪末期,沉管隧道工法成套技术才得以完善。1894年美国在波士顿首次采用沉管法成功修建了一条直径2.7m的虹吸输水管道。1910年美国建成底特律河双线铁路隧道,该隧道全长782m,采用钢壳结构,由10个管节组成,标志着沉管法水下交通隧道的正式诞生。其后北美洲陆续建造了几十条钢壳沉管隧道,多为圆形或双圆形断面的钢壳与混凝土复合结构。纵观沉管隧道漫长发展史,其中最具里程碑意义的工程包括:

1942年荷兰建成的鹿特丹马斯(Maas)隧道,为世界首次采用矩形钢筋混凝土管段,这种方法使断面利用率更高、车道布置更灵活,揭开了混凝土沉管隧道建设的序幕,由此形成了沉管工法的两种主要结构类型,即钢壳混凝土沉管和钢筋混凝土沉管。

1959年加拿大成功采用水力压接法建成迪斯(Deas)沉管隧道,水力压接技术是随着柔性管节接头的利用发展起来的,其成功将静水压力转化为施工的有利条件,是沉管隧道发展史上一个飞跃性的进步。对接技术的突破使得沉管法很快被世界各国普遍采用。

20世纪60年代荷兰发明了GINA止水带,使得水力压接法更加可靠、有效。

1981年东京羽田干线地铁隧道首次采用移动干坞沉管预制工法,有效解决了干坞用地问题,同时也避免了管段浮运起重的问题。

2000年由丹麦和瑞典两国合资修建的厄勒海峡沉管隧道首次采用工厂法预制沉管,这标志着一种全新沉管预制工法的诞生。自此,沉管预制形成了干坞法和工厂法两种主要预制工法。

在地基基础方面,20世纪40年代丹麦发明了喷砂法,60年代瑞典发明了灌囊法,70年代荷兰发明了压砂法、日本发明了压注混凝土和压浆法。

得益于技术上的不断突破和完善,沉管隧道的建设进入了一个迅速发展的新纪元。到目前为止,全球有大约150座交通隧道采用沉管法修建,尤其进入20世纪70年代以后,沉管隧道发展十分迅速,在修建规模、断面大小、水深、流速等方面均有新的突破。

隧道长度越来越长。世界上最长的沉管隧道是1970年美国建成的旧金山海湾地铁隧道,沉管总长度为5825m,由58节管节组成,每节长82~107m,最大水深为41m。2018年我国建成的港珠澳大桥沉管隧道为世界第二长沉管隧道,沉管段总长度为5664m,由

33节管节组成,标准管节长180m,重达78000t,最大水深为45m;2000年丹麦、瑞典合资修建的厄勒海峡沉管隧道,沉管段长3560m,是由20节管节组成的公路铁路两用隧道,管节尺寸为38.8m×8.6m×175.2m,沉放最大水深为22m,该隧道是世界上第一例采用工厂法预制管节的沉管隧道,采用的节段式管节结构形式和先铺法垄沟式碎石基础均具有开创性的示范意义,对沉管隧道的发展起到了很大的推进作用;2010年韩国建成釜山—巨济沉管隧道,沉管段长3240m,由18节管节组成,管节尺寸为26.46m×9.97m×180m,最大水深为50m,该工程的成功实施为沉管隧道在外海深水环境的应用起到了积极示范作用。在建的丹麦—德国费马恩海峡(Fehmarn Belt)沉管隧道,沉管段长17.6km,公路铁路两用,沉管隧道设计为89个管节,管节尺寸为42.2m×8.9m×217m,最大水深40m,建成后将成为世界上最长的沉管隧道。

管节长度越来越长。目前世界上修建的沉管隧道,采用整体式管节时管节长度为100~130m,采用节段式管节时则可以更长。管节最长的是1980年荷兰京斯麦尔隧道,该隧道仅有4节管节,每节长度为268m,质量达50000t;釜山—巨济沉管隧道和港珠澳大桥沉管隧道的标准管节长度均为180m;厄勒海峡沉管隧道单管节长度为175.2m。

车道数越来越多,断面越来越宽。城市道路或公路沉管隧道,目前普遍为四车道、六车道,也有采用八车道的。1977年建成的荷兰德雷赫特(Drecht)隧道、1987年建成的美国麦克亨利堡(FortMc Henry)隧道和2003年我国建成的上海外环隧道均为双向八车道,是车道数最多的道路沉管隧道。我国粤港澳大湾区正在修建的深中通道海底沉管隧道将成为世界上第四座八车道的水下道路沉管隧道,该隧道沉管段长5035m,最大管节长165m,宽46~55.46m。1980建成的比利时亚伯儿沉管隧道长度仅336m,管节尺寸为53.1m×9.35m×138m,为世界上最宽的沉管隧道;1977年修建的荷兰德雷赫特(Drecht)沉管隧道的断面宽度为48.6m。

环境适应性越来越强。在水深方面,水深最大的沉管隧道是土耳其2008年建成的博斯普鲁斯(Bosphorus)隧道,最大深度达58m,其成功应对复杂外海条件和安装水深,极大地推动了沉管隧道向外海和深水方向的发展;其次是2010年建成的韩国釜山—巨济隧道,最大水深达50m;水深第三的沉管隧道是我国港珠澳大桥沉管隧道,最大沉放水深达45m,有别于世界其他深水沉管隧道,港珠澳大桥沉管隧道属于深埋式深水沉管隧道,基槽深度为35~40m,槽深是同类沉管隧道的3~4倍,深水深槽沉管安装是全球范围内首次尝试。在水流速度方面,水流速度最大的是1969年比利时建成的斯海尔德(Scheldt)隧道,沉管隧道总长510m,管节尺寸为47.85m×10.10m×115m,河水流速达

3m/s，最大潮位差达 8.86m；1973 年修建的纽约 63 号街隧道，沉管隧道总长 229m，管节尺寸为 11.7m×11.2m×114.3m，海水流速达 2.7m/s。在地基适应性方面，港珠澳大桥沉管隧道首次采用了半刚性管节结构，既保留了节段式管节的柔性，又具备整体式管节的刚性，对地质情况具有更强的适应性。

功能多样化和复合化。随着矩形钢筋混凝土沉管隧道的出现，其横断面宽度尺寸可以更大，利用率更高，出现了公路（或城市道路）与铁路（或地铁）共管设置，如 2000 年丹麦-瑞典合资修建的厄勒海峡沉管隧道为公路和铁路两用；2017 年我国建成的佛山东平隧道、1996 年荷兰建成的皮埃特海因（Piet Hein）隧道、1992 年我国修建的广州珠江沉管隧道、1990 年我国香港东区海底隧道等均为公路和地铁两用隧道。

我国沉管隧道起步较晚，但发展速度较快。香港于 1972 年建成了跨越维多利亚港的城市道路海底隧道，台湾于 1984 年建成了高雄港沉管公路隧道。香港地铁过海隧道是首例盾构机施工直接实现与沉管管段连接的工程，海中沉管隧道先期完工，岸端特殊管节预先设置了岸端扩大头并用水泥膨润土砂浆回填，以便接收岸侧盾构机进入沉管隧道，从而完成盾构隧道与沉管隧道的连接。香港已建成的沉管隧道见表 1.1-1。

香港沉管隧道一览表　　表 1.1-1

隧道名称	建造年份（年）	隧道形式	隧道长度（m）	截面尺寸（m×m）	管节数
红磡海底隧道	1969—1972	钢壳双管断面	1602	22.16×11	—
地铁过海隧道	1975—1979	钢筋混凝土双管断面	1400	13.1×6.5	14
东区海底隧道	1984—1989	钢筋混凝土矩形断面	1860	35.45×9.75	15
机场铁路隧道	1994—1996	钢筋混凝土矩形断面	1260	12.4×7.7	10
西区海底隧道	1993—1997	钢筋混凝土矩形断面	1364	33.4×8.57	12

广州珠江隧道是我国内地首次采用沉管法建成的城市公路、铁路两用水下隧道，于 1993 年建成。随后内地第二条沉管隧道于 1995 年在宁波甬江建成，该工程是在软土地基上建成的沉管隧道；2002 年建成的宁波常洪隧道采用了桩基础，上述两个工程为我国在软土地基上建设沉管隧道积累了经验。2003 年建成的上海外环隧道将我国的沉管隧道技术推向了一个新的高度，该工程属于当时亚洲规模最大的沉管隧道，管节尺寸为 43m×9.55m×108m。2010 年广州仑头—生物岛沉管隧道首次在国内采用了移动干坞法预制管节，即利用半潜驳甲板面进行管节制作，然后通过拖轮拖带半潜驳载运管节到隧址进行沉放对接。2015 年建成的天津中央大道海河沉管隧道是位于北方地区且属于高震区的首条沉管隧道。我国内地建设的沉管隧道相关信息见表 1.1-2。

我国内地沉管隧道一览表　　　　　　　表1.1-2

序号	隧道名称	管节类型	断面布置	工程规模	建成年份（年）
1	广州珠江隧道	混凝土管节	三孔双向四车道+地铁	沉管段长457m；最大管节长120m，宽33.0m，高8.15m	1993
2	宁波甬江隧道	混凝土管节	单孔双车道	沉管段长420m；最大管节长85m，宽11.5m	1995
3	宁波常洪隧道	混凝土管节	双孔双向四车道	沉管段长395m；最大管节长100m，宽22.8m，高8.45m；管节重1.64万t	2002
4	上海外环隧道	混凝土管节	五孔双向八车道	沉管段长736m；最大管节长108m，宽43m，高9.55m；管节重4.5万t	2003
5	广州仓头—生物岛隧道	混凝土管节	三孔双向四车道	沉管段长277m；最大管节长77m，宽23m，高8.7m；管节重1.5万t	2010
6	广州生物岛—大学城隧道	混凝土管节	三孔双向四车道	沉管段长214m；最大管节长115.9m，宽23m，高8.7m；管节重2.13万t	2010
7	天津中央大道海河隧道	混凝土管节	五孔双向六车道（三管廊孔）	沉管段长255m；最大管节长85m，宽36.6m，高9.65m；管节重3万t	2015
8	舟山沈家门港海底隧道	混凝土管节	单孔人行	沉管段长218m；最大管节长74m，宽11.5m，高6.4m	2014
9	广州洲头咀隧道	混凝土管节	三孔双向四车道	沉管段长340m；最大管节长85m，宽31.4m，高9.68m；管节重2.5万t	2015
10	广州佛山高铁隧道	混凝土管节	四孔双向四车道+铁路	沉管段长445m；最大管节长115m，宽40.8m，高9.15m；管节重5.0万t	2016
11	南昌红谷沉管隧道	混凝土管节	三孔双向六车道	沉管段长1329m；最大管节长115m，宽30m，高8.3m；管节重2.8万t	2017

续上表

序号	隧道名称	管节类型	断面布置	工程规模	建成年份（年）
12	港珠澳大桥沉管隧道	混凝土管节	三孔双向六车道	沉管段长5664m；最大管节长180m，宽37.95m，高11.4m；管节重7.8万t	2018
13	襄阳汉江隧道	混凝土管节	三孔双向六车道	沉管段长1011m；最大管节长120.5m，宽31.2m，高9.2m；管节重3万t	在建
14	深中通道	钢壳混凝土管节	三孔双向八车道	沉管段长5035m；最长管节长165m，宽46～55.46m，高10.6m；管节重7.5万t	在建
15	广州金光东隧道	混凝土管节	三孔双向四车道	沉管段长460m；最大管节长77m，宽22.1m，高8.55m；管节重1.4万t	在建
16	广州如意坊隧道	混凝土管节	三孔双向六车道	沉管段长618m；最大管节长100m，宽30.4m，高9.5m；管节重3万t	在建
17	大连湾海底隧道	混凝土管节	三孔双向六车道	沉管段长3080m；最大管节长180m，宽33.4m，高9.7m；管节重6万t	在建

随着我国经济的快速发展和环保意识的增强，水下隧道的建设方式也逐渐被大众接受，沉管法隧道具有接线顺畅性好、地质条件适应性强和工程质量可靠等优势。同时，港珠澳大桥、深中通道等一系列世纪工程的建成，也为沉管隧道在我国的广泛应用发挥了示范和引领作用。因此，可以预见在未来我国跨江越海重大交通基础设施建设中，沉管法将更受青睐。

1.2 隧道工程设计综述

1.2.1 隧道工程概况

1.2.1.1 工程背景

港珠澳大桥东接香港特别行政区，西接广东省珠海市和澳门特别行政区，是国家高速公路网规划中珠江三角洲地区环线的组成部分和跨越伶仃洋海域的关键性工程,是连接珠江东西两岸新的公路运输通道。

珠江三角洲地区是我国改革开放的先行地区和重要的经济中心区域,依托毗邻港澳的区位优势,在全国经济社会发展和改革开放大局中具有突出的带动作用和举足轻重的战略地位。珠江三角洲在快速发展的同时,珠江两岸发展的差距也在逐步拉大,珠江西岸经济发展明显滞后于东岸,与香港交通联系不便是影响珠江西岸经济发展的重要因素之一。受珠江阻隔,珠江西岸与香港之间的陆路交通需绕行虎门大桥,水路交通受天气影响较大且运行时间较长,现有交通基础设施难以满足珠江两岸经济社会发展和交通运输的需要。

香港是重要的国际经济、金融、商业、贸易和航运中心,对周边地区既发挥重要的辐射和聚集作用,同时又依托周边地区的丰富资源。改革开放以来,香港与珠江东岸地区经济联系日趋紧密,香港经济保持持续繁荣,珠江东岸地区率先建立起开放型经济体系,成为我国外向度最高的经济区域和对外开放的重要窗口。澳门以旅游和金融保险为支柱产业,澳门和香港之间长期以来形成的产业分工和社会格局,使得两地的经济社会联系十分紧密。尽快构建港珠澳交通大通道,增强香港及珠江东岸地区经济辐射带动作用,充分挖掘珠江西岸发展潜力,便捷港澳及珠江两岸之间的交通联系,已成为三地共同的愿望。

港珠澳大桥的建成,彻底改变了珠江口两岸的时空观,实现了1小时交通圈和经济圈,完善了国家和粤港澳三地的综合运输体系和高速公路网络,密切了珠江西岸地区与香港地区的经济社会联系,改善了珠江西岸地区的投资环境,加快了产业结构调整和布局优化,拓展了经济发展空间,提升了珠江三角洲地区的综合竞争力,保障了港澳地区的持续繁荣和稳定,促进了珠江两岸经济社会协调发展。

1.2.1.2 工程规模

港珠澳大桥连接香港、内地和澳门地区,是集桥梁、海底隧道、人工岛于一体的超级综合集群项目,项目建设目标为"建设世界级跨海通道,为用户提供优质服务,成为地标性建筑"。港珠澳大桥分六大部分建设,总投资超千亿,其中海中主体工程全长30km,三地共建共管,属地工程包括香港接线12km桥梁、香港口岸130hm^{2}人工岛、珠海接线14km桥梁、珠澳口岸210hm^{2}人工岛、澳门接线0.3km桥梁。

岛隧工程是港珠澳大桥的控制性工程,全长7440.54m。东、西人工岛各全长625m,沉管隧道(含暗埋段)全长6700m,其中沉管段长度5664m(图1.2-1)。

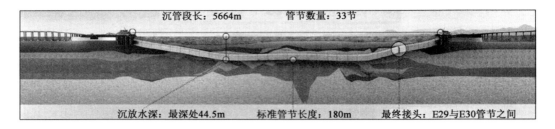

图 1.2-1　港珠澳大桥沉管隧道工程概况

1.2.1.3　建设时序

20世纪80年代以来,香港、澳门与内地之间的运输通道建设,特别是香港与广东省珠江三角洲东岸地区的陆路运输通道建设取得了明显进展,有力地保障和推进了香港与珠江三角洲地区经济的互动发展,但是香港与珠江西岸的交通联系却一直比较薄弱。1997年亚洲金融危机后,香港特区政府为振兴香港经济,寻找新的经济增长点,认为有必要尽快建设连接香港、澳门和珠海的跨海陆路通道,以充分发挥香港、澳门的优势,并于2002年向中央政府提出了修建港珠澳大桥的建议。

2003年7月,内地与香港有关方面共同委托研究机构完成了《香港与珠江西岸交通联系研究》,研究结果表明修建港珠澳大桥连通三地具有重大的政治及经济意义,需要尽早安排建设。

2003年8月,国务院批准开展了港珠澳大桥项目前期工作,同意粤港澳三地成立"港珠澳大桥前期工作协调小组"。

2004年3月,港珠澳大桥前期工作协调小组办公室成立,全面启动港珠澳大桥各项建设前期工作。

2006年12月,经国务院批准,成立了由国家发改委牵头的"港珠澳大桥专责小组",负责项目前期工作中重大问题的协调。

2009年10月,国务院常务会议正式批准港珠澳大桥工程可行性研究报告。

2009年12月,港珠澳大桥正式开工建设。

2010年8月3日,港珠澳大桥珠澳口岸人工岛填海工程抛石出水;12月28日,岛隧工程沉管隧道干坞预制动工。

2011年1月,岛隧工程开工;2011年5月15日,岛隧工程西人工岛首个钢圆筒打设成功;9月22日,东人工岛首个钢圆筒顺利振沉;12月14日,港珠澳大桥香港口岸正式开工。

2012年7月,大桥主体工程桥梁工程开工。

2013年5月6日,大桥岛隧工程首节沉管成功实现与西人工岛暗埋段的对接;6月3日,大桥首个承台墩身整体顺利安装到位;7月30日,岛隧工程首节180m标准管节顺利完成浮运安装任务。

2014年1月19日,大桥深海区首跨钢箱梁架设成功。

2015年1月8日,大桥主体工程青州航道桥主塔封顶;2月2日,大桥主体工程第一座桥塔——九洲航道桥206号墩上塔柱完成整体提升竖转;2月23日,青州航道桥56号墩索塔"中国结"结形撑首个节段吊装成功;8月23日,江海直达船航道桥首个"海豚"塔成功吊装;9月6日,桥梁工程完成最后一件上节墩身安装,主体工程220座墩台全线完工;11月22日,九洲航道桥段主体完工。

2016年1月13日,岛隧工程28个直线段沉管预制全部完成;4月11日,青州航道桥合龙;6月2日,江海直达船航道桥138号钢塔成功吊装,大桥主体工程七座桥塔施工全部完成;6月29日,港珠澳大桥主体桥梁合龙;9月27日,港珠澳大桥主体桥梁工程贯通。

2017年3月7日,海底隧道最后一节沉管成功安装;4月10日,大桥珠海连接线拱北隧道贯通;7月7日,大桥海底隧道暨大桥主体工程贯通;7月28日,西人工岛主体建筑封顶;8月31日,东人工岛主体建筑封顶;12月31日,大桥主体工程点亮全线灯光,主体工程的施工任务基本完成,基本具备通车条件。

2018年2月6日,港珠澳大桥主体完成验收;9月28日起,粤港澳三地联合试运港珠澳大桥3日。

2018年10月23日,港珠澳大桥正式开通。

1.2.1.4 隧道工程特点

1)隧道工程技术特点

港珠澳大桥主体工程沉管隧道具有以下几个特点:

(1)建设标准跨界。港珠澳大桥工程连接香港特别行政区、广东省珠海市、澳门特别行政区,为典型跨境类工程。三地设计技术标准、技术规范体系等均有差异。

(2)隧道外海深埋。港珠澳大桥沉管隧道为目前世界上唯一的深埋沉管,是世界上最长的公路沉管隧道,也是我国首条于外海修建的海底沉管隧道。

(3)条件复杂敏感。沉管隧道工程地处外海,气象水文条件复杂,工程水域航线交错、流量大,通航安全管理要求高;隧道穿越中华白海豚保护区,环保要求严格。

(4)规模大、难度高。沉管隧道全长6700m,隧道顶板至原始海床的回淤厚度达23m,回淤厚、管顶荷载大且分布不均;隧道埋深大,纵向管底地质复杂且不均匀,地基沉降控制、结构及防水设计难度大。

2)隧道工程设计难点

基于港珠澳大桥工程特有建设背景、环境及标准,结合施工期间面临诸多挑战等情况,隧道工程设计过程中,总体设计遵循"安全、适用、耐久、环保、经济、美观"的原则,设计及施工遵循"工厂化、大型化、装配化、标准化"的原则,对重大技术方案应遵循"技术可行、风险可控、环境友好、经济合理"的原则。总体上,港珠澳大桥工程沉管隧道的主要设计难点如下:

(1)跨境工程隧道建设技术标准的确定;
(2)实现纵向均匀沉降的隧道基础设计;
(3)承受大回淤荷载的大跨管节结构设计;
(4)管节及接头构造与防水设计;
(5)特长海底隧道防灾与救援设计;
(6)外海环境下结构耐久性设计;
(7)保证沉管施工质量及安全的施工组织设计。

3)创新与新技术应用

鉴于本工程技术特点和设计难点,沉管隧道工程建设过程中主要创新和采用的新技术如下:

(1)半刚性管节设计与施工技术;
(2)主动止水钢壳混凝土最终接头设计施工技术;
(3)基于刚度协调设计的沉管地基沉降控制技术;
(4)超长大断面混凝土管节工厂化预制技术;
(5)外海深水超大沉管隧道浮运沉放控制技术;
(6)离岸特长沉管隧道建设防灾减灾关键技术;
(7)港珠澳大桥大型模型试验技术。

1.2.2 建设目标原则

1.2.2.1 建设目标

1)项目总体建设目标

港珠澳大桥是连接香港特别行政区、广东省珠海市、澳门特别行政区的大型跨海通道,其总体建设目标为"建设世界级跨海通道;为用户提供优质服务;成为地标性建筑"。港珠澳大桥岛隧工程总体平面布置图详见图1.2-2。

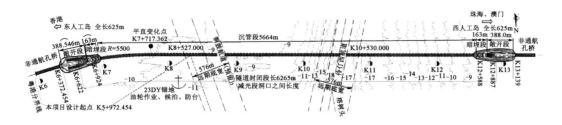

图1.2-2 岛隧工程总体平面图

2)隧道工程总体设计目标

基于项目总体建设目标,结合本项目隧道工程技术特点,针对沉管隧道设计难点,隧道工程总体设计目标如下:

(1)隧道总体设计应遵循"安全、适用、耐久、环保、经济、美观"的原则。深入分析项目建设条件特点及要求,综合考虑施工、养护、管理等成本效益,安全、环保、运营等社会效益,按"安全和风险双控"的原则,优选综合效益最佳方案。

(2)隧道设计及施工应遵循"工厂化、大型化、装配化、标准化"的原则。在设计和施工中,积极推进施工方案和施工工艺"工厂化、装配化、标准化"。

(3)对重大技术方案应遵循"技术可行、风险可控、环境友好、经济合理"的原则。坚持设计、施工、科研紧密结合,对重大方案贯彻"深入论证、全面比选、精心设计"的要求。

1.2.2.2 技术标准

1)技术标准确定原则

港珠澳大桥工程连接香港特别行政区、广东省珠海市、澳门特别行政区,为典型跨境类工程。三地技术规范体系及规范细目不完全一致。为此项目开展大量有关技术标准的前期研究,根据研究成果《港珠澳大桥设计技术规范使用指南》,大桥主体工程(包括海底隧道、隧道人工岛、海中大桥)宜采用统一的技术标准及规范(包括技术标准的确定,平、纵、横设计指标的明确,主要基础数据的采集和材料选择,结构设计要求等);口岸及接线工程由各地负责建设,其技术指标(含交通工程部分)可分别执行各地的技术规范及要求;从提高大桥服务水平和利于运营管理及监管的角度出发,口岸及接线工程中与交通管理有关的机电系统需和大桥主体工程范围保持协调顺接;交通安全设施宜与大桥主体工程范围保持协调一致。

2）隧道主要技术标准

隧道工程主要技术标准见表1.2-1。

隧道工程主要技术标准　　　　　　　　表1.2-1

序号	指标	标准
1	公路等级	双向六车道高速公路
2	设计速度	100km/h
3	建筑限界	净宽 0.75 + 0.5 + 3×3.75 + 1.00 + 0.75 = 14.25m；净高 5.1m
4	汽车荷载	采用《公路桥涵设计通用规范》(JTG D60—2015)公路—Ⅰ级汽车荷载值提高25%进行计算，采用满足香港 Structure Design Manual for Highways and Railways 中规定的活载校核
5	结构设计使用年限	主体结构设计使用年限为120年，结构安全等级为一级；道路及附属设施为可更换构件，通过更换实现与主体工程120年设计使用年限匹配
6	结构防水等级	一级
7	裂缝控制等级	管节结构不允许出现早期有害裂缝，钢筋混凝土结构最大裂缝宽度≤0.2mm
8	火灾热释放率	50MW［综合考虑火灾报警系统(FAS)和泡沫+水喷雾消防系统］
9	主体结构耐火等级	按一类隧道设计，采用RABT标准升温曲线测试的耐火极限不低于2h
10	抗震设防烈度	Ⅶ度
11	管节抗浮安全系数	①管节沉放期间：1.01～1.02； ②管节沉放就位后：≥1.05； ③管节压舱混凝土施工后：≥1.06； ④管节回填覆盖完成后：≥1.15
12	岛上段抗浮	①在施工阶段，考虑在底板下采取降水措施来满足抗浮要求； ②在使用阶段，抗浮安全系数按120年一遇高水位不小于1.10及千年一遇高水位不小于1.01控制
13	洞口段排水	隧道洞口段雨水排水量计算采用深圳市暴雨强度公式，按100年重现期，降雨历时5～7min计算，并采用香港地区200年重现期的降雨强度进行校核

1.2.3 建设条件综述

1.2.3.1 地形地貌

港珠澳大桥主体工程位于伶仃洋水域。伶仃洋是珠江喇叭口形的河口湾,湾顶在虎门一带,宽3km,中部宽27km,在澳门、香港之间宽58km。伶仃洋水面地形复杂,可分两槽三滩。

内伶仃岛以北发育中部浅滩(矾石浅滩),中部浅滩以东称东槽,又称矾石水道,水深大于10m,向南接暗士顿水道,水深达20~49m。中部浅滩以西为西槽,又称伶仃水道,水深较浅,内伶仃岛以南达10m以上。西槽以西为西滩,水深一般为2~4m,东槽以东为东滩,水深一般为3~4m。珠江口以南为南海海域,水深10~30m。

工程沿线海域的地形分布具有如下特点:从珠澳口岸人工岛至西人工岛广阔的水域,水下地形十分平坦,水深变化较缓。西人工岛以东工程沿线水域水深较深,沿线水深基本在8m以上,其中大濠水道最深处可达17m左右,10m深槽宽度达2.3km左右。

1.2.3.2 气象资料

气象包括气温(有记录的极端最低气温、极端最高气温及年高温日数、月平均气温、月平均最高气温、月平均最低气温等)、降水(有记录的月平均降水量、最大和最小降水量;年降水日数,中雨、大雨及暴雨日数;1h和日最大降水强度等)、风(最大风速、极大风速、月平均风速、风玫瑰、项目区域风场情况、大风天数及发生月份、台风情况等)、雾(有记录的年月平均雾日及分布规律、易发月份)、雷暴(平均雷暴日及其分布规律、雷暴易发生的月份及频率)、月相对大气湿度、月平均气压、主要灾害性气候等。

本工程区域北靠亚洲大陆,南临热带海洋,属南亚热带海洋性季风气候区。港珠澳大桥地区气候温暖潮湿、气温年较差不大,降水量大且强度高;港珠澳大桥处于热带气旋路径上,登陆和影响港珠澳大桥的热带气旋十分频繁。

1)一般气象要素特征值

一般气候特征包括气温、降水、风、雾、湿度、雷暴等,按照香港、珠海、澳门三地长期(基本站)气象观测站历史资料统计。

2)风况

港珠澳大桥区域年盛行风向以东南偏东和东风为主。香港横澜岛测风站、珠海站、澳门站多年资料统计的风玫瑰如图1.2-3所示。

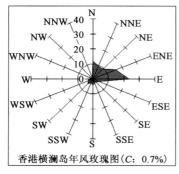
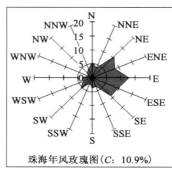
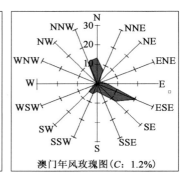

图1.2-3　香港、珠海、澳门三地风玫瑰图

3）不良天气

本区主要灾害性影响天气为热带气旋。本工程区热带气旋影响十分频繁，1949年至2008年60年间的资料统计表明，平均每年有2个左右热带气旋，最多时每年可达6个，4—12月均有可能发生，主要集中在6—10月。正面袭击港珠澳大桥区域或对港珠澳大桥区域产生严重影响的热带气旋有21个。此外，港珠澳大桥区域还会遭遇强对流天气带来的龙卷风、雷击和短时雷雨大风等灾害性天气。

4）降水强度

根据珠海气象站长年短历时降水极值观测资料分析的各历时重现期为5年、10年、20年、50年、100年一遇的降水强度值，具体降水强度设计值见表1.2-2。

各历时不同重现期降水强度设计值(mm)　　　　表1.2-2

历时(min)	重现期(年)				
	5	10	20	50	100
20	44.5	49.5	53.5	58.2	61.9
30	57.0	65.2	71.7	79.4	85.2
60	83.4	96.7	107.7	121.4	131.7

1.2.3.3　水文资料

隧道设计收集的有关水文资料包括海床稳定状况、潮汐情况（潮汐性质、潮汐特征值、风暴潮情况等）、不同重现期的最高最低设计水位、水流特征（潮流性质、水流流速等特征值、不同重现期的设计流速）。

1）水位

隧址区不同重现期的设计水位及高、低潮累积频率见表1.2-3。

设计水位　　　　表1.2-3

重现期（年）	高水位（m）	低水位（m）
1000	4.19	-1.75
500	3.98	-1.67
300	3.82	-1.63
200	3.69	-1.57
120	3.51	-1.52
100	3.47	-1.51
50	3.26	-1.44
20	2.97	-1.35
10	2.74	-1.27
5	2.51	-1.20
2	2.15	-1.08
平均水位	0.54m	
高潮累积频率10%	1.65m	
低潮累积频率90%	-0.78m	

注：120年重现期数据采用内插法得到。

2）潮汐

本区潮汐类型属于不规则的半日潮混合潮型。从实测潮位过程曲线分析，本区日不等现象明显，其中大潮期间日潮现象较明显，小潮期间半日潮现象显著，中潮介于两者之间，表1.2-4为工程区潮汐特征值（参考香港和澳门的统计资料）。

潮汐特征值统计表　　　　表1.2-4

潮汐特征值	测站	
	香港（大澳）	澳门
最高潮位（m）	2.69	3.52
最低潮位（m）	-1.32	-1.24
平均高潮位（m）	—	1.05
平均低潮位（m）	—	0.00
最大潮差（m）	3.58	3.50
最小潮差（m）	0.05	0.02

续上表

潮汐特征值	测 站	
	香港(大澳)	澳门
平均潮差(m)	—	1.06
平均海平面(m)	—	0.54
资料期限	1985—1997 年	1925—2003 年

3)潮流

(1)工程区域潮流

2004 年有落潮流速大于涨潮流速,中部海域潮流流速比两边大的特点。各测点涨急垂线平均流向基本为 N 向,落急垂线平均流向基本为 S 向。除靠近东西两侧近岸两测站外,各测点大潮实测涨急垂线平均流向和 N 向偏差小于 12°,落急垂线平均流向和 S 向偏差也小于 12°。靠近大屿山 SW01 测点涨急垂线平均流向为 32°,落急垂线平均流向为 214°。

2009 年 3、4、6 月在本工程海域沿备选线位共布置了 11 个水文测点,进行洪枯季大、小潮期间的水文观测。枯季测流资料表明:此水域内涨落潮以往复流为主,港珠澳大桥东侧的流向较为一致,港珠澳大桥西侧的流向较为发散;落潮流速的流向较为一致,涨潮流速的流向较为发散;大、小潮相比,大潮的涨落潮流向一致性较好,小潮流向的发散性较大。洪季时港珠澳大桥附近水域内涨落潮仍以往复流为主,大潮时流速较大,小潮时则较小。观测海域西部流速较小,东部流速较大,中部流速最大。各垂线实测最大流速表现出随水深增大而变小的趋势。

(2)设计流速

本工程沿线设计流速采用珠江口整体平面二维水动力模型和伶仃洋水动力模型来模拟计算。计算分两种情形:重现期为 300、100、20、10 年的上游设计洪水与外海大潮潮型组合;重现期为 1000、300、100、50、20、10 年的外海风暴潮潮型与上游一般洪水组合。

4)波浪

(1)波况

工程海域波况可参考位于澳门路环岛九澳角的九澳波浪观测站和港珠澳大桥波浪观测站的数据来分析,这两个测站的数据对珠江口外海来浪均具有较好的代表性。

根据九澳站 1986—2001 年波浪观测资料统计,常浪向为 SE、ESE 和 S 向,出现频率分别为 20.024%、18.693% 和 16.907%;强浪向为 ESE ~ S 向;有效波高大于 1m 的波出现频率为 4.96%。该站实测最大有效波高(H_s)2.86m,周期(T)为 10.1s,波向为 SE 向,出现于 1989 年 7 月 18 日 8908 号(Gordon)台风期间。

依据港珠澳大桥站 2007 年 4 月—2008 年 3 月和 2008 年 6—10 月间的实测资料,全年常浪向为 S 向,出现频率为 17.79%,次常浪向为 SSW,出现频率为 13.14%;强浪向为 SSW 向。该站实测最大有效波高(H_s)3.64m,周期(T)为 5.3s,出现于 2008 年 12 号台风"鹦鹉"期间。

(2)台风暴潮

影响珠江口水域的台风平均每年出现 2 次左右,一般多出现于 7—9 月。台风过境时,由于台风在海面切应力的作用和台风中心低气压的影响,在近岸水域产生明显的水位升降,即台风暴潮。在北半球台风呈反时针旋转,台风登陆前后,在台风前进方向右侧吹向岸风,出现风暴增水;在台风中心左侧吹离岸风,出现风暴减水。因此,当台风在珠海、澳门以西一侧登陆时,珠江口水域以增水为主;当台风在香港以东一侧登陆时,珠江口水域以减水为主。根据 1966—1980 年广东沿海部分测站风暴增水统计,台风引起的珠江口东岸的深圳赤湾站最大增水为 1.96m。

根据 1906—1993 年香港潮汐资料统计,台风引起的维多利亚港的最大增水值为 1.98m,出现在 1937 年 9 月 1 日 19 时。1949—1993 年间,最大增水值为 1.77m,出现在 1962 年 9 月 1 日 03 时,是由 6213 号(Wanda)台风引起的。香港南部的芝麻湾在 1963—1981 年间观测的台风暴潮期间最大增水值为 2.32m,由 1964 年 9 月 5 日 15 号台风引起。

(3)设计波要素

根据南京水利科学研究院对设计波要素和水流分析计算结果,工程区设计波要素主要考虑外海 SE~SSW 方向通过折射、绕射传播至本工程水域的台风浪。本工程利用台风浪数值模型进行了外海台风浪的推算,对推算的台风浪结果采用 Poisson 复合 P-Ⅲ 分布计算了不同重现期外海设计波要素,并利用不规则波折射-绕射联合计算的高阶抛物形缓坡方程数学模型推算了工程沿线各处的设计波要素成果。

潮位、流速、波浪等设计参数根据历史观测资料分析得到,但受全球气候变化影响,海平面呈上升趋势,台风强度呈加强趋势,需关注其对设计参数的影响,合理考虑未来发展趋势,制定合适标准,确保隧道及人工岛、桥梁安全。

5)泥沙

2004 年 6 月水文观测期间进行了含沙量和底质取样,含沙量取样分析表明:工程水域的含沙量分布特点是西侧高于东侧,落潮大于涨潮。测验水域平均含沙量为 0.012kg/m³,实测最大含沙量为 0.141kg/m³,出现在 SW07、SW09 站;最小含沙量为

0.0002kg/m³,出现在 SW01 站。悬沙由湾内向海域输出,净输沙量平均为 570kg/m·d。

底质取样分析表明,大濠水道所在深水航道区底质为砂-黏土质粉砂,大濠水道以西至珠海一侧广阔的海域为黏土质粉砂。需关注珠江口工程影响区采砂作业及航道开挖、疏浚对本工程区泥沙含量的影响,及时加强监控,采取措施。

6)海水温度

隧道区域附近海域有两个超过 20 年观测时段的表层海温数据观测点,位于深圳和大万山附近海域。深圳、大万山和隧道区处于同一地理位置,气候及水文特征相同,海温变化联系紧密,且隧道区处于大万山和深圳之间,因此利用深圳、大万山两站的海温观测数据,采用线性插值法计算隧道区的表层水温值。

7)盐度

港珠澳大桥轴线从东部向中部、西部,夏季表层平均盐度分别约为 1.5%、1.0% 和 1.3%,夏季底层平均盐度分别约为 2.5%、1.6% 和 1.6%;冬季表层平均盐度分别约为 3.25%、2.6% 和 2.6%,冬季底层平均盐度分别约为 3.25%、3.1% 和 3.1%。

1.2.3.4 工程地质

1)区域地层

据区域地质资料及各阶段勘察成果,海底隧道勘探深度内的地层主要由第四系覆盖层,燕山期花岗岩、震旦系混合片岩及混合花岗岩等基岩风化层组成。

第四系覆盖层(Q):上部为全新统~更新统海相、陆相、河流相、海陆交互相沉积层,直接覆盖于不同岩性的剥蚀面上,其厚度受基岩面高程及海平面侵蚀深度控制。覆盖层按沉积年代、沉积环境区间划分为:

①层为全新世海相沉积物,岩性为淤泥、淤泥质黏土和中砂。

②层为晚更新世晚期陆相沉积物,局部桥段缺失,层厚较薄,岩性主要为可塑黏土及中密粉细砂。

③层为晚更新世中期海相冲积物,岩性主要为可塑~硬塑黏土、粉质黏土含粉细砂、局部夹薄层粉细砂,下部为中密~密实粉细砂、中砂,局部夹薄层黏性土。

④层为晚更新世早期河流相冲积物,主要由硬塑的黏土、中密~密实砂类土组成,总体自上而下变粗(粉细砂~含砾细砂~中砂~含砾粗砂~圆砾)。

基岩:下伏基岩主要为震旦系混合片岩、混合花岗岩。勘区基岩面起伏变化很大,岩面高程为 -66.56~-72.99m 以下。基岩按风化程度可分为全、强、中、微风化层,但不同地段同类基岩风化程度变化很大、风化差异显著;局部断裂发育和构造影响严重地段,多形成基岩风化深槽。

隧道范围工程深度内的岩土按沉积回旋共分为6大单元层;按岩土工程性质细分为20个亚层(单元土体)。

(1)第①大单元层全新统海相沉积物(Q_4^m)

其岩性为淤泥、淤泥质土等;按工程性质细分为2个亚层。

①$_1$淤泥~淤泥质土(Q_4^m):灰色,饱和,流塑~软塑,滑腻,偶含少量细砂及贝壳碎,局部含少量腐木。

①$_2$中砂(Q_4^m):灰色,饱和,松散,以中砂为主,混大量贝壳碎和淤泥,偶含少量腐木碎。

(2)第②大单元层晚更新统晚期陆相沉积物(Q_3^{al+pl})

呈断续分布,局部地段缺失,层厚较薄,岩性主要为可塑~硬塑状黏土,其下部多分布有薄层中密的粉砂。隧道段仅揭示其中的2个亚层。

②$_1$黏土(Q_3^{al+pl}):灰黄色为主,含灰色等,湿,可塑为主,含少量细砂或夹薄层细砂,局部含少量泥质结核。

②$_2$粉细砂(Q_3^{al+pl}):灰黄色、黄色,饱和,中密,颗粒级配差,含较多黏粒,夹少量薄层黏土。

(3)第③大单元层晚更新统中期海相冲积物(Q_3^{m+al})

其岩性主要为淤泥质土和软塑~可塑状黏土及粉质黏土,夹有粉砂~中砂透镜体,部分地段黏土与粉细砂呈互层状;细分为4个亚层。

③$_1$黏土(Q_3^{mc}):灰色,浅灰色为主,稍湿,可塑~硬塑为主,含粉细砂或偶夹薄层细砂,局部含少量贝壳碎屑及泥质结核。

③$_2$粉质黏土(Q_3^{mc}):灰色,稍湿,可塑~硬塑为主,夹多层薄层细砂,局部呈互层状或砂夹黏土状。

③$_3$粉细砂(Q_3^{mc}):灰色,深灰色为主,饱和,中密~密实为主,颗粒级配差,含少量黏粒,局部含少量贝壳碎屑,局部夹薄层黏土。

③$_4$中砂(Q_3^{mc}):灰色,灰黄色为主,饱和,中密~密实为主,颗粒级配较差,含少量黏粒,局部夹薄层黏性土。

(4)第④大单元层晚更新统早期河流相冲积物(Q^{al})

主要由硬塑黏土、中密~密实砂类土组成,总体自上而下变粗(粉细砂~圆砾),夹有透镜体状的软塑~可塑状粉质黏土和密实圆砾土;细分为6个亚层。

④$_1$黏土(Q^{al+pl}):灰色为主,含灰色、深灰色,稍湿,以硬塑为主,含少量细砂,局部含少量腐木及贝壳碎,偶夹薄层黏土。

④$_2$ 粉细砂（Q_3^{al+pl}）：浅灰色，灰色为主，含灰绿色，饱和，中密～密实为主，颗粒级配较差，含少量黏粒，偶含腐木碎。

④$_3$ 含砾细砂（Q_3^{al+pl}）：浅灰绿色，饱和，中密～极密实，颗粒级配差，含较多角砾。

④$_4$ 中砂（Q_3^{al+pl}）：灰色，灰黄色，灰绿色为主，饱和，密实～极密实为主，颗粒级配较好，含少量圆砾，偶含钙质胶结。

④$_5$ 含砾粗砂（Q_3^{al+pl}）：灰色，灰黄色，灰绿色为主，饱和，密实～极密实为主，颗粒级配较好，含较多圆砾。

④$_6$ 圆砾（Q^{al+p}）：灰色，灰黄色，灰绿色，饱和，极密实为主，颗粒级配较差，含较多中砂和粗砂。

（5）第⑦大单元层震旦系混合片岩（Z）

该岩类揭示区钻探岩芯观察及多组岩矿鉴定报告的结果显示，岩性并不复杂，但由于变质作用、构造应力作用，其结构构造较复杂。岩矿鉴定结果定性该岩类为变质岩，其中几个样本为二次碎裂（动力）变质岩。

岩石矿物主要由石英、钾长石、斜长石、长石、黑云母等组成，含白云母、磷灰石等；部分次生矿物为方解石、绢云母（白云母）、绿帘石、绿泥石等。

晶体结构类型多样，有变晶结构、碎裂结构、粒（细、中粒、不等粒）状结构、煌斑结构、糜棱结构等，岩矿构造复杂，有块状构造、眼球状构造、条带（痕）状构造、片理构造、片麻状构造等。

该岩层按风化程度及岩土工程性质再细分为 3 个亚层。

⑦$_1$ 全风化混合片岩（Z）：褐黄色、灰白色，青灰色杂灰绿色，硬～坚硬黏性土状；岩石的结构基本破坏，但尚可辨认，除石英颗粒基本未风化外，其他矿物，如长石已风化成高岭土，黑色矿物风化成黏土，手捻细腻具滑感；有残余结构强度，可用镐挖，干钻可钻进；该层与残积土、强风化岩界线的划分采用标准贯入试验指标，$30 \leq N < 50$ 为全风化岩（N 为实测击数）。

⑦$_2$ 强风化混合片岩（Z）：灰褐色、褐黄色、青灰色杂灰绿色灰白色，硬～坚硬黏性土状，部分地段为碎块状，岩石结构尚较清晰，除石英颗粒基本未风化外，大部矿物风化成粉末或黏土矿物；用镐可挖，干钻不易钻进；该层与全风化岩界线的划分采用标准贯入试验指标，$N \geq 50$ 为强风化岩。

⑦$_3$ 中风化混合片岩（Z）：青灰色、灰黑色夹杂灰～深灰色条带；岩芯多呈柱状或碎块状，岩块质硬；裂隙发育，裂隙间多见呈粉末状的风化物，岩体破碎，软硬不均；锤击声脆，石块不易击碎。

(6)第⑧大单元层震旦系混合花岗岩(Z)

该岩类揭示区钻探岩芯观察典型岩矿鉴定报告的结果反映,该类岩是由于花岗岩受到构造应力作用影响,其晶体结构、矿物构造发生轻微变化而形成。该岩层按风化程度及岩土工程性质细分为3个亚层。各层岩土工程性质如下:

⑧$_1$全风化混合花岗岩(Z):黄色,稍湿,岩芯呈坚硬砂质黏性土状,岩芯遇水易软化崩解。

⑧$_2$强风化混合花岗岩(Z):灰绿色,灰黄色,青灰色等,岩芯呈坚硬土状~半岩半土状,原岩结构清晰,手捏易散,遇水软化崩解。

⑧$_3$中风化混合花岗岩(Z):灰~灰白色、浅红、花斑色,岩芯多呈长柱状、短柱状,部分为碎块状,岩块质硬;不等粒结构,块状构造。风化裂隙发育,裂面多浸染成褐黄~铁锈色;锤击声脆,石块不易击碎。

2)隧道地质概况

按隧道纵向穿越地层及其形态可分为三段:隧道东段(K6+404~K8+135),长1731m;隧道中间段(K8+135~K10+945),长2810m;隧道西段(K10+945~K13+108),长2163m。参照结构物类型及场地岩土分布、工程特性,按结构物分段特点进行隧道地基基础工程评价如下:

(1)隧道东段

隧道展布形态为斜坡段,直接相关的地基岩土层为第①大层、第②大层和第③大层。

第①大层均为饱和软土,工程性质差,天然地基不能满足结构物地基强度及变形稳定的要求。

第②大层强度中等,但较薄且仅局部发育,与沉管隧道地基直接关联度不强。

第③大层以一般性黏性土为主,部分夹砂或间砂,中等偏高压缩性,其中③$_1$淤泥质土强度较差,其余亚层也只是中等强度。从地基土的空间分布形态、土质的均匀性等方面分析评价,第③大层为不均匀地基。另外在地基变形方面,由于地基本身为中等偏高压缩性的不均匀地基,加之隧道基础纵向倾斜布置更突显地基的不均匀性,因此对结构物变形控制要求更高。

(2)隧道中间段

隧道展布形态为平穿,基底高程-40m左右,直接相关的地基岩土层为第③大层下部,主要相关亚层③$_1$黏土及③$_2$粉质黏土。

③$_1$黏土及③$_2$粉质黏土均为中等强度的一般性黏性土或夹砂土,中等偏高压缩性。由于亚层间的工程力学性质存在一定的差异、层面的起伏及层位相互穿插导致隧道地基土均匀性欠缺。若采用天然地基方案,以第③大层下部土层为地基持力层,势必存在基底地层

不断变化而形成的地基不均匀问题,而不均匀沉降量的大小取决于荷载分布及基底主要压缩层的厚度,即隧道结构物的压缩沉降量将主要发生在基底以下的第③大层黏性土中。

(3)隧道西段

隧道展布形态为斜坡段,直接相关的地基岩土层为第①大层、第②大层和第③大层。隧道西段与东段结构布置形式基本为对称,基底分布岩土除各层厚度略有变化外,基本相同,故地基基础评价参见隧道东段。

3)不良地质作用

依据地质勘探及该区域工程建设活动调查,隧道场地除路线 K9+900~K10 附近有海底电缆横穿、铜鼓航道、伶仃西航道等不影响场地稳定的工程建设活动外,在隧道区存在的主要潜在不良地质作用为软土震陷。

隧道区浅部地层普遍发育全新统海相沉积的淤泥、淤泥质土,具有高含水率、大孔隙比、低强度、高压缩性等特性。按物理性质评价给出的地基承载力均小于 80kPa,通过孔内物探剪切波速试验可以看出,最表层的①$_1$淤泥层的实测剪切波速值在 90~110m/s 之间,按《岩土工程勘察规范》(GB 50021—2001)的规定,场地按Ⅶ度地震基本烈度进行抗震设计时,可不考虑软土的震陷影响。

4)特殊性岩土

(1)软土

隧道区软土主要为浅部广泛发育的第①大层全新统海相沉积的淤泥、淤泥质土,具有高含水率、大孔隙比、低强度、高压缩等特性。隧道全线分布,分布高程在 -7.34~-22.74m,一般厚度在 3.5~25.4m 不等。

隧道区段的软土在不良地质作用评价中关于软土震陷影响的问题已作评价,在Ⅶ度地震作用下可不考虑其震陷影响。除此之外,其对本工程设计、施工方面的重大影响主要表现在以下几个方面:隧道位于该软土层的斜坡段天然地基强度不足,地基处理深度较大、排水不畅、难度大,沉管隧道开挖基槽水下岸坡自稳性差等。

(2)风化岩

隧道段勘察勘探深度范围揭示的基岩为震旦混合片岩、混合花岗岩。钻探揭示该区段基岩风化物受早期风化剥蚀、河流侵蚀影响,残积物极少或缺失,全风化层较少或大部分缺失,上述两风化层及强风化层尤其在混合花岗岩分布区几乎没有揭示。混合片岩分布区仅局部揭示残积层、全风化层;强风化层保留相对完整,但表现为风化极不均匀,常表现为砂土状风化岩混硬质风化块体或呈碎块混砂土岩屑。从类似场地同比风化带的完整性看,混合花岗岩的全、强风化带更易风化崩解、流失,尤其在岩性接触或构造裂隙带附近易形成风化深槽。

混合花岗岩中风化层岩芯多呈长柱、短柱状,局部为碎块状,裂隙发育,多表现为块状岩体,不同区段岩块强度稍有变化,表现为风化不均匀。

混合片岩中风化层岩芯多呈短柱状、碎块状,局部长柱状,裂隙较发育,多表现为碎块状岩体,揭示深度内中风化岩块强度变化较大,表现为风化高度不均匀。

5)人工岛软基

隧道东、西人工岛岛上段隧道建设在经软基处理后的人工岛上。西人工岛插打塑料排水板 −5.0~−35.0m,然后采用超载比达 1.4~2.1 超载预压 150d(西小岛超载预压 120d),东人工岛插打塑料排水板 −6.0~−46.0m,然后采用超载比达 1.4~2.1 超载预压 180d,人工岛经大超载比堆载预压处理后,淤泥质黏土、粉质黏土等强度、变形特性得到大幅改良。

岛内区回填砂层标贯检测结果表明,回填砂层上部密实度为松散~稍密,下部为中密~密实,回填砂层平均标贯击数为 21.4 击。通过对岛内区软土地基标贯进行分析,岛内区的平均标贯击数为 14.1 击,经过估算,其地基平均容许承载力为 348kPa,满足设计要求(设计值 120kPa);地基加固前后的标贯对比结果表明,加固后地基土的标贯击数明显提高,地基土的加固效果明显。通过室内土工试验,对比加固前的勘察报告,加固前后地基土的物理力学性质得到较大改善,地基土强度得到明显提高。

1.2.3.5 水文地质

1)地下水类型及特征

根据含水层的岩性、埋藏条件、地下水的赋存条件、水力特征,将隧道区地下水划分为承压水和基岩裂隙水两大类分述如下:

(1)承压水

隧道位于海域场地,覆盖层上部岩性以淤泥、淤泥质土或黏性土为主的黏粒、细粒土介质组成,覆盖层下部主要由④大层粉细砂、中砂、粗砂、砾砂局部含卵石等粗粒土介质组成。从覆盖层中含水层介质粒径及透水性大致可分为弱含水弱透水介质及富含水强透水性介质两大类,覆盖层下部砂质粗粒土介质为主要的富含水强透水性含水层。

主要含水层下部砂质粗粒土介质中的水质从前期资料及补勘采取的地下水水质分析结果看,多为咸水,化学成分及离子含量与海水接近,且含水介质在海平面以下,从水动力条件及水质成分分析可以看出,该地下水水源与海水形成关联,即其补给来源主要为海水。

由于主要含水层水源补给为海水,可以认为在假设海潮面稳定不变的长期条件下,含水层内的水压(水头)与海水向下延伸的自然水压是一致的。从本地的海洋水文资料可以知道,该区潮汐类型属于不规则的半日潮混合潮型,最大潮差可达2.81m。随着潮涨潮落,含水层内的地下水由于水源压力的改变,地下水与海水必然形成补给与排泄关系。在落潮期间,由于覆盖层上部为黏粒、细粒介质的弱透水层,其对主要含水层地下水的自由排泄形成封盖阻力,故使主要含水层中的地下水具有承压特性。

另外需要说明的是,上部黏性土覆盖层中由于局部发育砂质透镜体层(如②$_2$粉细砂、③$_3$粉细砂、③$_4$中砂)以及黏性土夹砂层(如③$_2$粉质黏土夹砂)都属于弱承压含水层,由于分布的连续性差及分布范围有限,因此其富水性不强。但上述含水介质在与主要含水层形成较好的沟通时,其水文特性将发生质变。

(2)基岩裂隙水

在覆盖层以下的基岩中,由于构造裂隙、风化裂隙的发育,为自由地下水的储藏创造了介质条件。介质体渗透性、富水性与基岩的构造裂隙、风化裂隙的发育程度直接相关。当介质体以张性裂隙为主且贯通性较好时,往往具有良好的透水性及强富水性;而以闭合风化裂隙且以泥质物充填为主的介质体,一般表现为透水性不强及弱富水。从隧道场地揭示的基岩水文地质条件分布看,基岩裂隙较发育,黏性风化岩介质不发育,基岩裂隙水与上部覆盖层主要含水层内的地下水沟通良好,构成直接水力联系。

2)土体的渗透性

场地覆盖层土体的渗透性见表1.2-5。

隧道区土体的渗透性评价表 表1.2-5

评 价 指 标		单元土体透水性评价归类
透水性大小	$K(\text{cm/s})$	
极强透水	>1	—
强透水	$1 \sim 1 \times 10^{-2}$	—
中等透水	$1 \times 10^{-2} \sim 1 \times 10^{-4}$	③$_4$、④$_4$、④$_5$、④$_6$
弱透水	$1 \times 10^{-4} \sim 1 \times 10^{-5}$	①$_4$、②$_2$、③$_3$、④$_2$、④$_3$
微透水	$1 \times 10^{-5} \sim 1 \times 10^{-6}$	①$_1$、②$_1$、③$_1$、③$_2$、④$_1$
极微透水	$<1 \times 10^{-6}$	—

3)环境水的腐蚀性

(1)海水

在海水面、海面以下5m处及海床面分别采集海水样进行水质分析试验,依据BS EN 206-1:2000 Table 1与Table 2,水对混凝土的腐蚀等级为XA2(中等腐蚀性)。《岩土工程勘察规范》(GB 50021—2001)规定:场地环境类型为Ⅱ类,水对混凝土结构具中等腐蚀性,长期浸水条件下水对钢筋混凝土结构具弱腐蚀性,干湿交替条件下水对钢筋混凝土结构具强腐蚀性。由此可以判定:海水对混凝土结构具有弱腐蚀性;长期浸水条件下对钢筋混凝土中的钢筋具有弱腐蚀性;干湿交替条件下对钢筋混凝土中的钢筋具有强腐蚀性,对钢结构具有中等腐蚀性。

(2)地下水

据地下水排泄、补给路径分析结果可知,地下水与海水形成紧密的水力联系,具有相互补给、排泄特性;另据前期勘察资料及补勘采取的地下水水质分析结果可知,地下水与海水化学成分接近,综合分析判断场区地下水对工程结构的腐蚀性与海水一致。

4)水下障碍物

隧道区域 K9+900~K10+000 附近有一条军用海底电缆,该海底电缆处理由军方自行组织实施。工程轴线附近海床区未发现沉船等障碍物。

1.2.3.6 航运航空

1)隧道区航道状况

伶仃西航道南端连接榕树头水道、大濠水道、铜鼓水道,航行于这三条水道的船舶和在23DY大屿山锚地受载的船舶,在马友石灯船水域汇集进入伶仃水道,形成伶仃水道主交通流。船舶日交通流量达640艘次。其中大濠水道日交通流量约300艘次,桂山引航锚地2万吨级以下船舶经榕树头水道进出日交通流量约20艘次,铜鼓水道经马友石灯船转向进出日交通流量约300艘次,从23DY大屿山锚地减载的船舶通过大濠水道北段经马友石灯船转向进出日交通流量约20艘次。

进出铜鼓水道的船舶主要是进出深圳湾和香港的船舶,其船舶日交通流量约300艘次。表1.2-6为隧道穿越航道的一些基本情况。

隧道穿越的航道基本情况   表1.2-6

水道航道	通航等级(t)	航道设计底宽(m)	航道设计底高程(m)	备 注
伶仃西航道	35000	160	-13.0	航道现状底宽240m,底高程-16.7m
	150000	210	-18.18	近期实施
	300000	573	-26.08	远期规划
铜鼓航道	100000	210	-15.8	天然航道

续上表

水道航道	通航等级（t）	航道设计底宽(m)	航道设计底高程(m)	备注
铜鼓航道（预留）	300000	573	-26.08	远期规划
榕树头航道	20000	160	-9.0	航道现状底宽160m，底高程-16.0~-24.0m

2）隧道区通航批复

依据《关于港珠澳大桥通航净空尺度和技术要求的批复》（交水发〔2008〕97号），隧址区采用当地历史最高潮位+3.52m（1985国家高程基准）作为设计最高通航水位，采用当地理论最低潮面-1.18m（1985国家高程基准）作为设计最低通航水位。综合考虑30万吨级油轮不乘潮时满载吃水最大水深、海底最大冲刷深度、施工超深及安全富裕深度，隧道区船舶通航最小埋深为设计最低通航水位以下29m。考虑各航道代表船型通航宽度、航道间的安全距离及人工岛头部萦流区影响等因素，两人工岛之间最小通航宽度为4100m，其中满足30万吨级油轮安全通航深度-29m的宽度应不小于2810m。

3）运营期隧道区主航道疏浚要求

伶仃西航道和铜鼓航道（预留）主航道远期疏浚时，航道水下边坡需要适应结构的整体受力要求。在隧道轴线上下游各150m范围内采用分段坡率，海床面至4m深度区域要求采用不陡于1:30坡率，4m以下要求采用不陡于1:15坡率；航道疏浚时应分层、均匀、对称开挖。

4）航空限高

隧道东、西人工岛上建筑高度及此区段工程施工设施高度，需满足香港国际机场航空限高要求。

1.2.3.7 地震

据中国地震局地壳应力研究所完成的近场区地震危险性分析专题，对本工程场地的地震基本烈度进行了复核，港珠澳大桥隧道和人工岛场地基岩水平加速度峰值见表1.2-7。

港珠澳大桥隧道和人工岛场地基岩水平加速度峰值（cm/s^2）　　表1.2-7

超越概率	120年						60年		
	63%	10%	5%	4%	3%	2%	63%	10%	2%
隧道及东、西人工岛	52.9	147.5	190.7	205.6	225.7	256.1	34.5	111.9	206.2

1.2.4 隧道总体设计

1.2.4.1 总体布置与平纵横

1）岛隧区平面布置

岛隧区工程起于粤港分界线,沿23DY锚地北侧向西,穿(跨)越珠江口伶仃西航道,主要工程构造物由东向西依次为东人工岛、沉管隧道、西人工岛。

受23DY锚地与香港侧接线走向影响,岛隧区东端路线采用 $R=5500\mathrm{m}$ 平曲线,沉管隧道东端和东人工岛整体形状均为曲线形,西人工岛与沉管隧道大部分段位于直线上。

东人工岛长625m,最宽处230m;西人工岛长625m,最宽处191m。隧道东人工岛上段长520m（K6+404～K6+924）,沉管段长5664m（K6+924～K12+588）;西人工岛上段长520m（K12+588～K13+108）（图1.2-4）。

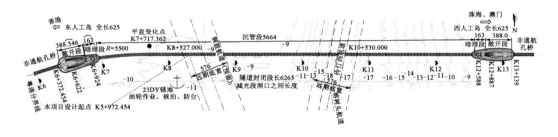

图 1.2-4　岛隧区平面布置总图（尺寸单位：m）

2）隧道平面线形设计

依据岛隧区平面布置,隧道平面设计线由圆曲线和直线组成,圆曲线半径 $R=5500\mathrm{m}$,与直线直接相连,曲直变化点在 K7+717.362。

隧道里程范围 K6+404～K13+108,总长6704m。隧道东端位于圆曲线上,曲线段里程范围 K6+404～K7+717.362,计1313.362m;直线段里程范围 K7+717.362～K13+108,计5390.638m。

隧道平面设计线为隧道轴线,即隧道结构中心线,隧道左、右行车孔共用此平面设计线,不进行左、右分线设计。

3）隧道纵面线形设计

依据航运通航要求,两人工岛之间最小通航宽度为4100m,隧道区满足30万吨级油轮安全通航深度 $-29\mathrm{m}$ 的宽度应不少于2810m,此范围内船舶设计最低通航水位（$-1.18\mathrm{m}$）,即 K8+135～K10+945 段（2810m）隧道通航顶部控制高程为 $-30.18\mathrm{m}$。

依据上述纵面设计控制条件,结合管节高度及顶、底板厚度,压重混凝土设计平均厚度,路面层厚度及横坡等参数,确定隧道纵面高程设计线(图1.2-5)。

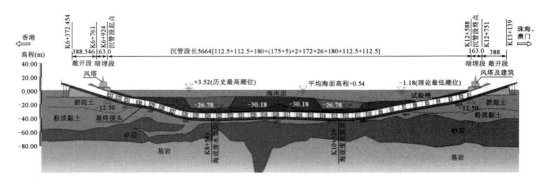

图1.2-5 隧道纵面布置图(尺寸单位:m)

按规范要求隧道纵坡不大于3%,设计时最大纵坡采用2.98%。在两主航道间采用W形纵断面尽可能减少在两航道间的开挖疏浚深度,在隧道区K8+135~K10+945段满足30万吨级油轮安全通航宽度2810m范围内采用0.3%的最小纵坡,满足纵向的排水需求;主航道间平缓段外隧道纵坡以较大坡度快速起坡,尽最大可能减少隧道开挖量,待隧道达到一定高程后分别以缓坡过渡的方式接东、西人工岛,并在人工岛护岸坡脚开始以最大坡度2.98%起坡,以减小隧道长度,隧道纵坡组成见表1.2-8。

隧道纵坡组成(由小里程至大里程方向) 表1.2-8

纵坡 (%)	-2.98	-1.95	-2.65	-0.3	0.3	-0.3	0.3	1.85	1.5	2.98
坡长 (m)	985 (794)	400	540.374	431.626	970	970	400	667.286	816.714	985 (714)

4)隧道横断面设计

(1)隧道建筑限界

隧道里程范围 K6+406~K13+106 内均遵从图1.2-6所示隧道建筑限界。隧道位于无加减速车道段时,建筑限界中 $L_左=0.5m,L_右=1.0m$;隧道位于加减速车道段时,建筑限界中 $L_左=0.5m,L_右=$ 加减速车道对应宽度+硬路肩宽度。

(2)隧道横断面设计

隧道横断面需满足建筑限界、隧道平面线形设计要求,充分考虑运营设施空间、安全疏散功能、可浮性、综合误差等因素,并经施工、使用阶段各工况及组合下的结构受力分析综合拟定。

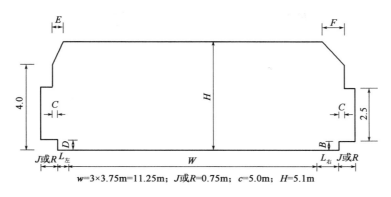

图 1.2-6 隧道建筑限界（尺寸单位：m）

(3) 沉管段横断面

沉管段管节横断面采用两孔单管廊，两侧为独立的行车孔，中间为综合管廊，管廊内分为三层，上层为专用排烟通道，中层为安全通道，下层为电缆沟和海底泵房。横断面外包尺寸为：宽 37.95m，高 11.4m。管节横断面如图 1.2-7 所示，主要参数见表 1.2-9。

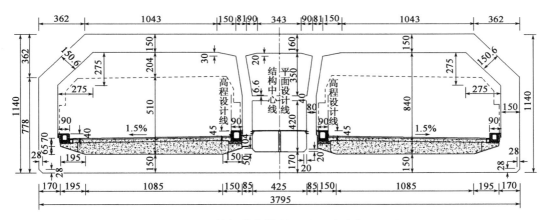

图 1.2-7 沉管段管节横断面（尺寸单位：cm）

管节横截面主要参数   表 1.2-9

结构外包尺寸 宽(m)×高(m)	车道孔尺寸 宽(m)×高(m)	排烟道净面积 (m²)	安全通道高度 (m)	主体结构混凝土 面积(m²)
37.95×11.4	14.55×8.40	16.48	2.59	153.32

(4) 暗埋段横断面

隧道暗埋段与沉管段相接，减载控制沉降，作为地面建筑的基础，匹配地面建筑的宽度。

(5) 减光段横断面

隧道减光段的横断面为外侧带挑脚的现浇 U 槽结构。减光段上部采用光格栅钢结构，坐落在两侧边墙顶部和 U 槽中隔墙上。

(6)隧道横断面变化与过渡

隧道横断面依据隧道各段结构不同功能需求而定,各段横断面结构形式均不同(表1.2-10)。隧道横断面宽度外包尺寸范围为37.950~72.26m。

隧道横断面(沿纵向布置) 表1.2-10

隧道各段	里程范围(m)	长度(m)	横断面类型
东敞开段	K6+404.000~K6+513.000	109	东敞开段横断面Ⅰ
	K6+513.000~K6+583.281	70.281	东敞开段横断面Ⅱ
东减光段	K6+583.281~K6+693.281	110	东减光段横断面
东暗埋段	K6+721.500~K6+693.281	28.219	东暗埋段横断面Ⅰ
	K6+904.396~K6+721.500	182.896	东暗埋段横断面Ⅱ
	K6+918.000~K6+904.396	13.604	东暗埋段横断面Ⅲ
	K6+924.000~K6+918.000	6	东暗埋段横断面Ⅳ
沉管段	K6+924.000~K12+588.000	5664	管节横断面
西暗埋段	K12+588.000~K12+594.000	6	西暗埋段横断面Ⅲ
	K12+594.000~K12+611.700	17.7	西暗埋段横断面Ⅱ
	K12+611.700~K12+781.000	169.3	西暗埋段横断面Ⅰ
西减光段	K12+781.000~K12+891.000	110	西减光段横断面
西敞开段	K12+891.000~K12+996.000	105	西敞开段横断面Ⅱ
	K12+996.000~K13+108.000	112	西敞开段横断面Ⅰ

1.2.4.2 隧道结构总体布置

隧道纵向分为岛上段和沉管段,最重要的是确定暗埋段与沉管段分界位置。

E1及E33首末管节与暗埋段相接,应尽量减少基坑开挖深度,降低暗埋段和临时围护结构之间的工程止水、支护的难度和风险。同时需满足沉放作业需要的富余水深,以及GINA压缩的水密性要求。沉管段与暗埋段分界处底板底缘高程取-12.5m。沉管段范围K6+924~K12+588,长度为5664m。

由于人工岛结合部非通航孔桥和隧道岛上段采用的基础方案不一致,为更好地实现桥、隧沉降过渡,东、西人工岛上均设置一段路基,路基两端分别与非通航孔桥和隧道岛上敞开段相接。隧道岛上段分为东岛上段和西岛上段,依据隧道纵向布置,岛上段按结构形式不同又划分成敞开段、减光段、暗埋段三部分。

隧道范围为K6+404~K13+108,总长6704m,纵向布置为:K6+404~K6+924为隧道东岛上段,长度520m;K6+924~K12+588为隧道沉管段,长度5664m;K12+588~

K13+108 为隧道西岛上段,长度 520m(表 1.2-11)。

隧道岛上段和沉管段基本情况　　　表 1.2-11

隧道单元分段	共计 6704m（$R=5500$m,曲线段 1313.362m）						
	东人工岛敞开段	东人工岛减光段	东人工岛暗埋段	沉管段	西人工岛暗埋段	西人工岛减光段	西人工岛敞开段
里程	K6+404~K6+583.281	K6+583.281~K6+693.281	K6+693.281~K6+924	K6+924~K12+588	K12+588~K12+781	K12+781~K12+891	K12+891~K13+108
长度(m)	179.281	110	230.719	5664(793.362)	193	110	217

1.2.5 隧道结构设计

1.2.5.1 沉管段结构

1) 标准断面

沉管隧道采用两孔一管廊结构,即左、右侧为主行车孔,中管廊从上至下依次设置排烟道、安全通道、电缆通道。

(1) 主行车孔空间要求

①建筑限界:根据《公路工程技术标准》(JTG B01—2014)、《公路隧道设计规范》(JTG D70—2004)及香港《交通运输规划及设计手册(TPDM)》拟定本沉管隧道行车孔建筑限界(图 1.2-8)。

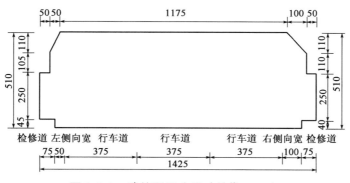

图 1.2-8　建筑限界(尺寸单位:cm)

②机电设施:主行车孔机电设施所需空间主要满足顶部风机安装需要。根据交通工程通风设计,隧道行车主洞通风系统采用 $\phi1120$ 射流风机,三台一组进行布置,风机距拱顶的最小高度为 1.8m,风机下边缘与建筑限界上边缘的最小距离为 0.15m,即隧道建筑

限界以上的最小净空高度不小于1.95m。

③预留空间:断面净空在满足建筑限界、交通工程设施等需要之外,还为墙体装修、施工误差、曲线段以直代曲等预留必要的空间。

(2)中管廊空间需求

排烟通道空间:本项目采用纵向通风加重点排烟的通风方案,火灾规模为50MW,最小排烟道面积为16m²。

安全通道空间:高度根据《建筑设计防火规范》(GB 50016—2014)的规定及交通工程设计需求,安全通道最小净高取2.2m(预留10cm富余空间)。

电缆通道高度:根据本项目交通工程对中管廊管线布置空间需求,电缆通道的最小内净高取1.54m。

(3)干舷及抗浮要求

横断面需满足管节浮运时管节的干舷高度及抗浮安全验算,验算结果见表1.2-12。

干舷高度、抗浮安全验算一览表　　　　　表1.2-12

埋深	素混凝土重度 (kg/m³)	含钢量 (kg/m³)	海水重度 (kg/m³)	干舷高度 (cm)	运营阶段抗浮安全系数 (不计管顶回填)
浅埋段	2420±30	253	1030	>55	>1.06
深埋段		321		>45	>1.06

注:根据各管节在深坞的干舷实测值,结合浮运、沉放工艺,在深坞中对干舷进行必要的调整。

(4)横断面确定

充分考虑交通空间、运营设施空间需求及可浮性要求等,并进行施工阶段、使用阶段各工况下的结构分析,确定管节横断面。针对跨度大、上覆荷载大等特点,为有效减少控制截面内力,减小截面板厚,利于管节预制控裂,采用Y形中隔墙构造(图1.2-9)。

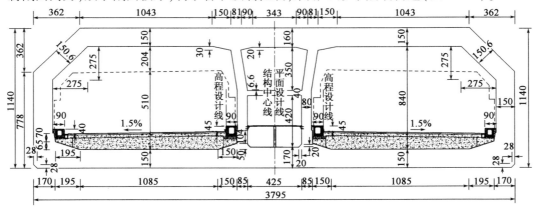

图1.2-9　管节标准横断面结构构造(尺寸单位:cm)

2）结构分析

（1）非地震荷载作用下的计算模型与假定

①内力计算采用以结构力学为基础的有限元计算方法，结构设计采用按近似概率理论为基础的极限状态设计方法。

②取1延米管节建立二维模型，结构假定为线弹性材料，采用梁单元模拟；地层采用地基弹簧模拟，地层变形遵从温克尔假定。

③管节底板横向地基刚度：复合地基段管节根据计算分析取非均匀地基刚度；天然地基段管节根据计算分析取均匀地基刚度。

④水土荷载计算采用水土分算原则。

（2）地震荷载作用下的计算模型与假定

①采用二维地层结构法，结构和土体均为弹性材料；结构由2节点梁单元来模拟，土层用4节点的四边形单元模拟，基岩水平向的加速度时程采用大质量法来施加。

②水土荷载计算采用水土合算原则。

③模型两侧和底部竖向位移约束，同时两侧设置黏性边界。

④隧道位置的主要地震参数根据《港珠澳大桥工程场地设计地震动参数评价报告》选取。

（3）作用与作用组合

①作用分类见表1.2-13。

作 用 分 类　　　　　　　　　　　　表1.2-13

编　号	作用分类	作 用 名 称
1	永久作用	结构自重
2		压舱混凝土
3		附加恒载
4		静水压力+全球海平面上升
5		竖向土压
6		侧向土压
7		侧墙负摩擦荷载
8		纵向不均匀地基刚度作用
9		混凝土收缩徐变
10		横向不均匀地基刚度作用

续上表

编　号	作用分类	作用名称
11	可变作用	交通荷载
12		水位变化
13		梯度温度
14		波浪荷载
15		地震荷载（ODE）
16	偶然作用	搁浅、船撞、沉船荷载
17		落锚、拖锚荷载
18		地震荷载（MDE）
19		极端高水位和波浪
20		爆炸荷载
21		火灾荷载

②作用效应组合。结构设计含以下三种状况：

持久状况：应进行承载能力极限状态基本组合（ULS）及正常使用极限状态标准组合（SLS）验算。

短暂状况：应进行承载能力极限状态基本组合（ULS）及正常使用极限状态标准组合（SLS）验算。

偶然状况：应进行承载能力极限状态偶然组合（ALS）验算。

3）作用取值

（1）永久作用

①结构自重：结构自重根据最大素混凝土重度及含钢率计算确定。

②附加恒载：附加恒载取路面铺装荷载，荷载在行车孔范围内均布。

③静水压力 + 全球海平面上升：计算断面结构顶板水深（以平均海平面为基准），全球海平面上升取 0.4m 水头高度，并对上升 0.8m 水头高度进行校核。

④竖向土压：净回淤厚度（不含锁定回填厚度）及碎石回填厚度，横断面计算取重度最大值。

⑤侧向土压：水平侧压力系数根据公式 $k = 1 - \sin\varphi'$ 确定，其中 φ' 为回填碎石的有效内摩擦角。

⑥侧墙负摩擦荷载：仅考虑锁定回填造成的侧墙负摩擦荷载。

⑦纵向不均匀地基刚度作用：作用于侧墙和中墙的向下集中荷载。

⑧混凝土收缩徐变:持久状况(运营阶段)采用整体降温等效收缩效应,不考虑徐变效应。

⑨横向不均匀地基刚度作用:假定为作用于底板的线性附加荷载,取三种工况:不考虑;W 形分布;V 形分布。

(2)可变作用

①交通荷载:公路交通荷载不考虑人群荷载,仅考虑汽车荷载。汽车荷载采用《公路桥涵设计通用规范》(JTG D60—2015)中公路—Ⅰ级荷载提高 25% 进行设计计算,并采用香港地方规范规定的汽车荷载校核。考虑到管节节段对荷载传递的隔断作用,横断面静力计算时,汽车荷载根据节段内最大满布车辆荷载换算为对应均布面荷载进行取值。

②水位变化。

工况一:高水位。承载能力极限状态(ULS)及正常使用极限状态(SLS)采用 120 年重现期历史最高水位。

工况二:低水位。承载能力极限状态(ULS)及正常使用极限状态(SLS)采用 120 年重现期历史最低水位。

③梯度温度(偏安全取值)。

仅在正常使用极限状态(SLS)验算时考虑。

工况一:夏季。顶板和侧墙内外温差 +10℃,底板内外温差 +5℃。

工况二:冬季。顶板和侧墙内外温差 -10℃,底板内外温差 -5℃。

④波浪荷载:E1~E3、E33~E31 管节根据 120 年重现期有效波高确定,其余管节按增加水头高度考虑。

(3)偶然作用

①沉船荷载根据《港珠澳大桥沉管船撞风险及船撞力标准专题研究》确定。

a. 当隧道顶部与隧道保护层在海床以下 1m 或者更多,并且水深 9m 或者以上(对应于设计船只的吃水深度)时,隧道设计应能承受 58.5kPa 的均匀荷载作用于隧道整个宽度方向以及沿长度方向 17.6m(5000 吨级载钢材的散货船)的范围内。在隧道深槽中已有回淤层的情况时,此荷载应施加在回淤层顶部。

b. 当隧道顶部与隧道保护层在海床以下不足 1m,并且水深 9m 或者以上时,隧道设计应能承受 95kPa 的均匀荷载作用于隧道整个宽度方向以及沿长度方向 19m 的范围内。

c. 当水深小于 9m 时,荷载与荷载作用长度应按实际的水深与 9m 水深的比例考虑。同一时间只有以上提到的一种工况作用于隧道结构或海床。荷载可能作用在隧道纵向上任意位置。

②船撞荷载根据《港珠澳大桥沉管船撞风险及船撞力标准专题研究》确定,船撞荷载取值见表1.2-14。

船撞荷载　　　　　　　　表1.2-14

隧道结构桩号	作用于隧道侧墙的最大水平力	作用于隧道顶板的最大竖向力	备注
东人工岛 K6+986～K7+094 西人工岛 K12+524～K12+408	28MN:方形均匀分布, 18m(宽)×8m(结构顶面往下)	—	模式一
东人工岛 K7+094～K7+202 西人工岛 k12+408～k12+255	34MN:方形均匀分布, 15m(宽)×6m(结构顶面往下)	—	模式二
东人工岛 K7+202～K7+329 西人工岛 K12+255～K12+128	19MN:方形均匀分布, 15m(宽)×4m(结构顶面往下)	60MN:方形均匀分布, 30m(长)×38m(宽)	模式三

③落锚荷载(抛锚、拖锚不考虑)根据《港珠澳大桥沉管船撞风险及船撞力标准专题研究》确定,作用于结构上方(已考虑荷载扩散传递效应)的落锚荷载取值见表1.2-15。

落锚荷载　　　　　　　　表1.2-15

动态冲击力(kN)	静力等效荷载(kN)	荷载范围直径(m)
1878.3	3756.7	2.92

④火灾作用无直接荷载,根据《建筑钢结构防火技术规范》(CECS 200:2006)确定,火灾工况下材料弹性模量及强度取值折减系数见表1.2-16,根据折减后弹性模量及强度参数验算结构是否满足承载能力要求。

火灾工况下材料弹性模量和强度折减系数　　　　表1.2-16

参数	混凝土弹性模量	混凝土强度	钢筋弹性模量	钢筋强度
折减系数	0.390	0.750	0.838	0.914

⑤极端高水位和波浪工况采用1000年重现期的高水位与1000年重现期波浪进行组合,$P=57.05$ kPa。

⑥爆炸荷载。

行车孔内爆炸荷载:双孔隧道内同一时间任一行车孔内发生爆炸的次数为一次,荷载取值按100kPa考虑。

外部爆炸荷载:按六级人防荷载验算,外部爆炸荷载按60kPa考虑,荷载法向作用于管节全外周表面。

⑦地震荷载。运营设计地震(ODE):120年超越概率63%,对应的基岩峰值加速度 $PGA=52.9$ cm/s^2;最大设计地震(MDE):120年超越概率10%,对应的基岩峰值加速度

$PGA = 147.5 \text{cm/s}^2$。

4）结构分析结论

对全线各管节分区段进行了承载能力基本组合、承载能力偶然组合及正常使用标准组合下各项指标验算，得出结论如下：

（1）基本组合及偶然组合工况下，抗弯及抗剪承载能力满足结构安全要求，配筋最大断面受拉侧配置3层$\phi 40$mm HRB400级钢筋。

（2）最大裂缝小于0.2mm，满足正常使用及耐久性要求。

5）管节划分

（1）标准管节长度的确定

采用节段式管节方案，借鉴国外釜山—巨济沉管隧道、厄勒海峡沉管隧道工程经验，考虑浮运沉放能力、沉放次数、工期等因素，标准管节长度采用180m，由8×22.5m节段组成。

（2）沉管段管节划分

沿隧道纵向总体布置，沉管段总长5664m。综合考虑岛头横流影响、管节浮运长度类型、管节模数化制作、模板系统适应性及沉管接头设计等因素，沉管段共划分为33个管节（表1.2-17），由东向西管节布置方案为E33、E32、E31、E30、E29……E2、E1，E29与E30之间设整体安装式钢壳混凝土最终接头。

沉管管节基本情况　　　　表1.2-17

管　节	管节长度	曲直类型
E1	112.50 = 22.50×5	直线管节
E2	112.50 = 22.50×5	直线管节
E3~E26	180.00 = 22.50×8	直线管节
E27、E28	157.50 = 22.50×7	直线节段
E29	177	曲线管节（E29的10.638m位于直线上）
E30	177	曲线管节
E31	180.00 = 22.50×8	曲线管节
E32	135.00 = 22.50×6	曲线管节
E33	135.00 = 22.50×6	曲线管节

注：E29、E30管节长度含最终接头钢壳混凝土结构部分。

根据沉管管节海底埋置深度、基础形式等外部荷载条件进行结构配筋。沉管管节根据配筋形式的不同分为浅埋段1、浅埋段2……过渡段1、过渡段2……深埋段等多种类型。

每个180m标准管节分为8个节段，节段长度约22.5m。根据所处管节位置及所安装的端钢壳类型,节段分为 A、B、C 三种类型。其中,A 型为外端面安装 A 型端钢壳(需安装 GINA 止水带)的节段;B 型为外端面安装 B 型端钢壳(不需安装 GINA 止水带)的节段;C 型为管节中部长为 22.5m 的标准节段。A 型与 B 型节段纵剖面互为反对称。

(3)曲线管节拟合

如图 1.2-10 所示,沉管段 E29~E33 计 5 个管节共 793.362m 位于 $R=5500m$ 圆曲线上,为曲线管节。曲线管节采用中心线长度为 22.5m 的直线楔形节段拟合组成,形成一个外长、内短的折线管节,按 22.5m 节段折线拟合平面误差为 1.15cm。

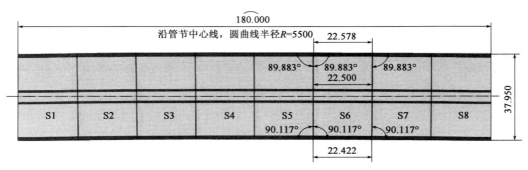

图 1.2-10　管节平面图(22.5m 直线节段拟合曲线)(尺寸单位:m)

6)接头设计

(1)管节接头

沉管段共设 34 个管节接头,每个管节接头主要包括端钢壳、竖向钢剪力键、水平向混凝土剪力键、预应力锚具、防水构造、防火构造(图 1.2-11)等。

(2)端钢壳

端钢壳是为安装管节接头 GINA 止水带和 OMEGA 止水带而预埋于管节端部的钢构件。整个沉管隧道共分为 33 个管节,加上相接的东、西暗埋段,共设置 68 块端钢壳。考虑工厂法施工的特点,采用一次性整浇端钢壳。根据 GINA 止水带尺寸以及沉管节的纵、横断面布置,采用 A、B 型端钢壳。其中,A 型端钢壳安装 GINA 止水带。A、B 型端钢壳在管节端面呈环形布置,在工厂内分块制作,运输至现场后拼装焊接成型。一次性整浇端钢壳几何尺寸大、焊接要求高,对外形尺寸和面板的平整度及制作精度要求高。端钢壳背后预埋 $\phi 10mm$ 注浆管,在混凝土浇筑完毕并达到设计强度后,进行压浆处理。

(3)剪力键

沉管隧道 E1~E8 管节间(含 E8/E9 管节接头)设置了 2 组水平向混凝土剪力键、2 组侧墙竖向钢剪力键、2 组中墙混凝土剪力键;E9~E33 管节间设置了 2 组水平向混凝土剪力键、4 组竖向钢剪力键。

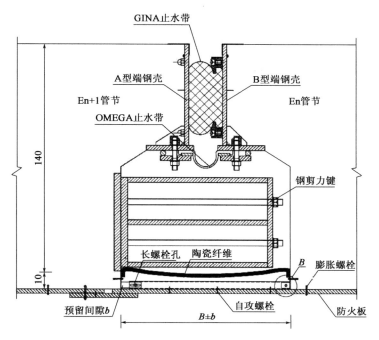

图 1.2-11　管节接头构造图（尺寸单位：cm）

（4）预应力筋及其锚固端

E1～E33 管节的顶板和底板内分别布置 20～30 束预应力钢束,顶板采用规格为 15-25 的钢绞线,底板采用规格为 15-15 的钢绞线,锚下张拉控制应力为 1265～1395MPa,顶板和底板分别预留 2 个备用管道,两端预应力锚头设置能承受 0.6MPa 水压的密封罩。在管节浮运、沉放时,通过体内预应力使分段预制的节段组成一个整体;运营期利用永久预应力使沉管形成纵向半刚性结构体系。

（5）节段接头

节段接头包括 OMEGA 止水带预埋件、混凝土剪力键、预应力管道接头、防火构造、防水构造等。每个管节除首节节段外,其后各节段均以前一节段的先浇端面作为端模（图 1.2-12）。

OMEGA 止水带预埋件:每个节段接头处设有安装 OMEGA 止水带的预埋钢壳。整个预埋钢壳断面呈环形,在工厂内分块制作,运输至现场后拼装焊接成型。预埋钢壳几何尺寸大、焊接要求高,对外形尺寸和面板的平整度及制作精度要求高。

（6）混凝土剪力键

为了保证节段接头剪力的有效传递,每个节段接头共设 4 组水平向钢筋混凝土剪力键和 4 组竖向钢筋混凝土剪力键。其中,水平向剪力键在顶、底板各设置 2 组;竖向剪力键分别在 2 个侧墙、2 个中墙处各设置 1 组。

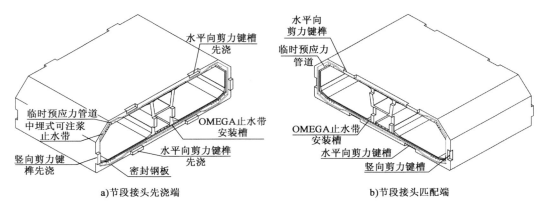

图 1.2-12　节段接头构造示意图

每组剪力键包括剪力键榫和剪力键槽,按节段浇注顺序分别位于节段先浇端和节段匹配端上。在每组剪力键榫、槽的受力面之间设置沥青垫层,其余空间采用聚苯乙烯泡沫板充填。

(7) 防水构造

节段接头设置 OMEGA 止水带、中埋式可注浆止水带及聚脲防水层三道防水措施。

(8) 最终接头

最终接头设在 E29 和 E30 之间,为上宽下窄的 V 形,采用钢壳内灌注混凝土形成的三明治组合结构。E29 和 E30 之间的管节接头设置在最终接头中间,并通过预应力将 E29/E30 管节接头 GINA 止水带进行压缩(图 1.2-13)。

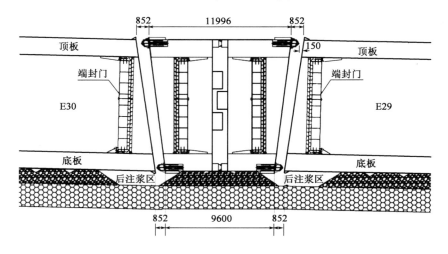

图 1.2-13　最终接头总体构造图（尺寸单位：mm）

如图 1.2-14 所示,最终接头内部设置众多横隔板和纵隔板,并划分成多个封闭的小隔舱,隔舱上预留浇筑孔和排气孔。为了保证钢壳与填充混凝土共同变形,防止钢板与混凝土的界面发生滑移,按一定间隔设置剪力传递 L 形钢加劲肋。纵向一定间隔设置横向加劲板。

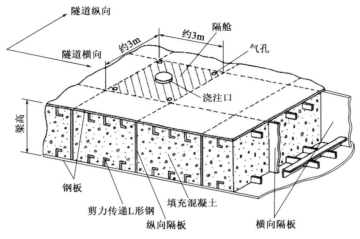

图 1.2-14　最终接头三维示意图

在最终接头楔形块四周安装小 GINA 临时止水带及顶推系统,最终接头通过浮式起重机沉放就位后,顶推系统顶推小 GINA 临时止水带实现止水,沉管内实现干作业条件,在管内完成 E29 先安装段、E30 先安装段与最终接头楔形块的结构刚性连接,剪断最终接头楔形块临时预应力,形成运营阶段沉管结构体系。

7)辅助安装设施

(1)临时辅助安装设施布置

浮运、沉放辅助安装设施分为沉管段和岛上段两部分,具体设计内容见表 1.2-18。

临时辅助安装设施一览表　　　　表 1.2-18

编　号	沉　管　段	岛　上　段	备　注
1	端封门	端封门	设计通用
2	压载水箱	—	
3	吊点	—	
4	测量塔	—	
5	系缆柱	—	
6	拉合装置	拉合装置	设计通用
7	锚点	锚点	设计通用

续上表

编　号	沉　管　段	岛　上　段	备　注
8	人孔	—	
9	导向杆和导向托架	导向托架	
10	绞缆盘台座	—	

（2）端封门

端封门主要部件包括钢封门、焊接型 H 形钢、钢梁牛腿、外侧牛腿等构件。钢封门之间及钢封门与外侧牛腿之间通过设置密封钢板进行止水（图 1.2-15）。端封门考虑合理周转使用，经评估安全后方可重复使用。

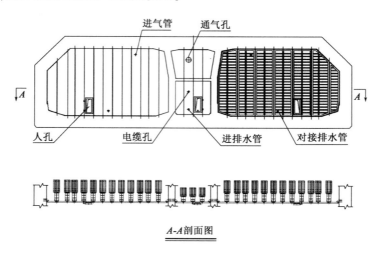

图 1.2-15　端封门构造示意图

（3）压舱水箱

压舱水箱用于管节在浮运、沉放时进行压重控制。压舱水箱分布在管节内部（图 1.2-16）。通过往水箱内注水或者排水的方式控制管节的抗浮力。单个压舱水箱由两道相对设置的挡墙、沉管侧墙及中墙围成，平面尺寸为 14.55m×20m。压舱水箱挡墙由钢框架及木板墙组成，顶部设置对拉钢丝绳，木板墙在水箱侧附防水膜隔水，防水膜安装后最大水位高度为 5m。压舱水箱考虑合理周转使用，经评估安全后方可重复使用。

（4）管顶临时舾装件

①吊点。

隧道管节通过钢索与沉放驳相连，钢索与管节通过吊点进行连接。吊点是沉放作业的支点,它通过管节侧墙顶部的预埋螺栓固定在管节上,每个管节上共布置4个,沿纵向对称布置,吊点及预埋件构造如图1.2-17所示。每个吊点的最大起吊力为4500kN。吊点须在管节出坞之前安装到位,属于一次舾装内容。沉管沉放就位后需在水下拆卸,经评估安全后可在后续管节使用。

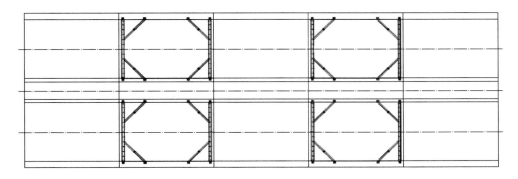

图1.2-16　压舱水箱平面布置示意图(E1管节)

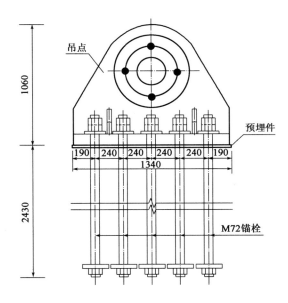

图1.2-17　吊点及预埋件构造图(尺寸单位:mm)

②测量塔。

图1.2-18为测量塔构造图(A型节),测量塔是管节沉放过程中测量管节姿态、平面位置、高程的重要设备。测量塔为分节装配式的钢管结构,加工不同高度节段,并根据水深进行组合使用。测量塔为可重复利用构件,安装、拆卸需注意保护结构的完整性。

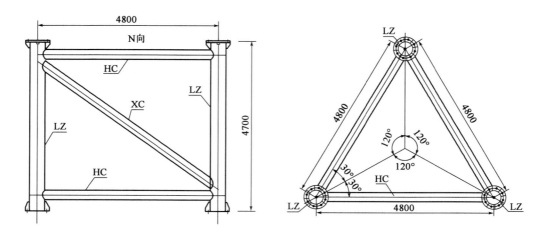

图 1.2-18 测量塔构造图（A 型节）（尺寸单位：mm）

③ 人孔。

为方便操作人员在管节系泊、沉放就位时进入管节内部，在管节顶板上设置 1 个临时作业用人孔（图 1.2-19），人孔直径为 800mm。待管节沉放完毕后，对顶板人孔进行封孔。

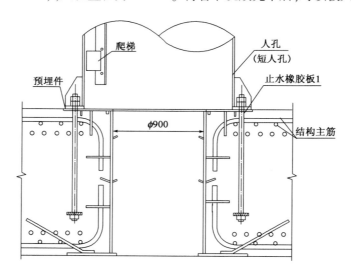

图 1.2-19 人孔及预埋件安装图（尺寸单位：mm）

短人孔为方便操作人员在坞内管节系泊时进入管节内部，在管节顶板人孔对应位置安装 1 个临时作业用短人孔，短人孔直径 1.5m、高 2.5m。管节上的短人孔在浅坞放水前安装到位，在二次舾装时换为传统人孔。短人孔为可重复利用构件。

传统人孔的应用范围同测量塔，二次舾装时在管节顶板人孔位置安装传统人孔，直径 1.5m，传统人孔为可重复利用构件，安装、拆卸需注意保护结构的完整性，每次安装前都需检查法兰盘的平整度、焊缝状态及锈蚀程度。

④系缆柱。

系缆柱(图1.2-20)用于管节的移坞、系泊、浮运及沉放施工。180m长的管节上布置8个系缆柱,112.5m长管节上设置6个系缆柱,沿管节纵向对称布置。在浅坞内管节起浮之前,系缆柱必须安装到位。

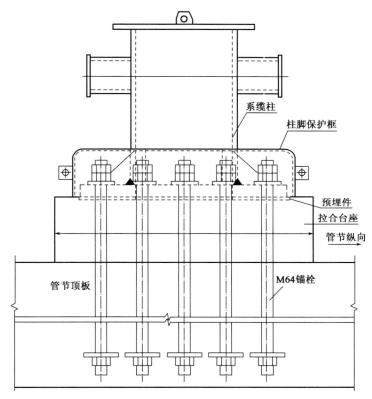

图1.2-20 系缆柱(1200kN)及预埋件构造图

位于管节角部的4个系缆柱在管节浮运、沉放施工过程中主要起到缆线支点的作用,最大系缆力为1200kN,考虑线缆角度范围为0°~19°(竖直平面内);管节中间位置的其余系缆柱主要用于管节的浮运、横移,最大系缆力为650kN。

⑤绞缆盘台座。

管节沉放时,在隧道管节的两端各设置一套绞缆盘台座。绞缆盘的最大荷载按650kN考虑。

⑥导向杆和导向托架。

导向装置主要作用是控制下一管节横向对接的误差,由导向杆和导向托架(图1.2-21)组成。考虑待沉管节端部在纵向上距离已沉管节端部2m左右时进行横向对接,导向杆的悬臂长度取为4m。导向托架、导向杆预埋件的安装应充分考虑模板和钢筋安装及制作误差。

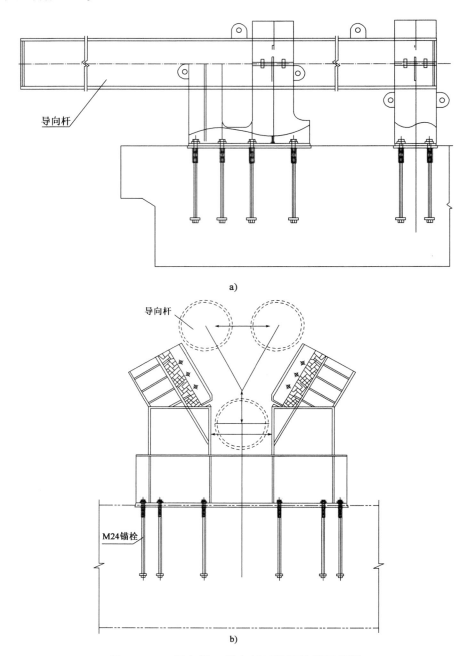

图1.2-21 导向杆、导向托架装置装配示意图

⑦拉合装置。

图1.2-22为拉合装置构造图,拉合装置用于管节对接时GINA止水带的初次压合止

水。拉合装置与隧道管节顶部的钢筋混凝土拉合台座相连。在进行管节对接施工时,当管节横向定位完成后,可连接两个管节间的拉合装置,以实现 GINA 止水带压合止水。采用 2 个拉合装置,单个拉合装置可承受拉合力荷载为 4000kN。

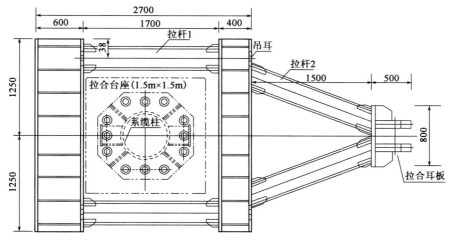

图 1.2-22　拉合装置构造图(尺寸单位:mm)

⑧GINA 止水带保护罩。

GINA 止水带保护罩的功能是在浮运过程中保护 GINA 止水带不受尖锐物体刺伤、划破。GINA 止水带保护罩采用钢结构(图 1.2-23),每套共分 8 块,出坞前预先安装在管顶对应的预埋地脚螺栓上,在沉放开始前拆除。

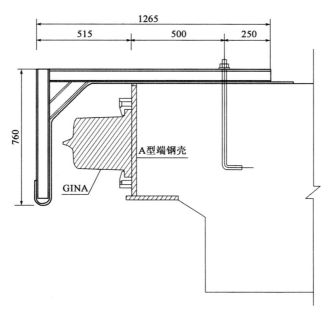

图 1.2-23　GINA 止水带保护罩构造(尺寸单位:mm)

1.2.5.2 岛上段结构

1）结构布置

岛上段分为东人工岛和西人工岛两部分，岛上段隧道结构根据建筑结构形式不同划分成敞开段、减光段、暗埋段三部分。

西人工岛岛上段全长520m（K12+588.000～K13+108.000），平面均处于直线段，其中暗埋段长193m（K12+588.000～K12+781.000），减光段长110m（K12+781.000～K12+891.000），敞开段长217m（K12+891.000～K13+108.000），隧道纵坡为2.98%，西人工岛岛上段西接岛上主线道路段、东接沉管段E1管节，敞开段主线终点附近南北各接一条上岛匝道。

东人工岛岛上段全长520m（K6+404.000～K6+924.000），平面处于半径5500m的曲线段上，其中暗埋段长230.72m（K6+924.000～K6+693.281），减光段长110m（K6+693.281～K6+583.281），敞开段长177.28m（K6+583.281～K6+404.000），隧道纵坡为2.98%，岛上段西接沉管段隧道E33管节、东接岛上主线道路段，敞开段主线终点附近南北各接一条上岛匝道。

2）结构形式

东、西人工岛隧道结构形式相同，暗埋段主体结构（图1.2-24）与沉管隧道相接处为地下单层三跨箱形结构，其余为地下双层结构，地下二层结构形式为现浇钢筋混凝土箱形结构、地下一层结构形式为框架结构，靠近沉管部分为上部八柱、下部三跨结构，靠近敞开段为上部八柱、下部五跨结构。减光段、敞开段为U形槽结构（图1.2-25），板厚综合结构受力及抗浮要求确定。

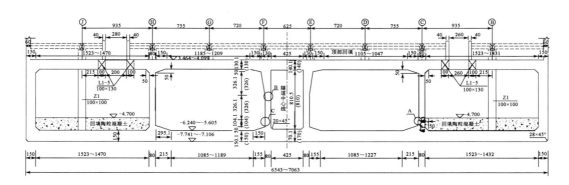

图1.2-24　暗埋段结构典型断面形式（尺寸单位：mm）

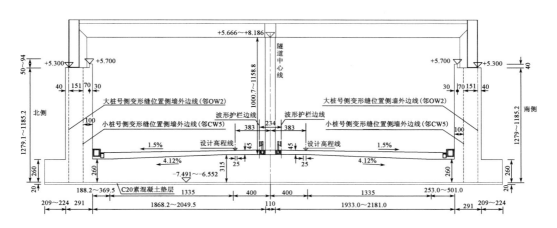

图 1.2-25 减光段及敞开段典型结构断面形式（尺寸单位：mm）

3）主要结构尺寸

主要结构尺寸见表 1.2-19。

主要结构尺寸　　　　表 1.2-19

构件名称	暗埋段					减光段			敞开段	
	隧道顶板	隧道底板	上部建筑底板	下一层侧墙	下二层侧墙	隧道底板	中隔墙	侧墙	隧道底板	侧墙
截面尺寸（mm）	1300	1500	800	800	1500	2400~3150	1100	2510	1050~3150	1200~2110

4）结构分缝

（1）变形缝

隧道结构考虑基础变形、岛上部建筑构造、施工工艺等情况，暗埋段纵向每 23.7~54m 设置一道变形缝，减光段及敞开段每 30m 左右设置一道变形缝。变形缝的宽度取 8mm（暗埋段 CW1 与 CW2 之间为保证止推荷载传递，缝宽取 0mm），缝中设丁腈软木橡胶垫板，缝中除防水构造外，还在底板、侧墙、中墙及顶板内均设置圆钢剪切杆。

（2）施工缝

钢筋混凝土结构横向施工缝的位置及间距根据现场工艺确定，施工缝的位置应尽量设置在剪力较小且便于施工的部位，宜与变形缝相结合，并注意保持结构内部大孔的完整性。原则上横向施工缝沿纵向分缝间距应不大于 30m，并应严格控制。在结构特宽地段，宜布置纵向施工缝，但应保证中部的核心结构一次浇注。水平施工缝设在结构顶、底板加腋下方或上方 500mm 处，并可根据现场实际情况适当调整。顶、底板中均不得留置水平施工缝。垂直施工缝宜与温度伸缩缝或后浇带相结合。

5）结构抗浮

隧道结构按最不利结构布置条件及抗浮设防地下水位,对暗埋段、减光段、敞开段分别进行抗浮稳定验算。经整体抗浮稳定验算,在考虑结构自重抗浮时,隧道的结构抗浮安全系数按120年一遇高水位不小于1.10及千年一遇高水位不小于1.01控制。

6）止推设计

为提早形成沉管隧道对接条件,西人工岛岛上隧道段分成小岛和大岛隧道两部分,小岛暗埋段结构及止水墙施工完毕后即形成对接条件,此时小岛暗埋段上部结构以及大岛隧道还未施工,通过已完成结构与基础之间的摩擦力来平衡对接端部的水压力,形成止推力,按照《重力式码头设计与施工规范》(JTS 167-2—2009)的规定,止推安全满足设计要求,同时为确保安全、防止隧道滑移,在小岛内暗埋段隧道端部底板下与岛内大、小岛分割钢圆筒之间浇筑一传力带提供止推力,传力带厚0.6m;东人工岛暗埋段与沉管对接时,岛内对接结构摩擦力足够抵抗沉管对接水压力,不考虑设置止推传力带。

1.2.6 基槽、基础及回填

1.2.6.1 隧道基槽

1）基槽平纵面设计

基槽开挖的平面轴线与沉管隧道路线平面轴线相一致。基槽开挖宽度以沉管段平面轴线为对称,并随沉管段埋设深度以及地质条件对边坡稳定性要求的不同而变化。

基槽开挖纵断面形状基本与沉管隧道路线纵断面一致,精挖槽底纵坡与隧道各管节结构底纵坡一致,槽底高程结合沉管结构底高程、碎石垫层厚度等确定。

2）基槽横断面设计

基槽底宽度 B = 管节最大外侧宽度(37.95m) + 两侧预留宽度(均取2m),取41.95m。

基槽底高程 H = 管节结构底高程 - 垫层厚度。

槽底高程因垫层厚度不同而发生突变处,槽底纵向采用1:7坡率进行过渡。

浅槽段基槽边坡(E1~E7、E30~E33):槽底高程位于淤泥层内的浅槽段采用一级边坡,坡率在E1~E3和E31~E33管节采用1:7,在E4~E7和E30管节采用1:5。基槽边坡因坡率不同而发生突变处,采用1:6.5坡率进行过渡。

深槽段基槽边坡(E8~E29):槽底高程低于淤泥层底的深槽段按淤泥(含淤泥质

土)与黏土(含砂层)地层分两级边坡。上下边坡坡率分别采用1:5和1:2.5。深槽段根据基槽边坡变坡点分为E8~E10、E11~E14、E15~E24、E25~E29四个区段,各区段的边坡变坡点高程分别采用-33.7m、-31.8m、-28.0m、-23.5m。

考虑到海床表层存在流塑状流泥,为防止施工过程中基槽边缘的表层流泥流入基槽底,对基槽顶面两侧各约40m范围内表层2m厚流泥予以清除。表层流泥清除与原始海床交界处按1:3或自然坡率顺接。

3)基槽边坡稳定性

基槽边坡施工期正常工况下安全系数取值为1.1,运营期正常工况下安全系数取值为1.5,运营期偶然工况下安全系数取值为1.2。对施工期、运营期不同工况下采用不同荷载组合,选取控制断面进行验算。

计算表明,滑动面均位于上部淤泥层,淤泥层的厚度、抗剪力学参数对边坡稳定性起控制作用;对上级边坡采用1:5坡率、下级边坡采用1:2.5坡率,安全系数均能满足要求,基槽边坡在施工和运营期安全稳定。

1.2.6.2 隧道基础

隧道基础位于隧道结构下方,主要功能是承受来自隧道结构自身、回填、管顶防护层以及回淤、行车等荷载,为隧道结构提供均匀可靠的刚度支撑,并控制基础总沉降与不均匀沉降,以满足隧道沉管段、暗埋段及人工岛间的协调变形,使隧道结构在设计荷载作用下因地基变形引起的结构内力及变形在结构设计可承受范围内,满足设计要求,详见图1.2-26和图1.2-27。

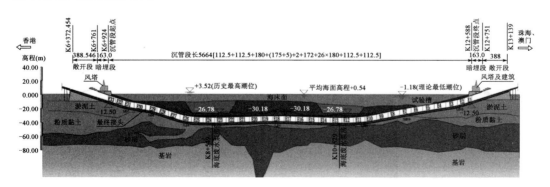

图1.2-26 沉管隧道纵向布置图(尺寸单位:m)

1)隧道复合地基总体方案

采用常规的、成熟的施工工艺来控制沉管隧道基础的沉降,采用天然地基和复合地基相结合的方法,使整个纵向刚度趋于一致,控制总沉降并匹配纵向的不均匀沉降。

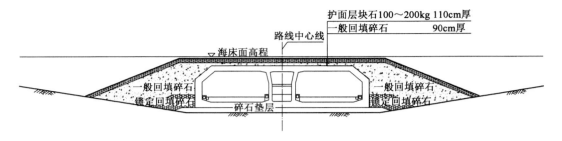

图 1.2-27　沉管隧道标准横断面

地质条件较好、沉降较小的区段以天然地基为基础;地质较差、附加荷载引起的沉降较大的区段,在施工期采取措施,提前消除其主固结沉降。

通过分析未经处理天然地基沉降曲线,确定须进行地基处理的区段,同时根据中间段天然地基沉降量确定过渡段地基处理深度,并使岛上段地基处理深度与过渡段深度相近,从而使整条线路沉降协调一致。

根据沉管隧道结构及工程地质条件的不同,将隧道主线分为三段:岛上段、过渡段、中间段。岛上段包括西人工岛敞开段、暗埋段、E1-S1(第一个管节的第一个节段,后续称谓类同)、E1-S2、E33-S4、E33-S5、东人工岛暗埋段及敞开段;西人工岛过渡段包括 E1-S3 ~ E6-S2,东人工岛过渡段包括 E30 ~ E33-S3;剩余管节为中间段(表 1.2-20)。

隧道基础地基处理分区一览表　　表 1.2-20

序号	区　段	管　节	地基处理方法
1	西人工岛岛上段	西人工岛敞开段、暗埋段 ~ E1-S2	降水联合堆载预压 + 高压旋喷桩/PHC 桩
2	西人工岛过渡段	E1-S3 ~ E6-S2	挤密砂桩 + 堆载预压
3	中间段	E6-S2 ~ E30-S4	天然地基/部分换填
4	东人工岛过渡段	E30-S4 ~ E33-S3	挤密砂桩 + 堆载预压
5	东人工岛岛上段	E33-S4 ~ 东人工岛暗埋段、敞开段	降水联合堆载预压 + 高压旋喷桩/PHC 桩

除了对隧道下的土体进行降水联合堆载预压 + 高压旋喷桩/PHC 桩、挤密砂桩 + 堆载预压及局部换填等地基处理外,还在隧道底板下设置了碎石及块石层,其中岛上段刚性桩复合地基顶面采用 20 ~ 50cm 的碎石垫层,沉管段隧道底板下设置 1.3m 整平碎石垫层,东、西人工岛岛上段的两个节段根据作业条件分别采用陆上人工整平与水下人工整平,其他区域采用专用整平船进行铺设;隧道基础非堆载预压区的碎石垫层下设置

2.0m 水下夯平块石层,复合地基处理后的纵面布置如图 1.2-28 所示。

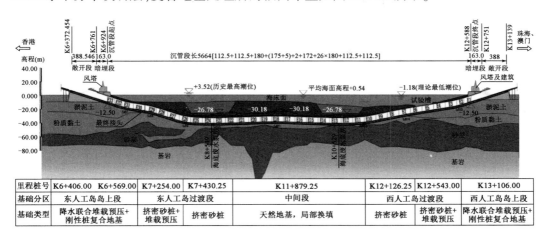

图 1.2-28 隧道复合地基处理后的纵面布置图（尺寸单位：m）

2）西人工岛岛上段地基处理

(1) 地基设计条件分析

西人工岛原泥面高程约 -8.0m,淤泥底高程约 -31.0m,淤泥及淤泥质土层下部为第三大层超固结土。岛内已清除了 -16.0m 以上淤泥,但还保留约 15.0m 厚的软弱淤泥层,该软弱土层在大超载比降水联合堆载预压处理后,淤泥的强度和变形指标都有大幅度改善。经计算,降水联合堆载预压施工期已消除了运营期荷载作用下的主固结沉降。依据软土的再压缩指数及回弹再压缩模量,结合隧道纵向荷载分布情况,对处理后的软土进行回弹再压缩沉降分析后发现,需对岛上段隧道基础下方处理后的土体中适当设置增强体,以减少基础压缩沉降及差异沉降。

(2) 地基处理方案设计

由于沉管隧道中间段以天然地基为基础,沉放沉管结构及上部回填覆盖后,基础必然发生一定量的沉降,过渡段或岛上段宜采用与天然地基在刚度方面更易匹配的复合地基方案,来协调隧道纵向的不均匀沉降,经分析比较,隧道岛上暗埋段及后续敞开段均采用 PHC 管桩。

岛上沉管段基础作为岛隧结合部的重要组成部分,从可选择的复合地基方案来看,高压旋喷桩、水泥土搅拌桩等柔性桩形成的复合地基与相邻过渡段的挤密砂桩改良地基在刚度匹配方面更有优势,但水泥混凝土搅拌桩由于施工机械原因,处理深度有限,岛上 E1-S2 区段（在圆筒位置）砂层较厚,水泥混凝土搅拌桩复合地基的施工工艺难以达到设计所需深度。隧道沉管段采用刚度与挤密砂桩较匹配的高压旋喷桩复合地基方案。

(3)西人工岛敞开段与暗埋段

西人工岛敞开段包括U形槽段和减光段。U形槽段长217m,起止里程K12+891~K13+108;减光段长110m,起止里程K12+781~K12+891;西人工岛暗埋段长193m,起止里程K12+588~K12+781。敞开段及暗埋段为现浇混凝土结构,其断面宽度在纵向逐渐变化。

西人工岛敞开段及暗埋段采用直径500mm的PHC管桩形成刚性桩复合地基,正方形布置,桩间距在2.0~3.0m,桩长随荷载大小变化;沉管结构两侧各设一排直径600mm的PHC边桩,桩顶采用素混凝土填芯后铺设碎石褥垫层,碎石褥垫层中铺两层土工格栅,现浇沉管结构底设置20cm素混凝土找平垫层。

(4)E1-S1、E1-S2段地基处理

包括第一个管节前两个节段(E1-S1、E1-S2)和部分E1-S3(3.25m),起止里程为K12+539.75~K12+588,其断面宽度37.95m。

E1-S1、E1-S2段高压旋喷桩桩径1.0m,桩间距1.7m和1.5m,正三角形布置,桩底高程约-34.5~-36.0m。

(5)复合地基处理设计要点

①降水联合堆载预压卸载。根据实测地面沉降-时间曲线分别推算的地基固结度不低于设计要求,且工后沉降满足要求时,方可卸载。卸载后应通过钻孔取土、标准贯入、静力触探等方式,获取处理后土层的强度和变形指标,重新校核复合地基的设计。

②振冲密实沉管底砂层。为消除沉管下回填砂层的沉降,预压结束后宜先振冲密实沉管下中粗砂。应在振冲密实前进行标贯试验,若标贯击数满足设计要求,则取消振冲密实工艺。

③基槽开挖。按照港珠澳大桥主体工程岛隧工程施工图设计中隧道及人工岛基槽开挖工程要求开挖基槽,基槽宜低于隧道结构底高程40~60cm,以便于回填桩顶碎石褥垫层。钢圆筒切除高程根据实际情况调整。

④铺设碎石。桩顶铺设20~50cm碎石垫层使变形协调,敞开段、暗埋段部分陆上段铺设碎石垫层,E1-S2及E1-S1部分水上段铺设碎石垫层(拆除钢圆筒及副格后铺设)。

⑤高压旋喷桩。高压旋喷桩桩径1.0m,圆筒内及岛内高压旋喷桩间距1.7m,岛外未进行挤密砂桩处理的3.25m范围桩间距1.5m。

⑥PHC管桩。止推段范围内设置PHC管桩复合地基,考虑到两侧边载作用,两侧边桩采用直径0.6m的PHC管桩。施工PHC管桩时须监控桩体对周围土体的挤土效应。

⑦现场试验。在大面积施工前,进行PHC管桩复合地基载荷试验,以确定复合地基

承载力及变形参数,对 PHC 管桩复合地基刚度进行优化;需要时开展高压旋喷复合地基荷载沉降试验。

(6)西小岛基坑开挖

西小岛经满载预压处理后,软土层的固结度不低于 85%,总沉降量约 2.0m,加固后回填砂标贯击数约为 20 击,加固后软土的十字板剪切强度为 50~80kPa,加固效果理想。

根据钢圆筒结构的监测数据,西小岛的基坑开挖以周边大圆筒为边界,靠近岛头(东向)一定范围内开挖至 -8.0m,其余区域开挖至 -10.0m。经计算,该工况钢圆筒结构的安全系数满足稳定要求。西小岛从 +3.0m 开挖至 -5.0m,累计变化的位移小于 2cm,钢圆筒的稳定状况理想。基坑开挖及后续施工过程中,要加强钢圆筒结构的位移观测。

(7)二次止水设计

预制沉管对接时需拆除岛头的钢圆筒,此时岛内后续工作面仍需具备干施工条件,需要设置二次止水墙。二次止水墙由两部分组成,一部分为隧道结构底部止水,另一部分为隧道两侧止水。经对钢管板桩、现浇扶壁结构+底部高压旋喷桩,以及水泥混凝土挡墙(高压旋喷桩)+底部高压旋喷桩三种方案综合比较,设计采用现浇扶壁结构+底部高压旋喷桩的二次止水墙方案(图 1.2-29)。

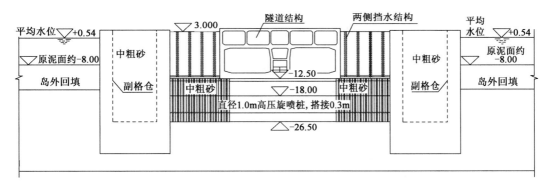

图 1.2-29　岛上隧道段二次止水构造方案(尺寸单位:m)

岛上沉管结构为高压旋喷桩基础,止推段隧道结构底部止水采用 2 排连续的高压旋喷桩,桩径 1.0m,搭接长度取 0.3m,入土深度 14.0m。隧道结构底部现浇护坎嵌入高压旋喷桩中约 0.8m。止推段隧道两侧止水采用现浇扶壁结构结合底部的高压旋喷桩,护壁结构底宽 13.0m,底高程约为 -12.5m,顶高程为 +3.0m,与现有结构(钢圆筒和隧道结构)设置了宽约 1.0m 的对接腔,对接腔内回填柔性的止水材料。底部设置了与隧道结构下方类似的高压旋喷桩,为便于与隧道 PHC 管桩的间距匹配,扶壁结构距离对接面约 4.3m,扶壁前壁下方设置护坎,嵌入高压旋桩约 0.8m。

3)西人工岛过渡段地基处理

(1)地基设计条件分析

西人工岛过渡段(E1-S3～E6-S3)原泥面高程约-8.0～-10.0m,淤泥底高程约-31.0m,淤泥下部为第三大层超固结土。软弱淤泥层含水率高、压缩性大;下卧超固结土强度较大,抗变形能力较强。经计算,运营期荷载作用下超固结土所受应力未超过其前期固结压力,因此沉降计算时只考虑其再压缩变形。依据工程地质勘察报告揭露,该超固结土再压缩指数较小,沉降量值较小,故该土层不处理就能满足沉管沉降要求。过渡段沉管下软土层厚度变化较大,厚度约为0～14.0m,对于较厚的淤泥层如不进行软基处理,在运营期荷载作用下会产生最大约1.5m的沉降,因此,为满足地基承载力及变形要求,应对软弱淤泥层进行处理。

(2)地基处理方案设计

过渡段是连接中间段天然地基与岛上复合地基的纽带,其作用是协调岛内外沉降,使隧道主线沉降平缓过渡。为使沉降平缓过渡,宜采用控制沉降的复合地基基础。考虑到深海作业条件,采用高置换率的挤密砂桩+排水固结超载预压方案,同时,为在施工期消除或减少沉管两侧护坡沉降,宜在护坡下设置低置换率的排水砂井进行排水固结。

挤密砂桩法适用于沙质土、黏质土等各种地基加固,特别适用于软弱地基基础处理。挤密砂桩施工的自动化程度高,质量容易保证,经加固后的地基承载能力提高快,残余沉降量小,地基整体稳定性得到改善,可作为对承载力要求高的重力式结构的基础。

经过计算分析,将西人工岛侧过渡段纵向分为两个区间,区间一包括E1-S3～E4-S3,区间二包括E4-S3～E6-S2,根据区间内对地基刚度的需求,设置适宜的地基处理方案。

①E1-S3～E4-S3段地基处理。

E1-S3～E4-S3段长约413m,起止里程为K12+126.75～K12+539.75。沉管断面宽度37.95m,沉管两侧及上部回填碎石、块石或扭工字块(其中E1、E2管节护坦两侧安放扭工字块)。

E1-S3～E4-S3段沉管下淤泥层较厚,沉管基础底拟采用挤密砂桩+堆载预压法处理软土层,安装扭工字块区段两侧拟采用排水砂井+堆载预压法处理软土层。E1-S3节段由于受到E1-S2节段下的岛头大圆筒影响,挤密砂桩施工不可能完全覆盖圆筒附近区域,综合考虑船机设备与场地条件等,E1-S3节段靠近E1-S2侧的3.25m范围采用与E1-S2相同的高压旋喷桩复合地基。

挤密砂桩布置在沉管底部,并向两侧扩一定的宽度,桩两侧布置排水砂井。挤密砂桩桩径分别为1.5m、1.6m与1.7m,共有42%、55%和70%三种置换率,排水砂井直径

1.0m,置换率约 11%。堆载厚度为 12～14.5m,超载比为 1.3,满载预压时间预计 3 个月。

②E4-S3～E6-S2 段地基处理。

E4-S3～E6-S2 段长约 337.5m,起止里程为 K11+789.25～K12+126.75。沉管断面宽度 37.95m。E4-S3～E6-S2 段淤泥层较薄,厚度约 2.0～7.0m,附加荷载较小或回填荷载小于开挖淤泥自重,总的沉降较小,采用高置换率挤密砂桩处理软土层并清除表层拱起的淤泥,无须堆载预压即可满足沉降及承载力要求。根据荷载及地质条件变化采用不同置换率的挤密砂桩,挤密砂桩桩径分别为 1.5m 和 1.6m,共有 62% 和 55% 两种置换率。

(3) 地基处理设计要点

①抛填基槽斜坡上碎石(E1-S3～E4-S3 段)。抛填 2.0m 碎石形成排水碎石垫层,排水垫层施工完成后,施打排水砂井。

②排水砂井(E1-S3～E4-S3 段)。铺填 2.0m 碎石垫层后,施打排水砂井,砂井直径 1.0m,置换率 11%,砂井顶高程为碎石垫层顶高程。砂井底穿透淤泥层并进入下卧超固结土层 1.0m。

③挤密砂桩。沉管下施打挤密砂桩,挤密砂桩直径包括 1.5m、1.6m 及 1.7m。挤密砂桩底穿透淤泥土层,并进入下卧一定深度的超固结土,进入深度位置标贯击数大于 12 击。沉管两侧边缘处局部加密挤密砂桩。

④堆载预压(E1-S3～E4-S3 段)。堆载料为碎石和块石,由于预压完成后沉管位置需开挖基槽,所以沉管的一定范围堆载碎石,两侧为防浪或冲刷,回填块石和挡浪块体。堆载按厚度计,且应均匀加载,局部堆载高差不大于 3.0m,堆载至设计要求厚度时开始满载预压,满载预压预计 3 个月。

⑤卸载(E1-S3～E4-S3 段)。满载预压 3 个月后,通过监测沉降,当固结度达到 90% 时卸载。

⑥开挖碎石(E1-S3～E4-S3 段)。预压结束后,开挖基槽位置的碎石,碎石坡度为 1:2,开挖过程中坡率不大于 1:2。

⑦清淤。清除挤密砂桩施打过程中拱起的淤泥,确保回填碎石垫层下不含淤泥夹层。

4) 中间段地基处理设计

由于中间段隧道地基的大部分区域软土层已清除,沉管位于超固结土或砂土之上,此类土质较好,压缩性小。为减少施工期回淤质的影响,并为沉管结构提供连续均一的地基,天然地基段采用块石+碎石组合的垫层形式,具体按分期、分步实施方案(基槽开挖后实施块石回填,管节沉放前实施碎石整平)。对于局部仍残留较薄软土层的区域,清除换填块石并水下夯实。

(1)中间段地基处理

中间段天然地基长约4359.0m,对应管节为E6-S2～E30-S6,起止里程为K7+430.25～K11+789.25,沉管断面宽度37.95m。

中间段大部分区域挖土高程至沉管底高程下3.3m的位置,回填2.0m厚块石并强夯,最后在块石表层利用碎石整平船精平铺设1.3m碎石垫层。

对于局部沉管下仍有较薄软土的区段,先清除淤泥并分层回填块石并强夯,最后在块石表层铺设整平的1.3m碎石垫层。

(2)地基处理设计要点

①基槽开挖:根据隧道基础方案,基槽开挖底高程为沉管结构底下缘向下3.3m的位置(E6～E7管节局部位置),根据刚度评估结果,对下卧软土层进行适当超深开挖后实施换填。

②回填块石并夯平:基槽开挖到设计深度后,随即回填2.0m厚块石并水下夯实。

③清淤:管底碎石垫层铺设前,需根据淤泥的监测结果确定是否对块石层顶的淤泥进行清除。

④铺填整平碎石层:块石强夯完成后,利用碎石整平船抛1.3m碎石,并进行精平。

5)东人工岛过渡段地基处理

(1)地基设计条件分析

沉管隧道东人工岛过渡段地质条件大致与西人工岛相同,东人工岛过渡段原泥面高程约-8.0～-10.0m,淤泥底高程约-32.0m,淤泥下部为第三大层超固结土,但东人工岛黏土层埋深比西人工岛深,具体地质分析同西人工岛。

经过计算分析,将东人工岛过渡段纵向分为两个区间,区间一所括E31-S5～E33-S4,区间二包括E30-S6～E31-S5,根据区间内对地基刚度的需求,设置适宜的地基处理方案。

(2)地基处理方案设计

地基处理方案与西人工岛过渡段一致,参见西人工岛过渡段。具体设计如下:

①E31-S5～E33-S4段地基处理。

E31-S5～E33-S4段长约285.0m,起止里程为K6+969.00～K7+254.00。沉管结构宽度37.95m,沉管两侧及上部回填碎石、块石或扭工字块(其中E32、E33管顶护坦两侧安装扭工字块）。

E31-S5～E33-S4段沉管下淤泥层较厚，沉管基础底拟采用挤密砂桩+堆载预压法处理软土层，安装扭工字块的E32、E33管节两侧拟采用排水砂井+堆载预压法处理软土层。挤密砂桩桩径1.6m，共有70%、62%、51%和41%四种置换率，排水砂井直径1.0m，置换率约10%（部分区域为人工岛挤密砂桩，置换率约25%）。堆载厚度为10.4～18.8m，超载比为1.2～1.3，满载预压时间预计3个月。东人工岛过渡段地质与西人工岛过渡段地质存在差异，挤密砂桩置换率结合试验分析动态调整。

②E30-S6～E31-S5段地基处理。

E30-S6～E31-S5段全长约176.25m，起止里程为K7+254.00～K7+430.25。沉管断面宽度约37.95m。

E30-S6～E31-S5段淤泥层较薄，厚度约2.0～7.0m，附加荷载较小或回填荷载小于开挖淤泥自重，总的沉降较小，采用高置换率挤密砂桩处理软土层并清除表层拱起的淤泥，无须堆载预压即可满足沉降及承载力要求。

6）东人工岛岛上段地基处理

（1）地基设计条件分析

东人工岛岛上段地基原泥面高程约-10.0m，淤泥底高程约-32.0m，淤泥下部为第二大层和第三大层超固结土。岛内已清除了-18.0m以上淤泥，但还保留约14.0m厚的软弱淤泥层，该软弱土层在大超载比降水联合堆载预压作用后，淤泥的强度和变形指标大幅度改善。经计算，在施工期已消除了运营期荷载作用下的主固结沉降，依据软土的再压缩指数及回弹再压缩模量，对处理后的软土进行回弹再压缩沉降计算，回弹及再压缩模量仍不能满足沉管基础对变形的要求，故仍需在处理后的土体中设置增强体以减少基础压缩沉降。

（2）地基处理方案设计

①东人工岛敞开段与暗埋段。

东人工岛敞开段包括U形槽段和减光段，U形槽段长179.281m，起止里程为K6+404～K6+583.281；减光段长110m，起止里程为K6+583.281～K6+693.281；暗埋段长230.719m，起止里程为K6+693.281～K6+924。东人工岛敞开段及暗埋段为现浇混凝土结构，其断面宽度在纵向逐渐变化。

东人工岛暗埋段及敞开段采用直径500mm的PHC管桩形成刚性桩复合地基，桩间距2.5m和3.0m，矩形布置，桩长在29.7～32.2m之间变化；结构两侧各扩两排桩，直径为600mm，桩间距2.0m和2.5m，桩顶采用素混凝土填芯后铺设500mm碎石垫层，现浇沉管结构底部设置200mm素混凝土找平层。

②E33-S6、E33-S5段地基处理。

东人工岛第一个管节前两个节段(E33-S6、E33-S5)分别长22.5m,起止里程为K6+924.0~K6+969,其断面宽度37.95m。

E33-S6、E33-S5段及E33-S4段的前3.25m范围采用高压旋喷桩处理,桩径1.0m,桩间距1.5m,正三角形布置,桩底高程约-42.0m。

7)沉管段组合基床设计

沉管段基床位于地基及沉管底之间,采用夯平块石+先铺碎石形成组合基床结构。

(1)块石夯平层

在隧道沉管段(除岛头挤密砂桩的堆载预压区外)整平碎石层下设置2.0m厚的水下块石夯平层,块石采用10~100kg,石料的无侧限饱和单轴抗压强度不小于50MPa。为保证块石层上碎石整平层的均匀性,应确保块石层施工的抛填与夯平满足要求。

(2)先铺碎石垫层

除东、西人工岛岛头小岛内及临近大圆筒节段采用满铺碎石垫层外,其他管节均采用整平船铺设的带垄沟碎石垫层。碎石垫层顶面纵坡与隧道各管节结构底纵坡一致,碎石垫层顶最终高程与隧道各管节结构底高程一致。

整平船施工的带垄沟碎石垫层设置V形槽,纵向锯齿形铺设。碎石垫层顶横向宽度41.95m(结构宽37.95m,结构外缘线两侧各预留2m),标准单垄顶宽1.8m,标准单垄间V形槽顶宽1.05m。

碎石材料采用能自由散落且未受污染、干净、耐久性良好、级配良好的碎石,石料的无侧限饱和单轴抗压强度不小于50MPa,碎石粒径37.5~63mm,小粒径占比小于10%。

1.2.6.3 回填防护

回填防护平面轴线与沉管隧道路线平面轴线一致。回填防护宽度以沉管段平面轴线对称,并根据岛头防撞段和中间一般段对回填防护的要求不同而变化。回填防护的纵断面形状与沉管隧道路线纵断面基本一致,回填防护顶高程结合沉管结构顶高程、各区段回填厚度等确定。

1)中间段回填防护

中间一般段回填防护应满足防冲刷、防锚、限制管节侧移、为管节提供足够的抗浮安全度等要求,由锁定回填、一般回填、护面层回填三部分组成,中间一般段回填防护典型横断面见图1.2-30。

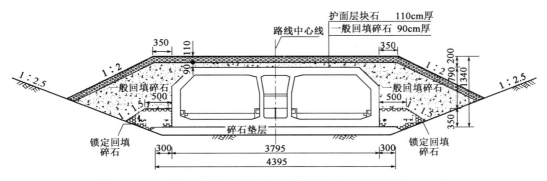

图1.2-30 中间一般段回填防护典型横断面图(尺寸单位:cm)

(1)锁定回填

管节沉放对接就位后,应立即进行两侧锁定回填,固定管节位置。锁定回填应对称设置,提供足够的侧向抗力,并有良好的排水性能。

①材料:粒径5~80mm碎石;

②高度:不小于4.5m(自沉管两侧管底位置算起);

③宽度:不小于5m;

④坡率:自然休止坡。

(2)一般回填

①材料:粒径5~80mm碎石;

②高度:锁定回填与护面层回填之间,管顶上部0.9m厚。

(3)护面层回填

护面层回填为管节提供防拖锚、防抛锚等作用,并保证管节抗浮稳定性,其自身应有足够的抗冲刷能力。

①材料:10~100kg块石(非航道段)及100~200kg块石(航道段、中间一般段与岛头防撞段过渡区);

②高度:一般回填1.1m厚以上;

③宽度:至管节左右结构外缘线以外各3.5m;

④坡面:为防止船只走锚对隧道管节造成破坏,护面层设置为折拱形,两侧与基槽边坡顺接;

⑤护底:坡脚与基槽边坡间设置护底块石。

2)岛头防撞段回填防护

(1)岛头防撞段回填防护平面布置

纵向范围:以岛头沉管顶部2m回填防护层顶没入海床面为岛头回填防护终点,由此确定东人工岛岛头防撞回填防护段纵向范围 K6+986~K7+329(长 343m);西人工岛岛头防撞回填防护段纵向范围 K11+948~K12+524(长 576m)。

横向宽度:结合防撞护坦设置高度,通过岛头防撞计算分析,确定东、西人工岛岛头防撞护坦顶部横向宽度均采用 120m。

根据上述要求,并结合与岛壁结构衔接过渡、美观、防浪等影响因素,确定东、西人工岛岛头防撞护坦平面布置。

(2)岛头防撞段回填防护横断面构造

岛头防撞段回填在过渡段基础堆载碎石开挖卸载的基础上实施,未开挖堆载碎石作为岛头防撞段回填防护的一部分。在堆载碎石基础上实施岛头回填横断面构造如下:

锁定回填:防撞区域波流条件更为复杂,锁定回填粒径与中间一般段粒径统一,回填顶面宽度采用 10m,锁定回填高度至侧墙顶部(高 7.78m)。

一般回填:回填至沉管结构(含管顶外侧浇筑混凝土)顶高程处,采用 10~100kg 块石。

护面层回填:随着隧道顶部高程的纵向坡降,结合防撞要求和基础堆载预压情况,东、西人工岛岛头防撞段护面层结构分别划分为 5 个、4 个区段,护面层结构和区段划分结合各区段岛头防撞分析和波浪物模试验结果确定。沉管结构处护面层块石下方设置混凝土及碎石垫层,混凝土层需结合管节浮运所需干舷综合确定。

1.2.7 附属设施设计

1.2.7.1 隧道排水及检修设施

1)隧道总体排水方案

隧道东、西人工岛减光段口部设置一道排水暗沟,主要汇集敞开段及部分桥梁路面雨水,并通过室外雨水泵房提升排放;隧道暗埋段口部设置一道横截沟及两道排水暗沟,拦截减光段及部分敞开段路面雨水,并通过洞口雨水泵房提升排放。

沉管隧道路面低侧设置纵向边水沟,以疏排运营期消防水、冲洗废水及结构渗水等,并通过位于隧道 W 形纵坡两处最低点(里程 K8+570、K10+510)的废水泵房提升外排。

2)排水边沟及雨水井

隧道闭口段路面低侧通长设置 C 型排水边沟,以排除隧道内消防废水、冲洗废水、结构渗水等,并采用一体式预制成品排水沟(Ⅱ型),设计使用寿命不小于 30 年,承重等级不低于 E600,且每 22.5m 设置一处雨水井(兼沉沙井、检修井功能)。成品排水沟跨管节接头处设置可伸缩结构,以适应 4cm 管节接头张合量。

隧道开口段路面低侧设置 B 型排水边沟,主要疏排开口段路面雨水及冲洗废水,并采用一体式预制成品排水沟(Ⅰ型),设计使用寿命不小于 30 年,承重等级不低于 E600,且每 30m 设置一处雨水井(兼沉沙井、检修井功能)。

3)暗埋段洞口路面横截沟、排水暗沟及雨水泵房

在隧道东、西人工岛暗埋段口部各设 1 座洞口雨水泵房,并在暗埋段洞口各设置 1 道路面横截沟及 2 道排水暗沟,拦截并汇集隧道洞口段雨水进入泵房集水池。雨水经水泵提升后排入人工岛周边设置的排水明渠。路面横截沟宽 370mm,深度根据隧道路面横坡变化,采用一体式预制成品排水沟(Ⅰ型),设计使用寿命不小于 30 年,承重等级不低于 E600。

4)减光段口部路面排水暗沟及雨水泵房

在隧道东、西人工岛减光段口部各设置 1 道路面排水暗沟(中心里程分别为 K6+577、K12+912)及 1 座室外雨水泵房,以汇集隧道减光段以外雨水进入泵房集水池。雨水经水泵提升后排入人工岛周边设置的排水明渠。

5)废水泵房及废水泵房处横向排水沟

隧道废水泵房设置于隧道 W 形纵面的两个最低点 E13-S3、E24-S1 节段中管廊底部,相应的横向排水沟中心里程分别为 K8+570 与 K10+510,用于汇集隧道内路面废水,并将汇水排入隧道废水泵房。横向排水沟在压舱层中预埋 DN400mmPE 双壁波纹管。

1 号泵房处于 E24-S1 节段;2 号泵房处于 E13-S3 节段。1 号、2 号泵房节段于中管廊底板各设置 5 处 425cm(长)×150cm(宽)×44cm(深)泵坑,该处底板厚度 126cm,设计对中管廊底板结构进行加强。

消防废水量、废水外排水泵及管路由交通工程设计单位提供,据此确定 E13-S3、E24-S1 节段中管廊底部集水池净长度 20m,净宽 4.25m,有效水深取 0.5m,有效容积为 42.5m^3。

6)检修道

隧道检修道采用 C45 钢筋混凝土预制结构,每块检修道预制件名义长度为 150cm,实际长度为 149.7cm,检修道预制件之间安装拼缝一般缝宽 3mm,跨管节接头处设置 4cm 伸缩缝,以适应纵向位移。检修道预制件底部设置 5~10cm 厚水泥砂浆垫层,具体安装工艺由施工方根据现场典型施工后确定,确保安装稳定、平顺。预制、安装过程应注

意保护预制件边角不被破损,表面不被污染。

检修道预制件共六种类型,具体类型及适用段落见表1.2-21。

隧道检修道预制件分类及适用段落　　　　表1.2-21

检修道预制件类型	适 用 段 落
OW1 型	适用于隧道暗埋段(洞口路面横截沟以外部分)、敞开段及减光段外侧一般段
OW2 型	适用于 OW1 检修道沉沙井处
OW3 型	适用于隧道敞开段、暗埋段路面横截沟处
BW 型	适用于暗埋段及沉管段外侧一般段
BN1 型	适用于暗埋段及沉管段内侧一般段
BN2 型	适用于暗埋段及沉管段内侧设置消防洞室处

注:OW2 型检修道预制件纵向间距不大于 45m。

(1)暗埋段(口部排水暗沟以外的部分)及敞开段、减光段设置 OW1 型检修道,其内腔兼具排水功能,收集洞口路面雨水,然后通过洞口雨水泵房提升排放;其中,暗埋段内侧设置 BN1 型或 BN2 型检修道(内腔需布置交通工程消防管道)。

(2)暗埋段(口部排水暗沟以内的部分)及沉管段外侧采用 BW 型检修道;内侧设置 BN1 型或 BN2 型检修道(内腔需布置交通工程消防管道)。

1.2.7.2　横向疏散及运输通道

1)横向疏散通道

隧道暗埋段及沉管段纵向每 135m 于中墙设置一组安全门,如图 1.2-31 所示,以实现紧急情况人员通过中管廊安全通道纵、横向疏散。安全门采用甲级防火安全门,耐火隔热性及完整性应满足相关规范要求,通行净宽不小于 1.2m,净高不小于 2.1m。

2)设备运输通道

隧道东、西人工岛暗埋段临近隧道口部北侧中墙各设置一道高 2.4m、宽 2.4m 门洞,作为隧道中管廊设备运输通道。

1.2.7.3　隧道密封隔断结构

1)中管廊分区隔断

中管廊从上至下分别设置排烟道、安全通道及电缆通道,各通道之间设置隔断结构。

排烟道与安全通道之间设置 30cm 钢筋混凝土上隔板,同沉管管节结构一体化先期预制。上隔板跨管节接头处采用钢板进行隔断密封,钢板临排烟道侧采取防火措施,且与混凝土上隔板连接处之间采用防火密封胶进行封堵。上隔板每 540m 设置一处 A 型检修人孔（80cm×80cm），供检修人员进入排烟道；每1080m设置一处B型检修人孔（160cm×160cm），供设备及检修人员进入排烟道。

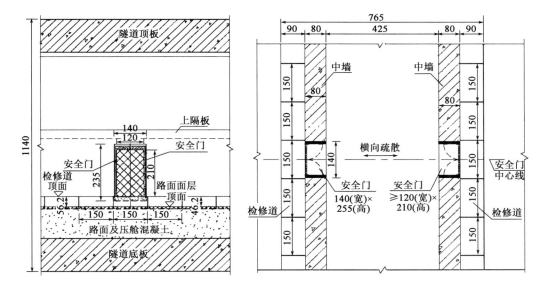

图1.2-31 隧道安全门布置图（尺寸单位：cm）

安全通道与电缆通道之间设置下隔板，为便于电缆通道交通工程管线运营检修及功能要求，下隔板应满足可开启、承载、轻质、耐火等要求，设计采用复合钢格板。

2）电缆通道分舱隔断

隧道交通工程管线集中布置于中管廊电缆通道内，并根据管线类型分舱布置。其中，220V、380V、35kV等强电电缆布置于强电舱；通信、监控等弱电电缆及给排水管道、消防管道等布置于弱电舱。强、弱电舱隔墙采用现浇钢筋混凝土结构，厚160mm，内净高不小于1540mm，墙顶设置限位支撑钢板。隔墙纵向跨节段接头处设置施工缝；跨管节接头处设置变形缝，缝宽4cm。

1.2.7.4 隧道路面及压舱层

1）路面结构

隧道路面结构设计使用年限不小于15年。隧道路面采用复合式沥青路面结构，沥青面层分为两层。上面层为4cm SMA-13沥青玛𤨪脂碎石混合料，下面层为6cm SMA-20沥青玛𤨪脂碎石混合料。上面层和下面层之间设置改性乳化沥青黏结层0.4~0.6kg/m²。沥青面层和水泥混凝土基层间设置3mm防水黏结层。

为适应管节接头处变形要求，在沉管段管节接头接缝处路面层设置无缝式伸缩缝，以适应隧道纵向张开和微小转动。

2）压舱混凝土

隧道压舱混凝土采用C30素混凝土，设计使用年限120年。压舱混凝土沉管段横断面分三部分浇筑，即先铺层、后铺层及两侧后浇带。压舱混凝土先铺层施工结合压载水箱置换进行，应保证设计厚度以满足施工期抗浮要求；两侧后浇带预留一定的宽度，待管沟预制件安装时再行浇筑；后铺层厚度24cm。

1.2.7.5 隧道结构防火设计

为使隧道的钢筋混凝土结构在火灾发生时保持完整性与稳定性，在隧道结构面上安装防火板进行结构防火。隧道结构防火纵向上包含暗埋段及沉管段（含接头及接缝处），横断面的防火范围包括行车孔结构顶板、顶板以下一定范围的侧墙、排烟道内的排烟口及接头范围、电缆通道的接头范围。

1）隧道行车孔结构防火

隧道行车孔结构防火采用外敷防火板形式。防火板直接安装在混凝土结构表面，采用膨胀螺栓固定，防火板安装后外观为黑色，可采用黑色板材或表面采用黑色的水性无机涂料喷涂处理。

2）排烟道内结构防火

中管廊上部排烟道内壁的排烟口处（排烟口及两侧纵向各延6m范围）采用防火板保护。防火板直接安装在混凝土结构表面，采用膨胀螺栓固定，安装方案同行车孔防火板，应牢固，满足轴流风机工作时的风压等要求。

3）管节接头防火

管节接头外侧设防火板，内侧设陶瓷纤维组成防火隔断（图1.2-32）。接头范围内的防火板通过不锈钢U形或L形钢骨架、膨胀螺栓、自攻螺钉连接在周边的结构混凝土上。

为保证中墙管节接头处在张合变形工况下的防火及隔断作用，采用防火弹性密封条与防火板联合在接头处进行处理。

4）节段接头防火

节段接头环向外侧设防火板，内侧设陶瓷纤维组成防火隔断。接头范围内的防火板通过不锈钢U形槽钢及L形角钢、膨胀螺栓、自攻螺钉连接在周边的结构混凝土上。为保证中墙管节接头处在张合变形工况下的防火及隔断作用，采用防火密封胶在接头内外侧进行密封处理。

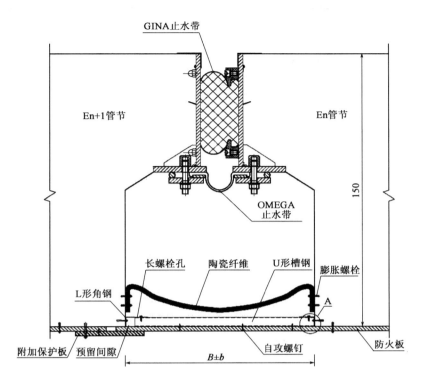

图1.2-32　管节接头处防火设计方案（尺寸单位：cm）

5）暗埋段变形缝防火

暗埋段变形缝处不再单独设置防火隔断，防火板跨变形缝安装（同一块防火板的螺栓不跨缝），跨缝宽度不小于10cm；变形缝处外设防火板进行保护。

1.2.7.6　隧道内部装饰设计

隧道行车孔墙体装饰横断面范围包括行车孔两侧检修道顶向上2.75m的范围。隧道行车孔两侧装饰板与相接的顶部防火板（含加腋）处的搭接长度不小于20cm。隧道内侧墙装饰板采用搪瓷钢板。

1）行车孔侧墙装饰

隧道行车孔侧墙装饰板，通过搭建龙骨安全稳固地对隧道侧墙进行装饰，具体板块划分、色泽等根据现场样板段隧道照明、整体外观等进行综合评定确定。

2）预留预埋处装饰

隧道侧墙装饰对预留的孔洞做专门考虑，预留孔洞处的装饰板需根据孔洞的侧面尺寸（宽×高）进行开口。预留孔洞处根据所放置设备（或设备箱）的功能进行相应保护门的安装,预留孔洞外饰面可采用不锈钢板制作,门面喷刷醒目的红色识别标志,具体结合产品规格及消防要求确定。

1.3 隧道工程施工综述

1.3.1 施工特点和难点

港珠澳大桥沉管隧道作为我国第一条在外海环境条件下施工的沉管隧道,是目前世界上唯一的深埋大回淤节段式沉管工程,建成后将是世界上最长的公路沉管隧道工程,与国内外同类型工程相比,具有超长、深水、深埋等鲜明特点,施工特点和难点如下:

1)工程规模大

工程标准管节体量大,自重约78000t,管节数量多达33节,隧道长度近6km,无论管节数量还是隧道总长皆位于世界同类工程前列。

2)作业条件差

沉管安装现场远离陆地,为外海无掩护作业,现场受台风、热带气旋、短时雷暴等恶劣天气影响大,并且安装期需跨越多个台风季节,施工风险大。

施工水域位于珠江口航道运输繁忙的水域,日船舶交通量达4000艘次,属水上交通安全事故频发敏感区,施工干扰大。

施工区域处于外海,孤岛施工受材料设备运输条件、水电供应、作业场地及防台等因素影响较大,施工条件差,限制施工效率的充分发挥。

3)技术难点多

外海施工距陆地基准点远,测量定位难度大,安装精度要求非常高,跨海控制测量和高程传递难度大,深水长距离条件的沉管水下高精度定位测控难度大。

施工区域水流、波浪条件恶劣,对浮运沉放设备的要求远高于同类工程,设备设计制造具有较大的难度;受人工岛挑流影响,岛头区流态复杂,复杂水流和航运条件下的管节浮运安装难度大。

沉管安装作业需要严格的气象窗口,符合要求的天数甚少,水文与气象作业窗口分析、精细化预报和保证难度大。

深水区管节最大沉放水深达45m,基槽深度为35~40m,槽深是同类沉管隧道的3~4倍,槽底海流及紊流复杂。有别于世界其他一般意义上的深水沉管隧道,港珠澳大桥沉管隧道属于深埋式深水沉管隧道,深槽区沉管基床受边坡稳定、洪汛季节和外部施工环境(上游采砂、疏浚等)综合因素影响,发生大强度基槽回淤、突淤风险大,深水深槽沉管安装是世界范围内首次尝试,面临巨大技术挑战。沉管浮运、安装施工特点分析见表1.3-1。

沉管浮运、安装施工特点分析　　　　表1.3-1

序号	工程特点	特点分析
1	工程规模大	管节体量大(7.8万吨级)、数量多(33节),世界最大规模沉管隧道之一
2	作业条件差	安装现场远离大陆,外海无掩护施工
		现场受台风、热带气旋、短时雷暴等恶劣天气影响大
		位于珠江口航道运输最繁忙水域,属水上交通安全事故频发敏感区
		外海作业,物资材料、机械设备、施工人员等的组织运输难度大
		岛头区沉管安装作业面狭窄、水流条件复杂
3	技术难点多	复杂水流和航运条件下的管节浮运难度大
		水文与气象作业窗口分析、精细化预报和保证难度大
		跨海控制测量和高程传递难度大
		深水(45m)长距离(5.6km)条件的沉管水下高精度定位测控难度大
		岛头效应产生的挑流严重影响岛隧结合部位置管节的沉放
4	安装工期紧	沉管安装施工作业条件严格,可作业天数有限
		36个月完成33节管节的安装,与国内外类似工程比较,工期挑战性大
5	环保要求高	施工区域处于中华白海豚国家级自然保护区,环境保护要求严格
6	施工风险大	深水压力条件下的端封门使用安全风险大
		深水条件的潜水作业安全风险大
		突发灾害天气条件下现场作业安全风险大
		沉管浮运通航安全风险大

1.3.2　主要施工内容

港珠澳大桥岛隧工程起于粤港分界线(K5+972.454),止于西人工岛结合部非通航孔桥西端(K13+413),全长约7440.546m,其主要施工内容见表1.3-2。

岛隧工程主要施工内容　　　　　表 1.3-2

序号	项目名称		主要施工内容	结构简介
1	东人工岛		起于 K6+339,止于 K6+964,轴线长度 625m,横向最宽处约 225m,岛内顶高程为 5.0m,面积约为 10.3 万 m²	岛内地基利用深插式圆筒的良好抗滑稳定性和止水条件,局部开挖换填后先行抛填筑岛,而后陆上插打塑料排水板,设置井点降水联合堆载预压。岛壁采用局部开挖换填后外侧辅以 25% 置换率挤密砂桩+抛石斜坡堤
2	西人工岛		起于 K12+548,止于 K13+173,轴线长度 625m,横向最宽处约 190m,岛内顶高程为 5.0m,面积约为 9.8 万 m²	
3	沉管隧道	隧道管节	起于 K6+761,止于 K12+751,全长 5990m,采用两孔一管廊结构,其中预制沉管段长 5664m,由 33 节管节组成,标准管节长 180m,东、西人工岛现浇暗埋段长均为 163m	管节采用高性能海工钢筋混凝土结构,预制管节采用全断面浇筑
		基槽基础回填	沉管基槽设计长度 5664m,底宽 41.95m,最深开挖高程 -46.03m。隧道采用碎石基础垫层,深埋段采用天然地基;浅埋段及过渡段根据地质情况采用复合基础。沉管回填防护采用碎石及块石	基槽开挖采用两级边坡,坡率分别为 1:7 和 1:3,纵向呈 W 形布置
4	结合部非通航孔桥		东、西人工岛结合部非通航孔桥长度分别为 390m 和 264m;桥面横向布置为双向 6 车道,最大纵坡 2.98%	桥跨以 3 跨为一联,采用预应力钢筋混凝土连续钢构箱梁结构
5	岛上建筑及附属设施		两岛占地面积均为 9390m²,东人工岛总建筑面积 27886m²,西人工岛总建筑面积 20622m²。两岛均设有环岛道路及匝道、综合救援码头,以及岛上绿化、排水等附属设施	东人工岛建筑三层、局部四层;西人工岛建筑二层、局部三层;均设停机坪
6	沉管预制厂		拟建在牛头岛内,距隧址约 12km,管节浮运可利用榕树头航道,从沉管寄泊区至榕树头航道需做必要的疏浚	总长 260m,总宽 432m,控制爆破开挖施工

续上表

序号	项目名称	主要施工内容	结构简介
7	临时航道	布置在伶仃航道西侧,东边线距主航道西边线370m,长度约4.69km	底高程-17.0m,底宽230m
8	项目总营地	位于珠海情侣北路后环4号地块,距工程现场约25km。营地总用地面积约59万m²,岸线长度近800m。规划码头、堆场及办公生活等三大功能区域	场地需进行软基处理、垫高、硬化,房屋为砖混结构

本工程的关键技术见表1.3-3,表中所列的关键技术都处于关键线路上,控制不当,都会影响工程的整体进程。

岛隧工程关键技术 表1.3-3

东、西人工岛	隧道基础	管节预制	浮运沉放及最终接头
抗密砂桩施工; 大直径钢圆筒围护; 深插式塑料排水板	基槽开挖精度控制; 基槽清淤; 碎石基床整平; 减沉复合地基施工	管节全断面浇筑; 混凝土耐久性; 混凝土控裂; 管节顶推; 曲线段管节预制	气象窗口分析与预报; 管节浮运沉放; 岛隧结合部管节沉放; 最终接头施工; 管节定位与贯通测量

1.3.3 施工总体部署

港珠澳大桥岛隧工程沉管安装设计的5个主要功能区域分别为项目总营地、沉管预制厂、沉管浮运航道、沉管安装现场及防台避风锚地。

1)施工总体安排

以沉管安装为主线,重点控制首节管节安装及最终接头施工两个里程碑节点工期,统筹安排,科学调度,安全、高效、优质地建成岛隧工程。

(1)首先开始管节预制工厂建设和西人工岛基槽开挖及总部营地建设。

(2)优化管节预制工艺,提高施工效率,保证管节具备连续预制的条件。

(3)统筹安排东、西人工岛施工,尽早形成陆域,为水上施工提供依托。

(4)沉管安装由西向东推进,最终接头布置在东人工岛附近水深较浅区域,以降低施工风险。

(5)结合部非通航孔桥以不干扰主线为原则开展施工。

2)施工总体思路

针对工程量大、无陆上依托、施工条件恶劣的工程特点,岛隧工程施工组织的总体思路为:以沉管安装为主线,以沉管预制、基槽开挖和基础施工为副线,以人工岛(隧道暗埋段)和预制厂建设为保障,多线并举,协同推进。岛隧工程施工总体流程如图 1.3-1 所示。

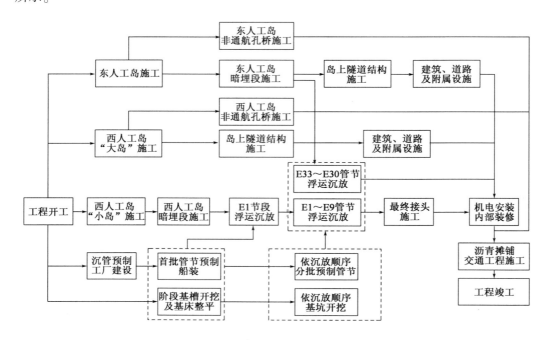

图 1.3-1 岛隧工程施工总体流程

施工准备阶段,主要进行项目总部基地建设和大型设备调遣,同时进行工程测量控制网点的布设和复测,以及相关施工手续的审批办理工作,为工程开工打下良好基础。

开工后,立即开展两大工作面:人工岛和沉管预制厂及营地建设。现场重点围绕西人工岛岛头部施工,以尽早实施首节暗埋段、为 E1 沉管安放提供现场条件;后方则围绕沉管预制厂建设,以尽早完成第一批管节预制与舾装。

沉放阶段,由于沉放施工受天气影响明显,要严格根据气象窗口来决定沉放的条件和时机,且沉放条件不受人为因素影响,因此沉放施工应定为主线工期控制因素。其他如基槽开挖、管节生产等,可通过加大投入、提高效率等方式来解决和满足施工需要,因此管节沉放施工成为工程工期的主线节点。

东人工岛、基槽开挖及结合部桥梁,则根据各自的工程量、作业工效和工作面,以保证沉管安装、锁定为前提,参考节点工期及总工期要求,安排适当的开工时间,争取连续施工,减少交叉和设备进出场次数,做到安全施工、环保施工。

隧道沉放完成贯通后,隧道内沥青摊铺施工必须在通风设备安装完善后才能开展,否则沥青摊铺施工释放的有害气体会影响施工人员安全。因此,沥青摊铺无法与沉放施工和隧道内结构同步施工,沥青摊铺成为主体工程后期的主要节点。

施工过程中,充分利用秋、冬季节的良好天气,加大投入,完成更多的有效工程量,降低夏季施工的结构和船机风险,减轻工期压力。

1.3.4 主要施工工艺

按照"大型化、工厂化、标准化、装配化"项目总体建设思想,采用钢圆筒作为隧道基坑止水围护结构并与岛壁结构结合,钢圆筒可在施工期快速形成围闭岛体,实现岛内外平行作业,在最短的时间内具备岛上隧道暗埋段施工条件,尽快提供沉管安装对接工作面,钢圆筒现场施工如图 1.3-2 所示。

图 1.3-2　22m 大直径钢圆筒围护结构

管节浮运、安装施工直接影响项目总体工期,其施工为工程的主线,沉管预制厂建设、管节预制、基槽开挖、碎石基床整平等为工程的副线。沉管安装主要采用单向沉放对接方案,西人工岛采用先筑岛成陆再进行基坑开挖和隧道陆上段施工的方案,首先完成暗埋段的施工,提供管节沉放对接条件,故先实施西人工岛侧 E1~E28 直线段管节的安装,再进行东人工岛侧 E33~E29 曲线段管节的安装,最后实施 E29 和 E30 之间的最终接头安装(图 1.3-3)。

经过大量模型试验和多次浮运演练后,港珠澳大桥浮运的拖带方式确定采用吊拖和绑拖多拖轮协作的方式,航道内采用 4+4+5 拖轮编队方式;管节系泊采用 12 点对称锚泊系统,即单个管节布置 12 口锚,包括 8 口操控沉放驳的系泊锚和 4 口操纵管节的安装锚,锚碇采用拖拽嵌入式大抓力锚;管节沉放和对接选用稳定性和操控性都较好的双浮驳扛吊法。管节安装主要施工工艺如图 1.3-4 所示。

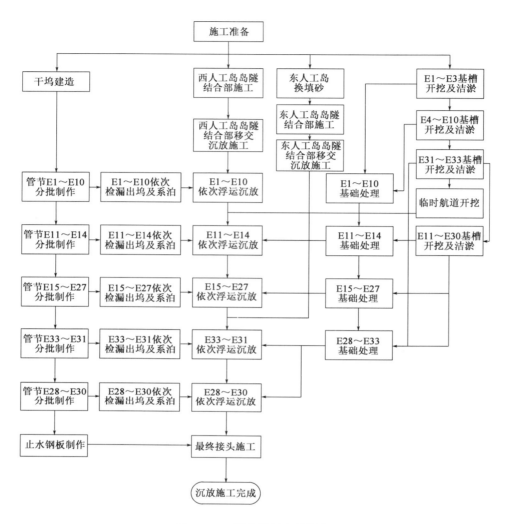

图 1.3-3　管节浮运安装流程

a)出坞

b)浮运

图　1.3-4

c) 系泊　　　　　　　　　　　　　d) 沉放

e) 对接

图1.3-4　管节安装主要施工工艺

管节采用工厂法预制,该方法创造了标准化的全室内工厂预制环境,消除了气象的干扰,浇筑温度可控性强,养护环境好,有效保障预制的品质,同时钢筋、模板、混凝土施工在流水生产线上进行,各环节标准化程度高,施工连续性好且效率高,为工程整体工期的实现提供了有力的保障(图1.3-5)。

图1.3-5　工厂法预制节段式管节

预制工厂设在距隧址约12km的桂山镇牛头岛,由预制区、浅坞区、深坞区、生活区、办公区及配套码头和出坞航道等部分组成。沉管预制厂设置2条生产线,约每70d生产2节沉管。长180m的标准管节由8个22.5m长的节段组成,以22.5m节段为单元,在流水线上标准化预制,依次绑扎底板、侧墙、中隔墙及顶板钢筋,安装全自动液压模板,采用冰水混合集料冷却系统控制混凝土入模温度低于25℃,单节混凝土方量约3400m³,采用泵送工艺全断面一次性连续浇筑,在封闭湿养护满足强度要求后,由计算机控制液压自平衡支撑系统顶推出模。8个节段依次完成匹配预制后,整体顶推至浅坞区,采用预应力张拉形成整体管节。沉管预制工厂总体布置见图1.3-6、图1.3-7。

图1.3-6 沉管预制工厂效果图

图1.3-7 沉管预制工厂现场

预制和张拉完成的管节在工厂浅坞区内进行压载水系统、装配式钢端封门安装等一次舾装,然后关闭深坞门、浅坞门,坞内灌水,管节起浮试漏,通过坞内绞缆系统横至深坞区内系泊存放,坞内排水,打开深坞门,完成测量塔安装标定等二次舾装,随后选择施工作业窗口进行浮运沉放作业。

与此同时,在基槽区同步进行地基处理、基槽开挖、基槽清淤、块石基床抛石夯平和碎石垫层铺设等施工。针对岛隧工程施工区域土质分布、环保要求高及保障伶仃航道正常通航的要求,基槽开挖采用1艘舱容5000m³以上、1艘舱容10000m³以上的中大型耙吸式挖泥船(图1.3-8),局部不规则边角区域采用抓斗挖泥船辅助施工。

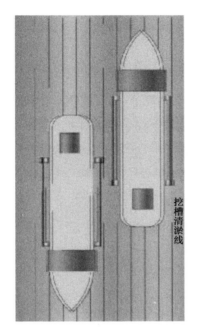
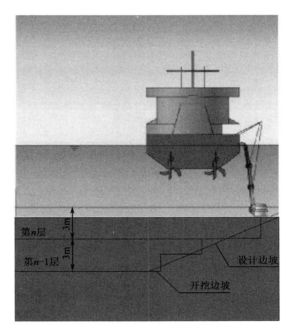

图1.3-8　边坡采用耙吸式挖泥船分条、分层开挖

根据本工程基槽清淤特点,对一艘专用清淤船进行技术改造。清淤船垂直于基槽布置,分条清淤宽度为6m(吸头有效作用范围),如图1.3-9所示。

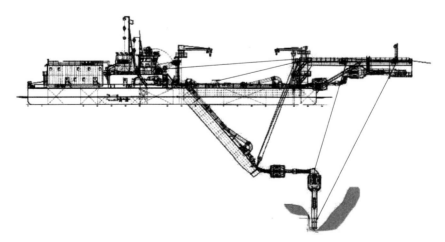

图1.3-9　专用清淤船示意图

碎石基床除靠近岛头管节的部分区域采用人工整平外,其余全部采用专用自升平台式整平船铺设整平。该船实现了对自身定位、碎石输送系统的控制、下料管升降的控制、整平刮刀的高程调节、整平台车纵横向移动的控制、水下目标的高程动态定位、下料管料位的控制、碎石铺设的同步质量检测等施工作业的自动化、一体化管理,水下45m处铺设的高程精度误差小于4cm,可为沉管的高精度安装提供良好的着床条件(图1.3-10)。

图1.3-10 专用自升平台式整平船

1.3.5 施工进度计划与实施

港珠澳大桥岛隧工程的工期节点是施工组织设计重点控制点之一,工程于2010年12月21日正式开工,隧道计划于2015年12月31日贯通,岛隧工程(含结合部桥梁、沥青摊铺)计划于2016年3月20日完成。根据工程总体筹划,综合分析本工程关键工序路线和主要工程的里程碑节点,主要有以下关键施工节点:

①沉管隧道:

2011年12月底前具备管节预制条件,2012年7月底前提供首批沉管出运条件;

2012年7月底前完成第一批管节(E1~E2管节)的预制;

2012年10月底前完成第一节管节范围内基槽开挖和基础处理;

2012年12月底前开始安装第一个沉管隧道管节;

2015年4月底前完成全部管节的预制;

2015年9月底前提供足够的交通工程施工工作界面;

2015年12月底前完成全部管节的浮运、安装及最终接头施工等。

②西人工岛:

2012年10月底前完成岛隧结合部施工,满足第一节沉管隧道沉放对接条件;

2012年12月底前岛内回填成陆至+5.00m高程;

2014年3月底前完成岛内隧道结构施工及回填;

2014年9月底完成岛上房建工程施工。

③东人工岛：

2012年7月底前完成钢圆筒和副格板桩沉放及回填中粗砂；

2013年1月底前完成钢圆筒外侧斜坡堤岛壁抛石；

2014年3月底前完成现浇连接段隧道施工；

2015年2月底前完成岛内暗埋段及敞开段隧道施工(包括回填)；

2015年5月底完成岛上房建工程施工。

港珠澳大桥岛隧工程第一节沉管浮运安装计划时间为2012年12月，实际安装时间为2013年5月，至2017年3月最后一节沉管安装成功，安装周期46个月，平均安装速度为1.4月/节，总体工期比计划工期稍微滞后。

第一节沉管计划安装时间为2012年12月，实际安装时间为2013年5月，延后4个月的主要原因是西人工岛岛头段基础变更。岛头段原沉管基础为水下钢管桩，后期变更为挤密砂桩+块石堆载预压基础，块石堆载预压期3个月，卸载1个月，因此沉管浮运安装周期延后4个月。

管节安装第一次大的时间间隔发生在E11管节，间隔期4个月，主要原因是E10沉管安装完成后，进行了航道转换，转换周期3个月，转换期内沉管无法安装。另一个原因是，E10管进入深水深槽段，安装水深超过30m，槽深超过20m。在深水深槽作业环境下沉管安装技术属于世界难题，项目部在E10管节安装完成之后进行了深水深槽技术攻关，在技术攻关期间暂停安装。

管节安装第二次大的时间间隔发生在E15管节，间隔期4.5个月，主要原因是E15沉管安装遭遇基床突淤，E15经过三次出坞和两次回拖才最终安装成功。基床突淤的原因是上游大量采砂造成水体含沙量大幅增加，回淤物堆积在边坡上，造成滑塌，损坏基床。

从上述内容可以看到，沉管浮运安装面临深水深槽、大径流、强回淤等诸多世界性难题，每一个技术难题的解决都会给工期造成不同程度地影响。实践经验证明，沉管浮运安装周期1节/月在理论上是可行的，但是考虑到技术问题、台风影响、作业环境变化等因素，按照1.5月/节的速度考虑总体工期是较为合理的。

港珠澳大桥作为目前世界最长跨海通道，由于地质结构复杂、施工环境恶劣、技术标准高、环保要求高，从开工建设到完工通车，一直都面临着种种超乎想象的困难与挑战。面对困难和挑战，建设者以高目标为导向，通过技术革新突破国外封锁，自主研发出了外海沉管隧道施工成套技术；研究完成了沉管工厂法预制技术，集戎开发了钢筋流水线生产、大型自动化液压模板、混凝土控裂、管节顶推等成套技术；创新采用了复合基床＋复合地基的基础设计方案，构建了沉管基础施工监控管理体系；研制了深水抛石整平船、双体式沉管安装船，定深精挖船、清淤船、沉管精调系统、拉合系统、沉管沉放水下测控系统等十几项国内首创、世界领先的先进技术和大型专用设备，最终才解决了超大沉管长距离浮运、外海无掩护超大水深沉管高精度安装、深水深槽大型沉管安装等世界难题。港珠澳大桥沉管隧道开创了我国外海沉管隧道施工的先河，逐渐形成了具有国际领先水平的外海沉管安装成套施工技术及配套管理技术，使我国成为国际隧道行业沉管隧道技术的领军国家之一。

CHAPTER TWO 第2章

半刚性管节设计与施工技术

2.1 港珠澳大桥沉管隧道结构选型的挑战

2.1.1 沉管隧道结构体系的挑战

港珠澳大桥沉管隧道沉管段长5664m,由33个钢筋混凝土沉管构成,标准沉管管节长180m、宽37.95m、高11.4m。与国内外已建成的沉管隧道相比,港珠澳大桥沉管隧道为目前世界范围内最长、埋深最深、单孔跨度最大、规模最大的海底公路沉管隧道。

港珠澳大桥沉管隧道基底下为沿隧道纵向厚度为0~30m的软土(图2.1-1),靠近岛头为有坡度的过渡段管节,尽管采用基于刚度协调的复合地基设计,但并不能完全消除隧道纵向的不均匀沉降。

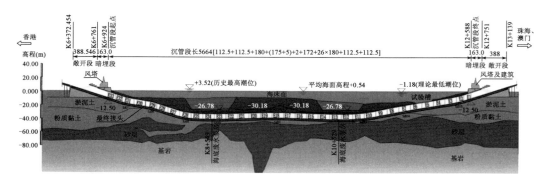

图2.1-1 沉管隧道地基软土分布情况（尺寸单位：m）

为满足30万吨级油轮通航要求,约3km沉管隧道需埋置于海床22.5m以下,沉管结构需长期承受超过20m厚淤泥及44m水压荷载。在使用期限内其上可能淤积较大厚度的回淤土,由此会使隧道受到较大的上覆荷载(是一般沉管的5~6倍),特别在航道疏浚时会使沉管所受荷载沿纵向剧烈变化,从而产生较大内力。

另一方面,沉管隧道需保证严格防水,对接头处的变形要求也极为严苛。

综上,港珠澳大桥特殊的地理环境和功能,使沉管隧道具有大深埋、厚回淤、高水压、不均匀沉降等特点。其管节受力不同于常规浅埋隧道,沉管隧道结构体系的选型是一个极大的挑战。

2.1.2 传统沉管隧道结构体系

沉管隧道的发展已有100多年的历史,管节的纵向结构体系主要分为刚性管节(整体式)(图2.1-2)和柔性管节(节段式)(图2.1-3)两类。

图2.1-2　刚性管节　　　　　　　图2.1-3　柔性管节

刚性钢筋混凝土管节中,钢筋在管节内纵向连续布置,并设置后浇带,分段浇筑。刚性管节浇筑工艺相对简单、工艺流程稳定、技术比较成熟,管节结构整体受力状态明确。刚性管节只在两端管节接头具有可变性,对于地震敏感区域,沉管隧道沿纵向可能承受拉伸与剪切作用,对柔性管节沉管隧道节段接头变形不利,当接头张开量过大时,将导致隧道结构渗漏,为避免此类情况发生,需提高管节的整体刚度。因此,在日本这样的地震多发国家,经常采用刚性管节沉管隧道结构。我国已建成的沉管隧道均为刚性管节,但受预制、纵向弯矩与应力等因素限制,这种形式的管节长度通常不大于130m,同时,由于施工缝的存在,还需采取外包防水以保证防水质量。

柔性管节由多个首尾相连的管节节段连接而成,节段间钢筋不连续,通过匹配的榫凸结构及跨缝中埋式止水带连接并设剪力键和止水装置。由于节段采用钢筋混凝土一体浇筑成型,无须采用外防水。节段之间通过临时的预应力组合成一个整体管节,沉放到位后将预应力剪断,形成柔性管节,节段处呈现铰特性,使沉管隧道可以适应地基的不均匀沉降。从施工方面来看,柔性管节将长达上百米的特大型混凝土预制构件划分为若干个较小的预制构件,从而可以使用管节制作的工厂化预制方法,使管节的制作质量与速度得到明显提高,降低工程成本。从受力角度来看,对长达数千米的大型沉管隧道工程,节段接头允许一定变形,对运营和地震工况下地基的变形具有较强的适应性。但柔性管节在应用中也存在缺点,即当节段接头剪力较大时,对隧道的正常使用(主要为接头防水)可能较为不利,需要重点验算。

2.1.3　传统结构体系的适应性

2.1.3.1　刚性管节结构行为

对于由节段拼接成的管节结构,预应力统筹考虑满足浮运安装阶段及运营期要求配置,保证浮运安装阶段最不利工况以及营期最不利工况接头完全压紧,管节始终保持一个整体,则可形成刚性管节结构。

刚性管节结构行为是:节段结构整个横断面都提供抗剪、抗弯承载力,接头处利用轴向压应力提供抗弯承载力,接头摩擦力及剪力键共同提供抗剪承载力。升温时,节段伸长增加结构轴向压力,接头及止水带压力增大,结构刚性更强;降温时,节段收缩,结构轴向压力虽降低但仍有足够压力保证接头及止水带处于受压状态;但是在较大回淤荷载、地基刚度差异及温度荷载作用下,管节结构将产生较大的轴拉力和弯矩(即结构存在较大拉应力)。也可以通过减少管节纵向长度来降低管节结构承受的拉应力,以实现将普通钢筋和预应力用量控制在一个合适的水平。

2.1.3.2　柔性管节结构行为

180m 管节浮运时采用预应力将 8 个 22.5m 长的节段连成整体,运营期如将预应力全部剪断,则形成柔性管节结构。

柔性管节遇外荷载结构主要呈现柔性特性,在回淤荷载或地基刚度差异性较大的情况下,管节节段接头发生张开和转动,释放弯矩,从而实现将结构纵向弯矩和应力控制在一个较低的水平,纵向配筋较少;但是管节节段接头为抗剪及防水的薄弱环节,在降温工况,接头处止水带及剪力键为主要承受节段接头处剪切荷载的构件,管节节段间的止水存在风险,对于大荷载或软基沉管隧道,风险更大。世界范围内柔性管节节段之间多有漏水案例。

2.1.3.3　传统结构体系的弊端

港珠澳大桥沉管隧道工程为目前世界范围内唯一的深埋、大回淤的沉管隧道,并无类似案例,其受力变形特点不同于常规浅埋隧道,按照传统沉管的设计方法会存在一系列问题。

港珠澳大桥沉管隧道项目深埋段荷载大,在地基刚度不均匀及温度荷载作用下,刚性管节结构将产生较大的轴拉力和弯矩(即结构存在较大拉应力)。为保证结构裂缝满足要求,需配置大量的普通钢筋或预应力以抵消荷载在截面边缘产生的拉应力,这对于 180m 长的管节来说,预应力用量极大,导致刚性管节方案不经济。同时,变形集中在管节接头,给 GINA 止水带防水安全性带来较大影响。若采用传统柔性管节方案,纵向通过节段接头张开释放弯矩,使纵向力控制在较低水平;但在降温工况,接头处仅靠止水带及剪力键承受节段接头处的剪切荷载。如果剪力键的强度不够,发生破坏,则可能会造成灾难性后果。

显然,刚性管节、柔性管节均不能完美适应港珠澳大桥沉管隧道的特殊工况。

2.2 新型半刚性管节结构体系的提出

2.2.1 深埋沉管半刚性管节概念

基于港珠澳大桥沉管隧道的"大深埋、厚回淤、高水压、不均匀沉降"的特点,提出半刚性管节结构体系。半刚性管节是一种节段式的管节结构,该结构利用节段接头端面的摩擦力抵抗(部分)剪力,从而加强节段接头的抗剪能力。通过合理设置纵向预应力筋以提供足够的节段接头正压力,从而提供足量的摩擦力,在大荷载与不均匀沉降的不利组合作用下,允许节段之间发生一定量的转动,以使管节结构能够通过纵向的变形来适应地基。

2.2.2 深埋沉管半刚性管节结构机理

通过理论分析和模型试验揭示了半刚性管节结构的受力机理,半刚性管节结构提高了接头承载能力及水密性,解决了深埋沉管结构难题。

2.2.2.1 理论分析与数值计算

依据摩擦抗剪试验规律及接头材料参数等构建三维地层结构相互作用模型,采用Plaxis3D建立大型三维地层结构模型来分析不同荷载工况下的沉管内力。

在隧道接头处用Plaxis3D中的点对点锚杆(实际力学作用相当于弹簧)来模拟隧道接头,基本模型如图2.2-1所示。采用沿隧道纵向的弹簧来反映接头的拉压和受弯性质,其中节段接头的弹簧设为弹塑性弹簧,模拟接头脱开的性质,如图2.2-2所示;在外墙和内墙采用沿竖直方向的弹簧模拟剪力键支座或垫层,来反映接头的竖向受剪性质,如图2.2-3所示;在顶板和底板采用沿水平方向的弹簧模拟剪力键支座或垫层,来反映接头的水平受剪性质,如图2.2-4所示。

按接头初始压紧状态及剪力键材料性质确定管节接头、柔性接头和半刚性接头的弹簧参数。

综合考虑基本工况、升降温工况、地基刚度不均匀情况以及地震工况等,利用数值手段系统研究半刚性沉管隧道结构体系力学规律,并与柔性管节和刚性管节对比。半刚性管节、柔性管节和刚性管节受力机理见表2.2-1。

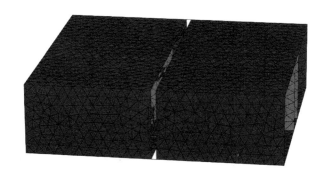

图 2.2-1　接头模拟有限元模型

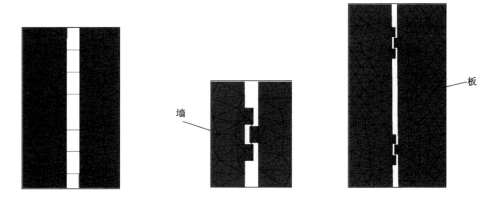

图 2.2-2　接头拉压模拟　图 2.2-3　接头竖向剪力键模拟　图 2.2-4　接头水平剪力键模拟

不同结构体系力学特性分析　　　　　　　　　　　表 2.2-1

对比项目	半刚性管节	柔性管节	刚性管节
节段接头变形	接头在张开和转动过程中,预应力对其有约束作用,节段接头张开量小于柔性管节	接头在张开和转动过程中,无预应力约束作用	不允许张开和转动,接头的张开趋势体现在结构拉应力增加
管节结构纵向内力	结构纵向受力介于柔性管节与刚性管节之间	可以通过接头张开释放弯矩,结构纵向受力较小	结构纵向受力较大,需配置较多钢筋或预应力
预应力	采用无黏结方案,在结构允许变形范围内,钢束应力基本无变化	预应力剪断后,管节内预应力钢束应力变化不大	如采用永久预应力,需较多预应力来抵消管节拉应力

续上表

对比项目	半刚性管节	柔性管节	刚性管节
节段接头抗剪能力	除剪力键外还有预压力产生的摩擦力,总体抗剪能力提高,但需评估摩擦力对横向受力的不利影响	剪力键抗剪	全截面抗剪,能力强
管节接头张开量	介于柔性管节与刚性管节之间	较小	较大

2.2.2.2 试验验证

利用1000kN电液伺服多通道试验加载系统进行摩擦系数测试。通过竖向作动器(量程1000kN)施加竖向力,水平作动器(量程500kN)施加水平力,测试两混凝土块间最大静摩擦系数。同时开展无剪力键及有剪力键时混凝土块间的摩擦抗剪规律研究。

通过对混凝土块和混凝土块+止推棒(剪力键)进行抗剪承载力试验,得出如下结论:

(1)无剪力键时,对混凝土块承受0.5MPa、1.0MPa、1.5MPa、2MPa竖向荷载作用下的四个工况进行测试,最大静摩擦系数在0.60~0.65之间变动,平均为0.62。

(2)在竖向受压1.0MPa、1.5MP荷载作用下,进行混凝土块+剪力键时的抗剪承载力测试。测试结果表明,增加剪力键时,受剪承载力增加;采用PVC管时,增加抗剪承载力不明显;以有机玻璃棒为剪力键时,抗剪承载力增加明显。理论上直径5cm、抗剪强度50MPa的有机玻璃棒抗剪承载力增加98kN,而试验测试结果表明,抗剪承载力增加90~95kN。

(3)摩擦面与剪力键的共同受力显示,静摩擦力达到最大时,转化为动摩擦,摩擦力略微减小,但随着剪力键发挥作用,抗剪能力持续提高。当混凝土面产生滑动时,由于剪力键的作用,其抗剪能力进一步提高,直至剪力键被剪断。

2.2.3 半刚性管节结构特性及适应性

半刚性管节同柔性管节一样,采用纵向分段的构造,且节段之间允许一定程度的转动。半刚性管节的不同之处在于下列几个方面:

(1)结构的纵向上始终保持正压力。

(2)正压力确保节段接头部位始终有摩擦力,从而促使节段接头部位的摩擦力和剪力键结构可以共同承担该部位的剪力。

(3) 半刚性结构的纵向弯曲刚度可根据外部条件改变。当荷载与差异沉降较小时,节段接头不张开,管节结构的弯曲刚度基本与整体式管节相当。当荷载(地震、沉船等偶然工况)与差异沉降很大时,节段接头张开,弯曲刚度介于整体式与节段式管节之间。

下面从健壮性、整体性、失效方式及可靠性等方面来对半刚性管节、刚性管节、柔性管节进行对比。

2.2.3.1 健壮性比较

当地基刚度沿着管节纵向不均匀时,或上覆荷载沿着管节纵向不均匀时,或存在以上两者的组合时,可能导致管节的纵向结构受力与变形。即刚性管节、柔性管节和半刚性管节都能接受均匀的沉降,只有在发生差异沉降时,才有必要评估它们的健壮性。图2.2-5描绘了三种管节应对纵向不均匀沉降的方式。

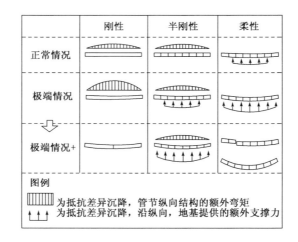

图2.2-5 三种管节应对不均匀沉降的方式

刚性管节主要靠自身的承载力来抵抗不均匀沉降,通过较大的纵向弯曲刚度与剪切刚度,将不均匀载荷和地基刚度差异的作用转化为自身的纵向弯矩与剪力。

柔性管节的应对方式主要是靠变形,即通过允许节段与节段之间发生相对位移(主要是转动)来获得额外的地基反力,即每个节段受到的外部荷载尽可能多地向下传递,而不是沿着纵向传递,进而减少结构的纵向传力。

半刚性管节的抵抗方式是两者兼施,即刚性管节的纵向传力方式+柔性管节释放变形的方式。首先,它像刚性管节一样,利用自身刚度来吸引外部荷载,让外部荷载沿着管节纵向传递。当荷载超出了能令其节段接头张开或错位的临界荷载时,对于超出的那一部分荷载,半刚性管节像柔性管节一样,通过释放节段之间的相对变形,来获得地基反

力,从而获得一个新的力平衡。用方程表达,半刚性管节的健壮性,来自两部分:

$$R_{\text{semi.}} = R_{\text{quasi-momo.}} + R_{\text{seg.}} \tag{2.2-1}$$

式中,$R_{\text{semi.}}$为半刚性管节的健壮性;$R_{\text{quasi-momo.}}$为半刚性管节的节段接头张开或错位之前的健壮性(即对作用的抵抗能力);$R_{\text{seg.}}$为柔性管节发挥变形作用获得的健壮性。

此外,考虑沉管管节浮运时长周期波浪的风险,以及运营期差异沉降的风险,观察以往工程案例,可以发现,当柔性管节与刚性管节的长度相等时,两者的健壮性关系为:

$$R_{\text{seg.}} > R_{\text{mono.}} \tag{2.2-2}$$

式中,$R_{\text{mono.}}$为刚性管节的健壮性。

由式(2.2-1)和式(2.2-2)可知,半刚性管节最健壮,柔性管节次之,刚性管节最弱,即:

$$R_{\text{semi.}} > R_{\text{seg.}} > R_{\text{mono.}} \tag{2.2-3}$$

2.2.3.2 整体性比较

刚性管节的整体性最好,柔性管节的整体性最弱。相比柔性管节,由于保留了预应力筋,半刚性管节在接头部位较不易张开,因为摩擦力的作用也不易发生相对错动,因此,在运营期半刚性管节比柔性管节更具备整体性。

2.2.3.3 失效方式及可靠性比较

在相同的管节长度、荷载、地基刚度条件下,半刚性管节最健壮。

刚性管节的失效模式是受拉侧结构边缘的拉应力过大或开裂;柔性管节纵向结构的失效模式是节段接头的抗剪失效,或节段接头张开量过大;半刚性管节的失效模式同柔性管节,即当半刚性管节的预应力筋全部断裂后,就会像柔性管节一样失效,具体失效模式见表2.2-2。

三种管节结构的失效模式及对应工况 表2.2-2

工况		半刚性管节、柔性管节		刚性管节
		模式A:节段接头抗剪失效	模式B:节段接头过度张开	模式C:拉应力过大
管节安装	浮运:长周期波	—	弯矩引起	弯矩引起
	安装:长周期波	剪力引起	弯矩引起	弯矩引起

续上表

工况		半刚性管节、柔性管节		刚性管节
		模式A：节段接头抗剪失效	模式B：节段接头过度张开	模式C：拉应力过大
正常运营	上部荷载+地基刚度不均	剪力引起	弯矩引起	弯矩引起
	降温+混凝土收缩徐变	间接影响，减小端面摩擦力	拉力引起	拉力引起
	沉船	剪力引起	弯矩引起	弯矩引起
偶然工况	地震纵波	—	惯性力引起	—
	地震横波	惯性力引起	—	—

半刚性管节在节段接头部位的抗剪安全度（对应表2.2-2模式A）比柔性管节更高。对于柔性管节，节段接头的抗剪能力来自两部分，地基反力与竖向剪力键。而对于半刚性管节，节段接头的抗剪能力除了来自上述两部分外，还有一部分摩擦力。

比较柔性管节与半刚性管节在节段接头部位的抗张开能力（对应表2.2-2模式B），显而易见，半刚性管节因保留了预应力而不易张开。

比较刚性管节与半刚性管节的抗开裂能力（对应表2.2-2模式C），半刚性管节的节段接头等同于预先设置的裂缝，所以半刚性管节的纵向结构相比刚性管节不容易开裂。

使用半刚性管节时，预应力筋的断裂值得注意。预应力筋的断裂可能来自腐蚀，所以需要通过良好的预应力防水、防腐蚀设计及施工质量控制来降低这个风险；另一个断裂的风险是预应力筋受力过大，该风险可通过预留预应力的张拉度，以及设置预应力的无黏结长度来调节节段接头的允许张开量。

2.3 半刚性管节构造体系与设计方法

2.3.1 半刚性管节构造体系

通过理论分析和模型试验揭示半刚性沉管结构受力机理，从而构建半刚性沉管结构构造体系。半刚性管节通过预应力钢束和榫凸结构具有的半刚性特性，使管节更好地适应海底或河底地基的变形。如图2.3-1所示，半刚性管节包括一个管节主体，该管节主体由多个首尾相接的管节节段拼接而成，各管节节段之间均设有榫凸结构；在管节主体内沿其周向布设多条预应力管道；预应力管道沿管节的主体纵向贯通；预应力管道内对应贯穿用于对各管节节段进行预应力度调节的预应力钢束；在管节主体两端设用于锚固预应力钢束的预应力锚具。

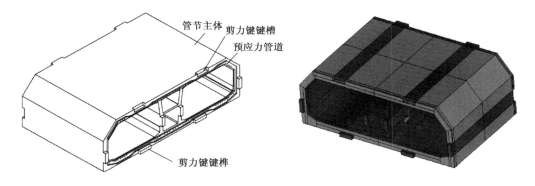

图 2.3-1　半刚性管节结构示意图

半刚性管节榫凸结构包括多个键榫和分别与各键榫对应设置的键槽。预应力管道包括多段分设在各节段内的波纹管和连接各波纹管的节段连接管；节段连接管对应设置在相邻两节段的拼接处。节段连接管包括与两端的波纹管对接的连接外管和设置在该连接外管内的连接内管。连接外管与连接内管之间通过止水密封件密封连接。连接外管表面光滑，且与混凝土呈部分无黏结或弱黏结状态。连接外管中部设有用于安装连接内管的内安装管腔，该内安装管腔的内径大于波纹管的内管径，半刚性管节现场制作情况如图 2.3-2 所示。

图 2.3-2　半刚性管节现场制作

港珠澳大桥沉管隧道在实施过程中，开发了用于沉管管节接头的"记忆支座"，这种接头支座协调了荷载传递和变形吸收的矛盾，能够调整支座最大承载能力，超出该值时支座将允许一定的压缩变形来吸收基础差异沉降对结构的损伤；研发了一种部分无黏结纵向预应力体系，在保证耐久性、防水性、足够预应力度的情况下，能适应节段接头的微小张开,以便实现管节半刚性功能。

2.3.1.1 预应力体系设计

预应力体系设计是半刚性沉管管节设计最为关键的一步,配置的预应力度影响结构纵向刚度,预应力度高结构呈现刚性,预应力度低结构呈现柔性,结构纵向刚度会影响结构中纵向内力、管节结构纵向位移、地震工况下接头水平向受力、节段接头位移等。半刚性管节纵向布置情况如图2.3-3所示。

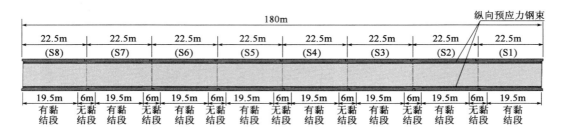

图2.3-3 半刚性管节预应力纵断面布置图

(1)节段接头处预应力。半刚性管节节段接头采用无黏结预应力,允许节段接头有限张开,接头张开后,截面应力重新分配,受压区高度降低。预应力度的提高对控制节段接头张开量、管节结构内力和裂缝,提高节段接头竖向抗剪能力有积极的作用。通过纵向设置部分无黏结预应力筋,使各节段纵向连为一个整体,浮运安装阶段各个节段接头处的压应力满足不小于0.3MPa的控制要求,在运营期预应力全部不剪段或部分剪断。预应力张拉后,48h内应进行管道内真空压浆,两端预应力锚头设置能承受0.6MPa水压的密封罩。节段接头波纹管连接件产品如图2.3-4所示。

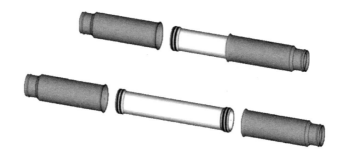

图2.3-4 节段接头波纹管连接件产品示意图

(2)有黏结段预应力。半刚性管节除节段接头处采用无黏结预应力外,其余区域均为有黏结段预应力。有黏结段预应力长度占比应综合考虑沉管的结构行为、施工便利性、耐久性等因素决定。

（3）锚头。传统的锚具不能防水，如图2.3-5所示，半刚性沉管管节所用锚具进行专门设计，使其能够承受在海底设计深度内水压力，以阻止施工阶段海水进入预应力锚具和预应力管道内，并采取一定的防腐措施。

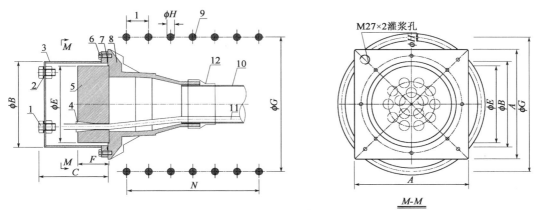

1-密封螺钉；2-铜垫圈；3-锚头密封罩；4-工作夹片；5-工作锚板；6-固定螺钉；7-密封铜环；8-锚垫板；9-螺旋筋；10-波纹管；11-钢绞线；12-热塑套

图2.3-5　预应力锚头示意图

（4）套管。如图2.3-6所示，用于半刚性沉管管节的预应力套管需做特殊设计，其特点在于分段黏结式预应力管道，包括多段分设在各个节段内的波纹管和连接相邻段波纹管的节段连接管。节段连接管设置在相邻两个管节节段的接缝处，包括连接外管和设于连接外管内的连接内管，预应力钢绞线依次穿过节段连接管和波纹管，连接外管的两端分别与其两端的波纹管对接。

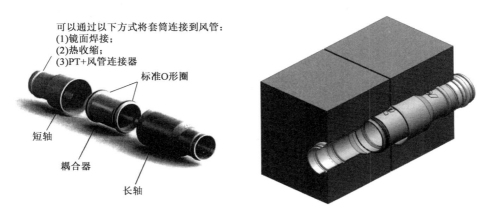

图2.3-6　节段接头位置专用连接接头

（5）耐久性设计。由于沉管隧道所处环境为海底腐蚀环境，为保证其在设计使用年限内正常工作，耐久性设计至关重要。对于隧道永久性结构工程，应采用安全可靠的耐久性措施保证结构或构件都能保持其使用功能；对于非永久性的构件及设施，应考虑一定耐久性措施，对需要进行维护的构件设计应考虑易于维护。结合半刚性沉管管节的特点，其耐久性设计应将重点放在接头防水、预应力孔道防水、预应力钢束防腐以及锚头防腐等几个方面。

2.3.1.2 节段接头构造设计

节段接头构造设计是沉管隧道管节设计的重要步骤，节段接头构造应满足受力、防水、防火以及耐久性等设计要求。对于半刚性管节，节段接头只有在极端情况下才允许毫米级别的张开，可以传递压力但不能传递拉力，通过剪力键和接触面的摩擦力共同来抵抗和传递剪力。

（1）节段接头处防水。半刚性管节节段接头的重要功能为防水，常见的防水材料包括中埋式可注浆钢边橡胶止水带、OMEGA止水带（图2.3-7）等。

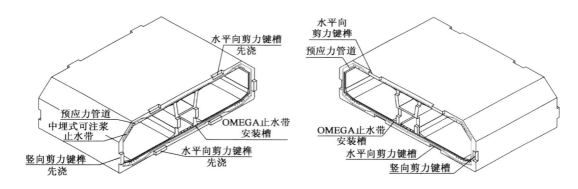

图 2.3-7　节段接头三维示意图

（2）节段接头定位。节段接头采用匹配浇筑，下一个节段以上一个节段为模板，保证节段平稳过渡。

（3）节段接头受力。一般来说，沉管管节节段接头主要受到剪力作用。为了保证节段接头剪力的有效传递，每个节段接头均设若干组水平向剪力键和竖向剪力键（表2.3-1）。

钢筋混凝土剪力键尺寸 表 2.3-1

名　　称	长×宽×高(m×m×m)	位　　置	备　　注
侧墙竖向剪力键榫	0.60×0.80×2.50	节段先浇端	长度沿隧道纵向
侧墙竖向剪力键槽	0.61×0.82×2.54	节段匹配端	
中墙竖向剪力键榫	0.60×0.80×2.20	节段先浇端	
中墙竖向剪力键槽	0.60×0.80×2.24	节段匹配端	
顶板水平向剪力键榫	0.75×0.70×3.00	节段匹配端	
顶板水平向剪力键槽	0.76×0.72×3.04	节段先浇端	
底板水平向剪力键榫	0.75×0.70×3.00	节段先浇端	
底板水平向剪力键槽	0.76×0.72×3.04	节段匹配端	

2.3.1.3 管节接头构造设计

沉管隧道每个管节接头主要包括端钢壳、GINA 止水带、OMEGA 止水带、钢剪力键、临时预应力锚具、防火构造等（图 2.3-8、图 2.3-9）。

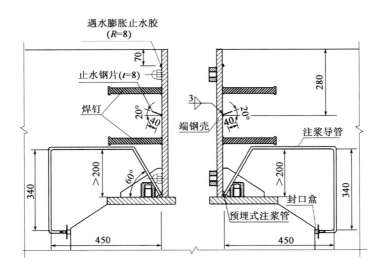

图 2.3-8　端钢壳典型构造图（尺寸单位：mm）

（1）管节接头受力。沉管管节接头主要受到剪力作用，同理，为了保证管节接头剪力的有效传递，每个管节接头均设若干组水平向剪力键和竖向剪力键。剪力键可以为钢筋混凝土剪力键、钢剪力键或钢壳混凝土剪力键等形式。

（2）管节接头防水。得到水密性良好接头的总体原则是每一类接头都设置至少两道防水屏障，半刚性沉管管节接头防水构造包括端钢壳、GINA 止水带和 OMEGA 止水带。

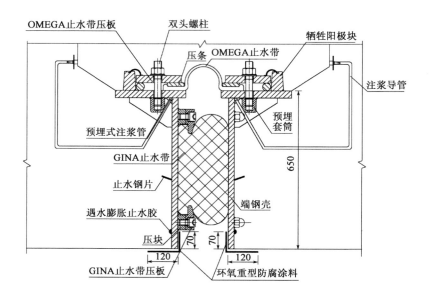

图 2.3-9　管节接头止水构造（尺寸单位：mm）

2.3.2　半刚性管节设计方法

与传统沉管管节相比，半刚性管节具有以下优势功能：

(1)采用预应力钢束设计，可以将管节的多个节段串联起来，并拼接成一个整体；各节段之间允许一定张开变形，使管节主体在不失整体刚度的前提下具有一定的柔度，降低了管节主体的内力，有效改善了各节段的受力及变形增大量；保证在最不利情况下，各节段之间具有合适的压力；利用节段之间的摩擦力及榫凸结构所提供的抗剪力，有效提高节段的抗剪承载能力，以确保管节的整体稳固度；使具有预应力钢束和榫凸结构的管节真正具有半刚性的特性，从而使管节具有更好地适应海底或河底地基变形的能力。

(2)通过设置在管节各节段之间的榫凸结构，配合各节段拼接面之间因纵向压力而产生的摩擦力，可有效提高节段的抗剪能力，以防止节段径向错位，从而整体提高各节段的连接稳固度，使拼接后的管节主体整体更加稳定可靠。

(3)可通过部分无黏结或弱黏结的连接外管配合连接内管，以保证节段之间的拼接面具有有限张开的柔性特性，同时，通过波纹管有效约束节段间的张开量，防止过度张开；通过节段之间的张开或转动变形，实现管节的结构内力合理重分布。

(4)采用止水密封件设计，有效防止因节段之间张开后沿拼接面缝隙渗入的水进入管节主体内，充分保证管节内部的干燥度要求，从而进一步提高管节的止水保障能力。

2.3.2.1 设计流程

半刚性管节设计需遵守一般海底深埋沉管隧道半刚性沉管结构体系的设计流程,并结合半刚性管节结构特征进行。半刚性管节结构设计的关键是预应力,保证耐久性的无黏结预应力系统、合理的预应力度以及节段接头截面合理的摩擦系数等均为重要设计参数。进行半刚性管节设计时,应遵循以下设计和制作流程:

(1)综合工程建设条件,确定临时施工阶段(包括系泊、浮运、沉放等)和运营阶段控制半刚性管节的各项验算指标。

(2)根据临时施工阶段和运营阶段的最不利工况条件,计算半刚性管节所需的预应力钢束的数量。

(3)单个管节分成若干个节段,采用工厂法或干坞法对单个节段进行逐个预制。所有节段预制完成且强度满足要求后,通过预应力管道穿入预应力钢束,贯通整个管节主体。通过张拉装置张拉预应力钢束,将多个节段串联在一起,成为一个整体管节。预应力钢束张拉并被锚固在预应力锚具上后,对所有的预应力管道注浆。

(4)系泊、浮运、沉放等临时施工阶段,各节段均不允许张开,且具有一定的压应力储备。

(5)通过设置的预应力钢束增加管节的纵向力,保证在最不利情况下相邻两节段拼接处有合适的压力,利用节段间的摩擦力及节段的榫凸结构提供抗剪力;两节段衔接处呈现的局部无黏结状态,允许拼接处有限张开或转动,实现管节整体的内力释放自调节。

2.3.2.2 设计参数

设计参数包括环境参数、地质及基础参数、材料参数、止水带参数、地基竖向刚度等。环境参数包括隧道所处水域平均海平面高程、水重度、历史最高水位、历史最低水位、隧道设计年限、重现期波浪高度等;地质及基础参数包括回填材料的重度(水上重度及水下重度),基础计算时一般采用最大值计算回填荷载。

对于钢筋混凝土管节沉管隧道,材料参数应包括混凝土物理力学性能参数、钢筋材料物理力学性能参数,以及预应力钢束的物理力学性能等;止水带参数包括硬度、力-压缩量曲线图等。

纵向地基基准刚度曲线可以通过 CPTU 揭示的地层信息计算得到。计算中采用的地基刚度曲线是在地基基准刚度曲线的基础上,再对结构受力最不利的区域考虑施工偏差得到的。施工偏差是结合基槽开挖及垫层铺设施工的不确定性得到的,具体分析中重点考虑基槽开挖误差与垫层厚度两个因素。施工偏差的考虑原则是:在极大值点考虑使刚度变更大的施工误差,在极小值点考虑使刚度变更小的施工误差;在航道位置选取最不利位置,考虑使不均匀沉降值更大的施工偏差。

2.3.2.3 计算

1)计算方法

为反映由于地基刚度、荷载差异造成的沉管结构在隧道纵向的沉降分布及结构内力变化差异,同时充分考虑沉管管节、节段接头及剪力键的影响,采用结构-荷载法对沉管隧道结构的纵向沉降、结构内力,管节接头张角进行研究,管节有限元模型如图2.3-10所示。

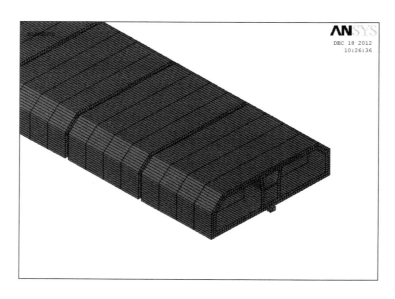

图 2.3-10 沉管有限元模型(局部)

港珠澳大桥沉管隧道半刚性管节的纵向计算,采用了多种有限元软件进行对比分析:

(1)采用 OSIS 软件对沉管结构段的 E7~E33 进行分析,结构模拟为弹性地基梁,接头采用多段非线性弹簧模拟。

(2)使用有限元结构分析软件 ANSYS 的 beam188 梁单元模拟管节结构,结构顶、底板及侧墙厚度为1.5m,中隔墙厚度为0.8m,内孔中板厚度为0.3m;采用 link10 单向受压弹簧单元模拟 GINA 止水带、钢剪力键支座、节段接头、混凝土剪力键传力衬垫及地基竖向弹簧;采用 link8 模拟地基水平弹簧;采用 link10 单向受拉弹簧单元模拟无黏结预应力钢筋;对于剪力键之间水平向错动,采用节点自由度耦合消除。

(3)采用Plaxis3D建立大型三维地层结构模型,来计算基本荷载工况(除温度)沉管内力。大型三维地层结构模型的主要优势在于,相比于弹性地基梁、弹性地基板等荷载结构模型,大型三维地层结构模型能充分考虑土-结构相互作用,而且能考虑旁边堆载对地基不均匀沉降及结构内力的影响。

2)计算原理及假定

半刚性管节纵向采用无黏结预应力,预应力配置保证管节结构在整个运营阶段始终存在预压力。隧道管节对施加的预应力会有刚性反应,直到实际弯矩克服了预应力荷载。对于更大的弯矩作用,隧道管节的反应或多或少属于柔性管节的性质。采用有限元软件对半刚性管节进行分析计算时,管节结构可假定为线弹性材料,地层可采用地基弹簧模拟,接头处受力性质主要考虑抗压,预应力钢束可采用受拉线性弹簧模拟并施加一定预压力。

3)主要验算内容

验算内容包括节段接头竖向抗剪验算、管节接头竖向抗剪验算、接头位移、结构受力及验算(包括裂缝验算,抗剪承载能力、抗弯承载能力和节段接头混凝土压应力及无黏结预应力验算)等。

2.4 部分无黏结预应力体系研发与应用

2.4.1 节段接头的正应力

节段接头正应力在管节起浮、浮运、沉放、对接过程中均会产生动态变化,节段接头正压力的大小与水深直接关联,且与温度及季节的变化呈现周期性变化。具体影响如下:

(1)管节在起浮前(无论是半刚性的还是柔性的),通过纵向预应力来确保管节在浮运与沉放阶段的整体性,即不允许节段接头张开,节段接头的边缘也要始终保持正应力。

(2)管节在沉放时,随着水深的增加,管节两端的水压力增加,节段接头正压力等于管节端部的水压力与预应力的纵向力之和。

(3)水力压接完成后,GINA止水带被压缩,该管节对接端的水压力被GINA止水带的反力置换。GINA止水带的选型(包括硬度与尺寸)主要取决于水深。

(4)当下一个管节安装以后,管节另一端的水压力也被新安装管节的GINA止水带的反力置换。此时,该管节节段接头的正压力近似等于GINA止水带的反力与预应力的纵向力之和。

(5)随着时间的推移,节段接头的正压力会逐渐减小,原因如下:GINA止水带的橡胶松弛,导致 GINA 止水带的反力减小;混凝土的收缩与徐变,管节在长度方向缩短,管节接头部位张开,导致 GINA 止水带的反力减小;预应力的损失。

(6)管节的长度会随着季节更替发生周期性改变,因此 GINA 止水带的压缩量、反力、节段接头端面正压力的一部分也会呈现周期性变化。

节段式管节由于在安装以后就剪断了所有节段接头部位的预应力筋,因此节段接头的正压力只由 GINA 止水带的反力提供。如果管节在夏天安装,到了冬天,节段就会遇冷收缩,导致正压力减小甚至消失。

2.4.2 预应力筋的量与度

水深越大,节段接头的正压力就越大,所需的预应力筋就越少。如果预应力筋的使用量是固定的,半刚性管节预应力筋的张拉度(即预应力筋的伸长量与允许伸长量之比)越高,管节整体性就越好,节段接头的承载力越大,但是接头张开能力就越弱;反之,如果预应力筋的张拉度是固定的,预应力筋的量越大(在不会导致混凝土受压破坏的合理范围内),管节的整体性与健壮性都会得到增强,但是工程投资会相应增加。此外,预应力筋的量与度还需考虑以下几个因素:

(1)地基刚度的变异性越大,就越需要大量的预应力筋来获得摩擦力,以提高管节的健壮性。

(2)管节浮运安装时波浪周期越长、波高越大,就越需要大量的预应力筋来保证管节的整体性。

(3)管节越长,就需要越多的预应力筋来保证施工期的整体性及运营期的健壮性。

(4)根据港珠澳大桥沉管隧道的实践经验,通常情况下,能满足节段式管节临时预应力配置的钢筋量,就能满足半刚性管节所需的预应力。

(5)与节段式管节相比,半刚性管节在抗震工况下更不容易张开。即便张开,预应力筋的弹性也提供了节段接头重新闭合的可能(前提是张开后不会有土等异物塞入)。

综上,预应力筋的量和度需根据接头正应力需求、地基刚度变异性、浮运沉放自然条件、管节长度等因素综合确定。

2.4.3 预应力筋连接方式

半刚性管节的节段接头在必要时需要张开,来保证管节结构纵向一定的变形能力。节段接头的允许张开量除了取决于预应力筋的度以外,还取决于预应力筋与管节的连接方式。港珠澳大桥沉管隧道提出了如图 2.4-1 所示的四种连接方式。

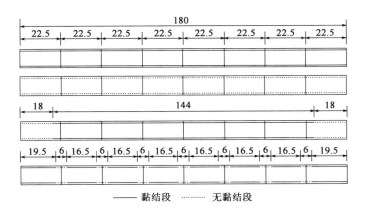

图 2.4-1 预应力与管节的四种连接形式（尺寸单位：m）

四种连接方式在节段接头张开量引起的预应力筋受力的增长幅度、轴向力引起的接头张开量、地基刚度不均匀引起的管节底部无支撑长度、纵向结构顺遂沉降的能力、腐蚀风险、施工便利性等方面进行对比，具体见表2.4-1。

四种连接方式优缺点对比　　　　　　　　表 2.4-1

工程关注点	方式一：全黏结	方式二：无黏结	方式三：管节接头端部18m范围无黏结	方式四：节段接头部位6m范围无黏结
节段接头张开量引起的预应力筋受力的增长幅度	大	小	小	适中
轴向力引起的接头张开量	小	大	大	适中
地基刚度不均匀引起的管节底部无支撑长度	大	小	小	适中
纵向结构顺遂沉降的能力	低	高	高	适中
腐蚀风险	低	高	高	可接受
施工便利性	中等	中等	中等	便利

根据上述分析，从接头张开量、地基刚度及施工便利性等方面，选择方式四（预应力筋节段接头部位6m范围无黏结）作为预应力筋与管节之间的连接方式。

2.5　沉管管节接头记忆支座研发与应用

2.5.1　工作机理

港珠澳大桥沉管基础软、上覆荷载大，实施过程中开发了沉管管节接头的记忆支座，这种接头支座协调了荷载传递和变形吸收的矛盾,能够调整支座最大承载能力,超出该值时,支座将允许一定的压缩变形来吸收基础差异沉降对结构的损伤。

记忆支座工作过程如下:①在一般工作状态,记忆支座具备足够的刚度,充分传递沉管间荷载,抑制管节间差异沉降;②在传递荷载超过设定值,剪力键结构可能损坏的情况下,记忆支座快速变形给剪力键卸载,保护剪力键;③卸载至荷载低于设定值,记忆支座回到一般工作状态,继续传递荷载,抑制管节间差异沉降。

根据沉管接头使用条件,记忆支座的构造设计思路如图2.5-1所示。在一定厚度(约6cm)和面积(约60cm×60cm)的多孔钢制底板上,插入20~30个直径大于底板孔径的金属承压柱,构成剪力键承压接头。当沉管发生相对位移时,剪力键间产生挤压应力。当应力水平较低时,金属承压柱依靠弹性变形传递剪力,剪力键不至于破坏;当应力水平较高,有可能破坏剪力键及预埋件时,金属承压柱发生塑性变形,被挤入钢制底板预留孔,大于底板孔径的部分金属被剪切剥离,剪力键承压接头被压缩,释放变形,荷载降低,保护剪力键。

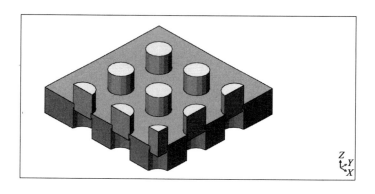

图2.5-1　记忆支座基本构造(1/4剖面模型)

2.5.2　构造要点

沉管管节接头的设计关键在于:

(1)金属承压柱材料的硬度低于钢制底板。

(2)在现场使用环境中,接头材料具备耐腐蚀能力。

(3)承压柱被剪切挤入预留孔的2~3cm行程内,单个承压柱的承载能力稳定。

通过金属承压柱材料试验、金属承压柱形状设计及组合支座模型试验等,最终确定如下产品构造:设计平面尺寸不小于520mm×520mm,竖向标准高度110mm。锌棒、剪切销定位如图2.5-2所示。

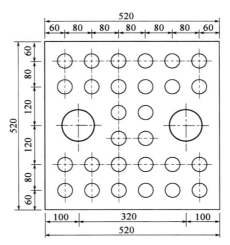

图 2.5-2 平面尺寸及锌棒定位（尺寸单位：mm）

产品细节及剖面图如图 2.5-3 所示。

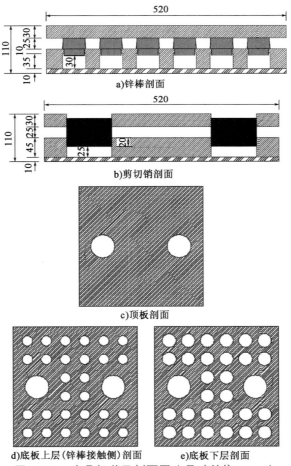

图 2.5-3 产品细节及剖面图（尺寸单位：mm）

产品由加载板、承压柱、抗剪柱、多孔承压板、侧挡板、底部滑板组成,整体为饼状,根据放置空间的尺寸可单独设计。加载板的功能为均匀传递外部荷载至每一个承压柱上,为便于装配,加载板上镂刻有对应承压柱和抗剪柱的盲孔;多孔承压板的功能为提供变形空间,收纳承压柱和抗剪柱;底部滑板的功能是水平滑移,减弱或消除水平剪力,保护支座;侧挡板的功能是保护支座内部结构,提高内部防腐能力;承压柱的功能为提供稳定支撑,同时吸收有害变形;抗剪柱的功能为防止水平向剪力破坏支座结构。

2.5.3 设计优势

记忆支座具有以下设计优势:

(1)通过调整承压柱和多孔板尺寸参数,基本功能单元能够设计特定范围支撑能力的承压柱。

(2)基本功能单元可独立使用,也可组合使用,构成荷载记忆型保护支座。

(3)记忆支座维护简便,承压柱可更换和调整数量,实现不同等级保护荷载。

(4)既能抑制变形,又能荷载超限保护,这种特性是常规支座不具备的。

2.6 创新性技术成果小结

2.6.1 创新性成果

港珠澳大桥工程实施过程中,针对港珠澳大桥沉管隧道大深埋、厚回淤、高水压、不均匀沉降等特点,开展大量沉管隧道结构体系研究。主要取得以下创新性成果:

(1)首次提出新型半刚性管节结构体系,通过理论分析、数值模拟和试验验证,研发出半刚性管节,有效解决了沉管隧道建设难题。

(2)系统性提出一整套半刚性管节的设计流程,包括设计参数及取值办法、计算原理及假定、计算方法及各工况下的验算指标等。

(3)研发了部分无黏结预应力体系和沉管管节接头记忆支座,并在半刚性管节结构体系中得到应用。

2.6.2 应用优势

半刚性管节方案应用于港珠澳大桥沉管隧道项目的主要特点及优势如下:

(1)接头抗剪安全度高:半刚性管节节段接头由于较大的初始压紧力,接头的永存最小压力较大,能提供较大的摩擦抗力,节段接头抗剪安全系数提高。

(2)防水安全度高:半刚性管节节段接头最大剪力未超过摩擦抗力,可认为节段接头基本无竖向错动,由于较大的初始预紧力,节段接头水平张开量计算值很小,防水安全度较高。

(3)抗震性能优越:地震中半刚性管节中的节段接头剪力相对较大,但由于摩擦抗剪承载力的大幅提高,综合静力降温工况考虑,半刚性管节由于压紧产生的摩擦抗力储备更大,对于节段接头安全保障更高。

2.6.3 应用前景

作为水下隧道主要建设工法之一,沉管隧道技术在国内外均已显示出蓬勃的生命力。未来沉管隧道将面临大规模、多用途、高难度的发展趋势,对工程关键技术提出严峻的挑战。基于港珠澳大桥沉管隧道大深埋、厚回淤、高水压、不均匀沉降特点开发的半刚性管节结构体系,具有广阔的应用前景。

当沉管隧道埋深较大时,其上可能淤积较大厚度的回淤土,由此可能会使隧道受到较大的回淤荷载,特别在航道疏浚时会导致较小范围内淤积荷载突变,进而引起沉管结构沿纵向产生更大的差异沉降,并使节段接头处的剪力增加,半刚性管节体系突出的抗剪、防水性能可完美克服以上难题。

当沉管隧道所处的地层条件较复杂,如有厚度较大且不均匀的淤泥等软土时,设计需采用多种地基处理形式来改善地基性质,同时沉管结构需具有一定的抵抗变形能力,以防止由于某些地层不确定性因素导致局部变形量过大,纵向弯曲变形限制严格,此时半刚性管节沉管隧道具有较大刚度来防止变形过大。

当场地处于高烈度地震区时,地震荷载会进一步增加节段接头处的剪力。此种情况下,传统的柔性管节结构体系中节段接头抗剪承载力可能无法满足要求,采用半刚性管节结构体系,一方面通过摩擦抗剪来大幅提高节段接头的抗剪承载力,另一方面通过提高刚度来抵抗由于荷载不均匀导致的差异变形,提高接头防水安全性。

CHAPTER THREE 第3章

主动止水钢壳混凝土最终接头设计与施工

沉管隧道是由若干管节依次沉放对接组成的，由于最后一节管节无论是与岸上段还是水中段对接时都需要留置一定的安装空间，在对接完成后剩下的这部分空间需要特殊处理才能使沉管隧道最终贯通，故称之为最终接头。最终接头是沉管隧道的最后一道工序，也是最为关键的、决定整个隧道建设成败的一道工序。

最终接头的设计施工方案与最终接头的位置紧密相关，而最终接头的位置需要根据水深、施工环境条件、工期要求等综合选定，要以施工安全、止水可靠、风险最低为目标，尽量选择水深浅、水流稳定、泥沙含量低的区段施作最终接头。根据已成功实施的最终接头案例，一般包括下述 5 种施工工法，分别为临时围堰干作业法、水下止水板法、终端块体法、V 形块体法和 Key 管节法。需要强调的是，无论采用哪种施工工法都需要考虑稳妥的纵向止退措施，包括设置有足够强度和刚度的纵向临时止退支撑等，防止在排空最终接头部位的水后，由于已安管节尾端水压力消失导致已安管节反弹和移位。

3.1 港珠澳沉管隧道最终接头

3.1.1 现有沉管最终接头方案

目前已有的最终接头施工工法，根据接头位置可分为水中最终接头和岸上最终接头两种；根据接头制作方法可分为现场浇筑和预制安装两大类。现场浇筑类最终接头（如临时围堰干作业法、水下止水板法）是一种在水体中形成无水空间进行结构施工的方法，其主要原理是利用挡水结构形成密闭空间，然后排干接头部位的水形成干作业环境，在无水的条件下浇筑混凝土，完成最终接头的施工，对于水深较浅、水下环境较为稳定的接头位置，该方法施工难度较小，在我国得到了广泛应用。预制安装类最终接头（如终端块体法、V 形块体法和 Key 管节法）主要见于日本，该方法在陆地预制一定长度的最终接头，经过浮运、沉放，最后利用特殊手段与已安管节进行水下对接，适用于工期紧张、水深较深、水下环境恶劣的情况。

3.1.1.1 临时围堰干作业法

对采用轴线干坞法的沉管隧道，最终接头一般设置在靠近岸上段的临时干坞坞口位置，常采用临时围堰干作法进行最终接头的施工。最后一个管节安装完毕后，利用沉放好的管节和坞口，结合周边具体环境条件构筑临时止水围堰，并设置已安管节止退装置，然后即可抽除围堰内侧临时干坞内的水，在干施工条件下施作最终接头和隧道岸上段。

日本的东京港第一航道沉管隧道和国内的广州珠江隧道、宁波常洪沉管隧道都是采用该法进行最终接头施工。

临时围堰干作业法施工流程简单、工法成熟,适用于江河沉管隧道最终接头施工。由于需要构筑临时挡水结构,最终接头位置的水深不宜过深(一般为15~20m),施工工期长。

3.1.1.2 水下止水板法

对于最终接头无法设置在与岸上段连接位置处,而需要在水中完成的沉管隧道,水下止水板法是最常用的工法(图3.1-1)。最后一个管节沉放完成后,首先设置止退装置(钢支撑或楔块),再采用水下钢模板(与管节接触处敷设周圈橡胶止水带)围护住最终接头空间,然后排出封闭空间内的水,钢模板上的止水橡胶在内外压力差作用下被压缩形成可靠的防水体系,最后在管内打开两侧端封门,在无水条件下进行钢筋绑扎和混凝土浇筑作业形成最终接头。该方法应用广泛,国内的上海外环隧道、广州仑头—生物岛沉管隧道和国外的厄勒海峡沉管隧道、釜山—巨济沉管隧道都是采用该法进行最终接头的施工。

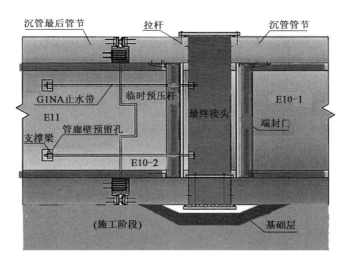

图3.1-1 水下止水板法

水下止水板法施工流程简单,工法成熟,适用于江河沉管隧道和水深浅、水流条件稳定位置处的最终接头施工。但水下止水板法施工主要依靠潜水作业,对于最终接头位于水深较深、水流条件复杂的外海环境的情况,潜水施工周期长,潜水员作业风险较大。同时该工法现场施工时间长,从临时止水开始施工到整个最终接头施工完成一般需要3~

4个月,过程中由于仅有止水板一种止水措施,渗水风险较大。

3.1.1.3 终端块体法

20世纪90年代日本大成建设公司在川崎港海底沉管隧道和多摩川沉管隧道最终接头施工中开发使用了终端块体法(terminal block),如图3.1-2所示,该工法某种程度上是在临时围堰干作业法基础上发展起来的。将最终接头设置在隧道靠近岸上段一侧的暗埋段或到达竖井处,在施工暗埋段或竖井的同时进行终端块的制作,终端块的横断面与一般管节相同,长度约为5m,采用钢壳混凝土形式,工厂分块制作,现场组装,灌注高流动性混凝土形成整体结构,制作好的终端块位于暗埋段或竖井突出部位的内部。当最后一个管节沉放到位后,用千斤顶推出终端块与最后一个管节接触并进行水力压接,然后在预设位置压注无收缩砂浆,在终端块与接收竖井之间形成抗剪键(避免水压力消失后的GINA止水带回弹和已安管节移位),待砂浆强度满足要求后即可将结合腔水排除,拆除钢封门,在干作业条件下进行内部接头等施工。该工法的主要混凝土结构全部在无水环境下施工,质量保证度高,潜水工作量小,施工速度较快。

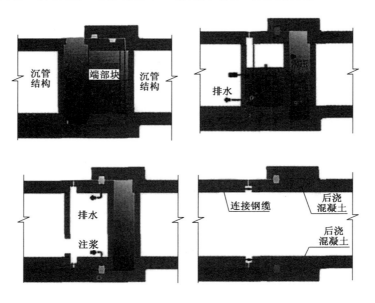

图3.1-2 终端块体法

3.1.1.4 V形块体法

V形块体法最终接头施工工法由日本五洋建设公司于20世纪90年代开发,成功应用于神户港港岛沉管隧道、大阪南港沉管隧道和新衣浦港沉管隧道等工程建设,该工法是在水下止水板法基础上发展而来的(图 3.1-3)。最终接头的断面由矩形演变成 V 形,与之相连的两侧管节端面也设计为斜面,主体结构由现浇变为预制安装,大幅提高了工效,可以说所有适用水下止水板法的工程都可以采用 V 形块体法代替。

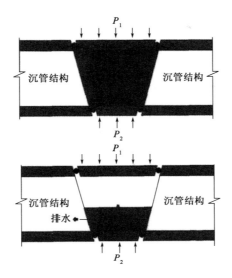

图 3.1-3　V 形块体法原理图

V 形块体一般采用钢壳混凝土形式,上倒角角度约为 15°,两侧斜面设置橡胶止水带。钢结构部分可在工厂制作,制作完成后可在工厂拼装,拼装完成后浮运到最终接头位置。到现场后,采用浮式起重机将 V 形块体整体下沉安装,插入两侧已安管节形成的楔形空间内,利用块体自重和 V 形块顶面、底面的压力差压缩橡胶止水带,形成管内干作业环境,最后进行 V 形块与两侧管节的刚性连接。

V 形块体法的关键问题包括:首先,该工法需要对最终接头进行高精度测量,为 V 形接头尺寸和端面定位提供依据;其次,V 形块体中间是 GINA + OMEGA 永久止水结构,止水带在工厂安装,安装前需要采用临时预应力将其充分压缩;最后,在两端已安管节对接端各预设了一条 GINA 止水带,在用浮式起重机进行 V 形块整体安装时要确保这两道 GINA 止水带的完好和安全,为此需要设置专门的定位导向装置,避免块体两侧的橡胶止水带在下沉过程中受损。

3.1.1.5　Key 管节法

Key 管节法最终接头由日本五洋建设公司在 V 形块体法的基础上开发,并成功应用于大阪港梦洲沉管隧道、那霸港临港公路沉管隧道、新若户公路沉管隧道等工程建设。

按照V形块体法最终接头的外形和工作原理,考虑将其与最后一个管节结合就形成了 Key 管节,如图 3.1-4 所示。

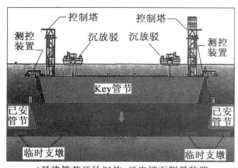
a)最终管节开始沉放:开启端面测量装置、超声波测量装置

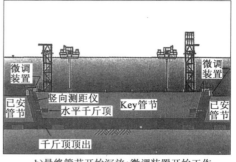
b)最终管节开始沉放:微调装置开始工作,支撑千斤顶开始工作

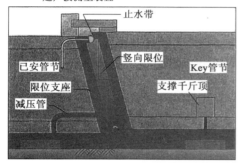
c)止水带贴紧,注入砂浆

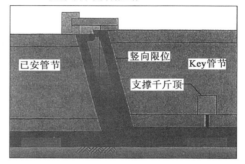
d)支撑千斤顶收回

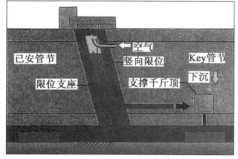
e)空腔内减压、排水

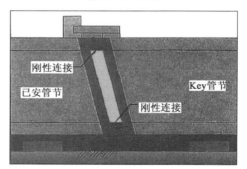
f)接合部刚性连接

图 3.1-4　Key 管节法原理图

Key 管节一般也采用钢壳混凝土形式,管节两侧端面为斜面,根据对已安管节两个端面及其间尺寸的精确测量结果调整最终管节的端钢壳,匹配所需的形状和尺寸,可以采用与一般管节相同的常规工艺进行 Key 管节的沉放对接,不同的是管节接合部使用了特殊开发的可充填伸缩胶囊式止水带(简称"可伸缩止水带"),以解决因各种因素带来的纵向尺寸误差问题。根据使用阶段不同,可伸缩止水带分为安装前收纳状态、管节对接时

伸出初步止水状态及压注无收缩砂浆形成彻底水密状态,砂浆达到预定强度后排出结合腔内的水进行水力压接,然后在管内拆除封门后进行刚性防水板的焊接和永久接头的施工。

Key 管节法对水下测量精度的要求和管节安装时的导向定位能力较 V 形块体法更高,但其工厂化和标准化程度更高,施工工效也更高,可以大幅加快施工进度。当然,由于 Key 管节两侧最终形成刚性接头,对钢筋混凝土管节及基础不均性较高的隧道,其适用性需要综合评估确定。

3.1.2 港珠澳沉管最终接头建设条件

3.1.2.1 最终接头位置选择

按照沉管安装总体施工组织,沉管浮运沉放总体上按从西人工岛向东人工岛方向单向沉放,并结合浮运航道与隧道相对关系进行安排。

①利用出运航路一:由西向东依次浮运沉放 E1~E8、E10、E12~E14 管节,沉管在基槽内最大横拖距离为 1300m。

②利用出运航路二:由西向东依次浮运沉放 E9、E11、E15~E20 管节,沉管在基槽内最大横拖距离为 1320m。

③利用出运航路三:依次浮运沉放 E21~E33 管节,沉管在基槽内最大横拖距离为 1540m。

考虑深基槽水深处水下作业的不确定性风险,最终接头的位置需尽可能选取在水深较浅处。港珠澳大桥沉管隧道工程在沉放 E1~E29 管节时,基槽位置处水深满足沉管浮运要求,但若以最终接头水深更浅为目的,继续沉放 E30 管节,则 E30 管节以东的管节浮运时水下净空将不能满足要求,故 E29 管节以东的管节调整为 E33~E30 管节自东向西依次安装。综合考虑环境限制条件,最终接头设计位置选取在 E29 管节和 E30 管节之间,该处基槽槽底深约为 20m,基槽底水深约 30m,最终接头距离东人工岛岛头约为 580m,处于半径为 5500m 的平曲线段,如图 3.1-5 所示。

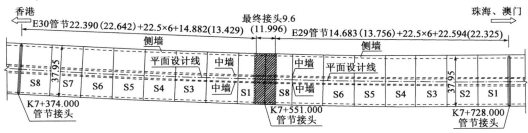

图 3.1-5 最终接头与 E29、E30 管节平面图(尺寸单位:m)

3.1.2.2 最终接头自然条件

根据岛隧工程总工期要求及计划,最终接头工程应具备 2017 年 1 季度完成施工的条件,最终接头的实施受季节、气象、水文及地形、环境等条件限制。

1)气象条件

场区为海洋性气候,天气多变,根据工期策划,在最终接头可能施工的 12 月—次年 3 月易受冬季寒潮影响,3—4 月为海上大雾、强对流、强降雨多发季节,一旦遭遇寒潮大风、海上大雾、强对流或强降雨,海上施工就会中断。

2)水文条件

伶仃洋潮汐属于弱潮型,潮汐系数介于 0.94~1.77 之间,为不正规半日混合潮型,平均潮差为 1.24m,最大潮差为 3.04m,隧址处小潮垂线平均流速最大为 0.47m/s,大潮垂线平均流速为 0.79m/s,洪季表层流速最大超过 1.8m/s。

最终接头处水流环境更加复杂,表现在以下几个方面:

①最终接头处基槽槽深约 20m,深水深槽内潮流呈现出特有的规律(图 3.1-6),落潮期呈现流速沿深度逐渐减小,涨潮中小潮期呈现槽底流速大于表层流速,且方向紊乱。

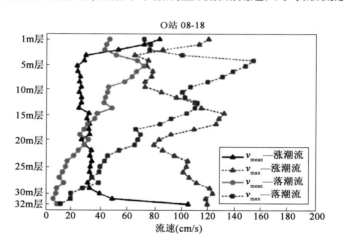

图 3.1-6 深基槽内水流垂线流速分布

②最终接头处于东人工岛挑流区,受岛头挑流影响,流速增大,流向更加复杂。

③最终接头处于已安装 E29、E30 沉管间,龙口间距仅 10 多米,存在龙口水流效应,将对水流及回淤带来影响。

3)泥沙及回淤条件

沉管基槽横卧珠江口,含沙水体在水流动力作用下在槽底、边坡上会沉淀回淤物。

根据基槽开挖后工程区回淤观测资料分析,在内伶仃岛附近海域采砂区被关闭的条件下,E29、E30管节基槽底部的回淤强度约为1~1.5cm/d,北侧边坡坡面的回淤强度约为1.5cm/d。在内伶仃岛附近海域有大规模采砂活动期间,监测数据表明E29、E30管节基槽底部的回淤强度约为2~3cm/d。

根据上述建设条件分析,最终接头施工中,连续作业时间受到气象条件、水文条件和泥沙及回淤条件限制及影响,施工若不能连续快速完成,回淤一旦超标,极难处置,难以保证工程质量。因此,提高最终接头的施工效率,缩短施工工期和基槽回淤周期,是最终接头设计施工成功的关键因素之一。

3.2 新型最终接头概念

3.2.1 最终接头设计要求

根据港珠澳大桥沉管隧道建设条件分析,最终接头设计应满足以下3个基本要求:

(1)最终接头施工效率要高,满足总体施工工期要求。

(2)最终接头应具备主动止水特性。由于港珠澳大桥沉管具有长、大、深的特点,最终接头处施工误差不易控制,故最终接头应具备主动止水特性,以降低对施工精度的要求,并具备一定的调整余地。

(3)最终接头应具备安装可逆的特性。整个安装过程可逆,可以灵活应对施工过程中出现的各种可能的意外情况。

3.2.2 最终接头方案比选

临时围堰干作业法要求最终接头一般设置在靠近岸上段的临时干坞坞口或暗埋段位置,在欧洲和国内有大量的工程应用。由于港珠澳大桥沉管体量巨大,吃水较深,受岛头区地形环境的影响,无法将最后一节管节浮运至岛头靠近暗埋段位置进行安装,故最终接头无法设置在浅水区域,不能采用临时围堰干作业法进行施工。

初步设计阶段最终接头采用水下止水板法,主要依靠潜水完成水下工作,需要连续的适合潜水作业的时间周期,常规水下止水板法至少需要3个月。但由于施工处于外海环境,受潮流中大、中、小潮变化及深槽紊流、东人工岛岛头绕流、冬季寒潮等复杂天气影响,使得现场很难找到满足潜水作业的连续长周期时间,潜水水下作业存在中断的风险,同时,最终接头又处于回淤环境,回淤强度为1~2cm/d,最终接头长时间的水下施工可能带来回淤超标问题,清淤作业也会影响施工进度。经全面分析研究后认为,常规的水下止水板法难以满足工程环境和工期要求。

终端块体法是一种快速施工最终接头的工法,由于其解决方案相对复杂,使用位置与临时围堰干作业法类似,只在靠近暗埋段或临时轴线干坞坞口位置有成功应用案例,且属于日本专利工法,不适用于港珠澳大桥沉管隧道。

V形块体法和Key管节法亦属于日本的快速施工最终接头工法,这两种工法的基本原理是将管节的端面设置成斜面,利用最终管节上下面的水压力差完成水力压接。这两种方法的基本原理表明,最终接头止水是被动式的,对施工精度要求较高,调整余地有限。港珠澳大桥沉管隧道工程纵向长度长、埋深大,最终接头处施工误差不易控制,上述两种工法在日本也只是用于长度较短的隧道,在港珠澳大桥沉管隧道工程中的适应性受限,而且由于龙口形态的控制精度问题,实施难度非常大,需要研究容许误差大、施工周期短的新型最终接头工法。

综合调研和分析结果,针对外海环境复杂多变的特点,水下止水板法最终接头潜水工作量大,工效低,工期保证度低,不推荐使用,宜优先考虑新型预制安装类最终接头方案,其中V形块体法适应性更强,Key管节法与沉管标准安装工艺结合得更好,但二者都主要应用于钢壳混凝土三明治结构形式的沉管隧道,且只应用于长度和规模较小的沉管隧道,对长度长、规模大的隧道的适用性还需进一步讨论,此外还牵涉专利权的使用问题,故在预制安装总体思路指导下进行了新型最终接头形式的开发工作。

3.2.3 新型最终接头概念的提出

港珠澳大桥沉管隧道工程具有超大横断面、远离陆地、作业条件困难、工期要求高等特点,因此在最终接头工法和结构体系选择方面需要广泛借鉴国内外的成功经验,在工厂化、整体化、装配化方面做更多的探索,以期选择一个安全稳妥的方案。建设者经过长期的调研和技术攻关,结合已有成果资料,通过理论研究、现场测试、施工和监测等一系列方法,在世界上首次提出并研制成功了整体预制主动止水和可逆安装最终接头新型结构,实现了沉管隧道的快速对接合龙贯通。该结构在海底沉管隧道最终接头上的应用,在世界范围内属首次,无相关设计标准可遵循、无工程经验可借鉴,设计施工面临较大风险。

新型最终接头总体概念为:接头主体采用倒梯形钢壳混凝土结构,陆上工厂内完成钢壳制造,然后在钢壳内灌注高流动性混凝土形成三明治结构,大型驳船运输最终接头本体结构到达安装水域,大型浮式起重机吊装整体结构下沉就位,顶推内置于最终接头两侧外墙内的千斤顶系统,压缩临时止水带实现与海水隔离,抽排结合腔水,快速实现主动止水,形成管内干作业环境后,在管内进行合龙焊接工作,完成最终接头与其两侧已安管节的连接,最终实现隧道贯通(图3.2-1、图3.2-2)。

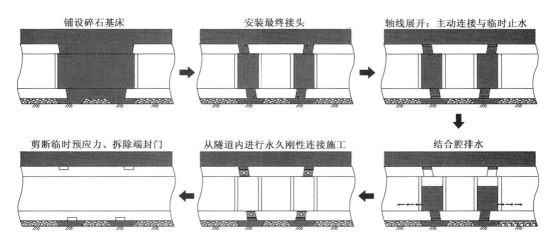

图3.2-1 新型最终接头施工步骤概念图

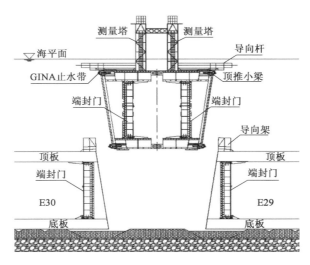

图3.2-2 新型最终接头设计图

新型最终接头可选择气象窗口,实现快速安装,大幅减少潜水作业量,结构性工作主要为工厂预制及管内条件作业,利于工程质量控制。主动顶推止水系统为可逆系统,既能消除隧道纵向长度误差,又能灵活主动控制小梁端部GINA止水带的压缩量,保证沉管隧道的顺利贯通。港珠澳大桥沉管隧道最终接头仅用1d即完成了浮运、吊装、沉放、顶推止水、结合腔抽水等对接安装工作(图3.2-3),而传统水下止水板法至少需要3个月。

图 3.2-3 最终接头吊装沉放

其突出的技术创新主要体现在如下几点：

(1) 首次研发整体安装、主动止水可逆式沉管最终接头结构体系，提出了设计方法及计算理论。

(2) 研发了三明治沉管钢结构制造及控制技术、高流动性混凝土配制及浇筑技术，形成了国内首部三明治沉管高流动性混凝土施工及验收标准。

(3) 国际上首次研发 GINA 止水带 + M 形止水带 + Lip 止水带的多重止水系统，首次开发了主动顶推控制系统，实现了最终接头的均匀快速止水。

(4) 研发双线形联合锁网新型贯通测量技术，提出以贯通测量法为主、双测量塔法、双人孔投点法、潜水水下测量法等多种测量技术相互校核的沉管龙口形态控制新方法，实现了沉管隧道龙口形态毫米级的精准控制。

(5) 研发高精度水下吊装姿态控制及实时定位系统，实现了 6000t 级构件 28m 深水龙口内 15cm 间隙吊装精确就位，研发精确调位系统，实现了最终接头毫米级对接精度。

(6) 研发了水下不分离超低强度混凝土和沉管体外后注浆工艺及监控技术，实现了深水沉管基础填充、压密，形成了沉管体外后注浆基础成套技术。

3.3 最终接头设计关键技术

3.3.1 总体概念设计

1) 几何设计

为方便最终接头安装，使吊装沉放过程中施工容许误差由大到小逐步过渡，降低与两侧已安管节的碰撞风险，最终接头块立面设计成中心对称的 V 形，且无论最终接头是否处于隧道曲线段,都保证其平面投影为矩形、内外边长相同。

最终接头块纵向长度原则上不宜过大或过小。长度下限受到负浮力、舾装设备尺寸、主动止水系统等结构尺寸的限制,考虑最终接头中安装顶推千斤顶主动止水系统的空间,以及预留辅助安装设施、焊接平台等空间,长度不宜过小。长度下限还受到最终接头碎石基床稳定性的限制,碎石基床的垄间距相对较固定,取决于已制造的碎石整平设备。通过陆地上的压载试验(图3.3-1),发现纵向至少需要3条碎石垄来保证基床的稳定。

图3.3-1　最终接头碎石垫层压载试验

长度上限应考虑浮重、经济性、吊装设备能力等,当最终接头长度较大时,接头在沉放安装时的浮重度更大,可能超出吊装系统允许的荷载。需要注意到,虽然主体结构的纵向长度越长,它在空气中就越重,但是在水下就越轻(因为更大的浮力),对基础的压力就越小。

此外,纵向长度还应根据已安管节安装累计误差进行合理调整,若考虑工期因素,设计时未能获得全部管节累计安装误差,则应考虑适当的配切值。

为便于最终接头块着床,并使最终接头着床后抽水工况下基础沉降均匀,最终接头块基础设计纵坡为平坡(0.0%),如图3.3-2所示。调整两侧管节基础及沉管就位姿态,实现沉管安装就位后最终接头顶板内侧与两侧管节匹配端面顶板内侧高程一致,最终接头安装端面与两侧管节匹配端面保持面平行,最终接头块与相邻结构底板间的微小偏差通过压载混凝土调节,实现纵面线形的平顺协调。

立面尺寸决定了最终接头块的上下面积,进而决定了水压差。当倾角较小时,最终接头在沉放时与已有管节间距较小,过小的间距可能会造成沉放定位困难和风险过大;当倾角较大时,顶面与底面面积会相差较大,在结合腔排水过程中会产生较大的竖向压力差,增加最终接头处基础荷载。

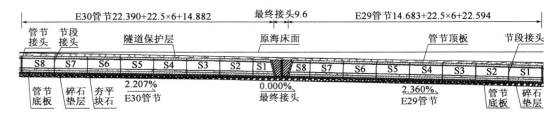

图 3.3-2 最终接头管节节段划分纵断面（尺寸单位：m）

通过理论计算，不同倾角下产生竖向不平衡力而导致的基础应力变化见表 3.3-1。

不同倾角下基础应力变化   表3.3-1

倾角 (°)	底板 (m)	顶板 (m)	自重 (kN)	浮力 (kN)	竖向不平衡 水压(kN)	基础应力 增量(kPa)
5	9.258	11.253	48778	43186	9626	70.5
8	8.652	11.856	48773	43181	1861	136.6
10	8.244	12.264	48773	43180	24775	181.2
15	7.200	13.309	48775	43182	40358	295.4

经综合比选，考虑最终接头块体端面倾角选用 6°，底板长度取为 9.6m，截面厚度同标准管节，立面总高度 11.4m，最终接头立面尺寸如图 3.3-3 所示。

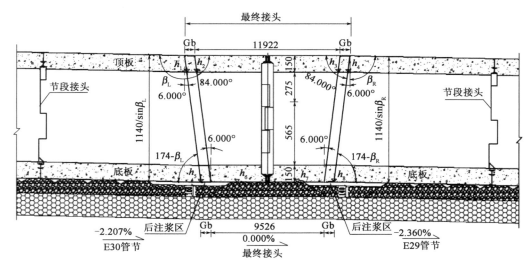

图 3.3-3 最终接头立面尺寸（尺寸单位：mm）

2）永久管节接头、临时预应力系统及临时锁定系统

新型最终接头的结构主体包括两块对称的钢壳混凝土三明治结构、一个永久管节接头及将其组合在一起的临时预应力和临时锁定装置。最终接头由两个对称倒梯形结构组成，中间设置 E29、E30 永久管节接头。若不设置永久管节接头，则最终接头与两侧管

节刚性连接,将形成一段很长的刚性段,对截面被削弱的刚性接头受力不利。最终接头永久管节接头的设计与标准管节接头相同,共设置两道防水构造,分别为 GINA 止水带和 OMEGA 止水带,见图 3.3-4。

图 3.3-4　最终接头中部的永久 GINA 止水带

考虑最终接头整体浮运安装要求和管节永久接头 GINA 止水带防水的压缩量要求,在最终接头预制时,通过临时预应力将 2 个对称倒梯形结构连接成整体,并使设置于中间的 GINA 止水带达到设计所需压缩量(约 14cm 压缩变形)。通过临时预应力连接的管节接头为半刚性接头,若隧道刚性段过长将无法释放不均匀沉降和地震荷载引起的结构内力,故待两侧刚性接头焊接浇筑成型后剪断临时预应力,使管节接头成为柔性接头,形成铰接结构来释放弯矩,从而改善最终接头在运营阶段的受力状况(图 3.3-5)。

最终接头三向锁定装置的设计目的:防止在钢壳吊装、三明治结构吊装过程中两个半梯形结构发生横向和纵向相对错位;在最终接头沉放及对临时止水系统小梁顶推过程中,左右两侧倒梯形结构受到水压及小梁顶推反作用力而产生向内中间挤压的作用,容易造成 GINA 止水带发生过大变形及预应力损失,此过程为动态不可控工况,应避免发生。

在结构制作时于两侧倒梯形结构相向端端面上设置刚性限位块,防止两侧结构的相向运动,刚性限位块与临时预应力对最终接头形成纵向锁定,刚性限位块可采用钢管撑或者无源支撑等较为常见的承压结构;两侧结构间设置临时的水平及竖向剪刀撑,对最终接头形成水平及竖向的锁定。三向锁定装置限制了两侧结构体在浮运及安装阶段的相对运动,从而保证了最终接头的整体性和稳定性。当最终接头实现与两侧管节最终刚接后,再拆除临时三向锁定装置。

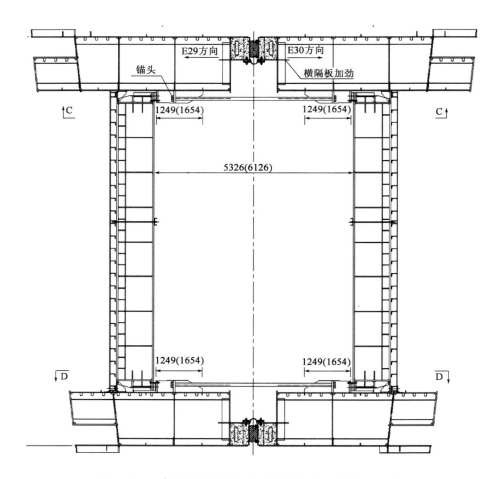

图 3.3-5　临时纵向预应力束立面图（尺寸单位：mm）

3）刚性接头与临时止水系统

最终接头本体结构与 E29-S8 节段和 E30-S1 节段由焊接钢箱内灌注高流动性混凝土形成的钢混组合刚性接头连接成整体，刚性接头沿横断面内侧一圈布置，刚性接头采用变截面设计，理论高度范围为 791~958mm，设计纵向理论长度为 852mm（图 3.3-6）。刚性接头为一圈钢壳混凝土三明治结构，由于临时止水系统占用了部分主体结构空间，相较于两侧管节的顶底板及侧墙板厚，其断面有所削弱。

最终接头两侧管节（即 E29-S8 节段和 E30-S1 节段）端部钢帽需进行特殊设计，要求端面平整、强度足够，既要达到与最终接头主动顶推止水系统相互配合形成临时止水的目的，又要实现与最终接头焊接形成永久刚性接头的目的。

在最终接头与 E29、E30 管节永久刚接前，需要通过临时止水系统实现最终接头与两侧管节之间的密闭干环境，并在该环境下进行永久止水和刚性接头施工。通过在最终接头段本体四周设置空腔,内藏千斤顶、顶推小梁及临时止水系统,最终接头段沉放就位后,启动千斤顶顶推小梁水平滑动,直至小梁前端 GINA 止水带充分压缩实现止水,确认结合腔形成后,结合腔排水,形成管内干施工环境(图 3.3-7 ~ 图 3.3-9)。

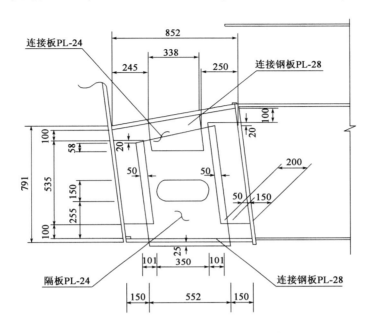

图 3.3-6　永久刚性接头断面图(尺寸单位:mm)

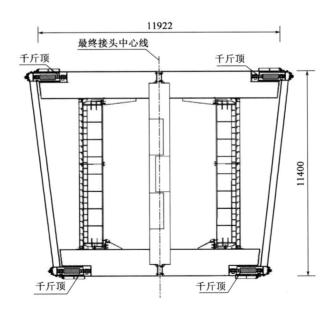

图 3.3-7　千斤顶布置示意图(尺寸单位:mm)

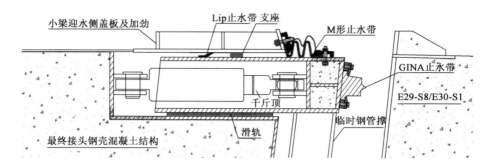

图 3.3-8　小梁顶推前

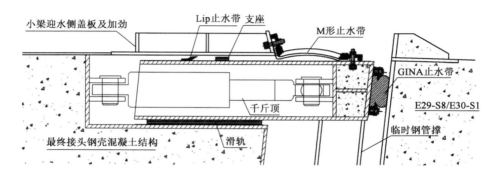

图 3.3-9　小梁顶推后

最终接头主动止水系统的关键在于其可逆性,即刚性接头焊接完成前千斤顶顶推系统需处于可活动状态。小梁顶推到位后,内部不进行注浆处理,顶推千斤顶仍处于可自由活动状态。刚性接头焊接施工期间,若小梁端部止水带因意外情况发生松弛则可能发生渗漏水,由于顶推千斤顶行程未满,可让千斤顶继续顶推,进一步压缩止水带,减小渗漏风险;若本体结构因焊接温度产生膨胀,导致千斤顶顶推力出现急剧上升,则可对千斤顶进行适当卸压,以确保顶推系统安全。若出现极端情况,如最终接头块着床且完成顶推和临时止水后,测量发现最终接头块与两侧管节对接偏差较大,由于千斤顶未被锁死,仍可将千斤顶回缩至初始状态,利用浮式起重机再次吊起最终接头重新对接。

4)地基初始刚度差异问题

整体式的最终接头结构虽然也有端封门,但是它的浮力相对于相邻的 E29、E30 管节很小,因此,刚着床时,最终接头对基础的压力为 $50kN/m^2$,相邻沉管管节为 $1.5kN/m^2$,地基压力差异近 30 倍(表 3.3-2)。

最终接头及相邻管节基础压力（kN/m²）　　　　表 3.3-2

工　　况	E29	最 终 接 头	E30
着床荷载	1.5	50.0	1.5
水箱加载	9.2	—	9.2
回填	35.2	84.5	35.2
管内压舱	46.3	108.6	46.3
交工荷载	49.1	111.8	45.2
回淤	76.0	131.8	62.0

由于基础的初始压力不在一个量级，从而导致基础初始刚度差异。这将带来如下风险：

（1）在施工期，最终接头临时止水后需要从隧道内部实施永久的止水兼连接，这个转换过程需要半个月。差异沉降将导致永久连接实施过程中已经焊接的钢板变形、撕裂，如果差异沉降过大，甚至带来临时止水失效的重大施工风险。

（2）在运营期，隧道顶部将逐渐增加较大的回淤荷载，因地基刚度差异的存在，最终接头与相邻管节的永久连接部位会产生较大的内力。而该连接部位是整个隧道最薄弱的环节，因为相比其他部位，临时止水系统占了一部分主体结构的空间。

由于沉管管节在水中的重量轻，且该工程基槽开挖深度大，深层土所受最大应力不会超过其历史应力，所以沉降很可能只发生在表层。该工程的组合基床方案消除了表层土的沉降问题，大多数的沉降只可能发生在基床层。

通过对已安装典型管节的沉降监测（图 3.3-10）、水下原位荷载板试验和碎石基床加载试验得到了碎石基床的沉降规律：

（1）管节在加载后的沉降是"瞬时沉降"，而且是主要沉降。

（2）基床刚度随荷载集度增加而增加。

（3）卸载后的基础回弹可忽略。

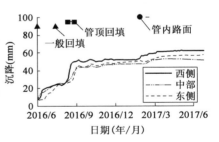

图 3.3-10　管节 E27 沉降-时间曲线

基于这三点结论，地基刚度差异改善措施之一是预加载与超载（图 3.3-11），即在最终接头安装前，对相邻管节进行预加载和超载，令绝大部分沉降在最终接头安装前就完成，主要是在管顶回填并压载混凝土块，管内保留压载水的同时打设压载混凝土。

最终接头与相邻管节的永久连接施工完成后，在压载水箱置换混凝土和管顶混凝土块移除的过程中,存在卸载,但是这个卸载基本不会带来基础的回弹,从而不会带来永久连接部位的结构内力。从现场实际监测数据来看,加载完成后 E29 管节发生了约 3cm 沉降,E30 管节发生了约 4cm 沉降。卸载后,隧道内的测量未观察到地基的回弹。

图 3.3-11　预加载及超载实施照片

另外,还存在一个特殊问题,即本工程能够提供的所有加载措施的荷载总量只能达到交工荷载水平,而无法达到远期回淤发生时的运营期最大荷载水平,因此,加载措施可以(也只能)消除最终接头与相邻管节进行永久连接时施工期的安全风险,但后期仍存在差异沉降,管节的基础刚度仍然小于最终接头的基础刚度。而且回淤荷载加载以后,隧道管节基础的历史应力未被超过,但是最终接头的历史应力可能被超过,从而最终接头的基础可能比相邻管节发生更多的固结沉降,这部分也是差异沉降。

综上考虑,地基刚度差异改善措施之二是通过在最终接头与管节连接部位下方的空隙里用高压压入水下不分散混凝土(图 3.3-12)。通过在管节与最终接头底部的密闭空间内注入超低强度水下不分散混凝土,对刚度不同的碎石基床起到过渡作用,保证 E29、E30 管节与最终接头作为整体结构沉降均匀,达到预压基床、协调沉降的目的。

根据现场实际监测结果,焊接阶段最终接头与相邻管节的竖向差异沉降值小于 1mm,最终接头部位未发现变形或漏水现象(图 3.3-13)。

综上可知,整体式最终接头安装后对地基的初始压力是相邻结构的 30 倍,初始压力差异带来基础初始刚度差异,可以预见施工期和运营期存在差异沉降。因此,第一个解决措施是在最终接头安装前,对相邻沉管管节的顶部和内部尽可能多地施加额外的荷载,让相邻管节预先完成沉降,并提高地基的刚度。该措施的重要前提是基础的沉降是"瞬时"的,"瞬时"沉降的特点由沉降实测和两个试验的结果证实。最终接头安装并与相邻管节连接以后,因为长期的回淤荷载,差异沉降仍然可能损坏连接部位,因此采用密闭腔压浆进一步协调差异沉降。

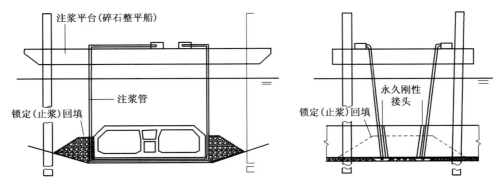

图 3.3-12　最终接头-相邻管节底部密闭腔压浆方案

图 3.3-13　最终接头管内

3.3.2　结构体系转换与力学机理

在不同的施工阶段,最终接头处的结构受力体系并不相同,钢壳内混凝土浇筑前后、最终接头开始沉放直至结合腔排水前后、预应力解除前后存在三次受力体系转换过程,受力变化和结构变形复杂。

1)混凝土浇筑前后是钢壳结构和钢壳混凝土结构受力体系转换过程

钢壳作为永久阶段的防水钢板,又作为混凝土浇筑的模板,同时还承受着纵向临时预应力作用。由于最终接头高流动性混凝土浇筑方量相对较大,混凝土质量远超钢壳本体质量,浇筑加荷过程存在较大的结构变形风险,尤其对于顶推小梁系统、GINA 止水带结合面等变形控制极为苛刻,所以如何均匀加载和分阶段加载平衡钢壳的受力至关重要,具体浇筑工艺详见3.4.2节。

2)开始沉放直至结合腔排水前后是水压力与临时预应力之间的互相转换过程

第1阶段:最终接头沉放过程中,左右两侧倒梯形结构受到水压及小梁顶推反作用力而产生向内中间挤压的作用,容易造成GINA止水带发生过大变形及预应力损失。因此,在结构制作时于两侧倒梯形结构相向端端面上设置临时锁定系统,限制了两侧结构体的相对运动。

第2阶段:小梁顶推临时止水及结合腔排水时,受力过程极度复杂,必须了解力的来源、找到正确的计算思路,了解受力与构造在变化中的相互影响。

(1)千斤顶受力分析

合理的千斤顶选型和千斤顶布置是顶推系统顺利完成工作的重要前提,设计时应会同专业千斤顶生产公司共同分析决策。千斤顶行程、单个千斤顶可提供的极限顶推力、千斤顶安装长度及外径等均为设计时需考虑的重要参数。

①千斤顶顶推小梁GINA止水带未压缩前,内外侧水压力基本处于平衡状态,千斤顶仅需克服小梁自重引起的较小摩擦力。

②千斤顶顶推小梁导致GINA止水带压缩过程中,千斤顶的顶推力随GINA止水带压缩逐渐增大,同时GINA止水带压缩力会有竖向分量导致小梁滑块处产生竖向作用力,此竖向作用力引起的水平摩擦力也需要千斤顶去克服。

③千斤顶最不利的受力工况为GINA止水带压缩完成且结合腔排完水后。GINA止水带压缩完成后(需压缩约7cm),千斤顶行程未满且不锁死,随时可再次增压或泄压,形成主动止水体系。确认结合腔形成后,结合腔排水,排水的过程中会导致小梁上下表面产生不平衡的水压力,此水压力导致小梁滑块处也产生竖向作用力,此竖向作用力引起的水平摩擦力需要千斤顶去克服,千斤顶受力如图3.3-14所示。

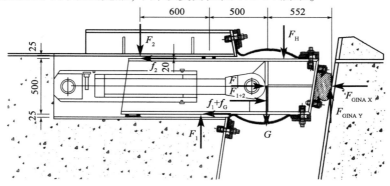

图3.3-14 千斤顶受力示意图(尺寸单位:mm)

综合计算结果和工艺需求,最终接头两侧周圈各布置 27 个千斤顶(相邻千斤顶之间最大距离不大于 4m),通过控制系统集成,即可整体一致作业,也可分组单独同步作业,达到可以调节小梁顶推姿态的目标。每个千斤顶可提供不小于 1960kN 的顶推力,千斤顶行程为 400mm,安装长度为 1560mm,外径为 300mm。

(2)顶推小梁受力分析

顶推小梁沿着最终接头本体四周外缘空腔一圈布置,为增加小梁整体刚度,避免小梁在水压力作用下产生过大变形和应力,小梁端部需设置临时支撑桁架,形成整体受力体系(图 3.3-15)。小梁临时支撑体系设计时,最不利工况为小梁顶推到位后结合腔抽水工况,结合腔开始抽水,由于内外水压力差,小梁受到四周水压力的作用,此水压力传递至临时钢管撑体系。

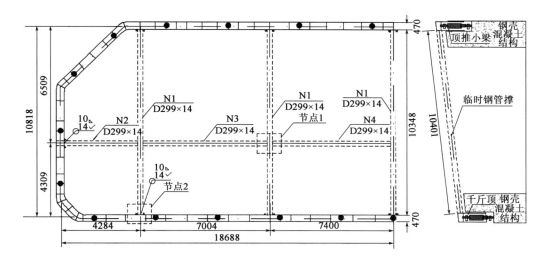

图 3.3-15 小梁临时钢管撑构造(尺寸单位:mm)

(3)结合腔排水受力特性

结合腔是沉管管节(最终接头)在水下对接时,产生的带有高压水的密闭腔。腔内的水需要排出,方法是通过连通管与相邻沉管管节的内部空间连通。但是,对于结合腔排水时的反应,最终接头与普通沉管管节有所不同,主要有以下三点:

其一,最终接头结合腔排水不存在水力压接过程。

普通沉管管节的结合腔排水时,它的尾端是自由的(与海水接触)。一旦结合腔内进气,管节对接端的水压力将消失,而尾端的水压力仍然存在,这导致它在长度方向的力失去平衡,尾端的水压力将它推向已安管节,对接端的 GINA 止水带因此被大幅度地压缩,完成水力压接(hydraulic connection)。相对而言,最终接头结合腔的排水没有这个压接过程,因为其两端的水压力是同时消失的。排水时,打开连通管上的阀门,结合腔内的高压水向相邻沉管内涌出,结合腔内形成真空,隧道内的空气通过同一根连通管向结合腔内涌入,结合腔内的高压水变成了常压的水,即腔内任意高度的水压力基本等于静水压力。

从25m的水头到10m水头(10m对应的是结合腔内的储水高度),最终接头每端的水压力减少了8000kN,如果这个过程所花的时间小于最终接头水平方向的结构自震周期,则会引起动力效应。为了避免这个问题,在结合腔排水前,设置一台泵往结合腔内持续注入空气,以减小排水过程中结合腔内的流体压力。另外,为避免最终接头两端结合腔压力减小不均衡,在两个结合腔之间设置一根连通管。

其二,最终接头结合腔排水引起竖向不平衡力。

由于最终接头断面存在6°倾角,顶面和底面面积有差异,故在结合腔排水过程中会产生较大的竖向压力差,此竖向压力差(即竖向不平衡力)需由地基和GINA止水带摩擦力来共同承担。由于其承担的分配比例不易明确,因此出于安全考虑,在计算地基承载力时,假定竖向不平衡力全部由地基承担;在计算GINA止水带竖向抗力时,假定竖向不平衡力全部由GINA止水带承担。

其三,最终接头结合腔排水引起E29管节和E30管节纵向受力状态改变。

结合腔排水过程中,腔内纵向水压力逐渐消失,对于最终接头,纵向水压力是一对平衡力,对其稳定性无影响。但是,对于E29管节和E30管节,纵向受力状态会因最终接头小梁顶推力作用和结合腔内排水导致纵向水压力减小发生改变,E29管节和E30管节纵向受力状态的改变可能会引起E29和E28管节接头及E30和E31管节接头GINA止水带压缩状态的变化。换言之,由于结合腔纵向水压力消逝,E29管节和E30管节的止推力需要由千斤顶顶推力、管节与地基的摩擦力来提供,设计中需要计算确定。

最终接头与邻近沉管间轴向相互作用属于典型的土-结构相互作用问题,即最终接头处水压变化对临近管节内力的影响取决于土对沉管结构的约束作用:当土对沉管结构约束很大时,E29和E28管节接头及E30和E31管节接头在抽水前后变化较小;当土对沉管结构约束很小时,受影响的管节将会增加。定性分析可知,摩擦抗力越大,抽水对临近管节的影响越小。因此,在实际施工阶段将E29、E30压载水箱水位加到4m,并完成纵向140m范围内一般回填及覆盖回填,以保证基础和结构间有足够的摩擦力。根据实测数据分析,管节与基础和周围土层的摩擦力系数取0.5,偏保守计取0.4,对应的最大摩擦力大于78400kN,可保证E29和E30管节始终处于静止平衡状态。

3)解除预应力前后是临时预应力与刚性接头间受力转换过程

最终接头块与 E29 和 E30 管节的连接处,在沉放完成时为主动顶推和水力压接共同作用下的柔性结构,当完成接头焊接和浇筑时则变为刚性结构;当解除预应力后最终接头则由一个半刚性体变成两个柔性连接部分,且各自与 E29 和 E30 管节刚接成一体。

3.4 最终接头制造与安装关键技术

3.4.1 总体施工流程

最终接头块为钢壳混凝土结构,其中钢壳结构制造和高流动性混凝土浇筑分别在钢结构工厂和沉管预制工厂进行,其间采用大型驳船进行钢壳结构的运输并作为混凝土浇筑的场地,制造成型后的最终接头块采用大型浮式起重机进行水下快速安装。

首先在加工厂制造钢结构单元,组拼,焊接成两个倒直角梯形结构,通过临时预应力将两个对称倒梯形钢结构连接成整体,使中间的永久 GINA 止水带达到设计所需压缩量,并采用临时辅助措施保证两个结构刚性连接,然后组装临时止水系统并进行系统调试,采用大型浮式起重机将钢壳整体结构吊运至驳船上,经海上运输至沉管预制工厂。

在预制厂深坞区运输驳船上完成钢壳内高流动性混凝土浇筑,形成钢壳混凝土组合结构;待舾装调试和现场碎石基础铺设后,选择合适气象窗口进行最终接头块的运输沉放和对接工作,通过临时止水系统使最终接头与两侧已安管节分别形成密闭结合腔,排水形成干作业环境后在管内进行刚性接头焊接和注浆作业,实现隧道贯通并完成后续管内外作业。最终接头总体施工工艺流程如图 3.4-1 所示,施工主要步骤和关键要点分述如下。

(1)钢壳结构制造及组拼

钢壳是三明治结构的主要组成部分之一,最终接头钢壳宜选择在具备大型钢结构生产能力的加工厂制造。首先在钢结构加工厂分别制造钢结构单元,匹配组拼,焊接成钢壳结构,并张拉临时预应力将两个钢壳半结构与中间接头组装成整体。

(2)主动顶推止水系统组装

钢壳整体形成后,安装内藏千斤顶、顶推小梁等设施,安装顶推小梁端部 GINA 止水带,并进行系统调试。

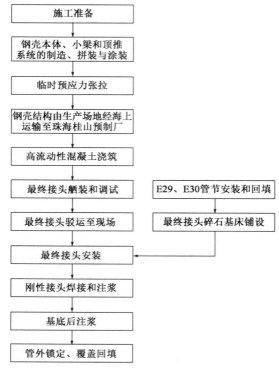

图 3.4-1 最终接头总体施工工艺流程

(3) 钢壳结构运输

若钢壳生产场地不具备混凝土浇筑条件,则需将钢壳运输至沉管预制场地进行混凝土浇筑,以确保混凝土浇筑质量。钢壳运输过程中涉及钢壳吊装,应注意吊装前安全性。

(4) 高流动性混凝土浇筑

由于钢壳隔舱较多,振捣空间受限,故需浇筑高流动性混凝土。浇筑前宜开展高流动混凝土配合比设计及试验,选择满足性能要求的配合比,配合比设计重点控制好集料最大粒径、水粉体积比、细集料含量、水泥、矿渣、高性能减水剂、增黏剂等配合量。浇筑过程可在运输驳船上进行,并严格按照相关规范执行,浇筑后应进行孔洞封堵。

(5) 舾装和水密性测试

待混凝土养护至一定强度后,进行管顶和管内舾装,并进行端封门水密性测试,水密合格方能进行下一步操作。

(6) 试吊装和沉放演练

由于最终接头钢壳混凝土三明治结构质量较大,龙口施工间距较小,精确的吊装沉放工作难度极大。为此,需选择合适海域进行最终接头整体试吊装及沉放演练工作,以便为后续实际沉放安装工作积累经验。

(7) 基槽清淤、基床铺设

在最终接头正式吊装沉放安装前,需对最终接头预定安装位置基础进行处理,以确保最终接头安装后平纵线形及高程符合设计要求。

(8) 浮运、沉放和对接安装

选择合适的作业气象窗口,运输最终接头到位,大型浮式起重机吊装下沉着床就位后,顶推内藏在最终接头内的千斤顶系统压缩临时小 GINA 止水带实现与海水隔离,抽排结合腔水,形成管内干作业环境,在管内干环境施工焊接、浇筑刚性接头,分别实现最终接头与两侧管节的刚接,实现沉管隧道贯通。

(9) 临时定位措施及临时预应力解除

实现最终接头与两侧管节刚接后,解除临时定位措施、临时锁定装置及临时预应力。临时定位设施包括管顶舾装设备等,临时锁定装置包括三向锁定装置等。临时预应力剪断后,永久接头变为柔性接头,完成与顶推小梁端部两侧临时接头的置换。

(10) 基础后注浆、管外锁定回填

最终接头段完成沉放并与两侧管节刚性连接后,管内压载施工前通过底板的预设注浆管实施后注浆基床,加强该区域基础支撑。同时,进行管外回填覆盖,回填防护设计应满足防冲刷、防锚、限制管节侧移、为管节提供足够的抗浮安全度等要求。

(11) 压载混凝土及水平混凝土剪力键浇筑

进行管内压载层混凝土浇筑时,刚性接头区域压载层构造应特殊设计以加强刚性接头区域压载层强度,水平混凝土剪力键浇筑前应割除预应力锚固系统焊接钢板。

3.4.2 高流动性混凝土配制与浇筑

钢壳高流动性混凝土配制及浇筑在国内属于新工艺,其施工难点如下:

(1) 钢壳混凝土结构规模大,系国内首创。最终接头钢壳混凝土结构在国内无先例,无论从钢壳本体的制作、钢壳混凝土的配制与浇筑,还是钢壳全过程的变形管理均面临挑战。

(2) 高流动性混凝土品质管理要求高。高流动性混凝土与普通混凝土相比需满足更为苛刻的性能要求,对配合比设计、生产配制、运输及浇筑的要求均较高,并且混凝土性能对时间较敏感,需在规定的时间内完成一系列品质管理流程。

(3) 成品难以检测,需采取过程控制理念。钢壳混凝土浇筑时难以观察其内部的填充状况,因此施工中需要确立确切的品质管理办法,通过标准化过程管理保证最终成品质量。

(4) 钢壳混凝土浇筑难度大。最终接头钢壳结构分为多个形式复杂的小尺寸隔舱,隔舱均为独立浇筑,为降低浇筑过程中混凝土压力和温度对于钢壳变形的影响,需采用分次跳舱的浇筑方法,转换布料设备频繁。

(5)有限封闭空间施工,HSE(健康、安全、环境)管理难度大。钢壳结构内隔舱之间设置众多隔板,操作人员在浇筑顶板及墙体时需要通过内部隔板上的人孔进入钢壳内部,人员设备操作空间非常狭小,人员通行、通风、照明等 HSE 管理难度大。

(6)露天浇筑,需合理选择施工窗口。钢壳混凝土在预制厂深坞区露天浇筑,施工时正处于 12 月—次年 3 月当地冬季寒潮气候。浇筑时机受气候、天气影响较大,需结合气象部门预测选择施工窗口,根据施工窗口制订施工计划。

施工时主要通过"引进、吸收、转化"的思想,参考日本相关经验和国内规范,并通过工艺试验验证最终达到合理浇筑钢壳混凝土的目的。为确保混凝土填充密实,需要合理布置纵横隔板分舱、浇筑孔及排气孔位置及细部加劲肋,为混凝土提供便于流动的路径;施工方面更需确保混凝土具备高流动性,不需要振捣就能达到内部结构的远端,能够在自重作用下流动并均匀填满模板内部空间,混凝土硬化过程中不泌水、不上下分层,钢壳与混凝土之间的间隙不超过5mm。

3.4.2.1 浇筑孔、排气孔布置

封闭隔舱内的空气应尽可能地排到隔舱外,必须考虑浇筑位置的形状尺寸、浇筑方法、排气孔的设置;即使设计排气孔,若浇筑速度太快,有时也会导致空气很难排出,故排气孔的大小和数量须根据浇筑速度决定。

根据工艺试验结论得出:浇筑孔宜开设在顶面几何中心位置,考虑穿入套管及浇筑管的需要,直径可取 $\phi16cm \sim \phi22cm$。浇筑混凝土的排气孔的直径一般取值 $\phi5cm \sim \phi8cm$,分布在侧边及角落。最终接头混凝土浇筑体系布置如图3.4-2 所示。

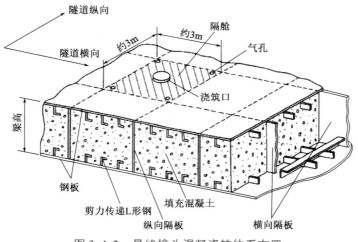

图 3.4-2 最终接头混凝浇筑体系布置

3.4.2.2 高流动性混凝土配制

高流动性混凝土又称为自密实混凝土(self-consolidating concrete,SCC),其优点为具有很高的流动性而不离析、不泌水,能不经振捣或少振捣就自动流平并充满模型和包裹钢筋。高流动性混凝土综合效益显著,特别适用于难以浇筑甚至无法浇筑的部位,可避免出现因振捣不足而造成的空洞、蜂窝、麻面等质量缺陷,施工噪声小。

高流动性混凝土采用沉管预制厂的全自动搅拌站进行搅拌生产,全自动搅拌站包括搅拌系统、制冰系统、冷水循环系统等。高流动性混凝土的全部原材料均自动投料、计量、搅拌与卸料,每盘搅拌混凝土 $3m^3$,投料完毕后搅拌时间不少于120s。

通过多次调研及借鉴日本钢壳混凝土方面的技术,根据工艺试验成果,不断对混凝土配合比参数进行优化,确定优选配合比,见表3.4-1。

高流动性混凝土优选配合比   表3.4-1

水胶比	胶凝材料用量	水泥	粉煤灰	矿粉	砂率	外加剂
0.32	520kg/m³	0.55	0.3	0.3	53%~55%	1.0%~1.1%

高流动性混凝土的流动性能随时间变化较大,需在有限的时间内完成浇筑,因此要求严格的时间管理和迅速的行动。在工艺试验阶段,通过试验反复验证,高流动性混凝土的性能保持时间一般是在80~100min,施工中为取得时间管理上的富余,确定高流动性混凝土自拌和完成至浇筑完成的时间控制在70min,即在该时间内必须完成混凝土生产、检测、运输及开始浇筑的所有工序任务,不得超限。如出现超过70min的情况,必须采取加强检测的手段确定混凝土性能是否满足规范要求;如出现超过80min的情况,建议采取强制废弃的手段。

3.4.2.3 混凝土浇筑顺序

由于最终接头高流动性混凝土浇筑方量相对较大,浇筑加荷过程存在较大的结构变形风险,尤其对于顶推小梁系统、GINA止水带结合面等变形控制极为苛刻,所以如何均匀加载和分阶段加载平衡钢壳的受力至关重要。

借鉴日本钢壳沉管浇筑的类似经验,结合最终接头的自身特点,确定最终接头钢壳混凝土采用纵向对称、跳舱浇筑工艺。整个钢壳分5次浇筑,每次浇筑完成后待混凝土强度增长到70%后开始下一次浇筑(图3.4-3)。浇筑前根据浇筑原则对全部304个独立隔舱进行编号标识,确保布料顺序正确。

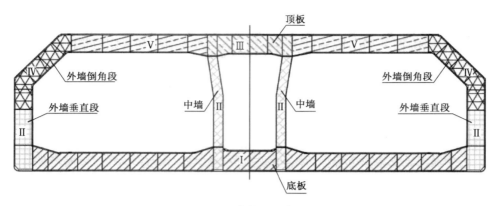

图 3.4-3　浇筑分区断面图

3.4.2.4　混凝土浇筑速度

高流动性混凝土的浇筑速度实际与自身含气量及排气的速度息息相关,如浇筑速度快,混凝土在高速流动过程中出现较大扰动,更加容易卷入空气,导致混凝土内部空洞较多,乃至浇筑至顶部时,气泡不易排出,形成顶部较大脱空。因此,浇筑速度对于高流动性混凝土而言,是个极为重要的参数。一般地,与普通混凝土相比,高流动性混凝土的浇筑速度往往更小。

最终接头高流动性混凝土浇筑速度选取室内外不同大小的模型进行试验,若施工开始时的浇筑速度很大,则浇筑位置的下端容易出现填充不良,故施工开始时必须慢慢地、谨慎地浇筑。基于拆模后的测试结果,最终确定在混凝土浇筑前期,即混凝土液面距离顶板20cm之前,浇筑速度选择 $50m^3/h$;在混凝土浇筑后期,即混凝土液面距离顶板20cm之内,浇筑速度选择 $15\sim20m^3/h$(图3.4-4)。

图 3.4-4　高流动性混凝土浇筑

3.4.2.5　缺陷检测及修复

在最终接头浇筑过程中,钢壳内部混凝土可能存在一定的缺陷,如填充不饱满、气泡未排出等,故待混凝土浇筑完成后及时进行混凝土无损检测(如超声波法、超声波CT、红外成像等)。对于检测出脱空的隔舱,在混凝土达到收缩稳定后注入高强环氧浆液进行修复。

3.4.3 最终接头安装

最终接头安装是一项系统性工程,涵盖结构、制造、机械、土木、测控、海洋等十几个学科和专业,其综合难度极高:

(1)吊装质量大。交通建设领域首次吊装6000t级构件,起吊、旋转、下放等各个操作环节都涉及重大起重安全。

(2)安装精度要求高。在约30m深水下,龙口深度超过11m,两侧富裕空间极小(设计宽度为15cm),因此安装过程中最主要的安全隐患是最终接头与E29、E30管节端面发生碰撞。

(3)起重船抗横流稳定性。12000t起重船船长接近300m,船宽58m,吊装吃水约13m,其迎流面积是标准管节迎流面积的1.9倍,确保系泊和作业阶段横流驻位能够抵抗水流力是本工程的另一个难点。

(4)测控定位系统稳定性、敏感性和可靠性要求高。若水下定位偏差过大或反映频率过慢,将直接影响最终接头块的水下安全,引发碰撞等问题。

(5)临时止水系统首次使用,但止水要求极高。临时止水系统是最终接头安装的生命线,保障率必须达到100%,要求系统在GINA止水带压缩后能够形成可靠的临时止水,同时在之后的一个月时间里(合龙焊接及其他管内作业)其顶推系统能够稳定保压。

(6)外海开敞水域的环境条件恶劣。4、5月份强对流天气开始影响施工区域,同时4月进入珠江口初汛期,径流的增加及上游降雨会加剧施工水域含沙量,泥沙环境条件更加恶劣;径流增加叠加龙口处复杂地形环境,使龙口处流场环境更加复杂。

为此,建设者用时两年多进行施工方案论证,研发了专用的最终接头测控系统,保证沉放过程中对最终接头块进行实时监控;设置精调系统,实现最终接头在着床后进行精确调位;设置"脐带缆"系统,实现最终接头块沉放、精调和小梁顶推过程中,对最终接头块状态的远程监控和监测;最终接头块两端设置防撞缓冲装置,以应对可能出现的意外碰撞;借助潜水作业,对最终接头块着床后姿态和GINA止水带压缩后状态进行检查确认。

最终接头安装使用的专用装备包括12000t全回转起重船"振华30"和运输船"振驳28"。

"振华30"起重船总长297.55m,型宽58.00m,型深28.80m,航行吃水13.50m,进港吃水9.5m,起重量为6000t时作业吃水12.3m。配备12t重ST大抓力锚;配备10台140t系泊绞车,系泊钢丝缆直径84mm,长度2600m(图3.4-5)。

值得一提的是,起重船吃水12.3m,而天然水深约10m,所以起重船必须驻停在隧道基槽的正上方；此外，起重船长297.55m，超过基槽的宽度，故只能与隧道轴线平行驻位，而潮流方向垂直于基槽，所以浮式起重机的迎流面积很大。由于起重船底面距离沉管回填顶面只有2m，为避免螺旋桨冲刷，浮式起重机的定位只采用系泊方式。而系泊锚的可靠性主要取决于当地地质，所以进行了现场的浮式起重机抗流试验，试验在最不利的情况下进行，结论是需要4艘拖轮待命，必要时（如系泊锚失效）顶推浮式起重机抗流（图3.4-6）。

图3.4-5　"振华30"12000t全回转起重船

图3.4-6　起重船采用拖轮抵抗水流力

最终接头运输船"振驳28"，船长82m，船宽28m，型深7.6m，设计吃水5.2m，最大承重9000t。

最终接头安装对接总体流程按照起吊→沉放准备→最终接头沉放→最终接头精确调位→小梁顶推及 GINA 止水带压缩→结合腔排水的施工顺序进行(图 3.4-7)。

图 3.4-7　最终接头的起吊与安装

3.4.3.1　最终接头起吊

吊装工程为关键性工程,港珠澳大桥沉管隧道最终接头吊装为目前国内最大吨位级别吊装工程,起吊荷载接近 6000t,采用"振华 30"12000t 双钩浮式起重机。最终接头设置 8 个吊点,吊点对称布置,采用 4 根吊带,东西方向对称挂钩,每个钩腔挂一股吊带。吊带在钩腔内有窜动,起吊后,顺隧道方向,接头姿态固定;垂直隧道方向可通过吊钩调节接头水平。

通过开展大件吊平专题攻关研究发现,倾斜来自吊带长度的差异以及吊带受力后伸长量的差异,需采取多项措施控制最终接头起吊后的水平姿态。首先,通过重心精算预估最终接头起吊后姿态,结合 4 根吊带的长度,提前对 4 根吊带进行长度匹配;其次,提高吊带加工精度,控制 60m 环形吊带加工长度误差小于 5cm;最后,在运输船"振驳 28"靠泊起重船后进行现场试吊,通过试吊现场姿态实测数据,反算相应销轴的套垫厚度,并现场在销轴处增加轴套将最终接头调平。

运输船靠泊起重船后,根据事先确定的调平方案,销轴处采用衬垫调整,然后正式吊起,旋转90°至安装位置,运输船撤离,收紧右前缆绳。起吊和旋转过程中,起重船通过调整压载水保持甲板基本处于水平状态。

3.4.3.2 沉放准备

自平潮期小流速时将最终接头部分吊放入水,下放过程中采用压载水进行船舶调平,然后进行调位缆绳连接和脐带缆系统连接、调试。调位缆绳包括安装船上2根25t绞车缆绳和起重船上2根40t绞车缆绳,以交叉缆形式连接在最终接头顶面锚点上,如图3.4-8所示。

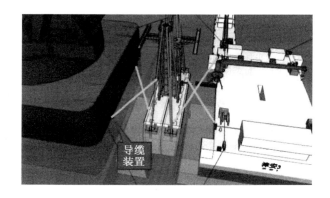

图3.4-8 调位缆绳连接完成示意图

3.4.3.3 最终接头沉放

下放前,起重船精确调整船位,根据测量塔测控系统显示,调整最终接头实际位置与设计安装位置重合。入水时,起重船通过压载水调整甲板为水平,下放速度按照现场指令进行控制。

下放过程中,通过调位缆绳调整最终接头扭角、平面位置,横向偏差采用旋转起重方式,轴向偏差采用调整吊臂仰角方式微调。下放过程中采用压载水进行船舶调平。最终接头因受到水流力和波浪作用,将产生横向、竖向和纵向摆动。由于龙口间隙较小,为防止最终接头块与两侧已安管节发生碰撞,下沉过程中需着重控制其纵向位移。最终接头沉放如图3.4-9所示。

根据最终接头安装期间姿态监测系统记录的数据显示,最终接头纵倾与横倾保持在0°左右波动,吊装过程中接头姿态良好,并保持水平。

图 3.4-9　最终接头沉放现场

3.4.3.4　最终接头精确调位

在导向杆进入导向托架后,潜水员测量导向杆与导向托架间距,根据测量数据,南北调位千斤顶伸出指定长度,使导向杆居中。

起重船保持 1600t 左右吊力,使最终接头对基床压力在 300t 左右。根据定位测控系统数据,采用东西向精调系统调整最终接头与 E29、E30 端面平行,间距相等。首先,8 台千斤顶伸出至与 E29、E30 钢帽接触,利用测距功能记录每台千斤顶伸出长度。根据定位系统数据,计算每台千斤顶顶推距离,并实施顶推。顶推到位后,潜水员复核测量,直至调整到目标姿态。潜水员再次检查、测量导向杆与托架间距,确认横向偏差满足要求后,起重船释放吊力,最终接头完全放置在碎石基床上。8 台精确调位千斤顶全部顶出,锁定位置。

3.4.3.5　小梁顶推及 GINA 止水带压缩

为了确保对接阶段不会再发生沉降,最终接头完全着床以后,并非立刻进行下一步的对接作业,而是等待了大约 0.5h,让碎石基床基本稳定。然后,潜水员检查 GINA 止水带与钢帽间无异物,之后两侧小梁同时顶出至 GINA 止水带压缩 7cm,潜水员辅助测量,检查 GINA 止水带压缩情况,确认行程结合腔后锁定顶推千斤顶。

3.4.3.6　结合腔排水

最终接头与 E29、E30 管节形成结合腔,两侧结合腔由最终接头中管廊内的连通管连接,保证在排水过程中两侧结合腔压力相同。首先将少量结合腔水排入 E30 水箱内,剩余大量结合腔水利用排水泵排至东人工岛外。

排水完成后,打开 E29 和 E30 管节端封门上的水密门,进入结合腔检查。贯通测量确认最终接头安装精度,满足要求后进行最终接头合龙口焊接及其他相关工作。实际贯通测量数据显示,安装对接轴线、高程偏差均达到毫米级,临时止水闭合腔滴水不漏,实现了在深水复杂环境下最终接头的精准安装。

值得一提的是,若贯通测量表明最终接头安装精度不满足要求,则需重新进行对接安装。为保证可伸缩小梁的强度以及端封门的水密,在小梁缩回前,必须使腔内充满水,并且腔内的水压力增大至与外界环境的海水压力相同。该平衡可通过用泵往腔内注水实现,注水增压过程中要持续监测腔内的压力变化。

3.4.4 刚性接头

永久刚性接头是工程的重点及难点,一方面,永久刚性接头是实现最终接头段与两侧管节永久连接的结构,钢板焊接质量、防腐要求、钢箱内混凝土灌注质量均需满足设计寿命要求,施工质量要求高;另一方面,永久刚性接头需要消化已安管节的施工偏差,实现精确对接,同时,刚性接头焊接施工作业条件恶劣,焊接工作量大,要求工效高,施工面临极大挑战。

3.4.4.1 焊接演练

为使施工现场各项工作能够保质、保量、按时完成,对焊接工序进行演练,实现刚性接头现场对接施工前的演练、验证、优化和培训。演练工作按"定人、定组、定点、定位、定编号"的原则对人员进行分组,对每块板单元、每项工作,逐块演练,轮流演练。

3.4.4.2 刚性接头焊接

最终接头合龙焊接工作于2017年5月5日进入结合腔内开始,5月17日完成外侧焊接,5月25日全部完工,总工期20d。焊接时采用多人同时对称施焊,先外侧连接板,后隔板,最后内侧连接板。以外侧为例,单侧焊接时先完成钢接头拼接焊缝,再进行与本体焊接,然后进行与管节侧焊接,E29与E30同步骤进行,对称施焊(图3.4-10)。

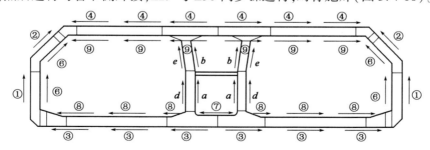

图 3.4-10 焊接顺序

高强度钢焊接过程控制非常重要,如果焊接措施不当,焊缝的综合力学性能很难保证,并且容易产生焊接裂纹。为保证现场焊接质量,对于对接长度较长的焊缝,比如焊缝③、④需采用分段对称施焊,从而减少焊接变形的影响。另外,高湿度情况下焊接会使空气中的水蒸气产生热分解,导致焊缝中氢含量增加,如果焊缝中的含氢量超过允许值,很容易产生裂纹,甚至导致结构的破坏,故焊前均采取除湿措施:采用感应加热方式,对焊接位置进行加热、除湿,同时在结合腔内布设抽湿机除湿,尽可能降低结合腔内的湿度。

3.4.4.3 刚性接头注浆

刚性接头注浆是在焊接形成的刚性接头空腔内灌注高流动性混凝土,形成钢混凝土组合结构,使刚性接头与最终接头本体结构形成复合结构,最终成为沉管隧道永久结构的一部分。

刚性接头注浆原则和钢壳混凝土结构本体的高流动性混凝土浇筑基本一致。刚性接头混凝土浇筑按底板→墙体→顶板的顺序进行,底板和墙体采用的高流动性混凝土直接泵送入舱,自流平灌注;顶板区域的水泥浆采用压浆机压注。

在刚性接头浇筑过程中,内部混凝土可能存在一定的缺陷,针对这些缺陷,在刚性接头隔舱内预先布设全断面注浆管,在注浆后进行检测并灌注高强环氧灌浆液进行修复。注浆管从进浆口注浆,待出浆口出浆时关闭出浆口,稳压5min即可停止;若出浆口不能顺利出浆,应保持注浆压力15min后再停止注浆,注浆压力宜控制在0.5~1.0MPa。

3.5 创新性技术成果小结

本章针对整体式主动止水最终接头的概念、设计方法、制造与安装关键技术三个方面进行了详细介绍,形成的整体式主动止水最终接头技术系列成果具有以下创新点:

(1)提出了主动控制、可逆安装的整体式主动止水最终接头,揭示了整体式主动止水最终接头结构受力、止水等机理。

(2)构建了整体式主动止水最终接头结构系统,提出了整体式主动止水最终接头的设计方法,总结形成了钢壳高流动性混凝土配制及浇筑技术、刚接接头和后注浆基础等整体式主动止水最终接头的成套技术。

(3)通过研发高精度水下吊装姿态控制及定位控制系统,实现了6000t级大型构件30m深水龙口内15cm间隙吊装就位;通过研发精确调位系统,实现了最终接头毫米级对接精度。

(4)通过研发水下不分离超低强度混凝土、沉管体外后注浆工艺,可实现深水沉管基础填充、压密及沉管抬升的功能。

第4章

CHAPTER FOUR

基于刚度协调设计的沉管隧道地基沉降控制技术

4.1 港珠澳沉管隧道基础沉降控制技术面临的挑战

在基础设计与沉降分析方面，一般的浅埋沉管隧道，附加荷载小、承载力要求低，基础处理通常采用垫层法，包括刮铺垫层法、砂流法、注浆法、灌砂法、喷砂法等。我国已建的珠江隧道及上海外环沉管隧道均采用砂流法。当沉管隧道基底地层条件较差或隧道埋置较深时，需采用桩基础或复合地基。桩基法在西欧国家应用较普遍，但由于施工中桩顶高程难以控制得完全一致，须采取辅助措施使桩群顶面与沉管结构连接。复合地基法在韩国釜山至巨济岛沉管隧道中有所应用，根据地层条件分别采用了挤密砂桩与深层水泥搅拌桩加固软弱地基的方法。

有别于国内外其他已建或在建沉管隧道工程，港珠澳大桥项目中长约6km的沉管隧道穿越五种不同地层，软土地层厚且纵向物理力学性质差异大、回淤荷载大且纵横向分布都不均匀、存在远期航道疏浚及人工岛影响等，建设条件异常复杂。采用级配碎石垫层、支撑桩、减沉桩、挤密砂桩、高压旋喷桩等多种基础形式混合设置，并实现沉降平顺与刚度过渡的方案在国内外沉管隧道界尚属首例。其中，首先要解决节段式沉管隧道差异沉降的控制标准问题。其次由于开挖深度深、放置时间长，沉管底土体性质发生了很大变化，如何获取准确的岩土参数并考虑回弹再压缩效应，成为沉降计算需要破解的难题。此外，包括刚性桩复合地基、挤密砂桩地基在内的海底减沉桩的受力机理与破坏模式等也亟须明确。国内外上述几个方面的研究现状与存在的主要问题如下：

①沉管隧道沉降控制标准：由于沉管隧道沉降控制标准研究的复杂性，国内外在此方面开展的工作相对较少。Grantz(2001年)对沉管隧道沉降的机理和工程实例进行了深入分析，标志着对沉管隧道沉降研究的逐步重视。邵俊江(2003年)通过对所收集的10座沉管隧道沉降记录与损坏实况资料的分析，给出了最大挠曲度(纵向沉降差与纵向长度的比值)小于1/500、最大沉降差20cm、最大差异沉降差10cm的沉管隧道沉降容许值控制标准。但由于统计数据量较少，结构形式与基础方案各异，施工工艺不尽相同，经验统计法给出的沉降控制标准适用范围与地基条件和隧道结构形式有很大关系，尚未得到大规模推广应用。以往隧道的结构体系多为整体式管节，因此不能简单套用上述容许值，必须结合港珠澳大桥沉管隧道自身的结构体系特点、地层条件、基础方案等，进行详细的分析。

②天然地基沉降计算方法:传统的各类规范方法所采用的分层总和法,e-$\log p$ 曲线法等多基于传统室内试验和一维固结试验所获得的土体参数,存在试验扰动大、参数离散性大、修正系数取值范围大等缺点。而港珠澳大桥沉管隧道初步设计施工图设计阶段开展了大量的孔压静力触探(CPTU)原位测试,能够反映原状土体的性质,但又无法反映卸载回弹再加载效应。外海厚软基大回淤超长沉管隧道天然地基段,要经历开挖、回填、回淤和航道疏浚等长期复杂的加、卸载过程,如何确定各个土层在不同加、卸载状态下的参数取值,确定天然地基段沉降分析的参数和计算方法,是本工程的难点。因此迫切需要通过离心模型试验及高精度室内试验与原位试验相结合的方法,对具有大开挖卸荷回弹特性的沉管隧道天然地基的沉降计算与参数确定方法进行研究。

③减沉桩:减沉桩经过多年的研究,在理论和实际运用方面均取得了很大的发展。然而也存在许多问题,主要包括:a. 各种减沉桩的沉降计算理论与设计方法的计算结果差别较大,尚有大量的理论和技术问题需要进一步深入研究;b. 这些方法大多是基于陆地高层建筑的工程经验提出的,随着建筑环境的改变,对这些方法中参数的影响是大是小需要另作研究与探讨;c. 以往对垫层的研究都是基于薄垫层,提出的设计方法带有很大的使用局限性,缺少对铺设厚垫层的性状的探讨,而垫层最佳厚度也是局限于陆基上多层或高层的建筑;d. 减沉桩的影响因素虽然得到了较为透彻的定性分析,但并没有提出量化的参考标准;e. 对戴帽减沉桩的探讨多是基于高速公路路基与路堤的,而目前路基与路堤减沉桩的应用往往是与土工布或加筋网格与戴帽桩共同作用,这有别于厚垫层与戴帽桩的共同作用,故仍需对此进行必要的研究。

④碎石高精度整平设备:国内外一直在进行针对离岸深水抛石基床整平技术的研究与应用。国际上,日本和欧美各国进行了大量的研究工作,并采用了不同的思路和工作原理,制造了多种形式的深水碎石基床整平船舶和机械。2000 年竣工的厄勒海峡隧道,该项目使用的碎石基床浮式铺设平台,在波浪最大高度 0.75m、最大水流速度 1m/s 的条件下实现了 ±25mm 的基础整平精度。日本三清建设株式会社与韩国殷圣建设株式会社联合研制的"KUS-ISLAND"号自升平台式深水整平船,在韩国釜山-巨济沉管隧道施工中,整平的基床精度达到 ±40mm。我国目前的深水基床整平设备主要应用于重力式码头的沉箱基床整平,一般整平精度可达到水下基床细平 ±50mm 的质量标准,与沉管隧道刮铺基础 ±35mm 的整平精度还有一定差距。因此,港珠澳沉管隧道迫切需要研发一套深水碎石高精度整平设备及施工工艺。

4.2 考虑管节结构纵向刚度影响的分区沉降控制标准

影响节段式沉管隧道设计的因素有很多,而各项因素又是相互影响和交叉的。由于接头和地基刚度存在非线性影响,使得在计算分析节段式沉管隧道纵向静力分析时存在一定的困难,且经常是采用试算的方法寻找最不利情况。实际上试算法仅能找到局部最不利情况,却未必能找到整体最不利情况。从节段式沉管隧道的结构体系入手,逐步分析影响节段式沉管隧道的各项因素,通过研究各项考核指标来深入剖析影响结构体系的作用机理,创新性地提出了刚度影响线法和接头张开量简化公式,简单直观地揭示结构体系与各项影响因素的深层次关系。分析表明,不均匀地基刚度变化对节段接头剪力的影响最为明显。可通过建立不均匀地基刚度变化与接头剪力之间的关系,来进行纵向差异沉降容许值的研究。

4.2.1 刚度影响线分析法

沉管隧道纵向结构模型为支撑在弹性地基上、由接头非线性弹簧连接的多段弹性地基梁模型。通过依次加载不同位置处的刚度,可得出考核接头处剪力键剪力的数值,据此绘制的曲线就是所考核接头处的刚度影响线。基于地基刚度变化模式(如采用正弦模式)进行影响线最不利加载可求得剪力键剪力。通过建立地基刚度发生单位刚度变化与荷载发生单位变化的关系,利用弹性地基梁和荷载影响线理论推导出刚度影响线。

节段式管节沉管隧道纵向模型由模拟管节接头与节段接头的接头模型、模拟沉管结构的梁单元模型、模拟地基刚度的地基弹簧等部分组成。有限元计算表明,纵向模型中接头剪力的最不利受力状态在隧道整体升温工况。在整体升温时,GINA、OMEGA 等接头止水构造均处于压紧状态,接头不发生张开,沉管隧道接头剪力受力模式与无限长弹性地基梁相似。根据不均匀地基刚度模型中单位长度上的地基刚度变化,即可转化为均匀地基刚度模型中单位长度上的荷载作用。从而可利用集中力作用下的经典弹性地基梁理论,求得梁体任意位置的剪力值。

$$Q = -\frac{q_1}{2}e^{-\beta x}\cos(\beta x) = \frac{q(k_2/\bar{k} - 1)}{2} \cdot e^{-\beta x}\cos(\beta x) \quad (4.2\text{-}1)$$

沉管隧道纵向长度长,地基沉降分析可简化为若干横断面的平面应变问题进行求解。利用分层总和法、$e\text{-}\log p$ 方法或数值分析方法,求得基底附加均布荷载作用下的沉降 δ,地基反力系数 $k_0 = q_0/\delta$。弹性地基梁模型中的纵向均布荷载 $q = q_0 \cdot B$,弹簧刚度

$k = k_0 \cdot B$（B 为沉管隧道的横向宽度）。

根据式(4.2-2)求所考察接头两侧$[-L_0, L_0]$范围内 n 个弹簧的平均弹簧刚度：

$$\bar{k} = (\sum_{i=1}^{n} k_i)/n \qquad (4.2-2)$$

并由式(4.2-3)求得每个弹簧刚度相对平均弹簧刚度的变化率 α_i：

$$\alpha_i = (k_i - \bar{k})/\bar{k} \qquad (4.2-3)$$

绘制$[-L_0, L_0]$范围内的弹簧刚度变化率 α_i 分布图(图4.2-1)。

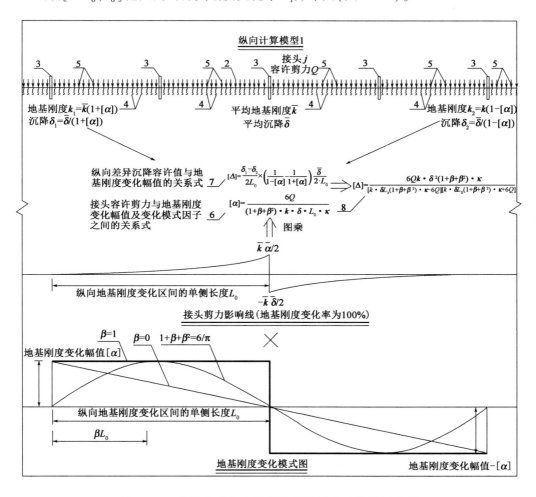

图 4.2-1 沉管隧道纵向差异沉降计算公式推导过程图

采用刚度变化率分布图(图 4.2-2)与接头剪力的刚度影响线的图乘可求得接头剪力。具体计算可采用数值积分方法。对接头剪力较不利的几种地基刚度变化模式有直线型、拉伸 Z 型、正弦型、突变型等模式。这些模式均可通过简化公式进行计算。定义两个参数[α]和λ,用于反映地基刚度变化率的幅值和分布模式。幅值[α]定义为地基刚度变化率的最大值,分布模式因子定义为单侧刚度变化幅值平直段长度与零点长度的比值。

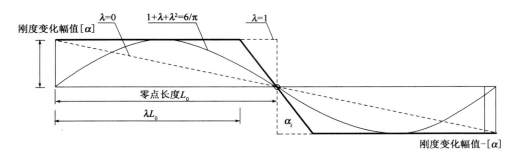

图4.2-2　刚度变化比例分布图

如图4.2-3所示,引入面积形心等效因子κ表示L_0范围内,实际刚度影响线与斜直线三角形分布影响线的面积、形心位置不同对图乘结果的影响。

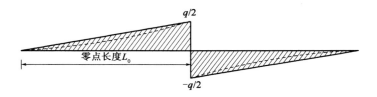

图4.2-3　面积形心等效因子计算示意图

对直线型地基刚度变化$\lambda=0$,由式(4.2-4)积分可得:

$$\kappa = 2 \cdot (1 + e^{-\pi/2})/\pi/1.18 \approx 0.65 \qquad (4.2-4)$$

对突变型地基刚度变化$\lambda=1$,由于图乘计算与形心位置无关,计算公式变为:

$$\kappa = 2 \cdot (1 + e^{-\pi/2})/\pi \approx 0.77 \qquad (4.2-5)$$

其余刚度变化模式的κ值介于式(4.2-4)、式(4.2-5)之间,可在1~3之间根据$1+\lambda+\lambda^2$的数值进行线性内插,当$1+\lambda+\lambda^2=1$时,$\kappa=0.65$;当$1+\lambda+\lambda^2=3$时,$\kappa=0.77$。

假定$[-L_0,L_0]$范围内分布荷载q保持不变,在均匀弹簧刚度k支撑下隧道各位置沉降均为$\bar{\delta}$,$q=\bar{k}\cdot\bar{\delta}$。采用斜直线刚度影响线与地基刚度变化率分布图的图乘,可建立接头容许剪力与容许地基刚度变化率之间的关系:

$$[\alpha] = \frac{6Q}{(1+\lambda+\lambda^2)\cdot\bar{k}\cdot\bar{\delta}\cdot L_0\cdot\kappa} \qquad (4.2-6)$$

式中,[α]为地基刚度变化率的幅值;λ为分布模式变化因子;$\bar{k}$为平均弹簧刚度;

$\bar{\delta}$ 为平均刚度作用下的沉降值;Q 为接头剪力键的容许剪力值;L_0 为零点长度,面积形心等效因子 $\kappa = 0.65 \sim 0.77$。当地基刚度变化为直线型分布时,$\lambda = 0$;当地基刚度变化在接头两侧为突变型分布时,$\lambda = 1$;当地基刚度变化为正弦型分布时,通过图乘法反演计算可知,$1 + \lambda + \lambda^2 = 6\pi$。

分别定义所考察接头两侧距离为 $2L_0$ 的 A 点和 B 点。A 点的弹簧刚度和沉降可写为:

$$k_1 = \bar{k} \cdot (1 + [\alpha]), \quad \delta_1 = \bar{\delta}/(1 + [\alpha]) \quad (4.2\text{-}7)$$

B 点的弹簧刚度和沉降可写为:

$$k_2 = \bar{k} \cdot (1 - [\alpha]), \quad \delta_2 = \bar{\delta}/(1 - [\alpha]) \quad (4.2\text{-}8)$$

$2L_0$ 范围内容许的纵向单位长度的平均差异沉降可用 A、B 两点的沉降差来表示:

$$[\Delta] = \frac{\delta_2 - \delta_1}{2L_0} = \left(\frac{1}{1-[\alpha]} - \frac{1}{1+[\alpha]}\right) \cdot \frac{\bar{\delta}}{2L_0} \quad (4.2\text{-}9)$$

式(4.2-9)建立了容许差异沉降与地基刚度变化率幅值及分布模式因子之间的定量关系。将式(4.2-4)代入式(4.2-5)可得纵向单位长度差异沉降容许值,见式(4.2-10):

$$\begin{aligned}
[\Delta] &= \frac{6Q\,\bar{k}\bar{\delta}^2(1+\lambda+\lambda^2)\cdot\kappa}{[\bar{k}\bar{\delta}L_0(1+\lambda+\lambda^2)\cdot\kappa - 6Q][\bar{k}\bar{\delta}L_0(1+\lambda+\lambda^2)\cdot\kappa + 6Q]}\\
&= \frac{6Q\,\bar{q}(1+\lambda+\lambda^2)\cdot\kappa\,\bar{\delta}}{[\bar{k}\bar{\delta}L_0(1+\lambda+\lambda^2)\cdot\kappa - 6Q][\bar{k}\bar{\delta}L_0(1+\lambda+\lambda^2)\cdot\kappa + 6Q]}
\end{aligned} \quad (4.2\text{-}10)$$

式中各参数含义均同前。

直线型地基刚度变化 $\lambda = 0$,式(4.2-10)变为:

$$[\Delta] = \frac{6Q\,\bar{k}\bar{\delta}^2\cdot\kappa}{[\bar{k}\bar{\delta}L\cdot\kappa - 6Q][\bar{k}\bar{\delta}L\cdot\kappa + 6Q]} \quad (4.2\text{-}11)$$

突变型地基刚度变化 $\lambda = 1$,式(4.2-10)变为:

$$[\Delta] = \frac{2Q\,\bar{k}\bar{\delta}^2\cdot\kappa}{[\bar{k}\bar{\delta}L\cdot\kappa - 2Q][\bar{k}\bar{\delta}L\cdot\kappa + 2Q]} \quad (4.2\text{-}12)$$

正弦型变化 $1 + \lambda + \lambda^2 = 6\pi$,式(4.2-10)变为:

$$[\Delta] = \frac{\pi Q\,\bar{k}\bar{\delta}^2\cdot\kappa}{[\bar{k}\bar{\delta}L\cdot\kappa - \pi Q][\bar{k}\bar{\delta}L\cdot\kappa + \pi Q]} \quad (4.2\text{-}13)$$

在已知 $2L_0$ 范围内求得任意相邻节段接头两点的沉降 δ_i、δ_{i+1} 及两点的水平距离 L_i

后,求得相邻接头实际发生的差异沉降 Δ_i,见式(4.2-14):

$$\Delta_i = (|\delta_{i+1} - \delta_i|)/L_i \quad (4.2\text{-}14)$$

$2L_0$ 范围内单位长度上平均纵向差异沉降为:

$$\bar{\Delta} = \sum_{i=1}^{n} \Delta_i / n \quad (4.2\text{-}15)$$

式中,n 为 $2L_0$ 范围内的节段数量,其余含义同前。

当满足 $\bar{\Delta} \leq [\Delta]$ 时,计算的纵向差异沉降满足接头剪力键受力要求。

4.2.2 基于接头容许剪力值的分区段沉降控制标准

依据纵向各断面的基准沉降计算结果,并结合上述分析,确定了不同区段在不同接头剪力容许值的纵向每延米差异沉降容许值,如表4.2-1所示。当港珠澳大桥沉管隧道接头容许的剪力为16000kN时,E1-S3～E6-S1 节段区间纵向差异沉降容许值为 1/1000,E30-S4～E33-S3 节段区间纵向差异沉降容许值为 1/900,E6-S2～E23-S8 节段区间纵向差异沉降容许值为 1/2700,E24-S1～E30-S4 节段区间纵向差异沉降容许值为 1/1800。

纵向每延米平均差异沉降容许值　　　　表 4.2-1

接头容许剪力 纵向差异沉降	12000kN	16000kN	20000kN	26000kN
E1-S3 ~ E6-S1	1/1600	1/1000	1/500	1/200
E6-S2 ~ E23-S8	1/3700	1/2700	1/2000	1/1500
E24-S1 ~ E30-S4	1/2500	1/1800	1/1300	1/1000
E30-S4 ~ E33-S3	1/1500	1/900	1/500	1/200

4.3 组合式复合地基刚度调平设计技术

4.3.1 外海大型复合地基荷载试验

沉管地基沉降控制标准极其严格,沉管地基及基床设计缺乏经验,特别缺少原位实际监测数据。因此,要求复合地基施工前应进行复合地基荷载试验,对挤密砂桩、抛石夯平及碎石整平等新工艺须进行工艺性试验,确定施工工艺参数。

(1) PHC 桩复合地基荷载试验

分别进行天然地基荷载试验、单桩复合地基荷载试验以及多桩复合地基荷载试验。通过天然地基荷载试验获取地基承载力并推算基床反力系数;通过单桩复合地基荷载试验获取单桩复合地基承载力并分析桩土应力分担比和单桩复合地基基床反力系数;多桩复合地基桩顶分别设置30cm、50cm和70cm碎石垫层,垫层内夹铺2层土工格栅,进行3组复合地基荷载试验,通过不同垫层复合地基荷载试验获取多桩复合地基承载力、桩土应力比及基床反力系数。

(2)高压旋喷桩荷载试验

高压旋喷复合地基不同于一般高压旋喷桩,目前缺少规范指导,也缺乏经验,开展高压旋喷复合地基工艺试验,结合检测确定工艺参数,验证其效果,必要时应通过荷载板试验、深层荷载试验和原型荷载试验进行验证。

(3)水下挤密砂桩荷载试验

为研究本区域挤密砂桩复合地基压缩变形规律,要求选取挤密砂桩置换率为62%的区域进行水下荷载试验(图4.3-1),荷载板尺寸不小于5.4m×5.4m,加载强度不小于2倍设计值,满载后持载时间宜为30d,荷载试验完成后研究挤密砂桩复合地基压缩变形规律,分析压缩模量及再压缩模量。

图4.3-1　62%置换率挤密砂桩复合地基水下荷载试验

4.3.2　沉管隧道地基刚度纵向变化模式与幅值

通过对港珠澳大桥沉管隧道初勘、详勘及补勘资料(CPTU及SPT现场原位试验成果和室内压缩试验、三轴试验等室内试验结果)的分析,找到了一套行之有效的从勘察数据到沉降计算的岩土参数取值方法,对准确评估各个区段的沉降极具使用价值。根据计算原理与基础形式的不同,采用的沉降计算主要方法包括:e-$\log p$ 曲线方法、改进的Janbu切线模量法(可考虑模量随深度的变化)、挤密砂桩沉降计算方法与减沉桩沉降计算方法等。

具体过程为:选取控制节段区;对典型控制节段区进行刚度影响因素的单因素敏感性分析;对关键敏感因素进行合理组合,获得控制节段区的刚度变化幅值和模式;按照纵向135m范围内6个节段作为一个统计区间进行刚度(地层参数)及其变异性统计,求得

6个节段7个断面的刚度值(地层参数值)相对平均刚度的偏差量。

相邻 n 个($n = 0 \sim 6$)节段的平均刚度见式(4.3-1):

$$\overline{K}_S = \sum_{i=1}^{n+1} K_{Si}/(n+1) \tag{4.3-1}$$

某一断面的刚度变化率见式(4.3-2):

$$V_i = \frac{K_{Si} - \overline{K}_S}{\overline{K}_S} \times 100\% \tag{4.3-2}$$

将基础刚度变化反馈给纵向结构体系,进行基础方案的优化;根据结构的需求和地基刚度变化的研究结论,分段提出沉降控制标准。根据沉降控制标准,提出设计方案、施工要求和运营措施等沉降控制技术(图4.3-2)。

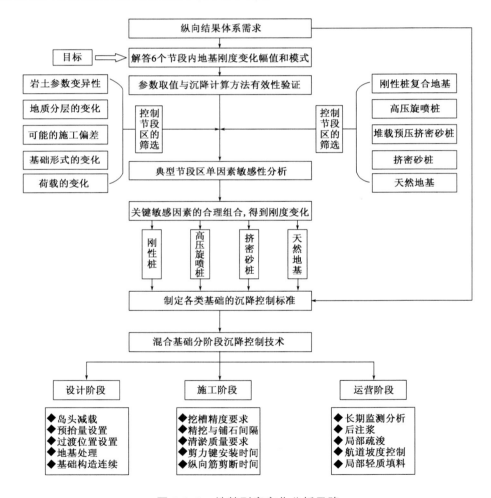

图4.3-2 地基刚度变化分析思路

根据沉管隧道的基础方案及纵向沉降的计算结论,对各区段的沉降变化及刚度变化进行初步判断,拟定了用于分析刚度变化的典型控制节段区,如表 4.3-1 所示。

选取的典型地基刚度变化控制节段区　　　　　表 4.3-1

节段区位置	基 础 类 型	影响刚度因素描述
E1-S1～E1-S2 节段	刚性桩复合地基	连接暗埋段、荷载变化剧烈
E4 管节	堆载预压挤密砂桩到挤密砂桩过渡段	基础类型变化
E5/E6 交界位置	挤密砂桩与天然地基过渡	基础类型变化
E10/E9 交界位置	天然地基	粉黏层部分消失
E14/E15 交界位置	天然地基	航道疏浚、粉黏层部分消失
E18/E17 交界位置	天然地基	砂层厚度差异大、粉黏夹砂层厚度变化
E21/E22 交界位置	天然地基	地层变化大
E23/E24 交界位置	天然地基	基岩尖点、下卧地层变化大、航道疏浚
E29/E30 交界位置	挤密砂桩与天然地基过渡	基础类型变化、地层起伏、黏土层厚

同时根据前期设计和沉降分析计算研究成果,分别对天然地基段、挤密砂桩段等区段的刚度影响因素进行了筛选分类,如表 4.3-2 和表 4.3-3 所示。

天然地基-基础刚度影响因素筛选分类　　　　　表 4.3-2

沉降组成	岩土参数变异性	地 层 变 化	施工因素部分	荷 载 变 化
碎石垫层	E_s(试验),m,m_r	纵向厚度变化	挖槽精度,整/振平精度回淤夹层(模量、厚度)	回淤厚度变化 航道底宽、坡度
黏土层	e,C_c,C_s,a,q_t,OCR	厚度变化(消失) 存在混砂夹层	基槽放置时间,挖槽精度,回淤夹层(模量、厚度)精挖与碎石整平间隔时间	回淤厚度变化 航道底宽、坡度
砂层	e,C_c,C_s,a,q_t,OCR	厚度变化 存在透镜体		回淤厚度变化 航道底宽、坡度

挤密砂桩-基础刚度影响因素筛选分类　　　　　表 4.3-3

沉降组成	岩土参数变异性	地 层 变 化	施工因素部分	荷 载 变 化
碎石垫层	E_s(试验),m,m_r	纵向厚度变化	挖槽精度,整/振平精度回淤夹层(模量、厚度)	堆载预压高度 水位分界面
挤密砂桩	e,C_c,C_s,a,q_t,OCR,置换率 a_s	纵向桩长变化	挖槽精度,桩顶高程偏差±0.5m,桩底高程偏差±3m	堆载预压高度 水位分界面

续上表

沉降组成	岩土参数变异性	地层变化	施工因素部分	荷载变化
天然地层（黏土/砂土）	e, C_c, C_s, a, q_t, OCR	厚度变化 存在透镜体		堆载预压高度 水位分界面

通过计算分析表明：95%保证率条件下，E1-S3～E6-S1挤密砂桩区段的地基刚度变化幅值为±15.5%，E6-S2～E23-S8天然地基段地基刚度变化幅值为±14.3%，E24-S1-E30-S4天然地基段地层变化相对较大，地基刚度变化幅值达到±27.3%，E30-S5～E33-S3挤密砂桩段的地基刚度变化幅值为±22.7%。考虑施工偏差组合后，地基刚度变化幅值范围总体增大约8.5%。对于地基刚度变化的模式，仅考虑地层变化时以直线型和混合型为主，考虑施工偏差组合后，拉伸Z型与正弦型分布增多，但总体上仍是各种类型组合在一起的混合型居多。因此考虑到工程实用性，在纵向差异沉降控制标准推导中，仍以直线型作为主要的地基刚度变化模式。

4.3.3 混合基础刚度过渡控制技术

对港珠澳大桥沉管隧道这样的超长大回淤沉管隧道，由于纵向长度长、地层变化剧烈、荷载存在差异，在天然地基无法满足结构受力要求的情况下，必须采用地基加固或桩基础方案，协调地基刚度的变化，保证地基刚度的平顺过渡。因此，沿纵向将会出现不同的基础形式，从而形成纵向混合基础过渡的设计方案。如港珠澳大桥沉管隧道初步设计阶段提出的支撑桩-减沉桩-碎石垫层天然地基的基础方案，施工图设计阶段提出刚性桩复合地基，即高压旋喷桩-挤密砂桩-块石夯填碎石垫层天然地基的基础方案，都属于混合基础的范畴。

混合基础刚度过渡技术的核心是一个结构与基础共同作用的问题，通过刚度的平顺过渡，满足结构受力要求。刚度平顺过渡的前提条件是准确掌握各类基础的刚度及其变化计算方法。通过相关研究，目前对支撑桩、减沉桩、挤密砂桩复合地基和天然地基的沉降及刚度计算已有相应的方法（图4.3-3）。

实践中较常用的水下隧道基础刚度过渡技术主要包括如下几类：①变厚度换填（垫层）技术；②变置换率及桩长的挤密砂桩技术；③挤密砂桩超载预压处理技术；④变桩长减沉桩（刚性桩复合地基）技术；⑤水下CDM（水泥土深层搅拌）技术；⑥刚性连接支撑桩技术等；⑦突变荷载区段的减载技术。

基础刚度过渡应坚持三连续原则：地层连续、荷载连续、基础构造连续。基础构造一方面要适应地层连续变化的趋势，也要适应荷载连续变化的趋势。这里指的基础构造主要包括:挤密砂桩的底高程、挤密砂桩的置换率、减沉桩的底高程、减沉桩的平面布置、天然地基的垫层厚度及基槽开挖底高程等基础构造。

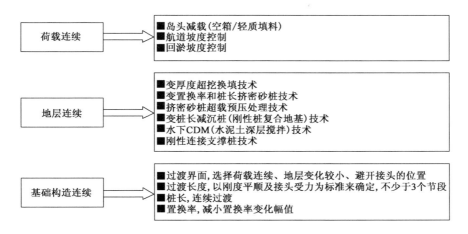

图 4.3-3　沉管隧道混合基础刚度过渡技术

过渡界面位置的选择要根据天然地基及各类基础方案的沉降分析和计算,选择在荷载变化较小、地层纵向相对均匀的位置,过渡界面应尽量避开软土层较厚、地层变化剧烈的位置,避开管节接头位置,选择在管节结构的下方。过渡长度以地基刚度平顺及接头受力良好为控制目标,一般不少于 3 个节段。

根据初步设计与施工图设计阶段的基础方案类型,梳理了典型的混合基础过渡原则和合理的构造方式,如表 4.3-4 所示。

典型混合基础刚度过渡的构造连续过渡方式　　　　　　　　表 4.3-4

过渡区两侧基础形式		产生刚度差异的原因	构造连续过渡方式
挤密砂桩+堆载预压	挤密砂桩	地层差异、置换率不同、是否堆载预压高度和时间不同	过渡界面避开接头位置,减小置换率变化幅值、桩长连续变化、堆载高度连续变化
挤密砂桩	天然地基	地层差异、基础形式差异、荷载差异	过渡界面避开接头位置,选择荷载连续、软土较薄区域,控制桩长
支撑桩	减沉桩	地层差异、基础形式差异、荷载差异	过渡界面避开接头位置,减小桩长连续变化,荷载差异通过桩长变化应对
减沉桩	天然地基	地层差异、使用期荷载	过渡界面避开接头位置,选择荷载连续、软土较薄区域,桩长连续变化

续上表

过渡区两侧基础形式		产生刚度差异的原因	构造连续过渡方式
天然地基	天然地基	地层差异	采取合理的超挖换填过渡方案,控制施工偏差数值

4.4 基于回弹再压缩特征的天然地基沉降分析

基于现场勘察资料,对土体参数进行综合分析;选取典型代表性地段,基于详勘资料和现场 CPTU 试验结果,应用土工离心机制备模型土样,考虑基槽开挖、垫层铺设、隧管沉放、管顶回淤、航道开挖等整个施工过程,进行模拟施工工序的离心模型试验,对海底沉管隧道中间段地基基底应力分布规律及地基沉降特征进行定性研究,并为 CPTU 及室内物理力学试验提供制备土样;基于现场 CPTU 探头尺寸及室内试验条件限制,考虑到离心模型试验可再现原型实际受力状态,研制了锥底面积分别为 $2cm^2$ 和 $15cm^2$ 两种探头 CPTU 测试仪器,建立现场 CPTU 测试结果与土性参数的相关公式,并与多功能三轴试验系统模拟基槽土层的完整应力路径试验结果及现场详勘资料进行对比验证,指导后期有限元计算中各参数的取值;建立基于回弹再压缩特征的地基沉降计算模型及有限元计算模型,结合试验及计算结果分析沉管隧道中间段典型代表性地段天然地基施工期沉降和工后沉降,揭示沉管隧道回填-沉管-垫层-地基间相互作用的机理、基底应力分布规律,对地基沉降特征进行详细分析;利用 ADINA 有限元计算软件分别建立考虑槽底高程偏差、回淤质厚度和基槽单边宽度偏差等不同基槽施工偏差情况下的有限元计算模型,分析基槽施工误差对横断面沉降及地基刚度分布的影响,为沉降控制措施提供一定理论依据(图 4.4-1)。

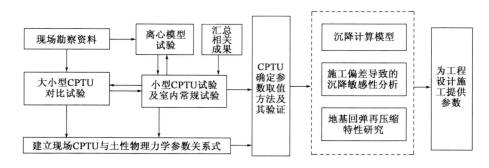

图 4.4-1 试验研究技术路线图

4.4.1 离心机模型试验研究

基于现场勘察资料,对土体参数进行综合分析;选取典型代表性地段,应用土工离心机制备模型土样,考虑基槽开挖、垫层铺设、隧管沉放、管顶回淤、航道开挖等整个施工过程,进行模拟施工工序的离心模型试验,对海底沉管隧道中间段地基基底应力分布规律及地基沉降特征进行定性研究,并为 CPTU 及室内物理力学试验提供制备土样。

通过多次试运行,充分了解模型土样在设定离心加速度场中的各种力学发展特点,通过理论分析和试验结果的对比,确定试验模型箱净空尺寸为70cm(长)×40cm(宽)×50cm(高);选择模型率为 $n=100$,对应的离心加速度为 $100g$。图4.4-2 为现场试验情况。

图 4.4-2 离心现场试验

根据相似定律将模型试验数据换算为原型对应数值进行分析,并结合已完成的有限元数值模拟计算结果进行对比分析(应力、应变为负值表示受压状态)。

1)基底应力分析

各断面回填完成后,基槽底部沿水平方向应力均呈马鞍形规律分布,沉管的左右两边墙端点处对应的应力值最大,沉管中隔墙对应部分基底应力次之,车行道对应部分的地基应力最小。无垫层铺设时,基底应力分布曲线的分布梯度最大,曲线变化幅度最明显,此时沉管侧墙及中隔墙对应的基底部分应力值最大,行车道部分对应基底应力相应最小;随着垫层厚度的增加,相应的基底应力分布曲线逐渐变平缓。

2)沉管应变结果

回填完成后,沉管模型同时受到上覆水及回填土作用,其底板竖向应变曲线呈马鞍形分布,沉管行车段应变值为正,产生应变方向向上,属受拉状态;沉管两侧边及中隔墙部分应变值为负,产生方向向下的应变,表示该部分属受压状态。沉管应变稳定后,其应变随时间增长基本无变化。

基底沉降主要在加载过程中完成,地基土层分布特性直接影响沉降的大小,工程沉降量随时间呈衰减型增长,后基本趋于平缓。黏土层是产生回弹的主要原因,开挖卸载使得施加于黏土层上的先期荷载应力明显减小,土体原始的颗粒弹性挠曲产生卸荷回弹;与此同时,在长期初始荷载作用下,土体随时间产生压缩固结,其内部分结合水被排出,由于土体内电磁力作用,原土体内排出的结合水又被吸入,黏附于土颗粒表面,土体整体又表现为膨胀回弹;粗粒土无此特性。

分析总结出垫层对沉管隧道基底应力的作用:垫层厚度对地基工作性状有很大影响,垫层厚度越小,基底应力曲线变化梯度越大,应力集中现象越明显;沉管两侧墙及中隔墙对应基底应力值随垫层厚度的减小而增大。垫层在地基中起着"找平"的作用,在荷载作用下垫层通过侧向挤密变形保证基底不产生较大的应力集中,垫层的设置使得基底竖向反力均匀程度提高,对基底应力有一定的匀化效果。

4.4.2 CPTU 试验研究

以试验研究为基础,采用离心模型试验制备原状土样地基模型,研制了小探头 CPTU 作为桥梁,建立孔压静力触探原位测试结果与土的特性参数间的关系,通过相关经验公式间接为数值计算分析提供土的特性参数,避免了土样由于采集、搬运、保管、人工制样等一系列过程产生的扰动、水分丢失和各种内、外因素导致的数据失真,简化中间试验过程。具体的技术路线如图 4.4-3 所示。

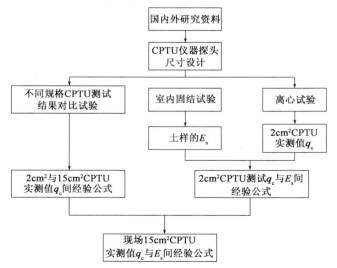

图 4.4-3 CPTU 试验研究技术路线图

试验完成之后,利用 OriginPro 软件对单一性质原状土样测得的大小探头 CPTU 测试数据进行回归分析,黏性土大小探头间关系曲线拟合后方程为 $f_{s大} = 0.906 f_{s小}$ ($R^2 = 0.92$);砂性土拟合后方程为 $f_{s大} = 0.927 f_{s小}$ ($R^2 = 0.94$),两个拟合方程的比例系数差别较小,故可认为大、小探头的 CPTU 实测值对于不同性质土样间的比例系数一致,等于所得两个比例系数的平均值。得出 $2cm^2$ 和 $15cm^2$ 探头 CPTU 实测值 q_c 间的关系表达式:

$$f_{s大} = \frac{(0.906 + 0.927)}{2} f_{s小} = 0.917 f_{s小} \approx 0.92 f_{s小} \tag{4.4-1}$$

用同样方法对 $2cm^2$ CPTU 测试数据和固结试验所测得的压缩模量进行回归分析,建立起不同性质的原状土样中 $2cm^2$ CPTU 测试数据与压缩模量之间的经验公式。淤泥质土、黏性土及砂性土拟合方程分别为:$E_{s1-2} = 1.114 q_c + 2.150$ ($R^2 = 0.83$),$E_{s1-2} = 4.313 q_{c小} + 2.207$ ($R^2 = 0.82$) 及 $E_{s1-2} = 2.996 q_{c小}$ ($R^2 = 0.98$)。拟合曲线的可靠度结果均能满足显著性检验要求。

结合上述试验结果,推导出 $15cm^2$ 探头 CPTU 测试与压缩模量间的经验公式:

淤泥质土:$E_s = (1.114 \div 0.9) q_{c大} + 2.150 = 1.238 q_{c大} + 2.150$ ($R^2 = 0.83$);

黏性土:$E_s = (4.313 \div 0.9) q_{c大} + 2.207 = 4.792 q_{c大} + 2.207$ ($R^2 = 0.82$);

砂性土:$E_s = (2.996 \div 0.9) q_{c大} = 3.329 q_{c大}$ ($R^2 = 0.98$)。

利用上述经验公式,港珠澳大桥天然地基土层的模量即可根据现场 CPTU 原位测试结果计算得出,用以指导数值模型分析中地基土特性参数的选择。对实际工程选取的五个典型断面对应钻孔号的初勘、详勘及补勘现场 CPTU 试验结果进行分析,求得各土层 CPTU 指标平均值,基于常规 CPTU 试验结果与土性参数间的关系研究成果,推导出实际工况下土层模量参数。

基于室内试验结果,分别拟合出回弹、再压缩模量与压缩模量间的关系,以压缩模量为中介,即可建立回弹模量及再压缩模量与 CPTU 测得的 q_c 间的关系式,由此实现由 CPTU 测试结果推算出回弹再压缩模量结果的目的。

结合 Janbu 理论,对 a 值进行了拟合,室内固结试验与现场拟合结果很接近,验证了试验数据及方法的可靠性。

4.4.3 考虑回弹再压缩特性的沉降计算模型研究

相关文献认为,残余应力等于基底土层回弹范围内计算深度处的有效自重应力。对于坑底的开挖卸荷回弹,卸荷应力向上,对向下的自重应力起到抵消作用。由于处于海底,基坑底部上下土层的有效重度相近,可认为卸荷应力的衰减受到了自重应力的影响,卸荷应力向上,自重应力向下,两者相互抵消,以卸荷影响深度范围内土层的有效自重应力修正卸荷应力,回弹应力的计算公式可修正为:

$$\Delta\sigma_h = ap_c - \sum \gamma_i h_i \tag{4.4-2}$$

式中,$\Delta\sigma_h$ 为基坑深度 h 处回弹应力;p_c 为基坑开挖深度范围土层在坑底引起的有效自重应力;γ_i 为基坑深度 h 范围内第 i 层土层有效重度;a 为根据弹性空间理论计算的附加应力系数;h_i 为坑底以下第 i 层土层的厚度。

1) 回弹模量

基于 CPTU 试验结果,确定土层回弹模量。

2) 回弹变形

由上述计算公式得到不同土层的回弹应力及回弹模量,再根据分层总和法求得最终回弹变形,即:

$$s = \eta \sum_{i=1}^{n} \frac{\Delta\sigma_h}{E_t} h_i \tag{4.4-3}$$

式中,η 为考虑坑底土侧向受压影响的修正系数。

3) 回填后应力

沉管沉放、回填土回填后,考虑沉管自重、浮力、上覆土压力、水压力及沉管两侧下拉力,按照分层总和法计算回填回淤土作用于基底的应力。

(1) 由水土产生的基础顶面的应力采用水土分算法:

$$\sigma_{Z1} = \gamma' H_1 + \gamma'_1 H_2 \tag{4.4-4}$$

式中,γ' 为回填土浮重;γ'_1 为回淤土浮重;H_1 为回填土高度;H_2 为回淤土高度。

(2) 由沉管自重产生的应力:

$$\sigma_{ZC} = \frac{\gamma_C S_C}{B} \tag{4.4-5}$$

式中,γ_C 为钢筋混凝土与压重土的综合重度;S_C 为沉管横截面积;B 为沉管底面宽度。

(3) 沉管所受浮力:

$$f = \frac{\gamma_w V}{S_B} = \frac{\gamma_w S}{B} \tag{4.4-6}$$

式中,f 为浮力产生的应力;γ_w 为水的重度;V 为沉管外包络体积;S_B 为沉管底面面积;S 为沉管外包络面积。

(4) 沉管两侧下拉力:

两侧下拉力根据 EN 1997-1—2004 进行计算,考虑两部分组成:

沉管结构与土的接触面竖向下拉力：

$$F_{dg1} = 2 \cdot H_T \cdot K_0 \cdot \sigma'_v \cdot \tan(0.67 \times \varphi)$$

$$K_0 = 1 - \sin\varphi \tag{4.4-7}$$

式中，σ'_v 为沉管侧墙中点高度处的竖向有效应力，包括碎石保护层回填的竖向应力和回淤荷载两部分竖向应力；H_T 为沉管的高度；φ 为回填材料的内摩擦角，取40°。

碎石保护层内竖向接触面的竖向下拉力：

$$F_{dg2} = 2 \cdot H_b \cdot K_0 \cdot \sigma'_v \cdot \tan\varphi \tag{4.4-8}$$

$$K_0 = 1 - \sin\varphi \tag{4.4-9}$$

式中，H_b 为顶面回填的高度；φ 为回填材料的内摩擦角；σ'_v 为回填层中点高度处的竖向有效应力，包括碎石保护层回填的竖向应力和回淤荷载两部分竖向应力。

基底总下拉应力：

$$\sigma_d = \frac{F_{dg1} + F_{dg2}}{B} \tag{4.4-10}$$

(5) 管底汽车荷载等效的平均应力为6.44kPa。

(6) 作用于基底的力：

$$\sigma_{总} = \sigma_{Z1} + \sigma_{ZC} + \sigma_d - f + 6.44 \tag{4.4-11}$$

4) 再压缩变形

由上述计算公式得到回填后基底应力及再压缩模量，根据式(4.4-12)求得最终回弹变形，即：

$$s' = \lambda \sum_{i=1}^{n} \frac{\sigma_{总} + \Delta\sigma_h}{E} h_i \tag{4.4-12}$$

式中，λ 为考虑坑底土侧向受压影响的修正系数。

揭示了回填-地基-垫层作用机理：回填作用增大了沉管周边接触面的下拉力，使作用于沉管的荷载增大，应力由沉管向垫层及地基土传递，由此增加了沉管底沉降量，沉管两侧沉降增量及应力增量均较其他部分大；回填作用改变了断面基底附加应力的分布，附加应力随地基深度先增大，之后逐渐减小；回填作用下，沉管与基底接触面上沉管两角点处的接触应力值及刚度值明显较其他部分应力值小，证明了两角点处基底出现脱空状态。

有限元计算结果如图4.4-4所示。断面两边界面上出现了一定程度再压缩现象，这是由于中间部分的开挖卸载使得开挖基槽面上作用的附加应力减至零，对地基产生了类似于"拉应力"的作用效果，两侧土在自重应力作用下向中间挤入所致。此外，由于随着地基深度增加，该"拉应力"作用效果逐渐减弱，故每个断面的最大回弹量均位于基槽表面,随土层深度增大,回弹量逐渐减小,直至在某一深度回弹量减至零。

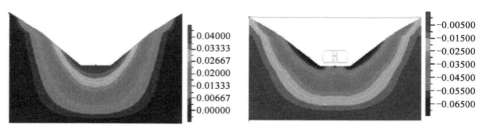

图 4.4-4　有限元计算结果

地基回弹量主要发生在开挖面基槽以下一定范围内。随着地基深度增加,地基回弹量逐渐减少,曲线变缓;同时,随着深度增加,地基再压缩量逐渐减少,再压缩的马鞍形分布趋势随深度增加而渐变不明显,地基深度越大,再压缩曲线越平缓。

4.4.4　施工偏差的天然地基刚度影响有限元分析

天然地基段的基槽开挖偏差、块石层铺设高程厚度偏差、回淤夹层厚度、碎石层铺设高程厚度偏差及块石层与碎石层模量差异等为主要施工偏差。采用有限元分析软件 ADINA 对考虑施工偏差的沉降特性进行系统性分析,探讨各施工偏差对沉降及地基刚度的影响程度。

根据《港珠澳大桥沉管隧道施工质量验收标准》,对天然地基段的基槽开挖偏差、块石层铺设高程厚度偏差、回淤夹层厚度影响、碎石层铺设高程厚度偏差及块石层与碎石层模量差异等几个主要施工偏差进行分析。采用有限元分析软件 ADINA 对所选取的横断面进行施工偏差的沉降特性分析,探讨各施工偏差对沉降及地基刚度的影响程度。施工偏差具体计算工况见表 4.4-1 所示。

施工偏差考虑工况表　　　表 4.4-1

施工偏差	具体计算工况		
	基槽底高程偏差	回淤质厚度	基槽单边宽度偏差
基槽施工偏差	①均匀超挖 85cm; ②均匀超挖 60cm; ③均匀欠挖 40cm; ④均匀欠挖 65cm; ⑤轴线一侧超挖 60cm,一侧欠挖 40cm	①无回淤; ②块石底层回淤 30cm,块石层模量折减到原来的 87%; ③块石底层回淤 30cm,块石层模量折减到原来的 77%; ④在工况 3 的基础上,碎石层顶面回淤 8cm,碎石层模量折减到原来的 94%	①横断面模型无基槽宽度偏差; ②横断面模型基槽宽度右边增宽 2.5m; ③横断面模型基槽宽度两边均增宽 2.5m

续上表

施工偏差	具体计算工况	
	块石层顶面的高程偏差分析工况	块石层模量偏差分析工况
块石层施工偏差	①块石层施工无偏差； ②块石层顶面的高程高 0.3m； ③块石层顶面的高程低 0.3m； ④块石层轴线两侧一边高 0.3m，一边低 0.3m	①块石层模量 120MPa； ②块石层模量 96MPa； ③块石层模量 144MPa； ④块石层轴线两侧一边模量为 96MPa，一边模量为 144MPa
碎石层施工偏差	①碎石层高程施工无偏差； ②碎石层顶面的高程高 0.04m； ③碎石层顶面的高程低 0.04m； ④碎石层轴线两侧一边高 0.04m，一边低 0.04m	

按照检验评定标准，相对于标准工况，各单项施工偏差对应的最不利工况对沉降变形及地基刚度的影响程度汇总于表 4.4-2。从表中可见，对沉降变形及地基刚度影响程度由大到小依次为：基槽超欠挖偏差、块石层顶面高程偏差、块石层模量、回淤质厚度、碎石层顶面高程偏差、基槽单边宽度偏差。

单项施工偏差影响程度汇总表　　　　　　表 4.4-2

施工偏差			影响程度		
			回弹变形	再压缩变形	地基刚度
基槽施工偏差	开挖基槽底高程偏差	超挖 85cm	增约 16%	减约 15%	增 14%~16%
		欠挖 60cm	减约 13%	增约 13.6%	减 12%~15%
	回淤质厚度 30cm	模量折减 87%	—	增约 7%	减约 4%
		模量折减 77%	—	增约 7.4%	减约 6.7%
		碎石层再回淤 8cm	—	增约 13.3%	减约 11.5%
	基槽单边宽度偏差	右增宽 2.5m	减约 2.3%	增约 5.4%	减约 2.1%
		两端各增宽 2.5m	减约 4.5%	增约 8.7%	减约 3.3%
块石层施工偏差	块石层顶面高程偏差	偏高 30cm	—	增约 11%	减约 10%
		偏低 30cm	—	减约 9.7%	增约 10%
	块石层模量偏差	增 20%	—	减约 6.4%	增约 6%
		减 20%	—	增约 7.1%	减约 7.4%
碎石层施工偏差	碎石层顶面高程偏差	偏高 4cm	—	增约 3.6%	减约 4%
		偏低 4cm	—	减约 4%	增约 4%

4.4.5 减沉桩的作用机理及沉降控制技术

为了探究海底减沉桩的受力机理,进行了室内微观模型试验,模拟不同厚度垫层及不同桩间距的刚性桩复合地基垫层-桩-土相互作用机理,采用电荷耦合器件(charge coupled device,简称CCD)及单反相机跟踪拍摄,采用数字散斑相关技术从细观角度分析垫层和土体在沉管荷载和桩作用下的破坏模式(整体破坏、刺入破坏)。根据室内模型试验与数值模拟的结果,提出垫层的破坏模式,利用塑性平衡理论推导出刚性桩复合地基碎石垫层破坏时桩顶极限承载力的求解公式。此外,根据西人工岛沉管节与暗埋段不同置换率的挤密砂桩复合地基,对砂桩复合地基进行相应的室内模型试验,揭示砂桩复合地基的工作性状及破坏形态等作用机理,并提出相应的结论与建议。

通过针对减沉桩在有无桩帽、不同垫层厚度、不同桩长及不同桩距等不同条件下的室内模型试验,测出在上述不同工况下桩体和褥垫层的应变、桩体荷载及土压力等数据,研究竖向荷载作用下沉管、垫层、钢管桩、地基土相互作用机理及桩土荷载分配的基本规律,总结出不同桩长、不同桩距、垫层厚度、有无桩帽等因素对基础沉降的影响。同时针对室内试验模型进行数值模拟及分析,与室内模型试验分析结果相印证,进一步总结垫层模量等因素对基础沉降的影响,达到深入研究减沉桩基础的目的;最后,本研究拟基于试验成果结合荷载传递法,提出一种新的群桩沉降计算方法,在此基础上针对港珠澳大桥实际工程提出适当沉降控制措施。

4.4.6 减沉桩细观作用机理试验研究

1)刚性桩复合地基垫层破坏机理试验

通过不同桩径、桩长、布桩形式以及不同垫层厚度和密实度的室内模型试验,观测试验过程中垫层中的应力分布和沉降云图,研究垫层的荷载特性、桩土分担比以及垫层破坏模式。

根据试验目的,规划了15组试验。试验结果显示,沉降方面,垫层厚度与桩径的比值越小,复合地基沉降越小;垫层的密实度对复合地基沉降影响较为显著,桩帽对复合地基沉降影响较小。应力方面,桩土应力比值跟垫层厚度与桩径的比值有关,垫层厚度与桩径的比值越小,复合地基桩土应力比越大;此外,桩帽和垫层土体密实度对降低复合地基桩土应力比值效果较为显著。破坏模式方面,破坏模式与垫层厚度、应力水平等因素关系密切。

2)垫层破坏模式的理论计算

模型试验结果呈现出以下规律:刚性桩复合地基垫层土体破坏时,桩顶土体形成三角核心区,土体滑移从三角核心区一直延伸到土体颗粒表面,形成完整的滑动面。桩顶三角核心区（Ⅰ区）是主动土压力区，垫层土体往桩顶移动，而桩处于被动状态。

图4.4-5为垫层破坏模式，Ⅱ区为过渡区，垫层土体在桩顶三角核心区形成剪切带，Ⅱ区土体沿着剪切带向下滑移，对Ⅲ区土体形成挤压作用，这样Ⅲ区土体为被动土压力区。

根据应用塑性平衡原理推导公式，假定垫层土体的重度为零，垫层土体为碎石颗粒，如图4.4-6所示，黏聚力 c 为零，内摩擦角为 φ。q 为垫层上施加的均布荷载，Q 为桩顶应力，P_1、P_2 分别为主动和被动极限土压力。

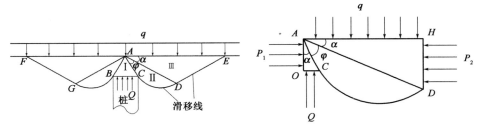

图4.4-5　垫层破坏模式　　　　图4.4-6　桩顶应力求解图

其中，$OC = \dfrac{D}{2}$，$AO = \dfrac{D}{2}\cot\alpha$，$AC = \dfrac{D}{2\sin\alpha}$，$AD = \dfrac{D}{2\sin\alpha}e^{\varphi\tan\varphi}$，$AH = \dfrac{D}{2\sin\alpha}\cos\alpha \cdot e^{\varphi\tan\varphi}$，$HD = \dfrac{D}{2} \cdot e^{\varphi\tan\varphi}$，$D$ 为桩径。

主动极限土压力 P_1：

$$P_1 = Q \cdot \tan^2\alpha \tag{4.4-13}$$

被动极限土压力 P_2：

$$P_2 = q \cdot \cot^2\alpha \tag{4.4-14}$$

根据假定，土体的重量略去不计，可解得桩顶应力：

$$Q = \cot^2\alpha \cdot e^{2\varphi\tan\varphi} \cdot q \tag{4.4-15}$$

桩土应力比：

$$n = \frac{Q}{\sigma_s} = \frac{m\cot^2\alpha \cdot e^{2\varphi\tan\varphi}q}{q + \gamma H_c - (1-m)Q} \tag{4.4-16}$$

根据 Vesic 提出的刚度指标理论，用碎石垫层的刚度指标与碎石的临界刚度指标进行比较，并据此判断地基的破坏模式。

临界刚度指标：

$$I_{cr} = \frac{1}{2}\exp\left[(3.30 - 0.45B/L)\cot\left(\frac{\pi}{4} - \frac{\varphi}{2}\right)\right] \tag{4.4-17}$$

碎石的实际刚度指标 I_r：

$$I_\mathrm{r} = \frac{G}{c + q\tan\varphi} \quad (4.4\text{-}18)$$

式中,G 为碎石的剪切模量;c 为碎石的强度参数($c=0$)。

若 $I_\mathrm{r} > I_\mathrm{cr}$,此时发生整体剪切破坏;若 $I_\mathrm{r} < I_\mathrm{cr}$,则属于局部剪切破坏或刺入剪切破坏。根据垫层破坏模式计算公式,提出了桩顶刺入垫层的位移和复合地基沉降方程。

3)沉管-垫层-桩-土相互作用的理论分析

根据室内试验模型建立 PFC 模型,沉管由四片墙体模拟,由刚性墙体模拟模型桩,垫层土体由级配土体颗粒模拟,土颗粒由单位厚度的圆盘模拟。沉管长度取 40cm,桩体直径取 5cm,桩长取 50cm,垫层厚度分别取 3cm、5cm 和 10cm。模型箱宽度取 80cm,高度取为 80cm,箱体由刚性墙体模拟。桩侧土颗粒最大半径 $r_\mathrm{max}=3$mm,最小半径 $r_\mathrm{min}=2$mm,平均粒径 $d_{50}=2.4$mm,不均匀系数 $d_{60}/d_{10}=2.0$,颗粒半径服从 $0\sim1$ 均匀分布。桩顶及桩顶以下一倍桩径处土颗粒模拟碎石颗粒,桩顶碎石颗粒垫层厚度分别取 3cm、5cm 和 10cm 三种工况进行模拟,其级配与室内模型试验碎石颗粒级配相对应,总颗粒数为 16000 左右。

垫层加载方式,通过四片墙体来模拟模型沉管受力加载,通过位移来控制加载条件。由于 PFC 程序的特殊性,通过给垫层上覆的墙体施加速度实现加载,通过墙体的位移来控制加载条件。通过在 PFC 中写入伺服控制程序来控制加载荷载等级,每级加载 40kPa,共进行十级加载。

模拟结果能很好地反映室内模型结果和理论分析结论。

4.4.7 沉管减沉桩作用机理研究

1)承载力性能影响因素模型试验

在影响减沉桩性状的各种因素中,桩长与桩距是影响较大且与实际工程成本、施工难度等息息相关的两个部分;而带桩帽及厚垫层是本项目采用的减沉桩与一般减沉桩区别最大的地方,且桩帽的有无、桩帽的刚度及垫层的厚度是影响减沉桩性能发挥的重要因素。因此,将是否带桩帽、垫层厚度、桩距及桩长作为本次室内模型试验的设计因素,通过对试验过程中测出的上述不同工况下桩体和褥垫层的变形、桩体荷载及土压力等数据加以分析,以期得出竖向荷载作用下沉管、垫层、钢管桩、地基土相互作用机理和基本规律,为理论分析提供实证依据。

共设计了 6 组"均匀设计"的试验和 21 组"正交设计"的试验。试验结果显示如下:

(1)有无桩帽与基础沉降的相关性很弱;垫层厚度与基础沉降的相关性也较弱;桩距与基础沉降的相关性一般;桩长与基础沉降相关性最大,故增加桩长可以最有效地减少沉降。

(2) 减沉桩桩身轴力随桩入土深度的变化而变化,具体表现为从桩端开始随着入土深度增大而增大,到一定深度后($L/4 \sim L/2$ 范围内)达到最大值,随后轴力开始逐渐减小,到桩端达到最小值。此外,施加的荷载越大,桩身轴力变化的程度越大。

(3) 桩间土压力随着施加荷载的增大而增大,同级荷载下的土压力呈"中间大、两端小"的分布趋势。

(4) 设置桩帽、增加桩长及加大桩距会提高桩荷载分担比;垫层的存在能使土提前发挥承载作用,较好地发挥桩土共同工作效果并调节桩土荷载分配,且垫层越厚,桩荷载分担比越小。各因素影响桩土荷载分配的程度不一,桩长的影响最显著,垫层厚度及有无桩帽其次,而桩距的影响则较小。

2) 有限元模拟

对 6 组均匀设计室内模型试验进行了数值分析:

模型中桩用实心桩模拟,并未采用模型试验所设计的钢管桩,桩的弹性模量 E 根据 EA 等效原则计算求出,密度根据桩质量等效计算得出;沉管的材料参数与钢材相同,垫层及土的材料参数主要根据土工试验及经验选取。

本模型采用的沉管及沉管下桩的布置均按室内试验模型的一半考虑,除此之外,模型尺寸均与室内试验设计的模型尺寸一致。对于模型的边界,模型四周均约束垂直于各自面方向的位移分量,其中对称面需取对称边界条件;模型底部约束其竖向位移及水平位移分量。

模型中土体、桩、沉管及垫层均采用精度比较高的 8 节点实体单元 C3D8R 模拟,划分网格时,考虑到沉管及桩的受力和变形情况是考察的重点,因而该区域及其附近网格划分较密,其余区域网格较稀疏。模型网格划分如图 4.4-7 所示。

a) 桩网格划分

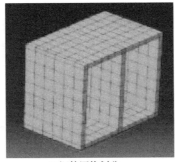
b) 沉管网格划分

c) 模型整体网格划分(X 的正方向为对称面)

图 4.4-7 模型网格划分

通过分析可知:①沉管沉降随垫层模量的提高而减小,但垫层模量增长到一定程度后,沉管沉降减小的趋势会逐渐放缓;②边桩的最大桩身轴力比中桩大约21.4%,整个基础的桩身最大沉降及最大水平位移均出现在边桩,说明沉管旁大面积回填土对减沉桩的受力及变形均有影响;③边桩加长对减小各桩桩身轴力、桩身沉降、桩水平位移及沉管沉降均有较积极的作用,其中对减小桩身沉降及沉管沉降的作用尤为显著,说明边桩加长有助于发挥减沉桩基础的减沉效果。

4.4.8 减沉桩沉降计算方法

基于事先假定的桩荷载分担比,明确桩与桩周土承担的荷载,通过计算桩周土沉降分布,进而计算减沉桩桩身轴力、侧摩阻力以及桩身沉降。桩侧摩阻力、桩端阻力计算采用荷载传递法,其中荷载传递函数采用双曲线模型。得到单桩桩侧摩阻力分布后,根据弹性理论的叠加原理计算基桩之间的相互影响引起桩端土体附加应力。最终获得考虑群桩效应的基桩沉降计算方法。具体计算流程如图4.4-8所示。

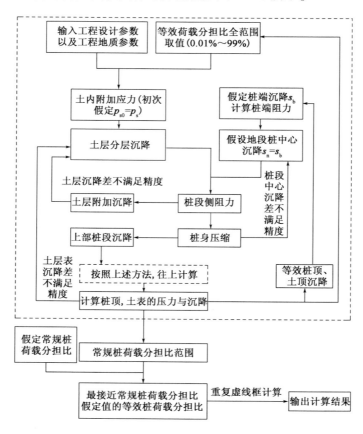

图4.4-8 减沉基桩沉降计算流程图

4.5 新型组合基床设计与施工关键技术

4.5.1 新型组合基床的设计理念

采用常规的、成熟的施工工艺来解决沉管隧道基础的控沉要求,采用天然地基和复合地基相结合的方式,使整个纵向刚度趋于一致,控制总沉降并匹配纵向的不均匀沉降。

对于地质条件较好、沉降较小的区段,以天然地基为基础;对于地质较差、附加荷载引起的沉降较大的区段,在施工期采取措施提前消除其主固结沉降。

通过分析未经处理天然地基沉降曲线,确定须进行地基处理的区段,同时根据中间段天然地基沉降量值确定过渡段地基处理深度,并且使岛上段地基处理深度与过渡段深度相近,从而使整条线路沉降协调一致。

根据沉管隧道结构及工程地质条件不同,将隧道主线分为三段:岛上段、过渡段、中间段。岛上段包括西人工岛敞开段、暗埋段、E1-S1(第一个管节的第一个节段,后续称谓类同)、E1-S2、E33-S4、E33-S5、东人工岛暗埋段及敞开段;西人工岛过渡段包括 E1-S3 ~ E6-S2,东人工岛过渡段包括 E30 ~ E33-S3;剩余管节为中间段,隧道基础地基处理分区范围详见表4.5-1。

隧道基础地基处理分区一览表   表4.5-1

序 号	区 段	管 节	地基处理方法
1	西人工岛岛上段	西人工岛敞开段、暗埋段 ~ E1-S2	降水联合堆载预压 + 高压旋喷桩/PHC 桩
2	西人工岛过渡段	E1-S3 ~ E6-S2	挤密砂桩 + 堆载预压
3	中间段	E6-S2 ~ E30-S4	天然地基/部分换填
4	东人工岛过渡段	E30-S4 ~ E33-S3	挤密砂桩 + 堆载预压
5	东人工岛岛上段	E33-S4 ~ 东人工岛暗埋段、敞开段	降水联合堆载预压 + 高压旋喷桩/PHC 桩

除了对隧道下的土体进行降水联合堆载预压 + 高压旋喷桩/PHC 桩、挤密砂桩 + 堆载预压及局部换填等地基处理外,还在隧道底板下设置了碎石及块石层,其中岛上段刚性桩复合地基顶设计采用 20 ~ 50cm 的碎石垫层,沉管段隧道底板下设置 1.3m 整平碎石垫层,东、西人工岛上段的两个节段根据作业条件分别采用陆上人工整平与水下人工

整平,其他区域采用专用整平船进行铺设;隧道基础非堆载预压区的碎石垫层下设置2.0m水下夯平块石层,复合地基处理后的纵断面布置如图4.5-1所示。

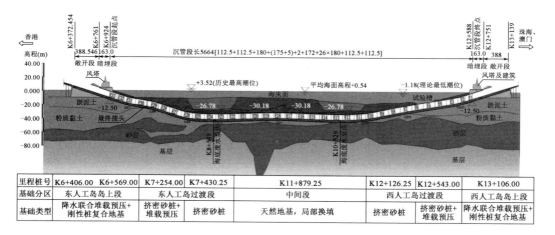

图4.5-1 隧道复合地基方案纵断面布置图(尺寸单位:m)

4.5.2 新型组合基床受力与纳淤作用机理试验研究

研究基于块石夯平基层与垄沟相间碎石整平面层的沉管隧道新型组合基床结构,以解决沉管隧道深基槽基础不均匀沉降及施工控制难题。

1)块石夯平试验

港珠澳大桥沉管隧道基础的方案为抛填10～100块石,上铺0.6m厚的碎石垄沟。块石通过夯实增加块石的紧密程度,消除自身的压缩量,并保证基床顶面的平整程度。

块石的夯实采用液压振动锤产生的激振力对块石基床进行整平夯实。试验通过液压振动系统与普通夯锤对比试验,评判夯实能否达到普通夯锤夯实效果,并模拟抛石高差条件下该种工艺能达到的平整效果,根据达到夯平密实所需单位面积激振力选定夯板的尺寸。试验的主要目的如下:

①验证液压振动锤进行夯实的可行性。通过普通夯平及液压振动振平两种方法,对比同种块石基床条件下压缩量,评判该工艺能达到的夯实效果。

②存在抛填高差的夯实效果。模拟水下抛石的高差,通过液压振沉系统振密后的平整度,判断夯实效果,反之,推断该工艺能够满足的最不利平整度要求。

③夯板尺寸的比选参考。在达到普通夯铺夯实效果的条件下,确定何种单位面积的激振力条件下能达到普通夯锤的效果,从而确定实际夯板的尺寸。

试验结果表明,液压振动锤夯平效果优于普通夯锤。在实际施工中,抛填块石落点按"梅花形"错位抛填,可有效减小块石的峰值,更有利于消峰;在夯沉过程中,宜分初夯和复夯两遍,初夯起到有效消峰的作用,复夯主要为密实夯平。

2)碎石基床物理模型试验

港珠澳沉管隧道基础设计采用先铺碎石垫层的方案,该基础方案的工程案例较少,尤其是隧道斜坡段支撑桩基础桩顶设桩帽,桩帽与沉管间设置碎石垫层,碎石垫层作为桩基与沉管结构间传力构造的工程实践经验极少,目前仅发现挪威 Bjorvika 隧道一个案例,而其建设条件与港珠澳沉管隧道差异较大,可比性不大;此外,桩基础采用碎石垫层传力的机理、理论分析资料,设计规范及依据资料缺乏,同时沉管隧道碎石垫层及桩基在水中作业时存在平整度、夹淤泥、偏位、倾斜、桩周软弱下卧层等诸多不确定性需要分析。

基于以上问题,拟通过试验对天然地基段和桩基段碎石垫层变形、传力机理开展研究,获取其沉降量、压缩模量等设计参数和指标,研究各影响因素对上述指标的影响,从而验证碎石垫层方案对本工程的适用性,为工程建设提供支持。

试验设备主要包括试验槽、加载系统和量测系统三部分。其中试验槽根据试验设计不同采用了大、小两种试验槽。根据工程建设条件及基础设计方案,试验主要考虑以下 8 个影响因素:碎石级配、碎石垫层铺设厚度、碎石垄构造尺寸、碎石垫层基底材料、回淤层厚度、钢桩帽与碎石垄顶面相对倾斜度、钢桩帽与碎石垄相对平面偏位、落管预压。

(1)大试验槽

试验槽内净空 =5.625m(长)×4.8m(宽)×4.1m(高),采用钢筋混凝土基座、型钢梁柱,侧墙顶、底分别设置若干处进水孔和排水孔,并与加水和抽水装置相连。在试验槽四周侧壁设置光滑边界,边界应尽量平整,摩擦系数要求小于0.1。

(2)小试验槽

小试验槽置于大试验槽中部,内净空 =2.84m(长)×2.84m(宽)×1.85m(高),四立面采用型钢梁柱和钢板拼装组成,小试验槽内空尺寸调整通过在内壁宽度方向上设置 10cm 厚可拆装钢结构来实现。小试验槽内侧壁平整度不大于 1/600,摩擦系数要求小于 0.1。

(3)试验结果

碎石垫层作为桩顶传力构造,受力变形机理复杂,影响因素众多,个别影响因子十分敏感,试验结果离散性较大,因此,将碎石垫层,特别是带垄沟的碎石垫层,作为桩顶传力构造的基础方案设计尚存在较大困难,工程应用存在一定风险。

带垄沟碎石垫层的沉降变形对于加载板的水平移动非常敏感,无论竖向荷载的减少,水平移动幅度的减小,还是移动速率的降低,都难以有效控制水平移动导致的沉降。满铺碎石垫层与带垄沟碎石垫层的卸载回弹量绝对值均较小,相比而言,满铺碎石垫层卸载回弹量约为压缩量的9%,而带垄沟碎石垫层卸载回弹量约为压缩量的3%~4%,可见碎石垫层的压缩量中弹性变形所占比例很小,压缩主要是由压密变形和垄沟导致的碎石颗粒侧向"挤出"造成的。对于垄顶宽1.8m的垄沟而言,两种不同的垄沟宽度(1.0m和0.8m)对垫层的压缩模量影响不大,压缩模量相差约15%。碎石级配对垫层的压缩模量影响不大,最大碎石粒径从53mm增大到125mm,增加了一倍多,压缩模量变化量约在20%。含泥量对碎石垫层的压缩模量影响较为明显。

由于桩周软弱下卧层的存在,在碎石垫层自重作用下,碎石垫层顶面的不平整度将增大,桩顶位置相对"凸出",初期竖向荷载将完全由桩基承担。桩顶(直径2.4m)的碎石垫层受力变形形态与垄沟关系密切,无垄沟时,碎石垫层的传力范围呈圆形;有垄沟时,碎石垫层的传力范围呈椭圆形,短轴为垂直垄沟方向,可见垄沟的存在限制了碎石垫层的应力扩散范围,增大了桩顶的应力集中。有垄沟与无垄沟相比,碎石垫层沉降量增大约5%。无论是否存在垄沟,在模拟最大加载情况下,桩顶碎石均出现明显压碎现象,需采取措施降低桩顶应力水平。桩的水平偏位对沉降影响明显,0.5m偏位情况下沉降量将至少增加20%,且有蠕变发展趋势。桩身0~4%的相对倾斜对碎石垫层压缩模量影响较小。碎石垫层顶部的回淤(0.3m厚)对碎石垫层压缩模量影响不大。

3)碎石基床纳淤机理研究

在沉管隧道基础施工中,采用先铺法基床需要重点考虑回淤的影响,除了正常减淤措施外,碎石基床的纳淤能力也能减轻回淤对先铺法碎石基床的影响。港珠澳大桥沉管隧道工程中对碎石基床的纳淤能力进行了现场试验(图4.5-2),定性分析水下环境沉管碎石基床上部回淤层在人力扰动作用下的运动规律,量化并分析碎石级配、泥浆比重、基床形态、碎石基床厚度对碎石基床纳淤能力的影响。

试验考虑了以下内容:

①不同级配碎石的空隙率。

②碎石基床纳淤能力对级配的敏感性,采用两种碎石级配:4~6cm、2~6cm。

③碎石基床纳淤能力对泥浆比重的敏感性,采用两种泥浆比重:1.26、1.05。

④碎石基床纳淤能力对铺设厚度的敏感性,采用三种碎石垫层厚度:1.3m、1.0m、0.6m。

⑤碎石基床纳淤能力对基床形态的敏感性,采用两种碎石基床形态:满铺、带垄沟。
⑥碎石基床纳淤能力对空隙率的敏感性。

图 4.5-2　碎石基床纳淤物理模型试验

4)试验结果

20~60mm 级配和 40~60mm 级配碎石的空隙试验结果表明,二者空隙率分别为 47.38% 和 47.06%,单位体积碎石用泥浆量分别为 $0.42m^3$ 和 $0.43m^3$。可以看出大粒径级配碎石基床虽然空隙率较小粒径级配碎石基床要小,但纳淤能力却略大于小粒径碎石基床,说明碎石级配不是影响碎石基床纳淤能力的主要因素。

依据试验结果,三种厚度碎石基床的纳淤能力采用单位体积碎石用浆量差别不大,可以看出碎石基床纳淤能力对基床碎石的厚度并不敏感,对于 1.3m 厚度碎石,在 0~0.6m、0.6~1.0m、1.0~1.3m 范围内纳淤能力基本一致,说明采用此级配碎石基床中空隙的连通性较好,碎石基床厚度对基床纳淤能力不起主导作用。

从试验结果可以看出,碎石基床纳淤能力对其空隙率的大小非常敏感。

①碎石基床中的空隙是存在于碎石中那些大小不等、形状各异的空间,在本试验中,它们是泥浆存储的场所和运动的通道。因此,这些空隙的多少、大小、形状、连通情况和分布情况对碎石基床的纳淤能力起控制作用。

②碎石中的空隙主要包含碎石颗粒间的空隙、碎石颗粒本身的裂隙,其中对基床纳淤能力起主导作用的是碎石颗粒间的空隙。由于碎石颗粒空隙中大空隙总是或多或少地被细小颗粒填充,所以空隙大小取决于实际组成空隙的细小颗粒的直径。

③一般情况下碎石颗粒越大,空隙越大,纳淤通道越通畅。但对纳淤过程影响更大的是孔喉,孔喉是空隙通道最细小的部分。不管空隙直径多大,泥浆都要通过孔喉,所以孔喉的大小是影响碎石基床纳淤能力的最主要的因素,犹如一根变径的水管,决定纳淤

大小的既不是粗径也不是平均管径,而是水管细径部位。

④影响碎石基床空隙性的因素除颗粒大小、多少、分选性以外,还有空隙的延伸方向、连通程度、填充情况及空隙的形状、裂隙面及颗粒面粗糙程度等。

4.5.3 深水碎石高精度整平施工技术

在综合分析国内外先进施工技术和施工设备的基础上,充分认识到沉管隧道基础铺设及整平具有环境恶劣、施工难度大、施工条件差等特点,通过研究分析施工现场的水文气象、施工工况和工艺效率等条件,结合港珠澳大桥沉管隧道施工难点和关键因素,提出满足本工程规模、水深、工效、作业条件、精度控制及质量检测等要求的边界条件,创新研发设计建造了具有自主知识产权的,集定位测量、水下抛石、深水整平、质量检测为一体的,具有国际先进水平的高精度碎石铺设整平装备,形成了科学先进的高精度碎石铺设整平施工工艺,实现了7个船位、8个有效工作日完成一个长180m标准沉管管节的碎石基床铺设,整平的碎石基床精度达±30mm,为港珠澳大桥沉管隧道的建设提供了关键技术支撑。

4.5.3.1 碎石铺设整平施工流程

根据港珠澳大桥沉管隧道施工的特点,结合施工现场条件,从整平船移船定位、压载调平、桩腿下落抬升,到供料船定位;从整平基床高程设定、基床纵坡控制,到石料抛填整平等参数设定;从抛石管位置姿态、基床高程实时测量,到整平基床质量检测等各工艺流程,分析碎石铺设整平船作业效率,对碎石基床铺设整平施工工艺流程进行设计。通过E1~E15管节碎石垫层铺设施工,优化施工参数,完善操作规程,形成一套科学先进的高精度碎石铺设整平施工工艺。深水碎石铺设整平施工流程如图4.5-3所示。

4.5.3.2 碎石铺设整平施工工艺

1)整平船进场

整平船拖航时,桩腿最低点与平台底部基线平齐,采用吊拖为主、傍拖为辅的方式进行拖航。

2)整平船定位抬升

(1)整平船定位

整平船采用GPS定位,船员操作锚缆系统将整平船定位在铺设作业施工位置,平面定位精度控制在±100mm以内。

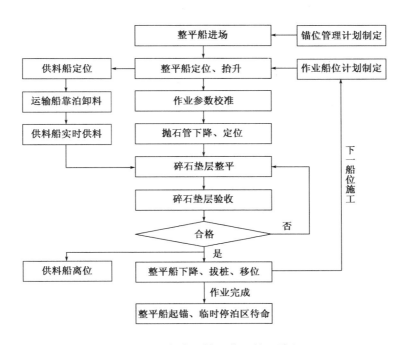

图 4.5-3　深水碎石铺设整平施工流程图

（2）整平船压载抬升

在下降桩腿前首先将整平船调平。通过调整压载水舱，观察船体倾斜仪的读数，将船体调整到水平状态，如图 4.5-4 所示。

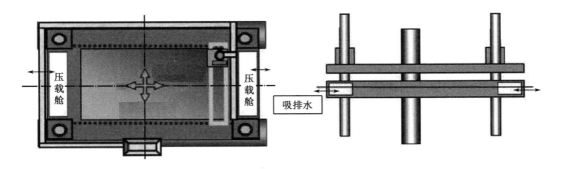

图 4.5-4　整平船调平系统示意图

整平船平台抬升压载可采用打压载水四角均衡压载抬升或对角直接压载抬升。具体压载工艺流程如图 4.5-5 和图 4.5-6 所示。

施工时为避免潮水及波浪的影响，整平船平台抬升高度 h 为两天可预测的高潮位 + 预测最大波高/2 + 富余高度（0.5m）。平台抬升高度效果如图 4.5-7 所示。

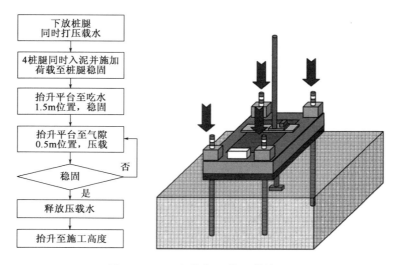

图 4.5-5 四角均衡压载工艺流程图

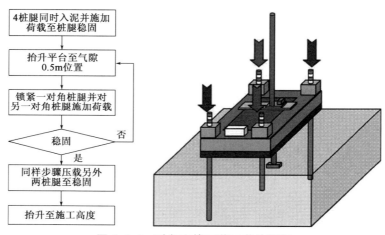

图 4.5-6 对角直接压载工艺流程图

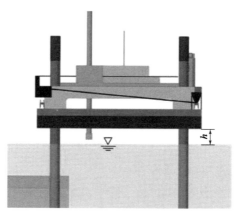

图 4.5-7 整平船抬升高度效果图

3）作业参数校准

（1）施工位置确认

整平船平台抬升完成后,在 SEPCHS 控制系统中输入第一条垄中心线两端 A 点和 B 点坐标及垄间距 a,SEPCHS 系统自动计算其余垄坐标并在显示界面显示其位置（图 4.5-8）。此时确认计划铺设区域是否在铺设范围内,若不满足要求需重新定位抬升平台。

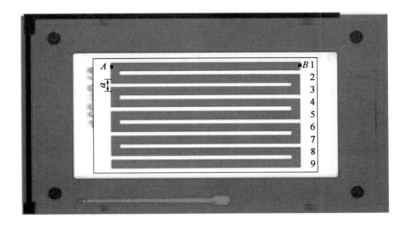

图 4.5-8　施工位置确认示意图

（2）声呐校准

声呐受水深、水温、盐分浓度等因素的影响,会使测量值产生误差,所以每次测量时都需要进行校准。校准时,将抛石管降至施工深度,通过修正用声呐进行测深,接收发送器和反射盘之间的距离是 1500mm,如果有误差需进行音速修正。之后向施工用声呐输入修正作业得到的音速修正值,再次用相同的顺序进行确认。声呐校准示意如图 4.5-9 所示。

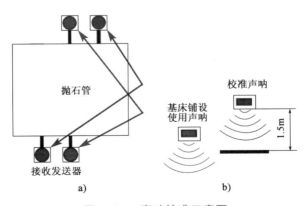

图 4.5-9　声呐校准示意图

(3) 抛石管高度确认

为了精确校核抛石管系统的高程准确性,需要对抛石管高度进行确认。距东、西人工岛较近的3个管节的碎石基床铺设时,通过人工岛上设置的一台自动追踪型全站仪进行抛石管高度确认。其余管节铺设时,需将抛石管置于已安沉管尾端3个已知点(通过贯通测量获取坐标)上方1.0m处,通过潜水员水下测量进行确认。在抛石管底部做好标记点,将抛石管降低至接近沉管尾端预埋点,通过GPS将标记点移至预埋点正上方,水下潜水员进行确认,然后将抛石管抬升至离预埋点1.0m位置处,水下潜水员使用可伸缩并可以锁定的测量尺进行测量,将测量尺吊出水面进行读数,取3个点的平均值作为标准值,若存在偏差,通过调整抛石管长度消除。抛石管高度确认示意如图4.5-10所示。

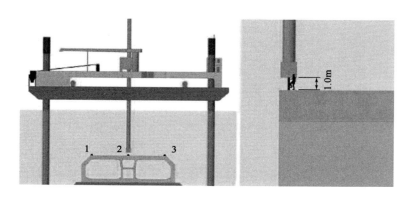

图 4.5-10 抛石管高度确认示意图

4) 抛石管下降定位

抛石管底高程校准完成后,通过抛石管顶部设置的GPS确认抛石管的平面位置及底高程,通过移动大车和移动小车将抛石管定位于施工位置。

抛石管头部是固定的主管和可以伸缩的平衡管,通过4根平衡油缸共同作用可以调节平衡管的伸出长度(可达1.2m),以满足抛石铺设高程的精调要求。抛石管定位示意如图4.5-11所示。

5) 供料船定位供料

(1) 供料船定位

供料船采用6台30t锚绞车定位。供料船在未铺设一侧横跨基槽顺流方向布置,供料船与整平船之间保持5m以上距离,避免供料船与整平船碰撞。供料船布锚时将整平船的锚缆绳放松,从而不影响供料船布锚,供料船布锚方法同整平船。

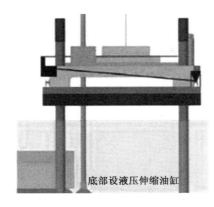

底部设液压伸缩油缸

图 4.5-11　抛石管高程定位示意图

运料船运料至现场后,顺基槽布置,采用船头皮带机将石料供应到供料船上,由于供料船长度方向和水流方向垂直,受水流的影响很大,因此,供料时尽量选择高、低平潮流速小的时段进行。铺设作业时整平船、供料船、运输船锚位布置如图 4.5-12 所示。整平船组船位布置示意如图 4.5-13 所示。

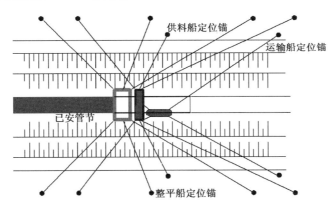

图 4.5-12　整平船组锚位布置图

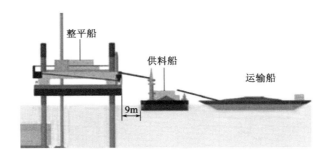

图 4.5-13　整平船组船位布置示意图

(2)石料供应

整平船配专用供料船,基床铺设石料供应过程为:石料通过皮带运输船运至现场并输送至供料船,经供料船皮带机抬升输送至整平船料斗,再经整平船皮带机 3 次抬升进入抛石管料口。石料供应示意如图 4.5-14 所示。

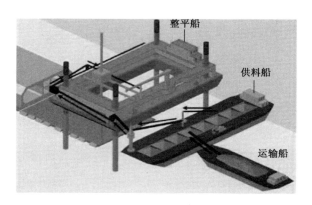

图 4.5-14　石料供应示意图

6)碎石垫层铺设

(1)施工方向的确定

根据国外沉管隧道基础铺设施工经验,碎石底层铺设方向沿沉管安装方向进行。这样做的好处是可以避免少量浮泥被挤到对接端而无法清理。上层铺设方向也是沿沉管安装方向,如图 4.5-15 所示。

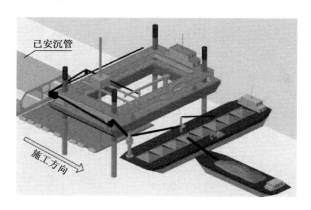

图 4.5-15　施工方向示意图

(2)垫层纵坡的控制

碎石基础沿纵向设有纵坡,共有 29 种坡度,最大纵向坡度位于 E33 管节,坡度为 3.029%,最小坡度位于 E18 管节,坡度为 0.0%。其中,部分管节坡度相差不大,如

E14~E17 管节,坡度分别为 -0.325%、-0.300%、-0.300%、-0.277%,合并相近的集中坡度,制作4种管头调整段来对所有坡度进行施工,4种管头调整段的坡度分别为 0.0%、1.0%、2.0%、3.0%。

(3)碎石基床铺设分层厚度

整平船铺设碎石垫层厚度均为1.3m。为了提高碎石基床铺设精度,碎石基床铺设分两层施工,基床顶层厚30cm,底层厚1.0m,先进行底层铺设,再进行顶层铺设,保证顶层铺设时每条垄的底高程一致。碎石基床分层示意如图4.5-16所示。

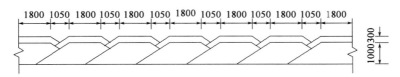

图4.5-16 碎石基床分层示意图(尺寸单位:mm)

(4)抛石管移动速度

本船设计铺设速度不小于3.0m/min。综合考虑本船的设计刚度,工程施工进度计划,底层、顶层碎石精度要求等因素,拟采用底层碎石铺设抛石管行走速度为1.5m/min,顶层碎石铺设抛石管行走速度为1.0m/min,垫层验收抛石管行走速度为2.5m/min(图4.5-17)。抛石管行走速度对工期和施工精度影响明显,整平船进场后需要进行典型施工确定抛石管行走速度。

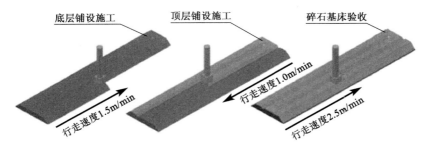

图4.5-17 抛石管行走速度简介图

(5)铺设作业

碎石基床铺设是碎石通过抛石管移动进行的排出、铺设作业,抛石管的移动是通过行走大车和行走小车的纵移和横移实现的。

①上坡段施工顺序:一条垄施工完成后,平移至下一条垄,然后抬升至施工高程,进行下一条垄铺设施工。按此步骤循环施工。

②下坡段施工顺序:一条碎石垄施工完成后抛石管降低至下道碎石垄的高程,然后平移至下道碎石垄进行下道碎石垄铺设施工。按此步骤循环施工。

7）碎石垫层检测

（1）验收标准

碎石基床铺设质量标准见表4.5-2。

质量控制标准　　　　　　　　　　表4.5-2

序　号	检 查 项 目	规定值或允许偏差（cm）
1	垫层顶部高程	±4.0
2	碎石垄纵向宽度	0～+10

（2）检测方法

碎石垫层铺设到达一个船位的终点后，需对碎石垫层的高程进行质量检测。通过计算机界面横向移动抛石管、纵向移动台车，按照图4.5-18所示的检测线检测铺设碎石垫层的高程。图中"①"表示横断面测量，检测碎石条带中心线的高程；"②"为纵断面测量，检测碎石垫层宽度的 $L/6$ 和 $L/2$ 共3条线的高程。

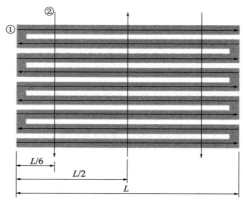

图 4.5-18　碎石垫层高程检测示意图

检测结束后，通过计算机管理系统输出检测的横断面、纵断面检测报告。

8）整平船下降、拔桩、移位

一个船位基床铺设完成检测合格后，整平船下降入水，通过船体浮力将4根桩腿同时拔出（若4根桩腿不能同时拔出，可先拔出一对角两根桩腿，再拔出另一对角两根桩腿）。

此时一个船位基床铺设结束，移船至下一船位进行基床铺设。按上述施工步骤重复作业直至一个管节基床铺设作业完成。整平船移至临时停泊区待命。

4.5.3.3　碎石铺设整平船典型施工成果

高精度碎石铺设整平船"津平1"在完成了一系列的碎石基床抛石整平各项试验后，于2013年4月至2015年3月完成E1～E15管节的碎石基床抛石整平施工。

1) E3 管节基床整平基本情况

E3 管节基床整平共包括七个船位的机械整平。第一个船位为 8 条垄,其余每个船位为 9 条垄,共计 62 条垄;基床顶面水深自 -18.64m 至 -21.44m,坡度为 1.614%。

2) 碎石基床铺设整平成果数据记录

以标准管节 E3 管节碎石垫层检测情况为例来说明整平船的铺设施工精度。整平船 E3 管节第 3 船位碎石铺设纵坡检测成果如图 4.5-19 所示。

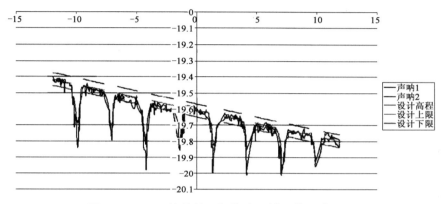

图 4.5-19　E3 管节第 3 船位碎石铺设检测成果图

从 E3 管节检测数据看,单条碎石垄最低合格率为 88.6%,最高合格率为 98.5%,整个管节碎石垫层平均合格率为 95.2%。完全满足本子课题研究工作大纲的要求。

3) 已完成碎石基床铺设整平质量情况

经过对已经完成的 E1～E15 管节整平的碎石基床质量检测,整平的碎石基床表面精度达 ±30mm 的合格率为 87.7% 以上;表面精度达 ±40mm 的合格率为 94.5%。碎石垫层边线和垄宽均满足设计要求,整平船铺设精度完全满足港珠澳大桥沉管安装垫层高精度的要求,为沉管安装奠定了坚实的基础。

4) 功效分析

本工程中整平船铺设一个船位所用的时间如表 4.5-3 所示。

整平船铺设一个船位所用的时间　　表 4.5-3

时间		工作内容	工作用时(h)	说明
一个工作日	第 1 小时	整平船定位	5	①移船、定位 90min
	第 2 小时			②桩腿入泥 55min(按入泥 24m 计算)
	第 3 小时			③压、排 1500t 压载水 120min
	第 4 小时			④预压载工况下顶升离开水面 1.0m 处用时 15min

续上表

时间		工作内容	工作用时(h)	说明
一个工作日	第5小时			⑤排预压水同时顶升至正常工作高度用时20min
	第6小时	碎石垫层铺设	11	①一个船位铺设垫层宽度为25.2m，共9垄，单条抛石垄长度为41.95m，一个船位抛填、铺设碎石垄总长度为41.95×9=378m
	第7小时			
	第8小时			
	第9小时			
	第10小时			②底层碎石铺设精度要求低，抛石管行走速度按1.5m/min计算，则底层抛石铺设时间需要4.2h
	第11小时			
	第12小时			
	第13小时			③顶层碎石铺设要求精度高，抛石管行走速度按1m/min计算，则顶层抛石铺设时间需要6.3h
	第14小时			
	第15小时			
	第16小时			④综上，一个船位碎石垫层抛填时间需要约11h
	第17小时	铺设质量检测	3	①铺设质量检测分为高程检测和碎石垄宽度检测
	第18小时			②高程检测方法为抛石方向行走一次，行走速度为2.5m/min，检测时间为378÷2.5=152min≈2.5h
				③碎石垄宽度检测方法为沿垫层轴向检验3条，时间为27×3÷2.5=32.4min≈0.5h
	第19小时			④铺设质量检测时间为3h
	第20小时	整平船下降、移船	2	①从正常作业高度下降到正常排水状态用时22min
	第21小时			②桩腿抬升10m高用时17min，合计84min，按2h考虑
	第22小时	富余时间	3小时	不确定因素
	第23小时			
	第24小时			

4.6 创新性技术成果小结

港珠澳大桥项目中长约 6km 的沉管隧道穿越五种不同地层,软土地层厚且纵向物理力学性质差异大、回淤荷载大且纵横向分布都不均匀、存在远期航道疏浚及人工岛影响等,建设条件异常复杂。采用级配碎石垫层、支撑桩、减沉桩、挤密砂桩、高压旋喷桩等多种基础形式混合设置实现沉降平顺与刚度过渡的方案在国内外沉管隧道界尚属首例。通过理论计算与模型试验研究,成功解决了节段式沉管隧道地基差异沉降的控制难题。主要创新点如下:

(1)从节段式沉管隧道的结构体系入手,逐步分析影响节段式沉管隧道的各项因素,通过研究各项考核指标来深入剖析影响结构体系的作用机理,创新性地提出了刚度影响线法和接头张开量简化公式,简单直观地揭示结构体系与各项影响因素的深层次关系。通过建立不均匀地基刚度变化与接头剪力之间的关系,提出了纵向差异沉降容许值控制标准。

(2)面对港珠澳大桥沉管隧道基槽开挖深度大、放置时间长等问题,通过理论推导和模型试验,准确获取岩土参数并考虑回弹再压缩效应,找到了基础沉降计算方法。

(3)建立现场 CPTU 测试结果与土性参数的相关公式,并与多功能三轴试验系统模拟基槽土层的完整应力路径试验结果及现场详勘资料进行对比验证,指导后期有限元计算中各参数的取值。

(4)建立了基于回弹再压缩特征的地基沉降计算模型及有限元计算模型,结合试验及计算结果分析沉管隧道中间段典型代表性地段天然地基施工期沉降和工后沉降,揭示沉管隧道回填-沉管-垫层-地基间相互作用的机理、基底应力分布规律,对地基沉降特征进行了详尽分析;利用有限元计算分析基槽施工误差对横断面沉降及地基刚度分布的影响,为沉降控制措施提供一定理论依据。

(5)明确了包括刚性桩复合地基、挤密砂桩地基在内的海底减沉桩的受力机理与破坏模式。

(6)通过复合地基荷载试验,对挤密砂桩、抛石夯平及碎石整平等新工艺进行工艺性试验,确定施工工艺参数。

(7)创新研发设计建造了具有自主知识产权的,集定位测量、水下抛石、深水整平、质量检测为一体的,具有国际先进水平的高精度碎石铺设整平装备,形成了科学先进的高精度碎石铺设整平施工工艺，实现了7个船位、8个有效工作日完成一个长180m标准沉管管节的碎石基床铺设，整平的碎石基床精度达±30mm，为港珠澳大桥沉管隧道的建设提供了关键技术支撑。

CHAPTER FIVE　第5章

超长大断面混凝土管节工厂化预制技术

5.1 港珠澳沉管隧道管节制作的挑战

港珠澳大桥岛隧工程海底隧道沉管由 33 个管节组成,标准管节长 180m,规模堪称世界之最。其中直线段管节 28 个,曲线段管节 5 个,曲率半径 5000m,沉管混凝土 28d 强度等级为 C45,56d 强度等级为 C50,采用全断面浇筑工艺施工,单节段(22.5m)混凝土方量约 3413m³,总量约 87 万 m³,单节段钢筋最重约 1000t。管节断面尺寸如图 5.1-1 所示。

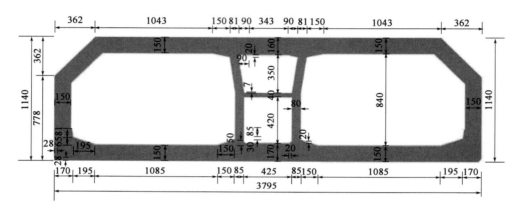

图 5.1-1 管节断面图(尺寸单位:mm)

在沉管隧道建设中,管节制作往往是在沉管隧道建设中工作量最大,也是最容易制约工期的关键因素。常规的管段在干坞(或船坞)内进行预制,这种方法对管节数量在 10 节以内的沉管隧道是合理的。在管节数量过多的情况下,会因为干坞的工程量过大或者需要解决临时系泊区等变得不经济。为了克服大型沉管隧道建设中传统干坞法存在的不足,港珠澳沉管隧道采用了一种工厂化管节预制方法。

港珠澳大桥沉管隧道管节数量多、截面尺度大、管节控裂要求高、自然条件差、进度十分紧迫,经充分的研究论证,沉管采用工厂法预制,以保证管节预制质量和工程整体进度。港珠澳大桥岛隧工程沉管预制具有以下特点:

1)规模大、进度紧迫

共 33 个管节,混凝土总量约 87 万 m³,设两条预制生产线,首批管节(E1、E2)必须在 2012 年 7 月底之前预制完成,第二批管节(E3、E4)需在 2012 年 10 月初前完成,其余各批次管节均必须在 2 个月左右预制完毕,规模大、进度紧迫,对干坞建造、前期筹备、施工组织管理等要求高。

2) 预制精度要求高

管节重度及几何精度控制标准要求高,对原材料质量稳定性控制、模板系统刚度及制作精度、施工过程控制等要求极其严格。

3) 钢筋施工难度大

单节管节钢筋量大(约900t);绑扎及定位难度高;钢筋笼移动过程中确保其不变形等难度较大;钢筋笼滑移至浇筑区后进行体系转换难度大。

4) 混凝土供应保障难度大

为保证沉管耐久性要求,管节预制采用全断面浇筑工艺,一次浇筑混凝土约3413m^3,必须在30h内浇筑完毕,平均浇筑速度约114m^3/h,且不允许出现任何停顿,平均每周浇筑2次,单位时间内浇筑如此大方量混凝土在国内外工程界罕见,对混凝土生产供应设备的效率及可靠性要求极高。

5) 曲线段管节预制需调整相关参数

E29~E33为平曲线管节,曲率半径为5000m,需通过调整相邻两个22.5m长直线节段之间的夹角来近似拟合5000m曲线半径,各节段钢筋笼骨架及模板系统位置参数需按照管节曲线位置予以调整。

6) 节段顶推不均匀受力控制要求高

一个标准节段长22.5m,宽37.95m,近9000t重,最大水平顶推距离约300m,顶推轨道沉降、各支点受力不均匀等均会导致管节开裂风险,需采取有效措施实现各支点根据滑移面的高程变化自动调节支承反力,且各点反力误差不得超过1%,对管节顶推设备的同步性、可靠性及支承体系转换控制要求高。

7) 管节控裂面临挑战

管节设计使用寿命为120年,抗渗要求高,管节截面尺度大,且无外包防水,不允许出现温度裂缝,工程区域常年气温高,湿度变化大,混凝土入模温度控制、控裂及养护措施等面临前所未有的挑战。

5.2 "三级阶梯"式预制工厂设计关键技术

5.2.1 工厂法管节生产工艺流程设计

与传统的干坞内管节制作法不同的是,工厂化预制法采用流水线式生产模式:在室内固定的位置完成钢筋绑扎与移动、模板支立、混凝土浇筑与养护等重要工序;通过对达到一定强度的节段顶推平移实现下一个增量匹配节段的循环作业,多次循环完成 1 节管节的制作;利用多级船闸的工作原理,设两级坞池(浅坞、深坞)实现管节的检漏、二次舾装和出坞。由于大部分工作是在室内进行的,可以全天候作业,而主要工序又都是流水线作业,所以各道工序的质量更有保证。

5.2.2 "三级阶梯"式预制工厂总体布置理念与设计

工厂化预制方案的总体布置分预制车间、浅坞区和深坞区 3 大部分。预制车间负责管节节段制作。浅坞区设置若干根滑动轨道梁实现将已经生产的管节节段逐节段向前推进,以便腾出空间进行新的节段浇筑。另外,当 1 个管节浇筑完成后,浅坞区还是管节舾装和检漏的地方。浅坞区内已经生产完成的管节通过自浮移位到深坞区等待出坞。

港珠澳大桥沉管隧道开展了沉管预制厂总平面布置专题研究,从功能方面,创造性地提出了预制工厂与浅坞一字布置、深浅坞并排布置的平面格局形式,既可以适应工程所在地的地形、地貌和地质特征,又可以完全满足工厂法功能需求。同时,合理的高程及路网设计使得厂区排水及使用便利性得到充分满足;从安全方面,充分利用岛内现有采石深坑形成扩大化深坞区,在工程量增加不大的情况下,将沉管管节的舾装及寄放移入岛内,有效保证了管节寄放安全性;从经济方面,合理的平面格局及竖向设计大大降低了工程造价。

沉管预制厂位于桂山镇牛头岛,占地 56 万 m^3,根据生产需求布置码头区、混凝土生产区、预制区、浅坞区、深坞区、办公区、生活区。沉管预制厂设两条并列生产线,结合预制工艺流程、现场地形地貌特征,预制生产线布置成 L 形。

沿生产线纵向依次为底板钢筋绑扎区、墙体钢筋绑扎区、顶板钢筋绑扎区、休整区、混凝土浇筑区、养护区、浅坞区。浅坞区东北方向设置深坞区,钢筋加工区设置在绑扎区旁,与绑扎区一一对应。钢筋加工区与绑扎区中间为钢筋半成品存放区,加工区的门吊及绑扎区的桥吊均能覆盖该区域,经加工后的半成品由该区域的门吊转移至对应存放区,绑扎区的桥吊则在此取吊钢筋半成品至绑扎区进行钢筋笼绑扎。如此可最大限度缩减半成品转运距离,提高场地使用率及生产效率。

预制区与浅坞区由一道钢闸门隔开,浅坞区蓄水横移管节时可保证预制区正常生产。

5.2.3 原有岩石山体与拦水坝联合止水设计理念

沉管预制厂主要水工结构包括:深浅坞拦水坝系统、浅坞钢闸门系统和深坞浮坞门系统(图5.2-1)。

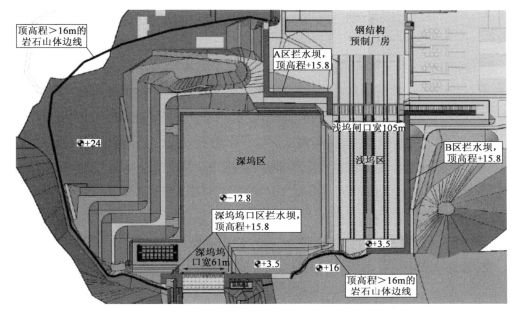

图5.2-1 深浅坞拦水坝设计

通过对深浅坞区域的地形和地质情况进行深入分析,充分利用现有岩石山体作为挡水结构,减少人工筑造拦水坝结构的长度。经优化,整个深浅坞区域止水周长约2km,其中人工筑造拦水坝结构长度约为600m,最大限度降低拦水坝工程量。分析可利用的岩石山体表面裂隙发育程度,对局部岩石山体进行防渗处理,以提高岩石山体的止水可靠性,对拦水坝坝基和拦水坝与岩石山体交接面进行注浆处理,极大地提高深浅坞四周拦水坝的整体止水效果,确保深浅坞蓄水作业顺利进行。

5.3 分节"浇筑-顶推"流水化作业关键技术

5.3.1 管节分节预制总体工艺流程

工厂化管节预制是将标准管节分为若干个小节段,每个节段在固定的台座上浇筑并养护到一定强度后,向前顶推1个节段长度。利用空出的浇筑台座与顶出的节段相邻匹配进行下一节段预制。如此逐段预制逐段顶推,直至完成1节管节全部节段浇筑。管节整体顶推至浅坞通过临时预应力索张拉形成整体。在浅坞区内完成一次舾装,然后关闭浅坞与预制工厂之间的滑动坞门,向坞内灌水并进行检漏,管节试浮合格后移至深坞,然后将水位降至与外海相平后出坞,此时浅坞区已经重新变成陆域,可以进行下一管节制作。

工厂法管节预制的主要生产工艺包括4大关键部分:钢筋绑扎、模板架立、混凝土浇筑及管节顶推和连接。其中前3道工序在预制车间内进行流水式作业,最后一步(顶推和连接)在浅坞内实施作业。预制车间主要有3个区域:钢筋绑扎区、钢筋移动区域和混凝土浇筑区域,钢筋加工区域可设置于钢筋绑扎区两侧,也可根据场地需要另行配套布置。

5.3.2 钢筋笼全断面绑扎工厂法流水线生产技术

1) 数控设备工厂化加工

钢筋绑扎共设置2条生产线,全部采用数控设备,每条生产线设置3个加工及绑扎区,形成流水作业,实现了下料精度±1mm、长度精度±3mm、弯曲角度精度±1°的钢筋加工精度,单个节段近1000t吨钢筋,7~8d完成,这确保了沉管钢筋绑扎的质量和效率。

每条钢筋加工生产流水线由原材料待检区、合格材料堆存区、钢筋加工区、半成品堆放区四个区域组成,其中半成品堆存区与绑扎区域对应划分为三个区域,场内钢筋转运采用输送辊道或平移台车配合门式起重机进行转运,充分体现流水化和机械化的施工特点(图5.3-1)。

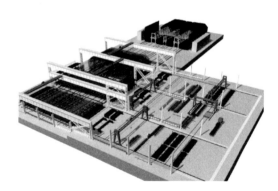

图5.3-1 钢筋加工生产线布置

根据钢筋尺寸、形状、连接方式等不同,沉管钢筋加工主要包括下料、弯曲、丝头加工等几种。

所有钢筋加工前均需进行试加工,根据试加工调整好加工参数后再批量生产。验收合格的半成品挂标志牌,按照使用部位分别送到相应的半成品堆放区存放。

2) 钢筋分区绑扎

钢筋笼分底板、墙体、顶板三步分别在对应绑扎区进行绑扎,并根据需要分别设置底板钢筋绑扎架、墙体钢筋绑扎架（包括中墙背架）、顶板钢筋绑扎架（包括顶板内台架）。

培训3个独立班组分别进行底板、墙体、顶板钢筋绑扎，达到专业班组完成专项工序的目的，是工期和品质保障的关键因素之一。

为满足钢筋定位精准、钢筋笼变形控制及钢筋安装工效，设计钢筋安装台架，充分体现工厂化、装配化的理念，满足流水线上工装的快速传递和快速安拆。

(1) 底板钢筋安装台架

钢筋笼下方设置14条滑移轨道，自底板区一直延伸至浇筑区，为钢筋笼绑扎提供支撑，滑移轨道由导轨和滑轨两部分组成。底板区采用外侧固定式台架作为绑扎平台，台架固定在底板钢筋两侧，对钢筋起限位、固定作用。通过移动滚轴实现台架的安装和拆除，调节螺杆、台架垂直度，并固定模具。

(2) 墙体钢筋安装台架

墙体钢筋安装台架由固定式组合台架和可拆卸式活动台架组成。侧墙外侧采用固定式组合台架，操作原理与底板区相同。侧墙内侧及中墙钢筋安装采用可快速安拆活动台架，主要由台架底座、固定及调节螺杆、贝雷架、操作平台和其他连接构件组成。底座结构由撑杆固定于滑移轨道上，通过调节螺杆和撑竿进行高度和角度的调节，操作平台铺设木跳板，便于快速安拆。

(3) 顶板钢筋安装台架

顶板钢筋安装台架支撑在底板底座上，其顶部自身充当钢筋安装的操作平台、钢筋自重的承担结构，下部设置调节螺栓作为顶升调节装置，以调节顶面高程和水平度。

3) 钢筋笼顶推

钢筋笼顶推为流水线上的枢纽工序，各部位工序依靠顶推有机串联起来。采用计算机控制液压顶推系统完成，在钢筋安装区、模板休整区、浇筑坑设置14条滑轨作为钢筋笼的支撑和滑移体系，其行走系统是依靠滑块与不锈钢镜面滑槽摩擦移动，动力来源于作用在4条顶推轨道上的千斤顶。其中从钢筋底板绑扎区至模板休整区为固定式导轨，模板休整区至浇筑坑底模上的导轨采取活动式的导轨，在钢筋笼顶推时安装。

4) 体系转换

钢筋笼在顶推入浇筑坑前，提前在底模上布置好转换气囊。钢筋笼在浇筑坑定位后，利用顶部桥吊同步悬挂系统将顶板钢筋吊起，拆出顶板绑扎台架及相应配件，转换气囊充气顶升钢筋笼，抽出钢筋滑轨与导轨，拆散后分块运至底板绑扎区，进入下个循环；

转换气囊放气下放钢筋笼直到钢筋笼全部由底模上垫块承受,抽出转换气囊,内模滑入并支撑,松开悬挂系统,完成钢筋笼的体系转换。

5.3.3 大体积混凝土全断面一次浇筑成型关键技术

1)混凝土浇筑

根据港珠澳大桥沉管隧道断面形式,混凝土浇筑总体划分为底板、侧墙和中墙、顶板三大区域,为明确振捣人员岗位责任,实现振捣质量可追溯性,在各区域按布料、振捣作业区域又划分为多个分区,实行定人定岗定区域作业。

浇筑顺序总体按底板→墙体→顶板的顺序进行。

(1)布料

根据模板设计和规范对浇筑强度的要求,控制在120m^3/h 左右,每节段浇筑时间30~36h,根据模板受力控制要求,中墙混凝土先于侧墙浇筑并保持高差约1m。所有部位浇筑纵向上均从匹配端向先浇端分层连续布料浇筑,分层厚度为30~50cm。

混凝土采用移动式布料机布料。行车道底板由悬挂于内模针形梁上的2台RV8布料机(每行车道2台)布料,中廊道底板、侧墙、中墙及顶板由4台移动式MX32布料机布料。侧墙和中墙采用ϕ200mmPE管作为布料管布料,间距按4m控制,布料管随浇筑逐步提升,管底口距混凝土面高度不超过2m。外侧墙的布料管靠近内模侧,避免砂浆溅到侧模上造成外观缺陷。

端部布料点距离端模或节段匹配面约1m,控制自由落差尽量小,不得过远造成赶料,也不得过近造成混凝土散落到止水带上或直接冲击止水带。严格控制止水带周边混凝土分层间隔时间,严禁出现冷缝。

因底板、顶板浇筑时间较长,安排专人负责清理布料时堆集在钢筋上的混凝土,避免形成缺陷影响钢筋握裹力和防渗效果。

(2)振捣

混凝土振捣根据各区域构造特点、作业难度等划分为普通区域、钢筋密集区域、下倒角、止水带周边几种情况,分别采取不同的振捣设备和振捣要求。

普通区域指无特殊构造、施工方便的区域,每个振捣人员按划定的作业区域作业,采用70型振捣棒,振捣间距为50cm,每个振捣点振捣时间为40~50s,上层混凝土振捣时插入下层5~10cm。

侧墙和中墙混凝土振捣作业人员需进入钢筋笼内部,在钢筋笼内设置纵向振捣通道保证作业空间。中墙安全门、排烟道等大型预留洞室下方混凝土振捣通过开设振捣孔进行。为改善作业环境，夏季施工期采用大型空调向墙体内部吹送冷风，降低钢筋笼内环境温度，促进空气流动。

下倒角区域受内模遮挡，振捣棒无法直接到达，采用角钢辅助导向将振捣棒送入需振捣的部位，振捣的要求与普通区域相同。下倒角与墙体振捣要密切配合，倒角部位要适度翻浆以保证混凝土饱满密实，翻浆的混凝土经人工平仓至底板。

剪力键、外侧牛腿预埋件、节段端部等钢筋密集区域，70型振捣棒无法振捣，采用50型振捣棒，振捣间距为30cm，振捣时间为40~50s。为保证振捣棒顺利到达预定位置，在钢筋笼内预埋振捣棒导向钢筋笼。

止水带周边混凝土密实度对防水至关重要，但受止水带影响该部位气泡排出困难。该部位混凝土浇筑时先用70型振捣棒按要求进行振捣，然后由专人负责采用进口高频振捣棒进行复振，复振振捣间距为50cm，每点振捣时间为50s左右。

所有区域振捣作业除严格控制振捣间距和振捣时间之外，还要特别注意振捣棒不得碰撞波纹管、止水带、预埋件、模板等，不得通过振捣钢筋来清理堆集在钢筋上的混凝土，不得通过振捣赶料。

（3）收面

混凝土浇筑前，在钢筋笼上临时焊接高程控制桩，根据测量结果在控制桩上放样控制高程，收面时按照放样标记控制混凝土高度。

底板和顶板表层混凝土振捣完成后，先用铁锹进行粗平，然后参照高程控制点用铝合金刮尺刮平并进行第一次抹面。待混凝土接近初凝时，用抹面机配合人工进行二次抹面。

2）混凝土控裂

沉管采用全断面浇筑，生产环境温度高，混凝土强度等级高、结构断面大、体积大，开裂风险较大，因此预制沉管混凝土的配制和控裂是确保港珠澳大桥预制沉管质量的关键。

（1）温控方案

通过温控仿真分析，按照抗裂系数大于1.4的原则，确定安全工况和不同施工季节的温控标准，设计温控措施和控制参数，同时，建立温湿度监控系统，保证温控措施的执行和精确控制。

根据仿真计算结果，沉管混凝土温度发展规律：侧墙倒角中心位置温度最高；中心约1.5d达到温度峰值；随着内部温度升高，内表温差增大，中心部位温峰出现时，内表温差达到最大，之后逐渐降低。

沉管混凝土应力发展规律是早期应力集中于表面,主要由内表温差引起,早期需要注意内表温差的控制,并降低内部最高温度;后期应力集中于中心,由混凝土降温和干缩引起,随着龄期增长逐渐增大,后期需要注意养护减少干缩。沉管应力集中部位包括顶板中部、行车廊道顶部、侧墙拐角处、侧墙底板交界处。

(2)温控标准

综合温度应力仿真分析和国内外沉管控裂技术调研资料,提出不同施工季节港珠澳大桥沉管温控标准(表5.3-1),包括浇筑温度、最高温度、内表温差和降温速率4项主要技术指标。

温 控 标 准　　　　　　表5.3-1

季　　　节	浇筑温度	最高温度	内表温差	降温速率
高温季节(月平均气温≥25℃)	≤28℃	≤70℃	≤25℃	≤3℃/d
常温季节(月平均气温18~25℃)	≤23℃	≤65℃		
低温季节(月平均气温≤18℃)	≤20℃			

(3)温控措施

根据预制沉管的温控标准,研究提出水泥、粉煤灰、矿粉、集料等原材料温度控制推荐标准和措施。

混凝土温度控制采取的措施主要有:采用制冷水代替常温水拌和混凝土;采用碎冰片代替部分拌和水;运输罐车的罐体包裹吸水帆布并淋冷水降温;混凝土输送拖泵集中布置,在顶部设置遮雨、遮阳棚,向遮阳棚顶面洒水降温;室外泵管定位固定,采用定型加工吸水海绵包裹,防止阳光暴晒;施工过程中向泵管包裹材料淋水,降低混凝土输送摩擦温升等。

内表温度控制的核心是"外保内散",即降低内部中心温度,表面进行保温。混凝土温度峰值过后,选择在中午气温较高时段脱模,脱模后立即覆盖土工布进行表面保温,并顶推至养护棚喷雾养护。养护的作用一方面要有利于混凝土强度的提高,以便混凝土的抗裂能力尽早提高;另一方面能有效控制混凝土的内外温差,防止出现过大的温度应力。

(4)温度监测

现场监测采用全覆盖的模式,对原材料、混凝土生产和浇筑、浇筑区、养护区温度、湿度情况埋设固定测点进行24h监控。对于沉管温度监控,以月为周期(每月每条生产线约预制4个节段),首个节段布设20个测点(包括1号、2号、3号、4号测线),指导后续施工;之后每节段布设 5 个校验测点(仅 1 号测线)。监测覆盖全部 252 个节段,共布设测点 2205 个。

现场监测频率要求为:原材料仓库、搅拌站、预制厂房环境和自动养护区监测系统实施实时动态监控;混凝土的温度监测,峰值出现前每 2h 监测一次,峰值出现后每 4h 监测一次,持续 5d,然后转入每天测两次,直到温度变化基本稳定。

(5)温控效果

通过全过程温控措施,在施工过程中,除了制冷水温度稍微超出范围之外,其他原材料温度控制满足技术指标要求。大部分管节主要技术指标都满足温控标准,仅有少部分管节的某些技术指标超出了温控标准,从现场管节的外观来看,均未发现有害裂缝,达到了温控的预期目标。

5.3.4　管节长距离多点主动支撑分散顶推技术

1)顶推工法介绍

目前,沉管的预制主要采用工厂法和干坞法两种预制方法,因干坞法施工设备周转周期较长,对于工程规模大、管节数量多、工期较为紧迫的施工项目,多采用工厂法。为实现沉管工厂法流水线生产,预制成型的沉管节段需要移出预制台座,在工厂作业平面与沉管浮运施工水域平面之间转换,这就涉及沉管场内运输,是工厂法施工中极为关键的一个环节。工厂法采用节段匹配预制法预制,即已浇筑节段达到顶推强度后,向前顶推一个节段长度,匹配预制新的节段,最终将若干个节段组成的整体管节向前顶推以进行后续施工。顶推施工根据以往的施工经验可分为集中顶推和分散顶推两种方法,集中顶推方法需要设计笨重复杂的顶推机构和顶推梁反力座,实际施工条件很难满足要求,而且不便进行曲线段管节顶推施工。

(1)工法特点

①相对于干坞法施工,工厂法预制沉管节段可以不受节段生产周期、设备和场地周转的限制,通过沉管分散顶推以流水线生产的方法实现高效、快捷的施工条件,有效缩短施工周期。

②与集中顶推的形式比较,其设备结构简单、受力分散均匀、钢结构造价可控,有效避免混凝土构件因局部受力过大出现管节裂缝。

③节段下方设置主动式支撑千斤顶,可以根据滑移轨道的表面平整度情况,自动调节其支撑高度,确保每个支撑千斤顶均匀受力,从而实现管节下方支撑力均匀,避免出现局部支撑力过大导致混凝土结构受损。

④节段下方由3套液压泵系统支撑,即管节底部为"三大点"支撑,确保节段和管节的纵向稳定性。

⑤每个节段下方均设置有等量的顶推装置,顶推力分散,对滑移轨道受力要求较低。

(2)适用范围

适用于各种大型或超大型混凝土或钢结构构件的场内顶推、滑移运输,对施工现场条件和滑移轨道不均匀沉降有很强的适应性。

(3)工法原理

预制管节分散式顶推滑移通过一套多点支撑、多点连续顶推的顶推系统实现,主要利用构件下方多条滑移轨道梁,荷载液压均衡支撑系统"三大点"支撑构件,支撑装置均匀分配荷载至与之接触的滑轨上,顶推装置分散顶推构件,滑轨上设置为顶推装置提供反力支撑的反力槽口,总控装置控制顶推装置同步顶推位移,实现构件连同支撑装置、顶推装置沿滑轨滑移。

2)顶推系统

顶推系统由滑移系统、管节支撑及顶推系统、导向系统和控制系统组成。

(1)滑移系统

①系统概述。

滑移系统包括顶推滑移钢梁、不锈钢板、支撑千斤顶和聚四氟乙烯(PTFE)滑板。不锈钢板焊接在滑移钢梁上,PTFE滑板采用尼龙螺钉紧固在支撑千斤顶底部。不锈钢板(厚度$t=3\text{mm}$)与PTFE滑板形成摩擦面。

采用滑移板顶推施工方式,能够保证滑移面和滑道之间的接触压强相对减小,提高了顶推施工的稳定性和安全性。滑移材料的选取是本次顶推的关键之一,摩擦系数太大会导致顶推油缸尺寸过大,轨道固定强度增大,造成生产浪费、空间浪费和能源浪费。

②润滑油。

在滑移钢轨顶部设置3条通长的不锈钢板,其上放置PTFE滑板,两者的接触面作为管节顶推的滑移面,滑移面根据厂家建议,选用史班哲(Spanjaard)非水溶性硅脂油润滑。

根据国内外顶推施工的工程经验,PTFE滑板与不锈钢板的最大静摩擦系数为4%~5%,滑动摩擦系数为1%~3%。

管节的顶推系统提供的顶推力只要大于最大静摩擦力即可。从目前足尺模型试验的顶推来看,PTFE滑板与不锈钢板间的静摩擦系数远大于0.05,项目部协同厂家威胜利工程有限公司(VSL)采取多种降低摩擦力的改进措施,在试验中更换史班哲非水溶性硅脂油以后,静摩擦系数降低为5.4%,动摩擦系数降低为3.5%。试验结果证明采用史班哲非水溶性硅脂油后,摩擦力大大降低,摩擦系数回归到系统设计的标准范围之内。

经过实践,管顶顶推润滑油受外部因素影响,不能重复利用,史班哲非水溶性硅脂油过于昂贵不利于项目控制。工区进行了新的润滑油调配试验,经多次不同工况验证,40号机油和二硫化钼润滑油按照一定比例调配可达到史班哲非水溶性硅脂油同等效果,而成本大幅降低。夏天高温天气,按机油:二硫化钼润滑油=3:1调配,冬天低温天气,按3.5:1调配。

同时,在顶推施工前和施工完成后,及时清理滑移轨道并用清洁的编织袋覆盖保护滑移轨道。

③PTFE滑板。

严格监控滑移梁的安装工艺,通过对PTFE滑板的改造来添加进油口、选取合适的润滑油来减小摩擦力。在PTFE滑板表面设置储油孔和导油槽。滑板在轨道上滑行时储油孔内的润滑油进入滑移面内,降低摩擦力,减少滑板装置的磨损;导油槽在滑移过程中将前段轨道上的润滑油引导进入滑移面,增加了润滑效果。

④顶推轨道。

管节下方设置4条顶推滑移轨道梁,顶推滑移轨道位置设在沉管腹板正下方,这样确保在管节支撑和顶推受力时底板形变程度最小。

滑移轨道基础为钢筋混凝土梁,上部结构宽0.65m,高0.9m;下部结构宽1.55m,高0.45m,由预计沉降量为零的坚硬岩石直接支撑,两侧回填碎石,并碾压密实。

在滑移梁基础上方安装滑移钢轨,钢轨定位(设计顶高程为2.915m±3mm)后,将滑移轨道梁基础与钢板间的空隙用高强环氧灰浆灌满,确保滑移轨道的均匀受力。为抵抗顶推时滑移钢轨与灰浆层、滑移轨道基础的剪力,在滑移钢轨下部每隔1m设置1道加劲肋,加劲肋必须与滑移钢轨焊接牢固。

滑移钢轨由以下两部分组成。

水平钢板和不锈钢板:水平钢板宽740mm、厚35mm,其上布置三条3mm厚的不锈钢平行条,不锈钢板与水平钢板以角焊缝方式连接。

侧向钢板:高185mm、宽45mm,共两块,钢板连续、垂直,并与水平钢板以熔透焊方式连接;侧向钢板上还需进行开槽,作为顶推千斤顶的反力点。

由于滑移轨道与浅坞门存在平面位置的交叉,故需要将交叉位置的滑移轨道设计为可拆卸式的结构。在节段顶推时,将拆卸块安装到位,便于节段的顶推;当管节一次舾装完成后,需要进行水密性试验,浅坞门需要关闭,此时,可将拆卸块拆除,方便浅坞门的滑入和止水等。

(2)管节支撑及顶推系统

①设备及布置。

管节下方有4条滑轨支撑,每条滑轨上布设6个支撑千斤顶,即单节段共由24个支撑千斤顶支撑。1号、6号千斤顶距节段端头1.875m(n号节段的6号支撑千斤顶与$n+1$号节段的1号支撑千斤顶距离为3.75m),其余千斤顶之间间距为3.75m。管节由8个节段制成,共有$8×24=192$个支撑千斤顶。每个支撑千斤顶的顶部配有一个50mm厚的顶板来支撑混凝土。1号、2号或5号、6号千斤顶顶部各为一块连接板,尺寸均为4610mm×1305mm,3号、4号千斤顶上部各布置一块顶板,尺寸860mm×1305mm。千斤顶上的顶板在混凝土浇筑时作为底模的一部分;拆模后,顶板随千斤顶一起顶推至浅坞区,千斤顶在置换后,顶板才能拆除。

顶板装配有分开制动器环形板(导环),帮助顶板精确地对准支撑千斤顶;支撑千斤顶上还设置有锁紧螺母,在浇筑坑位置用来锁定千斤顶,以机械方式固定,节段产生的荷载要通过顶板传递到千斤顶的球形头面上,并传递到活塞中(活塞通过活塞头和锁紧螺母相连)。锁紧螺母将荷载传递给油缸。再通过千斤顶底板将荷载从油缸传递到滑板上。顶推过程中则需要将千斤顶锁紧螺母松开,以油压来支撑节段重量,锁紧螺母作为紧急情况下的安全储备装置。

每台顶推装置由一对长冲程顶推千斤顶组成,型号:HZP40-850mm,即能够提供的最大顶推力约为40t,千斤顶最大行程为850mm。

顶推千斤顶前端支撑在1号与2号支撑千斤顶(或5号与6号)的连接梁上,该连接梁与1号和2号(或5号与6号)上的连接顶板焊接牢固;将千斤顶(活塞端)的另一端销接到带反力销系统的顶推支架,该系统可将顶推力转移到滑移钢轨的侧板凹槽中,凹槽纵向间距为750mm,即顶推步距为750mm。节段顶推时,反力销的支撑反力点受力,顶推千斤顶顶推节段前行75cm;收缩千斤顶,由于顶推千斤顶前端与支撑千斤顶连接,摩擦力较大,前端位置固定,后端则随着千斤顶的收缩前行至下一个支撑反力点位置,再固定,进行下一步顶推作业。

单个节段混凝土约3413m³,混凝土重度按照$2.5×10^3 kg/m^3$计算,单节段重约85325kN。单个支撑千斤顶设计荷载为$85325÷24=3555kN$。单个支撑千斤顶承载能力为8500kN,安全系数为2.391,能在半数千斤顶失效的情况下确保结构安全。

PTFE滑板与不锈钢板的最大摩擦系数为5%,考虑2%的安全储备,则顶推单个节段的顶推力需 $0.07 \times 85325 \mathrm{kN} = 5973 \mathrm{kN}$。

单个顶推千斤顶顶推力为395.8kN,单个节段下顶推千斤顶能够提供 $395.8 \times 16 = 6333 \mathrm{kN}(>5973 \mathrm{kN})$ 的顶推力,能够确保节段的顺利顶推工作。

②油路布置。

支撑千斤顶由两个独立的油路连接,轨道之间的油路通过油管连接,组成"三点"支撑。把支撑千斤顶串联成三个独立的封闭系统,可以很好地控制滑移过程管节水平姿态,不受轨道高程变化等不利因素影响。所有支撑千斤顶压力由2台EHPS 6MS和1台EHPS 12MS油泵提供,分别对应三个点。

每两个节段的顶推千斤顶通过供油和回油油管与安装在轨道上的顶推油泵连接,标准管节每条轨道上均匀布置3台24MS和1台24MSR油泵。其中24MSR顶推油泵是终端油泵,安装在最后两个节段中间接头位置轨道上,终端油泵可以改变整条轨道顶推油路的供油速度,从而调整顶推速度。

(3)导向系统

两个导向装置安装在管节的下侧,其中一个在前端(节段1),另一个在尾端(正在浇筑的最后节段)。整个滑动操作期间,前端保持固定,而尾端导向装置位置不断转换到新浇筑的节段上,直到最后节段浇筑完成。两个导向装置控制管节对应两个内部滑轨对齐。导向装置配有水平放置的液压起重器,并支撑滑道边上的滑板。滑动操作期间,液压起重器允许对管节横向移动导向。

滑动操作期间,要对向两个内部滑轨施压的导向装置进行连续监控,同时导向装置连接到顶推系统。如果压力超过了预设值,直接调整各条滑移轨道上的顶推千斤顶的顶推力,调整沉管姿态,从而将导向装置的压力减小到预设值。

(4)控制系统

控制系统由各类传感器、顶推油泵、顶推控制电箱和主控制台组成,是整个顶推系统的核心部分,通过各类传感器对各项数据进行检测和反馈,主控制台根据反馈的数据进行压力、频率等数据的调整。

节段滑动操作时,始终由3台液压泵提供压力支撑预制节段。节段的一侧布置2个液压泵,另一侧布置1个液压泵,用于给支撑千斤顶提供油压。3台液压泵由总控制平台统一控制,确保每台支撑千斤顶始终处在相同的液压下。随着操作不断进行且节段数量不断增加,在新节段下方安装更多的液压支撑千斤顶。将液压泵移动到新的位置,调整液压连接件,再次为整个正在操作的管节创建一个对称的"三点"支撑平衡装置。所有的支撑千斤顶由同一个控制系统进行统一监制,确保支撑千斤顶的均匀受力,所有的顶推千斤顶由另一个控制系统进行统一监制,确保顶推千斤顶的操作协调性和均匀受力。

每组液压泵装配有 A 和 B 两个出口。每个支撑点的支撑千斤顶在交错群中将分为支撑千斤顶 a 和支撑千斤顶 b,避免三个水平点的任一点出现液压故障时,隧道装置进行旋转。支撑千斤顶 a 连接出口 A,支撑千斤顶 b 连接液压泵出口 B。

滑动操作期间,支撑千斤顶 a 和 b 的移动类似,要始终记录两个压力并进行比较。每个出口要新增一个蓄压器,从而对已连接的支撑千斤顶 a 和 b 尺寸非常小的三角形进行补偿。如出现液压故障,支撑千斤顶 a 荷载(假定支撑千斤顶 a 回路中出现了泄漏)将传递给支撑千斤顶 b,支撑千斤顶 a 内的压力将会下降,但支撑千斤顶 b 中的压力将随之上升。要在控制站监控两个支撑千斤顶间的压力差,当压力差超过某一设定值时,立即停止滑动操作。具有泄漏的液压回路能够重新加压,且在节段可以继续操作之前,要找出泄漏的位置,并修复。

由于采用液压泵对支撑千斤顶进行集中泵油,故管线较多,本工程设计了电缆吊架,将电缆悬挂在管节底部,随节段顶推一起前移,在滑移轨道间设置若干接线盒,便于电控系统的电力输入。

3) 顶推操作

(1) 顶推设备安装

支撑、顶推、纠偏千斤顶和顶板拼装成顶推单元,整体安放到模板区轨道上。顶推单元根据是否安装纠偏千斤顶或顶推千斤顶分为类型1、类型2、类型3。

首个节段四条轨道中间分别安装两套类型3顶推单元,1号、3号、4号轨道首尾各安装一套类型1单元,2号轨道安装类型2单元。每增加一个节段,除2号轨道首端类型2改成类型1,其余顶推单元全部不变。当节段数量超过四节时,每条轨道中间两套类型3改成1套类型1,储备顶推力。

顶推单元安放时,严格控制横向和纵向轴线,相邻两个支撑千斤顶的纵向中心距为3750mm,顶板的纵向轴线与轨道轴线保持一致。

(2) 受力转换

管节浇筑完成,调整每台支撑千斤顶底座纵向轴线与轨道轴线一致,通过油泵给千斤顶单独加压5000kPa,顶升缸体,与顶板接触。

混凝土强度达到22.5MPa,拆除端模、侧模,进行管节受力转换,把荷载由底模支撑转换到顶推单元。根据管节重量计算出支撑压力值,给 24 个支撑千斤顶加压至压力值的 90%,旋转环形螺母与液压缸体接触。底模拆除后,90% 压力值由千斤顶承担,10% 压力值由环形螺母与活塞缸螺纹连接承担。

(3)顶推系统调试

每台顶推油泵对应安装 1 个控制箱,MSR 油泵对应 MSR 控制箱,MS 油泵对应 MS 控制箱。系统所有传感器通过信号线连接到对应的控制柜,再通过主信号线与主控柜连接。

支撑、顶推油路和控制线路连接完成后,开始顶推系统调试。通过主控柜查找各个传感器信号,调整传感器使主控台各个参数满足要求。主控台控制顶推油泵运转,使千斤顶做空行程动作,排尽油路内空气;控制支撑油泵给千斤顶加压到计算压力值的 100%,调整管节水平姿态,同时调整支撑千斤顶环形螺母与液压缸的距离保持在 10mm 左右。

(4)节段顶推

顶推系统调试后,开始管节顶推。顶推过程严格控制管节里程和轴线,每顶推 5 个行程测量里程和轴线,如里程发生偏差,则通过主控台调整顶推压力,里程偏小增大压力,反之则减小;如轴线发生偏差,通过纠偏系统调整,纠偏操作时,严格控制纠偏压力,防止压力过大损坏设备。

顶推的最后 3 个行程,每顶推 1 个行程测量 1 次里程和轴线,保证管节里程轴线偏差不大于 5mm。到位后,在每条轨道上安装阻挡装置,防止已浇筑管节在后续节段浇筑期间发生滑移。

(5)长距离顶推

整个管节预制完成后,顶推至浅坞区进行一次舾装。顶推前对所有轨道抛光清理。每顶推 15 个行程,测量里程和轴线,并根据数据及时调整,避免出现较大偏差。过程中如发现滑板从千斤顶底座下滑出,停止顶推并重新调整,对于变形严重的滑板,及时更换,具体处理步骤如下:

①关闭所有支撑千斤顶球阀,关闭支撑油路针阀。

②用撑杆支撑对应支撑千斤顶的顶板。

③给该千斤顶单独泄压。

④把千斤顶锁紧螺母上旋到最高位置,排尽千斤顶液压油,使缸体回缩。

⑤用专用的套筒螺母把千斤顶底座和顶板连接,通过旋紧套筒螺母把底座吊离轨道。

⑥调整或者更换 PTFE 滑板。
⑦放下千斤顶底座,拆除套筒螺母,给千斤顶加压到计算压力值。
⑧拆除撑杆,恢复支撑油路,打开所有支撑千斤顶球阀,完成处理。

为防止滑移,节段接头被拉开,长距离顶推前可考虑对称进行 8 束预应力 50% 预张拉。

5.4 大断面混凝土结构浇筑工艺及裂缝控制技术

5.4.1 研究目的

港珠澳大桥沉管隧道沉管为柔性管节,单个节段长为 22.5m,截面宽度为 37.95m,高度为 11.50m,并将评估是采用全断面整体浇筑还是采取分阶段浇筑工艺。为满足隧道区通航的要求,沉管埋入最大深度在 -40m 左右,混凝土结构需要长期承受高压海水作用,为了保证结构的耐久性满足 120 年设计使用寿命,对沉管混凝土的抗渗性能、抗裂性能提出了更高的要求。

沉管大体积混凝土构件结构形式较为复杂,由于混凝土水化热的原因,管段制作过程中容易出现开裂,削弱了混凝土管段的抗渗性能和耐久性能。以混凝土早期裂缝控制为重点,根据大断面矩形结构对混凝土性能的要求,以及室内试验结果采用温度应力计算软件分析计算混凝土结构出现裂缝的可能性(位置及时间),优选具有高抗裂性能的混凝土原材料及配合比,通过理论分析及室内工艺试验,研究大断面矩形混凝土结构浇筑工艺,确定混凝土配合比、混凝土浇筑及后期养护环节控制裂缝产生的关键技术,提出施工控制要求,保证沉管结构不出现危害性裂缝,对于保障整个工程的使用寿命具有极其重要的意义。

5.4.2 胶凝材料水化放热性能与开裂敏感性

通过对不同掺合料所组成的胶凝材料体系水化放热行为及其开裂敏感性进行研究,优选出放热总量小、放热速率低以及开裂敏感性低的胶凝材料体系。

1)胶凝材料水化放热性能

(1)硅酸盐水泥的水化机理

水泥水化热是大体积混凝土中最主要的温度因素。Taylor 等人根据水化放热速率将水化过程分为 5 个阶段,如图 5.4-1 所示。

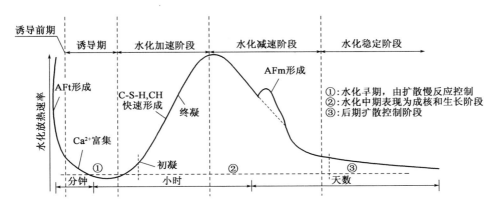

图 5.4-1 水泥水化过程

第一阶段,表现为激烈的放热反应,水泥一旦与水接触,固体和液相之间就开始离子物质的交换,使液相中铝酸钙、硫酸盐和碱的浓度迅速增大,当生成第一批水化产物时,将放出大量的热,此时 C_3A 水化生成 AFt。第二阶段,放热速度减弱,新生成水化产物在未水化颗粒周围生成半渗透的硅酸盐水化物外壳,它使无水的表面与主液体隔开,因而产生诱导期。在诱导期,液相中 Ca^{2+} 的浓度相对 $Ca(OH)_2$ 而言,达到了过饱和。CH 及 C-S-H 开始形成,水泥浆体逐渐变稠实。第三阶段,包覆层因渗透压增大而破裂,水泥颗粒又进一步溶解,即为加速期。C_3S 快速水化,C-S-H 凝胶生成,CH 晶体开始长大,水泥浆体逐渐变硬,出现了初凝及终凝。第四阶段,如果石膏消耗完毕,AFt 会转变为 AFm 出现第二个小放热峰,浆体孔隙率降低;由于受到各种反应物质的扩散和反应物在相对致密的孔隙系统的沉淀所控制,只要反应物和空间允许,水化反应生成的水化产物将继续沉淀在孔隙空间中。第五阶段,C_3S 水化完全受扩散控制,C_2S 开始水化,浆体孔隙率继续减小,并变得更加密实。

表 5.4-1 是水泥四种主要矿物各自的水化放热总量,可见在 3d 中 C_3S、C_3A、β-C_2S、C_4AF 各自的水化程度分别为 36%、83%、1%、70%。而对水泥放热总量起着最大影响的是 C_3S、C_3A,这两种矿物的水化放热总量占到水泥熟料放热总量的 60%~70%。一般认为典型水泥水化 3d,可以完成潜在热量的 50%,水化 3 个月可以达到 90%,水泥品种、细度以及矿物组成是影响水泥放热总量及放热速率的主要因素。

水泥熟料四种矿物水化热(kJ/kg)　　　　表 5.4-1

水泥矿物	水化龄期(d)					完全水化
	3	7	28	90	180	
C_3S	405.8	460.2	485.3	518.8	564.8	669.4

续上表

水泥矿物	水化龄期(d)					完全水化
	3	7	28	90	180	
β-C_2S	62.76	104.6	167.4	196.6	230.1	351.5
C_3A	507.0	661.1	874.5	1025.1	1025.1	1062.7
C_4AF	175.7	251.6	376.6	414.16	—	569.0

（2）胶凝材料体系的放热性能

利用优选出来的粤秀水泥、珠江电厂粉煤灰、韶钢嘉羊矿粉以及艾肯硅灰组成不同的胶凝材料体系，研究纯水泥体系、单掺粉煤灰体系、单掺矿粉体系、单掺硅灰体系以及混合掺入矿物掺合料体系的水化放热特征，指导混凝土配制过程中矿物掺合料组分及其用量的确定。

（3）纯水泥体系的放热性能

本工程中使用的P·Ⅰ42.5硅酸盐水泥12h的放热总量为86.61kJ/kg，1d的放热总量为173.43kJ/kg，3d的放热总量为256.26kJ/kg。具体的放热量如图5.4-2所示。本工程中水泥与典型硅酸盐水泥的水化反应过程及反应机理基本一致。

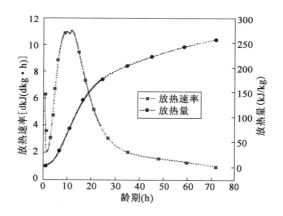

图5.4-2　纯水泥体系的放热性能

（4）单掺粉煤灰体系的放热性能

粉煤灰是由燃煤电厂收集的灰尘，其中含有大量的球状玻璃体，以及莫来石、石英和少量的矿物结晶相。粉煤灰具有火山灰材料的特性，能够缓慢参与水化反应（水化放热特征见表5.4-2），消耗水泥水化生成的薄弱且富集在过渡区的氢氧化钙片状结晶，在后期生成少量的C-S-H凝胶体，填充于水泥水化产物的空隙。粉煤灰中的玻璃体SiO_2和玻璃体Al_2O_3在一定的碱性条件下能够水化，这是粉煤灰活性的主要来源。除了火山灰材料特性外，用于混凝土的优质粉煤灰还有形态效应、填充效应和微集料效应。粉煤灰作为一种应用广泛的掺合料配制各种混凝土，用于降低混凝土的成本、降低水化热以及改善混凝土长期性能。将粉煤灰掺入到水泥中，替代一部分水泥的用量，研究从10%～50%的珠江电厂粉煤灰掺量对胶凝材料体系水化放热性能的影响。

表 5.4-2 单掺粉煤灰体系的水化放热特征

体系类型	胶凝材料体系		放热总量(kJ/kg)			最大放热峰值	
	水泥(%) P·I	粉煤灰(%) II	12h	24h	72h	[dkJ/(dkg·h)]	出现时间(h)
C100	100	—	86.62	173.4	256.3	11.02	12
C90+F10	90	10	74.03	158.4	235.5	9.67	10.5
C70+F30	70	30	71.47	140.2	207.1	8.47	8.7
C50+F50	50	50	65.28	119.5	182.5	7.08	7.6

不同掺量粉煤灰对胶凝材料体系放热速率及放热总量的影响见图 5.4-3。可见，随着粉煤灰掺量的逐渐增多，胶凝材料的放热总量和放热速率均出现不同程度的下降。在 12h 龄期的时候，F10 体系的水化放热总量约为纯水泥体系的 85.5%，F30 体系的约为纯水泥体系的 82.5%，F50 体系的约为 75.4%，这说明在水化反应的初始阶段，粉煤灰已经参与了水化放热反应。到 3d 龄期时，F10 体系的水化放热总量约为纯水泥体系的 91.3%，F30 体系的约为 80.9%，F50 体系的约为 68.9%，这说明随着水泥水化反应程度的增加，粉煤灰参与水化反应的程度增加，并且随着粉煤灰比例的增大，粉煤灰水化反应的比例也越大，放出的热量增多。珠江电厂粉煤灰具有一定的活性，能够在水泥水化反应的早期就参与水化反应，并随着水化龄期的增加，粉煤灰参与水化反应的程度也随之增大。

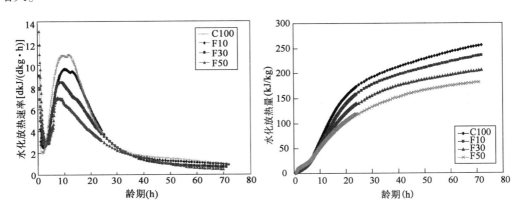

图 5.4-3 粉煤灰掺量对放热量影响

（5）单掺矿粉体系的放热性能

矿粉是高炉炼铁过程中排出的矿渣经过粉磨后得到的。矿粉与水混合后，在其表面将发生轻微的水化反应，使其部分物质溶解和水化形成 C-S-H 凝胶，但进一步水化被矿渣玻璃体表面的低渗透保护膜所阻止，使水不能进入矿渣玻璃体内部，而矿渣内部的离子也不能渗出，导致矿粉与水的反应十分缓慢。矿粉作为混凝土辅助性胶凝材料，可以等量替代一部分水泥，可以减少熟料用量以及由熟料产生的水化热。在水泥水化的中后期，磨细矿渣等掺合料还会与水化产物发生二次水化反应（水化放热特征见表5.4-3），可大量消耗水泥浆体中的 $Ca(OH)_2$，显著改善硬化浆体的结构，提高了水泥石的密实度。矿粉能有效改善新拌混凝土和硬化混凝土各项性能。将韶钢嘉羊矿粉掺入到水泥中，研究从 30%～70% 的矿粉掺量对胶凝材料体系水化放热性能的影响。

单掺矿粉体系的水化放热特征　　表5.4-3

体系类型	胶凝材料体系		放热总量(kJ/kg)			最大放热峰值	
	水泥(%)	矿粉(%)	12h	24h	72h	[dkJ/(dkg·h)]	出现时间(h)
	P·I	S95					
C100	100	—	86.62	173.4	256.3	11.02	12
C70+K30	70	30	62.87	131.4	202	7.94	11.5
C35+K65	35	65	40.33	79.3	156.4	5.36	12.7
C30+K70	30	70	38.43	73.4	150.4	4.75	12.4

不同掺量矿粉对胶凝材料体系放热速率及放热总量的影响见图5.4-4。可见，随着矿粉掺量增大到70%，胶凝材料体系的放热速率和放热总量出现不同程度的降低。对于矿粉掺量为 30% 的胶凝材料体系，虽然放热最大速率明显降低，从纯水泥的 11.02dkJ/(dkg·h) 降低到 7.94dkJ/(dkg·h)，但是其放热速率的特征曲线基本上与纯水泥的一致。当矿粉掺量增大到65%与70%的时候，不仅放热速率降低到 5dkJ/(dkg·h) 附近，而且水化反应加速阶段明显延长，并且速率的变化趋于平缓。在12h龄期的时候，K30体系的水化放热总量约为纯水泥体系的 72.6%，K65体系的约为纯水泥体系的 46.6%，K70体系的约为 44.4%。在3d龄期的时候，K30体系的水化放热总量约为纯水泥体系的 78.8%，K65体系的约为纯水泥体系的 61.0%，K70体系的约为 58.7%。说明矿粉的掺入可以非常明显地降低胶凝材料水化放热速率及放热总量，当矿粉掺量增大到65%以上时，可以延长升温时间、明显降低升温速率。

（6）单掺硅灰体系的放热性能

硅灰是炼硅及硅铁合金工业中的副产物，是近20年发展起来的一种高活性掺合料。

现有研究表明,由于硅灰具有比表面积大、SiO_2 纯度高、火山灰活性高的特点,把硅灰作为矿物掺合料加入混凝土中,发挥其超细填充料以及早期水化工程的晶核作用,对混凝土的性能可以产生多方面的良好效果,目前在国外众多海洋工程中均已得到广泛使用。但由于担心硅灰加入后可能增加胶凝体系的水化热(水化放热特征见表5.4-4),增大混凝土的收缩,增加混凝土开裂的风险,导致硅灰在国内大型海洋工程中的应用存在疑虑。本节中将埃肯硅灰掺入到水泥中,研究从3%~8%微量的硅灰掺量对胶凝材料体系水化放热性能的影响,找出对胶凝材料水化放热性能影响不大的硅灰掺量。

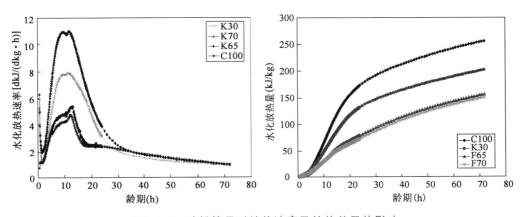

图 5.4-4　矿粉掺量对放热速率及放热总量的影响

单掺硅灰体系的水化放热特征　　表 5.4-4

体系类型	胶凝材料体系		放热总量(kJ/kg)		最大放热峰值	
	水泥(%) P·Ⅱ	硅灰(%)	24h	72h	[dkJ/(dkg·h)]	出现时间(h)
C100	100	—	173.4	256.3	11.02	12
C97+Si3	97	3	160.6	247.1	10.6	13.2
C95+Si5	95	5	167.4	254.6	10.4	12.2
C92+Si8	92	8	177.7	260.1	12.3	13.2

掺入3%与5%的硅灰并没有改变纯水泥体系的放热特征,并且各龄期的水化放热总量及最大放热速率还略有降低。当硅灰掺量增加至8%的时候,水化放热反应的加速期有所延长,最大放热峰值明显增大,各龄期的放热量也明显增加。这说明硅灰在胶凝材料早期水化放热反应过程中的晶核作用有一个临界掺量,大于这个掺量时,才会加速早期胶凝材料体系的水化,见图5.4-5。

(7) 混掺体系的放热性能

已有对矿物掺合料双掺、多掺复合超叠加效应的研究表明,将不同种类的矿物掺合料以合适的比例及掺量掺入水泥混凝土中,可以充分利用水泥熟料、矿物掺合料的不同粒径、不同形态、不同活性进行合理而有效的搭配,使得矿物掺合料的形态效应、活性效应和微集料效应相互补充,产生叠加效应,不仅可调节需水量,提高混凝土的抗压强度,而且还可提高其抗折强度,减少收缩,改善耐久性等。研究在胶凝材料中混合掺入35%~70%的粉煤灰、矿粉与硅灰对胶凝材料体系水化放热性能的影响(水化放热特征见表5.4-5)。

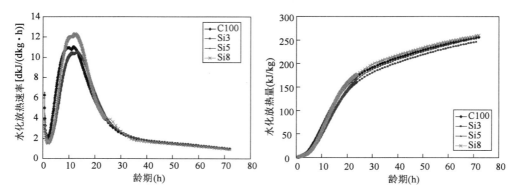

图 5.4-5 硅灰掺量对水化放热速率和放热量的影响

混合体系对胶凝材料体系的水化放热特征 表 5.4-5

体系类型	胶凝材料体系				放热总量(kJ/kg)		最大放热峰值	
	水泥(%)	矿粉(%)	粉煤灰(%)	硅灰(%)	24h	72h	[dkJ/(dkg·h)]	出现时间(h)
	P·Ⅱ	S95	Ⅱ					
C30+F30+K40	30	40	30	—	81.5	150.9	4.06	9.9
C40+F20+K40	40	40	20	—	95.3	164.7	5.05	10.2
C40+F25+K35	40	35	25	—	100.5	164.1	5.2	9.0
C50+F20+K30	50	30	20	—	112.6	183.5	6.17	10.1
C50+F15+K30+Si5	50	30	15	5	107.2	185	6.04	11.8
C55+F15+K30	55	30	15	—	119.2	188.8	6.62	10.1
C65+F15+K20	65	20	15	—	135.6	208.2	7.97	10.4

在混合掺入矿粉与粉煤灰的胶凝材料体系中,随着矿粉与粉煤灰在胶凝材料中比例的增加,胶凝材料体系的水化放热速率、放热总量明显降低,最大放热速率的出现时间明显推迟,最大放热速率出现前后放热速率增大与降低趋势变缓,整个放热过程的放热速率曲线也趋于平缓。混掺粉煤灰与矿粉体系随着矿物掺合料掺量的增加,放热峰值与放热总量明显降低,且在放热主峰之后有放热副峰出现,并随着矿粉掺量的增加,副峰的峰

值越来越接近主峰的峰值。对于矿物掺合料用量相同的体系,粉煤灰用量的增加会稍微降低体系的放热速率与放热总量,说明粉煤灰的水化活性低于矿粉。相对于单掺粉煤灰或单掺矿粉的体系,混掺粉煤灰与矿粉更加有利于混凝土的温控,实现"缓慢温升—缓慢温降"目的。而在混掺体系中,掺入5%的硅灰也没有增大整个体系的放热速率及放热总量,如果一定要在混凝土中掺入硅灰来提高混凝土的早期抗氯离子渗透性能,建议硅灰掺量不要高于5%(图5.4-6)。

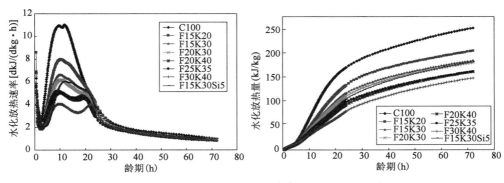

图5.4-6 混掺体系对放热速率和放热量的影响

2)胶凝材料体系开裂敏感性

小圆环试验通过受约束的圆环试件反映水泥及水泥基材料的收缩性能,可用于评价水泥品种、掺合料、外加剂及其掺量、水灰比(水胶比)以及养护时间、养护方法、蒸发速率和温度等变量对开裂趋势的影响。通过测定水泥及水泥基材料制成的圆环约束试件在其硬化过程中出现开裂的时间,用来比较抗裂性能,可为工程推荐抗裂性能相对更好的混凝土原材料(水泥品种、掺合料、外加剂)和胶凝材料体系的配比(掺量和水胶比)。在水化热试验的基础上,研究单独掺入不同掺量的粉煤灰、单独掺入不同掺量的矿粉以及混合掺入不同掺量的粉煤灰和矿粉对胶凝材料开裂敏感性的影响。

从图5.4-7可以看出,随着胶凝材料中粉煤灰的掺量逐渐增多,胶凝材料小圆环试件约束应变发生突变的时间随之延长,也就是说试件开裂的时间延长。没有掺入矿物掺合料的纯水泥体系,开裂时间为4.17h。掺入15%的粉煤灰后,胶凝材料体系的开裂时间略有延长,为5.08h,当粉煤灰掺量增加到45%的时候,开裂时间推迟到39.17h。说明粉煤灰的掺入,有抑制胶凝材料浆体早期收缩的作用,并随着粉煤灰掺量的增大,抑制收缩的效果更加明显,胶凝材料体系的开裂敏感性明显降低。

图5.4-7反映的是矿粉掺量对胶凝体系开裂敏感性的影响。从中可以看出,相对于纯水泥的体系,掺入30%矿粉的胶凝材料体系开裂时间延长到37.17h,明显降低了胶凝材料体系的开裂敏感性。但是,随着矿粉掺量从30%增大到70%,胶凝材料体系的开裂

时间反而有所提前,开裂时间为 29.27h。这说明掺入 30% 的矿粉可以抑制胶凝材料体系的开裂,但随着矿粉掺量的进一步增大,胶凝材料体系开裂敏感性也会增大。

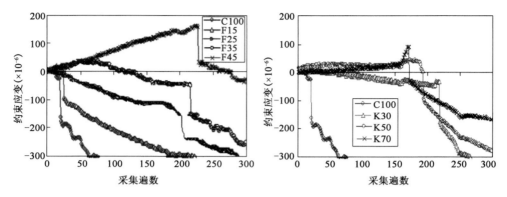

图 5.4-7　煤灰掺量对开裂敏感性的影响

图 5.4-8 是不同掺量硅灰对胶凝材料体系开裂敏感性的影响。可见,掺入不超过 5% 的硅灰能够大大延长体系的开裂时间,但掺量到达 8% 的时候,不仅不能延长体系的开裂,还将体系的开裂时间提前。可以认为,在胶凝材料中掺入不超过 5% 的硅灰可以提高整个体系的抗裂能力。

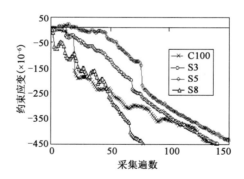

图 5.4-8　硅灰掺量对开裂敏感性的影响

图 5.4-9 是混掺粉煤灰与矿粉对开裂敏感性的影响。在混合掺入粉煤灰与矿粉的胶凝材料体系中,掺入 20% 粉煤灰与 40% 矿粉的体系开裂时间为 40.05h,是表 5.4-6 中开裂时间最长的胶凝材料体系,甚至比单独掺入 45% 粉煤灰体系的开裂时间还稍长。这说明在胶凝材料中混合掺入粉煤灰与矿粉比单独掺入等量的粉煤灰或矿粉的体系开裂敏感性更低,抗裂性能更好。因此,在本工程中针对具体构件进行混凝土配合比设计时,建议采用粉煤灰与矿粉混合使用的胶凝材料体系。但在混合掺入粉煤灰与矿粉体系中,当矿粉掺量增大到 50% 时,开裂时间有所提前,体系的开裂敏感性也增大了,说明掺入过多的矿粉不利于提高抗裂性能。

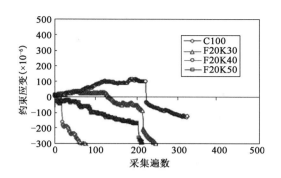

图 5.4-9 混掺粉煤灰与矿粉对开裂敏感性的影响

不同胶凝材料体系对开裂敏感性的影响　　　　表 5.4-6

编号	胶凝材料组成				开裂时间(h)
	水泥(%)	粉煤灰(%)	矿粉(%)	硅灰(%)	
C100	100	—	—	—	4.17
F15	85	15	—	—	5.08
F25	75	25	—	—	35.00
F35	65	35	—	—	36.67
F45	55	45	—	—	39.17
K30	70	—	30	—	37.17
K50	50	—	50	—	31.67
K70	30	—	70	—	29.27
S3	97	—	—	3	1.05
S5	95	—	—	5	16.45
S8	92	—	—	8	15.42
F20K30	50	20	30	—	38.33
F20K40	40	20	40	—	40.05
F20K50	30	20	50	—	34.17

3）小结

（1）通过胶凝材料水化放热试验发现随着粉煤灰掺量的逐渐增多，胶凝材料的放热总量和放热速率均出现不同程度的下降，并发现在水化反应的初始阶段粉煤灰已经参与了水化放热反应，并随着水化龄期的增加，粉煤灰参与水化反应的程度也随之增大。

（2）单独掺入矿粉的胶凝材料体系，随着矿粉掺量的增大，放热速率和放热总量出现不同程度的降低，当矿粉掺量增大到70%的时候，不仅放热速率显著降低，而且水化反应加速阶段明显延长，速率的变化趋于平缓。

(3)单独掺入硅灰的胶凝材料体系,硅灰掺量大于促进早期水化放热反应过程中晶核作用的临界掺量8%时,才会加速早期胶凝材料体系的水化,低于临界掺量时可以降低各龄期的水化放热总量及最大放热速率。

(4)混合掺入粉煤灰与矿粉更能降低胶凝材料的放热速率、放热总量,减缓水化放热速率变化趋势,更有利于降低混凝土的温升、减缓混凝土的温降。

(5)粉煤灰的掺入,有抑制胶凝材料浆体早期收缩的作用,并随着粉煤灰掺量的增大,抑制收缩的效果更加明显,胶凝材料体系的开裂敏感性明显降低。

(6)掺入30%的矿粉可以明显抑制胶凝材料体系的开裂,但随着矿粉掺量的进一步增大,胶凝材料体系开裂敏感性也会增大。

(7)掺量不超过5%的硅灰可以提高胶凝材料体系的抗裂能力,掺量达到8%时,不仅不能延长体系的开裂,还会将体系的开裂时间提前。

(8)胶凝材料中混合掺入粉煤灰与矿粉比单独掺入等量粉煤灰或矿粉的体系开裂敏感性更低,抗裂性能更好。

建议采用混掺的胶凝材料体系来配制沉管管段混凝土。

5.4.3 低热低收缩混凝土的配制

根据沉管结构对混凝土的具体要求,以满足混凝土的力学性能、耐久性要求为出发点,围绕提高混凝土抗裂性能的核心要求,配制出无附加措施就能满足120年设计使用寿命,同时保证工作性能、经济性能、抗渗性能得到均衡发展的低热低收缩混凝土。

1)热低收缩混凝土的配合比设计

(1)沉管管段混凝土性能要求

在沉管混凝土配制过程中,主要考虑的就是混凝土的抗氯离子渗透性、抗裂性、抗水压渗透性、施工性以及混凝土容重精度控制。在初步设计阶段,设计单位就沉管管段混凝土提出了不同的最低强度等级要求及其他性能要求,如表5.4-7所示。

沉管管段混凝土性能指标要求 表5.4-7

部位	最低强度等级	NTBuild492氯离子扩散系数($10^{-12}m^2/s$)	坍落度(mm)	混凝土重度(kg/m^3)	抗渗等级
沉管	C60	≤7.0(28d)	180~220	2377~2449	>S12

(2)沉管管段混凝土配合比设计原则

沉管管段混凝土的配合比设计应在保证满足高性能混凝土工作性能、力学性能、耐久性能要求的前提下,尽量降低混凝土拌合物中的浆体比率,采用最低的用水量。将通过使用级配、粒形良好的集料来降低混凝土中浆体比率、提高混凝土的体积稳定性,通过掺入大量矿物掺合料来降低混凝土水化热温升、提高混凝土的抗渗性能,通过掺入与胶凝材料匹配的优质高效减水剂来降低混凝土升温速率及混凝土中的拌和用水量。根据 C60 强度等级混凝土的要求,出于尽量提高沉管混凝土耐久性及降低混凝土出现温度裂缝的考虑,设计了两种不同的 C60 混凝土配合比:①配制直接满足 28d 龄期对混凝土强度要求的 A 型混凝土;②充分考虑大掺量矿物掺合料混凝土强度发展规律,将强度验收龄期推迟至 56d 甚至更长龄期的混凝土,配制强度发展较均匀的 B 型混凝土。

(3)沉管管段混凝土配合比设计

在初耐久性专题研究的基础上,根据不同类型混凝土各种性能的变化规律以及港珠澳大桥对沉管混凝土性能指标的要求设计混凝土配合比。在沉管混凝土配制过程中,主要考虑的就是混凝土容重精度以及混凝土的抗渗性、抗裂性和施工性。分别利用西卡的 3310、四航的 HSP-V 和巴斯夫的 SP-25 在 380~430kg/m³ 的胶凝材料用量范围,0.32~0.37 的水胶比范围,27.0%~28.8% 的浆体比率范围分别配制强度等级 C60 的两种沉管混凝土。具体混凝土配合比如表 5.4-8 所示,配制出的混凝土坍落度均在 200mm 以上,都具有较好的施工性,测试重度均在 2400~2440kg/m³ 范围,可以满足混凝土对容重的要求。

沉管管段配合比 表 5.4-8

混凝土型号	外加剂	编号	胶凝材料用量(kg)	水胶比	用水量(kg)	水泥(%)	粉煤灰(%)	矿粉(%)	硅灰(%)	砂率(%)	浆体比率(%)	坍落度(mm)	实测重度(kg/m³)
A	Ⅰ减水剂	Ⅰ-1	450	0.32	144	50	20	30	0	42	27.3	210	2440
A	Ⅰ减水剂	Ⅰ-2	430	0.335	144.1	50	20	30	0	43	26.7	215	2436
A	Ⅰ减水剂	Ⅰ-3	405	0.35	141.8	40	25	35	0	43	28.8	210	2400
B	Ⅰ减水剂	Ⅰ-1	380	0.37	140.6	35	25	40	—	43	27.0	215	2427
B	Ⅰ减水剂	Ⅰ-2	380	0.37	140.6	31	25	40	4	42	27.2	215	2440
B	Ⅰ减水剂	Ⅰ-3	400	0.35	140.0	35	25	40	—	43	27.7	205	2414
B	Ⅰ减水剂	Ⅰ-4	420	0.33	138.6	35	25	40	—	42	28.3	220	2433
B	Ⅱ减水剂	Ⅱ-1	380	0.37	140.6	35	25	40	—	43	27.0	210	2400
B	Ⅱ减水剂	Ⅱ-2	400	0.35	140.0	35	25	40	—	43	27.7	220	2432
B	Ⅱ减水剂	Ⅱ-3	420	0.33	138.6	35	25	40	—	42	28.3	215	2432
B	Ⅲ减水剂	Ⅲ-1	380	0.37	140.6	35	25	40	—	43	27.0	210	2428
B	Ⅲ减水剂	Ⅲ-2	400	0.35	140.0	35	25	40	—	43	27.7	220	2412
B	Ⅲ减水剂	Ⅲ-3	420	0.33	138.6	35	25	40	—	42	28.3	215	2428

2）低热低收缩混凝土的性能测试

测试沉管管段混凝土在不同龄期的抗压强度、抗拉强度、抗氯离子渗透性、抗水压渗透性，具体指标如表5.4-9所示。沉管管段13组混凝土28d抗压强度均在60MPa以上，28d氯离子扩散系数均小于$7.0\times10^{-12}m^2/s$，在1.8MPa压力作用下无渗水现象，其抗渗压力均大于1.8MPa。其中A型的C60混凝土在28d就满足C60强度等级的要求，而B型的混凝土在28d强度会略低于A型号，虽然可以满足C60混凝土的要求，但是强度富余不多。但B型混凝土到56d龄期强度有了极大的增长，与A型强度相差不大。

沉管管段混凝土物理性能　　　　表5.4-9

混凝土型号	外加剂	编号	抗压强度(MPa)				劈裂抗拉强度(MPa)				NTBuild492氯离子扩散系数($\times10^{-12}m^2/s$)			28d渗水压力(MPa)
			3d	7d	28d	56d	3d	7d	14d	28d	28d	56d	90d	28d
A	Ⅰ减水剂	Ⅰ-1	27.8	52.8	75.6	87.8	2.9	4.2	4.7	5.2	4.06	1.88	1.61	>1.8
		Ⅰ-2	45.4	52.8	72.6	84.4	3.2	3.6	3.7	4.4	4.26	2.38	2.06	>1.8
		Ⅰ-3	23.8	46.5	67.5	72.9	2.3	3.4	4.5	4.3	6.00	2.19	1.61	>1.8
B	Ⅰ减水剂	Ⅰ-1	27.5	43.6	61.8	71.9	2.6	2.8	3.6	4.6	4.69	2.75	1.28	>1.8
		Ⅰ-2	28.3	45.5	63.7	74.4	2.7	2.7	3.7	4.8	2.56	1.48	0.82	>1.8
		Ⅰ-3	30.6	46.9	68.7	80.4	2.9	2.9	4.5	5.3	6.27	2.89	1.24	>1.8
		Ⅰ-4	33.3	50.2	74.8	85.9	2.7	2.8	4.0	5.1	4.55	2.48	2.31	>1.8
	Ⅱ减水剂	Ⅱ-1	26.5	38.3	60.5	68.7	2.6	3.7	4.4	4.3	6.61	3.38	1.76	>1.8
		Ⅱ-2	27.8	41	62.3	71	2.7	3.8	4.0	4.5	6.51	3.23	2.48	>1.8
		Ⅱ-3	30.4	44.2	67.4	73.1	2.5	3.9	3.9	4.2	5.99	2.98	1.44	>1.8
	Ⅲ减水剂	Ⅲ-1	25.5	37.3	66.1	72.3	2.7	3.0	3.9	4.3	6.89	4.68	2.51	>1.8
		Ⅲ-2	28.7	42.1	69.6	83.7	2.9	3.9	4.1	4.7	5.48	3.48	2.65	>1.8
		Ⅲ-3	30.4	42.9	73.7	83.9	3.0	3.1	4.4	4.5	5.01	3.27	2.16	>1.8

不同配合比混凝土在硬化过程中的收缩如表5.4-10所示，通过原材料的优选、尽量降低胶凝材料用量、尽量降低水泥用量后，各组混凝土在90d龄期内的收缩均不大、变化规律基本相同，且相互之间的差别也不大，90d龄期的收缩率均在0.023%~0.033%范围。虽然龄期及试验方法有所不同，但根据沉管混凝土收缩率的发展规律，湿养护3d沉管管段混凝土在相同龄期条件下的收缩率应该是明显低于Sidney Midess等人统计的普

通混凝土湿养护 7d 在 120 天龄期 0.0415% ~ 0.1070% 的收缩率。

沉管管段混凝土不同龄期的收缩　　　　表 5.4-10

混凝土型号	外加剂	编号	收缩率(%)				
			3d	7d	28d	56d	90d
A	Ⅰ减水剂	Ⅰ-1	0.01269	0.01735	0.02628	0.02315	0.03003
		Ⅰ-2	0.01272	0.02401	0.02353	0.02201	0.02982
		Ⅰ-3	0.01498	0.02071	0.02091	0.02197	0.02591
B	Ⅰ减水剂	Ⅰ-1	0.01182	0.01650	0.02296	0.02319	0.03070
		Ⅰ-2	0.01152	0.01827	0.02703	0.02641	0.02809
		Ⅰ-3	0.01105	0.01586	0.02332	0.02017	0.02783
		Ⅰ-4	0.01320	0.01657	0.02311	0.02287	0.02964
	Ⅱ减水剂	Ⅱ-1	0.01143	0.01819	0.02326	0.02328	0.02468
		Ⅱ-2	0.01083	0.01758	0.02552	0.02729	0.03294
		Ⅱ-3	0.01025	0.01553	0.02181	0.02149	0.02742
	Ⅲ减水剂	Ⅲ-1	0.00910	0.01627	0.02095	0.02431	0.02587
		Ⅲ-2	0.00964	0.01674	0.01858	0.02178	0.02518
		Ⅲ-3	0.00882	0.01821	0.01763	0.02097	0.02337

对比各组混凝土的性能,发现在混凝土中掺入 4% 的微量硅灰可以提高混凝土各个龄期的抗压强度和抗拉强度,并将混凝土在 28d 的氯离子扩散系数降低到同类不掺硅灰混凝土的 50%,可以非常显著地提高混凝土的抗氯离子渗透性,且其在 90d 内的收缩也没有明显增加。结合前一章水化放热性能及开裂敏感性研究的结果,掺入微量的硅灰不会增加胶凝材料体系的水化放热量与开裂敏感性,不会增加混凝土的收缩,可以提高混凝土的强度及抗氯离子渗透性。但由于目前对硅灰的使用存在较大争议,普遍认为掺入硅灰后混凝土结构开裂风险增大,并且目前使用的混凝土抗裂性能评价方法是否能代表混凝土结构本身的抗裂能力仍缺乏有效的评价。基于研究认为可将掺入硅灰的混凝土作为备用配合比,用于现场浇筑、接触腐蚀介质时间较早且对混凝土早期抗氯离子渗透性要求较高的特殊部位。

3) 小结

(1) 采用三种不同外加剂配制的 13 组沉管管段混凝土 28d 抗压强度均在 60MPa 以上,28d 氯离子扩散系数均小于 $7.0 \times 10^{-12} m^2/s$,在 1.8MPa 压力作用下无渗水现象,分别可以满足沉管两种不同强度等级混凝土的指标要求。

（2）不同混凝土的力学性能、抗氯离子渗透性均随着龄期的增加而不断提高。

（3）各组混凝土在 90d 龄期内的收缩均不大、变化规律基本相同，且相互之间的差别也不大，90d 龄期的收缩率均在 0.023%～0.033% 范围。

（4）在混凝土中掺入 4% 的微量硅灰不会增加混凝土的收缩，但可以提高混凝土的强度及抗氯离子渗透性。

5.4.4　沉管管段混凝土结构裂缝的检测与处理

从裂缝宽度、裂缝发展情况以及变形等其他损害情况来进行检测，经综合考虑后找出开裂的原因，并就其为"有害裂缝"还是"无害裂缝"作出判定，然后根据判定结果提出相应的处理方法。

1）裂缝的检测

当混凝土结构出现明显可见裂缝，确定其开裂的位置、深度以及裂缝的危害性对于裂缝的修补具有重要意义。混凝土结构的裂缝可以通过直接和间接观察法、超声波无损检测法以及取芯测试法来检测。

（1）直接和间距观测

可以按照美国混凝土协会研究报告 ACI224.1R-93 的规定，对沉管管段混凝土结构的表面裂缝进行直接或间接的观测。使用测量精度不小于 0.025mm，在靠近观察表面的镜头上带有刻度的手持式显微镜测量裂缝宽度，如图 5.4-10 所示。

图 5.4-10　用于测量裂缝宽度的比测器

或者使用如图 5.4-11 所示，标有特定裂缝宽度线条的清晰比较卡来测量裂缝的宽度。将观测到的结构表面的裂缝位置、宽度记录下来。对于特定裂缝位置的内部情况可以采用软轴纤维显微镜或刚性管道镜来观察。

对于仍在发展运动的裂缝，可以采用裂缝运动指示器来检测裂缝的运动情况。裂缝运动指示器可以给出裂缝位移和旋转,并显示出测量阶段的最大运动范围。

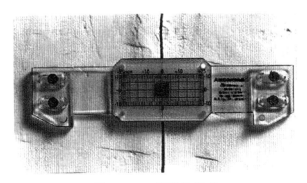

图 5.4-11　裂缝比较卡

(2)超声波无损检测

可以按照《水运工程混凝土试验规程》(JTJ 270—1998)规定的超声波检测方法对混凝土结构不大于 500mm 的裂缝进行检测。但超声检测不适用于充分水饱和的裂缝以及钢筋太密的情况,在现场检测中应注意到这些条件对检测结果的影响(图 5.4-12)。

图 5.4-12　混凝土超声波检测仪

(3)钻芯取样检测

还可以利用钻芯取样的方法,通过芯样和芯样取出后留下的孔洞精确测量裂缝的宽度和深度,准确判定裂缝产生的原因及其危害性。

(4)其他检测方法

除了上述常用的裂缝检测方法外,新技术的发展还为裂缝检测提供了一些新的无损检测方法:如脉冲-回波技术、冲击回波技术、放射性照相技术、雷达探测技术等新型无损检测方法。

2)裂缝的修补

根据对混凝土结构开裂的位置、深度以及危害性的检测,可以从恢复和提高强度、恢复和提高硬度、改善功能、提供不透水性、改善混凝土外观、改善耐久性、防止钢筋周围腐蚀发展等目的出发,选择合适的处理方法对裂缝进行修补。沉管结构表面出现所有宽度大于 0.05mm 的裂缝均应采取合理的方式进行修补。

(1) 环氧树脂注射

对于宽度为 0.05mm 的窄裂缝可用注射环氧树脂的方法进行修补(图 5.4-13)。修补所用的环氧树脂材料应符合《混凝土裂缝用环氧树脂灌浆材料》(JC/T 1041—2007)的规定。环氧树脂注射一般步骤如下:

①清洁裂缝。通过抽真空、水洗或者其他特别有效的清洗剂清洁含有污染物的裂缝。

②密封表面。将表面裂缝密封,防止环氧树脂在凝固前渗漏出来。

③安设入口和出气口。

④拌和环氧树脂。

⑤注入环氧树脂。

⑥拆除表面密封。当注入的环氧树脂养护好后,通过打磨或其他适当的方式除去表面的封层。

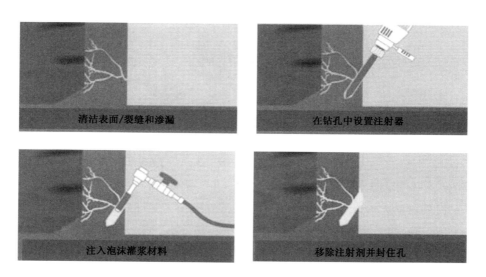

图 5.4-13　环氧树脂注射流程

对于一些大型结构,可钻取一系列孔洞,通过这些孔洞,在不同位置阻隔、填补裂缝。

(2) 开槽密封

采用开槽和密封的方法对只需要小范围维修的部位进行修补,这种方法包括在沿裂缝暴露面扩大裂缝开口,然后选用适当的接缝密封材料进行填充和密封。开槽密封的方法对细裂纹和大的独立裂纹修复均可适用(图 5.4-14)。

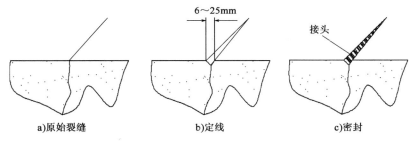

图 5.4-14 开槽密封的维修

开槽密封采用的密封剂可以是环氧树脂、聚氨酯橡胶、硅橡胶、聚硫橡胶、沥青材料或聚合物砂浆。开槽密封一般要在表面开一道深度为 6~25mm 的凹槽,经过干燥后灌入密封材料。

(3) 缝合

对于拉应力由于裂缝作用肯定会重新分布的裂缝类型,可以在裂缝两侧钻孔,用短脚 U 形金属钉进行锚固,搭接在裂缝两侧的形式进行缝合。

缝合过程是在裂缝两侧钻一些孔洞,清洁这些孔洞,将 U 形钉脚采用无收缩的胶或环氧树脂锚固在孔洞中。

(4) 重力填充

采用低黏度单体或树脂靠重力注入来填充表面宽度在 0.03~2mm 之间的裂缝。重力填充主要采用的是甲基丙烯酸、聚氨酯橡胶以及环氧树脂等低黏度材料。重力填充的典型工序为首先采用吹气或用水冲刷清理裂缝表面,待表面干燥后将单体或树脂浇在裂缝表面,然后用刷子、滚筒或橡皮辊铺开,最后清除多余材料进行养护。

(5) 灌浆

对宽度大于 0.5mm 的裂缝或贯穿裂缝,可以采用化学灌浆法进行修补。化学浆液包含两种或两种以上的化学物质复合形成凝胶体、固体沉淀物或泡沫,可以在湿度较大的潮湿环境中使用,并且凝胶时间的范围宽,可以对不同宽度的裂缝进行修补。

(6) 聚脲包覆层修补

对于在与海上接触的沉管管段外侧出现的数量较多、宽度较大、深度也较大的裂缝,可在采取上述合适的方式进行修补后,在管段外侧喷涂聚脲弹性体作为水下包覆层,以保证经过修补后沉管管段结构可以满足 120 年设计使用寿命的要求。喷涂聚脲弹性体具有优异的物理性能,对湿度与温度均不敏感,可在任意曲面、垂直面及顶面连续喷涂而不产生流挂现象,对混凝土结构具有良好的黏附性,其自身具有较好的耐久性、耐候性,可以满足水下长期恶劣环境的外包防水作用要求。

3）小结

本节就沉管结构的形式特点，提出了几种裂缝监测方法，对沉管管段可能的开裂位置、深度以及裂缝危害性进行判定。在此基础上，可根据裂缝损伤的本质以及现场的施工条件，选择一种或多种合适的裂缝修补方法对沉管可能产生的不同裂缝进行修复，以尽量提高混凝土的不透水性、提高混凝土的耐久性、防止钢筋周围腐蚀环境的发展，保证沉管结构满足120年设计使用寿命的要求。

5.5 创新性技术成果小结

针对港珠澳大桥沉管隧道管节数量多、截面尺度大、管节控裂要求高、自然条件差、进度紧迫等工程特点，开展了一系列技术攻关研究，取得了以下创新性成果：

（1）基于隧道工程地形、地貌特征，创造性提出了"三级阶梯"式预制工厂设计关键技术。

（2）提出沉管隧道管节"浇筑-顶推"流水化作业关键技术，包括钢筋笼全断面绑扎工厂法流水线生产技术、大体积混凝土全断面一次浇筑成型关键技术、管节长距离多点主动支撑分散顶推技术等。

（3）根据沉管结构对混凝土的具体要求，配制出无附加措施就能满足120年设计使用寿命要求，同时保证工作性能、经济性能、抗渗性能得到均衡发展的低热低收缩混凝土。

CHAPTER FIVE

第6章

外海深水超大沉管隧道浮运与沉放关键技术

6.1 港珠澳大桥沉管隧道工程外海浮运沉放关键技术难题

港珠澳大桥沉管隧道为我国第一条在外海环境条件下施工的沉管隧道,是目前世界上唯一的深埋大回淤节段式沉管工程,建成后是世界上最长的公路沉管隧道工程,与国内外同类型工程相比,具有超长、深水、深埋等鲜明特点。

(1)工程规模大

工程标准管节体量大,自重约78000t,管节数量多达33节,隧道长度近6km,无论管节数量还是隧道总长皆位于世界同类工程前列。

(2)作业条件差

沉管安装现场远离陆地,为外海无掩护作业,现场受台风、热带气旋、短时雷暴等恶劣天气影响大,并且安装期需跨越多个台风季节,施工风险大。施工水域位于珠江口航道运输繁忙的水域,日船舶交通量达4000艘次,属水上交通安全事故频发敏感区,施工干扰大。施工区域处于外海,孤岛施工受材料设备运输条件、水电供应、作业场地及防台等因素影响较大,施工条件差,限制施工效率的充分发挥。

(3)技术难点多

外海施工距大陆基准点远,测量定位难度大,安装精度要求非常高,跨海控制测量和高程传递难度大,深水长距离条件的沉管水下高精度定位测控难度大。

施工区域水流、波浪条件恶劣,对浮运沉放设备的要求远高于同类工程,设备设计制造具有较大的难度;受人工岛挑流影响,岛头区流态复杂,复杂水流和航运条件下的管节浮运安装难度大。

沉管安装作业需要严格的气象窗口,符合要求的天数甚少,水文与气象作业窗口分析、精细化预报和保证难度大。

深水区管节最大沉放水深达45m,基槽深度为35~40m,槽深是同类沉管隧道的3~4倍,槽底海流及紊流复杂。有别于世界其他一般意义上的深水沉管隧道,港珠澳大桥沉管隧道属于深埋式深水沉管隧道;深槽区沉管基床受边坡稳定、洪汛季节和外部施工环境(上游采砂、疏浚等)综合因素影响,发生大强度基槽回淤、突淤风险大,深水深槽沉管安装是世界范围内首次尝试,面临巨大技术挑战。沉管浮运、安装施工特点分析见表6.1-1。

沉管浮运、安装施工特点分析表　　　　　表 6.1-1

序号	工程特点	特 点 分 析
1	工程规模大	管节体量大(7.8万吨级)、数量多(33节),世界最大规模沉管隧道之一
2	作业条件差	安装现场远离大陆,外海无掩护施工
		现场受台风、热带气旋、短时雷暴等恶劣天气影响大
		位于珠江口航道运输最繁忙水域,属水上交通安全事故频发敏感区
		外海作业,物资材料、机械设备、施工人员等的组织运输难度大
		岛头区沉管安装作业面狭窄、水流条件复杂
3	技术难点多	复杂水流和航运条件下的管节浮运难度大
		水文与气象作业窗口分析、精细化预报和保证难度大
		跨海控制测量和高程传递难度大
		深水(45m)长距离(5.6km)条件的沉管水下高精度定位测控难度大
		岛头效应产生的挑流严重影响岛隧接合部位置管节的沉放
4	安装工期紧	沉管安装施工作业条件严格,可作业天数有限
		36个月完成33节管的安装,与国内外类似工程比较,工期挑战性大
5	环保要求严	施工区域处于中华白海豚国家级自然保护区,环境保护要求严格
6	施工风险大	深水压力条件下的端封门使用安全风险大
		深水条件的潜水作业安全风险大
		突发灾害天气条件下现场作业安全风险大
		沉管浮运通航安全风险大

6.2 外海超大沉管浮运沉放控制关键参数

由于沉管隧道施工工序大部分在水上或水下展开,故隧址处的气象和水文条件对沉管结构的设计和施工技术的选择影响巨大,具体包括风力、水深、水流(海流)、波浪、海水密度、水体含沙量(回淤)等;所处位置的地质条件对地基持力层的选择(埋深相关)、地基处理方式、基础形式选择、隧道整体稳定性的判断至关重要;同时水底原泥面覆盖层地质条件对沉管安装锚碇系统的选择也起着决定性作用。根据国际隧道和地下空间协会的统计分析,"不可预测的条件"已经在许多沉管隧道工程中造成了工期的延误和费用的超支。

对外海沉管隧道而言,施工技术受特定环境条件和工程要求的影响更大,包括气候气象条件、水文水利条件和地质土工条件等,而且这些条件通常相互影响,有时对施工方法和设计起着决定性作用。故沉管隧道的施工首先要面对的问题,就是能否对工程区域的环境条件资料数据进行全面的收集整理,并进行适当的判别和评估,最终确定沉管安装使用的作业限制条件。

6.2.1 沉管安装限制条件及作业窗口

海上沉管浮运沉放作业窗口选择要综合考虑隧址处的水文条件(波、浪、流)、气象条件(风、能见度)、管节的设计、沉放工艺等因素。作业窗口出现的频率必须与规划的管节沉放进度相匹配,作业窗口的宽度必须满足一次浮运沉放所需的时间要求,并都要考虑适当的富余。

根据对现场实测及相关资料的统计分析,管节浮运、安装对水文、气象条件有严格要求的作业窗口期为48h,经过周密论证最终确定管节浮运安装不同工序、不同作业内容的相关限制条件见表6.2-1。

沉管安装作业窗口限制条件表　　　　　表6.2-1

作业阶段和内容		流速(m/s)	波高 H_s(m)	波浪周期(s)	风速(级)	能见度(m)
浮运	航道浮运	0.8	0.8	≤6	≤6	≥1000
	基槽内纵拖	0.6	0.8	≤6	≤6	≥1000
沉放	系泊等待	1.3	0.8	≤6	≤6	≥1000
	沉放实施	0.6	0.8	≤6	≤6	≥1000
潜水作业		0.5	0.8	≤6	≤6	≥1000

6.2.2 沉管浮运控制关键参数

浮运分析结合管节物理模型试验管节拖曳阻力试验结果,通过阻力系数等参数的输入,修正了管节总阻力计算分析模型,进行了管节水流阻力、波浪增阻、风阻力构成的总阻力分析。结合管节运动的附加质量与阻尼等参数试验结果的修正,对浮运可控性、稳性进行了分析。最后,根据所有可能环境工况的计算结果,对管节浮运水文气象限制条件进行了分析。

1)浮运过程中阻力分析

管节浮运过程中,由于风浪流参数相对内河较为复杂,需要对管节的浮运总阻力进行分析。管节从出坞寄放经过榕树头航道浮运至基槽,经过转体再经过基槽内浮运至系泊沉放地点。整个过程需针对各个过程进行浮运总阻力分析。

（1）榕树头航道内总阻力分析

管节航道内浮运过程中,计算参数取风浪流同向作用于管节,角度为180°、192°（N）和214.5°（NNW）,流速0.5m/s、1.0m/s；波高0.8m,波浪周期6s；风速6级。总阻力计算如表6.2-2所示。

航道内浮运阻力计算　　　　表6.2-2

总阻力		角度(°)		
		180	192	214.5
X方向阻力分量(kN)	拖航速度0.5m/s	986	1335	863
	拖航速度1.0m/s	1569	2187	1093
Y方向阻力分量(kN)	拖航速度0.5m/s	0	947	2898
	拖航速度1.0m/s	0	1629	3934

（2）浮运基槽总阻力分析

管节基槽内浮运过程中,计算参数取风浪流同向作用于管节,角度为90°（N）、112.5°（NNW）,流速0.5m/s、1.0m/s；波高0.8m,波浪周期6s；风速6级。不同基槽深度（22m、30m和45m）总阻力计算如表6.2-3所示。

不同基槽深度浮运阻力计算(kN)　　　　表6.2-3

方　向	阻力分量	22m基槽	30m基槽	45m基槽
N	X	83	83	83
	Y	1600	1514	1424
NNW	X	590	562	501
	Y	1437	1381	1259

2）浮运稳定性分析

管节在纵向拖航时,考虑10°迎流角度、2.0m/s相对拖航速度时的横向阻力为408kN。拖航阻力以水流阻力为主,阻力的合力作用点距离管节顶面约为5.55m,设拖缆在缆桩上的作用点距离管节顶面0.3m,则总作用距离为5.85m,相应产生的力矩为2386.8kN·m；若考虑最不利情况下的90°迎流（如管节系泊或转体时）,则相应产生的力矩为47923.2kN·m。总结各干舷值下的静态极限倾覆力矩,并与管节受到的倾覆力矩比较,结果见表 6.2-4 和图 6.2-1。

管节静态横向抗倾覆性能表　　　　　　表 6.2-4

干舷值(cm)		30.0	40.0	40.0
极限静态倾覆力矩(kN·m)		$2.37×10^8$	$2.98×10^8$	$2.98×10^8$
对应倾斜角(°)		35	34	33.5
是否满足抗倾覆要求	10°迎流(2387kN·m)	是	是	是
	90°迎流(47923kN·m)	是	是	是

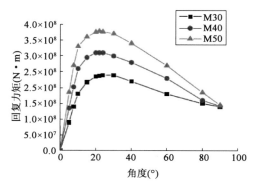

图 6.2-1　横向倾覆力矩和静稳性曲线

由以上分析可知,在浮运过程中,在拖航方向与水流方向夹角最不利情况下(10°和90°),管节的横稳性是具有足够的安全余度的,均可满足管节的横向抗倾覆要求。

3)浮运可控性分析

(1)管节启动分析

分析其达到 1.0m/s、1.5m/s 和 2.0m/s 所需要的启动时间及启动距离见表 6.2-5。

管节启动过程参数表　　　　　　表 6.2-5

稳定相对拖航速度(m/s)	1.0	1.5	3.0
启动时间(s)	110	195	489
启动距离(m)	58	165	702
启动距离(m)	0.53	0.85	1.44

从表 6.2-5 可得出,对于计算拖力,能在 110s 较短时间内达到 1.0m/s 的速度,可根据实际施工需要开始加速采取较大拖力,当接近目标速度再减小拖航力来较快地使管节达到预定速度。

(2)管节制动分析

管节即使在不提供制动力的情况下,由于逆流或在静水中航行中相对速度水流阻力也会使管节慢慢减速直至最终停下来,在顺流的时候由于水流的顶推作用则不会停下来;管节的制动时间和距离都不长,以制动力 580kN 为例,即使在相对速度 3.0m/s(6 节)相对拖航速度和顺流的情况下,也能在 10min 以内完成制动,制动距离为 741m。

(3)管节转体分析

根据石油公司国际海事论坛(OCIMF)1997 年出版的《超级油船风荷载和海流荷载的预报》,设定转体时的水流速度不超过 1.0m/s,转体需要克服的最大首摇水流阻力矩为 57356kN·m;水流阻力矩放大 3.0 倍进行考虑,即暂定管节的水流阻力矩约为 172068kN·m。按照 4 艘 4000HP 拖轮(600kN)拖轮,能提供的力矩为 216000kN·m,计算结果表明符合转体要求。

(4)浮运水文气象限制条件

为在一定的时间窗口内将管节拖航至沉放区域,管节浮运过程应保持一定的速度,初步考虑管节的绝对速度为 1.0m/s。根据计算分析,得出以下施工建议(表 6.2-6)。

浮 运 施 工 建 议　　　　　表 6.2-6

施工阶段	拖航方式	限 制 条 件
航道内浮运	30°夹角拖航	流向 S 时,流速不宜超过 1.1m/s,当流速 1.1m/s 时,建议选择波高不超过 0.7m 的情况下施工;流向 SSW 时,流速不宜超过 1.0m/s,当流速 1.0m/s 时,建议选择波高不超过 0.7m 的情况下施工
航道内浮运	45°夹角拖航	流向 S 时,流速不宜超过 1.0m/s,当流速 1.0m/s 时,建议选择波高不超过 0.7m 的情况下施工;流向 SSW 时,流速不宜超过 0.9m/s,当流速 0.9m/s 时,建议选择波高不超过 0.7m 的情况下施工
航道内浮运	60°夹角拖航	流向 S 时,流速不宜超过 0.9m/s,当流速 0.9m/s 时,建议选择波高不超过 0.6m 的情况下施工;流向 SSW 时,流速不宜超过 0.8mn/s,当流速 0.8m/s 时,建议选择波高不超过 0.7m 的情况下施工
基槽内浮运	30°夹角拖航	流向 S 时,流速不宜超过 0.6m/s,当流速 0.6m/s 时,建议选择波高不超过 0.7m 的情况下施工;流向 SSW 时,流速不宜超过 0.6m/s,当流速 0.6m/s 时,建议选择波高不超过 6m 的情况下施工
基槽内浮运	45°夹角拖航	流向 S 时,流速不宜超过 0.6m/s,当流速 0.6m/s 时,建议选择波高不超过 0.7m 的情况下施工;流向 SSW 时,流速不宜超过 0.7m/s,当流速 0.7m/s,建议选择波高不超过 0.8m 的情况下施工
基槽内浮运	60°夹角拖航	流向 S 时,流速不宜超过 0.8m/s,当流速 0.8m/s 时,建议选择波高不超过 0.8m 的情况下施工;流向 SSW 时,流速不宜超过 0.8m/s,当流速 0.8m/s 时,建议选择波高不超过 0.8m 的情况下施工

6.2.3 沉管系泊控制关键参数

系泊分析结合管节物理模型试验阻力系数参数的总结结果,结合管节运动的附加质量与阻尼等参数试验结果的修正,通过阻力系数等参数的输入,修正了管节水流力计算参数,进行了管节受力与稳性的缆力与运动分析。最后,根据所有可能环境工况的计算结果,得到了管节系泊施工水文气象限制条件。

(1) 系泊过程受力分析

基槽水深较浅的缆力整体较大;水流力对系泊力起到主要作用,流速对平均缆力和最大缆力影响较大;对于特定流速流向,波向 SSW、SSE、NNW、NNE 对缆力起到较大影响,并随着流速增加而影响增大。主要因为波向与系缆方向相近的原因引对应缆索缆力增大;波浪周期 7s 对系泊的缆力影响比较大,最大缆力在最不理工况下可达 2 倍以上。波浪周期 5s 对最大系泊缆力的影响较小。当波浪周期 6s 时,整体的最大缆力相对 5s 有一定增长,对于特定波浪入射方向才增大较大。

(2) 系泊过程运动分析

波浪入射方向各运动响应的影响最大,在波向 SE、SSE、S、SSW、SW、NE、NNE、N、NNW、NW 的波向对运动响应影响最大。其中 N、S 波向对运动响应影响最为明显;流速对运动响应幅值略有影响,流速对横荡的影响较大,对垂荡和纵摇影响较小;波浪周期对横荡、垂荡、纵摇的影响都比较大,周期 7s 的与周期 5s 的运动响应幅值可达 2 倍以上。

(3) 系泊水文气象限制条件

根据计算分析确定水流、波浪和风对系泊产生主要影响,而水流力是系泊荷载的关键部分,因此需要重点关注对水流力起着决定作用的流速和流向,同时波高、波向和波周期对系泊也产生显著影响,也需要重点关注。若按照现有施工工艺作业,建议施工时密切关注影响拖航施工的重要因素,如流速、流向、波高、波向和波周期等。

①因系泊施工周期较长,系泊期间可能遭遇较大流速,筛选结果以可能遭遇的流速与流向作为筛选基础。进行不同的波浪条件进行筛选。

②基槽深度 45m 时,波向 S、N 时波浪周期不宜大于 6s,对于斜浪向,特别是流速 1.0m/s,浪向与缆索方向接近时,周期不宜大于 5s。

③基槽深度为 22m 时,当流速为 1.0m/s 时,风浪流通向或风浪流夹角小于 45°时,波浪周期不宜大于 5s。

6.2.4 沉管沉放控制参数

沉放分析结合管节物理模型试验阻力系数、附加质量与阻尼等参数试验结果,通过阻力系数等参数的输入,修正了管节水流力计算参数,进行了管节不同沉放过程受力与稳定性的缆力与运动分析。最后,根据所有可能环境工况的计算结果,对管节沉放安装水文气象限制条件进行了分析。

(1)沉放过程受力分析

不同基槽的缆力计算结果由于基槽对水流的影响,基槽水深较浅的缆力整体较大;水流力对系泊力起到主要作用,整体来看流速对平均缆力和最大缆力都起到较大影响;对于特定流速流向,波向 SSW、SSE、NNW、NNE 对缆力起到较大影响,并随着流速增加而影响较大。主要因为波向与系缆方向相近的原因引对应缆索缆力增大;沉深 1m 时与系泊的计算结果接近,波浪周期 7s 对系泊的缆力影响比较大,最大缆力在最不理工况下可达 2 倍以上。波浪周期 5s 对最大系泊缆力的影响较小。当波浪周期 6s 时,整体的最大缆力相对 5s 有一定增长,对于特定波浪入射方向才增大较大;系泊力随着沉深急剧减小,流速 0.8m/s、波浪周期 6s、沉深 10m 时的最大缆力约 30t 左右,而沉深 1m 时缆力可达 80t;随着沉深的增加,波向、周期对计算结果的影响迅速减小,只有当波浪周期 7s 时波向影响才比较明显。波浪周期 6s、5s 的计算结果波浪的整体影响已变得较小。

(2)压载沉放过程稳性分析

①管节沉放的初稳性分析。

不同抗浮系数情况下管节的初稳性计算结果见表 6.2-7。

不同负浮力情况下的管节初稳性　　表 6.2-7

负浮力(N)	BG(m)	GM_x(m)	GM_y(m)	BM_x(m)	BM_y(m)	M_y(m)	M_z(m)
$F/4$	-0.122	0.122	0.122	0.000	0.000	1.612×10^6	1.612×10^6
$F/2$	-0.174	0.174	0.174	0.000	0.000	2.301×10^6	1.781×10^6
$3F/4$	-0.148	0.148	0.148	0.000	0.000	1.957×10^6	1.957×10^6
F	-0.189	0.189	0.189	0.000	0.000	2.504×10^6	2.504×10^6

②管节沉放的大倾角稳性分析。

不同负浮力情况下管节的属性见表 6.2-8,不同负浮力情况下管节的大倾角稳性见图 6.2-2。

不同负浮力下管节属性　　表 6.2-8

负浮力(N)	G(kg)	I_{xx}(kg·m)	I_{yy}(kg·m)	I_{zz}(kg·m)	Z_c(m)
3.80×10^6	7.7788×10^7	1.1833×10^{10}	2.1045×10^{11}	2.1934×10^{11}	-5.962
7.60×10^6	7.8175×10^7	1.1904×10^{10}	2.1169×10^{11}	2.2064×10^{11}	-5.988

续上表

负浮力(N)	G(kg)	I_{xx}(kg·m)	I_{yy}(kg·m)	I_{zz}(kg·m)	Z_c(m)
1.14×10^6	7.8562×10^7	1.1975×10^{10}	2.1292×10^{11}	2.2193×10^{11}	-6.014
1.52×10^6	7.8949×10^7	1.2026×10^{10}	2.1377×10^{11}	2.2282×10^{11}	-6.029

注：表中 Z_c 为管节重心到管节顶面的竖向距离。

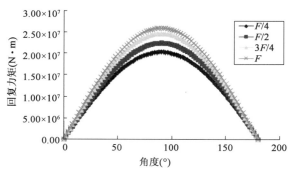

图 6.2-2　不同负浮力情况下管节的回复力矩与角度关系曲线

从上图可以看出，负浮力越大管节稳定性越好，这一方面是因为形成回复力矩的重力增大，另一方面是因为提供负浮力的水箱增加重量处于管节底部，增加其重量会使管节整个重心降低，从而使得浮心和重心之间的距离加大，这也会使得回复力矩的数值增大，从而增强管节稳定性。

（3）沉放水文气象限制条件

根据计算分析确定水流、波浪和风对系泊产生主要影响，而水流力是系泊荷载的关键部分，因此需要重点关注对水流力起着决定作用的流速和流向，同时波高、波向和波周期对系泊也产生显著影响，也需要重点关注。若按照现有施工工艺作业，建议施工时需要密切关注影响拖航施工的重要因素，如流速、流向、波高、波向和波周期等。

当沉深较浅时，计算结果与系泊的计算结果接近，风浪流气象窗口限制条件选择与系泊时类似；当沉深 10m 时，波浪周期小于或等于 6s 对应的缆力系数小于 1.5。波浪周期不宜大于 6s；当沉放对接时，宜根据运动响应的要求，或根据更为严格的缆力系数，重新筛选更为严格的风浪流限制条件，可根据缆力系数计算结果图直接得出。

6.3　外海深水超大沉管浮运关键技术和装备

沉管法建设水下隧道的独特魅力之一是充分利用了水的浮力作用，使大型结构物可以漂浮在水中，从而相对省力地进行浮运转场，但对于施工水域气象水文条件复杂的情况,特别是在风、浪、流异常恶劣的外海环境下,管节浮运的安全操控存在极大困难和风险,浮运过程中一旦出现管节失控,将可能导致管节搁浅、船只碰撞、管节损坏等重大事故,发生管节搁浅、沉没堵塞航道还会引起严重的碍航等社会问题,影响及后果严重。

沉管浮运是指将管节从制作场地运输至安装位置的过程,是指管节在预制完成后,进行必要的舾装工作,为后续的浮运、沉放和对接工序准备施工安装需要的设施、设备等,然后将管节起浮、寄放、出坞、拖航运输至设计位置进行安放的过程。港珠澳大桥沉管隧道管节浮运期间安装船与管节处于半刚性连接状态,安装船利用支墩坐落于管节顶面,通过吊索预拉紧固,即沉管浮运实际上是船管组合体的拖航操作。图 6.3-1 为船管连接完成后的管节及安装船截面图。图 6.3-2 为船管连接完成后的管节及安装船尺寸图。

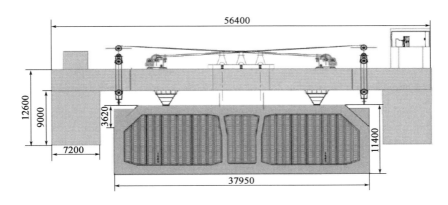

图 6.3-1 管节及安装船截面图(尺寸单位:mm)

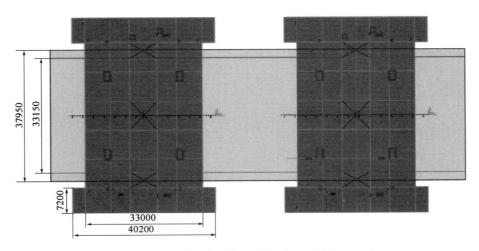

图 6.3-2 管节及安装船尺寸图(尺寸单位:mm)

组成港珠澳大桥沉管隧道的 33 节巨型管节,属于世界上最大的混凝土构件之一,标准管节重达 7.8 万 t,排水量约 8 万 m^3;浮运时最大迎流面积达 $2100m^2$,拖航阻力非常大,需多拖轮协作,操控难度非常大;浮运线路位于目前我国航运最繁忙的水域,日船舶交通量达 4000 艘次;浮运航道水域受限,多段航道交叉,外侧水域不满足吃水要求,而且需要在横流、横浪情况下进行狭窄基槽内长距离横拖,总体浮运拖航风险极大。

为此,港珠澳大桥沉管隧道工程有针对性地开展了以下浮运专题研究工作。

(1)开展临时航道专题研究,确定临时通航航道和浮运航道的平面布置形式和关键参数,满足社会船舶的安全通航和管节安全浮运所需的水域要求。

(2)开展浮运控制参数专题研究,采用包括物理模型试验、数值模拟计算等方式分析确定管节浮运所受的风、浪、流阻力等关键参数,为拖轮配置和浮运方案的制订提供重要参考。

(3)开展管节浮运操控专项方案研究,通过管节浮运拖航操控模拟试验和大型实船拖带演练,确定拖轮的合理和安全配置,研究开发专用数字化导航系统,辅助指挥多拖轮协作拖航作业,最终形成沉管浮运成套方案。

(4)开展通航安全保障和管理专题研究,实施海上临时交通管制和海事护航等通航保障措施。

6.3.1 外海超大深水沉管浮运航道设计

沉管浮运涉及的临时航道包括两类,分别是临时通航航道和管节浮运专用航道,其中临时通航航道替代正式航道供社会船舶临时通航使用,管节浮运专用航道仅供管节出运时使用。沉管浮运航道宜优先考虑利用已有航道,但由于沉管自身存在体量大、吃水深等特点,在已有的航道宽度和水深等指标不满足的前提下,需要设计、开挖专用的沉管浮运航道,供施工期间沉管浮运专用。

6.3.1.1 临时通航航道

由于沉管隧道横跨水域一般为原有正常通航航道,施工期间必然占用该水域,故需要考虑原航线的改道、回迁等,设置或开挖临时通航航道,进行数次航道转换,以保证通航和施工能同步进行。工程开工前应编制完整的海上施工临时交通方案,临时通航航道需由具有相应资质的设计院设计。临时通航航道的设计参数和通航等级一般与原航道保持一致即可,但需要编制专项方案并召开通航论证会,定时发布航行通告等。

港珠澳大桥沉管隧道的浮运穿越广州港出海通道伶仃西航道,临时通航航道用于解决隧道建设期间受影响的船舶通航问题。根据施工阶段划分,在 E11~E15 管节安装期间,伶仃西航道禁航,社会船舶和商用船舶改行临时通航航道,在安装其他管节时,伶仃西航道保持畅通。

港珠澳大桥沉管隧道工程临时通航航道北起铜鼓航道与伶仃西航道交汇处附近,南至大濠水道分道通航区第五通航分道,全长约9.74km,通航等级同伶仃西航道。在临时通航航道与隧道轴线相交处,临时通航航道东边线与伶仃西航道西边线距离600m(表6.3-1)。

临时航道特征项目一览表　　表6.3-1

序 号	项 目	单 位	数 值
1	底高程	m	-17.0
2	底宽	m	237.4
3	边坡比	—	1:7
4	航道总长度	km	9.74
5	开挖段长度	km	4.0
6	疏浚工程量	万 m³	271.79
7	助航标志	项	1

注:高程基准为当地理论最低潮面。

6.3.1.2 浮运航道尺度

港珠澳大桥沉管隧道建设过程需要出运管节共33次,沉管管节浮运采用拖轮拖带方式,每次间隔时间约1个月。沉管管节出运航道的建设需满足沉管管节从预制场地牛头岛至沉放地点长约12km航路的安全通航要求。

浮运航道的有效宽度应考虑浮运工艺、船舶间浮运宽度、船舶与航道间底边富余宽度、沉管和船舶的偏移量等因素,浮运航道的设计水深应考虑管节吃水、拖航时管节下沉值、波浪富余深度、备淤富余深度等因素。

港珠澳大桥沉管隧道工程根据《海港总平面设计规范》(JTJ 211—1999)第4.8.7条和第4.8.8条对出运航道的宽度、深度进行计算,综合考虑沉管自身特点并预留一定富余度确定航道尺度。

1)浮运航道宽度计算

(1)规范的规定

《海港总平面设计规范》(JTJ 211—1999)第4.8.7条规定航道有效宽度由航迹带宽度、船舶间富余宽度和船舶与航道底边间的富余宽度组成(图6.3-3)。当航道较长、自然条件较差和船舶定位困难时,可适当加宽;在自然条件有利的地点,经论证可适当缩窄。

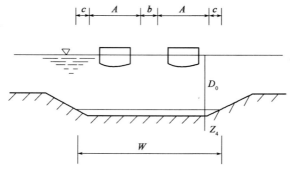

图 6.3-3 通航航道有效宽度图

单向航道：

$$W = A + 2c \quad (6.3\text{-}1)$$

$$A = n(L\sin\gamma + B) \quad (6.3\text{-}2)$$

式中，W 为航道有效宽度(m)；A 为航迹带宽度(m)；B 为设计船宽(m)；L 为顶推船队长度或货船长度(m)；n 为船舶漂移倍数(表 6.3-2)；γ 为风、流压偏角(°)(表 6.3-2)；c 为船舶与航道底边间的富余宽度(m)(表 6.3-3)。

满载船舶漂移倍数 n 和风、流压偏角 γ 值　　表 6.3-2

风力	横风≤7 级			
横流 V(m/s)	$V \leqslant 0.25$	$0.25 < V \leqslant 0.50$	$0.50 < V \leqslant 0.75$	$0.75 < V \leqslant 1.0$
n	1.81	1.69	1.59	1.45
γ(°)	3	7	10	14

注：当斜向风、流作用时，可近似取其横向投影值查表。

船舶与航道底边间的富余宽度 c　　表 6.3-3

项目	杂货船或集装箱船		散货船		油船或其他危险品船	
航速(n mile/h)	≤6	>6	≤6	>6	≤6	>6
c(m)	$0.5B$	$0.75B$	$0.75B$	B	B	$1.5B$

（2）取值及计算

根据作业限制条件，沉管拖行时，作用在沉管上的横流流速应小于 0.8m/s，根据表 6.3-2，沉管风、流压偏角 γ 取 14°，船舶漂移倍数 n 取 1.45。

考虑对管节端部 GINA 止水带和端钢壳的保护，c 值按油船或其他危险品船考虑，航速≤6n mile/h，所以 $c = B$。本计算根据船舶理论所得，拖轮拖运沉管制动效果较差。另外，为避免沉管搁浅导致 GINA 止水带损坏，航道两边各取 23m 的富余量，因此总航道宽度建议为 240m。

根据《海港总平面设计规范》(JTJ 211—1999)中第 4.8.10 条规定，港珠澳大桥沉管隧道工程边坡土质特性为可塑黏土、密实砂土，边坡按 1:5 进行放坡。

2) 浮运航道深度计算

(1) 规范的规定

《海港总平面设计规范》(JTJ 211—1999)第 4.8.8 条规定航道水深分通航水深和设计水深，应分别按下列公式计算：

$$D_0 = T + Z_0 + Z_1 + Z_2 + Z_3 \tag{6.3-3}$$

$$D = D_0 + Z_4 \tag{6.3-4}$$

式中，D_0 为航道通航水深(m)(图 6.3-4)；T 为设计船型满载吃水(m)；Z_0 为船舶航行时船体下沉值(m)(图 6.3-5)；Z_1 为航行时龙骨下最小富余深度(m)；Z_2 为波浪富余深度(m)；Z_3 为船舶装载纵倾富余深度(m)，杂货船和集装箱船可不计，油船和散货船取 0.15m；D 为航道设计水深(m)；Z_4 为备淤富余深度(m)，应根据两次挖泥间隔期的淤积量确定，不宜小于 0.4m。

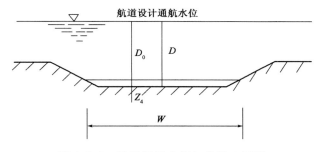

图 6.3-4　航道通航水深与设计水深图

(2) 取值及计算

T 取沉管浮运吃水深度。根据实测海水密度，在一个潮期内海水密度变化约 1%，影响沉管干舷约 12cm，浮运过程中取最小干舷为 0.2m 时，沉管吃水为 11.2m。

沉管浮运相对速度 2m/s 时，船体下沉值 $Z_0 = 0.2$m。沉管为长方体结构，与船体相比，下沉值会更大，根据物模试验结果，沉管相对浮运速度超过 1.5m/s 时，沉管吸底效应明显，因此建议 Z_0 取 0.5m。

管节质量约为 7.8 万 t，$50000 \leqslant DWT < 100000$，航道底土质为淤泥土，管节下最小富余深度 Z_1 取 0.4m，考虑管节端面有 GINA 止水带，若触底损坏将对整个工期造成非常不利的影响，建议 Z_1 取 0.6m。

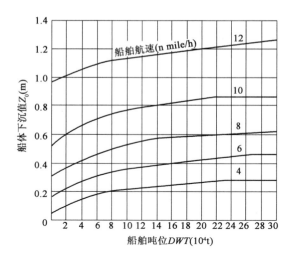

图 6.3-5　船舶航行时船体下沉值曲线图

取 $H_{4\%}=1.0\mathrm{m}$，根据实测资料，施工区常浪向基本为偏南、偏北向，常浪向与榕树头航道夹角在 $30°$ 之内，取 $Z_2=0.42H_{4\%}=0.42\mathrm{m}$。

沉管横倾角暂按 $1.5°$ 计算，$Z_3=0.5\mathrm{m}$。

Z_4 取 $0.4\mathrm{m}$。

代入公式：

$$D_0 = T + Z_0 + Z_1 + Z_2 + Z_3 = 13.22(\mathrm{m})$$

$$D = D_0 + Z_4 = 13.62(\mathrm{m})$$

（3）航道底高程的确定

根据《内河航道与港口水文规范》（JTJ 214—2000）中第 4.3.2.1 条，潮汐影响明显的感潮河段，设计最低通航水位应采用低潮累积频率为 90% 的潮位。港珠澳大桥沉管隧道工程低潮累积频率 90% 设计水位为 $-0.78\mathrm{m}$，则航道设计底高程 $=-0.78-13.62=-14.4(\mathrm{m})$。

3）浮运航道转弯段加宽

根据《海港总平面设计规范》（JTJ 211—1999），当临时航道转向角 $\leq 30°$ 时，转弯段采用切角法加宽，转弯半径按 5 倍船长（沉管长 180m）考虑，为 900m；当转向角 $>30°$ 时，转弯段采用折线切割法加宽，转弯半径按 10 倍船长（180m）考虑，为 1800m。考虑管节采用拖轮进行浮运，拖缆长度较长，机动性较差，综合考虑，转弯半径取值为 2000m，均采用切角法加宽。

6.3.1.3 浮运航线布置

浮运航线的选择和平面布置应考虑如下原则:

①综合考虑管节沉放顺序及施工工艺,合理布置航道线路及回旋水域。

②综合考虑工程水域附近现有航道及锚地,以减少干扰、安全浮运为原则,合理布置航道线路。

③根据隧道沉管流水作业施工要求,结合临时航道与主航道的使用,合理布置沉管回旋水域。

④沉管出运航道应与原有航道合理衔接,尽量减小航道转向角。

⑤航道连续转向之间的直线段长度应满足管节安全拖运要求。

⑥充分利用现有水深条件,减少疏浚工程量,降低工程投资。

⑦尽量减小水流方向与管节拖航主航向间的夹角,通过减小水阻力来提高管节操控的安全性。

根据港珠澳大桥沉管隧道工程管节安装顺序,安装 E11~E15 管节时,需占用伶仃航道水域,此时启用临时通航航道;在安装其他管节时,伶仃航道保持畅通。鉴于此种情况,管节出运航道根据不同的建设阶段,分别布置了两条航路,以应对进港航道的变化。

此外,对于 E16~E33 管节的安装,需要管节在隧道基槽内进行较长距离的横向移动,基槽内浮运距离最长达 4km,由于基槽区适航水域狭窄,并且横移时管节承受横流,受力较大,长距离移动风险较大,故又设置了第三条航路,一方面可以缩短管节横拖的距离,减少狭窄区域横拖的风险,另一方面也可减少与正常航道的交叉,避免长时间占用航道而出现意外。

综合以上考虑,最终确定港珠澳大桥沉管隧道工程设置三条沉管浮运航线:

①预制场支航道→榕树头航道→出运航道一→第一转向区→基槽→安装位置(E1~E8、E10、E12~E14 管节)。

②预制场支航道→榕树头航道→出运航道二—伶仃航道→第二转向区→基槽→安装位置(E9、E11、E15~E20 管节)。

③预制场支航道→榕树头航道→一次横移区→出运航道三→第三转向区→基槽→安装位置(E21~E33 管节)。

6.3.1.4 航道水域规划

沉管浮运涉及的施工水域包括工厂区、坞口区、航道区、基槽区 4 个部分,各施工水域的功能规划和概况见表6.3-4。

沉管安装施工水域规划一览表　　　　　表6.3-4

序号	水域	名称	功能	概况
1	工厂区	浅坞区	一次舾装、起浮	长196m,宽104m,底高程+1.75m
2		深坞区	二次舾装、寄放	长203m,宽196m,底高程-12.8m
3	坞口区	出坞航道	沉管出坞	长151.45m,宽61～85.28m(喇叭口),底高程-14.4m
4		临时系泊区	拖航编队	长486m,宽360m,不规则多边形区域,底高程-14.4m
5	航道区	坞口支航道	浮运航道	长约1.1km,宽240m,底高程-14.4m
6		榕树头航道(疏浚)	浮运航道	长约5.2km,宽240m,底高程-14.4m
7		出运航道(一)	浮运航道	长约5.0km,宽240m,底高程-14.4m
8		出运航道(二)	浮运航道	长约4.1km,宽240m,底高程-14.4m
9		一次横移区	航路三管节横移	大濠水道附近的深水区域,底高程-14.4～20m
10		出运航道(三)	浮运航道	长约1.5km,宽240m,底高程-14.4m
11	基槽区	转向区一	沉管回旋水域	边长540m矩形区域,底高程-14.4m
12		转向区二	沉管回旋水域	边长540m矩形区域,底高程-14.4m
13		转向区三	沉管回旋水域	边长630m×540m的矩形水域
14		系泊等待区	安装系泊	距离已安管节20～50m范围的基槽内
15		安装区	沉放安装	距离已安管节20m范围的基槽内

1)工厂区

桂山沉管预制工厂由预制区、浅坞区、深坞区、办公区、生活区等组成,厂内设置两条管节生产线,预制车间、浅坞区和深坞区L形布置,深坞区与浅坞区并行布置。可在浅坞区陆上寄存2个管节,在深坞区内系泊寄存4个管节。

管节在浅坞区内进行一次舾装作业。浅坞区净长196m,宽104m,底高程+3.5m(管节座底底板底高程),外围设置8m宽道路,满足两个完整管节的放置、舾装工艺要求。浅坞区周边建设坝体,坝体顶高程+15.8m,蓄水后浅坞区水深大于11.8m,满足沉管起浮要求。

管节在深坞区进行二次舾装作业。深坞区净长度203m,宽度196m,底高程-12.8m,满足4个完整管节的寄存工艺要求。深坞区周边建设与浅坞区顶高程相同的坝体,满足深浅坞同时蓄水的要求。

2）坞口区

坞口区连接预制厂深坞区和管节浮运航道，包括出坞航道和拖轮编队区两部分。二次舾装完成后采用绞缆系统将管节从深坞区通过出坞航道移至临时系泊区，在临时系泊区完成必要的准备工作和拖轮编队作业，然后开始进行管节浮运。

坞口外出坞航道自深坞门至拖轮编队区长151.54m，底高程-14.4m（1985国家高程基准），喇叭口形状布置。编队区为不规则六边形区域，底高程皆为-14.4m，周围设2个系泊浮鼓用于管节出坞后临时锚泊。

3）航道区

浮运航道是指连接坞口区和基槽区用于管节拖航通行的水域，全长约12km，设计底宽240m，设计底高程-14.4m，转弯半径2000m。管节在坞口临时系泊区完成拖航编队后，根据作业窗口信息和施工决策指令，由拖轮船队协同将管节经浮运航道拖带至基槽区准备安装。由于涉及伶仃西航道的正常通航使用问题，E11~E15管节安装前后需要进行航道转换，同时考虑基槽内管节长距离浮运风险问题，浮运航道相应设计为三条线路。

4）基槽区

基槽区为沉管隧道设计纵轴线位置，由于基槽区与浮运航道接近垂直分布，管节在到达基槽区后需要转向90°，然后继续在槽内浮运至最终安装位置。所涉水域包括两个转向区、管节系泊等待区和最终沉放对接区。转向区水域尺寸540m×540m，对称于隧道中心线布置。系泊等待区是指距离管节最终安装位置20~50m的水域，管节浮运到位后在此区域进行锚泊，实现由拖轮控制转换为锚系控制。基槽区低于-14.4m高程满足管节浮运水深的平面范围。

6.3.2 外海超大深水沉管浮运操控方案研究

6.3.2.1 拖轮配置和编队方式

港珠澳大桥沉管隧道由于其管节体量超大（7.8万t），外海环境下海流、波浪等水文条件复杂，部分开挖的浮运航道宽度较窄，拖航环境复杂，受限航道内管节浮运操控难度非常大。

拖轮的配备除了估算拖航阻力外，还应考虑转向阻力，尤其是控制尾部并协助转向的拖轮应有足够的功率。

根据前述管节计算综合受力情况，经过大量的模型试验和多次浮运演练后，管节浮运的拖带方式确定采用吊拖和绑推多拖轮协作的方式。管节四角采用4艘拖轮吊拖，两侧安装船位置采用4艘拖轮绑拖,基槽浮运时采用4艘拖轮顶靠安装船位置用于应对管节横流状态,此外还考虑1艘拖轮应急备用,最多时共配置了13艘大功率全回转拖轮进行管节的拖航工作。

航道内和基槽内的拖轮编队方式如图6.3-6、图6.3-7所示,分别采用4+4+5编队方式和4+6+3编队方式。其中1号和2号拖轮提供向前拖力;3号和4号拖轮,在正常状态下作制动用;5号和6号正常状态下并靠在沉放驳两舷,当横流较大时,拖轮顶靠抗横流和控制姿态;7号和8号拖轮并靠管艉沉放驳舷侧,除了可抗横流和控制姿态,还可提供向前拖力和制动。

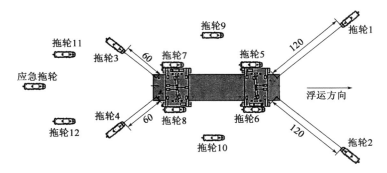

图6.3-6 航道内4+4+5拖轮编队方式(尺寸单位:m)

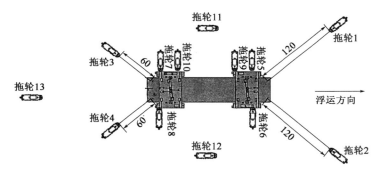

图6.3-7 基槽内浮运4+6+3拖轮编队方式(尺寸单位:m)

受台风、大径流等恶劣天气影响严重时,或预报可能会出现强对流天气情况下,为确保浮运安全,拖航时采用2艘5100kW(6800hp,1hp≈0.746kW)、10艘3900kW(5200hp)和1艘3000kW(4000hp)共计13艘拖轮进行4+8+1编队方式进行浮运(图6.3-8)。

拖轮的具体配置为:4艘[5100kW(6800hp)+5175kW(6900hp)+2艘3900kW(5200hp)]大功率全回转拖轮吊拖,8艘[6艘3900kW(5200hp)+2艘3000kW(4000hp)]全回转拖轮绑拖和顶靠,1艘3000kW(4000hp)拖轮备用,拖轮总功率达到50475kW(67300hp)。拖轮的性能表见表6.3-5。

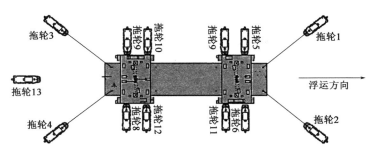

图 6.3-8　基槽内浮运 4+8+1 拖轮编队方式

管节浮运拖航用拖轮性能表　　　　表 6.3-5

序号	拖轮功率(kW)	主机转速(r/min)	系柱拖力	两节航速系柱拖力	备注
1	5100(6800hp)	750	前784kN,后686kN	前627.2kN,后548.8kN	全回转拖轮
2	3900(5200hp)	750	前637kN,后607.6kN	前509.6kN,后490kN	全回转拖轮
3	3000(4000hp)	750	519.4kN	421.4kN	全回转拖轮

管节在基槽内受力最大,在横流 0.8m/s、水深 14.5m 的最不利工况,沉管所受阻力约为 2202.06kN。拖航时按 1n mile/h 航速进行考虑,根据拖轮相关性能资料推算,12 艘拖轮提供有效拖力为 5345.9kN,拖力安全倍数为 2.4 倍满足拖航需要。考虑风、浪、流影响及前期管节施工经验,另加 1 艘备用。

6.3.2.2　浮运导航和辅助指挥系统

港珠澳大桥沉管管节浮运编队最多使用 13 艘拖轮同时配合拖运,意味着需要同时完成 13 艘拖轮的指挥,这在国内外均没有先例,单纯地靠指挥人员现场观测拖轮位置根本无法满足要求,为此需要研制开发一套浮运导航和辅助指挥系统,将编队浮运过程中的各项技术参数显示,包括航道区、管节位置、拖轮位置、拖带角度、风浪流等数据直观地显示出来,从而达到可视化远程集中指挥的目的。

浮运导航定位系统是在电子航道图背景下,可以实时显示管节、安装船、拖轮平面位置关系和拖航速度,为管节浮运、转向、系泊等待整个过程提供实时导航监控,同时定时更新航道内的流速、流向、波浪、气象等相关参数,为浮运指挥、拖轮船长及相关操作人员提供实时可视的参考信息,为浮运编队提供精确线路导航和决策支持,引导指挥和操作人员准确、高效地将管节运输到指定位置。

1)导航定位系统组成

浮运导航定位系统通过对沉管和拖轮的 GPS 定位数据进行汇总、分析和计算,最终形成图像及数据实时显示沉管与拖轮关系。按功能区分需安装三套独立的硬件系统,以确保拖航编队的定位数据可以实时不间断地提供给指挥和操作人员。系统主要包括不间断电源(UPS)、计算机、GPS、电台、无线 AP 等设备,具备航道显示、航道预警区显示、风浪流预警显示、编队定位和运动趋势显示等功能。

(1)主定位系统

主定位系统为首选定位系统,以信号稳定性为主,利用一台双天线信标机作为沉管定位设备,通过无线电台传输 9 艘拖轮信标机观测数据,主界面实时显示沉管和拖轮信息,指挥室和参观室通过有线传输视频信号实现软件显示。主要硬件配置见表 6.3-6。

主定位系统设备配置　　　　　　　　　　　　　表 6.3-6

序号	名称	数量	功能	安装位置
1	双天线信标机	1	接收信标信号,数据有线接入系统,显示沉管位置信息	天线安装在指挥室顶部
2	日精无线电台	9	拖轮数据接收	
3	研华无线 AP	1	网络数据收发	
4	计算机	1	接入数据	指挥室
5	便携式计算机	1	处理流速数据信息	
6	显示器(40 英寸)	2	在指挥室和参观室显示软件信息	
7	单天线信标机	9	接收信标信号,数据通过无线设备接入系统,显示拖轮位置信息	拖轮
8	日精无线电台	9	拖轮数据发送	
9	研华无线 AP	9	网络数据收发	
10	便携式计算机	9	在拖轮实现软件显示	

实时显示沉管和拖轮位置信息:软件界面设置距离标线网格(100m 为一格),在管节首尾两端系缆桩位置设置 15。为一格的扇形刻度线,左上角显示流速流与管节轴线关系,并显示与管节轴线夹角;显示沉管方向矢量线、缆绳长度及与轴向方向夹角、首尾航迹线等,显示沉管运动趋势,为指挥人员提供预判。显示界面见图 6.3-9。

(2)第一备用定位系统

第一备用定位系统为次选定位系统,以数据精确性为主,利用 4 台 RTKGPS 接收机作为定位设备,2 台接收预制场参考站差分信号接入一台计算机,2 台接收西人工岛参考站差分信号接入另一台计算机。

(3)第二备用定位系统

第二备用定位系统为备用定位系统,以数据稳定性为主,只接收双天线信标机数据,实施显示船舶信息和沉管位置信息,包括航速、航向、偏航等信息。指挥室通过有线传输视频信号实现软件显示。

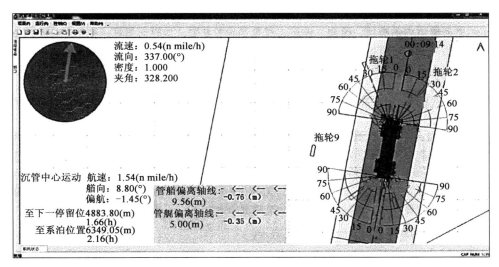

图 6.3-9　管节浮运导航系统显示界面

2）系统主要功能

(1) 位置解算

实时、同步采集 GPS 的坐标数据,计算各特征点(转向点、调头区、系泊区)与 GPS 之间的空间关系;显示管节在航道、调头区、基槽的地理位置。

(2) 实时导航显示

实时显示浮运沉管和拖轮的位置及已安管节的位置;

实时显示国家海洋环境预报中心实测的流速、流向数据;

实时显示测量船现场实测的海水密度;

实时显示 GPS 模式的已完成路程、剩余路程和已用时间、大约剩余时间及其他在拖航中有参考意义的数据。

(3) 数据导入导出

能够导入电子海图、AutoCAD 格式的背景图、设备形状细节图等,结合电子海图或背景图实时显示航道两侧的航标、碍航物等。

能够导入 Office Excel 格式的相关数据,能够导出 Office Excel 格式或自定义格式的相关数据(用户在使用软件的过程中可能希望导出、保存某些数据)。

(4) 边界设置和安全预警

用户可以设置使用不同颜色显示不同的水深范围及满足浮运要求的水深范围,设置不同颜色显示沉管浮运航道的控制边线、中心线。

设置沉管固定点距控制边线的距离值,如小于设定值时或其他预设预警值时以声响和屏幕图文提示方式给予及时报警。

流速大于气象窗口要求的流速值时给予报警。

(5)数据记录和回放

所有数据实时记录,数据可回放用于事后观摩研究。

自动记录相关数据为数据库格式。

(6)可靠性保证

系统能够根据设备数据给出的设备健康状况和设备冗余观测数据判断整个系统的定位精度和可靠性,并给出相应的警示。

3)软件操作流程

沉管浮运导航定位系统软件安装在安装船和拖轮上,系统使用简明流程如下：

(1)安装船上测量设备安装及定位 GPS 接收机位置标定。确定 GPS 接收机与沉管的位置关系,在浮运过程中对安装船及沉管进行定位。

(2)浮运航道测量。浮运前对浮运航道进行扫测,并形成简明电子海图。

(3)拖轮测量设备安装。在拖轮上安装 GPS 接收机和无线通信模块,使拖轮的实时位置数据能过传入浮运导航测控系统软件中。

(4)海流信息输入。将现场流速测点数据通过浮运导航测控软件实时显示。

(5)软件系统将以上数据进行汇总、计算,最终将整个浮运编队的所有相关信息通过浮运导航测控软件显示出来,以便相关人员进行操作调度。

施工现场的工作程序如下：电子海图输入→GPS 显示管节位置→国家海洋环境预报中心测流→流速信息输入软件→指挥人员根据流速和管节位置调整拖轮位置→浮运视频导出。

4)实施效果

导航定位系统包含以下内容：拖轮沉管位置显示；航道区域显示及航道预警区显示；现场流速、流向、航速显示；航迹线和运动趋势显示；以及数据存储等模块,它是管节浮运导航的指挥平台,浮运指挥人员可以在操作室完成沉管浮运指挥。

(1)拖轮沉管位置显示

在拖轮及安装船上安装 GPS 天线实时观测拖轮及管节的位置,并将其显示在浮运作业航路上。浮运指挥员可以清楚看到管节和拖轮的位置,以及拖轮拖曳角度和缆绳长度。

(2)浮运航道显示

浮运航道在导航软件的背景图,可以清晰地看到管节目前处于航道的位置。另外,在转向区、调头区和系泊区设置特征点,实时显示管节到特征点的距离。在浮运航道的边界内 50m 标出边界警戒区域,提醒浮运指挥员注意控制管节姿态。

(3)航速、流速显示

现场国家海洋环境预报中心的 4 个现场测流浮漂每 15min 发送一次流速流向信息,经过判断处理的流速信息显示在导航系统上;沉管浮运航速通过沉管位置差异计算沉管瞬间流速;浮运指挥人员可以通过流速和航速判断沉管受力情况。

(4)航迹线和运动趋势显示

导航定位系统实时记录管节的运动轨迹,并在管节首端、尾端显示管节的运动轨迹点,很好地为指挥人员提供管节运动趋势,指挥人员可以及时调整拖轮受力保证管节姿态。

新开发的浮运数字化导航和辅助指挥系统,配备先进的 GPS 导航仪器及设备,能够精确定位管节在航道中位置、姿态及航速等,并能实时反映管节与航道的相对位置及其观测水深、水流等情况,实现了超大沉管多拖轮(13 艘)拖航可视化远程集中指挥,保障了管节长距离拖航安全。

6.3.2.3 浮运拖航操纵性试验

在管节浮运前,建议开展拖航操纵性模拟试验,以掌握管节启动、制动和时长等操纵参数,验证模型试验结果的准确性和方案的可靠度,并根据操纵性模拟试验结果对管节浮运方案和工艺参数进行调整。

1)管节操纵运动模型

管节操纵运动模型是反映管节在风、浪、流和拖轮作用下运动规律的数学方程,是模拟拖航浮运过程和计算管节航迹带宽度等的基础,管节吃水深、干舷小、排水量大,数学模型应反映管节惯性大、受流影响大、受风影响小等操纵特性。管节操纵运动和无动力船舶或其他尺度管节的操纵性能存在一定的相似性,对管节操纵运动模型的建立有一定借鉴意义,但需要考虑港珠澳大桥沉管隧道工程管节尺度大和 6 个拖轮拖航浮运的特殊性,对模型进行修正。

管节操纵运动模型计算过程如图 6.3-10 所示,主要包括风干涉力及力矩的计算模型、管节的水动力及力矩计算模型(惯性类水动力及力矩计算、黏性类水动力及力矩计算)、拖船主动力及力矩的计算模型三大部分。

在研究船舶在海上的六个自由度运动时,通常会建立两个坐标系:惯性坐标系统与附体坐标系统。O_0-$x_0y_0z_0$ 固定于地球表面的惯性坐标系统,取作基准参考系统,规定 x_0 轴指向正北,y_0 轴指向正东,z_0 轴指向地心。O-xyz 为附体坐标系,规定 x 轴指向船首,y

轴指向右舷，z 轴指向龙骨。由于港珠澳大桥沉管隧道工程管节受外界干扰力如风影响相对较小，故模型中不考虑垂荡、纵摇和横摇运动，只考虑三个自由度。因此，见图 6.3-11，$x_0 O_0 y_0$ 表示固定不变的惯性坐标系统，船舶在 $x_0 O_0 y_0$ 的运动可以用它的位置和姿态来描述。$x_1 O_1 y_1$ 表示管节的随船坐标系统，$x_i O_i y_i$ 表示第 i 条拖轮的随船坐标系统（i 为大于 1 且不大于 6 的自然数）。

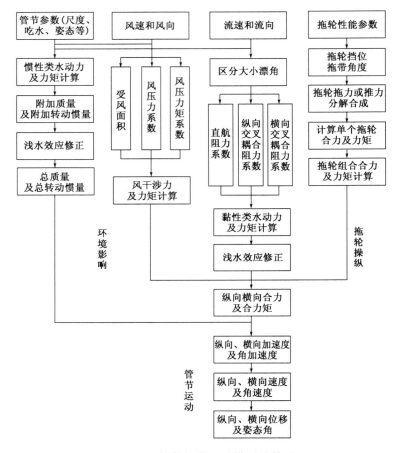

图 6.3-10 管节操纵运动模型计算过程

2）试验拖带方式

按照采用 4+2 倒拖和顶推的拖带方式，配备 4 艘主拖[（2 艘 5100kW（6800hp）、2 艘 3900kW（5200hp）]和 2 艘辅拖[（2 艘 3000kW（4000hp）]进行浮运。拖带时，拖轮的系缆位置为管节两端 120t 的系缆桩和安装船 55t 十字带缆桩上。管节操纵性试验拖轮拖带示意见图 6.3-12。

3）试验工况

根据航道段和基槽段不同风、流情况设计试验工况，即以该水域常风速、常风向确定试验风速和风向;航道和基槽最大流速及涨落潮方向确定试验流速和流向。模拟浮运工况表见表 6.3-7。

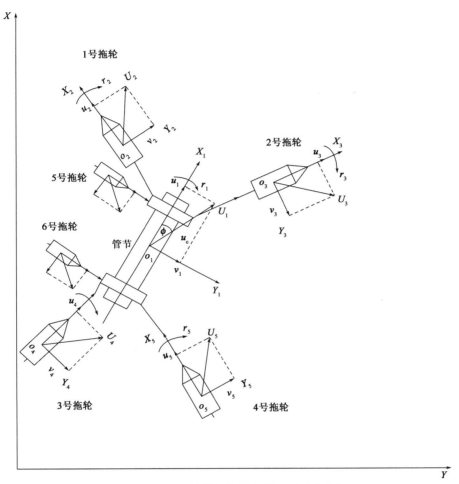

图 6.3-11　管节与拖轮平面运动坐标图

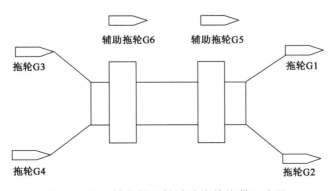

图 6.3-12　管节操纵性试验拖轮拖带示意图

模拟浮运工况表 表6.3-7

编 号	状态	风向	风速（级）	流向	流速（n mile/h）	船型
GZADQ11R01	航道	135°	6	涨潮	2.0	2
GZADQ11R02	航道	315°	6	涨潮	2.0	2
GZADQ11F03	航道	135°	6	落潮	2.0	2
GZADQ11F04	航道	315°	6	落潮	2.0	2
GZADQ11R11	基槽	135°	6	涨潮	1.6	2
GZADQ11R12	基槽	315°	6	涨潮	1.6	2
GZADQ11F13	基槽	135°	6	落潮	1.6	2
GZADQ11F14	基槽	315°	6	落潮	1.6	2

4）试验方案

试验模拟整个浮运过程，并截取航道转向区典型航道，基槽回旋水域进行重点试验，具体如下。

（1）航线一和航线二两个转向区；

（2）典型航道：航线一和航线二公共航道——榕树头航道；

（3）基槽回旋水域一和回旋水域二分别向东及向西转运。

以上共8种情形，每种情形分4种工况，共计32组试验。试验过程和结果需提供下述数据：提供航道、基槽及转向区的拖轮使用功率大小、拖带方式及带缆长度，分析拖轮操控性；提供管节和拖轮的航迹带宽度及转向区大小，分析其对航道宽度和回旋水域大小的影响；最后以试验过程为基础，进行试验数据分析。

5）试验结果

（1）管节及拖轮航迹带宽度

根据数据分析，在各种工况条件下，管节航迹带最大宽度为92m，拖轮航迹带最大宽度为54m（图6.3-13）。

根据数据分析，在各风流情况下，管节所需最大回旋水域为250m×290m（图6.3-14）。

（2）拖轮使用情况

管节在航道内浮运过程中，使用4艘拖轮进行拖航，分别是管节首部的G1、G2拖轮，以及管节尾部的G3、G4拖轮，在管节浮运尤其是顶流浮运的过程中，除了G1、G2拖轮为管节提供动力和控制管节航向外，G3、G4拖轮须给管节浮运提供动力；管节在基槽回旋水域浮运过程中,除了4艘主拖轮以外,还需要借助两艘辅助拖轮G5、G6,模拟试验过程中,辅助拖轮须放在同侧进行操作,以助于顶住管节所受横向水流的影响,控制管节位置。

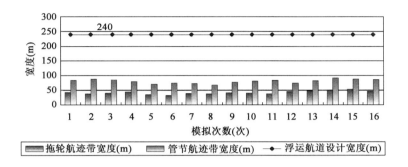

图6.3-13 管节及拖轮所需航道宽度数据分析图

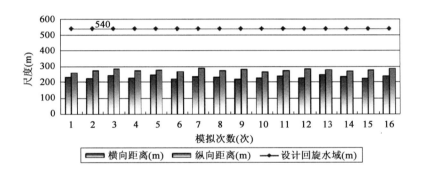

图6.3-14 管节及拖轮所需回旋水域数据分析图

根据拖轮功率数据分析,在风流叠加的条件下,典型航道最大拖轮累积功率为2955141kW,拖轮累积功率2547个单位;在风流抵消的条件下,典型航道最大拖轮累积功率为1401939kW,拖轮累积功率1102个单位。在基槽回旋水域一往右转向时,拖轮使用累计功率最大(工况风向135°,风速6级,流向355°,流速1.6n mile/h),具体使用情况如图6.3-15所示。

根据拖轮功率数据分析,在风流叠加的条件下,基槽回旋水域一往右转向最大拖轮累积功率为4018392 kW,拖轮累积功率3700个单位;在风流抵消的条件下,基槽回旋水域一往右转向最大拖轮累积功率为2614248 kW,拖轮累积功率2352个单位。

根据操控性数模成果,浮运航道宽度、转向区尺度设置合理,试验配置拖轮能力可以基本满足沉管拖航操控要求,在实际施工中,为应对不可预料的恶劣天气等意外情况,对拖轮配置数量进行增加,确保有足够的储备能力和安全系数。

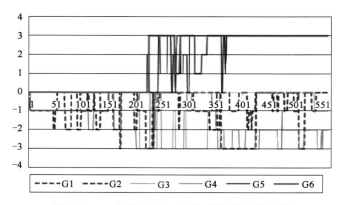

图 6.3-15　回旋水域一拖轮功率使用情况图

6.3.2.4　浮运拖航实操演练

为了降低首次在外海进行沉管浮运的风险,确保首节沉管管节的顺利安装,港珠澳大桥沉管隧道工程进行了4次浮运演练,演练中使用大型半潜驳代替管节进行拖航和出坞模拟演练。

1)演练目的

演练的主要目的是熟练操作流程、逐步规范指挥口令等,为后期管节正式浮运做好充分的准备。具体演练内容和目标包括以下几点。

(1)演练浮运决策系统,熟悉浮运决策会议的内容;

(2)演练浮运指挥系统,增强各船舶之间的沟通协调;

(3)检验浮运方案实用性,及早发现并解决问题;

(4)对浮运现场流速、流向进行校核,确定施工窗口;

(5)熟悉浮运线路,包括水深、航道宽度和拖轮可通行的区域;

(6)熟悉拖轮倒拖的操纵性;

(7)测试增加绑拖或舾拖对浮运操控性和浮运航速的影响;

(8)熟悉浮运软件的操作方法,调试检查浮运软件运行情况,检验测量船、拖轮和主控室之间信号传输;

(9)演练坞口编队、航道转向、回旋水域转向和应急情况处理的拖轮配合;

(10)确定现场指挥人员工作职责,增强操作熟练性。

2)船机配置

第一次、第二次浮运演练被拖船采用重任1500号甲板货驳;第三次、第四次浮运演练和出坞演练被拖船采用招商重工1号半潜驳。被拖船的情况见表6.3-8。

重任 1500 号和招商重工 1 号情况 表 6.3-8

基本要素	E1 管节	重任 1500 号	招商重二 1 号	备 注
总长(m)	112.5	110	140	—
船宽(m)	37.95	32	56	—
型深(m)	11.4	7.5	8.8	—
排水量(t)	47000	20526	45595	吃水 6m

第一次浮运系泊演练共使用拖轮 6 艘,其他作业船舶(含海事)29 艘;第二次浮运演练共使用拖轮 6 艘,其他作业船舶(含海事)27 艘;第三次浮运演练共使用拖轮 8 艘,其他作业船舶(含海事)30 艘;第四次浮运演练共使用拖轮 8 艘,其他作业船舶(含海事)17 艘。参加浮运演练的船舶情况见表 6.3-9。

浮运系泊演练船机配备表(单位:kW) 表 6.3-9

类型	第一次演练 数量	第一次演练 功率	第二次演练 数量	第二次演练 功率	第三次演练 数量	第三次演练 功率	第四次演练 数量	第四次演练 功率	备 注
拖轮	6	170088	6	22529.2	8	28721	8	28721	演练中发现功率不足,故增加拖轮数量和功率
起锚艇	6	6445.44	6	6445.44	8	8534.24	8	8534.24	
测量船	1	223.8	1	223.8	1	223.8	1	223.8	
起重船	2	559.5	2	559.5	2	559.5	2	559.5	
交通船	5	4110.46	5	4110.46	5	4110.46	5	4110.46	
安装船	2	—		—		—		—	
总计	22	28348	20	33868.4	24	42149	24	42149	

3) 演练内容

4 次浮运系泊演练主要内容见表 6.3-10,拖轮的拖带方式见图 6.3-16 ~ 图 6.3-19。

4 次浮运演练的主要内容 表 6.3-10

名称	主要内容
第一次	全航线拖运演练、人员落水演练、系泊演练、航道断缆应急演练、基槽断缆应急演练、基槽稳船演练
第二次	全航线拖运演练、直拖演练、"出"字形演练、倒拖演练、制动演练、基槽稳船演练、2 次系泊演练
第三次	全航线拖运演练、绑拖提速演练、制动演练、起拖演练、吊拖和绑拖直拖演练、3 次顺流演练、3 次掉头区转向演练、3 次系泊区稳船演练、艉端拖轮不受力演练、出基槽演练、系泊演练

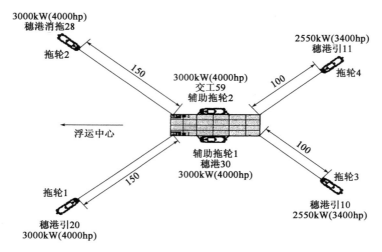

图 6.3-16　第一次浮运演练拖带方式（尺寸单位：m）

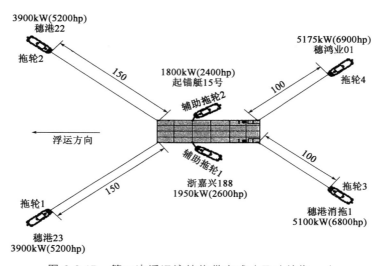

图 6.3-17　第二次浮运演练拖带方式（尺寸单位：m）

4）演练效果

演练中发现了浮运导航软件信号不好的问题，出现了被拖船偏离航道，以及水文气象观测资料与现场观测存在较大差异等问题。主要改进措施包括以下几点。

（1）浮运导航软件两套系统同时显示，并且要备用一套系统；

（2）主拖轮由 4 艘增加到 8 艘，备用充足的拖力确保管节受控；

（3）加强坞口、基槽、调头区等重点区域的海流观测和预报；

（4）增加现场测量船，加密现场海流观测频次；

（5）增加指挥人员，并加强海事警戒护航。

总体而言，4 次浮运演练是成功的，让操作和指挥人员熟悉了航道和拖轮性能，完善了浮运操控方案,大大降低了浮运施工风险。同时也清醒地认识到坞口横流、基槽水流力大,风浪影响,浮运航道位置特殊性,多拖轮配合难度大,出坞管节姿态控制难度大,强对流天气不确定性等风险将一直存在。

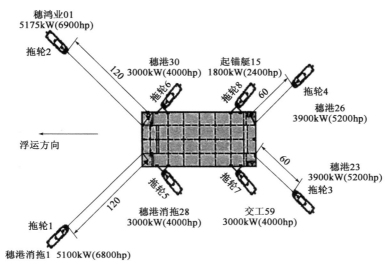

图 6.3-18　第三次浮运演练拖带方式（尺寸单位:m）

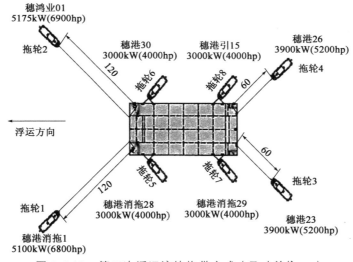

图 6.3-19　第四次浮运演练拖带方式（尺寸单位:m）

6.3.2.5　浮运工艺流程和要点

1) 浮运施工特点

(1) 管节尺寸、质量大,惯性大,现场姿态控制难度大。

(2) 浮运时需 13 艘拖轮同时配合作业,一致性要求高,协同作业难度大。

(3) 外海作业,并临近珠江口,受气象、流场、径流影响大,现场环境复杂。

(4) 基槽区域流向与基槽垂直,水流力较大,横拖距离远,姿态控制难。

(5) 岛头段堆载预压碎石开挖后的基槽水域狭窄,管节姿态控制难度加大。

2) 浮运船机设备

沉管浮运船机配备见表6.3-11。

沉管浮运、安装施工特点分析表 表6.3-11

序 号	船机/设备	单 位	数 量	序 号	船机/设备	单 位	数 量
1	安装船	艘	2	7	护航锚艇	艘	2
2	拖轮	艘	9~13	8	机动艇	艘	2
3	锚艇	艘	8~10	9	定位船	艘	2
4	测量船	艘	2~3	10	起重船	艘	2
5	警戒船	艘	10~12	11	潜水船	艘	2
6	交通船	艘	4				

3) 浮运施工步骤

管节浮运施工流程见图6.3-20。

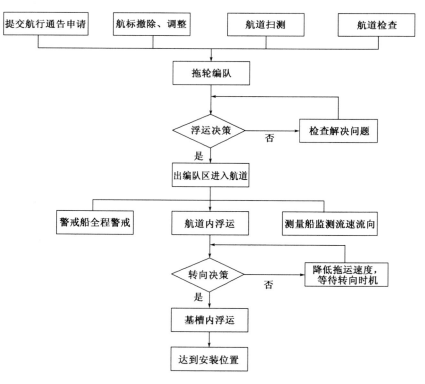

图6.3-20 管节浮运施工流程图

4）浮运准备

管节浮运准备工作主要包括以下几点：

（1）向海事部门提交管节浮运安装航行通告申请，配合海事部门做好封航、警戒、限速等相关准备工作；

（2）协调海事部门、航标部门做好部分航标撤除、调整工作；

（3）采用多波束测量船对浮运航道进行水深扫测，发现浅点及时清理；

（4）组织锚艇进行航道检查，发现碍航物及时清理。

5）管节出坞

管节出坞主要是利用坞口锚点、安装船上的绞车及岸上的卷扬机共同配合，绞移管节离开深坞区进入坞口编队区。出坞前准备工作主要包括以下几点。

（1）检查出坞锚系；

（2）检查出坞卷扬机、卸扣、快速脱钩器、引缆小卷扬机等；

（3）检查出坞舾装件；

（4）检查安装船绞车系统、电气系统。

由于坞门及坞口航道狭窄，在作业过程中，在统一的指挥协调下水陆相互配合，建立有效的协调指挥机制。利用绞移系统控制好沉管及安装船的位置，避免沉管（安装船）与坞门墩或坞口航道岸坡碰撞。

6）浮运编队

起拖时机选择在落潮转涨潮时段，在保持同样对水速度的条件下，可利用顺水流速加快沉管的实际浮运速度，提高其拖航操纵性、减少占用主航道的时间和减缓交通组织的压力。

出坞和编队在落潮末期或平潮的小流速时段进行，以确保管节状态由缆系控制转换为拖轮控制的平稳可控。安装船和管节出坞门后，根据现场实测海流情况，择机进行浮运拖轮的编队，按照 5→1→6→7→8→3→4→2（拖轮编号见图 6.3-21）的顺序，依次进行拖轮与管节和安装船的拖缆连接。

拖轮需提前 6h 出发，以确保在管节浮运前 2h 到达浮运编队区，进行浮运导航系统调试。

挂拖缆的过程中拖轮、管节采取的拖缆传递方式应安全、快速，并且容易在拖轮上操作，使用的拖缆引绳应轻便并具有较高的强度，足以安全地将拖缆牵引上主拖船甲板。管节拖缆在连接主拖船拖缆前，应使用液压钳或其他设施临时固定，拖缆连接好后，应确认所有连接构件紧固。

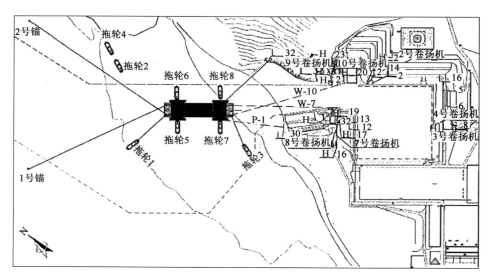

图 6.3-21　管节浮运拖轮编队

7) 过程控制

起拖时,应以微速前进,不要使缆绳突然拉紧或突然及时停车,交替用车减小拖缆的瞬时拉力,靠惯性使拖缆拉紧,如此反复地缓慢拖带前进。

拖航中应指定人员守望、检查拖带设施、拖缆等的受力情况是否均匀、是否处于正常状态,确保满足拖航要求。拖缆的摩擦点应设有适合的防磨损设备或采取防磨措施,经常润滑,检查防磨装置,长时间拖带时,拖缆的受力处应注意经常调整,防止单处受力、磨损。

在拖航过程中,根据具体情况适当调整拖缆长度,如风浪较大,航经水域水深足够时,可适当增加拖缆长度;航经浅水水域,或船舶通行密度较大时,可适当减速航行,收短拖缆。

管节进入转向区前缓慢降低航速,满足转向条件时由旁拖拖轮顶靠安装船进行转向。

8) 保障措施

(1) 航道扫测

在每节管节浮运前,多波束测量船对浮运航道水深进行全方位、多次扫测,如果水深不满足设计要求,立即进行航道清淤,确保航道水深满足施工要求。在沉管出运航道工程完工后及沉管出运之前,均应进行水深扫测,以确保达到设计水深,在沉管浮运的约 3 年时间内(每月出运 1 次),应定期或不定期进行测深,特别是在台风来袭过境后,应及时测深,维护本航道设计水深,以满足沉管浮运的通航安全要求。

（2）碍航检查和清理

安排2艘护航锚艇在浮运前进行3次航道障碍物检查；浮运时，在浮运编队前方1km处安排2艘护航锚艇在浮运编队前方进行检查，清理航道障碍物，同时起重船、测量船、定位船、警戒船现场待命。

（3）实时海流观测

浮运期间，4个固定流速测点、3艘测量船、2台波潮仪均实时向浮运软件系统提供流速、流向及潮位的数据。测量船实时测量流速、流向与浮标数据并进行比对，第一时间反馈给指挥人员。

9）注意事项

（1）在满足气象水文等限定条件前提下，沉管浮运拖航尽量安排在白天进行。

（2）拖航前做好隧道沉管水密性、浮性、稳性等各项安全检查工作。仔细检查拖带设备，查找隐患，拖带设备必须符合检验要求与足够的数量，并且具有合格证书及标明安全负荷的钢印或标志；所有卸扣、环及连接设备的极限负荷能力，应不小于其使用的最大拖缆破断负荷的1.5倍。

（3）在拖带中的转向或避让他船时，尽可能使用小舵角，舵角如果用得过大，很容易引起主拖缆先松弛，再突然绷紧，容易造成拖缆或其他与之连接的索具损坏。

（4）多船联合拖带的一个重要环节就是船舶间的通信、沟通、协调。拖带航行中，各拖轮均应值守规定的专用频道，指挥人员根据浮运定位软件提供的管节姿态数据，通过通信系统及时联系指挥各拖轮，确保通信畅通。另外，各拖轮与岸上、海事清道护航船之间也要保持通信畅通，以便随时听取主管部门的有关指令和加强与其他船舶的联系。

（5）拖航中最令人担心的是被拖船的偏荡问题，由于偏荡使拖缆突然拉紧，阻力增加，航速下降，严重的偏荡可能会造成拖缆绷断。发生偏荡时，应根据风、浪和流对其影响情况，及时调整拖速，也可释放适当长度的主拖缆，这有利于缓解因拖船和被拖体运动不协调而产生的冲击张力和缓解偏荡等；同时利用旁拖轮协助，克服或减少偏荡的影响，提高拖航稳定性。

（6）夜间备妥强力扫海灯，用于照示主拖缆方向和照亮被拖船。

（7）所有船员都必须加强值班责任心，机舱部应加大巡视力度，确保主副机及其他一切设备始终保持正常运转。

（8）拖航作业完全在广州船舶交通管理系统（vessel traffic service，VTS）覆盖区域航行，应遵守广州海事局船舶交通管理系统安全监督管理细则的各项规定。

（9）沉管浮运拖航属于重大件拖带作业，应加强瞭望，谨慎操作，当发现有他船横越航道时,应采取有效的避让措施,主动鸣声号,夜间可采取灯光照射等措施防止紧迫局面发生。根据避碰规则,拖航作业船舶属于操纵能力受到限制的船舶,即在船舶避让行动中属于直航船,然而,当发觉规定的让路船明显没有遵照规则采取适当行动时,拖带联合体应独自采取操纵行动,以避免碰撞。

（10）沉管拖带作业船舶属于操纵能力受到限制的船舶,需悬挂(显示)操纵能力受限的号型(号灯)。

（11）沉管浮运拖带中,主拖轮应及时预配风流压差,避免在航道中左右摆动而形成大的蛇形航迹。

10) 应急预案

（1）断缆预案

如遇到断缆情况,根据现场情况立即采取应急措施,在恢复系缆前应采取一切必要的手段以确保管节的安全。

立即报告领航员、巡逻艇、项目部及相关单位。

立即通知现场各有关方。

服从 VTS 和现场巡逻艇的指挥。

指挥各拖轮协调操作,控制管节位置。

必要时立即离开主航道,避免搁浅,避免碰撞他船,避免妨碍他船航行,在不影响他船安全的情况下,由备用拖船替换顶安装船,控制住管节,视情况恢复系缆。

（2）恶劣天气预案

如在浮运过程中有突发恶劣天气情况,根据现场情况应立即采用应急措施,在气象转好恢复航行前应采取一切必要的手段以确保管节的安全。

服从 VTS 和现场巡逻艇的指挥。

打开雷达及各种导航设备,保持船位。

立即通知现场各有关方协同行动。

指挥各拖轮协调操作,控制管节位置以避免搁浅,避免碰撞他船。

必要时立即离开主航道,根据 VTS 的指示原地控制位置。

保持与 VTS、巡逻艇和各方面的联系,随时报告现场情况和位置。

保持基高频(very high frequency,VHF)安全频道守听。

如果是能见度不良,按照能见度不良航行须知启动雾航程序。

（3）搁浅预案

如果航行中由于偏离航道等任何原因发生被拖管节搁浅根据现场情况立即采取措

施,在脱浅恢复航行前应采取一切必要的手段以确保管节的安全。

立即报告 VTS、巡逻艇、领航员、公司及相关单位。

立即通知现场各有关方。

服从 VTS 和现场巡逻艇的指挥。

指挥各拖轮协调操作,控制管节位置,往深水一侧拖,防止搁浅越来越严重。

注意利用涨落潮,必要时启动减排水系统,视搁浅情况决定是否可以凭现场资源进行脱浅,否则,申请岸基支援。

无论如何,采用一切可能的措施防止发生管节损害。

(4)其他紧急预案

若在浮运过程中发生主机闷车事故,应立即报告浮运总指挥,并向现场所有各方及时通报情况,指挥港拖控制管节。谨慎操作,避免发生与管节或他船碰撞,应采取一切可能的措施确保被拖管节安全。

若在拖航过程中发生断电,应立即报告拖航总指挥,并向现场所有各方及时通报情况。失控拖轮应立即启用备用发电机、并网,若主配电板故障,则启用应急发电机,检查并修理故障发电机或配电板。

若在拖航过程中发生舵失灵,应立即报告拖航总指挥,并向现场所有各方及时通报情况,指挥港拖控制管节,失控拖轮应立即启用应急舵,备用转机操纵,并用双车的偏转力矩来协助控制航向,及时通报动态,开启、显示相应的信号。拖运整个过程不得使用制动舵。

6.3.3 通航安全保障和管理

沉管浮运属于重大件水上拖带作业,浮运编队规模非常大,涉及数十艘船舶作业,沉管浮运拖带航速较慢,占用航道水域时间较长,势必会增加该水域过往船舶的航行、避让的难度,对航经水域的船舶通航环境影响大。重大项目一般由业主委托海事部门牵头建立专门水上安全管理组织机构,提前制订科学合理的水上施工及通航安全管理方案,协调参建和相关各方(项目业主、施工、监理、承拖单位、港口、渔政等部门)予以配合。沉管浮运前召开沉管浮运通航安全专题会议,由海事部门发布航行通告进行必要的封航、限航、限速等工作,浮运过程中海事部门安排海巡船进行清道护航和四周警戒等,确保施工安全和通航安全。

1)组织与协调机构

港珠澳大桥沉管隧道工程规模宏大,施工水域航运状况复杂,固定航道密集、中小型船舶非固定航线众多,船舶交汇频繁且容易误入施工警戒区,存在极大的安全风险。交通运输部海事局成立了"港珠澳大桥建设水上交通安全监管领导小组",设专职办公室(以下简称"海事局大桥办")开展工作。广东省发展和改革委员会牵头召开了港珠澳大桥建设联席会议,并设立办公室,确定由广东海事局作为沉管施工水上交通安全保障总协调人,广东海事局专门成立了港珠澳大桥海事处,办公场所设立于海事监管趸船上,趸船紧邻施工一线现场进行值守。为了保障沉管浮运与安装施工水上交通安全,海事局大桥办、港珠澳大桥管理局、中交联合体港珠澳大桥岛隧工程项目总经理部共同成立了港珠澳大桥沉管浮运与安装水上交通安全总指挥部,统筹各项工作。其组织架构如图 6.3-22 所示。

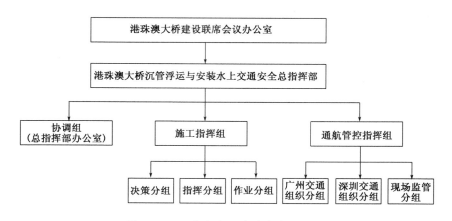

图 6.3-22　水上交通安全组织架构图

联席会议办公室负责处理难以协调解决的问题。总指挥部负责统筹指挥沉管浮运与安装水上交通安全全局工作,协调沉管浮运与安装涉及的粤港澳及港口、航运、海洋、军队等相关方面的工作。

协调组(总指挥部办公室)负责内外协调工作,组织召开相关协调会议;负责相关方案审查、信息沟通、工作布置、宣传宣贯、总结评估等工作,同时负责协调南海海巡执法总队、广州航标处、广州海事测绘中心相关配合工作。

施工指挥组负责沉管浮运与安装施工决策、施工指挥和施工技术,做好沉管浮运与安装施工技术方案的落实,加强施工现场相关作业船舶和作业人员的管理,与海事部门、国家海洋环境预报中心等密切沟通联系,确保沉管浮运与安装施工作业安全。

通航管控指挥组负责清道护航、现场监管和交通组织方案的编写、汇报和实施,工作人员由广州海事局指挥中心、交管中心、执法支队、港珠澳大桥海事处、沙角海事处、南沙海事处、装备与信息处、办公室、党工部和深圳海事局通航处派员组成。具体负责封航警戒船艇的调配、航行通告的发布、应急保障工作运行、船舶进出港计划编排、安排相关船舶候泊锚地等。

2）航道转换管理

根据施工工序安排和满足伶仃航道船舶通航的需求，沉管安装总体施工分7个阶段进行，具体阶段划分及每阶段的浮运线路和航道转换安排见表6.3-12。

施工阶段划分及浮运通航管理表　　　表6.3-12

序号	阶段	起始管节	结束管节	浮运和通航安排
1	第一阶段	E1	E10	E1~E10采用浮运线路一，伶仃航道通航
2	第二阶段	E11	E14	E11采用浮运线路一，E12~E14采用浮运线路二；伶仃航道禁航，启用伶仃临时航道，龙鼓西航道封航，启用龙鼓西临时航道
3	第三阶段	E15	E19	E15~E17采用浮运线路二，E18~E19采用浮运线路三；伶仃航道禁航，启用伶仃临时航道，龙鼓西航道设禁航区，启用龙鼓西临时航道
4	第四阶段	E20	E22	E20~E22采用浮运线路三，伶仃航道恢复通航，龙鼓西航道设禁航区，启用龙鼓西临时航道
5	第五阶段	E23	E28	E23~E28采用浮运线路三；伶仃航道通航，龙鼓西航道恢复通航
6	第六阶段	E33	E29	E33~E29采用浮运线路三，由东向西安装；伶仃航道通航，龙鼓西航道通航
7	第七阶段	最终接头		—

3）工作机制和程序

沉管浮运与安装施工技术难度大、周期长，水上交通安全保障工作复杂、涉及面广，为加强组织协调、明确职责分工，保证施工安全、有序、顺利进行，海事局、业主和施工单位共同编制了《港珠澳大桥岛隧工程沉管浮运与安装水上交通安全工作手册》。按照上述浮运与安装施工阶段划分，每阶段的水上交通安全保障管理工作机制工作要求如表6.3-13所示。

通航安全保障管理工作机制和要求　　　表6.3-13

工作任务	时间节点	组织/实施单位	工作要求
浮运与安装方案和水上交通安全保障工作方案审批	首节沉管浮运前半个月	海事局大桥办	施工单位向海事局大桥办提交申请，广州海事局提交方案审批申请，海事局大桥办召开专家审查会，发布审查意见

续上表

工作任务	时间节点	组织/实施单位	工作要求
各阶段浮运安装方案和水上交通安全保障工作方案审查	每阶段前25d	海事局大桥办	—
宣贯图制作	每阶段前25d	海事测绘中心	每个阶段一幅,图由施工单位委托制作
浮运计划公布	每阶段前20d	海事局大桥办	施工单位向海事局大桥办申请,海事局大桥办以通告形式公布
各阶段宣贯会	每阶段一次提前7d	海事局大桥办、广州海事局、珠海海事局	粤港澳三地海事机构宣贯会由海事局大桥办实施,境内宣贯会委托广州海事局实施,粤港澳三地高速客船宣贯会委托珠海海事局实施
中间评估	必要时	海事局大桥办、施工单位	请专家、顾问、港口航运、生产调度等相关单位参加

每节沉管浮运与安装施工,实施浮运与安装水上交通安全保障单节工作机制。以每次沉管浮运作业当天为节点提前7d,由中交联合体港珠澳大桥岛隧工程项目总经理部向海事局大桥办递交浮运与安装申请。施工单位需要履行的相关手续如表6.3-14所示。

管节浮运海事管理手续申请表　　　　　　表6.3-14

序号	办理内容	时间
1	向海事局大桥办递交下一管节浮运安装申请报告	7d前
2	向海事局大桥办递交下一管节浮运安装航行通告申请	7d前
3	向海事局大桥办递交下一管节浮运安装施工方案	7d前
4	向海事局大桥办提供工作岗位主要人员分布表	2d前
5	向广州海事交管中心递交航行申请	24h前

总指挥部办公室根据浮运与安装申请,召开工作布置会,发布启动指令,启动浮运与安装阶段工作程序。

4)通航管控和保障措施

(1)宣贯方面

①航行通告。

依据不同的时间节点和工作需求,航行通告的发布分为两种。

一是关于浮运安装时间计划安排的预告,由施工组向海事局大桥办提交发布下个阶段浮运安装时间计划安排的申请,海事局大桥办通过报纸、网站和直通车的形式对外发布航行通告。

二是关于单次浮运安装的航行通告,具体工作流程及要求为:在每节沉管浮运安装前7d,施工组向海事局大桥办提交航行通(警)告发布申请;海事局大桥办收到申请后,在作业前6d通过报纸、网站和直通车形式对外发布航行通告;广州、深圳交通组织小组将航行通告的内容编制成航行警告,在浮运安装作业前24h,通过VHF播发。其中,起拖前7h加密播发。

②宣贯会议。

在沉管浮运安装每阶段开始前和其他必要时,海事局大桥办负责统筹策划宣贯会议,组织制订会议材料,对整个珠江口有关单位和船舶开展宣贯。

③宣贯图表。

每个阶段的沉管浮运安装须制作对应的宣贯图,由施工组委托广州海事测绘中心将沉管浮运安装航线、交通管制内容等制作成宣贯图,经海事局大桥办认可后,通过宣贯会议、签证窗口和现场派发等形式对外发布。

④渔政宣贯。

每次航行通告发布后,大桥管理局及时协调省、市渔政管理部门向相关渔港、船舶传达、落实宣贯工作。

⑤其他宣贯。

必要时,由总指挥部办公室提请三地委组织港澳海事及相关航运单位召开专题宣贯会议,加强宣贯。

(2)交通组织

①交通管制和协调。

在沉管浮运期间必须进行严密的水上交通组织,沉管浮运时,需海事部门加强对榕树头航道、大濠水道或伶仃航道的水上交通管理,实施交通管制。浮运航道为单向航道,需安排清道船在前方清道,从沉管浮运起拖至回旋区之间的航道段(约12km、6.5n mile)禁止任何船舶与之对遇或追越,禁止其他无关船舶进出该段航道;港澳线高速客船禁止抢拖轮船艏通过;航道两侧水域的水深条件较好,吃水较小的船可利用航道两侧水域避让。

同时,浮运作业也十分需要港口生产调度、安全管理部门等各方的协调和积极支持。港口相关部门需根据沉管浮运拖航计划,科学合理地安排大型船舶进港,在浮运期间,尽量少安排船舶进出港通过该段水域;同时,施工组需提前向海事部门提前申请发布航行通(警)告,浮运前摸查所需经航道航标情况;浮运期间海事部门进行现场交通组织,清道、护航和警戒,维护好沉管浮运航经水域的水上交通安全。

其他管制措施包括以下几点:提前发布航行通(警)告,广州 VTS 中心、深圳 VTS 中心提前通过 VHF 播发航行警告;浮运作业前一天,广州 VTS 中心做好应急锚地安排;在沉管浮运前后各 2h 及整个浮运过程中,广州 VTS 中心对榕树头航道实施临时性交通管制,禁止所有船舶与浮运作业船在榕树头航道中会遇及追越、横越;广州 VTS 中心、深圳 VTS 中心根据管节浮运、安装路线计划,确定对伶仃临时航道、伶仃航道、铜鼓航道、龙鼓西航道是否实施交通管制。

广州 VTS 中心根据浮运方案和交通管制要求进行临时交通管制,避免所有高速客轮横越浮运作业船编队,若高速客轮确需横越浮运作业船编队,必须经过广州 VTS 中心审核,保持距离编队 1000m 外方可通过。广州 VTS 中心根据浮运作业船动态发布实时航行安全信息,提醒航经船舶协调避让,必要时可绕道桂山岛东边进出口。

②航道航标撤除和恢复。

沉管浮运前,检查警戒区、禁航区的标识是否存在碍航等异常情况,海事航标处撤除影响沉管浮运的航标及警戒标,并在浮运结束后及时恢复。

③警戒区设置。

为保障港珠澳大桥沉管隧道工程施工安全,工程施工水域共进行了 3 次航道转换,5 次施工警戒区、禁航区布设与调整。

④禁航区布设。

在施工区上下游 1200m 处设置了施工禁航区,避免了中小型船舶误闯龙鼓西航道的风险。

(3)现场监管

①护航警戒。

沉管浮运期间,海事部门安排海巡船、渔政执法船在内的警戒船艇组成沉管浮运护航编队,提供沉管浮运期间的安全保障。沉管浮运期间,禁止船舶横越编队和近距离驶过;沉管系泊、安装施工水域,禁止其他船舶穿越并须在足够的距离外慢车通过。护航期间将浮运水域划分为核心警戒区和预警区,安排 10 余艘执法船参与护航警戒工作,如图 6.3-23 所示。

浮运作业完成后,根据现场施工需要,安排 3~4 艘海巡船做好沉管系泊、安装期间的安全警戒工作;安装船撤离后,海事部门安排 1~2 艘海巡船做好管节回填期间的安全警戒工作。航道转换及施工警戒区、禁航区调整期间,项目部安排多艘大功率拖轮配合海事部门进行上下游的安全警戒。

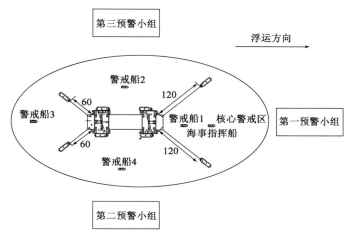

图 6.3-23　护航警戒编队示意图(尺寸单位:m)

护航警戒工作要求如下:护航警戒期间,广州船舶交通管理中心专台加强值班,跟踪进出港船舶,定期发布信息,提醒和监控过往船舶不应妨碍和干扰沉管浮运编队通行和作业;负责现场警戒和应急保障的船艇应守听广州船舶交通管理中心 VHF09 频道,并执行交管中心的指令;各警戒和应急保障船艇,发现妨碍编队通行和作业的船舶应立即利用高音喇叭、VHF 劝告船舶掉头改航或停航等待;船舶不听劝告时,应予以拦截并立即向现场指挥及局值班室报告;与工作组之间的通信应使用 VHF09 频道;浮运编队的内部通信可用商定的频道;其他通信可用手机;加强源头管理。通过海事部门的政务窗口、签证站点、官方网站尽早公告封航管制信息,减小封航管制期间突发状况的发生。

②航道封航与限速。

为解决沉管隧道施工与珠江口伶仃航道、龙鼓西航道通航的安全问题,设置了三条浮运线路。受沉管浮运线路与通航航道交叉影响,浮运期间需要进行航道封航管控。铜鼓航道、龙鼓西航道等水域为交通管理中心管控实施水域。实施时间从拖航编队起拖前 2h 开始,至沉管进入基槽水域。封航水域为榕树头航道,伶仃临时航道、伶仃航道、铜鼓航道、龙鼓西航道等视沉管浮运路线实施封航。

为减小进出港大型油轮、集装箱班轮等产生的船行波对施工造成影响,沉管系泊、安装及回填期间对通航的航道实施 8～12n mile/h 的限速管控。在沉管安装过程中,广州 VTS 中心在伶仃北报告线、桂山北灯船设置两条预警线,对到达预警线的船舶提供安装作业船的动态信息,提醒航经船舶控制航速,安全有序通过。

③总结与评估。

根据工作需要,总指挥部办公室及时召集各工作组召开总结评估会议,总结工作经验,查找存在问题,进一步完善各项方案和安全措施,科学评估航道封航时间、管控水域范围,减少对珠江口港航企业正常生产和过往船舶正常通航的影响,切实保障沉管浮运安装水上交通安全。

6.4 外海深水超大沉管系泊关键技术和装备

沉管安装水下对接要达到厘米级精度要求,需要对管节进行精确定位和调整。考察当前船舶和海洋结构物定位技术的发展情况,从定位原理区分,可分为系泊定位和动力定位两种方式,由于动力定位应用场景的特殊性和技术复杂性,在目前的沉管隧道领域受限,也未曾有应用先例,故沉管安装一般选用锚缆组合的系泊定位方式。管节自身体量巨大,在自然环境下受到风、波浪和水流的综合影响,稳定和准确定位难度大,特别在外海条件下,更是需要设计和配置足够强大和稳定的锚泊定位系统。从风险管理的角度上系泊定位系统属于重大风险源,需要综合考虑管节尺寸、施工水域环境条件,水深地质条件及设备配置情况进行确定。

沉管系泊是指管节(船管组合体)浮运至基槽位置待安装区域后,通过将安装船上的缆系与预设在海床上的锚碇连接形成多点锚泊定位系统的过程。港珠澳大桥沉管隧道管节具有断面和体量巨大,受波浪、水流影响极大;安装船与沉管组成多浮体柔性受力体系,动力响应规律复杂;流态复杂,系泊作业时间受限等特点。管节系泊是将管节从拖轮控制转换为锚系控制的过程,属于一个状态转换过程,在外海复杂的作业环境下,管节的稳定受控始终是一个最关键的问题。

为此,港珠澳大桥沉管隧道工程从以下几个方面进行了沉管系泊关键技术的研究工作。

开展系泊定位方式专题研究,从管节沉放方式、系泊方式的调研和比较选择入手,设计适合港珠澳大桥沉管隧道工程的锚泊定位系统。

开展系泊控制参数专题研究,通过物理模型、数学模拟试验分析确定双体船沉放驳锚泊系统的锚缆受力情况,掌握管节系泊过程中的动力响应。

开展锚泊设备的选型专题研究,通过调研分析各类不同型式的锚、锚绞车和锚索的特点和使用要求,结合现场1∶1锚抓力原型试验,最终选择适合港珠澳大桥沉管隧道工程需求的锚泊设备。

开展系泊操控方案专题研究,通过系泊实操演练确定所需的船机配备和工艺流程,确保系泊作业快速安全完成,管节状态始终受控。

6.4.1 外海超大深水沉管系泊定位方式

截至目前,工程船舶的定位方式有两种,即传统的锚缆系泊定位和新式的全动力定位(借助于推进器保持船舶的位置),由于当前沉管隧道领域最大的安装水深也不超过100m(土耳其博斯普鲁斯海峡沉管隧道最深为60m),故尚未有应用动力定位系统的案例,仍然都采用传统的锚缆系泊定位方式。

由于沉管系泊定位与后续的沉放对接工序密切相关,稳固的系泊定位可为管节的沉放对接提供基础和保障,二者间相互影响,需要结合起来统一考虑,故在研究具体的系泊方式前需要先确定所用的沉放设备和方式。

1)锚系布置方式研究

与大多数工程船舶系泊方式类似,沉管安装一般选用悬链线式(系泊线的外形是弯曲的悬链线)多点锚泊系统,即以船管组合体为中心,向四周抛出若干个锚及锚索系住安装船及管节,提供稳固的定位能力和方便的调整能力。

一般工程船舶定位锚系系统的确定主要取决于船型,环境条件(波高、周期、风速、流速、水深等)及作业要求。参考已有的双驳杠吊法锚布方式案例,结合港珠澳大桥沉管隧道工程的特点,考虑按以下几条原则进行港珠澳大桥沉管安装的锚系优化和设计。

①满足在设计作业窗口条件下的稳定系泊定位要求,并考虑一定富余安全度以应对小概率发生和不可预料的超出窗口条件的情况。

②为减少管节安装时移锚的数量,降低使用成本,提高作业效率,管节锚系布置时应考虑相邻管节采用的锚点尽量共用。

③为避免对管节首端 GINA 止水带可能造成的破坏风险,考虑取消舟首抽芯缆。

④为避免对尾端后续管节基床、地基或基槽边坡的破坏风险,考虑取消脆抽芯缆。

⑤考虑港珠澳大桥沉管隧道工程深水深槽的特点,基槽坡长长且土质软弱,锚点位置要与边坡位置有足够的安全距离,在确保锚抓力稳定的同时避免拉锚和使用过程中对边坡稳定造成影响。

⑥当锚泊系统达到最大的预见偏移时,锚索(抛出船体外部分)的长度应足以使其与海底相切。

⑦考虑沉管安装精确定位的要求,锚缆布设角度应能方便地对安装船和管节进行纵、横两个方向的调节。

综合上述因素最终确定采用12点对称锚泊系统,即单个管节需要布置12口锚,包括8口操控沉放驳的系泊锚和4口操控管节的安装锚。系泊锚和安装锚沿管节两侧平行于隧道轴线布置,深水区和浅水区相同,系泊锚距离隧道轴线300m布置,安装锚距离隧道轴线200m布置,系泊缆和安装缆与隧道轴线的夹角按45°~60°控制(图6.4-1)。

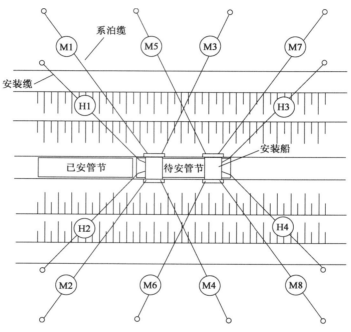

图6.4-1 港珠澳大桥沉管安装锚系平面布置图

上个管节(E_n)安装完成后,下个管节(E_n+1)的锚系布置时考虑锚位共用,如图6.4-2所示,将2口系泊锚和4口安装锚进行移位,其他锚位不变。

系泊缆用于控制管节安装时安装驳和船管组合体的水平位移,安装缆则用于控制管节沉放对接时的水平位移。此外,尚需利用吊缆索进行船管间临时连接和控制管节在水中的竖向位移。管节系泊缆(M缆)和安装缆索(H缆)的操纵端皆为设在安装船甲板上的锚绞车,系泊缆另一端直接与预设在海床上的系泊锚相连,而安装缆索先自甲板绞车牵引,通过垂直导向轮穿过甲板上的月池至管节顶部,然后通过水平导向轮引至管节两端,再由管节端部导向轮与海床上的4口预埋安装锚相连(图6.4-3、图6.4-4)。

管节在基槽内横拖就位后即可进行锚定,若气象、水文条件不满足管节沉放条件,管节将在系泊位置上进行沉放等待。此时管节和沉放船依靠支墩与吊缆连接在一起(提升绞车缆绳提供部分预紧力),系泊缆通过卷扬机施加一定预紧力,安装缆处于松弛状态,管节水流力由 8 根系泊缆(两船)缆绳承受,4 根管节安装缆(两船)缆绳不受力。

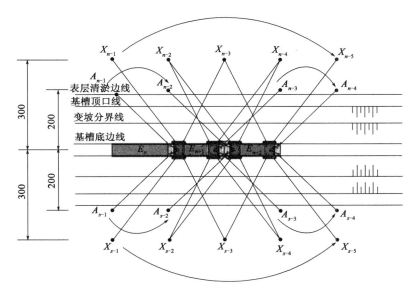

图 6.4-2 起锚、移锚示意图(尺寸单位:m)

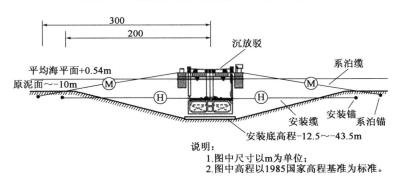

图 6.4-3 港珠澳大桥沉管安装锚系立面布置图(尺寸单位:m)

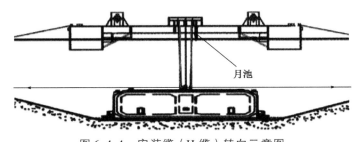

图 6.4-4 安装缆(H 缆)转向示意图

港珠澳大桥沉管系泊锚布方式的优点是最大化减少了锚缆数量,提高了锚点的共用性,减少了起抛锚和带缆的工作量,较大程度地提高了系泊的工作效率,但与此同时,由于4条安装缆需要同时控制管节的纵向和横向移动,操作时两个方向相互影响,所以该方法对安装工艺和人员素质的要求更高,需要提前进行大量培训和演练。

6.4.2 外海超大深水沉管锚泊设备选型

沉管锚泊定位系统主要由锚绞车、锚泊线(锚索)及锚碇三部分组成。锚绞车和锚泊线的选型一般由船舶设计单位根据管船组合体在安装过程中受到的最大作用力确定,而可能受到的最大作用力则需依据模型试验结果,分析风荷载、水流荷载和波浪荷载的不利组合情况综合确定;锚碇在锚泊定位系统中占有重要地位,安装驳船和隧道管节最终都需要与海床上的预设的锚碇相连,管节和安装船所受的水流力、波浪力等都会传递至锚碇,故锚碇的稳定性决定了整个锚泊定位系统的可靠性。特别要强调,对管节和安装船组可能面对的最严苛情况要进行充分考虑,因为锚泊定位系统一旦出现问题,现场将可能产生灾难性的重大风险。

1)定位锚绞车

安装船的各系统之中,卷扬系统为核心部件,沉管安装相关缆索系统的工作拉力、极限拉力是卷扬系统设计的核心指标。

对定位锚绞车的要求是通过系泊后对锚绞车的操作来保障沉管和安装船能在工作水域精确定位,并沿着设计和要求的运动轨迹自如地前进、后退和横移。锚绞车应具有足够的功率,满足要求的操作拉力及充足的储存锚索的能力,具备机旁和集中遥控操作兼有的能力。锚绞车的拉力要经过系泊力的计算确定,就是要根据风、浪、流条件进行计算分析,一般按照锚绞车中间层缆绳的拉力定位额定拉力;缆绳长度根据施工水深确定,一般是水深的8~11倍;锚绞车要有阻尼制动,主要是用于放缆;锚绞车一般有两套制动系统,每套制动系统能力最小不小于钢丝绳破断力的50%。

根据物模试验和数模试验的结果,经过船舶设计部门对沉管系泊和安装需求的分析,确定锚绞车性能参数见表6.4-1。

锚绞车性能表   表6.4-1

类型	绞车能力(kN)	额定速度(m/min)	放缆速度(m/min)	钢丝绳直径(kN)	钢丝绳长度(m)	最小破断载荷(kN)
安装绞车	637	0~9 满载 18 轻载	20	52	600	32017
系泊绞车	1176	0~9 满载 18 轻载	20	65	685	33610
杂用绞车	245	0~9 满载 18 轻载	20	48	500	22049

(1)系泊锚绞车

综合物模、数模试验和理论计算水流力结果,同时考虑一定安全储备,港珠澳大桥沉管隧道工程选取总系泊缆力按 2940kN 控制,单根缆力按 980kN 控制。经过比选,系泊锚绞车选用 1176kN 移船绞车系统。

(2)安装锚绞车

综合物模、数模试验和理论计算水流力结果,同时考虑一定安全储备,港珠澳大桥沉管隧道工程选取总安装缆力按 980kN 控制,单根缆力按 490kN 控制。经比选,安装锚绞车选用 65t 管节水平调节绞车系统。

2)锚泊线形式

锚泊线又称锚索或系泊链,分为 4 种形式:锚链、钢缆、合成纤维缆和缆链组合方式。锚链系统具有良好的耐用性,能较好地抵御锚链与底部海床的摩擦,但重量大,需要大功率和大制动力的锚绞车,不符合深水作业要求;钢丝绳系统较轻,只需较低预张力就能比锚链提供更大的复原力,但单纯的钢缆系统需要更长的锚索,并且钢丝绳易受到润滑油的腐蚀及机械磨损;合成纤维缆具有较大水平回复力,减小了浮体的水平位移量,同时具有较小刚度,降低了缆绳的拉伸长度,但缆绳的轴向刚度随轴线作用力及力的作用时间而变化,绳股间容易打滑产生蠕变,并且不能预先放置于海底,只能作为悬浮部分,安装起来相对复杂。

经综合比较港珠澳大桥沉管隧道工程选用的锚泊线为缆链组合形式,缆指钢缆或钢丝绳,链指锚链,锚链配置在锚与钢丝绳之间,选择一节(名义长度 27.5m)船用标准锚链,钢丝绳则与绞车相连。缆链组合形式具有低预张力、高复原力、较高的锚抓力及良好的抗磨损性等特点(图 6.4-5)。

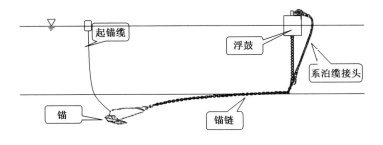

图 6.4-5 缆链组合形式示意图

根据系泊控制参数研究成果,系泊缆(M 缆)、安装缆(H 缆)设计额定缆力值和规格型号选择见表 6.4-2。

沉管系泊线缆规格一览表　　　表6.4-2

线缆类别	类型	额定缆力(挂)	缆规格(mm)	数量
安装缆索	钢缆(海用)	65	52	5
系泊缆索	钢缆(海用)	120	65	8

在E20管节施工遭遇异常波浪影响,缆力实时监测结果表明,沉管大幅运动过程中,系泊缆和安装缆缆力变化剧烈,但全部缆系受力均未超过设计极限值,锚缆的合理选用为沉管安装安全提供了保障。

3)锚碇形式

锚系统的设计和选型主要考虑以下因素:海底地形地质条件、对锚承受荷载能力的要求(包括承受竖直向和水平向荷载的能力、周期性和极限条件)、锚的安装方法、设计使用寿命、锚的稳性(极限载荷作用下的允许极限位移或拖曳作用下的旋转稳性)、系统检查方法(可继续应用或停用的要求)和资金成本限制等。

沉管隧道施工中所用到的锚碇的形式多样,包括重力式锚、普通船锚、大抓力锚、桩锚、吸力锚和锚碇平台等,不同的锚碇有不同的优缺点,所提供的锚抓力、占用水域的范围、布设所需要的配合船机等也各不相同,其惯常使用的范围及其所配合使用的锚布方式也各有特点。以下介绍包括海洋工程在内的所有锚碇形式,为外海沉管隧道施工选择合适的锚碇形式。

港珠澳大桥沉管隧道所在的海床底质为淤泥及淤泥质黏土层,厚度较大,并且安装水深不大(沉放水深不大于50m,海床水深约10m),抛锚距离与水深的比值约为30:1,属于传统的悬链线式锚泊定位系统,从系泊系统受力原理上,拖曳嵌入式大抓力锚更符合本工程的要求(图6.4-6)。

4)锚抓力试验

根据港珠澳大桥沉管隧道工程实际使用条件,用锚应满足以下条件。

①承载力要求:安装锚需要提供735kN承载力,系泊锚需要提供1470kN承载力。

②安装锚需要适应竖向+6°~-5°的角度变化。

③考虑锚点的共用性要求,系泊锚水平方向上适应缆力0°~70°的变化。

④考虑布锚、起锚便利,锚重能够适应现场布锚和起锚设备的能力。

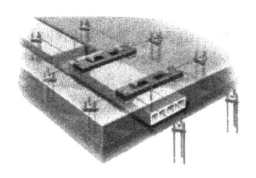 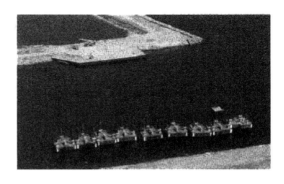

图 6.4-6　沉管隧道定位用自升式重力锚碇平台

锚的抓力受地质的变化影响较大,港珠澳大桥沉管隧道工程系泊风险特别高,因此,对于已在以往工程应用时得出的抓重比系数和操控性,难以在港珠澳大桥沉管隧道工程中进行定量的分析和直接应用,必须通过在港珠澳大桥沉管隧道工程施工区域进行实体锚试验,得出精确的技术数据和施工操控情况,选取最适合的锚型,确保工程沉管安装的施工安全性和精准控制。

5)第一阶段试验结果和分析

试验时应记录试验海域气象和海域数据(波高、流速、风向等),并连续自动记录时间-抓力(起锚力)曲线图,取自动记录时间-抓力(起锚力)曲线图中稳定的有效峰值平均值作为锚抓力(起锚力)值,锚抓力与时间关系曲线图如图 6.4-7 所示。

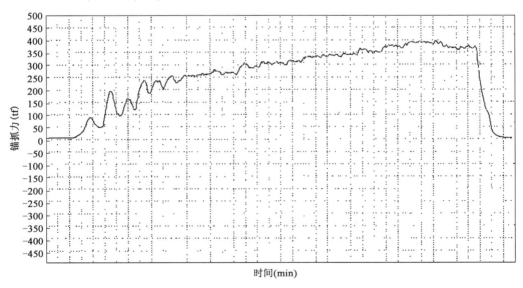

注:图中 1tf=9.8kN。

图 6.4-7　锚抓力与时间关系曲线图

对上述各锚型锚抓力和抓重系数进行统计分析,经过对数据进行平均处理,求得试验用大抓力锚锚抓力数据见表6.4-3。

锚抓力试验数据　　　　表6.4-3

锚　　　型	锚抓力(kN)	抓　重　比	备　注
AC-14型(38.6kN)	119.0	3.08	—
HYD-14型(39.2kN)	377.3	9.6	—
HY-17型(29.4kN)	650.0	22.11	—

(1)AC-14型锚适用性分析

从锚生产厂家资料来看,AC-14型锚在全部使用锚链时,抓力系数随锚重增加而减小(小吨位锚因连接锚链,锚链产生的附加抓力较大)。如只用短锚链(27.5m),与现场工况相同,抓力系数减少较多,根据38.6kN AC-14型大抓力锚试验结果分析,AC-14型锚平均锚抓力为119.0kN,其平均抓重比只有3.08,不适宜在港珠澳大桥沉管安装现场使用。

(2)HYD-14型锚适用性分析

HYD-14型锚抓力系数变化较AC-14型稍小,在现场试验中锚抓力较同吨位AC-14型锚的三倍以上,外形尺寸与AC-14型相近,便于收放,并且带有专用起锚转环,适于沉管安装定位现场使用。本次试验测出39.2kN HYD-14大抓力锚在施工海域内的平均锚抓力为377.3kN,平均抓重比为9.6;在锚抓力达到294kN时,通过拱船配合平均起锚力约156.8kN,约为锚抓力的0.5倍。

HYD-14型锚由于锚抓力较大,起锚艇直接垂直起锚较困难,必须通过前后拱船才能起锚,在拱锚起锚力达到50%左右的锚抓力时,可以完成起锚作业。

(3)HY-17型锚适用性分析

HY-17型锚外形型尺寸较大,整体为高强锰钢焊接结构,根据现场试验结果分析,HY-17型锚在施工海域内的平均锚抓力为650.0kN,平均抓重比为22.11;但起锚力较大,不便于收放,方向性要求较强,总体上适合沉管安装定位需要。

HY-17型锚由于锚抓力较大,起锚艇直接垂直起锚非常困难,通过拖轮反向拖带锚头绳起锚,可以有效地解决起锚问题,大大提高了起锚效率,拖轮反向拖带锚头绳当拖力达到50%左右的锚抓力时,可以完成起锚作业。

(4)大抓力锚入泥姿态分析

起锚艇在沉管隧道施工海域指定位置下锚,待锚沉入海底后,HY-17型大抓力锚在大功率拖轮拖带下,钢丝绳锚缆及锚链逐步带劲。当拖力达到一定值后,大抓力锚呈受力状态,大抓力锚锚杆朝向逐步与拖轮航向相同。随着拖力逐步增大,大抓力锚逐步沉入泥层,当拖轮拖力值达到最大锚抓力 637kN 时,大抓力锚开始走锚,如图 6.4-8 所示。

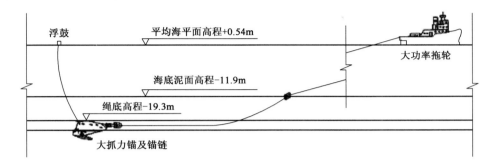

图 6.4-8　大抓力锚入泥后姿态示意图

(5)拖曳距离与拖力的关系

HYD-14 型大抓力锚在拖轮拉锚入泥过程中,当拖轮拖力达到 220.5kN、235.2kN、264.6kN 时测得拖曳距离分别为 7m、9m、11m,当拖力达到最大锚抓力 392kN 时,大抓力锚开始走锚,此时拖曳距离为 18.69m,走锚后拖力稳定在 343~372.4kN,拖力与拖曳距离关系曲线趋如图 6.4-9 所示。

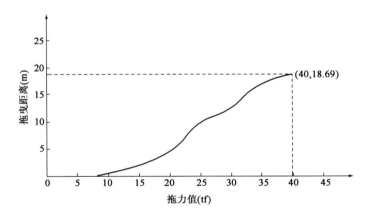

注:图中 1tf = 9.8kN。

图 6.4-9　拖力与拖曳距离的曲线关系

HY-17 型大抓力锚当拖轮拖力值达到最大锚抓力 637kN 时,拖轮停止作业。大抓力锚自初始下锚点位置至达到最大锚抓力位置距离为 25.05m,HY-17 型大抓力锚达到最大锚抓力后,开始走锚,拖力值稳定在 588~637kN,拖力与拖曳距离曲线关系如图 6.4-10 所示。

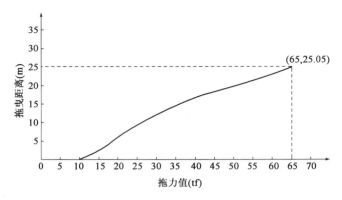

注：图中 1tf = 9.8kN。

图 6.4-10　拖力与拖曳距离曲线关系图

6）第二阶段试验结果和分析

根据第一阶段大抓力锚试验结果分析，由于 AC-14 型大抓力锚锚抓力系数较小，不适合港珠澳大桥沉管隧道工程现场使用；HYD-14 型和 HY-17 型大抓力锚较适合港珠澳大桥沉管隧道工程地质情况。为确保所选锚型的实际能力满足沉管定位要求，根据第一阶段所测的锚抓力系数和沉管系泊所需抵抗的实际水流力，选择 HYD-14 型（147kN）、HY-17 型（49kN）大抓力锚为第二阶段 1∶1 试验锚型。

HYD-14 型（147kN）大抓力锚在拖轮德跃号、拖轮航峰 006 号拖带下进行大抓力锚试验，起锚方式为拖轮反方向（与锚抓力方向相反）进行拖带起锚绳起锚。本组试验测出 HYD-14 型锚抓重比为 7.67。当拖力为 490kN 时未发现锚动现象，当拖力为 1176kN 时，发现锚产生微动，当位移不明显。锚抓力试验完成后拖轮反拖大抓力锚，当拖力达到 784kN 时，大抓力锚破土而出，起锚耗时约为 15min。

HY-17 型大抓力锚在拖轮德跃号、拖轮航峰 006 号拖带下进行大抓力锚试验，起锚方式为拖轮德跃号反方向（与锚抓力方向相反）进行拖带起锚绳起锚。本组试验测出 HY-17 型锚抓重比为 20.0。当拖力为 980kN 时锚未动，当拖力为 1029kN 时锚产生较明显位移，走锚后其拖力值未产生明显的变化，其拖力值稳定在 980kN 左右，锚抓力试验完成后，拖轮开始反拖大抓力锚，当拖力值达到 735kN 时，大抓力锚破土而出，起锚耗时约为 20min。

从试验结果分析，HYD-14 型大抓力锚随着锚重的增加，其抓力系数呈下降趋势，并且自身重量较大，给系泊作业带来一定的不便。HY-17 型大抓力锚随着锚重的增加，其抓力系数变化较小，走锚后抓力稳定，未产生较明显变化，这一特性对管节系泊作业是有利的。总体上，HY-17 型锚比 HYD-14 型锚更适合于港珠澳大桥沉管隧道工程管节系泊定位。

7)港珠澳大桥沉管系泊用锚选型

根据对大抓力锚相关资料的调研,通过选用各类原型大抓力锚进行现场锚抓力试验,从施工工艺、施工风险、施工成本等方面对不同类型的大抓力锚充分比选、论证,经过综合分析对比,最终确定 HY-17 型大抓力锚作为港珠澳大桥沉管隧道工程管节定位锚碇,该锚具有抓重比大的特点,实测抓力系数可达到 15~20,可以有效抵抗作用在管节上的波流力,为沉管安装提供稳定定位支持。锚的具体选型见表 6.4-4。

HY-17 锚 选 型 表 表 6.4-4

类 型	型 号	锚 重	数 量	抓重比	极限锚抓力
安装锚	HY-17 型	49kN	4口	20	980kN>735kN
系泊锚	HY-17 型	78.4kN	8口	20	1568kN>1470kN

6.4.3 外海超大深水沉管系泊操控方案

1)锚泊系统集成

经综合比选,港珠澳大桥沉管安装采用双驳杠吊法锚泊定位系统,由设在两艘安装船上的锚绞车(相应的钢丝绳锚泊线)、设在管节顶面的导缆器舾装件、设在海床上的 HY-17 型大抓力锚锚碇等组成,系泊连接完成后用以抵抗波流力保持管节位置稳定,在沉放对接过程中通过缆索和绞车来控制管节位移。

根据不同功能和用途,设置四类锚绞车和相应的缆索,所有的缆索卷筒和绞车均布置在安装驳系统甲板上。其中管节系泊和安装缆索与预设在海床上的 HY-17 型大抓力锚相连,此外,为方便安装驳进出深坞,配备 4 套 245kN 锚绞车及辅助缆系。

①安装缆索 H(控制管节安装时的水平位移);

②系泊缆索 M(控制管节安装时安装驳的水平位移);

③辅助缆索(辅助安装驳进坞和沉管出坞);

④吊索缆索 L(控制管节安装时的竖向位移)。

为确保操作准确,每条缆索与其操作绞车对应,每台绞车配有本地操作控制台,并可以在操作室集控。副船绞车可以在主船上控制。移船绞车、管节水平绞车、提升绞车具备拉力监测、行程监测功能。主要设备全部采用交流变频电机驱动,各绞车有恒张力和"寸动"功能,绳长、绳速、绳张力均具备无级调整功能,满足管节的精确定位要求,"寸动"一次定位调整的量值小于 2.5cm。

2)系泊工艺流程和要点

管节由拖轮经预制场支航道、榕树头航道、浮运航道、转向区转向,沿基槽浮运至系泊区进行系泊作业,系泊作业包括锚系布置、抛锚、预拉、带缆、解缆、起锚、移锚等内容。

(1)系泊施工特点

管节尺寸大,系泊时流向与管节垂直,水流力大,操控难,施工风险高;管节浮运到位后必须在限定的时间内完成系泊作业,作业时间要求紧;考虑管节沉放对接要求,以及锚位共用需求,锚位精度要求高;锚艇送缆时易发生缆绳扫荡边坡现象,存在边坡失稳和滑塌等重大风险。

(2)系泊用船机设备

为满足大抓力锚的起锚要求,新建一艘起锚力1176kN的全回转起锚艇,同时为该船配备一套多波束扫测系统,兼作多波束测量船,在沉管系泊的过程中,可以及时、方便地对基槽边坡进行监测,有异常边坡破坏时可以及早发现和应对。

(3)系泊组织及流程

系泊作业主要分为锚系预拉及现场缆系连接,锚系预拉包含锚系布设、预拉,现场缆系连接准备工作包括锚系检查、锚艇组织等。

(4)锚系布设和预拉

首先计算施工用锚锚位设计坐标,测量人员利用GPS精确定位安装、系泊锚点位置,起锚艇到达预设位置后进行抛锚作业。

锚系预拉前进行锚体、锚链、卡环、工作缆等检查,检查合格后进行锚系布设,根据地质条件及预拉方向,锚位抛设点坐标较设计坐标富余一定距离,锚系抛设完成后组织锚艇、拖轮或安装船相互配合进行锚系预拉,预拉过程中实时测量锚位坐标及预拉缆力值。

(5)锚缆连接

锚系布设完成后至管节正式系泊时间间隔较长,其间需定期对锚系进行检查,检查内容包括闪光灯、浮鼓、工作缆、卡环等。

管节浮运至系泊区等待通缆,根据现场流场先带迎流面八字缆,再带另一侧八字缆,逐步解除傍拖拖轮,连接4根交叉缆,最后连接4根安装缆。

带缆作业包括安装锚、系泊锚锚位处取缆,安装船、管节取缆处取缆,起锚艇送缆、连接等内容。每根系泊缆绳的连接,需2艘锚艇配合,1艘送缆锚艇负责到安装船取缆、送缆至辅助锚艇,1艘辅助锚艇抓起连接锚链的工作缆将其与安装船缆绳进行连接。

送缆锚艇送缆过程中,放缆速度与锚艇航速相匹配,防止缆绳滑至边坡,保证缆绳不扰动边坡。

所有管节在完成系泊缆连接后,根据现场流态,分别对基槽南、北边坡进行多波束扫测,确保边坡无滑塌;完成安装缆连接后,再次根据现场流态,分别对基槽南、北边坡进行多波束扫测,确保边坡无滑塌。

(6)解缆、起锚和移锚作业

管节安装完成后,需 2 艘起重船、10 艘锚艇配合,将安装缆、系泊缆与工作缆解除。为了便于安装缆、系泊缆解除,系泊通缆时将工作浮鼓预留在安装锚、系泊锚工作缆上。依次解除安装缆、系泊缆后,将安装船撤离安装施工现场,安装船撤离后进行下一管节锚系布置。

(7)系泊操控要点

①抛锚时需有精确的定位设备和准确的水下资料;

②起抛锚时拖船必须将锚拉至水面,禁止拖锚移船;

③锚抛下时必须试拉以确认锚已牢牢抓底并达到预拉力要求,防止走锚;

④送缆时必须保持缆绳处于张紧状态,尽量避免缆绳刷蹭基槽两侧的边坡;

⑤系泊指挥通过导航软件或测量定位系统实时取得管节位置的监控信息,再把指令下达给锚绞车手,锚绞车手听从指挥完成操锚;

⑥通过调节锚缆的松紧稳定管节,根据动态响应程度确定锚缆的预紧力;

⑦严格控制绞移速度,谨慎指挥,谨慎操作,锚缆的收和放不能同步进行。

6.5 外海深水超大沉管沉放对接关键技术和装备

6.5.1 外海超大沉管高精度无人沉放系统

6.5.1.1 需求和功能

沉管的沉放对接控制系统需具备以下基本功能:

抵抗安装过程中波浪和水流对管节的作用力;将隧道管节精确安装至指定深度和指定位置;提供安装过程所需所有设备和人员的临时水上作业场所;适应工程地质条件、锚力大、安装回收方便的大抓力锚锚碇系统。

由于沉管的沉放对接作业处于水下不可视环境,需要依靠诸多具备精细化操作功能的船机设备,以及数量众多的监测仪器提供可靠的支持数据,用以反馈现场判断和施工决策,需要综合利用工程船舶技术、激光测量技术、水下声呐技术、高精度传感器技术和信息控制技术,进行管节沉放对接控制系统的集成和开发。

此外,外海深水条件下的沉放对接难度和相应的施工风险相较一般沉管隧道成倍增加,为最大限度化解深水和外海复杂环境条件带来的施工风险,沉放对接过程中尽量避免或减少水下和管内有人作业便成了必然选择。

6.5.1.2 系统组成

在港珠澳大桥沉管隧道工程施工中,经过自主研发、设计制造了集系泊定位、沉放对接、远程操控、监测监控等综合功能于一体的信息化沉管施工装备,该系统包括安装驳船和锚泊子系统、管内压载子系统、测量定位子系统、水下拉合子系统、水力压接子系统、水下摄像监控系统、体内精确调位子系统等,沉放时利用横跨在管节两端的安装船及配套的锚缆系统控制管节的空间位置,利用测控系统对管节进行高精度精确定位。管节下沉时的负浮力由压载水系统提供,并由安装驳船的吊缆传递至安装驳的顶部跨梁。

1) 安装驳船和锚泊子系统

用以提供沉管安装负浮力的反力平台和控制工作平台,以及整个安装过程的管节稳定定位,可以实时显示两船共16根缆系的缆力和出缆长度等参数,并实现了两船联动、主船遥控副船,在控制室内远程精确操控所有甲板锚绞车的功能,极大地提高了对管节姿态和位置的控制能力。

根据工程施工工艺的要求,管节安装驳船应当能够承担管节所受到的水流力,能够保证管节及船自身的稳性和强度,能够通过锚绞车系统达到所要求的调节管节位置的精度,施工过程中能够将辅助安装设备和专项控制系统集中在船上控制室统一操作,并且能够提供动力给所有相关的设备装备。

新研制的双驳扛吊法管节沉放安装驳船包括两艘,分为主船(指挥船)和副船(非指挥船),两船各配置电力、控制、通信系统,同时主安装船能远程遥控副安装船。沉放驳在沉管出坞、临时系泊、浮运及安装的过程中,操作各缆系张弛作业、通信等系统的控制终端位于主沉放驳上二层的控制指挥室,沉放时利用安装船及配套的锚缆系统控制管节的空间位置,利用测控系统提供的支持数据对管节进行高精度精确定位,可以实现对两艘安装驳船的绞缆系统集中操控和深水管节无人沉放安装(图6.5-1)。

(1) 安装驳船船体结构

单艘安装驳船为双体船式金属结构,由两侧浮箱和顶部跨梁三大部分组成,浮箱用来提供整个安装驳船的浮力,承担管节负浮力,顶部跨梁为工作平台,横梁上设置发电机组、卷扬系统、液压系统及控制室,集中控制管节沉放作业。安装驳船长40.2m,宽

56.4m,设计吃水 5.4m,吊重吃水 7.3m。

图 6.5-1 安装船和中控系统

(2)安装驳船锚绞车系统

沉放施工时,主要通过锚绞车和缆线系统控制隧道管节在下沉过程的管节姿态,每艘安装船上的缆线系统包括系泊缆索(M 缆)、吊索缆索(L 缆)、安装缆索(H 缆),每条缆索与其操作绞车对应,所有的缆索卷筒和绞车均布置在安装船系统甲板上。锚绞车选用特大型海工锚绞车,采取变频驱动方式,能够根据用户的需要灵活地更改同步方式及操作速度、恒张力等各方面的合理需求。

每船的锚绞车具体配置包括 4 台 1176kN 定位绞车、2 台 637kN 定位绞车、2 台 392kN 提升绞车和 4 台 245kN 辅助绞车,其中定位绞车具有恒张力功能,提升绞车具有同步功能,可以单船两台同步或两船四台同步,辅助绞车用于管节出坞和安装船进坞等辅助操作,如图 6.5-2 所示。

图 6.5-2 安装驳船锚绞车系统

每艘安装驳船配置的 2 套吊缆索系统,其中心距离由与管节吊点开挡尺寸决定。吊缆索系统主要是用来控制管节的垂直位移,并且把负浮力传递到安装驳船浮箱上。吊缆采用 8 柄滑车,折合额定吊放力极值为 6272kN,安装驳船上吊架极限拉力为 6370kN,该值的选取主要参照了沉管沉放控制参数研究相关成果。

每艘安装驳船上配置4套系泊缆索系统,其作用是在管节沉放前后控制安装驳船的水平位移,保证安装驳船能够保持稳定在管节上方的固定位置,系泊缆索均与海床上的预埋HW17型大抓力锚直接相连。

每艘安装驳船上配置2套安装缆索系统,每套各自分别穿过导缆架、开口滑车和钳式导缆器,组成沉放管节定位缆索系统。安装缆索由绞车引导,穿过一个连通管节甲板和安装驳船的中央穿索孔,从卷扬机导向至隧道管节的顶部,再由管节顶部的导向滑轮导向与海床上的预埋HY-17型大抓力锚相连。

(3)安装驳船控制系统

①远程控制系统。

两艘安装驳船中设主船一艘,在主船的集中控制室可以操作本船所有设备,并且通过工业无线遥控系统,还可以控制副船上的主要锚绞车,采用二路互为冗余的工业无线通道,确保遥控指令的正确性,最终达到和本船一样的操作效果。远程控制系统使人员能够集中在一起操作,避免相互协调时出现问题导致重大施工事故的发生。

②监测监控系统。

所有缆索系统均可以显示缆索释放长度及受力情况,并实时显示在主控台的屏幕上,方便操作人员对缆索系统进行监控监测。

③安装驳船压载系统。

用于控制浮运、安装过程中安装驳船的压载,具备船舶四角吃水和压载舱液位遥测遥报系统,为沉放对接负浮力控制提供重要数据支持。

④安装驳船电力系统。

每船设置3台500kW发电机并网发电,1台136kW应急发电机,保证锚绞车缆线系统动力需要和驳船本身所需电力,设置灵活的控制系统,便于操作各缆线系统及驳船本身的操作。

(4)集成控制系统

安装驳船控制室设有驳船压载、定位锚绞车和各专项系统等远程操作控制台,可以实现对驳船的吃水、姿态进行实时操作和控制,对船上系泊绞车、调节绞车、提升绞车进行远程操作和控制,对管节内的压载系统、测量定位系统、视频监控系统、水下拉合系统和水力压接系统进行远程操作和监控(图6.5-3)。

为了更好地统筹管节安装时各专项控制子系统的监测状况,在主船控制室内配置一台集成显示屏幕,将测控系统、压载水系统、水下可视化系统和气象预报、海流监测、封门监测等信息集成显示,供指挥决策组使用,指导管节安装作业(图6.5-4)。

图6.5-3　控制室集成控制系统内景

图6.5-4　集成监控显示系统

2)管内压载子系统

用于管节沉放时的压重控制,在安装船控制室内通过专用软件进行远程操控,向管节内的水箱注水或者排水来控制管节的负浮力;主系统具备远程操控管内水泵和阀门的功能,兼具实时监测管节的倾斜姿态的能力,同时集成管内视频监控系统和配套照明系统,能将管内端封门、压载系统状态和画面实时传输至控制室内,专人监控有无异常现象的发生,为决策指挥提供支持。在异常情况下可以实现管内自动排水的功能,实现沉放对接全程管内无人操作,系统性能先进可靠。

港珠澳大桥沉管隧道属于外海深水作业,研制的遥控遥测压载水系统主要由压载水箱、压载泵、压载管系、电动阀门、管内控制柜、水下线缆和远程主控台等组成,分布于主船、副船及管节内三大区域。控制系统的终端设在安装驳船控制室内,管内控制柜利用水下线缆穿过尾端钢封门并与安装驳船控制台连接,实现信号的远程传递。其中封门上设置水下专用插座供管内和管外水下线缆连通,水箱内设置高精度水位传感器,水位实时遥测并显示在控制室的屏幕上,通过实施远程给排水控制,能够实现精确加排水,及时调整管节沉放时所需的负浮力等指标(图6.5-5)。

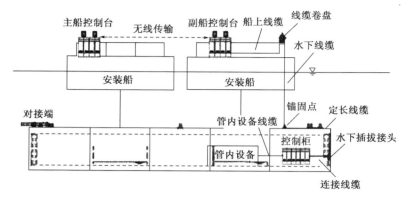

图6.5-5 港珠澳大桥沉管隧道压载系统示意图

180m长标准管节设6个水箱,单个压载水箱由两道相对设置的挡墙、沉管侧墙及中墙围成,平面尺寸为14.55m×20m。挡墙由钢框架及木板墙组成,木板墙高度5m,宽度14.55m,木板墙内侧附防水布隔水,防水布安装后最大水位高度为5m(图6.5-6)。

图6.5-6 港珠澳大桥沉管隧道工程压载水箱示意图

港珠澳大桥沉管隧道工程的压载水系统管路选择管径为40cm,分支管路选择管径为25cm,管道长度选取每段6m,支架间距3m。工程设置主水泵2台,1备1用,同时根据管路的布置、管径的大小及排水时间的要求,选择安全、可靠、高效的排水泵型号和规格,水泵排量600m^3/h,扬程60m。

压载远程控制系统主要由阀门遥控系统、水泵遥控系统、液位测量系统和视频监控系统组成。阀门控制器用于控制管路和压载水箱上的各种阀门,所有阀门的开合能由这个系统进行遥控操作,同时也可以通过人工手动操作或者通过浮箱上的计算机进行远程控制。取水口处的控制阀门传感器需要安装故障安全系统,以确保在突然失去信号或者断电的情况下阀门会自动关闭,这些阀门开合都能做到相互独立,沉放完毕后这些传感器被拆除,恢复到原始手工操作状态。每个水箱里的水位由安装在其内部的压力传感器测定，并可以进行独立设定，除此之外，压力传感器也可用于监测管节接头内的水压。远程视频监控系统用于检查管节中可能出现渗漏或者出现其他问题的地方。管内的所有数据信息通过管节端封门上的接插件及水下通信电缆/光缆传输至安装船控制室内进行集中操控。

通过远程集中操控的压载水系统，在沉放过程中可以不用在管节内部安排工作人员就能得到管节内基本监测信息和其他视频信息，实现沉放对接全过程管节内无人作业，通过远程集中操控阀门开关和水泵启闭，向沉管内的水箱注水、排水或向单个水箱注水、排水，并实时监控每个水箱内的液位高度和注水量。压载控制系统软件界面图见图6.5-7。

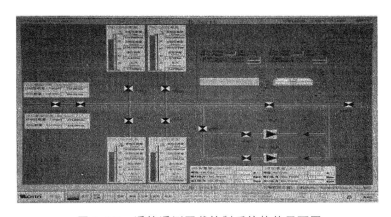

图 6.5-7　遥控遥测压载控制系统软件界面图

港珠澳大桥沉管隧道工程遥控遥测管内压载水系统的主要操作步骤见表6.5-1。

港珠澳大桥沉管隧道工程压载水系统操作步骤表　　表6.5-1

序号	施工阶段	工 作 内 容	备　注
1	一次舾装	系统安装、管道试压和沉管内控制系统安装调试	—
2	浅坞区灌水	水箱同步加水、检漏	自流、满载
3	管节起浮	通过排水泵将水箱内的水排除，要求排空	外部电力供应
4	二次舾装	管内控制系统电力、通信线路与安装驳船中控室连接调试	—
5	消除干舷	所有水箱同步压载	抗浮系数1.0
6	压载下沉	主吊点下的4个水箱加载	—
7	水力压接	对接端空腔内水抽排至已安管节内水箱	设抽水泵
8	轴线调整	控制性排水（可能）	—
9	最终加载	所有水箱均匀加载	—

续上表

序号	施工阶段	工作内容	备注
10	舾装拆除	潜水员解除电力、通信线路水下接头，安装驳船上的绞车收回线缆	—
11	隧道内装	配合压载混凝土浇筑，按次序排水和拆除水箱	—

3）测量定位子系统

采用 GPS+声呐组合定位原理，开发专业软件实时解算管节特征点坐标和空间姿态，实现了沉管水下绝对定位和相对定位的结合，精确指导沉管的沉放对接施工；系统在沉放前完成全部安装调试工作，沉放对接全程水下不需人员辅助作业，且在国内外沉管声呐定位领域首次采用无线声呐技术，规避了水下线缆的使用，安装快捷方便。

（1）港珠澳大桥 GPS 声呐组合测量定位技术

港珠澳大桥沉管隧道工程的沉管段长度近 6km，通视条件较差，常规的光学测量仪器定位技术受到限制，需要寻求其他的测量手段实现管节沉放的精确定位。为了实现管节的精确安装，采用了尾端测量塔绝对定位与首端水下无线声呐相对定位相组合的测量定位方案，二者的整体系统与原来传统方案相比也进行了较大升级，使其适应外海深水作业条件，实际使用中也取得了满足施工要求的高定位精度。

声呐定位系统包括设在管节端部顶面的应答器及配套安装固定支架、设在安装驳上的送受波器及配套安装固定支架、设在中控室内的数据处理和显示单元等，通过设在管顶的声呐应答器及送受波器等实时解算管节位置，引导管节精确沉放和对接。在已安管节顶面安装有 2 台应答器，待安管节顶面安装有 3 台应答器。管节沉放时，通过测算管节顶面 5 台应答器相互之间的位置关系，计算已安管节与待安管节之间的相对位置，从而引导待安管节向已安管节靠拢对接（图 6.5-8）。

传统的声呐法采用水下数据线和水面浮标结合的方式将声呐信号传输至控制室，沉放前的准备工作复杂，需要大量的潜水工作，且线缆交叉容易引起意外情况的发生。为了克服这些问题，港珠澳大桥沉管安装所用的声呐法（图 6.5-9）采用了无线传输方式，即只在管顶设置声呐传感器，取消所有的水下数据线，所有的水下信号传输全部采用声呐的方式，然后在安装船舷侧设置一个送受波器与控制室通过有线的方式连接，大大提高了系统的可操作性，同时提高了安装工效降低了施工风险。

测量塔法是利用测量塔顶部安装的 GPS 及其他配套仪器，采用专业软件实时解算管节特征点坐标和空间姿态，精确指导沉管的沉放对接施工。单测量塔定位系统由管顶测量塔架、管内倾斜仪、塔顶 GPS 和棱镜、陆上全站仪和测控软件等部分组成，系统显示界面设在主安装驳控制室内。测量塔法在港珠澳大桥沉管隧道工程中也得到了扩展应用,深水区管节安装使用单测量塔定位技术取得了突破,港珠澳大桥沉管隧道在近50m安装水深中使用尾端单测量塔定位技术达到了定位误差小于3cm的精度要求(图6.5-10)。

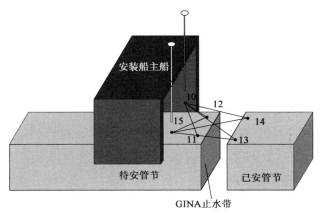

图 6.5-8　水下声呐测控系统

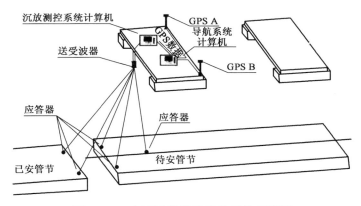

图 6.5-9　水下无线声呐定位系统示意图

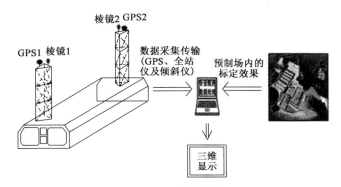

图 6.5-10　测量塔法定位原理图

管节预制结束后一次舾装时,在浅坞区内对管节顶面、端面及内部特征点进行标定测量;二次舾装后管节出坞前完成测量塔顶 GPS/棱镜与管节顶面特征点的标定、倾斜仪的安装、声呐支架的安装标定等工作。

管节浮运至现场开始沉放,通过架设在东人工岛、西人工岛和测量平台上的全站仪同步观测测量塔顶棱镜坐标数据(GPS 实时同步采集坐标数据),结合管节内倾斜仪同步采集到的数据,采用专业软件实时解算出管节的空间姿态指导管节的沉放对接施工。

(2)珠澳大桥沉管隧道水下可调精确导向定位系统

水下可调精确导向定位系统由位于待安管节首端的导向杆和位于已安管节尾端的导向托架组成,两者对称布置在管节轴线上,安装位置需要在陆上进行精确标定。管节沉放过程中由锚泊定位系统控制管节姿态,测控系统引导使导向杆逐渐进入导向托架内,控制管节对接端的横向定位偏差,直至管节落于碎石垫层上。其中在导向托架结构设计中,限位装置采用了钢垫板和螺旋千斤顶两种形式,可以在对接前和对接过程中由潜水员水下进行调整,精确控制管节对接的相对偏差,能够达到小于 10mm 的控制精度(图 6.5-11)。

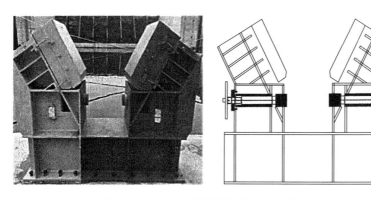

图 6.5-11　水下可调精确导向定位托架

4)水下拉合子系统

用于安装过程中待安管节与已安管节的初步对接,压缩 GINA 止水带鼻尖并形成密闭结合腔,为水力压接创造条件;采用反勾结构,最大拉合力为 7840kN,控制台设于安装船控制室内,具备水下自动搭接、远程控制自动拉合能力,具有位移同步和拉力同步等先进的操控模式,同时兼具准确测量管节端面间距的功能。

拉合系统是在待安管节沉放于碎石基床后,将待安管节拉向已安管节并压缩 GINA 止水带。拉合系统包括拉合油缸、竖向调整机构、拉合油缸支座和拉合钩件支座及配套液压电器控制系统。控制系统布置在主安装驳上,通过水下线缆与布置在管节上的拉合油缸连接。整个拉合过程由安装船上操作人员远程控制操作(图6.5-12)。

图 6.5-12　珠澳大桥沉管拉合千斤顶

每个管节设两处拉合点,共可以提供 7840kN 拉合力。拉合系统采用反钩结构,由两部分组成,分别是安装在已安管节端部的被动拉合单元和安装在待安管节端部的主动拉合单元。管节沉放前将主动拉合单元和被动拉合单元安装到位,在待安管节沉放于碎石基床后,在安装船控制室内远程操控水下千斤顶顶油缸伸出,反钩结构水下自动搭接和拉合,将待安管节拉向已安管节,直至安设在待安管节端部的 GINA 止水带碰触已安管节端部的端钢壳,然后千斤顶持续压缩 GINA 止水带,与已安管节之间形成密闭结合腔,为后续水力压接创造条件。千斤顶内置距离传感器可以实时掌控拉合的进程,大幅减少了潜水员水下工作量,同时也大幅提高了施工效率和水下工作质量(图6.5-13)。

图 6.5-13　千斤顶自动搭接拉合系统示意图
1-被动拉合单位;2-主动拉合单位

5) 水力压接子系统

用于水力压接过程实时监测结合腔压力变化,以及结合腔排水流量控制,实现了数字化控制指导水力压接进程,确保 GINA 止水带压缩过程受控;具备精确测量结合腔内压力值和排水流量的功能。

随着沉管隧道向着深水、外海环境方向发展,以及对作业安全和质量要求的不断提高,水力压接操控的技术也得到了进一步发展,监测结合腔压力的数字传感器、监测排水时的速度水量的流量计、监测GINA止水带压缩量变化的位移计和相应的配套监测记录软件等得以应用,大幅提高了水力压接操作的可控性。

港珠澳大桥沉管隧道工程在传统水力压接技术的基础上开发了水力压接监测和监控系统,系统位于已安管节尾端,主要由排水管系、逆止阀、进气阀、电子流量计、压力表、压载水箱和系统控制软件组成。在管节拉合完成后,开启水力压接监测系统,打开结合腔进气阀和排水阀进行结合腔排水,通过设置的传感器和流量计实时监测结合腔压力,同步控制排水速度,利用管节首尾端的水压差将GINA止水带压缩至设计值,使隧道接头达到完全水密的要求(图6.5-14)。

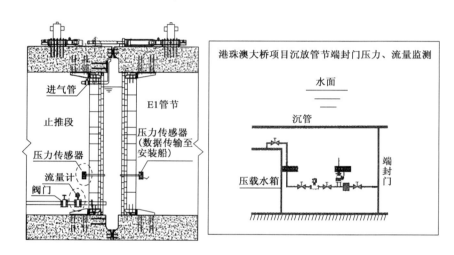

图6.5-14 数字化水力压接系统示意图

该系统操作简单,携带方便,压力传感器精度为0.01bar,精度为0.1L/min,适用于任何水深条件下的工况,将水力压接技术提高至数字信息化精确控制的水平。水力压接系统的操作步骤和操控要点如下。

①初步止水管节稳定着床后启动拉合千斤顶油缸并控制拉合速度,使GINA止水带尖头压缩20mm,此时通过EPS(external position system,外部定位系统)对管节进行精细的微调,使轴线误差不大于10mm;再继续拉合到初步止水,即使GINA尖头再压缩20～30mm。

②二次压接止水。当初步止水结果得到潜水员检查认可后,由已安管节内的操作人员打开端封门上的进气阀(φ=100mm)和排水阀(φ=100mm),将接合端端封门间的水受控制地排掉,利用自由端的巨大水压力使GINA止水带进一步压缩。排水阀初期不开启进气阀,只轻微开启排水阀,待端封门间的水压缓慢释放后,同时GINA止水带也进行了缓慢压接。后期再开启进气阀,防止端封门受反向真空压力和彻底排出端封门间的水

体,GINA 止水带得到充分压缩,起到良好的止水效果。

6)水下摄像监控系统

(1)水下可视化系统

用于监控水下导向杆进入导向托架过程中的位置关系,以及立合系统主被动单元的实时搭接情况,最大限度减少潜水工作量,为指挥系统提供可靠信息。

为提高水下实时监控能力,同时一定程度上减少深水条件下潜水员水下工作量,设计配置了水下可视化系统。如图 6.5-15 所示,通过在导向杆、拉合千斤顶上安装 3 台高清水下摄像头,并将信号传输至控制室的监视屏幕,全过程监控导向杆进入导向托架及拉合千斤顶与拉合托架搭接过程。

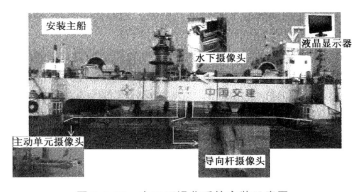

图 6.5-15　水下可视化系统安装示意图

(2)无线通信系统

沉管安装通信系统分为:安装驳船之间的通信,安装驳船与待安管节内部通信和安装驳船与隧道内通信三部分。

①装驳船之间的通信。

安装驳船之间采用无线通信,2 艘安装驳船均配有交换器、无线 IP 设备及信号收发天线,通过信号收发天线实现两船信号传输。

②装驳船与待安管节内部通信。

2 艘安装驳船和管内各配有 1 部声力电话,2 艘安装驳船采用电话线连接,"津安2"与管内信号通过压载水系统水下线缆传输。

③驳船与隧道内通信。

安装驳船与隧道内采用无线对讲通信,在西人工岛设立覆盖西人工岛、东人工岛和施工海域的信号基站主站。西人工岛通过主基站信号分流,分配给两个直放站近端机,近端机将信号通过光纤传送给分布在隧道内的远端机,远端机将信号放大,通过连接的板状定向天线将信号覆盖到隧道中,信号覆盖管内 E1~E28 范围。

东人工岛的直放站可通过近端机的定向天线与西人工岛的主基站进行通信,通过光纤将近端机接收的信号传送到管内的两个直放站远端机,远端机再通过连接的板状定向天线将信号覆盖到隧道中,信号覆盖管内 E29~E33 范围。安装驳船与隧道内通信见图 6.5-16 所示。

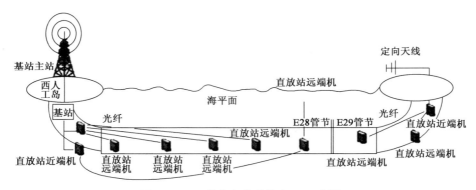

图 6.5-16　隧道内外通信布置示意图

7) 体内精确调位子系统

用于管节安装后出现轴线偏差较大的情况时,对管节的线形进行精确调整,使之满足设计要求和标准。

精调系统是调整沉管尾端偏差的专用系统,港珠澳大桥沉管隧道安装选用体内调整系统利用"顶头摆尾"的原理,采用体内精调方案,在沉管对接端已安管节和待安管节外侧墙的内侧(GINA 止水带内侧)部位布置顶推千斤顶和限位千斤顶,通过顶推待安管节对接端侧墙,使得待安管节尾端实现纠偏,能够满足水深 45m 以上的沉管体内精调作业要求。

精调系统由 2 台液压油泵、22 台千斤顶、传感器、油管、分油器、集成控制箱、控制计算机等组成。采用高精度传感器和集成化控制系统,纠偏数值精度高,单侧最大安装 11 台千斤顶,最大顶推力 53900kN,距离传感器精度为 0.5mm,压力传感器精度为 0.1bar。

由于千斤顶设置在两管节之间结合腔内,设计制作了专用运输、安装工具安装精调千斤顶,如图 6.5-17 所示。

管节线形精确调整系统主要用于管节水力压接后的管节尾端轴线调整。水力压接完成后开启端封门、人孔门,对管节尾端进行贯通测量,根据贯通测量结果确定是否实施精调作业。若需要调整,在调整一侧布置顶推千斤顶,在另一侧布置限位千斤顶。顶推斤顶的调整量必须经过设计计算,主要取决于水力压接时的 GINA 止水带压缩量、蠕变变形量、可防水的压缩量、地震拉伸量和温度变形量等。

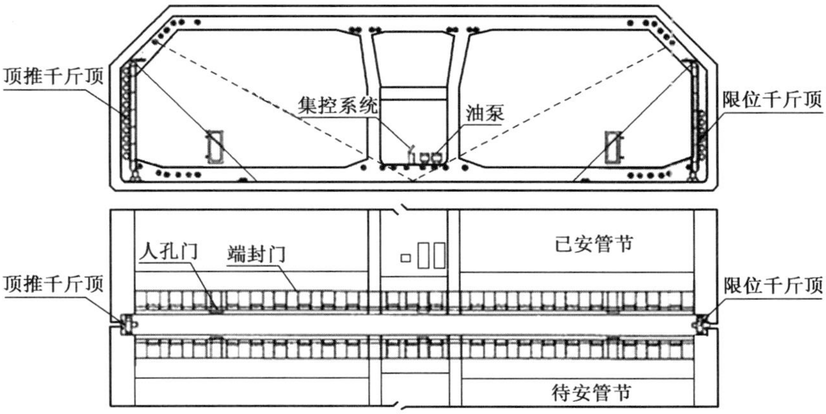

图 6.5-17　沉管体内精调系统布置示意图

该精调技术无论从设备整体能力和性能还是操控精度和安全保证上都达到了一个新的高度,配合管节预制线形控制和沉放对接系统可以实现对隧道总体线形的良好控制。

6.5.1.3　系统特点

新开发的双驳杠吊法水下无人沉放定位系统具有如下特点:系统数字化集成度高,信息技术和遥控遥测技术大量应用,沉放和对接过程中管内实现无人值守和操作,所有操作均在安装船控制室内完成,可将隧道管节精确沉放至指定深度,实现管节姿态调整、轴线控制和精确对接。该系统的研制成功实现了外海深水条件下,大型沉管的水下无人高精度沉放对接。最大沉放水深可达50m,综合利用数控绞车、数控拉合和数控水力压接技术可使管节安装过程中的轴线调整量值达到毫米级,管节水下动态定位精度小于5cm。

通过配备和使用先进的大型特种船机设备,沉管的沉放对接施工安全和质量得到最大保障,同时,先进的检测和监测技术的运用有助于沉管沉放对接数字化、信息化施工的全面实现。

6.5.2　外海超大深水沉管沉放对接操控方案研究

6.5.2.1　管节舾装和调试方案

沉放对接在坞内的准备工作内容主要包括:一次舾装、二次舾装、系统调试和沉放演练等。

1）一次舾装

管节在厂房完成预制后顶推进入浅坞区进行一次舾装施工。浅坞区一次舾装工作内容见表6.5-2。

一次舾装施工内容一览表　　　　表6.5-2

序号	类　　别	施　工　内　容
1	管节结构类	预应力张拉和灌浆、节段OMEGA止水带安装、中埋式止水带注浆
2	管内舾装类	压载水系统、端封门、临时通风、临时供电和照明
3	管顶舾装类	系缆桩、吊点、短人孔、GINA止水带、GINA止水带保护罩、导向杆、导向座、测量特征点标定

根据施工计划安排，考虑三个节段同步养护的需要，标准管节预制完成7个节段后、短管节需全部完成节段预制后即可开始管节中间压载水箱的施工；管节预制完成后顶推进浅坞区并达到混凝土强度的90%后开始临时预应力的施工；临时预应力施工完成后即可进行中埋式可注浆钢边止水带的注浆施工；中埋式可注浆钢边止水带注浆施工完成后进行节段接头OMEGA止水带的安装、两端压载水箱安装；压载水箱施工完成后开始从两端施工端封门及安装GINA止水带及保护罩；GINA止水带及保护罩施工完成后可进行管节的水密性试验。

为检验管节密封和管节自身的防水性能，关闭深坞钢闸门、浅坞钢闸门，启动水泵进行坞内灌水，在干坞加水过程中需进行检漏。水密性试验分为低水位试验和高水位试验两个阶段，低水位水密性试验主要是检验管节底板及底部钢封门的水密性，高水位水密性试验是检验管节侧墙及顶板、人孔及上部钢封门的水密性。在管节水密性试验的同时启动管节的压载系统对压载水箱进行试漏，并对压载系统进行调试。

管节完成水密性试验后，管节压载水箱开始排水，管节起浮，通过坞堤上的绞车将管节横移到寄放区。当两节管节全部横移到位后，坞内开始排水至海面水位时，将管节系泊在浅水位的缆桩上，完成管节的横移和系泊施工。

2）二次舾装

管节横移到深坞区进行系泊寄放，首先进行干舷调整，通过在管顶浇筑部分压载混凝土的方式调整管节实际干舷，使管节的结构干舷控制在150mm左右。

在干舷混凝土浇筑完成后管节出坞前进行二次舾装作业。二次舾装的内容见表6.5-3。标准段管节管顶舾装件平面布置图见图6.5-18。

二次舾装施工内容一览表　　　　　　　　　表6.5-3

序号	类别	施工内容
1	管内舾装类	压载水遥控设备、摄像监控设备、测控设备
2	管顶舾装类	绞缆盘台座、导缆器、安装船与管节吊点连接、测量塔、人孔管、测控设备
3	安装调试类	管节测量特征点标定、测量系统安装及调试、坞内沉放试验

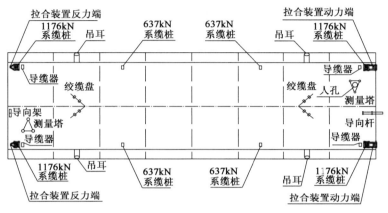

图6.5-18　标准管节管顶舾装件布置图

施工时先完成管顶绞缆盘转向台座、导缆器的安装，再进行安装驳上跨管节操作，然后进行测量塔、人孔管等其他管顶件舾装和管内件舾装，最后进行各专业系统的调试工作。

3）系统调试

二次舾装完成后对管节安装系统进行调试试验，包括各专项系统的静态调试和测量塔控制点的标定，确保管节在浮运、沉放施工中各系统正常作业。静态调试检查内容包括：压载水系统、视频监视系统、吊缆系统、测控系统、拉合系统、安装驳绞车系统、通信系统、远程控制系统和钢封门监测系统等。

4）沉放演练

沉管安装所需子系统繁多，每节管节安装前多个系统都需重新安装、调试、标定，为了验证各系统的工作性能及稳定情况，管节安装前在深坞区内至少做3次沉放演练。同时根据坞内实测海水密度对管节进行负浮力配载，在沉放演练过程中调节管节配载，使管节下放后各吊点均匀受力，管节姿态平稳，沉放演练管节配载作为管节安装时的配载的重要依据，现场沉放时根据现场实测海水密度进行调整。每次沉放演练的目的和主要工作内容如下。

（1）检验安装船吊放绞车系统，管节压载水系统及其他测控、监控系统是否达到管节安装要求。

（2）获取准确的管节压载、姿态控制等关键基础数据，更好地指导管节现场安装施工。

（3）提高操作人员的熟练程度，避免现场安装过程中出现误操作。

5）潜水配合作业专项方案

潜水是指人在水下或高压环境中，呼吸与环境压力相等的压缩空气或人工混合气，最后返回水面或常压环境的过程。潜水活动从性质上分为专业潜水和休闲潜水，其中专业潜水也叫商业潜水或产业潜水；按潜水装具分为重装潜水和轻装潜水；按呼吸气体不同分为空气潜水和混合气潜水，按中性气体是否在人体内饱和分为饱和潜水和常规潜水；按照呼吸气源可分为水面管供式潜水和自携供气式潜水，管供潜水是指潜水员呼吸从水面储气装置由脐带气管供给到水下的气体。

（1）潜水作业方式选择

港珠澳大桥沉管隧道基槽开挖最深处底高程为 -47.223m，施工区十年一遇极端高水位是 2.74m，计算潜水作业最大水深约 50m，符合空气潜水作业安全深度（最大安全深度为 60m）要求，也符合水面供气式潜水装具潜水作业安全深度（深度应不大于 60m）要求。经综合比较，潜水作业采用水面管供式空气潜水作业方式。潜水作业过程中，水深 < 24m 时潜水员采用水下自然减压方式进行减压出水；水深 ≥ 24m 时潜水员在完成水下必要的减压后，出水进入减压舱完成水面减压。

根据《空气潜水安全要求》（GB 26123—2010），水面供气式潜水作业条件如下。

①通过潜水梯入水时，水流速度应不大于 0.5m/s，蒲福风力等级应不大于 4 级。蒲福风力等级大于 4 级小于 5 级（风速 17~21kn，浪高 1.8m）时，应评估现场具体条件决定是否潜水。

②通过潜水吊笼入水时，水流速度应不大于 0.5m/s，蒲福风力等级应不大于 5 级。水流速度超出上述限制条件，因特殊情况需要潜水时，应评估现场具体条件，采取更有效的安全防护措施，确保潜水员安全。蒲福风力等级大于 5 级小于 6 级（风速 ~27kn，浪高 3.0m）时，应评估现场具体条件决定是否潜水。

（2）潜水作业装备的配置

项目选用浮吊船作为潜水母船（主船），甲板划分为起重机区、潜水设备区、舾装件临时存放区和生活办公区。减压舱、空压机、储气罐等潜水设备存放在集装箱内，甲板布设发电机 2 台、潜水空压机系统 2 套、潜水减压舱 2 台、潜水吊笼 1 台、20m³ 空压机 1 台和潜水设备库 1 个。潜水母船上配起重机，能够满足港珠澳大桥沉管隧道工程潜水拆除作业要求。

潜水母船配潜水装具、供气系统、减压舱系统、潜水吊笼系统、水下摄像系统、发电机、液压扳手、水下切割设备、水下焊接设备、入水爬梯等设备,配合管节安装前和安装过程中的潜水作业和舾装件水下拆除作业等。

(3)潜水配合作业项目

潜水作业包括水下检查、探摸、清理和舾装件拆除吊装等作业。

(4)潜水安全保证措施

①编制潜水作业专项施工方案和应急预案,作业过程安排有序,作业人员分工明确、职责清楚,按规定进行HSE技术交底。

②现场监督、现场监护到位,并佩戴相应的标识。

③潜水员须经水下实际操作培训和潜水安全技术培训取得政府主管部门颁发的"特种作业人员操作证",潜水深度、潜水作业方式不得超越潜水员作业许可限定的范围。

④潜水员应定期体检,年龄和体重符合要求,无潜水职业禁忌的神经、心脏、呼吸等系统疾病,未做过大型胸腔、腹部、骨骼手术和患有一期(含一期)以上骨坏死和急型重型潜水疾病。曾经患有轻度潜水疾病人员,必须出具具有医疗资质的减压医疗单位的诊断证明和能继续从事潜水作业的诊断结论。

⑤潜水员正确穿戴、佩戴潜水用品和个人防护装备。潜水作业前必须先了解或熟悉水下作业环境,清楚影响潜水作业的障碍物,如附近船舶等。

⑥潜水员使用的水下电气设备、装备、装具和水下设施符合国家标准《潜水员水下用电安全规程》(GB 16636—2008)和《潜水员水下用电安全操作规程》(GB 17869—1999)的有关规定。

⑦潜水母船及潜水装备应证照齐全、保养完好、记录齐备;船用设备必须使用国家认可的定点厂家生产的合格产品;管供作业必须使用有明确标牌的潜水专用拉管,空气滤清器流量必须充足、密封性能好,油水分离器应使用带金属外壳的承压能力、抗振动能力强的产品,压力表量程与供气压力相符;管供作业空压机排气量不低于$0.425m^3/min$,工作压力不低于1.6MPa;轻潜气瓶充气的空压机,工作压力不得低于20MPa,气瓶充装人员必须持有技术监督部门颁发的上岗证书。

⑧水下安装、拆除等潜水作业,应建立统一指挥,随时保持水上与水下的信号联系;为潜水员递送工具、材料和物品时使用绳索进行递送。

⑨作业区域安全警示标志、标识悬挂,安全警戒设防等工作到位;潜水作业时,潜水母船按规定显示号灯、号型(A旗)。

⑩潜水作业现场应备有急救箱及相应的急救器具；水深超过24m时，潜水员在完水下必要减压后，出水进入减压舱完成水面减压。

⑪为潜水作业配备经过专业培训的信号引绳员。

⑫应严格控制潜水员工作量，作业前应给潜水员适当的休息时间，潜水间隔时间一般规定在一次潜水完毕后12h以上，在此期间原则上不允许再次潜水，确因执行特殊紧急任务时除外，但两次潜水时间间隔不得少于2h，减压时应将两次潜水时间合起来选择适当减压方案。

⑬严禁在下列情况下潜水作业：凡作业前潜水员身体不适、过度疲劳、神志不清、饮酒的；天气预报有6级(含6级)以上的大风天气的；气温降至0°C(含0°C)以下寒冷天气的；水流速度大于1.5m/s的水域。

⑭潜水作业前，潜水人员不得暴饮暴食和剧烈运动，任务要明确清楚。

⑮在装具器材的检查准备中，下水潜水员要亲自参加，检查并准备完毕后，各岗位应向潜水监督报告，潜水长根据情况决定并报告潜水监督可否着装下潜。

⑯潜水员进行水下作业时，要与水面电话员时刻保持联系，随时报告水下情况，通话要清晰。

⑰潜水员水下作业过程中要严格按照水上指挥人员的要求进行作业，不得私自进行任务以外的作业；但遇到突发事件时要向水面及时汇报，并及时出水。

⑱保证潜水员用气新鲜，空压机进气口处不得有任何机械排烟或其他可能导致空气污染的污染源。

⑲供给潜水员的用气量，按常压计算，每分钟不得少于8L。

⑳供给潜水员的空气纯度不得低于98%，氧气含量为20%～22%。

㉑在使用空压机为潜水员供气的同时，潜水员要自身携带备用应急气瓶，并且压力必须在20MPa压力下，保持12L容量的气体。

㉒潜水领队、潜水员要在潜水作业前检查应急气瓶的气体情况，保证压力和容量满足潜水要求。

㉓水下减压时，按潜水减压表制定的减压方案逐级减压。

㉔进行减压舱减压时，潜水员出水到减压舱加压至水下深度的相应时间不得超过6min，然后再按潜水减压表进行逐级减压。

㉕进行减压舱减压后，12h内不得远离减压舱，不得暴饮暴食和剧烈运动，不允许乘坐飞机。

㉖减压舱必须满足潜水减压要求，减压舱及其附件必须经过检验合格。

㉗潜水员进行减压期间,潜水医生不得离开减压舱,并时刻与潜水员保持联系,及时有效解决减压过程中的突发事件。

㉘尽量避免夜间潜水作业,如必须进行夜间作业要有足够的照明。

㉙潜水员水下作业期间,禁止在潜水作业区上方进行交叉作业,并对潜水母船上存放的设备等进行加固,防止发生落物伤害潜水员的事故。

㉚潜水作业期间必须要有守护船进行守护,任何船只不得靠近潜水作业水域。

6.5.2.2 沉放和对接工艺流程和要点

管节系泊开始后,同步开始沉放准备,完成管节系泊和沉放准备后,进行管节沉放对接。沉放对接利用管节压载水系统给管节水箱压载提供负浮力,安装驳船吊装管节下沉,安装驳船系泊缆和安装缆控制管节平面位置和抗流,沉放着床后利用拉合系统和水力压接系统实现管节对接。管节对接完成待贯通测量结果满足要求后抛石锁定管节。与安装驳船相关水下设备及舾装件拆除后安装船撤离,拆除剩余舾装件(图6.5-19)。

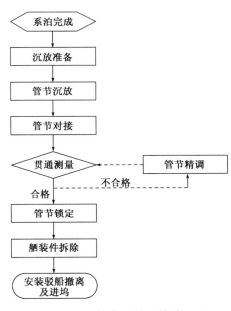

图6.5-19 管节沉放对接流程图

(1)沉放准备

管节系泊后,开始进行沉放准备,主要包括:潜水船系泊、管顶舾装准备、基槽边坡扫测、管节压载。

①潜水船系泊。

大功率锚艇辅助潜水船沿基槽方向就位,船艏带八字缆与主船连接,船艇抛八字锚定位。控制潜水船位置,防止碰撞GINA止水带。

②管顶舾装准备。

管顶舾装准备包括:GINA止水带保护罩拆除、拆除部分舾装件、安装主动拉合单元、安装水下可视化设备、安装深水测控系统。

③GINA止水带保护罩拆除。

利用主船克令吊拆除GINA止水带保护罩,吊至主船平台存放,控制起钩吊装过程平稳,注意保护GINA止水带。

④主动拉合单元安装。

主动拉合单元存放于主船,待GINA止水带保护罩拆除完成,利用克令吊安装主动拉合单元,安装到位后旋出机械螺旋千斤顶限位。

⑤水下可视化设备安装。

在导向杆和2个主动拉合单元上安装3套水下摄像设备,连接潜水员携带摄像设备至控制室,并统一调试确认。

⑥深水测控系统舾装。

完成首端GINA止水带保护罩及舾装件拆除后,安装3套应答器支架和应答器并测试。

⑦基槽边坡扫测。

系泊完成后根据流向选择时机,对基床两侧边坡进行多波束扫测,确认边坡情况(图6.5-20)。

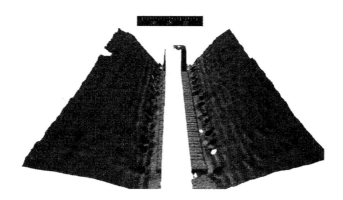

图6.5-20 多波束边坡扫测成果图

⑧管节压载。

根据现场实测海水密度,结合沉放演练时管节配载,利用压载水系统向管节水箱内压载,控制管节负浮力在7840~8820kN,管节压载完成后复核安装船吃水。

（2）管节沉放

管节压载完成后，等待沉放作业窗口，进行管节沉放作业。标准管节沉放步骤如图6.5-21所示。

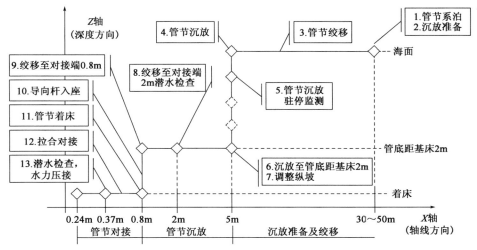

图6.5-21 管节沉放步骤图

管节沉放对接测量方法在浅水区采用双测量塔法；在深水区采用深水测控法和测量塔法。深水测控法显示管节首端偏差，测量塔法显示管节尾端偏差。下放过程全程对封门应力应变、管节姿态、管内视频监控和海流状态进行持续监测。下放过程同步下放管节压载水系统线缆、安装船吊钩液压油管及拉合系统线缆油管。安装船绞移时潜水船跟随绞移，绞移过程保证两船间距＞10m。

①管节下放至底面距基床2m。

管节在距对接端5m位置处开始下沉，根据沉放深度分步下放，下放过程采用4根L缆"四机联动"模式，控制下放速度在0.2~0.4m/min。每次下放完成后驻停＞10min，监测安装船吃水、封门应力应变、管节姿态、管内视频监控及海流情况。经设计确认后继续下放，直至管节首端/尾端距碎石基床2m。在控制缆力的同时控制管节和安装船位置，控制管节首尾轴线偏差＜10cm，管节与对接端间距偏差＜10cm；控制安装船位置，使吊装缆与船体垂直。施工水域海水密度沿垂线方向变化明显，且测量塔和人孔井使浮力逐渐增大，需在管节下放时关注的驻停时间对管节进行补充压载。

②精确调整管节姿态。

精确调整管节姿态，调整4根L缆下放高度，使管节纵横倾与设计值一致，管底距基床2m，下放速度0.1m/min左右。控制管节首尾轴线偏差小于5cm，管节与对接端间距偏差小于5cm;控制安装船位置,使L缆保持垂直。

③绞移管节至对接端2m。

通过控制系泊缆和安装缆收放,绞移管节至对接端2m,缆绳收放速度控制大于1m/min。绞移到位待流速满足潜水施工要求后,潜水检查对接端管节端钢壳、GINA止水带、三层顶平台及碎石基床等。

④绞移管节至对接端0.8m。

安装缆采用"寸动"模式,控制系泊缆和安装缆收放,绞移管节至对接端0.8m,缆绳收放速度控制小于1m/min。

⑤下放管节至碎石基床。

4根L缆同步下放管节,潜水员在导向杆入座位置处辅助引导导向杆进入导向托架。管节着床过程中利用H缆准确控制管节首尾轴线位置,潜水员旋出导向托架的螺旋千斤顶对管节首端进行限位。管节首端限位完成后潜水员测量复核导向杆在导向托架内的偏位,确认管节轴线位置满足要求后继续下放管节至对基床的压力约3920kN,安装驳船吃水减小至6.3m左右。

(3)管节对接

管节着床后,利用拉合系统将待安管节平稳拉向已安管节,并初步压缩GINA止水带,形成密闭结合腔。打开进气阀,利用水压差使GINA止水带充分压缩,利用排水泵将结合腔内的剩余水排出,完成水力压接。将待安管节水箱满载,保证管节抗浮系数>1.05。最后排除结合腔内残余水,进行贯通测量。

①管节拉合。

管节拉合是指管节着床后至GINA止水带初步压缩形成密闭结合腔的过程,共分为3个阶段:拉合千斤顶搭接、预紧,距离拉合,拉力拉合。

管节着床后,主动拉合单元伸出,与被动拉合单元搭接,潜水员检查确认。千斤顶拉至一定拉力,消除主动、被动拉合单元与拉合台座之间缝隙,记录拉合千斤顶显示的管节间距作为起始间距。

控制管节各缆力均匀,保持两侧千斤顶距离同步,将待安管节拉向已安管节,使待安管节GINA止水带与已安管节尾端钢壳接触,完成距离拉合。进行潜水检查,确认对接端无异物夹杂,并测量两管节间错牙等数据。

千斤顶继续提供拉力,使GINA止水带鼻尖压缩,形成密闭结合腔。为防止GINA止水带侧翻,已安管节内操作人员适当开启结合腔排水管,少量、受控地排出结合腔内的水,帮助拉合千斤顶进一步压缩GINA止水带鼻尖。

②水力压接。

管节拉合作业完成后,调整 L 缆缆力为 490kN,已安管节内操作人员打开尾端封门上部排水进气阀,将结合腔的水受控制地排出,利用管节尾端的水压力使 GINA 止水带进一步压缩。

为确保止水带均匀压缩,防止出现侧翻,排水初期轻微开启排水进气阀,控制放水速度。待 GINA 止水带压缩 5~6cm 后,逐步增加排水进气阀开度。待结合腔内液位高度与排水进气阀持平,水力压接完成。

首先向待安管节首端 2 个水箱内各加水 200L,之后利用压载泵排出结合腔内的剩余水,使 GINA 止水带充分压缩。水力压接完成后,控制 L 缆缆力<490kN。

③水箱满载。

首尾端 4 个水箱加载至 4.2m,中间 2 个水箱加载至 4.5m,使管节抗浮系数大于>1.05。

(4)贯通测量

开启已安管节尾端中管廊人孔门,利用潜水泵排除结合腔残余水,对 GINA 止水带压缩情况进行检查。打开待安管节排气阀排气,之后打开中管廊人孔门,检查管内情况,进行贯通测量。

通过理论分析、控制网优化设计和陆上 1∶1 模拟试验验证,港珠澳大桥沉管隧道工程洞内贯通测量导线采用双线形联合锁网布测,网型强度高,对提高横向贯通误差精度增益很大(图 6.5-22)。

测量人员在结合腔内对进行错牙值及端面间距测量,潜水员在管节外侧进行错牙值及端面间距测量。

(5)管节精调

若贯通测量结果显示管节尾端偏超出设计要求,在结合腔内安装精调系统,顶推待安管节对接端,使尾端实现纠偏。精调时,安装驳船辅助提供向上的吊缆缆力,操作流程见图 6.5-23。

①千斤顶组及顶杆组安装。

根据贯通测量结果,判断管节的调整方向,一侧布置精调千斤顶,另一侧布置限位千斤顶。

②管节纠偏。

精调系统安装完成后,先将限位千斤顶加压锁定限位;顶推千斤顶施加预顶力,然后设定顶推千斤顶行程。

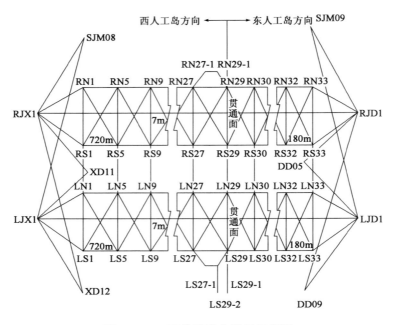

图 6.5-22 双线形联合锁网示意图

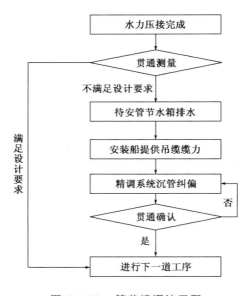

图 6.5-23 管节精调流程图

操作期间关闭钢封门。顶推千斤顶加载进行纠偏,达到预设行程后,打开钢封门,进行贯通测量,直至满足设计偏差要求。

③千斤顶卸载。

最终压载至5%负浮力后,进行千斤顶卸载。

(6) 锁定回填

贯通结果确定后,选择平潮进行管节锁定,采用4艘皮带运输船在管节两侧同步、均匀回填,如图6.5-24所示。

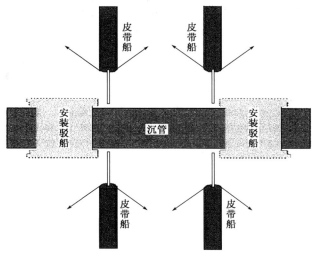

图 6.5-24　管节锁定

(7) 舾装件拆除

安装船撤离前拆除测量塔、人孔井、压载水水下线缆、拉合系统水下线缆及深水测控应答器等,其余舾装件待安装船撤离后再进行拆除。

(8) 安装船撤离及进坞

管节锚系预拉完成后,安装驳船撤离基槽拖航至西人工岛南侧抛锚,进坞准备工作就绪后组织拖轮傍拖安装驳船回坞。到达坞口后拖轮稳定安装船姿态,2艘锚艇配合带缆,首端2根缆绳连至沉管系缆柱,尾端2根缆绳连至坞外大抓力锚。安装驳船骑坐沉管后,临时固定安装驳船,进行一次缆绳转换后再向前绞移。

6.6　外海超大沉管浮运沉放物理模型试验

6.6.1　复杂海域物理模型试验技术

根据国际公认的海洋工程试验缩尺比的原则,发挥拖曳水池的优势及考虑阻塞问题以方便所有试验的完成,确定试验的缩尺比为1∶40开展寄放、浮运和沉放试验。通过计算实际管节的转动惯量,确定了模型设计的惯量计算及配重,保证模型惯量与全尺度管节惯量一致。

采用较为先进的非接触式光学运动测量仪测试沉管管节测试风、浪、流作用下的运动响应,测量结果精度高,有效避免接触干扰和环境干扰,线运动可达到 1mm,角运动可达 0.1°,如图 6.6-1 所示。

图 6.6-1 非接触式光学运动测量仪

在浮运和沉放过程中均有设置高精度拉力传感器,分别在每个缆绳的端部连上一个拉力传感器,浮运和沉放的拉力传感器布置示意图如图 6.6-2 所示。

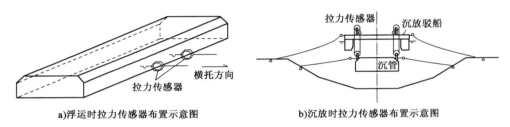

图 6.6-2 缆力监测布置示意图

根据相似准则和试验条件,按缩尺比 1∶40 制作木质浮驳模型,模型设计前,计算实际管节的转动惯量,模型设计中就要进行惯量计算及配重,保证模型惯量与实际沉放驳船一致。此外,浮驳模型上制作了简化的沉放装置,完成沉管压载沉放过程。浮驳两边的浮箱上制作成有密封盖可开启式的形式,方便浮驳的惯量调整,浮驳模型如图 6.6-3 所示。

以"沉放驳-管节-基槽(假底)"一体化设计为基础,假底模型设计考虑刚性并固定到拖车,假底模型按照同一缩尺比设计制作,并需考虑足够的刚性以避免振动,在运动方向的两侧,制作防干扰墙。防干扰墙可作为缆绳的系柱点,例如,在边坡上抛锚的模拟,一定要保证缆绳与连接点的角度等满足相似条件。钢制假底制作完成后通过吊住固定在拖车上,随着拖车按不同的速度向前运行,如图 6.6-4 所示。

管节附加质量与阻尼的模型试验结论:

(1)各个自由度振荡频率随水深的增大而增大,且水深增加至某一深度时频率不再增大。

图 6.6-3　浮驳模型图

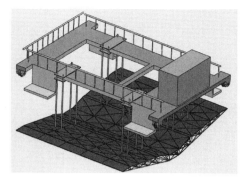
图 6.6-4　假底模型示意图

（2）除纵荡和首摇外其他自由度下的附连水质量随水深的增大而减小，且水深增加至某一深度时附加质量不再变化。

（3）横荡状态下附连水质量与沉管总质量之比为：1.04~2.59；纵荡状态下附连水质量与沉管总质量之比为：0.21~0.75；垂荡状态下附连水质量与沉管总质量之比为：1.57~3.52；横摇状态下附加惯性矩与沉管质量惯性矩之比为：0.82~1.66；纵摇状态下附加惯性矩与沉管质量惯性矩之比为：2.20~5.01；首摇状态下附加惯性矩与沉管质量惯性矩之比为：0.26~0.78。

试验结果换算成实际管节的结果见表6.6-1所示。

管节实型各自由度附加质量和附加惯性矩　　　　表6.6-1

水深	横荡附连水质量 m_a(kg)	纵荡附连水质量 m_a(kg)	垂荡附连水质量 m_a(kg)	横摇附加惯性矩 I_x(kg·m²)	纵摇附加惯性矩 I_y(kg·m²)	首摇附加惯性矩 I_z(kg·m²)
13m	1.94×10^8	5.53×10^7	2.62×10^8	2.05×10^8	1.26×10^{10}	9.42×10^9
20m	1.23×10^8	3.34×10^7	1.61×10^8	1.23×10^8	9.46×10^9	7.09×10^9
30m	7.73×10^7	2.97×10^7	1.61×10^8	8.19×10^7	7.21×10^9	5.53×10^9
45m	7.73×10^7	1.59×10^7	1.17×10^8	8.19×10^7	5.53×10^9	3.24×10^9

（4）由计算加速度幅值衰减率可以看出，随着水深的增加阻尼逐渐减小。管节实型阻尼值见表6.6-2。

管节实型阻尼值　　　　表6.6-2

水深	横荡阻尼 c(kg/s)	横荡阻尼 c(kg/s)	横荡阻尼 c(kg/s)	横摇阻尼 c(kg·m²/s)	纵摇阻尼 c(kg·m²/s)	首摇阻尼 c(kg·m²/s)
13m	4.01×10^7	2.07×10^7	3.96×10^9	2.20×10^9	2.01×10^{11}	1.21×10^{11}

续上表

水深	横荡阻尼 c (kg/s)	横荡阻尼 c (kg/s)	横荡阻尼 c (kg/s)	横摇阻尼 c (kg·m²/s)	纵摇阻尼 c (kg·m²/s)	首摇阻尼 c (kg·m²/s)
20m	2.10×10^7	9.85×10^6	1.71×10^7	1.47×10^9	1.32×10^{11}	7.77×10^{10}
30m	1.32×10^7	6.93×10^6	1.71×10^7	1.10×10^9	1.04×10^{11}	6.85×10^{10}
45m	6.07×10^6	5.67×10^6	1.11×10^7	1.10×10^9	8.32×10^{10}	5.17×10^{10}

6.6.2 沉管管节坞内寄放及出坞模型试验

(1) 管节坞内寄放试验

管节坞内寄放试验中,根据不同角度的坞内寄放试验结果,可以得到以下结论:

①随着管节与浪、流角度增大,管节系泊缆绳缆力分配不均匀,单根缆绳缆力逐渐增大,如主要承力的首尾部缆绳;但随着角度继续增大,缆绳缆力分配又相对均匀,单缆力最大值随之减小。

②管节运动响应较小,0°夹角时,管节主要以纵荡为主,90°夹角时,以横荡为主,但幅值都不大。

(2) 管节出坞结果

①管节出坞时,管节缆力和运动响应随着浪高的增高而增大,波浪作用力比较明显,单缆缆力最大值是纯流作用力最大值的4倍。

②管节出坞时,随着管节出坞长度的增加,管节系缆力和运动响应明显增大,在2/3长的管节出坞时缆力达到最大。其中,管节在出坞2/3管节长度遭遇横流横浪,流速为1.0m/s,浪高为0.8m,周期为6s时,管节受力最大。

③管节出坞时,在遭遇90°和45°两种方向的风浪流作用中,斜流、斜浪(45°)的纯流作用力和风浪流平均作用力比横向来流、浪(90°)的作用力要大,但是风浪流最大值中,横向风浪流要比斜向风浪流作用力大。

6.6.3 波流耦合作用下超大沉管管节浮运模型试验

(1) 静水拖曳浮运试验

①在相同水深情况下,随着航速增加,阻力随之增大;特别是高速拖航时,阻力增加较为明显。

②对于沉管横向阻力来说,随着水深减小,横向阻力增大;随着拖曳角增大,横向力增大。

③在相同拖航速度下,随着水深的减小,沉管管节在下沉力和横倾力矩的作用下容易发生前倾及触底,沉管艏部容易上水,特别艏部端部极易发生触底,明显增大管节阻力。而随着水深的减小,该现象对应的航向角(沉管与来流夹角)也随之减小。

④浅水效应较明显。在不完全约束沉管,只允许沉管有深沉运动,较小水深(实际水深13m),沉管速度为0.3953m/s(实际相对航速2.5m/s)时,航向角大于30°时沉管会触底;而在速度为0.2372m/s(实际相对航速2.0m/s)时,航向角大于42°时就会出现触底。

(2)波浪条件下浮运试验

①在管节浮运过程中,主要是管节迎流向缆绳受力,且在相同流速下系缆力随着浪高增加而增大(图6.6-5)。

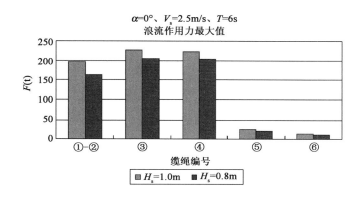

图6.6-5 沉管0°夹角、不同浪高浮运时各缆绳浪流作用力最大值变化情况

②缆绳缆力因波浪增阻较为明显,在迎浪时最大增幅达到96%。缆绳波浪力增值随着流速增加而略微减小,随着迎浪角度增加而减小。沉管管节波浪力增值百分比见表6.6-3。

沉管管节波浪力增值百分比　　　　表6.6-3

角度	$H_s = 0.8$m			$H_s = 1.0$m		
	$V_S = 1.5$m/s	$V_S = 1.5$m/s	$V_S = 1.5$m/s	$V_S = 1.5$m/s	$V_S = 1.5$m/s	$V_S = 1.5$m/s
0°	96%	76%	61%	90%	75%	63%
15°	85%	74%	53%	79%	72%	51%
30°	72%	62%	49%	66%	60%	61%

注:波浪力增值百分比=(缆绳风浪流作用下最大值-纯流作用力)/风浪流作用下最大值×100%。

③在不同角度(0°~30°)试验中,迎流缆系缆力都是随着浪高的增高而增大,15°夹角时浪高变化引起的缆力增幅最大(图6.6-6)。

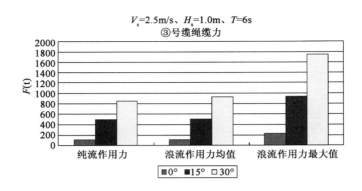

图 6.6-6　沉管在不同角度下浮运时③号缆绳缆力变化情况

④迎流缆系缆力随着速度的增加而增大。在同一流速、不同角度情况下,沉管缆力在夹角30°时缆力最大,随着角度的增加,缆力逐渐增大(图6.6-7)。

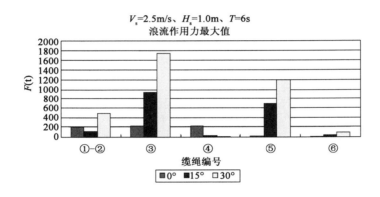

图 6.6-7　沉管在不同角度下浮运时各缆绳浪流作用力最大值变化情况

⑤浪向角相同情况下,沉管响应随浪高增大而增大。如:基槽深度13m,沉管六缆系泊状态,浪向角0°,流速为1.0m/s时,浪高0.8m,浪+流纵荡为0.164m;浪高1.0m,浪+流纵荡为0.173m。

⑥浪向角相同情况下,沉管响应随流速增大而增大。例如:基槽深度13m,沉管六缆系泊状态,浪向角0°,浪高1.0m时,流速为1.0m/s浪+流垂荡为0.114m;流速为1.5m/s浪+流垂荡为0.125m;流速为2.5m/s浪+流垂荡为0.168m。

⑦在浪高、流速相同情况下,沉管响应随浪向角的增大而增大。

6.6.4　波流耦合作用下超大沉管管节系泊定位模型试验

管节在不规则波中的定位系泊试验,根据不同假底、不同沉管角度、不同浪高的组合

工况试验结果,可以得到以下结论:

(1)在不同角度假底的试验中,沉管系泊缆绳缆力都是随着浪高的增加而增大。

(2)在不同角度、不同假底的试验中,沉管响应都是随着浪高的增加而增大。

管节在规则波中的定位系泊试验,根据不同浪高、不同流速的组合工况试验结果,可以得到以下结论:

①缆系缆力随着浪高增加而增大。在同一浪高、不同流速工况情况下,沉管缆力在流速最大时缆力最大,随着流速的增加,缆力逐渐增大。

②沉放等待过程中,缆绳缆力在风浪流作用下增幅较明显,特别是波浪作用较为明显,波浪引起的缆力占总缆力的45%~65%。从图6.6-8可知,随着流速增加和基槽深度减小,管节缆绳波浪力增幅有所减小。另外,斜浪的增幅比横浪的增幅要大。

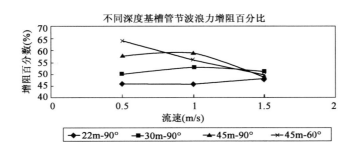

图6.6-8 不同深度基槽中管节缆绳波浪力增阻百分比

③在3个不同深度假底的沉管系泊系统中,迎流面的横调节缆的缆力最大,纵向调节缆的缆力次之,去流面的横调节缆缆力最小,且纵向调节缆中与迎流面调节缆较大一侧的缆力比另一端大。

④不同深度基槽中,在相同风浪流载荷作用下时,缆力变化不大,但水深小的假底中缆力较大。这是由于水深小的假底,其基槽过水断面坡度较小,水流从基槽中通过时,流速折减较小,沉管遭受浪流载荷有所减小。

⑤相同深度假底,在浪向角分别为60°和90°时,缆力变化不大,无明显规律。

⑥响应随着浪高增加而增大,且管节运动响应以横荡和横摇为主。在同一流速、不同浪高工况情况下,响应在浪高最大时最大。在基槽深度为45m,浪向角为90°,流速为1.5m/s时,浪高为0.8m的响应较浪高为0.5m的响应大。

⑦响应随着流速的增加而增大。在同一浪高、不同流速工况情况下,响应在流速最大时最大。在基槽深度为45m,浪向角为90°,浪高为0.8m时,沉管的响应随着流速的增大而增大。

6.6.5 波流耦合作用下超大沉管管节定位沉放模型试验

管节沉放试验中,根据不同负浮力、不同沉放深度、不同浪高的组合工况试验结果,可以得到以下结论:

(1)在不同深度假底的试验中,沉管系泊缆绳缆力都是随着浪高的增加而增大,但增幅较小。

(2)管节在风浪流载荷作用下,波浪增阻明显。沉管系缆力中波浪阻力最大占30%～40%,吊缆力波浪增阻大概在20%～30%,浮驳缆绳波浪增阻较大,最大在50%～60%。波浪增阻所占总缆力比重都随着管节沉放深度的增加而逐渐减小,随着基槽深度的增加而减小。

(3)在三个不同深度(45m、30m、22m)基槽试验中,沉管系泊缆绳缆力对不同负浮力的变化不敏感,在1200t(1.5%排水量)、1520t(2.0%排水量)和2280t(3.0%排水量)三个负浮力工况试验中,负浮力对管节和浮驳水平方向的运动和缆力影响不大,但对吊放缆要求提高。增加负浮力,可以提高管节稳定性,减小管节运动响应,但需要提高吊缆缆绳的级别,增加其最大破断力。

(4)在不同假底深度、同一负浮力、不同风浪流组合工况情况下,沉管缆系的缆力在沉管刚浸没水面时缆力最大,随着沉放深度的增加,缆力逐渐减小。

(5)沉管吊缆缆力随浪高增加而增大。在同一负浮力、不同风浪流组合工况情况下,沉管吊缆缆力在沉管刚浸没水面时缆力最大,随着沉放深度的增加,缆力逐渐减小,吊缆缆力变化也越小。

(6)不同深度假底中,吊缆总力在不同沉放深度的纯流作用下规律有所不同。沉管刚刚沉入水下时(消除干舷),3个假底中沉管吊缆总力都在纯流作用力下增大,在风浪流作用下继续增大,如图6.6-9所示。

但沉管继续下沉后,45m假底中沉管的吊缆总力依旧是在纯流和风浪流作用下继续增大。22m和30m假底中,沉管的吊缆总力在纯流作用下时较初始状态有所减小,然后在风浪流同时作用下时才增大。此种情况出现的原因可能是因为在较浅假底中,流速折减较小,在基槽内流速较高,会在沉管周围产生漩涡,给沉管有一定的升力(图6.6-10)。

(7)浮驳系缆力随着浪高增加而增大。在同一负浮力、不同风浪流组合工况下,浮驳系缆力在沉管刚浸没水面时最大,随着沉放深度的增加,缆力逐渐减小。

(8)浮驳系缆力对不同负浮力的变化不敏感,在1200t(1.5%)、1520t(2.0%)和

2280t(3.0%)三个负浮力工况试验中,沉管系缆力在同一荷载环境下的缆力变化无明显规律,缆力变化范围也较小。

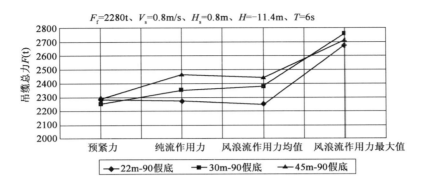

图 6.6-9　$H=-11.4\text{m}$ 时,不同假底下吊缆总力变化情况

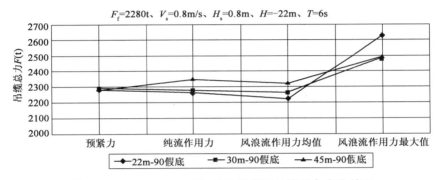

图 6.6-10　$H=-22\text{m}$ 时,不同假底下吊缆总力变化情况

(9)在 22m、30m 和 45m 三个不同深度的基槽中,相同风浪流荷载工况和相同沉放深度试验中,虽然水深小的假底缆力和运动响应较大,但总的看来沉管缆力、浮驳缆力、沉管吊缆力和沉放系统的运动响应变化量值均较小,变化范围也在试验测试误差范围内。

(10)相同深度假底,60°浪向角时的沉管缆系、沉管吊缆和浮驳缆系的缆力最大值均要大于 90°浪向角时。

6.6.6　水动力关键参数试验

1)阻力系数

结合管节静水拖曳模型试验确定管节静水拖航的水流阻力系数见图 6.6-11。

2)附加质量与阻尼

为了将管节水动力参数附加质量和阻尼的数值计算值与试验值进行对比,对不同水深13m、20m、30m和45m管节附加质量和阻尼进行计算分析,将计算结果与试验值相比,得到相应的比例系数,见图6.6-12。

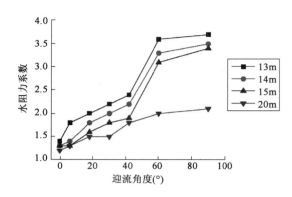

图6.6-11 阻力系数拟合值

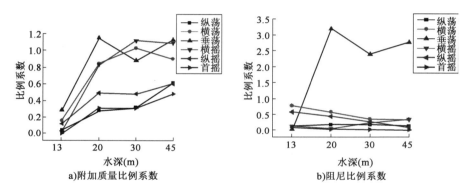

图6.6-12 不同水深的管节附加质量比例系数及阻尼比例系数

从对比结果可看出,管节附加质量在水深较浅(水深13m)时数值计算值较小;纵荡、纵摇、首摇计算结果较小;横荡、垂荡、横摇在水深20m、30m、45m时较接近。管节阻尼数值计算值除垂荡外整体偏小。由此可知,由于势流理论未能考虑流体黏性,计算的附加质量与阻尼与试验结果相比存在一定的差别,对于管节运动响应的精确分析需要通过附加质量与阻尼的修正获得。

3)系泊过程数值分析结果与试验对比分析

(1)45m基槽,风浪流90°作用对比结果

将各缆力、各自由度运动响应数值计算结果、试验结果进行对比,得到比例系数见图6.6-13。

从图中可看出,主要承受缆1、2缆力与运动响应数值计算结果和试验结果符合较好;荡、垂横摇差别不大;横荡数值结果较小。

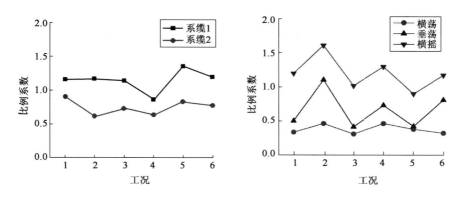

图 6.6-13　45m 基槽主要承受缆力与运动响应对比

(2) 30m 基槽,风浪流 90°作用对比结果

将各缆力、各自由度运动响应数值计算结果、试验结果进行对比,得到比例系数见图 6.6-14。

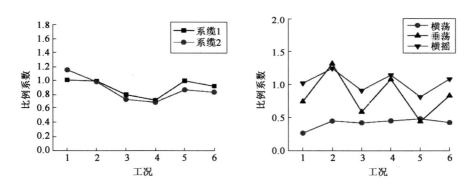

图 6.6-14　30m 基槽主要承受缆力与运动响应对比

从图中可看出,主要承受缆 1、2 缆力与运动响应横摇数值计算结果和试验结果基本吻合;垂荡数值结果与试验结果差别不大;横荡数值计算结果略小。

(3) 22m 基槽,风浪流 90°作用对比结果

将各缆力、各自由度运动响应数值计算结果、试验结果进行对比,得到比例系数见图 6.6-15。

从图中可看出,主要承受缆 1、2 缆力与运动响应横摇数值计算结果和试验结果基本吻合;垂荡数值结果与试验结果差别不大;横荡数值计算结果略小。

(4) 沉放过程数值分析结果与试验对比分析

将管节缆力风浪流作用平均值和最大值、运动响应幅值、吊缆力平均值和最大值的数值计算结果与试验结果相比得到比例系数,分别见图 6.6-16 ~ 图 6.6-18。

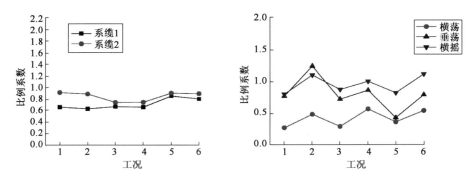

图 6.6-15　22m 基槽主要承受缆力与运动响应对比

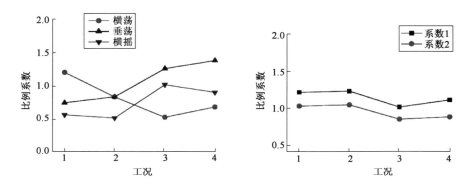

图 6.6-16　运动响应幅值与缆力平均值对比

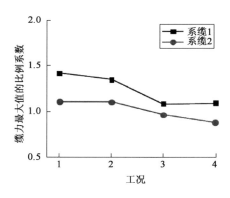

图 6.6-17　缆力最大值对比

从以上各图可看出,主要承受缆力与运动响应计算结果和试验结果吻合较好。管节系缆力平均值对比中,主要承受荷载缆 1、2 比例系数为 1.0~1.3;管节系缆力主要承受荷载缆 1、2 最大值数值计算结果较大,比例系数为 1.0~1.4;管节吊缆力平均值比例系数为 0.9~1.1,吊缆力最大值除吊缆 4 稍大外,其他吊缆均在 1.0~1.2,较吻合。

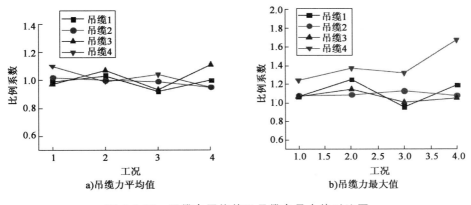

图 6.6-18　吊缆力平均值及吊缆力最大值对比图

6.7　外海深水深槽大型沉管浮运沉放成套施工工艺

针对外海寄放、浮运和沉放的施工特点,分析了各种长大管节施工方案的优缺点及其适用范围,提出安全合理的管节寄放、海上长距离浮运和在大水深复杂水流条件下的沉放过程中的关键技术工艺,形成了长大管节寄放、复杂海况下长距离浮运、大水深安装的关键施工工艺,并为以后类似工程的水上施工提供了系统完善、成套的技术解决方案。

6.7.1　沉管隧道管节施工方法

1）长大管节寄放方案适用性分析

根据国内外沉管隧道的调研分析结果,对长大管节寄放方案进行研究,以确定适用于长大管节的寄放方案,具体结论如下:

(1)当预制干坞较大,管节可以一次预制完成时,长大管节应优先采用坞内座底寄放方案,以避免另外寻找临时寄放区,管节坞内座底寄放通过压载水实现。由于坞内风浪流条件较好,对管节姿态和受力比较有利,坞内座底寄放不但增加了管节寄放的安全性,同时也减少了管节寄放操作流程,使管节施工过程更为合理高效。

(2)当预制干坞较小管节需分批预制时,长大管节宜采用在坞外临时寄放区寄放,由于风浪流等对管节作用力较大,为较好保护管节,应优先采用坐底式寄放。其寄放方法为:管节出坞后,浮运至临时寄放区,通过沉放设备将管节沉放至寄放区基床,调整压载水完成管节寄放。通过对管节在涌浪作用下的受力分析,在管节安全能够确保的情况下，可采用不坐底寄放，此时管节系泊方式根据水流特性和寄放区水域大小确定。

（3）当管节采用工厂法预制或预制干坞存在深浅坞时，应优先采用坞内寄放，由于坞内水文条件良好，为减少管节寄放时的下沉和起浮操作，一般采用无座底寄放，管节及多点系泊于深水坞内。

2）长大管节浮运方案适用性分析

对于长大管节沉管隧道，其工程规模一般较大，管节浮运距离较远，浮运过程中的气象水文条件较差，因此不能采用常规的岸控绞车、岸控绞车+拖轮辅助，以及半潜驳等浮运方法。根据国内外沉管隧道施工经验，长大管节应优先选用拖轮进行浮运，具体结论如下：

（1）长大管节应优先采用四拖轮或五拖轮浮运方案。

（2）四拖轮浮运方案具有需要拖轮少、操作性较好等优点，是长大管节最常用的浮运方案，当管节承受横向水流力较大时，可额外增设辅助拖轮顶托或拖曳管节，以专门抵抗横向水流力。当增设拖轮较多时，操作难度加大，此时可采用五拖轮浮运方案。

（3）当管节基槽浮运距离较长且基槽浮运横向水流力较大时，应优先采用五船浮运方案，此时主拖轮提供向前的牵引力，拖带管节在基槽内按预定速度前进，辅助拖轮与水流方向一致，专门抵抗横向水流力。

3）长大管节沉放方案适用性分析

长大管节的施工区域一般位于风浪流比较复杂的海上，对于管节沉放时的稳定性和安全性要求极高。对于长大管节，其沉放负浮力较大，因此需要沉放设备具有较大的起重能力。根据长大管节的沉放特点，结合国内外工程经验、数学模型和物理模型的分析结果，对长大管节的沉放方法进行综合分析，具体结论如下：

（1）由于吊沉驳船对浮轴的惯性矩增大，使得浮运和沉放时管节抗倾覆稳定性及安全度大为提高，因此长大管节应优先采用双驳船吊沉法或双壳体船吊沉法进行沉放。沉放时管节承受的水流力和波浪力通过缆绳系统传至沉放驳缆绳系统，而管节锚碇缆绳仅用作管节位置微调使用，因此采用此类方法沉放时，对沉放驳的锚固要求较高。

（2）当施工水域面积较小，长大管节沉放系统的锚缆无法布置时，可采用升降平台法进行长大管节沉放。骑吊法管节沉放采用海上升降平台进行，管节沉放时不需要锚碇系统，升降平台通过角柱固定于基床，系统稳定性好，起重能力大，可以较好地满足长大管节海上沉放的技术要求。

（3）当隧道管节数量较少，采用双驳抬吊法或骑吊法成本较高时，可采用浮箱式驳船吊沉法进行长大管节沉放施工。但是施工前应采用数学模型和物理模型对管节沉放的稳定性和安全性进行仔细研究,并采用专门的沉放驳代替浮箱,以增加长大管节沉放的稳定性。

6.7.2 沉管管节寄放工艺

管节寄放,应优先采用无座底寄放方案,台风时浪涌可能会对管节造成破坏,宜采用管节座底寄放。当寄放区水域开阔且水流为紊乱流时,管节宜采用单点系泊方案。当管节寄放区水流较大但为定向往复流时,可采用防波堤等措施降低水流流速,然后采用多点系泊方案进行管节寄放。在管节坞内寄放时,应优先采用多点系泊方案。

1)管节坞内横移

港珠澳大桥沉管隧道共分33个管节,管节横移次数较多,为了降低操作难度,提高管节横移效率,宜采用直拉法进行管节横移。受各种因素影响,管节横移时存在纵向偏位的可能,由于预制场地规模有限,且管节尺寸较大,管节坞内横移需要不断地进行位置调整,为保证管节横移的安全,移位系统应具有管节纵向调节能力。综合考虑各种情况,建议采用改进的直拉法进行管节横移,即牵引卷扬机位于管节正前方,缆绳与管节前进方向垂直,横移时启动卷扬机,直拉管节横向移动,管节纵向位置由两侧侧向缆绳控制。

2)管节寄放

管节采用工厂法预制,为了避免另外寻找寄放区域,同时降低风浪流对管节的影响,预制干坞分为深水坞和浅水坞,管节采用坞内寄放方案。由于深水坞风浪流条件较好,涌浪对管节结构影响极小,故利用坞墙顶部系缆柱进行管节无座底寄放,管节在深水坞寄放采用四点系泊方案。

3)临时通道

由于典型管节不设人孔,为了满足工作人员出入、管节压排水时空气进出、管节通风,以及测量设备安装等的要求,需在管节设置临时通道。港珠澳大桥沉管隧道施工区水文环境复杂,施工水深大,最大达46m,对管节的防水性能要求较高,同时管节处于海洋氯化物环境,受氯离子侵蚀严重,根据设计要求,管节设计使用寿命为120年,耐久性要求极高,为了满足管节防水性能和耐久性的要求,需尽可能保证管节的完整性,因此建议采用临时通道设于管节尾部钢封门方案。

6.7.3 沉管管节浮运工艺

管节浮运时,当管节在坞外寄放区或管节沉放区二次舾装时,宜采用船式起重机进行二次舾装。当管节在坞内寄放时,宜采用坞墙塔吊进行管节二次舾装,当舾装件重量较大时,可分段进行安装。对于浮运距离小于1km的内河隧道,宜采用岸控绞车法进行管节浮运,当河水流速较大时,可采用拖轮侧向辅助顶推的方法抵抗横向水流力。当管节浮运距离大于1km,特别是外海长距离浮运时,通常采用拖轮浮运,为了保证管节浮运的稳定性,应采用压载水箱对管节干舷值进行调整,使其处于合理范围之内。对于管节拖轮浮运,当基槽浮运距离较长且基槽浮运横向水流力较大时,应优先采用五船浮运方案。对于其他情况,通常采用四船浮运方案,仅当浮运航道的风浪流条件较好且横向水流力较小时,方可采用三船方案代替四船方案进行管节浮运。

1) 管节二次舾装

管节轴线调整系统重200~300t,质量较大,且需要从坞外寄放区运至坞内,故采用船式起重机进行二次舾装。受深水坞大小所限,船式起重机进出时,舾装管节需向浅水坞方向横移,以满足船式起重机占用水域要求,操作比较复杂,且安全性较差。其他舾装件的重量较轻,采用塔吊法进行管节其他舾装件的二次舾装。

2) 管节浮运

当采用四船浮运时,管节前面两艘拖轮的功率较大。管节基槽浮运时,为了抵抗横向水流力,四船浮运的操作性稍差,必要时需要辅助拖轮横向顶推管节。当采用五船浮运方案时,除主拖轮功率稍大外,其他拖轮功率均较小,且管节基槽浮运时,拖轮的操作性较好。因此,在施工设备满足现场要求的前提下,建议采用五船方案进行管节浮运。

6.7.4 沉管管节沉放工艺

管节系泊定位时,重力式锚方案占用水域较小,加载过程基本不会产生位移,锚绞车和导缆结构较小、成本较低,通常情况下管节沉放系泊优先选用该方案。当施工区域的土层分布较好,大抓力锚起抛锚比较便利,以及锚碇位置基床不宜开挖或基床开挖困难时,宜采用大抓力锚方案进行管节系泊。

对于管节沉放阶段,规模较小且施工水域开阔的沉管隧道,可采用浮吊法进行管节沉放;施工环境较好、水深较小的沉管隧道的管节沉放宜采用浮箱沉吊法;水深大、施工水域小且水文条件恶劣的沉管隧道应优先采用骑吊法进行管节沉放;管节数量较多、施工水深较大且水文环境恶劣的沉管隧道应优先采用双驳抬吊法进行管节沉放。

1) 管节系泊

根据重力式锚块的安装工艺,安装时必须按要求进行基床开挖,会对基床造成一定损害,在水深较深时,锚坑开挖难度较大,对施工工期有较大影响。港珠澳大桥沉管隧道施工区域环境复杂,施工水深较大,最深处达45m,且施工工期紧张,因此建议采用大抓力锚方案进行管节系泊。

2) 管节沉放

港珠澳大桥沉管隧道管节长180m,质量约72000t,管节规模较大;管节采用拖轮浮运方案,航道浮运距离约12km;整个施工区域风浪流条件复杂,施工环境恶劣,因此管节浮运和沉放施工时必须具有足够的稳定性,以保证施工安全。对于双驳船吊沉法,浮运时驳船可以助浮,解决干舷管节不足的问题,同时沉放驳对浮轴的惯性矩成倍增大,使得浮运和沉放时管节抗倾覆稳定性及安全性大为提高,因此建议采用双驳船吊沉法进行管节沉放。

3) 管节轴线调整

由于管节尺寸较大,管节沉放时的负浮力较大,同时沉管隧道采用先铺法碎石基床,导致管节沉放在基床之后,其与基床的摩擦力较大,采用顶头摆尾法进行管节轴线调整时,所需千斤顶吨位较大,为了防止顶推位置损坏,该部位需采用专门的加固措施。采用管节轴线调整系统进行管节轴线调整,虽然系统制造成本较高,但可以很好地解决上述问题,因此建议一般情况下采用管节轴线调整系统进行管节轴线调整;当轴线偏差较大时,可采用轴线调整系统+接头辅助顶推法或重新对接法进行轴线调整。

6.8 创新性技术成果小结

以长大管节海上寄放、浮运和沉放的施工工艺为中心目标,围绕离岸深水条件下施工过程中在风、浪、流及系缆力共同作用下的结构安全性、稳定性及操控性,施工作业气象窗口预报技术,沉管安装测量定位体系等方面开展系统研究,形成外海深水大型沉管安装创新与装备研发成套技术,为港珠澳大桥隧道管节的顺利实施提供强有力的技术支持,也为以后类似工程的沉管施工建立系统完善的技术解决方案。

(1) 采用基于三维势流理论的水动力学软件AQWA,对节段式管节在长周期波浪和复杂水流、风浪条件下施工过程进行研究,分析沉管浮运及沉放受力特性、稳定性影响较大的水动力学参数及其影响机理,建立管节浮运及沉放多体系统水动力学分析模型,提出了管节安装施工作业水文气象限制条件。确保沉管作业过程全控制,有效保障沉管安全。

（2）首次开展了复杂海洋环境条件下受限航路内大型沉管拖航阻力及操控性研究，自主研发了浮运数字化指挥系统，实现了超大沉管多拖轮（13艘）拖航可视化远程集中指挥，保障了沉管长距离拖航安全。

（3）在对多种锚型的受力机理分析研究的基础上，首次开展了多型号、多批次锚抓力试验，揭示了深厚软土条件下大抓力锚的工作特性，研发了沉管安装锚泊系统和快速锚泊技术，保证了复杂海洋条件下超大沉管的系泊安全。

（4）首创了可精确调节的沉管对接导向系统、数控沉管拉合系统、水力压接系统、远程集中操控的压载水系统、测控系统等，形成了信息化的沉管安装集成操控系统及工艺，大幅提升了工效和精度，保障了施工安全。

（5）首次自主研发制造了集系泊定位、沉放对接、远程操控、监测监控等综合功能于一体的信息化沉管施工装备，实现了外海深水条件下，大型沉管的水下高精度无人沉放对接，填补了国内外多项技术空白。

（6）通过理论分析、物理模型试验、数值模拟等研究，首次揭示了先铺法沉管水下轴线调整过程受力机理及运动规律，研发了50m水深条件下沉管精调系统，实现了毫米级精确调整，保障了沉管隧道的线形受控。

（7）以港珠澳大桥沉管隧道工程为依托，结合工程现场实际的环境条件和具体的施工方案，对沉管隧道管节寄放、浮运和沉放施工方法进行了归纳总结，详尽阐述了管节不同寄放方式、二次舾装工艺、管节出运方式、管节的系泊定位方式和下沉工艺及轴线调整等多个关键工序的工艺特点，通过多个方面的综合对比，明确了各种长大管节施工方案的优缺点及其适用范围，提出安全合理的管节寄放工艺，并对长大管节在海上长距离浮运和在大水深复杂水流条件下的沉放过程中的关键技术进行深入研究，形成了详尽的长大管节海上寄放、浮运及沉放施工技术，并为以后类似工程的水上施工提供了系统完善、成套的技术解决方案。

CHAPTER FIVE 第7章

离岸特长沉管隧道建设防灾减灾关键技术

7.1 离岸特长沉管隧道接头及结构防火试验

7.1.1 离岸特长沉管隧道管节结构构件耐火保护试验

1）试验工况

试验考察的耐火保护方案主要有防火涂料与防火板,试验工况见表7.1-1。

主体结构耐火保护试验工况表 表7.1-1

序号	升温曲线	测试时间(min)	防火材料	材料厚度(cm)	安装方式
1	RABT	83	防火涂料	2	挂网涂装
2	RABT	32	玻镁防火板	1	膨胀螺栓固定
3	RABT	120	玻镁防火板	2	双层错缝安装、膨胀螺栓固定
4	RABT	120	保全防火板	2.7	单层安装、膨胀螺栓固定

2）试验构件制作

共制作6块管节结构构件,构件尺寸为1.7m×1.7m×0.7m(长×宽×高),管节现场制作情况如图7.1-1和图7.1-2所示。

图7.1-1 管节结构构件现场浇筑

图7.1-2 管节结构试验构件浇筑成形

3)试验结果分析

(1)工况1:防火涂料试验结果

给出了在2cm厚的隧道专用防火涂料保护下,试验构件内部的温度分布情况。从温度数据看,防火涂料能够较好地保护混凝土试验构件,并未超过混凝土的耐火极限。

从国内隧道防火涂料的工程实践看,隧道内的渗流水、通行车辆带来的振动,以及汽车尾气带来的酸性物质会对防火涂料的稳定性产生一定的不利影响。特别是,当隧道发生火灾时,经受高温的炙烤,隧道防火涂料可能会发生脱落(图7.1-3~图7.1-5)。

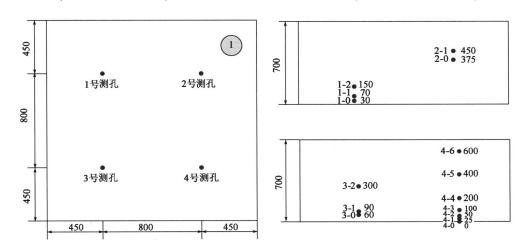

图7.1-3 管节主体结构试验构件内部温度测点布置图(尺寸单位:mm)

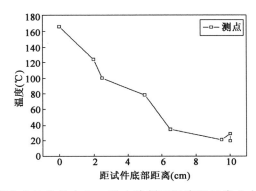

图7.1-4 管节主体构件在2cm防火涂料下温度沿厚度分布图(70min)

(2)工况2:1cm玻镁防火板

对1cm厚单层玻镁防火板的耐火性能进行了试验。在试验构件底面与防火板之间布设了6支热电偶用于监测混凝土构件底面的温度(图7.1-6)。

从图7.1-6可以看出,在1cm单层玻镁防火板保护下,试验构件底面温度在5~10min逐渐开始上升;10~15min,构件底面温度维持在100℃左右;15min之后,构件底面温度开始急剧上升;在点火后33min,构件底面最高温度达到445℃。此温度已经超过了混凝土的耐火极限,如果继续进行高温试验,混凝土继续升温,会有发生爆裂的可能,考虑到试验安全,停止试验。由此可见,仅采用1cm厚单层玻镁防火板不足以长时间保护混凝土构件。

图 7.1-5　防火涂料脱落

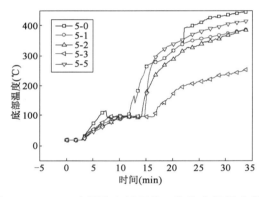

图 7.1-6　1cm 玻镁防火板保护下构件底部温度曲线

图 7.1-7 给出了试验构件部分测点内部温度变化情况。

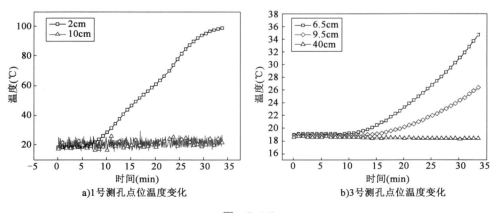

a) 1号测孔点位温度变化　　　　b) 3号测孔点位温度变化

图　7.1-7

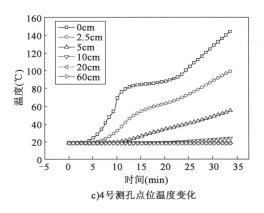

c) 4号测孔点位温度变化

图 7.1-7　管节主体构件内部各测点温度变化

在试验过程中(33min 内),混凝土内部温度并不高,最高温度仅150℃。这是由于混凝土材料具有一定的热惰性,且试验时间较短,因此试验构件内部温度并不高。

(3)工况 3:双层(2cm)玻镁防火板错缝安装

试验采用两层 1cm 厚的玻镁防火板错缝安装对混凝土构件进行保护,试验持续高温时间 120min。试验后防火板及试验构件的烧蚀情况见图 7.1-8。

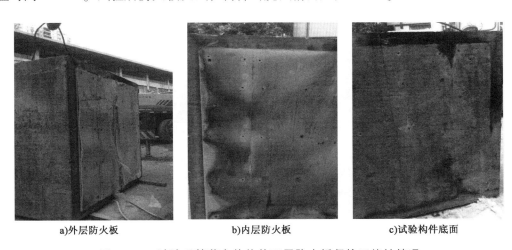

a) 外层防火板　　　　b) 内层防火板　　　　c) 试验构件底面

图 7.1-8　试验后管节主体构件双层防火板保护下烧蚀情况

可以发现,经历 120min 高温之后,外层防火板破坏较严重,内层防火板破坏情况较轻,外形保持完整,混凝土构件底面无任何损伤。

图 7.1-9 给出了试验构件底面与防火板之间的测点温度变化情况。可以看出,在 70min 左右时,构件底面温度有明显快速上升趋势,但在整个试验持续时间内,构件底部最高温度始终未超过耐火极限标准 380℃。由此可见,采用双层玻镁板错缝安装能够较好地保护混凝土构件。

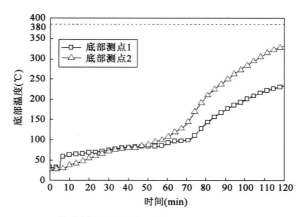

图 7.1-9 管节结构构件底面与防火板之间测点温度变化

图 7.1-10 给出了试验构件内部各测点温度随时间变化情况。从图中可以看出,在距结构底部 2.5cm 处温度均未超过 300℃,最大为 4 号测区的 226.7℃,满足耐火极限要求。

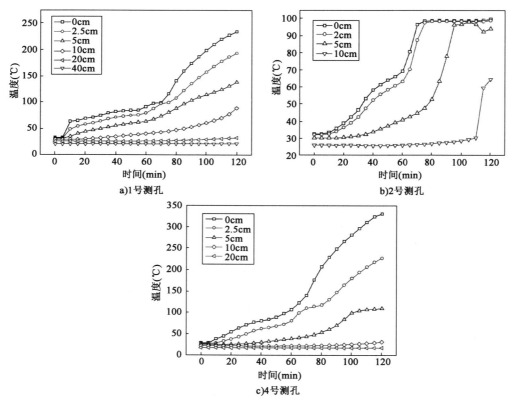

a) 1 号测孔   b) 2 号测孔

c) 4 号测孔

图 7.1-10 管节主体构件在双层防火板保护下构件内部测点温度变化

双层防火板错缝安装后混凝土底部温度最高没有超过 350℃,温度对混凝土的影响范围有限,主要在底部20cm内,20cm以外温度基本降到了常温。

(4)工况4:保全板

采用一层27.5mm厚保全板对试验构件进行保护,试验持续时间120min。从试验结果看,在整个试验持续过程中,试验构件底面混凝土表面温度随时间增加而持续上升,但并未超过380℃。图7.1-11给出了构件内部距底面65mm、100mm、200mm、400mm、600mm处温度变化情况,各测点温度均较低,上升较缓慢,最高温度仅为135℃。由此可见,保全防火板在试验设定的升温曲线下,能够较好地保护管节主体构件。

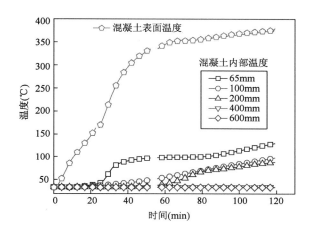

图7.1-11 保全板保护下试验构件内部及底面温度变化

另外,试验过程发现,由于保全防火板只进行单层安装,无法利用上下层互补的方式弥补防火板接缝造成的高温烟气窜流,因此在单层防火板施工过程中应特别注意防火板接缝的处理,尤其是待保护混凝土表面本身不够平整的情况。

7.1.2 离岸特长沉管隧道管节接头构件耐火保护试验

1)试验工况

试验主要研究在RABT升温曲线下,沉管隧道管节接头的耐火保护方案。主要通过测量管节接头钢剪力键处、止水带处温度,考察不同耐火保护材料及其不同安装方案下耐火保护效果。具体开展的试验工况如表7.1-2所示。

管节接头耐火保护试验工况表　　　　表7.1-2

序号	升温曲线	测试时间(min)	防火材料	保护方案	备 注
1	RABT	50	玻镁防火板+硅酸铝耐火棉	防火隔断+底层防火板(不与防火隔断铆固)	具体安装方案见管节接头耐火保护方案一

续上表

序号	升温曲线	测试时间(min)	防火材料	保护方案	备注
2	RABT	120	玻镁防火板+硅酸铝耐火棉	防火隔断+底层防火板(与防火隔断铆固)	具体安装方案见管节接头耐火保护方案二
3	RABT	120	保全防火板+硅酸铝耐火棉	防火隔断+底层防火板(与防火隔断铆固)	具体安装方案见管节接头耐火保护方案三

2)管节接头构件制作

共制作两块管节接头构件,构件外部尺寸为 $1.7m \times 1.7m \times 1.35m$(长、宽、高),内腔尺寸为 $1.7m \times 0.9m \times 0.9m$(长、宽、高)(图7.1-12)。

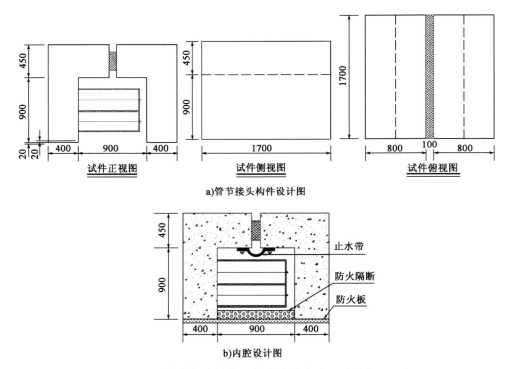

图7.1-12 管节接头构件总体防火方案(尺寸单位:mm)

3)管节接头耐火保护方案及安装

(1)方案一:防火隔断(轻钢龙骨+防火板+耐火棉+防火板)+底层防火板(与防火隔断不铆固)(图7.1-13、图7.1-14)。

(2)方案二:防火隔断(轻钢龙骨+防火板+耐火棉+防火板)+底层防火板(与防火隔断铆固)(图7.1-15)。

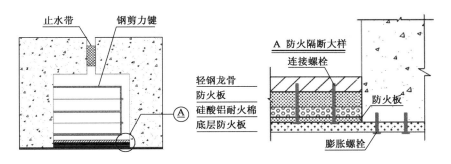

图 7.1-13　管节接头耐火保护方案一示意图

图 7.1-14　管节接头耐火保护方案一安装过程

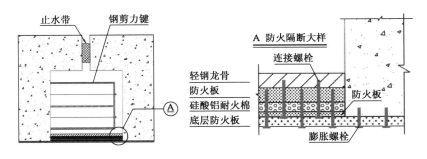

图 7.1-15　管节接头耐火保护方案二示意图

(3)方案三:防火隔断(耐火棉＋不锈钢龙骨＋防火板)＋底层防火板(与防火隔断铆固)。

此方案总结了前两种方案的经验,对原方案进行了优化。两项主要改进为:

①采用了强度更高同时耐腐蚀的不锈钢方钢龙骨;

②在龙骨两侧加装了防火板和固定钢板,增强了龙骨的固定强度,同时较好保护接头侧壁,防止高温烟气窜流。

图 7.1-16 和图 7.1-17 给出了管节接头耐火保护方案三安装过程。

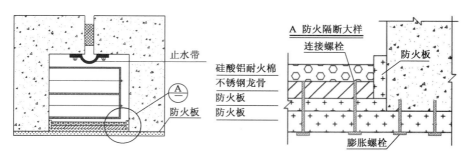

图 7.1-16 管节接头耐火保护方案三示意图

图 7.1-17 管节接头耐火保护方案三安装过程

4）温度测点布置

每个构件共布置 17 支测温热电偶，主要布设在止水带内外、钢剪力键处、防火隔断及底层防火板之后（图 7.1-18）。

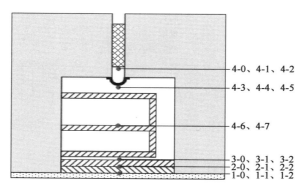

图 7.1-18 管节接头耐火保护试验温度测点布置图

5）试验结果分析

（1）工况一：耐火保护方案一底层防火板不与防火隔断铆固（图 7.1-19）

在试验点火 50min 后，就发现底层防火板测点温度超过 380℃，并很快读数显示异常。试验后吊装试件出炉,发现外层防火板烧穿,内层防火隔断的外层也损坏严重。

图 7.1-19　管节接头构件耐火保护方案一试验结果

图 7.1-20 和图 7.1-21 分别给出了在保护方案一下,管节接头内层防火隔断处,以及 OMEGA 止水带处温度随时间变化情况。

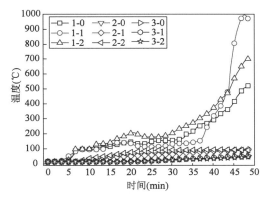

图 7.1-20　管节接头构件内层防火隔断各测点温度

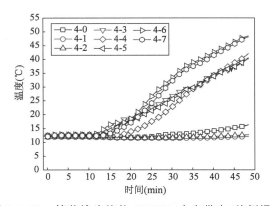

图 7.1-21　管节接头构件 OMEGA 止水带内/外侧温度

可以看出,在 40~50min 时,外层防火板与内层防火隔断之间的测点 1-0、1-1、1-2 温度急剧上升,最高温度达到 1000℃,推测此时底层防火板已被烧坏,失去保护作用。为保证试验安全,试验操作人员及时终止试验,此时接头 OMEGA 止水带内/外侧温度均未超过50℃。

原因分析:从防火板破坏形态看,破坏首先发生在设置防火隔断的内腔处,底层防火板从中心开始烧穿,周边防火板未烧坏,状况较好,同时内腔温度较正常。分析其原因有以下两点:

①在接头内腔处,存在90cm 的跨度,而底层防火板并未与防火隔断同时铆固在轻钢龙骨上,导致接头附近底层防火板刚度不一致;

②炉子内部为喷嘴喷射明火加载,高温气流的反复冲击作用(与实际火灾现场火焰冲击类似),对接头空腔位置形成动力冲击,导致底层防火板首先开始损坏。

(2)工况二:耐火保护方案二底层防火板与防火隔断铆固

总结保护方案一试验经验,保护方案二采用螺栓将底层防火板与接头内腔处防火隔断铆固在一起,同时加强了防火隔断与接头内腔壁面密封,防止高温烟气从壁侧窜流(图 7.1-22)。

图 7.1-22 管节接头内侧防火隔断烧坏

经过 120min 高温灼烧之后,底层防火板已基本烧酥,剥开底层防火板之后,内侧防火隔断外观基本保持完好,仅被熏黑。

图 7.1-23 为在底层防火板与内侧防火隔断铆固在一起的情况下,内层防火隔断各点温度。从图中可以发现,布设于底层防火板与内侧防火隔断之间测点 1-0、1-1、1-2 温度相对较高,但也未超过220℃;防火隔断中间层的测点 2-0、2-1、2-2 温度相对较低,未超过100℃;防火隔断内侧测点 3-1、3-1、3-2 温度最低,未超过80℃。综合来看,采用此种保护方案,底层防火板内侧温度均未超过380℃。但同时也应该看到,底层防火板与内侧防火隔断之间测点 1-0、1-1、1-2 在 105min 之后,温度快速攀升,可推测此时已基本达到底层防火板的耐火极限。

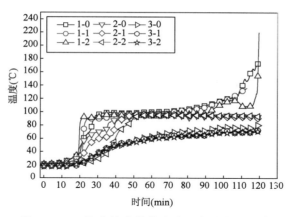

图 7.1-23 管节接头构件防火隔断处各层温度

试验结果表明,在实际工程中,接头处的防火板安装一定要做好额外的支护,确保在火灾发生时,火焰冲击力不会对其产生影响。

(3)工况三:耐火保护方案三(更换龙骨,加强铆固强度)

方案总结了前两种方案的经验,对原方案进行了优化。主要有以下两项改进:

①采用了强度更高同时耐腐蚀的不锈钢方钢龙骨;

②在龙骨两侧加装了防火板和固定钢板,增强了龙骨的固定强度,同时较好保护接头侧壁,防止高温烟气窜流。

保护方案三具体为:防火隔断为 30mm 耐火棉 + 不锈钢方钢龙骨 + 27.5cm 单层保全防火板,底层防火板为 27.5mm 单层保全防火板,底层防火板与防火隔断通过螺栓同时铆固在不锈钢龙骨上。

采用方案三进行保护的管节接头构件置于高温试验炉内,在 RABT 升温曲线下进行试验 120min,试验结果如图 7.1-24 所示。

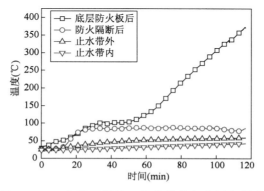

图 7.1-24 方案三保护下接头构件各处测点温度

从图中看出,各测点温度随时间变化不断上升,其中底层防火板后测点上升速度最快。在整个试验过程中,底层防火板后测点最高温度为371.5℃;防火隔断之后测点最高温度85.5℃;止水带外侧最高温度59℃;止水带内侧最高温度42.5℃。此方案保证了在给定的火灾持续时间之内,OMEGA止水带始终保持在正常工作范围之内,实现了管节接头耐火保护目标。

7.1.3 离岸特长沉管隧道节段接头构件耐火保护试验

1)试验工况

节段接头耐火保护方案总体设计思路同样按照"防火隔断+底层防火板"思路。试验主要研究该耐火保护方案对节段接头的保护效果,同时还对比分析长期处于潮湿环境对耐火保护效果的影响。主要开展试验工况如表7.1-3所示。

节段接头耐火保护试验工况表 表7.1-3

序号	升温曲线	测试时间(min)	防火材料	保护方案	暴露环境
1	RABT	120	玻镁防火板+硅酸铝耐火棉	防火隔断+底层防火板	潮湿环境
2	RABT	120	玻镁防火板+硅酸铝耐火棉	防火隔断+底层防火板	正常环境

2)节段接头构件制作

节段接头构件共制作2块,构件外部尺寸为1.7m×1.7m×0.7m(长、宽、高),内腔尺寸为1.7m×0.5m×0.2m(长、宽、高)(图7.1-25、图7.1-26)。

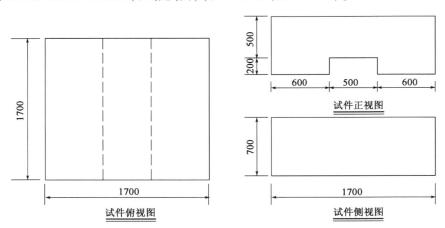

图7.1-25 节段接头构件设计图(尺寸单位:mm)

3)节段接头耐火保护方案及安装

试验节段接头采用防火隔断+底层防火板保护方案。防火隔断由龙骨+3cm玻镁防火板+2cm硅酸铝耐火棉+1cm玻镁防火板构成,底层防火板为2层1cm厚玻镁防火板,同时利用螺栓将底层防火板与防火隔断铆固在龙骨上(图 7.1-27、图 7.1-28)。

图 7.1-26　节段接头试验构件安装过程

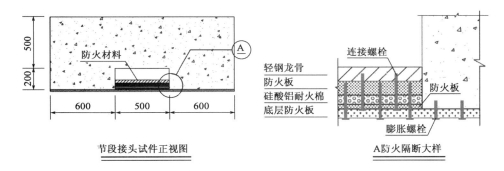

图 7.1-27　节段接头构件耐火保护方案（尺寸单位：mm）

图 7.1-28　节段接头耐火保护安装

4）温度测点布置

节段接头耐火保护试验温度测点布置方案如图 7.1-29 和图 7.1-30 所示。

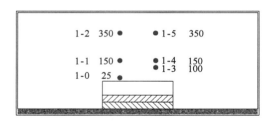

图 7.1-29　节段接头结构内温度测点布置

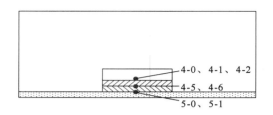

图 7.1-30　节段接头构件防火隔断处温度测点布置

5）试验结果分析

（1）工况一：节段接头暴露在雨季潮湿环境

工况所用的编号为 8 的节段接头试件于 2012 年 8 月制作完成，外层防火板、内层防火隔断均按照设计方案安装到位，于 2012 年 11 月 27 日开始进行耐火试验。在此 3 个月期间，试验所在地区多次下雨，将 8 号试件安放在室外，尽管有雨布遮挡，但仍受到雨季潮气与少量地面溅水侵蚀（图 7.1-31）。

图 7.1-31　节段接头暴露于潮湿环境后高温试验结果图

高温试验之后，接头构件底层双层防火板被烧穿，内层防火隔断被烧坏，而位于接头内的 OMEGA 止水带被完全烧毁,同时接头构件部分混凝土结构爆裂。

试验过程中,防火隔断处温度变化情况见图 7.1-32。分析各温度曲线变化规律,可推测此节段接头构件烧毁过程如下:

第一阶段,作为第一道防线的底层防火板首先被破坏,导致 40min 时外层防火板背后的温度传感器 5-0、5-1 温度急剧升温,短短 10min 的时间由 500℃ 急剧升至 1100℃。

第二阶段,内层防火隔断的第一层在约 70min 时烧毁,其背后的温度传感器 4-5、4-6 温度急剧升温,15～20min 的时间由 200℃ 急剧升温至 1100℃ 以上。

第三阶段,在 120min 左右时,内层防火隔断全部被烧毁,导致其背后的温度传感器 4-0、4-1、4-2 温度急剧升温。在此阶段,OMEGA 止水带被焚烧殆尽。

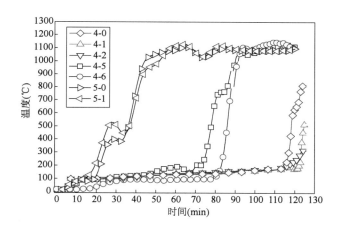

图 7.1-32　节段接头构件防火隔断测点温度曲线

(2)工况二:节段接头暴露在正常环境

此工况更换了全新的玻镁防火板材,仍然按照防火隔断(龙骨+3cm 玻镁防火板+2cm 硅酸铝耐火棉+1cm 玻镁防火板)+底层防火板(2cm 玻镁防火板)方案进行耐火保护。安装及存储过程,保持该试验构件暴露在正常环境。

图 7.1-33 给出了节段接头构件结构内部各测点温度变化情况。从图中可以看出,混凝土内部最高温度出现在距离止水带 2.5cm 处,为 50℃。

图 7.1-34 给出了试验过程中 OMEGA 止水带附近测点温度变化情况。从图中可以看出,止水带处最高温度为 4-0 测点的 75℃,在 OMEGA 止水带的正常工作范围之内。因此,本保护方案较好地实现了节段接头耐火保护目标。

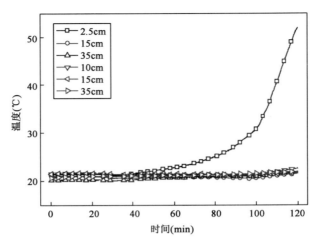

图 7.1-33　试验构件结构内部各测点温度变化

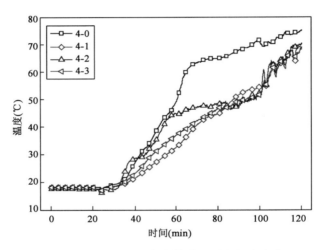

图 7.1-34　OMEGA 止水带附近测点温度变化

7.2　离岸特长沉管隧道防水灾监测技术

7.2.1　室内防水灾试验

1）试验思路

隧道在运营时,通常存在内部与外部的温差,热量将从温度高的区域传递至温度低的区域。在管段接头位置,热量的传递将受防水构件的导热路径影响,这种影响取决于 OMEGA 止水带防水后是否发生渗漏。除热传递外,由于渗漏水体与隧道环境本身温度的差异,也可能导致局部温度突变。据此,提出两种判定思路:

(1)温度突变法

水体渗漏导致构件表面温度突变,可选取不同构件表面图像数据求差值,如对OMEGA止水带、压板的图像数据取差值,以该差值为标准分析温度突变的数据规律,可预期发生渗漏时该差值将显著增大,这种判定方法即为温度突变法。

(2)导热差分法

导热路径变化带来的构件表面温度变化,对沉管接头处各关键部位(压板、端钢壳、OMEGA止水带等)的红外辐射性能进行监控。对不同点位的图像数据进行差分,预期各差分值将因为渗漏而发生变化,此即为导热差分法。如图7.2-1所示,为渗漏前后管端接头处主要热传递路径的变化。

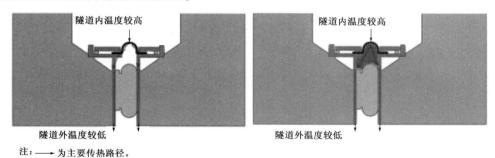

图7.2-1 导热路径变化影响热传递效果示意图

2)室内试验条件

如图7.2-2所示,在可控温的试验室内利用三块混凝土板以及隔热板材搭建箱体,模拟沉管隧道管节。在混凝土板上,预留空洞,并预埋钢板(钢板模拟端钢壳)。压板材料与OMEGA止水带均采用港珠澳大桥隧道所用材料。混凝土板空洞内埋设隔热材料,模拟GINA止水带。此方案的布设,将营造类似于管段接头处的情形,利用红外相机拍摄OMEGA止水带、压板、端钢壳,即可获得试验数据(图7.2-3、图7.2-4)。

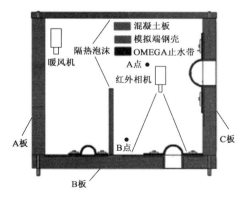

图7.2-2 试验室设备布置示意图

图 7.2-3　试验室安装 OMEGA 止水带

图 7.2-4　箱体内所用暖风机、风扇、干燥剂

3）试验流程

使用干燥剂恒定箱体内湿度为 40% 左右，开展不同温度条件下的试验。

试验步骤如下：

（1）按照工况要求，调节房间温度、箱体内温度；

（2）打开监测系统开始试验，记录开始时间；

（3）通过开关调节 OMEGA 止水带空腔后的水量，营造无水、满水与半水状态；

（4）24h 后停止程序，记录结束时间与温度读数，并开始下一工况试验。

4）导热差分法试验结果

经严格筛选后，可用于分析的数据如表 7.2-1 所示。

导热差分法试验的可用工况　　　　　　　　表 7.2-1

试验组号	日期	水腔	内部温度（℃）	外部温度（℃）	温差（℃）	可用数据数量（每组 1440 个数据）
1	2012/10/5	无水	27.5	23.5	4.0	900
2	2012/10/7	满水	34.5	24.1	10.4	400
3	2012/10/8	满水	35.6	23.3	12.3	持续低幅度降低
4	2012/10/11	半水	26.0	22.6	3.4	900
5	2012/10/12	满水	25.5	22.7	2.8	700

续上表

试验组号	日期	水腔	内部温度（℃）	外部温度（℃）	温差（℃）	可用数据数量（每组1440个数据）
6	2012/10/14	半水	28.4	23.1	5.3	1000
7	2012/10/24	半水	14.2	14.2	0.0	很多突变
8	2012/10/26	半水	21.1	21.1	0.0	关键部分突变
9	2013/1/6	半水	21.9	18.3	3.6	1000
10	2013/1/7	半水	24.0	16.5	7.5	300
11	2013/1/9	半水	25.3	17.7	7.6	1200
12	2013/1/14	半水	19.1	17.7	1.4	600

导热差分法试验结果表明：

（1）红外监测中，通过在目标点位附近选取一定区域数据进行均值处理后替代，可有效改善目标点位图像数据的波动性，减小系统判定的误差。

（2）通过14位红外摄像头采集不同温度下材料的图像数据，可知材料的图像数据与温度有较为稳定的正相关性。

（3）在热传递过程中，内外温差导致的热传递也会影响物体的表面温度，温差越大，散热越快，表面温度变化越明显。物体温度传递路径越短，其辐射强度受温差影响越明显，可通过14位红外摄像头捕捉到内外存在温差时传热路径导致的红外辐射性能差异。

（4）本试验表明沉管接头处发生隐藏水体渗漏时，接头处构件（特别是OMEGA止水带）的导热能力增强。当存在内外温差时，导热路径的变化会带来较大的图像数据变化，红外监测系统可基于这种变化判定是否发生水体渗漏。

5）温度突变法试验结果

经严格筛选后，可用于分析的数据如表7.2-2所示。

温度突变法试验的可用工况　　　　表7.2-2

编号	水箱水温（℃）	模型箱内温度（℃）	室温（℃）	渗漏水温度（℃）	渗漏温差（℃）
1	33.7	23.2	22.3	32.3	10.1
2	28.3	23.0	22.9	27.9	5.0
3	27.0	23.6	22.5	27.0	4.5
4	26.1	23.3	23.2	26.0	2.8

续上表

编号	水箱水温(℃)	模型箱内温度(℃)	室温(℃)	渗漏水温度(℃)	渗漏温差(℃)
5	22.8	23.4	22.2	22.8	0.7
6	20.2	23.2	23.9	20.4	-3.4
7	18.5	23.9	23.9	18.7	-5.2
8	12.9	24.2	24.1	13.4	-10.7

温度突变法试验结果表明：

（1）若快速渗漏的水体与沉管接头处构件存在较大温差，则会造成构件表面温度突变。在红外监测中，温度突变带来的图像数据变化将远大于系统本身的误差，可利用这种突变有效实现对渗漏的判定。

（2）温度突变的实质是热量传递，该过程主要受两方面因素影响：水体与环境的温差和水体渗漏速度。试验工况 5 中，由于渗漏水体与环境温差较小，系统无法判定渗漏。故在实际工程应用中，若利用温度突变效应作为判定渗漏水的标准时，应考虑水体渗漏速度及水体与环境温差的局限性。

（3）渗漏水体与环境温差越大，造成的温度突变越明显，监测系统判定出渗漏所需时间越短。同时，接头处构件的温度变化过程持续时间会随温差的增大而增长，可有效地克服隧道内气温多变的不利影响。

（4）渗漏判定时阈值的选取对系统工作性能影响重大。实际应用中，阈值的制订应充分考虑以下因素：不同环境温度下各构件表面图像数据的正常差值、红外镜头在工作现场的系统误差等。若无法使用单一的判定阈值，则应考虑向监测系统中引入温度探头、湿度探头等原件，为渗漏的判定提供辅助参数。

（5）系统误差是由于红外镜头感应元件工作的不稳定引起的，稳定条件下每个点的数据都会呈现周期性的变化。可考虑针对本系统的红外镜头采取更多措施提高图像数据的稳定性，减小系统误差。

7.2.2 监测系统集成

沉管隧道防水灾红外监测系统可实现数据采集、数据分析、数据传递与存储、监控预警等功能。

1）硬件选型

红外监测系统的硬件系统主要包括：①数据采集：红外摄像头、温湿度探头；②数据分析：工控机、嵌入式现场处理器；③数据存储：远端控制台、现场处理器；④数据传输：光纤、数据交换机;⑤监控预警功能:短信发送装置等。

2)软件编制

智能监测系统的软件组成模块如图7.2-5所示。

该系统主要由三大模块组成:监测模块、分析模块、预警模块。监测模块的主要功能是利用监测设备对易发生渗漏的部位进行全天候的监测,并将监测结果传输至分析模块。分

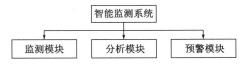

图7.2-5　系统构成示意图

析模块主要在计算机系统通过相应的识别算法对监测设备的监测数据进行分析、识别,判定是否发生渗漏及渗漏的位置。预警模块则是根据分析模块的分析结果,决定是否发送预警信息,一旦需发送预警信息,则通过互联网技术直接将预警信息发送至运营管理方。

3)监测程序流程

该系统具体的工作流程图如图7.2-6所示。港珠澳大桥沉管隧道较长,接头的数量也相对较多且距离相对较远,为了有效地对各个渗漏敏感部位进行监测,需要多台监测设备同时进行工作,根据一线总线式的数据传输方式,将多台监测设备的监测数据通过不同的通道传输至监测计算机系统,通过监测计算机系统对监测的信息进行分析、识别,并判定是否发生渗漏及渗漏的位置,再利用互联技术将预警信息发送至运营管理方。

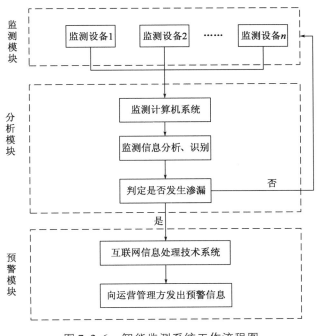

图7.2-6　智能监测系统工作流程图

7.2.3 防水灾监测现场试验

利用现有技术资料、试验数据完成监测系统的数据采集与存储模块,并开始编制渗漏分析模块,在此基础上完成第一代设备集成(后文以监测系统 V1.0 指代)。利用监测系统 V1.0 开展现场试验,收集现场数据,并进行系统升级。

1)初步数据采集阶段

(1)试验设备安装

由于隧道管段的不均匀沉降,使得沉管接头处的压缩量、管段上下位置存在一定的微小差异,对于监测系统的安设而言,属于可以通过镜头位置调节而克服的影响。如图 7.2-7 所示,模型为沉管隧道管段接头处的模拟,四面体区域示意为红外镜头监测区域;五面体区域示意为烟雾罩保护区域。

初期数据采集阶段,监测系统在每个接头处放置的时间为一个星期。安设监测系统主要包括以下步骤:整合施工空间、清理构件表面、安设烟雾防护罩、安设红外镜头、监测系统及镜头微调等。管段接头处现场空间示意图如图 7.2-8 所示,防尘架布设现场示意图如图 7.2-9 所示。

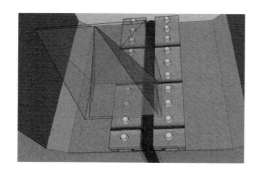

图 7.2-7　监测空间布置示意图

7.2-8　管段接头处现场空间示意图

图 7.2-9　防尘架布设现场示意图

（2）初步数据分析

为衡量初期所采集数据的可用性，特选取点位分析其图像数据的稳定性。

如图7.2-10所示为压板上单点的红外图像数据随时间推移的变化。理想状态下，单点的图像数据应是平稳的，其变化也符合气温的波动。

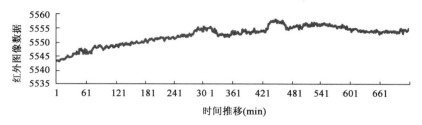

图7.2-10　压板单点的图像数据

如图7.2-11所示为9月27日所拍摄得到的压板表面单点红外图像数据变化曲线。相比于理想条件，现场条件下的单点图像变化数据差值远远超过预期值，并且相邻时段内图像数据曲线并不平滑，表明数据在短时间内出现跳动。

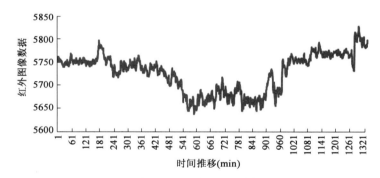

图7.2-11　压板表面单点的红外图像数据日变化情况

在单点图像数据变化的基础上，对于目标区域各点的图像数据差值继续分析。

如图7.2-12所示为温度突变法室内试验阶段的数据示意图。向OMEGA止水带灌入温水后，压板、端钢壳与OMEGA止水带的图像数据差值出现突变，并随着时间推移，构件之间温差逐渐减小，红外图像数据的差值开始平稳下降。

如图7.2-13所示为9月27日所拍摄得到的构件表面各点红外图像数据变化曲线。相比于理想条件，现场条件下的各点图像变化数据差值的波动幅度远远超过预期值，并且相邻时段内图像数据曲线并不平滑，表明数据在短时间内出现跳动。

结合现场24h内的温度变化和各点红外图像数据差值变化图，可发现构件表面单点的图像数据变化曲线与温度变化曲线无明显对应关系，图像数据差值的变化趋势与温度变化的曲线趋势有一定程度的共通，但是图像数据差值存在较为剧烈的波动。这种波动从单点的图像数据上体现得更为明显。

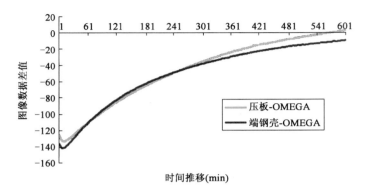

图 7.2-12　理想状态下图像数据变化

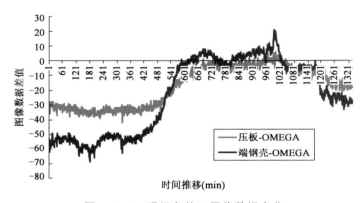

图 7.2-13　现场条件下图像数据变化

2）系统改进

现场所测得数据的波动性超出试验室理想条件下所获得的数据,其主要原因可能有两方面:相机在现场的振动、隧道现场的构件表面空气流通改变温度。以下将分别验证这两种导致误差出现的因素。

红外摄像机架设在管段接头处,由振动等因素导致的两相邻管节错动更加明显。振动有可能导致红外相机拍摄区域的变动,相机需要一定时间拍摄边界的变动,因而产生数据突变。对此,在试验室内对振动因素进行分析(图7.2-14、图7.2-15)。

在保温的试验室内,架设拍摄系统,正常的无振动条件下拍摄30min,每分钟取用1个数据;在相机下连接振动仪,制造出较为明显的无规律振动。拍摄对象为贴附在塑料平板上的白纸,拍摄距离为2m,整个试验在无风环境下进行。

如图7.2-16、图7.2-17所示无振动及有振动时的图像数据图样,具有相同的时间、图像数据量纲,从其数据曲线的线形波动幅度可知,振动对于红外摄像机获取数据并没有显著影响。

 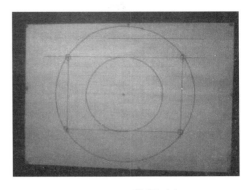

图 7.2-14　附带振动仪的红外摄像头　　　　　图 7.2-15　拍摄对象

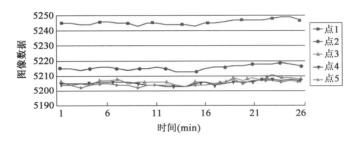

图 7.2-16　无振动时的图像数据

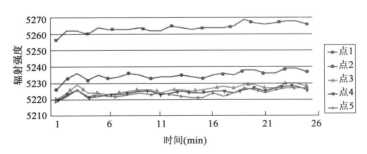

图 7.2-17　有振动时的图像数据

根据以上分析结果,对防尘烟雾防护罩及相机架做出以下改进:相机架改为独脚支架、烟雾防护罩改变形式、烟雾罩封边。

3)现场试用

利用改进的烟雾防护罩、相机架等设备,展开了新一轮的数据采集。

对比图 7.2-18、图 7.2-19 所示 24 小时内单点的图像数据变化曲线,可见烟雾防护罩改进后,单点的图像数据曲线短时间内变动幅度降低,同时剧烈变动的数据段明显减少,数据的可靠性大幅度提升。

对比图 7.2-20、图 7.2-21 所示 24 小时内各点的图像数据差值变化曲线,可见烟雾防护罩改进后,各点的图像数据差值开始呈现明显的大小关系,并且相邻时段内数据并未出现剧烈波动,各组数据间可体现出潜在的规律。基于改进后的烟雾防护罩、相机架,采集的数据可用于分析现场构件的红外辐射规律。

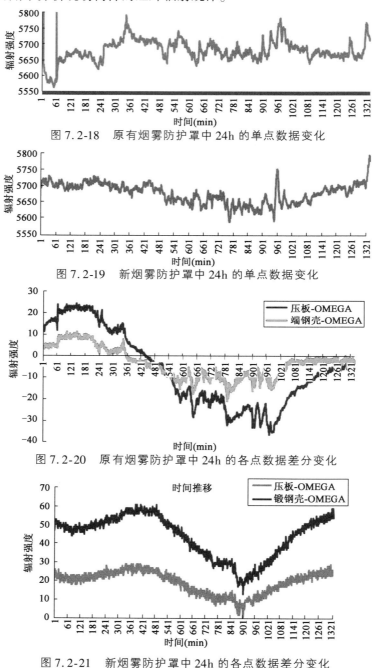

图 7.2-18 原有烟雾防护罩中 24h 的单点数据变化

图 7.2-19 新烟雾防护罩中 24h 的单点数据变化

图 7.2-20 原有烟雾防护罩中 24h 的各点数据差分变化

图 7.2-21 新烟雾防护罩中 24h 的各点数据差分变化

7.2.4 小结

(1)经论证分析结果表明：利用红外技术对沉管隧道接头处渗漏水进行判定是可行的,基于红外线技术构建的智能红外线监测系统可以实现对接头处目标位置的自动化、智能化实时监控。

(2)提出对沉管接头部位进行实时智能监控,并长期收集相关数据,在行业内属于首创,填补了沉管隧道运营管理监测领域的空白。

(3)研发了自动智能监测系统,该系统的应用可有效减少人工巡检的工作量,并为隧道运营维护工作提供决策依据,具有较强的工程实用性与良好的工程应用前景。

7.3 足尺沉管试验隧道防火灾综合试验

7.3.1 隧道防火灾综合试验内容

足尺沉管试验隧道防火灾综合试验目的在于,对隧道防灾系统(通风和排烟、消防救援、火灾报警、安全疏散、应急标识、中央监控系统设备)进行全面、系统的综合性试验。研究内容主要包括以下几个方面：

(1)火灾规模标定。

(2)确定火灾规模与火灾场景之间的关系。测试不同火灾热释放速率下的沉管隧道的温度分布(最高温度、温度场横断面和纵断面分布)。

(3)测试沉管隧道预定规模火灾下的临界风速,验证通风临界风速设计值是否满足本工程实际要求。

(4)利用足尺试验结果验证数值模拟结果,确定数值模拟参数设置(包括沉管隧道各构件的热物理力学参数,火灾热释放速率增长曲线,计算网格等),提高模拟计算精确性。

(5)测试不同断面处沉管管节顶板、边墙、底板的高温烟流流动特性、升温速度、持温时间与温度场分布,为火灾场景分析提供基础数据。

(6)测试不同火灾热释放速率下沉管隧道结构随混凝土厚度的温度分布,验证沉管隧道防火保护方案的有效性。

(7)测试消防水喷淋系统开启对隧道内温度场、烟雾时空分布特征的影响,确定消防水喷淋系统的防灾效果及最佳开启时间。

(8)测试各类火灾探测报警系统在不同火灾工况下的响应时间和报警时间,为项目依托工程火灾探测报警系统设计提供参考和依据。

(9)测试不同火灾工况下疏散诱导标识的可见性。

7.3.2 隧道火灾综合试验方案

7.3.2.1 沉管隧道火灾综合试验平台

设计不同类型试验,其中包括:火源标定试验、温度场和烟雾场分布规律试验、排烟控烟效果试验、泡沫水喷雾试验、大型火灾试验,以及疏散逃生试验。

试验隧道按照港珠澳大桥海底沉管隧道断面尺寸1:1等比例建造,位于福建省漳州招商局经济开发区内,由隧道主体与辅助风道组成,其中隧道主体长约150m,内宽14.55m,内净高7.1m,为钢筋混凝土结构,隧道侧壁上部设置排烟风道,排烟风道长150m,面积$6.6m^2$。烟道侧面开设6组(每组排烟口包括4个1m×2m的排烟口)排烟口,3处逃生门。本试验隧道目前为世界上断面最大的沉管试验隧道,配置有隧道通风系统、排烟系统、照明系统、消防系统、监控系统等机电设施,可开展隧道通风排烟、照明、消防、火灾场景、人员疏散等大量研究性和工程应用性试验(图7.3-1)。

图7.3-1 足尺沉管试验隧道

7.3.2.2 试验方案

1)试验火源设计

试验共设计三类火源:油盘火、汽车火灾和木垛火。

(1)油盘火

油料盛放在钢板焊成的燃烧盘内,油盘火的热释放速率主要取决于燃烧面积,因此可通过控制油池的燃烧面积来控制火灾功率。燃料池面积的计算公式为：

$$Q = A_t m' \chi \Delta H_e \tag{7.3-1}$$

式中，Q 为热释放功率；A_t 为燃烧表面积；m' 为单位面积质量燃烧速率（0.057）；χ 为燃烧效率；ΔH_e 为完全燃烧热值，柴油是 42MJ/kg，汽油是 45MJ/kg。

本试验中单个油盘火充分燃烧时的火灾规模设为 5MW（单个油盘面积约为 $2m^2$），用来模拟小汽车火灾（小汽车火灾充分发展阶段火灾规模约为 5MW），4 个油盘火为一组模拟一辆载货汽车火灾（4 个油盘火充分燃烧时燃烧面积为 $8m^2$，火灾规模为 20MW）。

(2) 木垛火/汽车火灾

参照 UPTUN 试验结果进行木垛火方案设计。单个木垛由 10 个木栈板堆积而成，体积为 $1.0m \times 1.2m \times 0.13m$，UPTUN 试验测试结果表明，单个木垛热释放速率约为 2.5~3.0MW。试验木垛火设计功率为 5MW 和 20MW：5MW 采用 2 个木垛（总质量约 400kg）；20MW 采用 8 个木垛组成（总质量约为 1600kg）。汽车火灾共两组试验，分别采用一辆小汽车（约 5MW）和一辆中巴车（加木垛，约 20MW）进行试验。

木垛火热释放速率可通过失重法测定。试验隧道内设置一个称重平台（电子地秤），试验过程中将燃烧物（木垛/小汽车）放置于称重平台上，对燃烧物的重量进行实时监测以计算火源的实时热释放速率。此外，对火源的辐射热流量进行实时监测，通过实时辐射热流值推算火源热释放速率。

2）试验工况设计

(1) A 类试验：火源标定试验（表 7.3-1）

A 类试验工况汇总表 表 7.3-1

试验编号	燃料种类	油盘尺寸	燃料数量	排烟系统	备注（预计）
A-1	93 号汽油	$1.0m \times 1.0m \times 0.1m$	3cm 厚水 + 6cm 厚汽油	火源熄灭后排烟	2.5MW
A-2	93 号汽油	$1.5m \times 1.5m \times 0.1m$	3cm 厚水 + 4cm 厚汽油	火源熄灭后排烟	5MW
A-3	0 号柴油	$1.5m \times 1.5m \times 0.1m$	3cm 厚水 + 4cm 厚柴油 + 2L 汽油	火源熄灭后排烟	5MW
A-4	木垛火	$1.0m \times 1.2m \times 1.4m$	1 个木垛 + 引燃物	火源熄灭后排烟	2.5MW
A-5	木垛火	$1.0m \times 2.4m \times 1.4m$	2 个木垛 + 引燃物	火源熄灭后排烟	5MW
A-6	93 号汽油	4 个油盘，单个尺寸 $1.5m \times 1.5m \times 0.1m$	3cm 厚水 + 4cm 厚汽油	火源熄灭后排烟	20MW
A-7	木垛火	$2.0m \times 4.8m \times 1.4m$	8 个木垛 + 引燃物	火源熄灭后排烟	20MW

（2）B 类试验：温度场、烟雾场分布规律试验（表 7.3-2）

B 类试验工况汇总表　　　　　　　　表 7.3-2

工况	火源类型	火源设计	燃料数量	火源位置	纵向风速	备注（预计）
B-1	油盘火	1.5m×1.5m×0.1m	3cm 厚水+60L 汽油	侧车道	0	5MW
B-2	油盘火	1.5m×1.5m×0.1m	3cm 厚水+60L 汽油	中间车道	0m/s	5MW
B-3	油盘火	1.5m×1.5m×0.1m	3cm 厚水+60L 汽油	中间车道	3m/s	5MW
B-4	木垛火	1.2m×2.0m×1.4m	2 个木垛+引燃物	中间车道	0m/s	5MW
B-5	油盘火	1.5m×3.0m×0.1m	3cm 厚水+80L 汽油	中间车道	0	10MW
B-6	油盘火	3.0m×3.0m×0.1m	3cm 厚水+160L 汽油	中间车道	0m/s	20MW
B-7	油盘火	3.0m×3.0m×0.1m	3cm 厚水+160L 汽油	中间车道	3m/s	20MW
B-8	木垛火	2.4m×4.0m×1.4m	8 个木垛+引燃物	中间车道	3m/s	20MW

（3）C 类试验：排烟控烟效果试验（表 7.3-3）

C 类试验工况汇总表　　　　　　　　表 7.3-3

工况	火源类型	火源设计	燃料	火源位置	纵向风速	排烟阀
C-1	油盘火	1.0m×1.0m×0.1m	3cm 厚水+20L 柴油	中间车道	0~1m/s	上风向 1 组，下风向 2 组，排烟阀全开
C-2	木垛火	20 个木托盘+2 个轮胎	—	中间车道	0~1m/s	上风向 1 组，下风向 2 组，排烟阀全开
C-3	油盘火	1.5m×1.5m×0.1m	3cm 厚水+40L 柴油	中间车道	0~1m/s	上风向 1 组，下风向 2 组，排烟阀全开
C-4	油盘火	1.5m×1.5m×0.1m	3cm 厚水+40L 柴油	中间车道	0~1m/s	上风向 1 组，下风向 3 组，排烟阀半开
C-5	油盘火	1.5m×1.5m×0.1m	3cm 厚水+40L 柴油	中间车道	0~1m/s	上风向 2 组，下风向 3 组，排烟阀全开

（4）D 类试验：泡沫水喷雾试验（表 7.3-4）

D 类试验工况汇总表　　　　　　　　表 7.3-4

工况	火源类型	火源设计	燃料	火源位置	纵向风速	喷淋系统	备注
D-1	油盘火	1.5m×1.5m×0.1m	3cm 厚水+4cm 厚汽油	中间车道	0m/s	点火后 1min 开启	预期火灾规模 5MW

续上表

工况	火源类型	火源设计	燃料	火源位置	纵向风速	喷淋系统	备注
D-2	油盘火	1.5m×1.5m×0.1m	3cm厚水+4cm厚汽油	中间车道	0m/s	点火后3min开启	预期火灾规模5MW
D-3	油盘火	1.5m×1.5m×0.1m	3cm厚水+4cm厚汽油	中间车道	0m/s	点火后5min开启	预期火灾规模5MW
D-4	油盘火	1.5m×1.5m×0.1m	3cm厚水+4cm厚柴油	中间车道	0m/s	最佳开启时间	预期火灾规模5MW
D-5	木垛火	1.2m×2.0m×1.4m	2个木垛+引燃物	中间车道	0m/s	最佳开启时间	预期火灾规模5MW
D-6	油盘火	3.0m×3.0m×0.1m	3cm厚水+160L汽油	中间车道	3m/s	最佳开启时间	预期火灾规模20MW
D-7	木垛火	2.4m×4.0m×1.4m	8个木垛+引燃物	中间车道	3m/s	最佳开启时间	预期火灾规模20MW

（5）E类试验：大型火灾试验（表7.3-5）

E类试验工况汇总表　　　　　　表7.3-5

工况	火源	火灾规模	火源位置	纵向风速
E-1	小汽车+汽油+木垛	5MW	中间车道	3m/s
E-2	中巴车+汽油+木垛	20MW	中间车道	3m/s
E-3	油盘火	30～50MW	中间车道	3m/s
E-4	木垛火	30～50MW	中间车道	3m/s

（6）F类试验：疏散逃生试验（图7.3-2）

图　7.3-2

图 7.3-2 沉管隧道防火灾综合试验现场图

①场景布设。

大巴车置于试验隧道中部,采用各种障碍物和一定数量车辆模拟真实火灾工况下隧道内滞留的车辆;大巴车内人员安全撤离车辆后按照火灾疏散广播指示,沿设定的逃生路线标志逃生,最终通过安全疏散门到达试验隧道外部完成逃生。

②测试内容:大巴车内所有人员从车辆安全撤离所用时间;所有人员从安全疏散门逃出所用时间。

7.3.3 沉管隧道火灾场景热释放速率

7.3.3.1 汽油火热释放速率

本节通过对开展的汽油类火灾试验热释放速率的分析,研究不同规模油类火灾热释放速率的变化曲线与增长模式。

1)2.5MW 汽油火

试验火源采用 1 个 1.0m×1.0m 油盆,试验过程中火灾热释放速率(HRR)变化曲线如图 7.3-3 所示。

2.5MW 汽油火热释放速率变化大致经过增长、稳定和衰减三个阶段,其中,从点火开始至点火后 120s 期间火源热释放速率处于增长阶段,120~300s 期间处于稳定阶段,300s 以后热释放速率开始衰减。2.5MW 汽油火热释放速率增长基本符合指数增长模式,进行数据拟合后可得增长阶段火源热释放速率与试验持续时间的函数关系,如式(7.3-2)所示。

$$\dot{Q}_t = \dot{Q} \cdot \left(1 - e^{\frac{-t}{120\dot{Q}}}\right) \tag{7.3-2}$$

式中,$\dot{Q}_t$ 为 t 时刻火源热释放速率(MW);t 为燃烧持续时间(s);$\dot{Q}$ 为稳定阶段火源热释放速率(MW)。

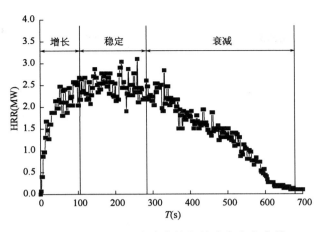

图 7.3-3　2.5MW 汽油火热释放速率变化曲线

2.5MW 汽油火热释放速率增长阶段变化曲线与根据式(7.3-2)拟合的曲线对比情况如图 7.3-4 所示。

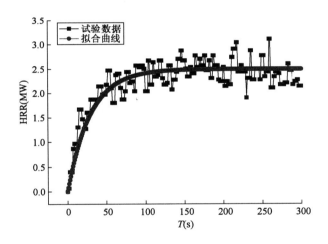

图 7.3-4　2.5MW 汽油火热释放速率变化曲线与拟合曲线对比

2)5MW 汽油火

试验火源采用 1 个 1.5m×1.5m 油盆,试验过程中火灾热释放速率变化曲线如图 7.3-5 所示。

5MW 汽油火热释放速率从点火开始至点火后 120s 期间处于增长阶段,120～360s 期间处于稳定阶段,360s 以后热释放速率开始衰减。5MW 汽油火热释放速率增长基本符合指数增长模式,进行数据拟合后可得增长阶段火源热释放速率与试验持续时间的函数关系,如式(7.3-3)所示。

$$Q_t = \dot{Q} \cdot \left(1 - e^{\frac{-t}{6\dot{Q}}}\right) \tag{7.3-3}$$

5MW 汽油火热释放速率增长阶段变化曲线与根据式(7.3-3)拟合的曲线对比情况如图 7.3-6 所示。

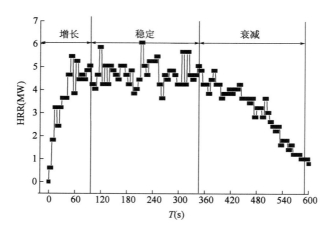

图 7.3-5　5MW 汽油火热释放速率变化曲线

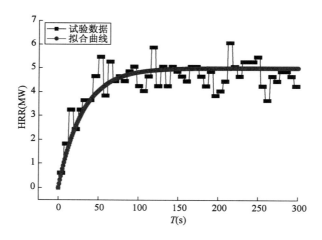

图 7.3-6　5MW 汽油火热释放速率变化曲线与拟合曲线对比

3) 10MW 汽油火

试验火源采用 2 个 1.5m × 1.5m 油盆,试验过程中火灾热释放速率变化曲线如图 7.3-7所示。

10MW 汽油火热释放速率从点火开始至点火后约 50s 期间处于增长阶段,50~100s 期间处于稳定阶段,100s 以后热释放速率开始衰减。10MW 汽油火热释放速率增长基本符合指数增长模式,进行数据拟合后可得增长阶段火源热释放速率与试验持续时间的函数关系,如式(7.3-4)所示。

$$Q_t = \dot{Q} \cdot \left(1 - e^{\frac{-t}{0.7\dot{Q}}}\right) \tag{7.3-4}$$

10MW 汽油火热释放速率增长阶段变化曲线与根据式(7.3-4)拟合的曲线对比情况如图 7.3-8 所示。

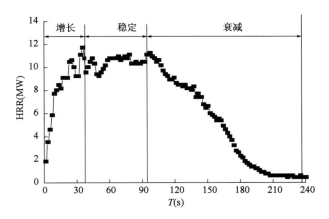

图 7.3-7　10MW 汽油火热释放速率变化曲线

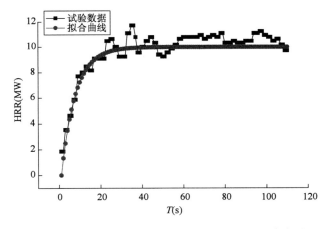

图 7.3-8　10MW 汽油火热释放速率变化曲线与拟合曲线对比

4)25MW 汽油火

试验火源采用 4 个 1.5m×1.5m 油盆,试验过程中火灾热释放速率变化曲线如图 7.3-9所示。

25MW 汽油火热释放速率从点火开始至点火后约 50s 期间处于增长阶段,50~120s 期间处于稳定阶段,120s 以后热释放速率开始衰减。25MW 汽油火热释放速率增长基本符合指数增长模式,进行数据拟合后可得增长阶段火源热释放速率与试验持续时间的函数关系,如式(7.3-4)所示。

25MW汽油火热释放速率增长阶段变化曲线与根据式(7.3-4)拟合的曲线对比情况如图7.3-10所示。

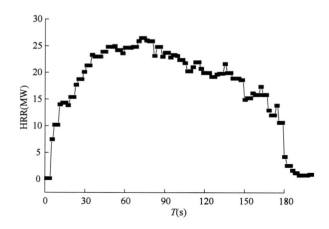

图7.3-9　25MW汽油火热释放速率变化曲线

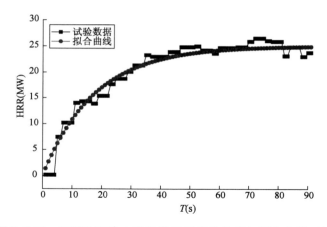

图7.3-10　25MW汽油火热释放速率变化曲线与拟合曲线对比

5)50MW汽油火

试验火源采用6个1.5m×1.5m油盆,试验过程中火灾热释放速率变化曲线如图7.3-11所示。

50MW汽油火热释放速率从点火开始至点火后约50s期间处于增长阶段,热释放速率增长基本符合指数增长模式,进行数据拟合后可得增长阶段火源热释放速率与试验持续时间的函数关系,如式(7.3-5)所示。

$$Q_t = \dot{Q} \cdot \left(1 - e^{\frac{-t}{0.2\dot{Q}}}\right) \tag{7.3-5}$$

50MW汽油火热释放速率增长阶段变化曲线与根据式(7.3-5)拟合的曲线对比情况如

图 7.3-12 所示。

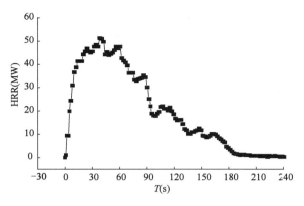

图 7.3-11　50MW 汽油火热释放速率变化曲线

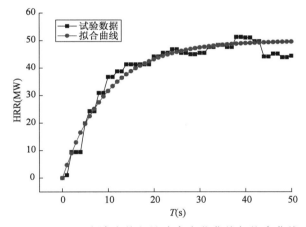

图 7.3-12　50MW 汽油火热释放速率变化曲线与拟合曲线对比

7.3.3.2　汽车火灾试验热释放速率

本节通过对开展的小汽车火灾试验和中巴车火灾试验热释放速率的分析,研究不同客车类火灾热释放速率的变化曲线与增长模式。

1) 小汽车火灾

试验火源采用废弃小汽车,燃烧前除去车辆内发动机及油箱,避免爆炸。试验所用废弃小汽车如图 7.3-13 所示。小汽车火灾试验过程中热释放速率变化曲线如图 7.3-14 所示。

小汽车火灾试验热释放速率从点火开始至点火后约 120s 期间处于增长阶段,最高热释放速率达到 5MW,热释放速率增长基本符合指数增长模式,进行数据拟合后可得增长阶段火源热释放速率与试验持续时间的函数关系,如式(7.3-6)所示。

$$Q_t = \dot{Q} \cdot \left(1 - e^{\frac{-t}{6\dot{Q}}}\right) \qquad (7.3\text{-}6)$$

小汽车火灾试验热释放速率增长阶段变化曲线与根据式(7.3-6)拟合的曲线对比情况如图 7.3-15 所示。

图 7.3-13　试验用废弃小汽车

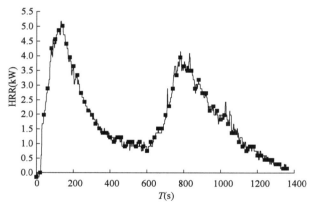

图 7.3-14　小汽车火灾试验热释放速率变化曲线

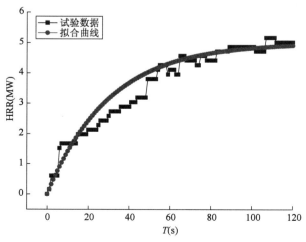

图 7.3-15　小汽车火灾试验热释放速率变化曲线与拟合曲线对比

2)中巴车火灾

试验火源采用废弃中巴车,燃烧前除去车辆内发动机及油箱,避免爆炸。试验所用废弃中巴车如图 7.3-16 所示。中巴车火灾试验过程中热释放速率变化曲线如图 7.3-17 所示。

图 7.3-16　试验用废弃中巴车

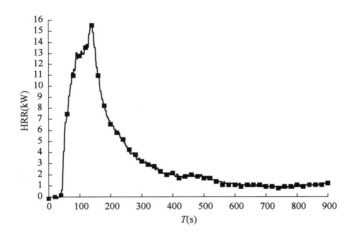

图 7.3-17　中巴车火灾试验热释放速率变化曲线

中巴车火灾试验热释放速率从点火开始至点火后约 120s 期间处于增长阶段,最高热释放速率为 15MW,热释放速率增长基本符合指数增长模式,进行数据拟合后可得增长阶段火源热释放速率与试验持续时间的函数关系,如式(7.3-7)所示。

$$Q_t = \dot{Q} \cdot \left(1 - e^{\frac{-t}{2\dot{Q}}}\right) \tag{7.3-7}$$

中巴车火灾试验热释放速率增长阶段变化曲线与根据式(7.3-7)拟合的曲线对比情况如图 7.3-18 所示。

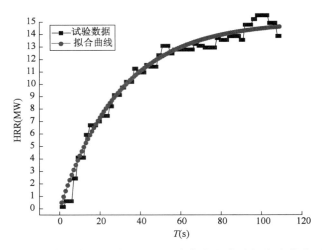

图 7.3-18 中巴车火灾试验热释放速率变化曲线与拟合曲线对比

7.3.3.3 木垛火及模拟汽车火灾

本节通过对开展的木垛火试验和模拟车辆火灾试验热释放速率的分析,研究不同木材类火灾热释放速率的变化曲线与增长模式。

1)5MW 木垛火

木垛火试验所用木托盘是由松木和杉木板制成,每个尺寸为 $1.0m \times 1.2m \times 0.13m$,10 个木托盘堆积成一个木垛,5MW 木垛火采用两个木垛(20 个木托盘)进行模拟,如图 7.3-19 所示。在木垛内部加入可燃物(如纸盒等),并喷洒少许汽油,通过点燃可燃物引燃木垛。木垛火灾试验过程中热释放速率变化曲线如图 7.3-20 所示。

图 7.3-19 5MW 木垛火试验火源

5MW 木垛火试验热释放速率从点火开始至点火后约 100s 期间处于增长阶段,最高热释放速率为5MW,热释放速率增长基本符合平方增长模式(t^2),进行数据拟合后可得增长阶段火源热释放速率与试验持续时间的函数关系,如式(7.3-8)所示。

$$Q_t = 0.6 \cdot t^2 \tag{7.3-8}$$

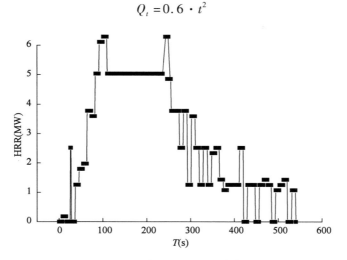

图 7.3-20　5MW 木垛火热释放速率变化曲线

木垛火灾试验热释放速率增长阶段变化曲线与根据式(7.3-8)拟合的曲线对比情况如图 7.3-21 所示。

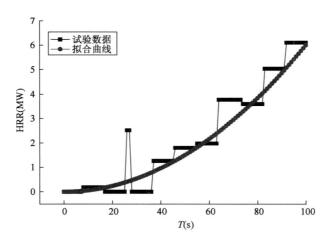

图 7.3-21　5MW 木垛火试验热释放速率变化曲线与拟合曲线对比

2)模拟小汽车

通过在烧毁的小汽车内填充木托盘来模拟小汽车火灾。试验现场如图 7.3-22 所示,试验过程中热释放速率变化曲线如图 7.3-23 所示。

模拟小汽车火灾试验热释放速率从点火开始至点火后约 120s 期间处于增长阶段,至 180s 最高热释放速率为 4MW,热释放速率增长基本符合平方增长模式(t^2),进行数据拟合后可得增长阶段火源热释放速率与试验持续时间的函数关系,如式(7.3-9)所示。

$$Q_t = 0.2 \cdot t^2 \tag{7.3-9}$$

图 7.3-22　模拟小汽车火灾试验现场

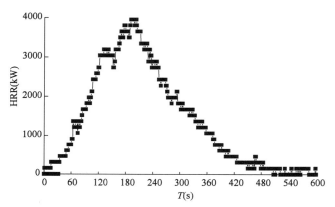

图 7.3-23　模拟小汽车火灾试验热释放速率变化曲线

模拟小汽车火灾试验热释放速率增长阶段变化曲线与根据式(7.3-9)拟合的曲线对比情况如图 7.3-24 所示。

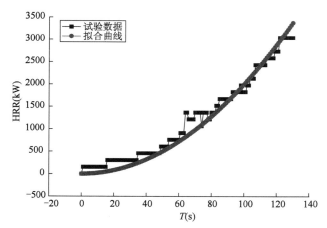

图 7.3-24　模拟小汽车火灾试验热释放速率变化曲线与拟合曲线对比

3)模拟中巴车(第一次)

通过在烧毁的中巴车内填充木托盘和易燃物来模拟中巴车火灾。试验现场照片如图 7.3-25 所示,试验过程中热释放速率变化曲线如图 7.3-26 所示。

a)试验前　　　　　　　　　　　　　b)试验中

图 7.3-25　模拟中巴车火灾试验现场照片（第一次试验）

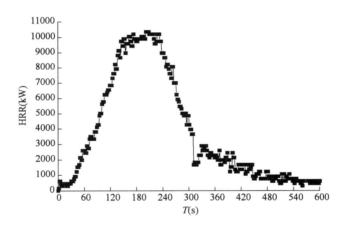

图 7.3-26　模拟中巴车火灾试验热释放速率变化曲线（第一次试验）

模拟中巴车火灾试验热释放速率从点火开始至点火后约 140s 期间处于增长阶段,最高热释放速率为 10MW,热释放速率增长基本符合平方增长模式(t^2),进行数据拟合后可得增长阶段火源热释放速率与试验持续时间的函数关系,如式(7.3-10)所示。

$$Q_t = 0.5 \cdot t^2 \tag{7.3-10}$$

模拟中巴车火灾试验热释放速率增长阶段变化曲线与根据式(7.3-10)拟合的曲线对比情况如图 7.3-27 所示。

4)模拟中巴车(第二次)

第二次模拟中巴车火灾在中巴车中填充了较第一次更多的可燃物,包括易燃的薄木板、木箱等,试验现场如图 7.3-28 所示,试验过程中热释放速率变化曲线如图 7.3-29 所示。

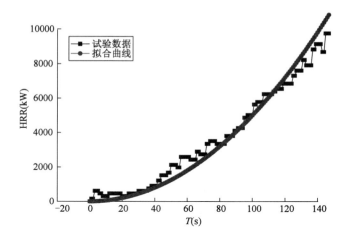

图 7.3-27　试验热释放速率变化曲线与拟合曲线对比（第一次模拟中巴车）

a) 试验前　　　　　　　　　b) 试验中

图 7.3-28　模拟中巴车火灾试验现场照片（第二次试验）

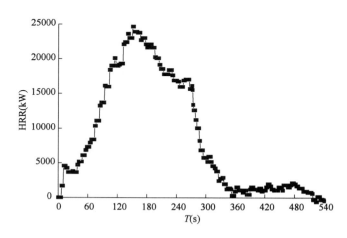

图 7.3-29　模拟中巴车火灾试验热释放速率变化曲线（第二次试验）

第二次模拟中巴车火灾试验热释放速率从点火开始至点火后约 120s，火源热释放速率处于增长期,120s 基本处于稳定发展阶段,至 150s 达到最高热释放速率,约为 25MW,热释放速率增长基本符合平方增长模式(t^2),进行数据拟合后可得增长阶段火源热释放速率与试验持续时间的函数关系,如式(7.3-11)所示。

$$Q_t = 1.5 \cdot t^2 \tag{7.3-11}$$

模拟中巴车火灾试验热释放速率增长阶段变化曲线与根据式(7.3-11)拟合的曲线对比情况如图 7.3-30 所示。

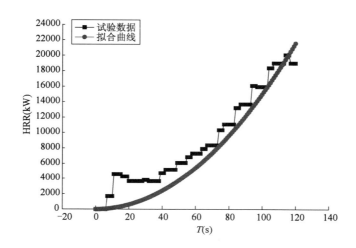

图 7.3-30 试验热释放速率曲线与拟合曲线对比(第二次模拟中巴车)

7.3.3.4 热释放速率增长模式

不同火灾类型及不同火灾规模火源热释放速率增长模式如表 7.3-6 所示。

不同类型火灾热释放速率增长模式　　表 7.3-6

火源类型	火灾规模	增长模式	增长函数	增长阶段持续时间
汽油类火灾	2.5MW	指数	$Q_t = \dot{Q} \cdot \left(1 - e^{\frac{-t}{120}}\right)$	120s
	5MW	指数	$Q_t = \dot{Q} \cdot \left(1 - e^{\frac{-t}{60}}\right)$	120s
	10MW	指数	$Q_t = \dot{Q} \cdot \left(1 - e^{\frac{-t}{0.7Q}}\right)$	50s
	25MW	指数	$Q_t = \dot{Q} \cdot \left(1 - e^{\frac{-t}{0.7Q}}\right)$	50s
	50MW	指数	$Q_t = \dot{Q} \cdot \left(1 - e^{\frac{-t}{0.2Q}}\right)$	50s
客车火灾	小汽车(5MW)	指数	$Q_t = \dot{Q} \cdot \left(1 - e^{\frac{-t}{60}}\right)$	120s
	中巴车(15MW)	指数	$Q_t = \dot{Q} \cdot \left(1 - e^{\frac{-t}{20}}\right)$	120s

续上表

火源类型	火灾规模	增长模式	增长函数	增长阶段持续时间
木材类火灾	5MW	平方(t^2)	$Q_t = 0.6 \cdot t^2$	100s
	4MW(模拟小汽车)	平方(t^2)	$Q_t = 0.2 \cdot t^2$	120s
	10MW(模拟中巴车)	平方(t^2)	$Q_t = 0.5 \cdot t^2$	140s
	25MW(模拟中巴车)	平方(t^2)	$Q_t = 1.5 \cdot t^2$	120s

由表 7.3-7 可知,汽油类火灾和客车火灾热释放速率符合指数增长模式,通用增长函数可用式(7.3-12)表示。

$$Q_t = \dot{Q} \cdot \left(1 - e^{\frac{-t}{a\dot{Q}}}\right) \qquad (7.3\text{-}12)$$

式中,Q_t 为 t 时刻火源热释放速率(MW);t 为燃烧持续时间(s);$\dot{Q}$ 为稳定阶段火源热释放速率(MW);a 为与火灾规模及火灾类型有关的系数。

汽油类火灾及客车火灾热释放速率增长参数取值　　　表 7.3-7

火灾类型	火灾规模	a	增长函数
汽油类火灾	2.5	12	$Q_t = \dot{Q} \cdot \left(1 - e^{\frac{-t}{a\dot{Q}}}\right)$
	5	6	
	10	0.7	
	25	0.7	
	50	0.2	
客车火灾	5	6	
	15	2	

由表 7.3-6 可知,木材类火灾与汽油类火灾和客车类火灾不同,其热释放速率符合平方增长模式,通用增长函数可用式(7.3-13)表示。

$$Q_t = a \cdot t^2 \qquad (7.3\text{-}13)$$

7.4 特长沉管隧道通风排烟技术

7.4.1 侧向集中排烟模式效率分析

港珠澳大桥海底沉管隧道采用独立排烟道侧向集中排烟模式,通过排烟道两侧电动排烟口将火灾烟气集中抽取进行侧向集中排烟,烟气亦通过隧道出口设置的风塔进行排放,以达到排出火灾烟气、保障人员逃生的目的。

在侧向集中排烟模式下,往往打开的排烟口数不止一个,因此必须对阀门的阻力进行调整,以免大多数烟雾通过离排风机最近的排烟口排掉。本节主要通过对排烟阀开启角度和排烟口排烟量的研究,分析侧向集中排烟模式以提高排烟效率。采用数值模拟和物理试验共同开展的方法进行。

通风排烟过程中,减小排烟口有效过风面积可在一定程度上增大排烟口烟气流速,进而增加排烟口处的阻力,最终导致排烟口流量降低。因此可通过对所开启的排烟口有效过风面积的调整,使得各组排烟口处烟气流量达到均衡。

港珠澳大桥沉管隧道排烟系统中排烟口三个为一组,通风排烟过程中可以组为单位进行控制,即单组排烟口的开启角度一致。因此,试验过程中均以组为单位研究排烟口的开启策略。

为研究排烟口开启角度所开展的数值计算工况如表 7.4-1 所示。

数值计算工况　　　　　表 7.4-1

工况名称	排烟口开启组数	有效过风面积比
A-1	1#、2#	0.6/0.9、0.7/1.0、0.75/1.0
A-2	1#、2#、3#	0.5/0.8/1.0、0.6/0.8/1.0、0.6/0.9/1.0、0.7/0.8/1.0
A-3	1#、2#、3#、4#	0.4/0.6/0.8/1.0、0.4/0.7/0.8/0.9、0.4/0.7/0.8/1.0、0.4/0.6/0.7/0.9、0.4/0.6/0.8/0.9
A-4	1#、2#、3#、4#、5#	0.4/0.5/0.6/0.7/1.0、0.4/0.6/0.8/0.9/1.0、0.4/0.5/0.6/0.8/1.0、0.4/0.6/0.7/0.8/1.0、0.4/0.7/0.8/0.9/1.0

在足尺沉管试验隧道中开展对应的物理试验进行数值仿真结果验证。综合物理试验和数值计算的研究结果,得出在排烟口组数一定的情况下,排烟口有效面积比和排烟口的开启角度,如表 7.4-2 所示。

排烟口有效面积比和排烟口的开启角度　　　　　表 7.4-2

排烟口开启组数	有效过风面积比	排烟口开启角度
两组	0.75/1.0	49°/90°
三组	0.6/0.8/1.0	36°/53°/90°
四组	0.4/0.6/0.8/1.0	24°/36°/53°/90°
五组	0.4/0.5/0.6/0.8/1.0	24°/30°/36°/53°/90°

在轴流风机进行排烟时,随着轴流风机排风量增大,单组排烟口的烟气流速也会增大。轴流风机排风量较小时难以有效排烟,烟雾蔓延进入排烟道,此时排烟道内烟雾浓度与烟气层相当,浓度达到最大。但是,随着轴流风机排烟量继续增大,排烟口吸入的空气量也随之增大,排烟道烟雾浓度会缓慢降低。当轴流风机功率增大到一定程度时,排烟道内的烟气浓度会迅速降低,这是因为在排烟口排烟时,排烟口正前方的烟气先出现凹陷,凹陷程度与排烟速率相关,当排烟速率增大到一定程度时,排烟口前方已不存在烟气,大量前方冷空气被直接吸入排烟口,即烟气层发生了吸穿,但此时仍有烟气从排烟口四周被吸入,并在排烟口周围与空气混合,反而增加了烟气厚度,因而导致了排烟道内的烟气浓度降低。因此在进行排烟时,单组排烟口存在最优的排风量。随着烟道内烟雾浓度降低,CO 的浓度也随之降低。

20MW 和 50MW 两种工况下排烟口最优排烟量分析结果表明,当达到单组排烟口的最优排烟效果时,排烟量应取值在 50~60m^3/s 范围内。但是在火灾发生时,单组排烟量取值还应考虑以下两个因素:

(1)规范规定。《建筑防烟排烟系统技术标准》(GB 51251—2017)规定,当采用机械排烟时,排烟口风速不宜大于 10m/s,最大不宜超过 15m/s。因此,当单组最优排烟量取值为 60m^3/s 时,部分排烟口风速将大于 15m/s,不符合规范规定,故在单组最优排烟量选取时应选取 50m^3/s,此时才能符合规范规定。

(2)排烟口排烟效果。当单组最优排烟量取值为 60m^3/s 时,部分排烟口周围的烟雾层发生紊乱,而火灾发生时,为了使人员能在最优环境逃生,必须保证火灾烟雾能在隧道顶部很好分层,烟雾层紊乱不利于火灾人员逃生。因此,在单组最优排烟量选取时应选取 50m^3/s,此时才能为火灾人员逃生创造最有利环境。

综合以上两点分析,在火灾发生时,单组最优排烟量取值应为 50m^3/s。

7.4.2 沉管隧道通风排烟控制

通过开展足尺沉管隧道火灾试验和数值计算,建立了基于排烟阀开启角度、排烟口开启组合的沉管隧道侧向集中排烟最优排烟效率控制方法,提出了不同纵坡下的通风排烟控制策略。港珠澳大桥海底沉管隧道 50MW 火灾工况下通风排烟控制策略如下:

(1)排烟系统排烟风机排风量不应小于 250m^3/s;
(2)采用单侧排烟口进行排烟时,应在隧道独立排烟道中部位置加设隔板;
(3)火灾工况下可开启火源附近五组排烟口进行排烟;

(4)排烟口开启时应通过调整排烟口的开启角度以控制各组排烟口流量均匀;

(5)坡度 < -2.0% 区段,侧向集中排烟时建议控制纵向风速不超过 2.0m/s;其余区段,控制纵向风速不超过 1.5m/s。

7.5 特长沉管隧道安全设施配套标准

7.5.1 基于风险分析的沉管隧道安全等级

沉管隧道安全评价分为以下 3 个步骤:①沉管隧道潜在风险分析;②沉管隧道潜在风险的评判计算;③确定沉管隧道安全等级,其评价流程如图 7.5-1 所示。

潜在风险分析是充分利用对沉管隧道各种危险源的已有认识,对其可能遭受的损失、毁坏或人员伤亡程度等进行可能性结果下的量化分析,通常应包括以下 3 个方面:

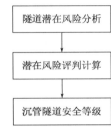

图 7.5-1 沉管隧道安全评价流程

(1)沉管隧道状况。主要是指沉管隧道土建结构设计参数,包括洞数、长度、车道数、线形、纵坡、横断面、是否有车道汇入或交叉等。

(2)沉管隧道运营管理方式。主要包括交通服务水平、限速要求、超限车辆及危险品运输车辆管制等。管理要求越严,越能提高沉管隧道行车安全水平,但同时也会降低公路交通运输效率。

(3)沉管隧道交通负载。主要包括交通量大小、交通绩效、大型货车交通绩效等。交通负载越大,沉管隧道发生火灾的概率就越高。

这里给出七项主要风险参数(Risk Parameter),包括交通绩效、大型货车交通绩效、交通类型、交通量、危险品运输要求、纵坡和其他风险参数等。根据公路隧道风险分数与风险等级、安全等级的对应关系,即可得到相应的沉管隧道的安全等级,如图 7.5-2 所示。

7.5.2 沉管隧道安全设施配置

完善的沉管隧道安全设施由检测设施、通报设施、警报设施、消防设施、导向设施和其他设施等六大部分构成。各种设施在公路隧道防火安全中既有明确分工,又有相互配合,不同安全等级的公路隧道配备的安全设施也不相同。

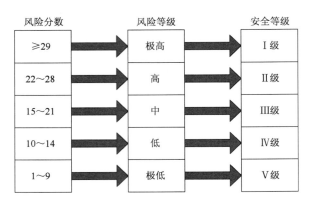

图 7.5-2　风险分数与风险等级、安全等级的对应关系

在沉管隧道内设置完善的安全设施,虽然能取得较好的安全防范效果,但同时也会增加工程投资和养护费用,所以沉管隧道安全设施的选择和设置应遵循安全、经济的原则。根据本文提出的沉管隧道安全等级,表 7.5-1 和表 7.5-2 给出了对应的沉管隧道安全设施配置要求。

沉管隧道安全设施配置表　　　　　　表 7.5-1

沉管隧道安全设施			沉管隧道安全等级				
			Ⅰ	Ⅱ	Ⅲ	Ⅳ	Ⅴ
检测设施	火灾探测	点型感烟探测器	○	○	○		
		点型感温探测器	○	○	○		
		线型感温探测器	●	●	●		
	CCTV(Closed Circuit Television)系统		●	●	●		
	异常事件视频检测系统		●	●	○		
	气象检测器		●	○	○		
通报设施	紧急电话系统		●	●	●		
	手动报警按钮		●	●	●		
	声光报警器		●	●	●		
警报设施	可变情报板(外部)		●	●	●		
	可变情报板(内部)		●	●	●		
	可变限速标志		●	●			
	闪光灯		●	○			

续上表

沉管隧道安全设施		沉管隧道安全等级				
		Ⅰ	Ⅱ	Ⅲ	Ⅳ	Ⅴ
消防设施	灭火器	●	●	●	●	●
	消防水源	●	●	●		
	消火栓	●	●	●		
	固定式水成膜泡沫灭火装置	●	●	●		
	给水栓(外部)	●	●	●		
	给水栓(内部)	●	●	○		
	气体自动灭火系统	○	○	○		
	消防车、消防摩托车	●	○			
导向设施	疏散指示灯	●	●	●	○	
	有线广播	●	●			
	无线广播	○				
其他设施	车行横洞	●	●	●	○	
	人行横洞	●	●	●	○	
	紧急停车带	●	●	●	○	
	有源诱导灯	●	●	●	○	
	应急电源设施	●	●	●	○	
	应急照明设施	●	●	●	○	
	防排烟设施	●	●	●		
	避难洞室	○				
	防火建筑材料	●	○	○		
	联络道	●	●	●	○	
	栏杆机	○	○	○		
	限高门架	●	●	○		
	危险品运输车辆检测站	●	○			
	隧道管理所	●	○	○		

注:"●"为原则上必选设施;"○"为视需要可选设施。

沉管隧道安全设施设置表 表 7.5-2

沉管隧道安全设施			设置位置	设置间距	设置高度	备注
检测设施	火灾探测	点型感烟探测器	中控室、配电房、风机房、发电机房			按 GB 50016 设置
		点型感温探测器	发电机房			按 GB 50016 设置
		线型感温探测器	隧道洞内	隧道全线		
	CCTV 系统		行车道右侧	150m		
	异常事件视频检测系统					与 CCTV 系统共用摄像机、视频传输设备等
	气象检测器		隧道群路段			雾区隧道群路段
通报设施	紧急电话系统		隧道行车方向右侧	200m	车道面上 1.3~1.5m	四车道隧道双侧交错布置，两、三车道隧道单侧布置
	手动报警按钮		隧道行车方向右侧	同消火栓设置间距	车道面上 1.3~1.5m	
	声光报警器		中控室			按 GB 50016 设置
警报设施	可变情报板（外部）		隧道入口联络道前			120km/h 时，视认距离 ≥250m
	可变情报板（内部）		隧道内车行横洞前			
	可变限速标志		隧道入口联络道前			120km/h 时，视认距离 ≥250m
	闪光灯		可变情报板旁			
消防设施	灭火器		与手报同址或置于单独的消防设备箱内	计算确定		三、四车道隧道双侧交错布置，两车道隧道单侧布置
	消防水源					水源应可靠稳定
	消火栓		隧道侧墙	计算确定	车道面上 1.1m	
	固定式水成膜泡沫灭火装置		隧道侧墙	计算确定	车道面上 1.1m	
	消火栓（外部）		隧道洞外路侧			
	气体自动灭火系统		地下变配电室			
	消防车、消防摩托车					根据需要购置

续上表

沉管隧道安全设施		设置位置	设置间距	设置高度	备注
导向设施	疏散指示灯	隧道侧墙	50m		
	有线广播	隧道侧墙	100m		
	无线广播	隧道侧墙	隧道全线		
其他设施	车行横洞		750m		1000m 以下隧道可不设,1000~1500m 之间宜设一处
	人行横洞		250m		500m 以下隧道可不设,500~800m 之间宜设一处
	紧急停车带	行车道右侧	750m		
	有源诱导灯	路缘	15m		
	应急电源设施	隧道变配电室			
	应急照明设施	与隧道照明综合考虑			根据 JTG/T D70/2 设置
	防排烟设施	与隧道通风综合考虑			根据 JTG/T D70/2 设置
	避难洞室				根据实际情况而定
	防火建筑材料				根据实际情况而定
	联络道	隧道入口			
	栏杆机	隧道入口			
	限高门架	隧道入口			
	危险品运输车辆检测站	隧道入口前 1~2km			
	隧道管理所				视实际情况定址

7.6 特长沉管隧道防灾救援技术及预案

7.6.1 沉管隧道火灾人员疏散特性

结合问卷调查,根据本体构造因素、火灾危害因素、人员因素、事件因素和管理因素5个方面,分析火灾下的人员行为,得到人类避难行为特性与隧道内避难逃生关系。

(1)按影响因素的来源,将影响水下隧道人员疏散的因素分为本体构造因素、火灾危害因素、人员因素、事件因素和管理因素5个方面。其中隧道本体构造因素又包括:水底环境、隧道长度、疏散线路和疏散口间距、疏散口宽度、疏散口分布。

(2)对1100名人员进行隧道火灾逃生的随机问卷调查,分析了性别、年龄、学历等因素对人员疏散心理及疏散行为的影响。统计结果发现:绝大多数人对隧道设施和隧道火灾安全疏散知识了解得非常少,且不知道隧道设施位置和使用方法。研究表明:隧道火灾下,人员疏散心理行为与性别、年龄、文化程度、消防教育水平等因素显著相关;大多数调查对象的心理素质较差,女性不如男性理智;文化程度高的人员反而更易产生恐慌心理;仅有44.8%的调查对象接受过火灾安全教育,受过火灾安全教育者虽更能够选择合理的疏散路径,但缺乏针对隧道火灾疏散方面的专门教育。

(3)分析了火灾中人员的恐惧心理、惊慌心理、冲动心理和侥幸心理、个体孤独和从众心理等心理反应对疏散的影响,得到人类避难行为特性与隧道内避难逃生的关系。

7.6.2　港珠澳大桥沉管隧道人员疏散安全度评估

人员疏散和火灾发展是沿着一条时间线不可逆进行的,火灾过程大体可以分为起火期、火灾成长期、全盛期、衰退期、熄灭共5个阶段,人员疏散过程一般包括察觉火灾、行动准备、疏散行动、疏散到安全场所等阶段。其安全疏散的时间判据如图7.6-1所示。根据人员安全疏散的时间判据,得到描述人员安全疏散的疏散安全系数:

$$e = \frac{\text{ASET}}{\text{RSET}}$$

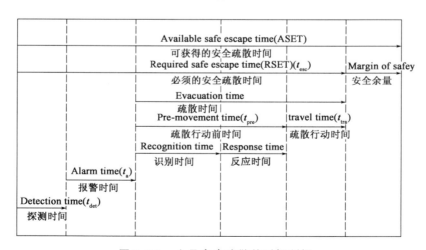

图 7.6-1　人员安全疏散的时间判据

当 ASET – RSET > 0 时,即 $e > 1$,认为人员疏散过程是安全的;当 ASET – RSET < 0

时,即 $e<1$,认为人员疏散过程是失效的,即火灾发生后不能保证建筑内的人员在危险时刻来临前完全疏散到安全区域;当 ASET – RSET = 0,即 $e=1$,表示人员疏散处于临界状态。

7.6.3 港珠澳大桥沉管隧道防灾救援方案

公路隧道应急救援包括如下几个过程:事故确认,即获取事故发生的地点、事故类型、事故规模等信息;事故救援力量的组成;有关人员到达现场;受伤人员救护;事故现场取证;事故现场清理;现场恢复等过程。

紧急救援体系的根本任务就是即时获取发生交通事故的信息,协调各方面迅速采取紧急救援行动,最大限度地降低交通事故所造成的人员伤亡和财产损失,尽快恢复隧道的通行能力,减少异常交通状态下公路隧道的流入交通需求。

公路隧道交通事故紧急救援管理作业,涉及诸多部门,主要有:政府部门、公路路政管理部门、公路巡警部门、医疗部门、事故排除部门、消防部门、特种危化物品处置部门、环境保护部门等。各部门紧密配合,从各自职责出发是圆满处理各种事故的基本条件。公路管理部门在获取事故信息后,迅速将信息传达至各救援部门,紧急救援队伍快速抵达现场开展救援,对现场实行交通管制,并将有关信息反馈给各控制中心,控制中心根据反馈信息立即决定是否改变管理方案并向附近驾驶员提供有关交通事故的情报。医疗、消防、保险等部门做好救援准备和善后工作。

理论上,公路隧道紧急救援体制的建立应采用立法的方式予以确认,但从实际情况来看,现在时机尚未成熟,各紧急救援参与部门的联动机制暂时只能在部门与部门之间协商解决。从以往的高速公路紧急救援的经验来看,由政府部门牵头,各参与部门与之签订紧急救援联动协议,固定紧急救援联动模式的方法在实际运用中效果较好。

1) 救援组织

救援组织规划一般包括救援梯队的组织形式、救援工作流程组织安排。

对于长大公路隧道而言,救援梯队的组织形式一般按两级或三级考虑。影响隧道火灾量级并影响生命安全的主要参数是"时间",隧道火灾的初期灭火工作不容忽视。在国内外隧道救援组织设计上,隧道火灾的初期灭火工作一般由发生火灾车辆的驾乘人员(第一梯队)和隧道管理人员、警察(第二梯队)实施,第三救援梯队由地面(或隧道)专业消防人员组成,从一些隧道火灾试例和典型火灾试验的资料来看,专业救援队伍到达火灾现场的时间不宜超过 10min,否则,将给救援和灭火工作带来很大的困难。

隧道一旦发生火灾,应尽量在火灾初期灭火,防止隧道内充满烟雾而使避难环境恶化,同时为使用者提供确切的情报,防止车辆驶向火灾现场,并对驶向隧道出口的车辆给予正确的引导,使其安全撤离失火隧道。

2)消防系统

不同规模的火灾及火灾发展的不同阶段,灭火的方式和手段均有所不同。建议公路隧道消防系统采用固定式灭火和移动式灭火相结合的方案。其中,固定式灭火系统推荐使用常规消火栓和水成膜灭火器相结合的综合形式。消火栓和水成膜灭火器的布置间距不宜过长,一般以50m为标准。移动式灭火设施主要包括地面消防车和自反应灭火器。

针对特长公路隧道的特点,经研究认为,以两辆载重汽车起火为最不利火灾,以此为主要依据来进行其消防系统的设计较为合适。装载易燃易爆物品和危险品的车辆通过一系列管理办法,杜绝其在隧道发生火灾的可能性。

港珠澳大桥每个人工岛救援站配备的消防救援车辆有:消防摩托车两台、消防水罐车两台、泡沫-干粉联用消防车两台。由于火灾的扑救受消防队员的灭火战斗能力、火灾蔓延范围及程度、车载灭火剂的质量及重量、现场实际情况等多因素的影响,仅仅从消防救援车辆的配置出发衡量隧道消防力量是否足够有些片面。但考虑到应急响应程序分级,结合以往火灾事故的案例分析,同时保守估计消防车辆的灭火能力,将海底隧道火灾事件分为特别重大(Ⅰ级)、重大(Ⅱ级)、较大(Ⅲ级)和一般(Ⅳ级)4个等级。港珠澳大桥海底隧道火灾事件级别的划分应根据人工岛救援站的消防力量变化而调整。

7.7 创新性技术成果小结

针对港珠澳大桥沉管隧道防灾减灾关键技术需求,结合沉管公路隧道防火灾特点,在大量的1:1模型试验和数值分析基础上,开展了一系列关键技术研究,取得以下创新性成果:

(1)在国内外首次构建了1:1足尺沉管隧道防灾减灾综合试验平台,开发了沉管隧道运营火灾、通风排烟、火灾报警、消防减灾、逃生救援等综合试验系统和试验技术。

(2)开发了沉管隧道管节与接头构件高温耐火试验系统,得到了管节、节段与接头结构体内温度场,给出了火灾作用下沉管隧道结构损伤范围及承载力,提出了管节与接头耐火保护构造及设计参数。

(3)得到了不同火源热释放速率及纵向风速下的洞内温度三维分布和烟气扩散的

层高、前沿、下缘等流态特征;提出了机电设施的耐温安全范围,以及烟气扩散对逃生救援的影响范围和时间。

(4)建立了基于排烟阀开启角度、排烟口开启组合的沉管隧道侧向集中排烟的优化控制方法,提出了不同纵坡下的排烟组织方式。

(5)建立了多元风险因素的沉管隧道安全等级体系及防灾设施配置标准,提出了沉管隧道防灾设施优化配置方案。

(6)建立了感温式火灾自动报警系统热辐射定位方法,得到了隧道环境噪声温度范围,提出了差温报警阈值。

(7)在实体隧道开展了真实火灾场景下人员疏散逃生试验,得到了人员疏散时间和逃生速度,确定了隧道火灾人员逃生安全系数。

(8)自主研发了沉管隧道接头渗漏水智能红外监测系统。

CHAPTER FIVE 第8章

港珠澳大桥沉管隧道大型物理模型试验技术

8.1 沉管隧道预制管节足尺模型试验技术

港珠澳大桥沉管结构受大截面、大体量、结构形式及施工工艺复杂等因素影响,容易因温度、收缩及约束等原因在施工阶段出现危害性裂缝。危害性裂缝的出现不仅会影响结构的外观,还会大大加快有害物质侵蚀混凝土的速度,从而导致混凝土结构更快被破坏,削弱沉管混凝土结构整体的耐久性。通过足尺模型试验及对试验结果的总结分析,形成相应施工技术指南,不仅可验证施工控制裂缝措施的有效性,对港珠澳大桥沉管隧道正式的预制施工进行规范和指导,在保障港珠澳大桥工程主体结构使用寿命中发挥至关重要的作用,而且还将改变国内无大型沉管预制施工控制裂缝专用技术指南的现状,对于提升我国类似工程的施工技术水平也具有十分重要的现实意义和社会效益。

8.1.1 试验材料配比

采用大掺量矿物掺合料的低水化热、低开裂敏感性胶凝材料体系,通过室内试验配制满足沉管全断面浇筑施工,满足混凝土力学性能、耐久性要求,具有良好抗裂性能和低热低收缩的沉管混凝土。

配制11组胶凝材料用量在380~450kg/m、矿物掺合料用量比例在65%~50%范围、水胶比在0.32~0.36、坍落度在160~200mm的混凝土,研究混凝土工作性能、力学性能、耐久性能、抗裂性能,以及外观的变化规律,确定沉管混凝土配合比各组分的用量和沉管混凝土推荐配合比。11组配合比如表8.1-1所示。

1)混凝土工作性

11组配合比是坍落度在160~200mm范围的大流动性混凝土,虽然各组混凝土均具有高的坍落度值,但不同混凝土的和易性状态差别较大。

(1)对于编号为C1-1和C1-2的两组混凝土,矿物掺合料在胶凝材料中的比例从65%降低至50%,但在水胶比固定在0.32的条件下,虽然混凝土出机的坍落度均为195mm,但出机的新拌混凝土显得浆体过多且有一定的黏滞性,混凝土不易铲动。在集料紧密堆积条件下,450kg/m^{2}的胶凝材料用量在保证混凝土流动性能的同时,还有一定的富余,可以适当降低。新拌混凝土具有一定的黏滞性,说明在大掺量矿物掺合料的混凝土中,在水胶比较低的条件下,即使混凝土中胶凝材料用量较大,通过调整矿物掺合料的比例仍旧不能从根本上改变大掺量矿物掺和混凝土黏性大的特点。

混凝土室内配合比 表8.1-1

编号	胶凝材料用量(kg/m³)	水胶比	用水量(kg/m³)	水泥(%)	粉煤灰(%)	矿粉(%)	砂率(%)	坍落度初始(mm)	坍落度1h(mm)	重度(kg/m³)	含气量(%)	和易性描述
C1-1	450	0.32	144.0	35	25	40	41	195	—	2398	1.5	富浆且发黏
C1-2	450	0.32	144.0	50	20	30	42	195	165	2400	2.4	富浆且发黏
C1-3	420	0.36	151.2	35	25	40	41	195	175	2402	1.5	轻微泌水
C1-4	420	0.34	142.8	35	25	40	41	200	—	2393	1.8	状态良好
C1-5	420	0.34	142.8	35	30	35	41	200	—	2395	1.8	状态良好
C1-6	420	0.34	142.8	40	20	40	41	200	—	2396	2.0	状态良好
C1-7	420	0.34	142.8	45	20	35	41	200	—	2394	2.0	状态良好
C1-8	420	0.34	142.8	50	20	30	41	200	—	2398	2.1	状态良好
C1-9	420	0.32	134.4	35	25	40	41	195	—	2410	1.8	发黏、抓底
C1-10	400	0.34	136.0	45	20	35	40	190	—	2400	2.3	包裹性较差
C1-11	380	0.34	129.2	45	20	35	40	180	—	2330	2.5	包裹性较差

（2）对于编号为C1-3～C1-9的七组混凝土，固定420kg/m³的胶凝材料用量不变，在65%～50%范围内调整矿物掺合料比例，发现0.36水胶比的混凝土有泌水并伴随有离析的现象，而0.34水胶比的混凝土状态良好，水胶比降至0.32则混凝土黏性增大，出现了比较严重的抓底现象，混凝土难以铲动拌和。水胶比较高则容易泌水，水胶比较低则混凝土黏性增大。

（3）编号为C1-10～C1-11的两组混凝土，固定水胶比为0.32，矿物掺合料用量在55%不变的条件下，降低胶凝材料用量至400kg/m³，发现混凝土在保持较高坍落度值的同时，混凝土黏滞性没有增加，但新拌混凝土表面出现了浆体包裹不住集料的现象，整体上显得浆体过少，出现了在中部"起堆"的现象。

因此，要保证沉管混凝土在全断面浇筑中的工作性，新拌混凝土运输到浇筑现场后能满足施工要求，经振捣能充分填充模板，不出现蜂窝、狗洞，以及填充包裹不密实的缺陷，混凝土的胶凝材料用量及水胶比应满足表8.1-2的要求。

满足沉管混凝土工作性要求的混凝土组成 表8.1-2

胶凝材料用量(kg/m)	水 胶 比
$400 \leqslant C \leqslant 450$	$0.32 \leqslant W/C \leqslant 0.36$

2) 混凝土强度

混凝土不同龄期的抗压强度如图 8.1-1 所示，对于这类掺入大比例矿物掺合料的混凝土，在 3d 龄期的抗压强度除了个别组由于矿物掺合料掺量比例过高或水胶比过高导致强度低于 25MPa 外，其余各组混凝土的抗压强度均可以满足沉管对 3d 龄期混凝土抗压强度的要求。随着龄期的增加，矿物掺合料的火山灰效应逐渐发挥出来，各组混凝土的抗压强度均得到显著增长，到 28d 龄期时各组混凝土的抗压强度均超过了 55MPa，到达 56d 龄期时各组混凝土的抗压强度均超过了 60MPa，完全可以满足沉管对 28d 以及 56d 龄期混凝土抗压强度的要求。

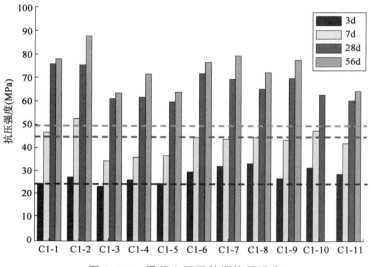

图 8.1-1 混凝土不同龄期抗压强度

在保持胶凝材料用量及胶凝材料组成不变的条件下，随着水胶比的增大，混凝土强度明显降低，水胶比为 0.36 的混凝土 3d 龄期抗压强度只有 23.7MPa，56d 龄期的抗压强度仍能达到 60MPa 以上，但强度富余明显降低了。在胶凝材料用量及胶凝材料组成不变的条件下，提高混凝土的水胶比有利于改善混凝土的工作性，降低混凝土的黏滞性，但混凝土在 3d 龄期的早期强度降低幅度太大，不能满足混凝土强度的要求。因此，为保证沉管混凝土强度发展满足施工进度需求，沉管混凝土的水胶比不宜大于 0.36。

在胶凝材料用量及水胶比不变的条件下，调整胶凝材料中水泥所占比例，混凝土强度会出现不同的变化规律。与水泥所占比例为 50% 的混凝土相比，通过增加矿物掺合料用量降低水泥所占比例为 45% 与 40%，会略微降低混凝土在 3d 与 7d 龄期的强度，但在 28d 与 56d 的强度反而会上升。当水泥在胶凝材料中所占比例降低至 35% 时，从 3d 龄期至 56d 龄期的混凝土强度均出现明显降低。

为确保沉管混凝土强度发展规律能满足早龄期拆模、顶推的需求,以及在 28d 与 56d 龄期抗压强度满足沉管设计要求,沉管混凝土水胶比及矿物掺合料所占比例应符合表 8.1-3 的规定。

满足沉管混凝土强度要求的混凝土组成　　　　表 8.1-3

矿物掺合料所占比例(%)	水胶比
<60	$W/C \leqslant 0.36$

3) 混凝土耐久性

不同龄期的氯离子扩散系数指标如图 8.1-2 所示。随着龄期的增长,各组混凝土抗氯离子渗透性明显提高,氯离子扩散系数在 56d 龄期内迅速降低,在 28d 与 56d 龄期的氯离子扩散系数均小于沉管对混凝土氯离子扩散系数指标的要求。

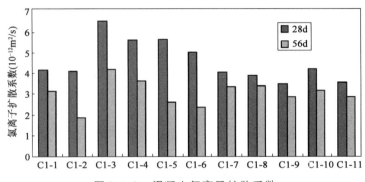

图 8.1-2　混凝土氯离子扩散系数

除编号为 C1-3 的混凝土外,其余各组混凝土在 28d 龄期的氯离子扩散系数均小于 $6\times10^{-12}\mathrm{m}^2/\mathrm{s}$,在 56d 龄期的氯离子扩散系数均小于 $4\times10^{-12}\mathrm{m}^2/\mathrm{s}$。在胶凝材料组成及胶凝材料用量不变的条件下,随着水胶比的改变,混凝土氯离子扩散系数出现了明显的变化。当混凝土的水胶比增大至 0.36,混凝土抗氯离子渗透性有所降低,虽然扩散系数仍旧满足设计指标要求,但氯离子扩散系数的富余量明显降低。因此,为确保工程中混凝土的氯离子扩散系数与设计要求相比具有一定的保证率,沉管混凝土的水胶比不宜大于 0.36。

在胶凝材料用量及水胶比不变的条件下,矿物掺合料比例改变对混凝土氯离子扩散系数变化规律的影响比较复杂,水泥所占比例为 35% 与 40% 的混凝土在 28d 龄期的氯离子扩散系数高于水泥所占比例为 45% 与 50% 的混凝土,但到 56d 龄期的氯离子扩散系数反而更低。为保证最后一个节段在接触海水前具有高的抗氯离子渗透性,在配制沉管混凝土中可采取水泥所占比例为 45% 或 50% 的胶凝材料体系,确保最后一个节段在接触海水前具有较低的氯离子扩散系数,以提高混凝土早龄期氯离子扩散系数的富余。

在矿物掺合料用量比例及水胶比不变的条件下,在 $360\sim420\mathrm{kg/m}^3$ 范围内调整胶凝材料用量,对混凝土在28d龄期的氯离子扩散系数影响不大,但到56d龄期时各组混凝土氯离子扩散系数表现出一定的差异。从理论上讲,增加胶凝材料用量,意味着混凝土中集料量,以及集料与浆体之间的界面过渡区会减少,有利于提高混凝土的抗氯离子渗透性。

因此,为确保沉管混凝土抗氯离子渗透性满足设计指标要求,并且具有较高的保证系数,沉管混凝土水胶比及矿物掺合料所占比例应符合表8.1-4的规定。

满足沉管混凝土耐久性要求的混凝土组成　　　　表8.1-4

矿物掺合料所占比例(%)	水胶比
50~60	$W/C \leq 0.36$

4)混凝土抗裂性能

配合比在90d龄期内的干燥收缩总量如图8.1-3所示。除了C1-1、C1-2两组胶凝材料用量为450kg/m³的配合比在90d龄期内的收缩总量超过了300×10^{-6}外,其余各组混凝土的收缩总量均小于300×10^{-6},满足沉管对混凝土收缩总量的要求。对于以大掺量混掺矿物掺合料、较低水胶比为主要特征的海工高耐久性混凝土,在420~360kg/m³的胶凝材料用量范围、0.36~0.32水胶比范围,以及65%~50%的矿物掺合料比例范围内,对混凝土在90d龄期内的收缩总量无明显影响,各组混凝土的收缩总量均在$(230~295) \times 10^{-6}$内变化,且与混凝土组成变化规律无明显的相关性。

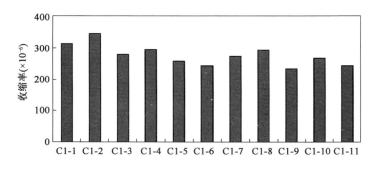

图8.1-3　混凝土干燥收缩率

除了胶凝材料用量为450kg/m³、水泥在胶凝材料中所占比例为50%的C1-2组配合比外,其余各组混凝土的绝热温升均在45℃以下,满足沉管对混凝土绝热温升的要求。影响混凝土绝热温升的最主要因素是混凝土中的矿物掺合料掺量比例和胶凝材料用量,在固定水胶比及胶凝材料用量不变的条件下,随着混凝土胶凝材料中矿物掺合料所占比例的增加,混凝土绝热温升逐渐降低(图8.1-4)。

在配制沉管混凝土的过程中,为保证混凝土的收缩总量及绝热温升满足控制裂缝的要求,应该严格控制混凝土中的胶凝材料及矿物掺合料的用量(表8.1-5)。

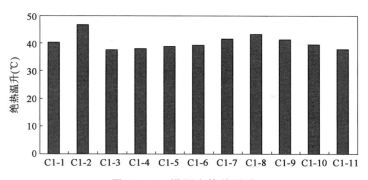

图 8.1-4　混凝土绝热温升

满足沉管混凝土抗裂性要求的混凝土组成　　表 8.1-5

矿物掺合料所占比例(%)	胶凝材料用量(kg/m^3)
50~60	$C<450$

5）混凝土外观

利用 C1-2、C1-9、C1-10、C1-11 四组配合比成型小型墙体试件，研究胶凝材料用量在 450~380kg/m^3 变化范围内对硬化混凝土外观的影响。不同胶凝材料用量硬化混凝土外观如图 8.1-5~图 8.1-7 所示。

图 8.1-5　小型墙体试件成型

 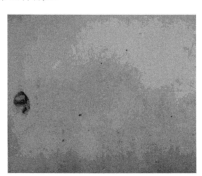

图 8.1-6　6420kg/m^3 胶凝材料混凝土外观　　图 8.1-7　7380kg/m^3 胶凝材料混凝土外观

对于胶凝材料用量不少于 420kg/m³ 的三组硬化混凝土,均具有良好的外观形态,表面无砂斑、砂线,以及直径大于 5mm 的气泡等缺陷,当胶凝材料用量降低至 400kg/m³ 时,气泡数量及直径有所增加,当胶凝材料用量进一步降低至 380kg/m³ 时,不仅气泡数量及直径显著增加,而且出现了直径达 30mm 的大孔缺陷。

适量的胶凝材料是保证硬化混凝土外观的必要条件,因此沉管混凝土的最小胶凝材料用量不宜低于 400kg/m³。

6)推荐混凝土配合比

针对沉管混凝土的性能要求,通过混凝土组成对工作性、力学性能、耐久性能、抗裂性能及外观影响分析研究,优选出沉管混凝土推荐配合比见表 8.1-6。

沉管混凝土推荐配合比参数 表 8.1-6

胶凝材料 (kg/m³)	水胶比	用水量 (kg/m³)	水泥 (%)	粉煤灰 (%)	矿粉 (%)	砂率 (%)
420	0.34	142.8	45	20	35	41

8.1.2 足尺模型设计

1)模型设计

足尺模型按全断面进行预制,共浇筑 S1、S2 两小节段,分别按浅水区、深水区进行结构钢筋布置,纵向长度均为 5.8m,单节试验段混凝土方量约 853m³,钢筋约 245t。两小节段之间设置节段接头(包括混凝土剪力键浇筑、橡胶软垫层、双道止水带等),其中一节段外端头设置管节接头,安装端钢壳及钢剪力键(图 8.1-8)。

设置排烟口、逃生门及消火栓三类预留洞室验证钢筋绑扎及混凝土浇筑工艺。布置下列预埋件:

(1)节段接头——混凝土剪力键(钢板、橡胶垫层、泡沫板、密封条、密封钢板、中埋止水带、OMEGA 止水带预埋件)。

(2)管节接头——钢剪力键(橡胶支座、预埋钢板、螺栓、端钢壳)。

(3)舾装件——端封门(单侧单孔全部预埋件,并安装一块封门)、压舱水箱(一面挡墙所有预埋件)、吊点(一处)、系缆柱(一处)、拉合支座。

(4)临时预应力(预埋全部的预埋件,顶、底板各取一孔进行张拉、剪断试验)。

2)模型制作工艺设计

根据沉管预制厂生产线总体布置,施工现场共分四大施工区域:钢筋加工区、钢筋绑扎区、混凝土浇筑区和浅坞区。足尺模型试验段钢筋加工均在 2 号生产线顶板加工车间进行。第一段钢筋绑扎、混凝土浇筑在 2 号生产线浇筑坑处进行,第二段钢筋在 2 号生产线顶板绑扎台座台车上绑扎,绑扎成型后整体移动到浇筑坑进行体系转换,浇筑混凝土。足尺模型试验施工平面布置见图 8.1-9。

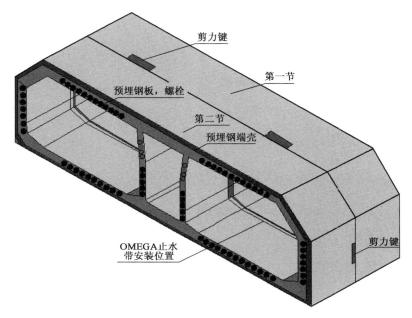

图 8.1-8　足尺模型试验段结构

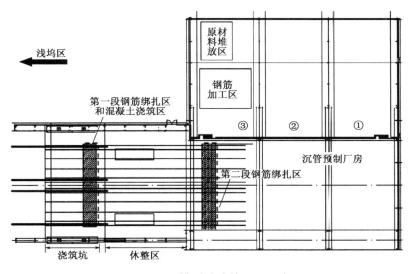

图 8.1-9　足尺模型试验施工平面布置图

(1)第一段(5.80m)足尺模型试验段钢筋按照底板、侧墙、顶板的顺序在浇筑坑底模上进行绑扎(其中顶板钢筋待内模安装完成后再绑扎),同时安装预埋件、预应力管道,安装模板,浇筑混凝土。

(2)第二段(5.80m)足尺模型试验段钢筋在3号绑扎台座台车上绑扎,成型后整体移动到浇筑坑,进行体系转换,滑入内模,安装端钢壳,匹配第一段浇筑混凝土。

(3)底模板采用调试完成的1/4节段预制液压钢模板;内模、侧模采用1/2节段预制液压模板。

(4)采用两台HZS180搅拌站生产混凝土,第一段利用皮带机输送、布料浇筑;第二段采用搅拌运输车+地泵方式输送、布料浇筑。

(5)混凝土振捣采用70mm、50mm插入式振捣器为主,30mm插入式振捣器相结合的方式进行。

(6)采用覆盖土工布并洒水的养护措施养护足尺模型试验段。

(7)采用管节分散连续顶推工艺将第一段试验段先向前顶推5.80m,再匹配浇筑第二段,最后将两段一同顶推到浅坞内,完成后续试验后凿除处理。

足尺模型试验段施工工艺流程如图8.1-10所示。

8.1.3 足尺模型制作

8.1.3.1 钢筋工程

1)钢筋施工工艺流程

预制沉管钢筋绑扎施工工艺流程见图8.1-11。足尺模型试验段钢筋分两次分别在浇筑台座上、3号绑扎台座台车上进行绑扎,钢筋统一在3号顶板加工车间下料加工,利用2×10t门式起重机将钢筋直接卸运在3号钢筋堆存区,钢筋在加工区加工成半成品后,第一段试验段转运至休整区利用钢筋吊架吊入临时绑扎区(浇筑坑底模上),第二段试验段半成品钢筋利用桥吊吊入3号绑扎台座台车上,依次进行底板、侧墙及中隔墙、顶板钢筋绑扎。

2)钢筋加工

S1试验段钢筋采用临时常规设备进行加工,搭接接长方式如图8.1-12所示。

S2试验段钢筋采用正式管节自动流水线钢筋加工设备进行加工(图8.1-13):采用自动锯切线对主筋进行锯切下料,精度能达到±1mm;采用自动弯箍机对箍筋进行弯制,内宽尺寸能达到±1mm,弯曲角度达到±1°,完全满足正式预制的精度要求。

足尺模型试验段钢筋安装施工总体包括:底板、侧墙、中隔墙钢筋、顶板钢筋安装施工、剪力键钢筋安装和相关骨架及架立筋的施工。

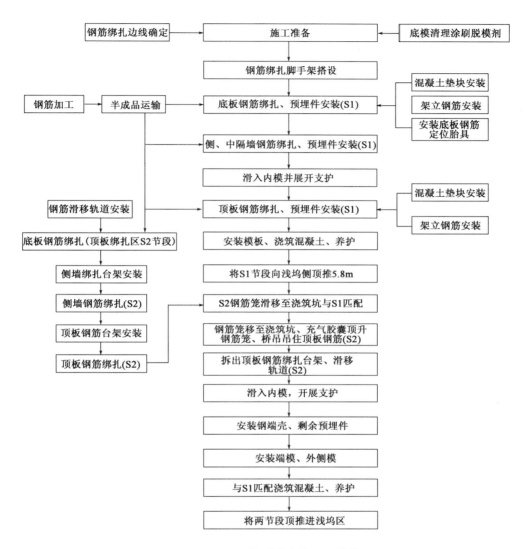

图 8.1-10 足尺模型试验施工工艺流程

足尺模型 S1、S2 节段钢筋绑扎工艺顺序基本相同,仅是钢筋绑扎台架的类型不同,其中,S1 节段钢筋绑扎采用脚手架和内模作为绑扎支架和胎架,S2 节段钢筋绑扎采用滑移梁和专用绑扎台架,模拟正常管节钢筋笼施工工艺。

(1)底板钢筋安装施工为准确定位底板钢筋,制作钢筋临时定位胎具,采用槽钢焊接成型,按照主筋间距在槽钢上开设凹槽,主筋直接放入凹槽定位(图 8.1-14)。

S1 节段钢筋安装绑扎在模板区进行,底模板安装验收合格后,直接在底模板上进行底板钢筋安装绑扎施工;S2 节段钢筋安装绑扎在 3 号绑扎台座进行,均采用槽钢定位(图 8.1-15)。

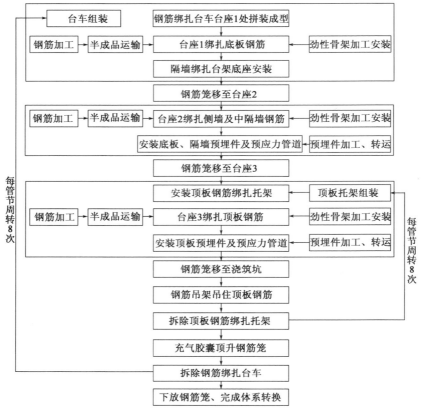

图 8.1-11　预制沉管钢筋绑扎施工工艺流程

图 8.1-12　S1 试验段钢筋加工

图 8.1-13　S2 试验段钢筋加工

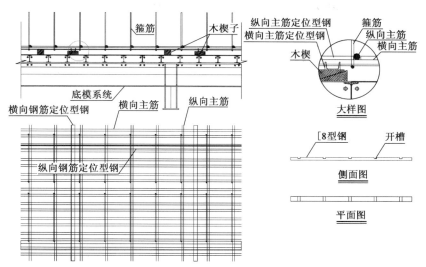

图 8.1-14 底板下方钢筋定位设置图

图 8.1-15 S1、S2 节段底板钢筋定位与安装

（2）侧墙钢筋安装施工。

S1 节段侧墙钢筋绑扎前，先安装侧墙外侧临时脚手支撑架及内侧钢筋绑扎支架，利用内外钢筋绑扎支架进行绑扎定位。外侧墙钢筋利用临时脚手支撑架进行钢筋定位和绑扎。内侧墙钢筋利用管段内部支架进行定位和绑扎；S2 节段使用绑扎台架进行绑扎定位。侧墙钢筋绑扎支架及定位装置、加固支撑见图 8.1-16、图 8.1-17。

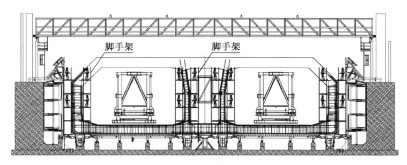

图 8.1-16 S1 节段侧墙钢筋绑扎支架及定位装置、加固支撑图

在侧墙、中墙箍筋绑扎时,需预先按 2.5m 的间距预留混凝土溜筒的安放位置,并根据施工实际需要预留混凝土振捣通道,待混凝土浇筑过程中进行复位绑扎(图 8.1-18)。

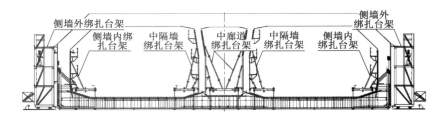

图 8.1-17　S2 节段侧墙钢筋绑扎支架及定位装置、加固支撑图

图 8.1-18　S1、S2 节段腹板钢筋绑扎

（3）顶板钢筋安装施工。

S1 节段顶板钢筋绑扎定位与底板相同,S2 节段顶板钢筋定位采用在托架上焊接定位型钢对横、纵向主筋进行定位,见图 8.1-19～图 8.1-21。

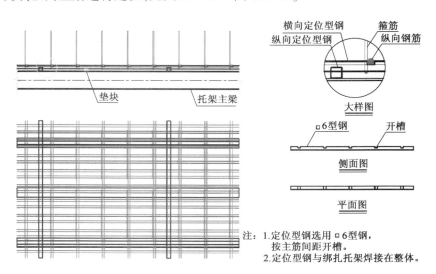

图 8.1-19　S2 节段顶板钢筋定位设置图

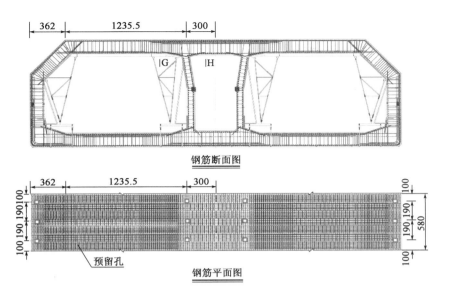

图 8.1-20　顶板下料孔及人孔预留位置图（尺寸单位：mm）

图 8.1-21　S2 顶板钢筋绑扎

3）钢筋保护层控制

由于沉管预制对钢筋保护层垫块要求高，在足尺模型试验过程中采用与管节结构相同的混凝土垫块。钢筋保护层垫块规格见图 8.1-22。钢筋保护层外侧为 7cm，内侧为 5cm，根据钢筋设置方式不同，保护层垫块分为支垫在主筋和箍筋两种形式。

（1）垫块的布置根据指定的类型、布置间距和密度控制，不得任意改变。

（2）必须将垫块牢固绑扎在钢筋交叉节点上，以免钢筋笼在移动过程中和混凝土浇筑过程中晃动和偏位。

（3）混凝土浇筑前检查保护层定位块的位置、数量及其紧固程度，并指定专人做重复性检查以提高保护层厚度尺寸的施工质量保证率。

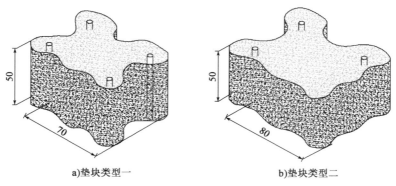

a) 垫块类型一　　　　　　　　b) 垫块类型二

图 8.1-22　钢筋保护层垫块规格图(尺寸单位:mm)

4) S2 节段钢筋笼体系转换

S2 节段钢筋笼体系转换施工工艺顺序如下:

(1)顶推到休整区,退出廊道支架。

(2)钢筋吊架将顶板钢筋悬吊起来。

(3)拆除右侧行车道顶板拖架。

(4)对右侧行车道充气胶囊充气试顶,验证气压值。充气胶囊顶升右侧行车道,拆除滑道,垫底板垫块。右侧行车道吊点加密后,对充气胶囊试顶,首先充气三条,最大气压 0.25MPa,与充气胶囊试验数据吻合(图 8.1-23)。

图 8.1-23　充气胶囊顶升

(5)拆除顶板台架,调整外侧墙钢筋,外模就位。

(6)搭设脚手架,安装 OMEGA 木盒,针型梁前支腿下降。

(7)顶板钢筋调整。

(8)滑入内膜。顶板 OMEGA 木盒安装完成后,利用起重机吊起倒角下挠钢筋,内模支护到位,顶板钢筋卸荷至内模上完成右侧行车道体系转换。

(9)按照同样的方法进行左侧行车道体系转换。

（10）廊道内模移入。

5）存在的问题及改进

在 S1、S2 足尺模型试验中,钢筋工程发现的问题及建议改进措施汇总如表 8.1-7 所示。

钢筋工程发现的问题及建议改进措施　　　　表 8.1-7

项目	存 在 问 题	建 议 措 施
钢筋加工	S1 常规工艺加工尺寸偏差大,主要体现在环形箍筋、止水带固定渐变面筋及弯曲钢筋的角度(图 8.1-24)	(1)采用自动化高精度数控加工设备,并加强加工的尺寸控制,增加抽检的频率; (2)钢筋弯曲角度及环形箍筋,在正式加工前先进行实际放样,满足尺寸要求后再正式批量加工; (3)对于渐变段钢筋,采用数控弯曲机按照加工尺寸进行逐根加工,逐根检查
钢筋安装	钢筋安装工艺顺序与预埋件安装不协调,S1 试验段在钢筋全部完成后再安装预埋件,导致预埋件安装困难且对已安装钢筋有破坏	预埋件安装与钢筋安装绑扎工序结合考虑,对剪力键、人孔等预埋件在钢筋安装的同时进行安装(图 8.1-25)
钢筋安装	剪力键预埋件大、重且锚筋长,钢筋笼不足以承重预埋件,造成钢筋笼变形	设计优化剪力键预埋件锚筋长度及数量,减少对钢筋施工的影响;对剪力键预埋件位置增加固定支撑钢筋,以承受其重量
钢筋安装	架立筋布置间距为 2m×2m,在 S1 节段顶层进行钢筋安装时,发现间距过大,钢筋安装上去后,支撑钢筋有变形	将架立筋加密至 1m×2m,增加架立筋斜撑,保证钢筋笼刚度
钢筋安装	为了混凝土下料和操作人员进入侧墙和中隔墙内振捣混凝土,在顶板和上倒角处间隔 2.5m 左右距离开设人孔,后期钢筋修复困难且量大	人孔处主筋直径较大,后续在钢筋配料时采用直螺纹钢筋套筒连接的方式,减小现场施工难度,缩短现场施工时间(图 8.1-26)

续上表

项目	存在问题	建议措施
钢筋安装	（1）剪力件钢筋箍筋类型多，建议统一；剪力槽钢筋过密，振捣困难，建议减少钢筋（图8.1-27）； （2）侧墙剪力槽处弯起横向主筋直径大，弯起数量多，导致该处钢筋密集，整齐度差，并且造成混凝土剪力键预埋件安装困难（图8.1-28）	根据施工情况优化钢筋设计和布置；增大钢筋弯起层间距，使每一层钢筋的弯头相互错开，并使预埋件锚筋顺利通过
	开口箍筋设计中顶端弯起135°，弯钩内两根主筋安装非常困难，对施工工效和保护层控制影响较大，横向钢筋安装完成后，纵向钢筋后穿困难（图8.1-29），建议改为双U形箍筋设计	设计优化在S2顶板及正式管节预制均为双U箍筋搭接
	环形钢筋封闭接头处及人孔预留位置套筒连接套丝采用的直滚加长丝，无法满足一级接头的标准	增设墩粗机，采用墩粗直螺纹连接
保护层控制	S1节段垫块强度不够。强度要求大于C50，实际抽检只有C35强度。根据荷载试验，单个垫块最大荷载为10kN，在底板受力较大的位置压碎（图8.1-30）。梅花形状垫块，侧面的难以固定	调整垫块预制配比，以沉管预制混凝土配比调整垫块细石配比，确保垫块的强度等指标满足要求；对垫块的形状进行调整，采用长条形垫块；加强垫块混凝土的抽检
	S1节段钢筋加工尺寸精度不够，造成保护层偏差较大。钢筋定位支撑刚度不够，钢筋笼变形（特别是剪力键位置），保护层偏差较大	提高钢筋加工精度，确保钢筋笼安装的尺寸。加密架立钢筋，确保钢筋笼的整体刚度
S2钢筋笼体系转换	S2节段完成了整个钢筋笼体系转化，但是功效极低，与正式管节预制要求相差较远（图8.1-31）	从钢筋笼结构上考虑，增设劲性骨架，提高钢筋笼整体刚度；重新设计顶板钢筋笼吊具，增加吊点数量；在钢筋绑扎前增设预拱度；对体系转换模板操作流程进行调整，按安装侧模→廊道内模→行车道内模→端模板顺序施工

图 8.1-24　S1 节段止水带面筋

图 8.1-25　S1 节段人孔预埋件安装　　　图 8.1-26　S1 钢筋笼人孔设置及修复

图 8.1-27　剪力键（槽）钢筋

图 8.1-28　侧墙剪力键（槽）钢筋

图 8.1-29　纵向钢筋后穿

图 8.1-30　垫块破碎

图 8.1-31　节段钢筋笼顶推

8.1.3.2 模板工程

1)足尺模型模板设计

S1 节段足尺模型施工利用 2 号线已拼装好的模板系统的部分模板:1/4 节段长度的底模、1/2 节段长度的内模、1/2 节段长度的侧模、节段接头 SJ 端模;另外,在浅坞侧方向设置临时木面板平端模。S2 节段足尺模型施工利用第一次模型试验时 S1 试验段所在区域的模板。

2)底模板施工

将底模顶升至设计高程(+3.50m),翻折底板就位,并安装滑移梁上底板。清除模板表面杂物,使用玻璃胶和透明胶将底模的接缝进行封堵,并在底模上涂刷一层脱模剂(图 8.1-32)。

图 8.1-32 底模施工

考虑到浇筑混凝土时产生的水平荷载,在底模的水平方向设置了双向的支撑,并在 S1 试验段后部安装止推模块,以确保底模在混凝土浇筑过程中不产生位移(图 8.1-33、图 8.1-34)。

图 8.1-33 底模水平支撑　　图 8.1-34 S1 后部止推模块

3）内外模板施工

足尺 S1 节段外模板作为侧墙钢筋绑扎的横向支撑,侧墙和中隔墙钢筋绑扎完成后,移入并撑开内模。由于施工时间较长,在外模和内模上均涂刷了一层模板漆,确保模板表面不生锈,保证节段混凝土的外观质量。

足尺 S2 节段待钢筋笼顶推就位后将外模合模到位,以防止钢筋笼在体系转换过程中发生过大的变形。首先是提升针形梁前支腿,以便钢筋笼顶推入模。待钢筋笼体系转换和预埋件安装完毕后,安装匹配端的木盒和木板。S2 节段内外膜如图 8.1-35 所示。

图 8.1-35　S2 节段内外膜

4）端模施工

端模共计 24 个节块,每个节块由支撑架和面架组成,其间采用丝杆连接。采用浇筑坑的桥式起重机吊装,人工配合调位和加固,在安装管节间端模前需要完成预埋盒的安装(图 8.1-36、图 8.1-37)。

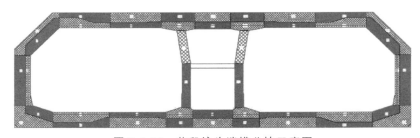

图 8.1-36　节段接头端模分块示意图

足尺模型 S1 节段浅坞区侧设置临时木面板平端模,在底模、内模上先焊接钢架支撑,然后安装木方背带和竹胶板面板(图 8.1-38)。

(1)节段接头端模

节段接头之间设置有混凝土剪力键和可注浆式止水带,端模分成 24 块,在现场进行组装。主要依靠钢围檩与拉杆将端模连接在底模、内模和外模上,然后端模将可注浆式止水带固定在设计位置处。该端模的安装和拆除需要采用桥式起重机配合人工进行作业(图 8.1-39)。

图 8.1-37 节段接头端模安装

图 8.1-38 临时平端模安装示意图

图 8.1-39 节段接头端模

(2) 管节接头端模

在第 1 个节段与第 8 个节段前后,须安装端钢壳接头,以便于 GINA 止水带的安装。为了在浇筑混凝土时保证管节接头的准确位置,钢端壳与端模连接并安装可调节装置,混凝土浇筑过程中必须不断进行测量与调整。该端模的安装和拆除需要采用桥式起重机配合手工进行作业(图8.1-40)。

图8.1-40　管节接头端模

5)模板拆除与清理

模板拆除总体施工顺序:端模→外模→内模→底模。

混凝土浇筑完成2d后,开始拆除临时平端模和节段接头端模。人工先松开模板间的连接销栓或焊接背带,利用桥式起重机起吊拆除。

混凝土浇筑完成3d且混凝土强度达到25MPa后(实测同龄期试块强度已达30MPa左右),开始拆除外模。先解除外模的固定装置,再利用模板自身液压系统将上倒角模板翻起,然后利用外模的液压系统将外模退后并横向旋转,拆除外模完成(图8.1-41)。

打开内模的固定装置,利用内模的液压系统拆除下倒角模板和收缩内模,并将针型梁连同内模下降5cm,拆除内模完成(图8.1-42)。

图8.1-41　外模拆除

图8.1-42　拆除内模

节段自身荷载的90%转移至滑移梁上的支撑千斤顶后,即可打开底模的关节支撑,再翻下翻折底板,将行车道底模下降19cm,廊道底模下降7cm,拆除底模完成。

在混凝土浇筑期间,对模板表面的污垢进行及时清理;钢模板拆除后,再次清洗模板表面污垢,并在模板的内外表面均涂刷脱模剂,方便后续的清理工作。对节段接头的端模加固丝杆,必须先用钢丝刷刷除丝杆上污垢,然后涂油保护。

拆除的模板及构件堆放整齐,模板的插销和丝杆等应装在专用的小型木箱内,方便整体转运和储存。

6)存在的问题及改进

在S1、S2足尺模型试验中,模板工程发现的问题及建议改进措施汇总如表8.1-8所示。

模板工程发现的问题及建议改进措施 表8.1-8

序号	存 在 问 题	建 议 措 施
1	模板拼缝不严,有漏浆现象	对于间隙,在浇筑前涂上堵缝材料进行封堵。液压件保护防止漏浆污染(图8.1-43)
2	端模接缝间、底模板接缝有错台	安装木盒子前对预埋件位置进行复核,盒子紧贴预埋钢板,与端模之间用螺栓加固连接
3	S1顶推5.8m后,由于混凝土与内模接触部位发生改变,致使S2内模倒角模块的局部地方与混凝土出现抵触现象	对出现混凝土偏厚的地方及时进行切除,预留足够的合模空间
4	木模板在安装和使用过程中容易变形,且拆模时容易破损,难以保证混凝土成型的尺寸和平整度。S2管沟小台阶处的木条拆模后平整度较差,且与S1之间存在错台	改为固定式的钢模板
5	管段两端使用木制预埋盒加工精度不是太理想,同时在安装和使用(尤其是反复使用)过程中木盒子容易变形,而且安装的难度较大,最终会对成型后混凝土的尺寸、平整度等造成不利影响	加强木盒子的加工精度或改为使用钢模

图8.1-43 液压件保护防止漏浆污染

8.1.3.3 混凝土施工

1)混凝土生产及运输

(1)混凝土生产

采用利勃海尔混凝土搅拌站,此站是成熟定型产品,配置齐全、性能稳定,可对原材料和混凝土温度进行监控,同时在主机卸料口、主机观察口、配料机出料口及沙仓配置摄像头,实现全程视频监控。搅拌站粉料和片冰螺旋采用变频器控制,集料、水、外加剂则采用大、小门粗称和精称,实现每盘±1%计量精度。

搅拌机每罐生产混凝土的方量为$3m^3$,搅拌时间为120s,混凝土卸料时间为60s,搅拌机混凝土卸料门关闭到下一罐混凝土物料投料延时为10s,生产$3m^3$混凝土时间为190s。罐车每次进出站时间为90s(此时间为每车混凝土开始配料时间),每生产一车混凝土时间11min,单台搅拌站在运输能力保障的前提下理论生产能力约为$49m^3/h$。

(2)混凝土运输

S1试验段混凝土采用皮带机进行运输。搅拌站出口设置1个$3m^3$的缓存仓,其下口设置出料皮带输送混凝土至主送料皮带,主送料皮带输送混凝土至现场分料仓(图8.1-44、图8.1-45)。

图8.1-44 皮带机输送混凝土

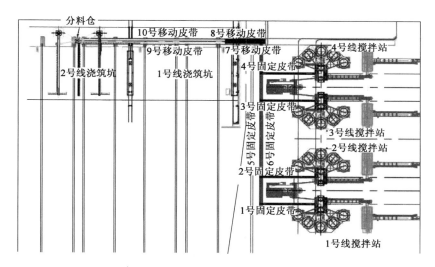

图 8.1-45　运输皮带平面布置

混凝土输送与布料设备由固定皮带、行走皮带、分料仓、伸缩皮带机和腔内皮带机组成。此套设备除伸缩皮带(德国进口 Telebelt)外,其余均为国产设备。皮带输送与布料工艺,对混凝土坍落度基本没有限制。浇筑时,坍落度从 220mm 到 140mm 均能顺利输送与布料。从最远 1 号搅拌站缓存仓至分料仓,距离约 200m,输送时间 100s。在此次混凝土浇筑过程中,最大输送强度为 45m³/h。

运输皮带和浇筑皮带机在浇筑过程中均出现一些问题,主要为皮带结构设计问题,包括:

①结构设计不合理,容易跑偏,严重影响输送效率。

②支架机构设计强度不足。

③分料仓设计不合理,过程中出现卸料门无法正常开闭,分料仓无备用系统,出现故障将严重制约浇筑。

④行走皮带动力机构设计不合理,难以保证正常行走。结构改造将耗费大量时间,基于工期考虑,从 S2 试验段开始,混凝土运输改为常规的泵送系统。

S2 试验段在搅拌站生产混凝土后,由罐车在出料口接料,然后运输至前场。E0-S2 节段混凝土浇筑采用 6 台容积为 9m³ 的罐车进行混凝土运输,即每个搅拌站配置 3 台罐车。

在 2 号生产线厂区外侧设置 4 台拖泵,单台拖泵泵送能力为 36m³/h,每台拖泵对应浇筑区的一台布料机,罐车将混凝土输送至现场后,放入拖泵内,拖泵泵送至前场的布料机。

底板浇筑时每车料泵送实际时间为 9min,每次罐车倒车时间为 3min,浇筑速度为 45m³/h。顶板浇筑时每车料泵送时间为 12min,每次罐车倒车时间为 3min,浇筑速度为

$36m^3/h$。拖泵根据混凝土浇筑工艺可以调节输送排量。

2)混凝土浇筑与振捣

(1)S1 试验段

①分区布料情况。

侧墙和中隔墙布料点纵向每 2.5m 左右设置一个,布设长 9m 左右的拆卸式串筒,串筒随着混凝土面上升而逐节拆除,确保混凝土的自由下落高度小于 2m。下料孔及人孔如图 8.1-46 所示。

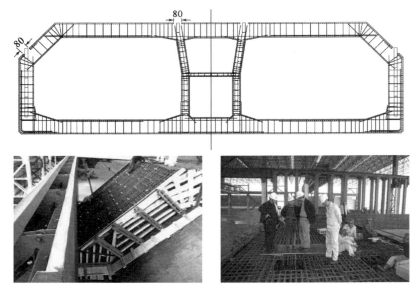

图 8.1-46　下料孔及人孔(尺寸单位:mm)

顶板设置 2 台 32m 长的伸缩皮带机,对腹板及顶板进行布料,行车道和廊道内共设置 3 台腔内皮带机对底板混凝土布料,按照节段截面共分 4 个区域进行浇筑(图 8.1-47、图 8.1-48)。

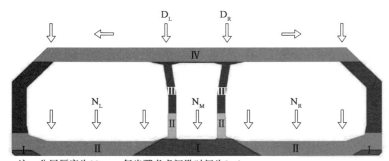

注:分层厚度为30cm,每步骤考虑间歇时间为2min。

图 8.1-47　断面浇筑分区

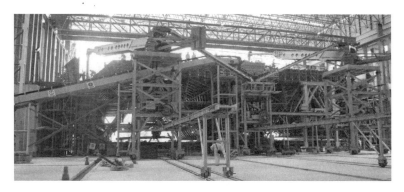

图 8.1-48　混凝土布料浇筑

②分区振捣情况。

足尺模型混凝土浇筑振捣时,底板划分为 5 个区域,由 5 个振捣小组进行责任施工,每小组配置 4~5 人,轮换操作;侧墙和中隔墙共配置 4 个振捣组,每个振捣组配置 4~8 人,负责纵向 5.8m 范围内墙内振捣工作;顶板则安排 6 个振捣组进行振捣工作,每组 3 人。

底板和顶板混凝土浇筑时,配置 4m 左右长振捣棒,操作人员站在钢筋顶面进行混凝土振捣;在侧墙和中隔墙混凝土振捣时,振捣人员从顶板钢筋的预留孔道进入墙内进行混凝土的振捣工作,振捣人员站在事先布置的脚手板上,随着混凝土面的升高,更换脚手板的位置,确保不出现漏振、欠振和过振的现象。

浇筑混凝土时,主要采用 70 型插入式振捣器振捣,对于钢筋较密集特殊位置(如剪力键位置),采用 50 型或 30 型振捣棒振捣,并开设振捣孔;排烟孔和安全门等地方则采用预埋 PVC 管,振捣棒从 PVC 管穿入,振捣下部混凝土。每个振捣点的振捣时间约为 15~30s(图 8.1-49)。

(2)S2 试验段

①分区布料情况。

顶板布置 2 台 MX32 固定式布料机,布料半径可达 32m;2 个行车道各布置 1 台 RV10 布料机,布料半径为 10m(可水平折叠);另外配置一定数量的拖泵管及弯管,布置于廊道内,用于廊道后续的补料操作(图 8.1-50、图 8.1-51)。

侧墙和中隔墙沿纵向每 3.1m 设置一个下料点,并安装螺旋筋用于串筒的导向和固定,螺旋筋内径为 25cm;在顶板钢筋和上倒角钢筋顶面开设人孔,并在侧墙和中隔墙内设置纵向的人员振捣通道(图 8.1-52)。

落料采用柔性的软管:消防管(加厚型)和塑料软管(3mm 厚),内径为 20cm。

a) 内模下倒角位置导向振捣

b) 止水带位置导向振捣　　　　c) 剪力键处开孔振捣

d) 侧墙剪力键开观察孔　　　　e) 中隔墙剪力键开振捣孔

图 8.1-49　混凝土浇筑振捣

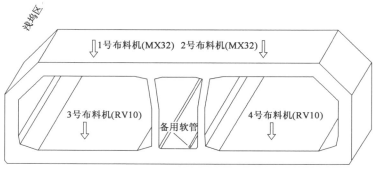

图 8.1-50　布料机布置图

a) 浇筑现场

b) RV10布料机

c) MX32布料机

图 8.1-51　混凝土浇筑现场

② 分区振捣情况。

底板划分为 3 个区域,由 1~6 号振捣小组负责施工,每小组配置 2~4 人(配置一班人员)和 2 台振捣器,轮换操作;侧墙和中隔墙由 7~10 号振捣小组负责施工,每个振捣组配置 8 人(2 班,每班 4 人)和 3 台振捣器。顶板由第一班的底板振捣组负责施工,不另行配置人员(图 8.1-53)。

浇筑混凝土时,主要采用 70 型插入式振捣器振捣。底板和顶板混凝土浇筑时,操作人员站在钢筋顶面进行混凝土振捣;在侧墙和中隔墙混凝土振捣时,振捣人员通过人孔进入侧墙和中隔墙内预留的振捣通道内,进行混凝土的振捣工作。

③ 特殊部位振捣。

a. 对中隔墙下倒角和侧墙底部迎水面(几列竖向钢筋,振捣棒无法插入)处,采用人工振捣和安装附着式振捣器进行振捣两种方式进行对比;因泵送混凝土坍落度较大,在内模下倒角处需要设置压脚模板;

b. 对于预留孔洞位置混凝土的振捣,采用在预埋木盒上开孔并埋入 PVC 管,振捣棒穿过预埋木盒对下方混凝土进行振捣或安装附着式振捣器振捣;

c. 剪力键位置钢筋较密,采用 30 型或 50 型振捣棒振捣;

d. 对于钢端壳、预埋件、锚具及波纹管道等附近混凝土振捣,加密振捣间距,保证混凝土密实,同时,防止碰撞埋件或管道造成埋件移位或管道破坏。

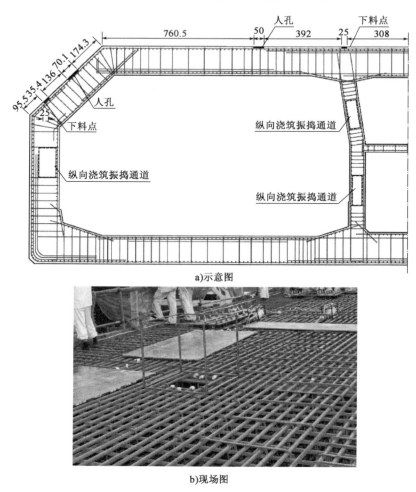

图 8.1-52 下料点和人孔位置(尺寸单位:cm)

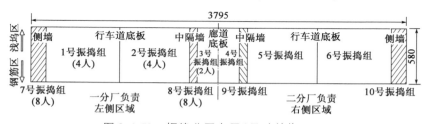

图 8.1-53 振捣分区布置(尺寸单位:cm)

3)收面与养护

足尺模型节段长度较短,采用常规的收面方法进行收面:即先人工粗平,再参照测量校正好的高程控制点,利用刮尺和抹子等工具精平。另外,考虑到底板后续还将浇筑压载混凝土,需要将底板表面进行拉毛,拉毛深度为3mm左右(图8.1-54、图8.1-55)。

图8.1-54　顶板收面

图8.1-55　底板表面拉毛

混凝土初凝后,在混凝土表面覆盖一层塑料薄膜,然后再在上面铺上一层土工布,并时刻保持土工布湿润,确保混凝土的正常水化(图8.1-56)。

图8.1-56　洒水覆盖养护

4)混凝土浇筑强度分析

足尺模型 E0-S1 节段混凝土预计浇筑时间 30h,实际浇筑时间 42h,平均浇筑速度约 21m³/h(表8.1-9)。

E0-S1 节段混凝土浇筑时间　　　　　　　　　　表 8.1-9

部　位	开始时刻	完成时刻	实际(h)	理论(h)
底板	2012-2-8 14:00	2012-2-9　13:00	23	13
侧墙、中墙		2012-2-10　00:30	11.5	9
顶板		2012-2-10　08:00	7.5	8

底板区混凝土浇筑时间较长,与理论存在较大差异;侧墙及中隔墙理论与实际浇筑时间基本一致。经分析,主要是在浇筑底板混凝土时,分料仓需要不断地更换出料口(2台顶板伸缩皮带机出口和3台腔内皮带机),而分料仓设计存在缺陷,导致施工效率低下,才导致浇筑时间延长的结果。

足尺模型 E0-S2 节段混凝土预计浇筑时间 24h,实际浇筑时间 28h,平均浇筑速度约 $32m^3/h$(表 8.1-10)。

E0-S2 节段混凝土浇筑时间　　　　　　　　　　表 8.1-10

部　位	开始时刻	完成时刻	实际(h)	理论(h)
底板	2012-4-30 14:00	2012-4-30　21:00	7	6
侧墙、中墙		2012-5-1　10:00	13	10
顶板		2012-5-1　18:00	8	8

侧墙及中隔墙浇筑时间较长,与理论存在一定差异;底板区和顶板混凝土理论与实际浇筑时间基本一致。经分析,主要是在左侧侧墙混凝土时,顶部左侧的 MX32 布料机泵管爆裂,维修历时 5h(从 2012 年 4 月 30 日 19:30 至 2012 年 5 月 1 日 00:30),导致只有 1 台 MX32 布料机进行布料,以致施工效率低下,浇筑时间延长。

5)混凝土浇筑质量分析

(1)第一次足尺模型试验

第一次足尺模型试验采用了与第四次小尺寸模型试验完全相同的原材料及配合比,通过调整减水剂用量,验证了坍落度处于 85~230mm 范围混凝土在皮带输送过程中的性能变化规律。

混凝土利用 1 号与 2 号搅拌站生产。抽查了 50 多组新拌混凝土,大部分坍落度为 170~200mm,含气量为 1.4%~1.8%,混凝土重度为 2413~2428kg/m^3,大部分出机温度为 16.0~17.0℃(表 8.1-11)。

新拌混凝土坍落度分布规律　　　　　　　　　　表 8.1-11

坍落度范围	>220mm	220~160mm	<160mm
所占比例(%)	6	80	14

从搅拌站出机的混凝土,经过皮带机长距离输送后,坍落度会有一定的损失,对比搅拌站出机混凝土以及浇筑现场混凝土坍落度变化,除个别异常点外,输送到浇筑现场的混凝土坍落度损失约为 20～40mm。混凝土在输送过程中的坍落度损失,与皮带机长距离无防护输送以及分级输送过程中刮浆板的刮浆作用有明显关联性(图 8.1-57)。由于皮带机运输过程中无任何防护措施,混凝土的水分容易散失,导致混凝土坍落度会有所损失。另外,受皮带机刮浆板的影响,在分级输送过程中,每一级都会有一定的砂浆损耗,砂浆会散落于皮带机下方,并且每隔一段时间需要用高压水冲洗皮带机下方基座,以免造成砂浆的大量累积,砂浆的损耗不仅会造成混凝土流动性降低,而且容易造成浇筑现场混凝土离析、集料富集的现象。

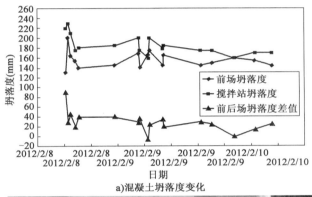

a) 混凝土坍落度变化

b) 皮带机刮浆板

图 8.1-57　混凝土坍落度变化和刮浆

在搅拌站按照 100m³ 一组的频率留置标准养护试件 9 组,检测硬化混凝土 3d、7d、28d、56d、90d 的抗压强度及 3d 的劈裂抗拉强度。在浇筑现场,按照浇筑底板与顶板部位,留置同条件养护试件 2 组(图 8.1-58、图 8.1-59),检测硬化 1d、3d、7d、28d、56d 的抗压强度,1d、3d 的劈裂抗拉强度,3d、7d 的弹性模量,28d、56d 的混凝土抗氯离子渗透性,

28d 的抗水压渗透性（表8.1-12、表8.1-13）。

图 8.1-58　同条件养护试件

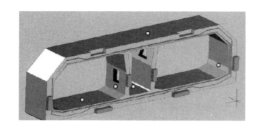 

图 8.1-59　钻芯取样位置示意

现场硬化混凝土力学性能　　　　　　　　　　　　　　　　表 8.1-12

取样位置	组数	养护条件	抗压强度（MPa）						抗拉强度（MPa）		弹性模量（×10⁴MPa）		硬化重度（kg/m³）
			1d	3d	7d	28d	56d	90d	1d	3d	3d	7d	
搅拌站	1	标准养护	—	28.9	48.5	60.2	72.1	—	—	2.26	—	—	2440
	2		—	27.8	46.2	62.7	67.7	71.2	—	2.34	—	—	2442
	3		—	31.4	48.8	51.3	74.5	—	—	2.64	—	—	2450
	4		—	26.3	47.1	61.7	71.9	71.6	—	2.25	—	—	2450
	5		—	27.2	47.1	51.2	70.9	—	—	2.24	—	—	2438
	6		—	25.5	42.1	59.7	69.1	72.8	—	2.10	—	—	2449
	7		—	29.3	46.6	61.4	71.9	74.1	—	2.34	—	—	2436
	8		—	27.0	44.4	60.3	69.8	78.0	—	2.19	—	—	2444
	9		—	27.8	46.4	59.7	73.4	—	—	—	—	—	2441
现场底板	1	同条件养护	22.1	31.6	43.0	53.2	71.0	—	1.05	2.42	2.91	3.54	2432
现场顶板	2		23.3	33.9	44.6	53.1	74.8	—	1.18	2.59	2.90	3.38	2438
S1 足尺	5	实体钻芯	—	—	—	—	—	—	—	—	—	—	2406~2446

现场硬化混凝土耐久性能　　　　　表 8.1-13

工况	取样部位	氯离子扩散系数 ($\times 10^{-12} m^2/s$)		工况	取样部位	氯离子扩散系数 ($\times 10^{-12} m^2/s$)	
		28d	56d			28d	56d
实体芯样	浅坞侧端部	3.0	2.2	标准养护	底板	3.2	3.1
	侧墙根部	3.1	2.4		顶板	3.8	3.3
	顶板中部	3.5	2.3		—	—	—
	行车廊道底板中部	4.1	2.5		—	—	—
	中隔墙根部	4.2	2.7		—	—	—
	中间廊道中部	4.2	2.6		—	—	—

S1 段足尺模型混凝土浇筑完毕 2d 后,陆续拆除模型混凝土的端模、外模及内模,足尺模型混凝土的外观情况如图 8.1-60 所示。总体上足尺模型混凝土外观良好,无明显的蜂窝、狗洞等因漏振带来的外观缺陷,无明显的大气泡缺陷,无大面积砂斑、砂线缺陷,但局部区域存在砂线、漏浆、过振、缺角等缺陷。此外,还在侧墙外表面存在混凝土粘模以及模板漆脱落等缺陷。

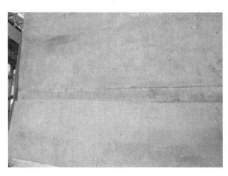
a)整体外观(侧墙内部)

b)侧墙内部砂线

c)侧墙内部气泡

d)侧墙外部模板漆脱落

图　8.1-60

e)倒角碎石堆积

f)倒角振捣不充分

图 8.1-60　S1 节段混凝土外观

（2）第二次足尺模型试验

第二次足尺模型试验采用混凝土搅拌运输车与拖泵联合输送，要求混凝土泵送至浇筑现场后仍具有较好的施工振捣性能。与皮带输送工艺不同，混凝土在泵送过程中会有一定程度的坍落度损失，但砂浆损失较小，为保证混凝土的工作性能，在第一次足尺模型试验配合比基础上，保持混凝土中浆体比率，保持水泥用量不变，降低粉煤灰与矿粉比例，增大水胶比。

沉管具有结构复杂、钢筋密集的特点，为确保搅拌出机混凝土经长距离泵送至浇筑现场后能满足全断面浇筑施工的需求，但又不能因为混凝土保持塑性的时间以及初凝时间过长而影响后续施工，要对优选出的施工配合比工作性能进一步优化。调整缓凝型高性能减水剂保坍、缓凝、增稠成分比例，通过现场泵送试验，测试经过泵送后混凝土性能变化，确定新拌出机混凝土以及经过泵送到达浇筑现场混凝土性能满足表 8.1-14 的要求。

混凝土工作性能要求　　　　　　　　　　表 8.1-14

出机混凝土		现场混凝土			
坍落度(mm)	扩展度(mm)	坍落度(mm)	扩展度(mm)	重塑时间(h)	初凝时间(h)
200~220	400~450	180~220	350~450	≥8	≥12

第二次足尺模型同时利用 1 号与 2 号搅拌站生产混凝土。1 号搅拌站出机新拌混凝土大部分坍落度为 180~220mm，对应的搅拌机工作电流为 64~67A。未加冰混凝土的出机温度均高于 26℃，根据环境温度的变化，加入 25~60kg/m³ 碎冰后，可控制混凝土出机温度低于 24℃。加冰量低于 40kg/m³ 的含气量为 2.0%~3.0%，混凝土重度为 2360~2390kg/m³。加冰量为 60kg/m³ 的混凝土，由于加冰量的增大，碎冰融化后体积收缩会在混凝土中产生一定数量的气泡，导致混凝土含气量明显增大（表 8.1-15）。

2 号搅拌站新拌混凝土大部分坍落度为 180～220mm，对应的搅拌机工作电流为 85～89A。与 1 号搅拌站一样，未加冰混凝土的出机温度高于 26℃，加入 25～60kg/m³ 不等的碎冰后，混凝土出机温度可控制在 24℃ 以下。加冰量低于 40kg/m³ 的含气量为 2.0%～3.0%，混凝土重度为 2360～2390kg/m³。加冰量达到 60kg/m³ 后，混凝土含气量明显增加，达到 3.0% 以上（表 8.1-16）。

1 号搅拌站新拌混凝土性能   表 8.1-15

序号	时间	出机坍落度（mm）	含气量（%）	新拌混凝土重度（kg/m³）	出机温度（℃）	加冰量（kg/m³）
1	2012-4-29 14:20	210	1.7	2388	26.7	0
2	2012-4-29 14:47	200	2.5	2384	20.4	40
3	2012-4-29 15:38	205	2.7	2379	20.6	40
4	2012-4-29 16:20	190	2.4	2382	20.6	40
5	2012-4-29 17:10	185	2.3	2386	24.6	25
6	2012-4-29 19:30	220	2.4	2382	25.2	25
7	2012-4-29 20:00	220	2.5	2380	25.0	25
8	2012-4-29 20:55	205	2.3	2386	23.7	25
9	2012-4-29 21:35	220	2.2	2382	22.5	25
10	2012-4-30 10:10	200	2.6	2390	28.8	0
11	2012-4-30 11:30	190	3.4	2360	18.9	60

2 号搅拌站新拌混凝土性能   表 8.1-16

序号	时间	出机坍落度（mm）	含气量（%）	新拌混凝土重度（kg/m³）	出机温度（℃）	加冰量（kg/m³）
1	2012-4-29 13:00	170	2.4	2382	28.5	0
2	2012-4-29 13:20	190	2.4	2382	24.7	25
3	2012-4-29 17:40	180	2.2	2388	24.8	25
4	2012-4-29 17:25	200	2.4	2382	24.6	25
5	2012-4-29 17:55	185	2.3	2386	24.4	25
6	2012-4-29 18:40	195	2.6	2380	24.9	25
7	2012-4-29 19:50	225	2.5	2384	23.1	25
8	2012-4-29 21:10	220	2.5	2384	23.1	25

续上表

序号	时间	出机坍落度（mm）	含气量（%）	新拌混凝土重度（kg/m³）	出机温度（℃）	加冰量（kg/m³）
9	2012-4-30 00:20	225	2.4	2380	26.1	0
10	2012-4-30 02:44	200	2.1	2386	26.4	0
11	2012-4-30 04:40	210	2.0	2374	22.9	25
12	2012-4-30 05:42	210	2.2	2380	22.0	25
13	2012-4-30 06:45	205	2.1	2381	22.4	25
14	2012-4-30 08:13	205	2.2	2383	23.7	25
15	2012-4-30 10:10	195	2.4	2371	23.9	25
16	2012-4-30 10:55	200	2.3	2377	21.7	40
17	2012-4-30 12:46	210	2.3	2377	21.2	40
18	2012-4-30 14:00	210	3.2	2381	18.4	60
19	2012-4-30 15:10	190	3.2	2368	18.8	60
20	2012-4-30 17:20	210	3.5	2361	18.1	60

沉管混凝土生产过程中加入碎冰量与出机温度具有直接相关性，但样本离散性较大，可能是受环境温度变化和含水率变化的影响；此外，刚出机混凝土，砂浆温度与碎石温度没有达到完全平衡，混凝土回温幅度较大，台山核电工程也有类似经历。综合评估，加冰量每增加 $10kg/m^3$，出机温度降低约 $1.2℃$，片冰冷量利用率约为 86%。根据原材料温度变化情况，在不同季节按照 $0\sim60kg/m^3$ 碎冰替代拌和水的方式控制混凝土出机温度（图 8.1-61）。

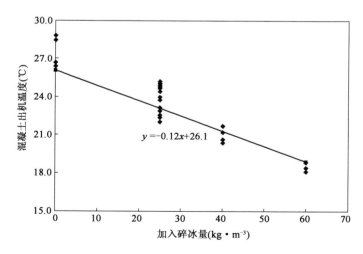

图 8.1-61　加入碎冰量与新拌混凝土出机温度关系

混凝土出机坍落度与入模坍落度的对比情况如图 8.1-62 所示。在正常连续浇筑条件下,经过泵送后混凝土坍落度损失较小,不超过 20mm,不会影响混凝土的泵送浇筑。但当浇筑现场出现停顿,特别是泵车较长时间未运转时,混凝土坍落度损失会迅速增大,经过泵送后的最大坍落度损失可达到 55mm。

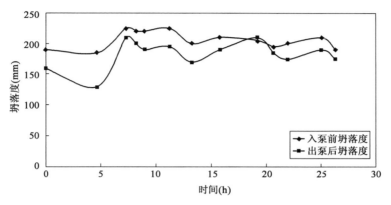

图 8.1-62　混凝土出机坍落度与入模坍落度对比

混凝土搅拌出机并经过泵送至浇筑现场,新拌混凝土出机温度在 18～26℃ 范围内时,通过混凝土搅拌运输车及拖泵联合输送至浇筑现场,混凝土温度升高 1.5～4.0℃(图 8.1-63)。

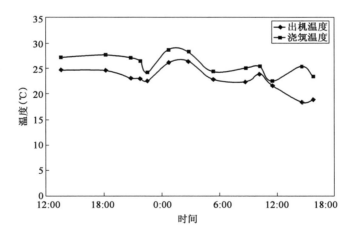

图 8.1-63　新拌混凝土出机温度与浇筑温度关系

通过调节混凝土中加冰数量,可稳定控制混凝土的出机温度低于 24℃,混凝土经运输、停顿、泵送至浇筑现场后,温度会出现一定程度的上升。混凝土浇筑等待时间不超过 30min 的条件下,入模前混凝土的温升不超过 2℃。由于混凝土罐车未采取遮阳保温措施,当浇筑等待时间超过 30min 后,随着等待时间的延长温度逐渐升高,在太阳直接照射的高温环境下,入模前混凝土的最大温升可达到4.6℃。

在搅拌站按照100m³一组的频率留置标准养护试件,检测硬化混凝土性能(表8.1-17 ~ 表8.1-20)。

混凝土抗氯离子渗透性　　　　　　表8.1-17

取样位置	养护条件	氯离子扩散系数($10^{-12}m^2/s$)		抗水渗
		28d	56d	28d
底板	标准养护	4.5	3.0	>P12
顶板		4.4	2.8	>P12
侧墙根部	实体芯样	2.0	1.8	—
行车廊道底板中部		3.1	2.7	—
中隔墙根部		2.3	2.1	—

混凝土弹性模量　　　　　　表8.1-18

取样位置	弹性模量($\times 10^4$MPa)	
	3d	7d
底板	2.80	3.42
顶板	3.10	3.62

混凝土力学性能　　　　　　表8.1-19

取样位置	编号	养护条件	抗压强度(MPa)					抗拉强度(MPa)	
			1d	3d	7d	28d	56d	1d	3d
搅拌站	S2-1	标准养护	—	27.6	43.0	59.8	65.5	—	—
	S2-2		—	28.0	46.1	63.3	66.6	—	—
	S2-3		—	31.8	45.5	60.6	68.0	—	—
	S2-4		—	31.5	44.9	62.9	65.0	—	—
	S2-5		—	30.3	43.7	62.7	66.0	—	—
	S2-6		—	27.3	39.6	57.7	61.1	—	—
	S2-7		—	30.4	44.8	54.7	60.9	—	—
	S2-8		—	28.1	41.2	56.6	61.3	—	—
	S2-9		—	29.4	41.1	57.0	63.2	—	—
S2节段底板	S2-1(同)	同条件养护	—	33.3	48.4	58.8	61.8	1.48	2.79
S2节段侧墙	S2-2(同)		22.3	34.0	49.4	58.2	64.2	1.84	2.81
S2节段顶板	S2-3(同)		20.8	33.2	48.2	58.4	62.0	1.97	2.86

混凝土重度　　　　　　　表 8.1-20

取样位置	编号	振捣方式	养护条件	硬化混凝土重度（kg/m³）
搅拌站	1号	振动台	标准养护	2405
	2号			2400
S2节段底板	3号	人工插捣	同条件养护	2370
S2节段顶板	4号			2385
侧墙	5号	振捣棒	实体芯样	2415
中隔墙	6号			2435
底板	8号			2410

S2段足尺模型混凝土外观优于S1段，混凝土浇筑过程中无泌水现象，无蜂窝、狗洞等因漏振带来的外观缺陷，无大面积砂斑、砂线缺陷（图8.1-64），但由于工艺原因，在墙体及顶板存在以下缺陷：

①由于泵车堵塞，侧墙上下层混凝土浇筑间隔过长（约7h），导致侧墙下部出现了浇筑冷缝；

②中隔墙下部采用附着式振捣，未能对振捣器周围混凝土进行充分振捣，导致中隔墙下部出现漏振区域；

③侧墙上部斜倒角处，振捣不够充分，导致斜面出现大面积气泡；

④顶板上表面，未进行充分的二次振捣，导致顶板上表面边缘出现了松顶（图8.1-65）。

图 8.1-64　S1 与 S2 外观对比

图 8.1-65　S2 局部外观

6）存在的问题及改进

在S1、S2足尺模型试验中，混凝土工程发现的问题及建议改进措施汇总见表8.1-21。

混凝土工程发现的问题及建议改进措施　　　　　表 8.1-21

序号	存在问题	建议措施
1	S1 节段混凝土浇筑过程中在不同部位出现了不同程度的泌水,其中侧墙顶部泌水最为严重,顶板上表面靠近侧墙的区域次之,底板上表面再次之,其余部位未见泌水	①严格控制坍落度; ②在施工中冲洗皮带后应等待皮带表面明水散失后再输送混凝土,在输送混凝土过程中严禁用水冲洗皮带机; ③通过外加剂组分调整,进一步增强混凝土的保水性能,减少混凝土泌水
2	由于模板有污损不平整且混凝土振捣时间过长,混凝土表面部分有沙斑、麻点和花斑	①内模和外模在钢筋笼滑入后才就位,及时进行模板清理,并涂刷脱模剂; ②严格振捣控制,振捣棒与模板不得接触
3	端面混凝土颜色不均,分层明显,有少量气泡和水线。主要原因: ①混凝土坍落度变化大,浇筑分层等待时间长,不连续,导致色差大,且有分层缝; ②在上斜倒角及内模下倒角处,振捣排气不充分,出现少量气泡; ③部分混凝土坍落度大,有泌水现象,出现少量沙线	①确保设备正常,浇筑布料连续进行,严格按照布料点布料; ②控制混凝土坍落度,杜绝出现较大坍落度,出现泌水现象; ③在钢筋与模板间用 30 型振捣棒进行复振,确保气泡完全排出
4	S1 节段运输皮带和浇筑皮带机在浇筑过程中均出现一些问题,包括: ①皮带容易跑偏,严重影响输送效率; ②支架机构设计强度不足; ③分料仓卸料门无法正常开闭,且无备用系统,出现故障严重制约浇筑; ④行走皮带动力机构设计不合理,难以保证正常行走	结构改造将耗费大量时间,基于工期考虑,从 S2 试验段开始混凝土运输改为常规的泵送系统
5	S2 节段 RV32 布料机采用遥控线,有线控制线在操作时容易发生擦挂造成磨损	改为无线控制

续上表

序号	存 在 问 题	建 议 措 施
6	S2节段混凝土浇筑过程中在不同部位出现了泵管从接头处破开。1号、2号、4号拖泵陆续出现堵管现象,其中,1号拖泵在18:30时排通管道(堵管点在拖泵变径管处),2号拖泵在30日0:00排通,主要堵管在弯管和软管处,排堵时共爆裂掉3个快速管卡,都在MX32布料机上,4号拖泵在22:00左右排通,主要堵点在变径管及对应的RV10布料机的弯管上	主要原因: ①三一泵管密封性欠佳,易漏浆和漏水; ②管道管卡承受的输送压力不能满足此次混凝土输送; ③泵管弯管设置较多,而为了保证运距,拖泵压力较大,在接头及弯管位置易脱开; ④混凝土工作性能的稳定问题,混凝土坍落度较小,停滞时间稍长就会堵管。 改进措施: ①更换O形圈密封型泵管,更换快速管卡,并合理规划泵管线路,减少弯管数量,确保混凝土输送连续; ②优化混凝土配比,现场严格控制混凝土工作性能,减少泵送停滞时间
7	足尺模型E0-S2节段浇筑时在部分中隔墙、侧墙和剪力键位置设置了空气驱动式附着式振捣器(图8.1-66)。 ①振捣器高度方向影响范围约1m,需要将该部分1m的混凝土布料完成至少2h后,进行一次性振捣(E0-S2节段中隔墙部分浇筑时:布料完成0.5h后,刚启动振捣器,在下倒角出现大量翻浆)。 ②振捣后混凝土表面出现大面积露石和小型气泡(图8.1-67)	主要原因: ①附着式振捣器振捣力很大,而混凝土刚浇筑时坍落度较大,容易出现翻浆现象; ②中隔墙较薄(80cm厚),附着式振捣器振捣力太大,迫使浆液与石子分离,浆液上浮、石子下沉,以致出现大面积露石情况;侧墙处安装附着式振捣器后反而出现较多气泡,在30s振捣时间内无法及时排出。 改进措施: 以人工插入式振捣为主,附着式振捣为辅,人工难以到达区域采用附着式振捣器
8	左侧MX32布料机2012年4月30日19:30发生堵管,次日00:30排除故障,左幅侧墙混凝土无法及时供给,导致左幅侧墙1.4m左右位置出现混凝土布料分层现象(图8.1-68)	①优化泵管布置线路,做到各浇筑设备间的互补,避免堵管停滞较长时间; ②优化混凝土配比,适当延长混凝土的凝结时间

续上表

序号	存在问题	建议措施
9	S1 串筒使用 1.5mm 厚的薄钢板卷制加工而成,单节串筒重约 13kg。正式浇筑时,串筒是由底节逐节向上拆除的,且人孔内空间较小,钢串筒不可压缩,将占据部分空间,不便于振捣人员进行振捣作业和拆除串筒	采用橡胶串筒替代,该种串筒质量较轻,便于拆除;对接牢靠且方便;并且不会占用振捣人员的作业空间(未下料时,橡胶串筒可被挤压)
10	S2 浇筑时采用了两种不同材质的下料串筒,但在浇筑一段时间后,由于混凝土磨损,串筒出现破裂或从半腰位置断开,浇筑时需大量更换	寻找钢制或橡胶式耐磨串筒产品
11	浇筑初始阶段需要用砂浆对泵管和布料机进行润滑,通过罐车和装载机进入现场,接料后转运出厂。这种模式存在以下问题: ①罐车和装载机进入现场,需要横穿钢筋笼滑移道,可能会对其造成影响; ②泵管维修时部分废料可能掉落到现场,现场清洗工作量大	泵管和布料机大致固定,出口处没有设置废料处理措施,需要重新考虑废料处理方案(图 8.1-69)
12	足尺 S2 浇筑时采用对讲机进行相互沟通,但拖泵处噪声较大,拖泵操作手难以听到对讲机中声音	在拖泵处安装红绿指示灯,绿色表示泵送,红色表示停泵;在布料机的操控器上安装相应的灯光控制按钮

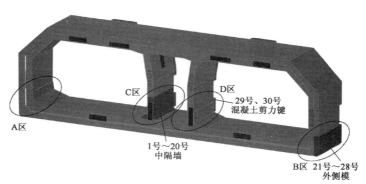

图 8.1-66 附着式振捣器布置区域

A 区振捣方法:人员在振捣通道内振捣;B 区振捣方法:人员先在振捣通道内振捣,然后通过附着式振捣器复振;C 区振捣方法:附着式振捣器振捣;D 区振捣方法:人员在振捣通道内振捣

a) A区人工振捣效果

b) B区附着式+人工振捣效果

c) C区左侧附着式振捣效果

d) C区右侧附着式振捣效果

e) C区断面附着式振捣效果

f) D区人工振捣效果

图 8.1-67　不同区域振捣效果

图 8.1-68　左幅侧墙分层现象

图 8.1-69　现场废料处理

8.1.3.4　预留预埋设施

足尺模型试验段主要埋设以下典型埋件：中埋式可注浆止水带、OMEGA 止水带预埋钢板、端钢壳、端封门预埋件、吊点、系缆柱、人孔、测量塔预埋等预埋件等；预留设施包括：排烟孔、逃生孔、灭火器消防栓、临时预应力管道。

1）预埋件种类

S1 试验段主要预埋件见表 8.1-22。

S1 试验段预埋件清单　　　　　　　　　　　表 8.1-22

部位	预埋件名称	位　　置	构　件　名　称	单位	数量
S1 段	混凝土剪力键预埋件	中墙剪力键槽	预埋件 A	件	4
			预埋件 D	件	4
		侧墙剪力键槽	预埋件 B	件	4
			预埋件 E	件	4
		底板剪力键槽	预埋件 C	件	4
			预埋件 F	件	4
		顶板剪力键槽	预埋件 C	件	4
			预埋件 F1	件	4
	人孔井预埋件	顶板	—	套	1
	测量塔预埋件	顶板	—	套	1
	OMEGA 止水带预埋件	节段接头	—	套	1/2
	橡胶密封条	节段接头	—	套	1
	中埋式注浆止水带	节段接头	—	套	1
	预留孔洞	中墙左侧	安全门预留孔	个	1
		中墙右侧	排烟口预留孔	个	1
		中墙右侧	消火栓+灭火器预留孔	个	1
		侧墙左侧	灭火器+紧急电话预留孔	个	1

S2 试验段主要预埋件见表 8.1-23。

S2 试验段预埋件清单　　　　　　　　　　　表 8.1-23

部位	预埋件名称	位　　置	构 件 名 称	单位	数量
S2 段	混凝土剪力键预埋件	中墙剪力键槽	预埋件 A	件	4
			预埋件 C	件	4
		侧墙剪力键槽	预埋件 A	件	4
			预埋件 E	件	4
		顶板剪力键槽	预埋件 B	件	4
			预埋件 F	件	4
		底板剪力键槽	预埋件 B	件	4
			预埋件 G	件	4
	OMEGA 止水带预埋件	节段接头	—	套	1
	钢剪力键预埋件	管节接头	竖向钢剪力键 VSK2 预埋件	件	2
		管节接头	竖向钢剪力键 VSK3a 预埋件	件	1
		管节接头	竖向钢剪力键 VSK3b 预埋件	件	1
		管节接头	水平向钢剪力键 HSK1 预埋件	件	1
		管节接头	水平向钢剪力键 HSK2 预埋件	件	1
	B 型端钢壳	管节接头	—	套	1
	系缆柱预埋件	顶板	—	套	1
	导向架预埋件	顶板	—	套	1
	导向杆预埋件	顶板	—	套	1
	外侧牛腿预埋件	管节内腔	—	套	1
	钢梁牛腿预埋件	管节内腔	—	套	1

2) 预埋件安装

(1) S1 试验段

①中埋式可注浆止水带。

中埋式可注浆止水带及其注浆管材由特瑞堡公司加工制造，集中运至现场安装，接头亦由厂家派专业技术人员施工。S1 节段止水接头中埋式可注浆止水带在钢筋施工完成、端模安装前进行安装施工，由于受钢筋笼和端模板安装工艺的影响，止水带定位及注浆管安装比较困难。

首先，利用桥面起重机将止水带橡胶转盘吊至侧墙顶部，下放止水带橡胶端头绕腹板→底板→腹板→顶板中线的顺序进行安装,然后转盘转至顶板中线附近进行最终接头施工。待中埋式可注浆止水带橡胶安装到位后,再进行接头处理以及注浆管安装施工(图8.1-70)。

a)止水带橡胶安装施工

b)止水带注浆管安装

c)止水带橡胶接驳

图8.1-70　止水带安装图

②OMEGA止水带预埋件。

OMEGA止水带预埋件由专业厂家分块加工成型后,利用船舶运至现场,按照设计及规范要求进行进场检验(图8.1-71)。

S1试验段OMEGA止水带预埋件在钢筋绑扎完成后进行安装。

图 8.1-71　OMEGA 止水带预埋件

安装顺序:底板(两侧侧墙下倒角→中间)→侧墙(侧墙下倒角→侧墙上倒角)→顶板(两侧侧墙上倒角→中间)。

安装分块逐段进行,利用起重机起吊,人工辅助就位,再利用手拉葫芦和千斤顶进行最终定位调整,构件全部安装完成调整到位后再焊接成整体(图 8.1-72)。

图 8.1-72　OMEGA 止水带预埋件现场安装

防水密封胶在 OMEGA 止水带预埋件安装前进行涂抹,待 OMEGA 止水带预埋件构件焊接完成后对焊接位置进行补涂。注浆管在 OMEGA 止水带预埋件焊接完成后进行安装,防止焊接烧伤。

③混凝土剪力键预埋件。

混凝土剪力键预埋件由专业厂家在工厂内加工完成,验收合格后出厂运至现场进行安装施工。

预埋件在钢筋安装绑扎完成后进行,由于锚筋长约 4.6m,单件重约 1.6t,安装非常困难,且与钢筋位置相互干扰,位置难以定位。

施工时,先剪断锚筋(距预埋钢板 1.0m 处剪断),安装定位后再焊接接长锚筋。混凝土剪力键正面预埋构件安装采用桥面起重机吊装，手拉葫芦配合初步就位，再利用千斤顶精确调整，调整到位后焊接加固（图 8.1-73）。

图 8.1-73　混凝土剪力键预埋件安装

④预留孔洞安装。

a. 灭火器+紧急电话预留孔（侧墙）：宽×高×深=150cm×110cm×35cm；侧墙钢筋绑扎完成，行车道内模安装之前安装固定，安装定位较容易；

b. 安全门预留孔（中墙）：宽×高×深=170cm×240cm×80cm；中墙钢筋绑扎完成，桥面起重机吊装人工辅助安装，由于箱室较大，箱体内支撑方木多，较重，定位较困难；

c. 消火栓+灭火器预留孔（中墙）：宽×高×深=240cm×110cm×35cm；中墙钢筋绑扎完成，廊道内模安装之前安装固定；

d. 排烟孔预留孔（中墙）：顶宽（底宽）×高×深=110（240）cm×200cm×80cm；中墙钢筋绑扎完成，廊道内模安装之前安装固定。

所有预留孔洞预埋模板采用木模，模板面板采用竹胶板，骨架采用方木，模板安装固定采用钢筋四周加固固定，防止混凝土浇筑时倾斜、上浮、下沉。洞室较大，建议设计优化减小断面尺寸（图 8.1-74）。

图 8.1-74　排烟孔预留孔盒

⑤预应力管道安装。

预应力管道施工难点为节段接头处预应力接头及剪断孔施工,管道按1m间距进行加固。加固钢筋焊接在结构主筋或箍筋上(图8.1-75)。

图8.1-75 预应力管道安装

施工中,预应力剪断孔模板须固定在主筋上,而预应力管道须穿过剪断孔模板,因此预应力管道安装在钢筋绑扎上下层主筋绑扎完成,箍筋(拉钩筋)未全部安装时进行,安装操作空间有限,安装不便。锚垫板与模板贴紧后,采用防水密封胶进行封闭。

(2)S2试验段

①混凝土剪力键预埋件安装。

a.混凝土剪力键侧面预埋件:S2混凝土剪力键侧面预埋件A、B(匹配端)直接安装在S1混凝土剪力键预埋件A、B处(先浇段)(图8.1-76)。

b.混凝土剪力键正面预埋件:S2混凝土剪力键预埋件设计变更后,预埋件锚筋缩短,现场安装难度降低。施工时根据钢筋绑扎进度,提前做好定位台架,安装效率有较大提高,安装精度满足要求。

钢筋顶推完成体系转换后,预埋件位置精调除底板处需操作人员进入钢筋笼内操作外,其余部位预埋件调整较为容易(图8.1-77)。

图 8.1-76　混凝土剪力键侧面预埋件安装

图 8.1-77　混凝土剪力键正面预埋件安装

②OMEGA 止水带预埋件安装。

本次足尺模型试验 OMEGA 止水带预埋件安装先在场外将底板、顶板处分段构件两节焊接成一个整体,钢筋绑扎完成后顶推之前逐块安装,调整后焊接成整体,顶推体系转换完成后与 S1 节段 OMEGA 止水带预埋件固定(图 8.1-78)。

图 8.1-78　OMEGA 止水带预埋件安装

安装顺序为:底板、顶板(中间→侧墙倒角)→侧墙(底倒角→顶倒角)。

③钢剪力键预埋件安装。

钢剪力键预埋件应在钢筋绑扎过程中预先安放(初步限位不固定),且安放前安装好定位台架。钢筋笼顶推体系转换完成,内膜、侧模安装到位后精调固定(图8.1-79)。

图 8.1-79　剪力键预埋件安装

④端钢壳安装。

S2 足尺模型试验端钢壳施工先在场外将端钢壳分段构件焊接成 8 大块,钢筋绑扎完成后将底板、顶板处端钢壳初步安放到位,待钢筋笼顶推至浇筑坑,完成体系转化,内模滑入并展开支护后,安装侧墙处端钢壳,利用千斤顶、手拉葫芦等整体调整后焊接成整体,然后利用端模进行平面度调整,调整满足要求后浇筑混凝土,混凝土浇筑过程中监测端钢壳变形情况,随时利用端模进行调整(图8.1-80)。

a)场外分段焊接　　　　　　　　　b)端钢壳安装

c)端钢壳整体调整后焊接、火焰调整变形

图　8.1-80

d) 端钢壳平面度测量调整

图 8.1-80　现场端钢壳安装

⑤钢梁牛腿预埋件安装。

底板处钢梁牛腿预埋件在底板钢筋绑扎完成后进行安装,顶板处钢梁牛腿预埋件应在顶板钢筋绑扎前预先初步安放、固定到位,钢筋笼顶推完成体系转换后进行精调固定。

⑥外侧牛腿预埋件安装。

底板、竖墙处外侧牛腿预埋件在底板、竖向钢筋绑扎完成后按照由竖墙底倒角→底板中间的顺序逐块进行安装;顶板处外侧牛腿预埋件在顶板钢筋绑扎前预先逐块安放、固定、焊接到位;钢筋笼顶推完成体系转换后进行微调固定、焊接成整体。

⑦系缆柱及导向杆、导向架预埋件安装。

系缆柱预埋件应在顶板底层钢筋绑扎完成、顶层钢筋绑扎前初步安装到位,安装前定位台架应固定到位。导向杆、导向架预埋件安装应在顶板钢筋绑扎完成后进行,钢筋绑扎过程中应注意预埋件锚杆位置的避让(图 8.1-81、图 8.1-82)。

图 8.1-81　系缆柱预埋件　　　　　图 8.1-82　导向杆、导向架预埋件

⑧匹配端中埋式可注浆止水带施工。

中埋式可注浆止水带匹配端施工在钢筋笼顶推前应做好注浆管的打孔工作以及钢筋笼顶推过程中止水橡胶移动、固定所用的小铁环等工作。在钢筋笼顶推至中埋式止水带橡胶边时，操作人员须利用拉钩将整个端面止水带摆至钢筋"缝隙"处（个别处须进入钢筋笼内操作），然后钢筋笼慢速分段顶推前进，顶推到位后，进行止水带固定以及注浆管的安装施工。

3）存在问题及改进

在 S1、S2 足尺模型试验中，预留预埋工程发现的问题及建议改进措施汇总见表 8.1-24。

预留预埋工程发现的问题及建议改进措施　　　　表 8.1-24

项目	存 在 问 题	建 议 措 施
中埋式可注浆止水带安装	①中埋式可注浆止水带安装中心偏离，个别偏移中心较大。 ②保护不够，底板止水带伸出混凝土外侧部分污染严重，部分钢边弯曲	①严格按照安装顺序，中埋式可注浆止水带橡胶安装时应先固定端模下半部分，然后再安装端模上半部分，以端模作为胎架进行固定。 ②止水带安装到位后，用钢牵丝临时固定止水带，确保端模安装中止水带不移位。 ③浇筑过程中对底板止水带进行临时保护，避免混凝土或水泥浆污染。 ④模板安装和拆除过程中小心操作，避免对止水带产生破坏
OMEGA 止水带预埋件安装	①预埋件安装不到位，与端模没紧贴，混凝土浇筑后预埋件与混凝土面不平，有错台。 ②OMEGA 止水带预埋件锚筋与铆钉形成闭合，安装中需要转动角度，定位非常困难，施工中只能扳直后安装，安装后恢复困难。 ③防水密封胶及预埋式注浆管安装在 OMEGA 止水带预埋件安装完成后进行，需要人员进入钢筋笼内操作，安装极为不便。 ④OMEGA 止水带预埋件定位在中埋式止水带箍筋上，不能承受竖向荷载，预埋构件易移位倾斜	①OMEGA 止水带预埋件防水胶施工在构件安装前预先安装。 ②建议 OMEGA 止水带预埋件考虑在端模上采用螺栓进行定位固定，确保安装位置，同时保证预埋件与端模紧贴，防止错台

续上表

项目	存 在 问 题	建 议 措 施
剪力键预埋件安装	①混凝土剪力键正面预埋构件(预埋件D、E、E1、F、F1)锚筋较多、较长(锚筋长度4.6m、4.7m)。施工中混凝土浇筑时侧墙、中墙距端头下料孔及施工振捣操作口设置(距端头2.0m范围内)与锚筋冲突。 ②剪力键预埋构件较重(中墙单个剪力榫预埋件质量为1556kg;侧墙单个剪力榫预埋件总质量为1649kg),中墙、侧墙剪力榫突出部分(悬挑)质量约450kg,预埋构件锚筋与竖墙主筋无连接,构件固定难度极大,需设置大量架立钢筋和固定限位钢筋,施工中精确定位困难,精度控制误差较大。 ③混凝土剪力键剪力榫处端模板为一个整体,不能拆卸,施工端模安装后混凝土剪力键预埋构件无法调整,安装精度控制难度加大	①变更剪力键预埋件设计,缩短预埋件锚筋,降低现场安装难度。 ②对于混凝土剪力键预埋件固定方式,应采取在预埋件四周焊接螺母,用螺栓固定在端模的方式进定位、固定,防止构件安装就位后移位。 ③混凝土剪力键安装,对于其正面预埋构件D、E、F、E1、F1,应在钢筋绑扎过程中预先安装,初步定位
预留孔洞安装	足尺模型试验预留孔洞位置主要设置在沉管侧墙与中墙内(正式管节一致),安装遇到的主要问题具体表现在以下几点: ①廊道与行车道竖墙之间的排烟孔及安全门与模板对拉螺杆之间冲突。 ②因排烟孔和安全门预留孔尺寸较大,其孔洞模板下方混凝土振捣难度增大,因此需在其孔洞模板设置振捣导管,其模板中振捣导管与对拉螺杆预留孔须避让,增加其孔洞模板内加固难度	对于安全门预留孔,建议其位置下降150mm,或孔洞尺寸顶面减小150mm,以便避让对拉螺杆,降低施工难度
预应力管道安装	施工中采用U形箍对预应力管道进行固定,由于中部固定钢筋较少,固定在结构箍筋上,柔性较大,在浇筑过程中,由腹板单侧下料,管道产生不同程度的挤压变形和上浮	加密U形箍的布置,按60cm间距,并严格控制加固焊接质量
锚垫板设置	预应力锚垫板与端模没固定,锚垫板变位和漏浆	将端模在锚垫板固定位置增加螺丝孔,后续浇筑时,端模安装完成后将锚垫板固定其上,四周贴上防水密封胶
混凝土剪力键预埋件安装	侧墙处混凝土剪力键预埋件锚筋与钢筋冲突,安装困难,精度无法满足要求(图8.1-83)	设计已将匹配端混凝土剪力键侧墙处钢筋间距位置进行优化

续上表

项目	存 在 问 题	建 议 措 施
钢剪力键预埋件安装	中墙钢剪力键焊钉与钢筋位置冲突(图8.1-84)	设计验算后,取消钢剪力键焊钉
钢梁牛腿预埋件安装	钢梁牛腿预埋件锚筋与锚杆过密,安装时与钢筋冲突,安装较为困难,安装精度难以控制。在底板处,由于钢筋直径较粗,且间距模数为10cm、12.6cm交错,而预埋件锚筋锚杆之间间距为12cm,且净距仅为8cm,安装困难,尤其在底板斜倒角处,钢筋斜向交错,安装更困难(图8.1-85)	底板钢梁牛腿预埋件设计已优化取消,采用枕梁替代;建议取消顶板钢梁牛腿预埋件锚钉,加强安装精度控制
外侧牛腿预埋件安装	外侧牛腿预埋件锚筋密,安装时与钢筋冲突较多,若端面钢筋设计倾斜,竖向主筋与竖向外侧牛腿预埋件存在夹角,冲突点增多,安装定位极为困难。另外,在底板斜倒角处,由于主筋与斜倒角钢筋交错,钢筋净距很小,安装极为困难(图8.1-86)	锚筋与钢筋冲突时,允许调整钢筋,无法调整时,允许割除预埋件锚筋(在割除附近另行补焊锚筋)
系缆柱及导向杆、导向架预埋件安装	系缆柱预埋件锚栓与预应力管道位置冲突,以及系缆柱预埋件锚栓与钢梁牛腿预埋件锚栓位置冲突(图8.1-87)	设计位置移动,且放宽该预埋件安装精度要求,保证安装时避开冲突位置

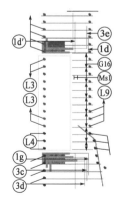

图 8.1-83　侧墙混凝土剪力键预埋件

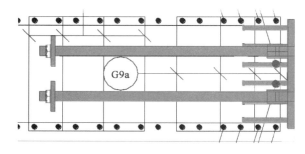

图 8.1-84　钢剪力键设计位置

图 8.1-85　钢梁牛腿预埋件现场安装

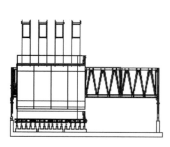

图 8.1-86　外侧牛腿预埋件施工

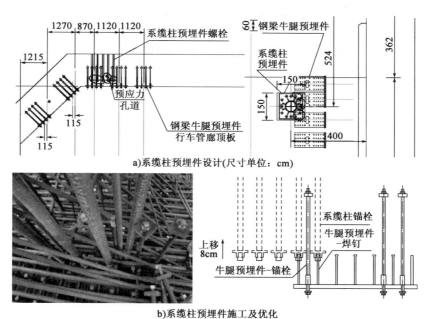

图 8.1-87 系缆柱预埋件

8.1.3.5 顶推系统

1）顶推施工工艺

节段顶推采取分散连续顶推方法,施工工艺如下：

在第一节试验块(S1)下方设置 8 个支撑千斤顶和 2 对顶推千斤顶（1 号、4 号滑移轨道），并在 2 号滑移轨道的千斤顶顶板上安装前导向装置,在 3 号滑移轨道的千斤顶顶板上安装后导向装置（即将顶板反向安装,见图 8.1-88）。当 S1 节段混凝土达顶推强度要求后,向浅坞方向顶推 5.80m,匹配预制下一节段（即第二节段 S2）。

第二节段(S2)下方设置 8 个支撑千斤顶,将 S1 节段上的后导向装置拆除后安装至 S2 的 2 号滑移梁顶板上,并在 S2 尾部设置 4 对顶推千斤顶,连同 1 号节段向前顶推至浅坞区,两段试验段采用两套控制系统实现顶推。试验段顶推工艺流程见图 8.1-89。

2）顶推施工

混凝土浇筑前,用套筒螺母系统将支撑千斤顶与顶板连为整体,用浇筑坑的桥式起重机安装到位,连接千斤顶油泵和管线。开启油泵,将支撑千斤顶活塞伸长 30mm（与顶板脱开,浇筑过程中支撑千斤顶不受力）,拆除套筒螺母。

浇筑完成后,混凝土硬化拆除模板前,将荷载转移至千斤顶。步骤如下：

①关闭所有支撑千斤顶的单向阀;

②打开轨道1的支撑千斤顶单向阀,加压至5000kPa,确保千斤顶与顶板完全接触;

③按照同样步骤对2、3、4轨道上的千斤顶加压至5000kPa;

④启动油泵,对千斤顶缓慢加压至管节自重的90%,关闭支撑千斤顶单向阀;

⑤拆除底模,管节自重荷载转移至支撑千斤顶;

⑥释放辅助支撑装置的油压。模板拆除后、顶推前,启动油泵,将全部支撑千斤顶压力增加至80%,然后打开千斤顶截止阀,逐级增大油泵压力(1000kPa/级),直至全部荷载作用在液压系统上。操作人员在操作室对顶推作用进行总体控制,将节段按照75cm的步距向前顶推,S1号节段需顶推5.8m,S2+S1节段需要顶推至浇筑坑外。

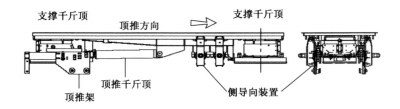

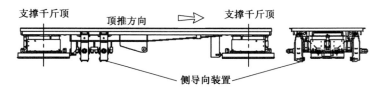

图8.1-88 足尺试验段顶推工艺流程

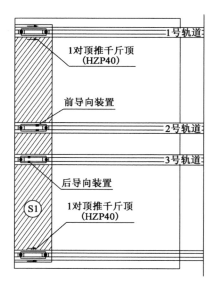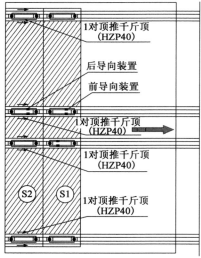

图8.1-89 试验段顶推工艺流程

顶推到位后驻停。释放支撑千斤顶压力至80%,并关闭和覆盖保护所有的油泵。

2012年5月22日,Ⅲ工区一分区负责的足尺模型试验(S1+S2)段沉管完成顶推距离24m,完成第一阶段顶推工作。历时8h,共完成32个顶推行程,(S1+S2)段沉管前进24m,顺利脱离模板区,验证表明顶推系统可靠稳定(图8.1-90)。

图8.1-90 足尺模型试验(S1+S2)段沉管完成顶推

8.1.4 沉管隧道管节水密性足尺模型试验

管节水密性试验主要验证节段管节间钢边止水带及OMEGA止水带的安装质量及水密性。

1)试验方案设计

(1)足尺模型试验段管节水密性试验拟通过在管段间钢边止水带与OMEGA止水带间灌水施加水压来检验接头间水密性。

如图8.1-91所示,使用时,打开预埋水管1截止阀,由预埋水管1处灌水,将预埋水管3作为排气孔。待排气孔出水后,用闷头封闭预埋水管3,再加压至0.6MPa后关闭预埋水管1处截止阀,检查是否漏水。预埋水管2处截止阀仅在排水时开启,由抽水泵将残存的试验用水抽走。

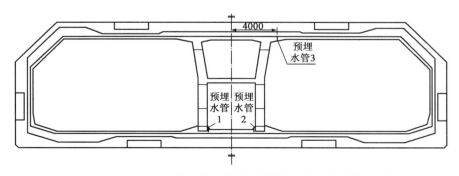

图8.1-91 OMEGA止水带用预埋水管构造(尺寸单位:mm)

预埋式注浆管与预埋水管相接处,注浆管侧向偏移50mm;在混凝土浇筑前,在预埋水管外表面设置半圆形遇水膨胀止水胶。

(2)待试验段顶推出浇筑区后,对钢边止水带进行注浆处理,安装OMEGA止水带及注水加压设备和阀门,然后分级加压进行水密性试验。加压荷载为最大水深46m压力(最大水深压力约为0.46MPa)的1.5倍。

(3)分级加压试验程序。

$P_1 = 1.0P_w$,压力稳压时间2h;$P_2 = 1.2P_w$,压力稳压时间2h;$P_3 = 1.5P_w$,压力稳压时间12h。试验期间观察节段间止水带变形及是否有渗漏现象,并对分级加压情况进行记录。

2)试验分析与小结

足尺模型E0-S1、E0-S2节段于2012年5月22日顺利施工完成并整体顶推出模板浇筑区,按照课题要求,随即准备节段接头水密性试验工作。6月15日进行了节段的临时预应力张拉与压浆,6月6—8日对中埋式止水带和OMEGA止水带预埋件进行了环氧注浆工作,6月16日安装完成OMEGA止水带,6月20日进行了初次水密性试验工作,由于OMEGA止水带安装不到位造成漏水,重新拆除OMEGA止水带进行了处理,于2012年6月30日再次安装止水带进行了水密性试验,在保压0.25MPa后,仍出现预埋件与混凝土极个别OMEGA止水带压件螺栓间漏水(外侧中埋式止水带未见有漏水)的现象,后多次采用环氧注浆进行封堵后注水试验,最后一次在保压0.45MPa后在个别处OMEGA止水带预埋件与混凝土之间出现渗水现象,并在几处压件螺栓孔出现漏水现象(图8.1-92)。

图8.1-92 试验段水密性试验OMEGA止水带预埋件渗水

从水密性试验分析易引起漏水的因素包括:①中埋式止水带注浆管堵塞导致不能压浆;②OMEGA止水带预埋件螺栓孔被水泥浆等异物堵塞导致OMEGA止水带压件安装

不到位;③OMEGA 止水带压件螺栓孔偏位导致压件安装偏位。后续施工中对这些部位加强了保护和质量控制。

为不影响正式管节的施工,模型试验段 2012 年 9 月份被拆除。后续正式预制节段接头均进行水密性试验验证,分级加压至最大水深压力的 1.5 倍,持荷 12h 观察是否漏水。2012 年 12 月 20—24 日,对首节 E1、E2 各节段接头进行水密性试验,未发生渗水。

8.1.5　温度应力监测与分析

试验目的为验证混凝土温控工艺,发现温控风险预控的关键点,试验内容包括:

(1)监测沉管预制厂浇筑区的环境温湿度。

(2)混凝土搅拌前,测试各原材料的温度,验证控制指标,估算混凝土的出机温度和浇筑温度,然后按照满足温控指标量计算拌和水温度需求和加冰量。

(3)检验实际出机温度与计算出机温度的偏差;检验出机温度到浇筑温度之间的温度差,评估运输过程冷量损失。

(4)检测足尺模型混凝土内部最高温度和出现时间,验证与理论计算值的偏差,用以修正计算参数,提高理论计算与实际的符合程度。

(5)检测最高温度和平均浇筑温度,计算沉管混凝土水化热温升,修正理论计算散热条件参数。

(6)检验计算出机温度与实测出机温度、实测出机温度与浇筑温度的温度差,估算搅拌系统和输送系统的冷量损耗。

8.1.5.1　试验方案设计

1)仿真分析

(1)仿真边界条件

①混凝土配合比参数。

通过前期的混凝土配合比研究,预制沉管混凝土选用泵送海工混凝土,主要配合比参数见表 8.1-25,主要力学和热学性能见表 8.1-26。

预制沉管混凝土配合比　　表 8.1-25

项目	胶材总量 (kg/m³)	水胶比	水泥	粉煤灰	矿粉	砂率	外加剂
推荐配合比	420	0.35	45%/189kg	25%/105kg	30%/126kg	42%	1%

预制沉管混凝土主要力学和热学性能　　表 8.1-26

参数	抗压强度(MPa)			劈拉强度(MPa)			弹性模量(GPa)	绝热温升(℃)
	3d	7d	28d	3d	7d	28d		
推荐配合比	28.7	42.3	57.2	2.72	3.15	3.95	42.5	42.4

②结构和环境条件。

沉管混凝土强度等级为 28d 龄期 C45,56d 龄期 C50,标准管节长 180m,分 8 段预制(每段 22.5m),管段截面宽 37.95m、高 11.4m、壁厚 0.8～1.7m。

沉管采用全断面浇筑方式,单个管段混凝土方量约为 3420m³。沉管采用工厂法预制,将 180m 长管节分为 8 个节段,每个节段长 22.5m,节段在固定的台座上浇筑、养护达顶推强度要求后,向前顶推 22.5m,空出浇筑台座,下一节段与刚顶出的节段相邻匹配预制。

③外部环境条件。

沉管预制厂所在地区属南亚热带海洋性季风气候区,年平均相对湿度为 78%～80%,但湿度的季节变化明显,在春夏季高湿季节,相对湿度时常可达 100%;在冬季干燥季节,极端最小相对湿度只有 10%。年平均气温 22.3～23℃,最热月 7 月平均气温 28.4～28.7℃,最冷月 1 月平均气温 14.7～15.9℃,气温年较差 12.8～13.7℃;极端最高气温 38.9℃,极端最低气温 -1.8℃(图 8.1-93、图 8.1-94)。计算采用桂山岛近一年观测月平均气温(表 8.1-27)。

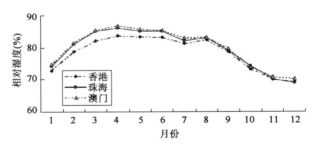

图 8.1-93　三地气象站各月平均湿度曲线

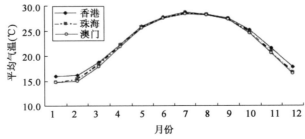

图 8.1-94　三地气象站各月平均气温曲线

桂山岛月平均气温　　　　　　　　　　表 8.1-27

时间	1月	2月	3月	4月	5月	6月	7月	8月	9月	10月	11月	12月	全年
最低气温（℃）	8.0	14.5	11.4	15.6	18.5	21.8	23.1	22.2	23.2	21.5	12.9	8.8	8.0
最高气温（℃）	21.5	22.8	24.2	27.4	27.5	31.7	36.2	34.6	35.6	29.7	27.6	22.4	36.2
平均气温（℃）	13.9	18.0	18.8	21.4	23.7	25.0	27.8	28.0	28.4	25.4	21.0	17.1	22.4

通过对珠海地区月平均气温的分析，并结合沉管预制的实际工况，将沉管预制的全年施工期分为高温季节（月平均气温不低于25℃，6—10月）、常温季节（月平均气温 18～25℃，3—5月、11月）和低温季节（月平均气温不高于18℃，1月、2月、12月）。

（2）仿真分析模型

①结构模型。

依据已知边界条件，建立实体混凝土管段有限元剖分模型。模型包含 58224 个节点，45118 个单元（图 8.1-95）。

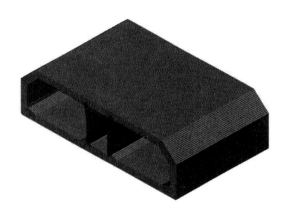

图 8.1-95　管段有限元剖分模型

基于工厂法沉管预制工艺，模型边界条件考虑了如下因素：a. 沉管混凝土与预制底模之间的摩擦约束；b. 顶推后管段底部约束和支撑条件的转换；c. 内外预制模板对混凝土升温期的约束作用；d. 考虑保温养护措施对散热系数和收缩徐变的影响作用。

②模型参数取值。

绝热温升、弹性模量、徐变取值为试验实测值，强度增长系数和收缩取值根据室内试验实测值进行拟合后得到。其他计算参数参考近十年我国跨海桥梁海工混凝土性能参数，按经验取值或估算，包括比热、导热系数、泊松比、摩擦系数、线膨胀系数、环境温度和散热系数等。

(3)仿真分析计算

①计算工况。

仿真计算考虑环境温度、浇筑温度和养护情况组合不同的工况。

a.考虑不同月平均温度的工况：

a)高温季节,月平均温度不低于25℃,6—10月；

b)常温季节,月平均温度18~25℃,3—5月、11月；

c)低温季节,月平均温度不高于18℃,1月、2月、12月。

b.考虑不同浇筑温度的工况：

a)高温季节浇筑温度不高于28℃；

b)常温季节浇筑温度不高于23℃；

c)低温季节浇筑温度不高于20℃。

c.考虑一般养护和保温增湿喷雾养护两种不同的养护工况：

a)一般养护湿度不小于50%；

b)喷雾养护湿度不小于80%。

②温度应力场分布规律。

根据仿真计算温度场和应力场分析可知温度场发展规律为:a.温度发展规律是先升后降,顶底板中部和底板侧墙交界处中心温度最高；b.中心约1.5d达到温度峰值；c.随着内部温度升高,内表温差增大,中心部位温峰出现时,内表温差达到最大,之后逐渐降低(图8.1-96、图8.1-97)。

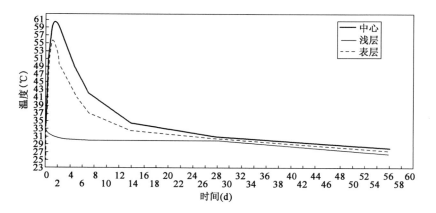

图8.1-96　中心、浅层、表层温度发展曲线

应力场发展规律为:a.早期应力集中于表面,主要由内表温差引起,早期需要注意内表温差的控制,并降低内部最高温度；b.后期应力集中于中心,由混凝土降温和干缩引

起,随着龄期增长逐渐增大,后期需要注意养护减少干缩;c.沉管应力集中部位包括顶板中部、行车廊道顶部、侧墙拐角处、侧墙底板交界处;d.抗裂安全系数在早期和后期均有低于 1.4 的风险,防裂措施除了早期的温度控制,更需要持续的养护,充分利用徐变作用缓慢释放内应力。因此,降低内表温差和最高温度、加强养护是裂缝控制的关键措施。

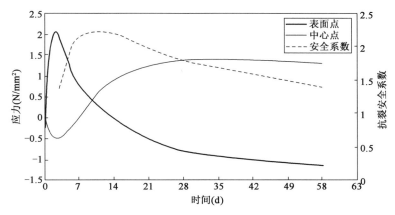

图 8.1-97　表面、中心点应力发展曲线和安全系数

混凝土在不同计算工况条件下得到的温度应力仿真计算结果见表 8.1-28。

温 控 计 算 结 果　　　表 8.1-28

工况条件		浇筑温度 (℃)	最高温度 (℃)	最大拉应力(MPa)						安全系数
环境	养护			3d	5d	7d	14d	28d	56d	
高温季节	一般养护湿度≥50%	28	69.7	1.87	1.59	1.49	1.70	2.36	3.14	1.29
常温季节		28	68.3	2.07	1.71	1.55	1.71	2.31	3.07	1.16
		23	64.2	1.82	1.53	1.41	1.59	2.18	2.87	1.32
低温季节		23	63.1	2.20	1.78	1.58	1.72	2.27	2.99	1.09
		20	59.9	1.89	1.56	1.41	1.56	2.10	2.70	1.27
高温季节	喷雾养护湿度≥80%	28	69.7	1.70	1.46	1.37	1.58	2.21	2.96	1.41
常温季节		23	64.2	1.64	1.39	1.29	1.47	2.03	2.68	1.46
低温季节		20	59.9	1.66	1.38	1.25	1.40	1.90	2.45	1.44

一般养护条件下,高温季节 28℃浇筑,最高温度 69.7℃,抗裂安全系数 1.29;而在常温和低温季节,由于环境温度降低,内表温差和基础温差增大,需要更低的浇筑温度,因此常温季节 23℃浇筑、低温 20℃浇筑时,抗裂安全系数分别为 1.32 和 1.27。通过增加喷雾养护系统,保证养护温湿度和养护时间,降低混凝土内表温差和收缩,高温季节 28℃浇筑、常温季节 23℃浇筑、低温季节 20℃浇筑,抗裂安全系数分别提高到 1.41、1.46 和 1.44,满足抗裂安全系数大于 1.4 的要求。极端炎热条件下,浇筑温度 28℃不能满足

时,可适当提高养护温度和延长养护时间,并通过仿真分析验算安全系数。

2)关键性温控标准

根据预制沉管的温控标准,对水泥、粉煤灰、矿粉、集料等原材料温度提出了一定的要求。允许原材料温度出现一定程度的波动,但是最终浇筑温度必须满足温控设计要求(表8.1-29)。

原材料温控标准及控制措施　　　　表8.1-29

材料	温度控制指标	温度控制措施
水泥	≤55℃	出厂温度≤70℃,船运上岛转入中间仓,使用温度≤55℃
矿粉	≤45℃	出厂温度≤50℃,中间仓储存倒运,使用温度≤45℃
粉煤灰	≤45℃	出厂温度≤50℃,中间仓储存倒运,使用温度≤45℃
砂	≤30℃	材料提前进场、入库储存,料场搭棚遮阳
石	≤30℃	材料提前进场、入库储存,料场搭棚遮阳,必要时洒水降温
水	≤5℃	2台5t/h的制冷机组制取冷水
外加剂	≤30℃	材料入库储存,现场储罐刷白

(1)混凝土温控标准

①混凝土浇筑温度控制:高温季节(月平均温度≥25℃)浇筑温度不高于28℃,常温季节(月平均温度18~25℃)浇筑温度不高于23℃,低温季节(月平均温度≤18℃)浇筑温度不高于20℃;

②最高温度控制:高温季节沉管内部最高温度不高于70℃,常温和低温季节沉管内部最高温度不高于65℃;

③混凝土温差控制:混凝土最大内表温差不大于25℃,混凝土表面与环境温差不大于15℃,养护水与混凝土表面温差不大于15℃;

④降温速率控制:拆模后不大于3℃/d。

(2)养护标准

混凝土养护包括湿度和温度两个方面。根据季节不同采取保温和散热的综合措施,保证混凝土内表温差及气温与混凝土表面的温差在控制范围内。

①浇筑完后所有裸露面覆盖土工布保温,并保持湿润;

②拆模后进入养护棚喷雾养护,养护区相对湿度控制在85%以上;

③预制沉管拆模后湿养护时间不少于14d。

3)温控措施

根据仿真分析提出的温控标准,结合前期研究和综合比选,设计施工预制阶段浇筑温度、混凝土温升和内表温差的具体控制措施。这些具体措施按照目的又分为温度控制方案和养护方案两大类。

（1）原材料温度控制

根据预制沉管的温控标准，研究提出水泥、粉煤灰、矿粉、集料等原材料的温度控制推荐指标和措施。

①粉料温度控制主要控制目标：水泥温度≤55℃，粉煤灰温度≤45℃，矿粉温度≤45℃。

a. 严格按照合同要求控制粉料的出厂温度，进场粉料试验室进行检测符合要求后才能上料。

b. 设置中间储存转运仓，延长粉料降温时间，符合浇筑混凝土控制温度后才能倒运至搅拌站。必须严格控制粉料转运程序，禁止粉料直接入搅拌站。

c. 搅拌站罐体及中间仓刷白处理，并在罐体周围设喷水系统，安装可调角度喷嘴喷淋，避免阳光直照罐体温升。

②集料温度控制主要控制目标：集料温度≤30℃。

a. 设置砂石料料棚，防止阳光直晒。

b. 在料棚顶设喷水雾系统，降低料棚内环境温度；沿料场顶棚牵拉钢丝绳，安装喷雾供水设备，进行双向高压喷嘴进行喷雾。该系统根据厂房自然结构划分为四个喷雾区域（四个料场），不同区域间通过闸阀进行独立控制，用一台高压喷雾设备总体控制（图8.1-98）。

图8.1-98　喷雾总体布置

c. 在砂石料上料斜皮带廊道和称量仓底部通冷风，控制砂石料在上料过程中的温升（图8.1-99）。

d. 加强储料管理。理论上整个料棚内砂堆场：$38m \times 40m \times 3m \times 1.8t/m^3 = 8208t$；碎石（大）堆场：$2 \times 20m \times 40m \times 3m \times 1.5t/m^3 = 7200t$；碎石（小）堆场：$18m \times 40m \times 3m \times 1.5t/m^3 = 3240t$。能够满足2.8个节段的混凝土浇筑需求。

图 8.1-99　上料皮带温控

料棚内必须堆存 2 个以上管段混凝土砂石料,并保证堆存时间 3d 以上,以充分进行热交换,禁止采用刚到的砂石料或直接采用外场暴晒的砂石料浇筑混凝土。

(2)浇筑温度控制

降低混凝土的浇筑温度对控制混凝土裂缝非常重要。相同混凝土,浇筑温度高的温升值要比浇筑温度低的大许多。浇筑温度控制以原材料温度控制为重点,以片冰和制冷水拌和混凝土为保证。

按照热平衡原理估算浇筑温度,反推制冷水和片冰的需求。制冷水全年需要,加冰量依据环境温度和浇筑温度要求变化,估算高温季节加冰量 $30 \sim 60 kg/m^3$,常温季节加冰量 $10 \sim 40 kg/m^3$,低温季节加冰量 $0 \sim 25 kg/m^3$,每月根据月平均温度预估加冰量,用以指定生产供应计划。

每次浇筑前,制冷水水温控制在 5℃,浇筑前提前制取存于地下保温水池;片冰温度控制在 -5℃,提前 1d 制冰储存与冰库,冰库温度保持在 -8℃,防止片冰局部融化结团。片冰厚度在 2mm 左右,搅拌时能快速融化,片冰与集料混合搅拌,提高冷却效率。

1kg 片冰融化为水,大约需要吸收 335kJ 热量,考虑到搅拌过程中的冷量损失,根据工程经验,每加入 10kg 的冰至少可使新拌混凝土降低 1℃,因此要满足 24℃ 的出机温度,必须保证用冰量和设备完好,这是控制混凝土的关键和风险。

为了保证加冰量和设备的完好,主要从措施上和设备配件备用上进行考虑。首先,在混凝土浇筑前进行预制冰约 $2 \times 70t = 140t$ 措施保证。其次,从设备配件进行保障:①每个制冰站分为 4 台冰机,其制冰能力为 3t/h,可达到 3 用 1 备;②冰库扒冰系统、空调系统进行配用;③水平及竖向输送螺旋每台搅拌机单独配置,可以互换,并备用易损件,能够满足搅拌机 3 用 1 备需求。

(3)水化热温升控制

混凝土水化热温升与胶凝材料总量和水化放热速度有关。因此,水化热温升的控制需要注意以下几个方面:

①严格控制混凝土配合比,加强混凝土用水量和砂、石含水率的控制,现场不得随意增加胶材用量。

②防止运输过程混凝土温度上升。

a. 运输罐车。

在罐体外加吸水帆布,并在过程中淋水,以降低罐体阳光照射下的温升(图8.1-100)。

图8.1-100　罐车包裹

b. 混凝土输送拖泵。

混凝土输送拖泵集中布置,在顶部设置遮雨遮阳棚,向遮阳棚顶面洒水降温(图8.1-101)。

图8.1-101　拖泵遮阳

c. 混凝土输送泵管。

室外泵管定位固定,采用定型加工吸水海绵包裹,防止阳光暴晒;施工过程中向泵管包裹材料淋水,降低混凝土输送摩擦温升(图8.1-102)。

③控制施工环境温湿度。利用仓面喷雾来控制浇筑区环境温度;脱模前混凝土采用

土工布覆盖,24h 洒水养护脱模后采用养护棚+喷淋系统恒湿养护(图 8.1-103)。

图 8.1-102　泵管包裹

图 8.1-103　喷雾养护

8.1.5.2　监测与分析

1) 监测系统布置

(1) 传感器

足尺模型试验采用了温度、湿度、应变、压力、风速共五种类型的传感器(表 8.1-30)。

试验用传感器　　　　　　　　　　表 8.1-30

序号	传 感 器		参　　　数
1	温度		型号:DS18B20 数字型 精度:±0.5℃ 范围:−55~+125℃
2	温湿度		相对湿度:0%~100%,±3% 温度:−20~80℃,±0.5℃
3	应变		型号:DI-25 混凝土应变计,WYL-25 无应力计 范围:拉伸 600με,压缩−1000με 分辨力:≤0.1%F·S
4	压力		型号:TJ-29 范围:0~0.4MPa 分辨力:≤0.02%F·S
5	风速		型号:AR816 风速:0~30m/s,±5% 温度:−10~45℃,±2℃

(2)测点布置

①小尺寸模型。

小尺寸模型分方块和 L 型两种,混凝土内部温度测点布置见图 8.1-104。

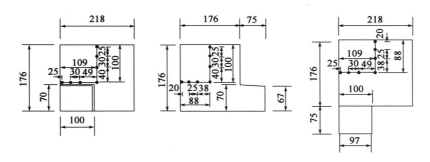

图 8.1-104　小尺寸模型测温点布置(尺寸单位:cm)

注:1. 图中圆点为温度测点布设位置,共有 10 个。
　　2. 每个点可布设不同类型测温传感器进行比较。
　　3. 传感器采取钢筋固定和保护,防止浇筑过程中损坏。

②足尺模型。

依据足尺模型温度应力仿真结果,在混凝土内部温度最高、变化最快、温差最大以及应力最集中的位置布置温度、应变测点。按照空间方位设置 10 条测温点布置线,布设 96 个测温点监测混凝土温度场变化及环境温湿度变化(图 8.1-105)。

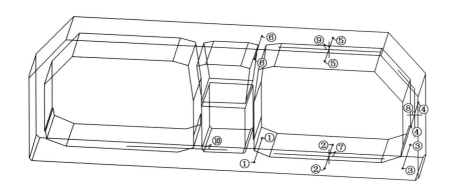

图 8.1-105　足尺模型测温点布置

根据足尺模型内部应力分布,布置 2 处应变测试区,布设混凝土应变计和无应力计(图 8.1-106)。

③首件沉管。

首件沉管 E1、E2 每个管段均进行温度监控,测点布置见图 8.1-107。

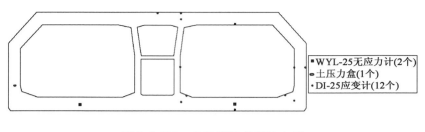

图 8.1-106　足尺模型应变计布置

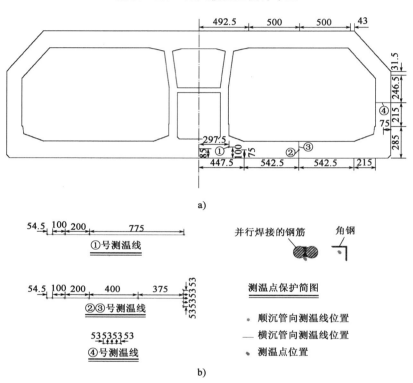

图 8.1-107　管节测温点布置（尺寸单位：cm）

注：1. 在足尺试验节段中布设 4 条测温线，每条测温线设 5 个测点，此外有 1 个环境温度测点、1 个水温测点、1 个混凝土温度测点，单个节段共布设测温点 20 个。

2. 传感器布设必须采取保护措施，避免混凝土直接冲击和振捣造成损坏，可采用两根并行焊接的钢筋或角钢，温度传感器置于钢筋或角钢的下方。

2）监测结果与分析

(1) 测温结果

①小尺寸模型。

四件小尺寸模型混凝土分别在夏季、秋季以及冬季进行浇筑，分别代表了沉管混凝土施工的高温季节、常温季节以及低温季节,具体的温度监测结果如表8.1-31所示。

小尺寸混凝土温度监测结果　　　　表8.1-31

小尺寸模型试验编号	第一次		第二次		第三次		第四次	
	温度指标	出现时间	温度指标	出现时间	温度指标	出现时间	温度指标	出现时间
环境温度	34~36℃	—	24~32℃	—	23~27℃	—	15~17℃	—
浇筑温度	35.3℃	—	33.0℃	—	26.0℃	—	17.3℃	—
最高温度	70.4℃	28h	65.7℃	34h	64.8℃	42h	53.7℃	52h
最大温升	35.1℃	—	32.7℃	—	38.8℃	—	36.4℃	—
最大温差	20.5℃	20h	20.0℃	60h	21.2℃	44h	23.3℃	52h
最大降温速率	14℃/d	46~70h	13.6℃/d	76~78h	5.9℃/d	55~75h	2.9℃/d	50~75h

在高温季节,未采取原材料降温及加入碎冰搅拌,混凝土浇筑温度达35.3℃,内部最高温度达70.4℃,随着环境温度降低,混凝土的浇筑温度及内部最高温度也随之降低。第一次及第二次小尺寸模型试验未采取任何保温养护措施,降温阶段最大内外温差均不低于20℃,最大降温速率达10℃/d以上。第三次及第四次小尺寸模型试验,混凝土拆模后采取土工布包裹保温,虽然内外温差仍大于20℃,但最大降温速率明显降低,其中第四次采取双层土工布包裹养护的降温速率降低至2.9℃/d。

在第二次小尺寸模型试验中,进行了碎冰拌和降温试验,由于现场保温条件较差,碎冰融化较多,每方混凝土加60kg碎冰,浇筑温度大约降低4~6℃,比实际生产片冰拌和冷量利用率低,因现场施工环境条件差异大,小尺寸模型的温度数据仅具有参考价值。

②足尺模型。

S1节段足尺模型混凝土浇筑时,白天气温在13~14℃左右,夜间气温在10~11℃左右,风速4~5m/s,混凝土出机温度为19.2~20.7℃,浇筑温度为15.0~16.0℃,混凝土出机温度、浇筑温度和环境温度曲线如图8.1-108所示。由于混凝土输送采用皮带机输送系统,摊薄直接暴露在大气环境中,混凝土从出机到入模输送时间大约为2min,导致混凝土在输送途中与大气进行充分的热量交换,混凝土入模温度比出机温度低4℃左右。

各部位温度指标汇总见表8.1-32,除降温速率和顶板内表温差外均符合预设试验目标。

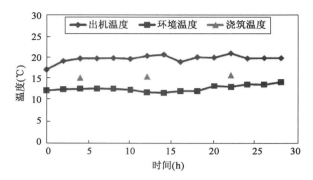

图 8.1-108　混凝土出机温度、浇筑温度和环境温度关系

足尺模型试验混凝土温度指标　　　　　　　表 8.1-32

结构部位	环境温度（℃）	浇筑温度（℃）	升温幅度（℃）	最高温度（℃）	对应表面温度（℃）	最大内表温差（℃）	温峰出现时间（h）	最大内表温差出现时间（h）	降温速率（℃/d）
底板	12.6	16.9	37.4	54.3	37.3	17.0	51	51	5.8
侧墙	12.1	16.3	34.8	51.1	30.9	20.2	56	56	4.7
顶板	13.3	16.6	36.3	52.9	35.0	23.4	59	81	7.7

仿真计算浇筑温度 20℃，最高温度 56.9℃，出现在底板，升温幅度 36.9℃，出现时间为 52h，与实测结果吻合较好，说明仿真温度计算参数取值已经非常贴近工程实际情况，如图 8.1-109 所示。

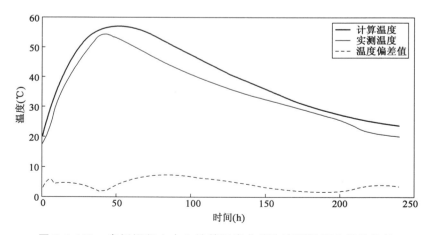

图 8.1-109　底板混凝土中心计算温度曲线和实测温度曲线的比较

在 S2 节段足尺模型试验中，验证了不同加冰量对混凝土出机温度的影响，如表 8.1-33 所示。单方加冰量对混凝土出机温度影响明显。单方加入 60kg 冰时混凝土出机温度在

20℃左右,单方加入 25kg 冰时混凝土出机温度为 23~25℃,受环境气温和原材料温度的影响,不加冰导致混凝土出机温度较高,达到 27~28.1℃。

混凝土出机温度、浇筑温度和环境温度关系　　　　　表 8.1-33

监测日期	监测时间	环境温度（℃）	出机温度（℃）	浇筑温度（℃）	加冰量（kg/m³）
4月29日	13:30	29.0	23.6	26.0	30
	16:30	27.1	20.4	23.6	60
	19:50	26.5	23.6	25.6	25
	23:05	26.7	27.3	28.1	0
4月30日	1:10	25.5	27.9	29.4	0
	3:00	25.5	28.1	—	0
	5:00	25.4	28.1	—	0
	7:00	25.4	24.9	26.5	25

足尺模型 S2 节段底板混凝土温度于 5 月 1 日 8:00 在达到峰值后开始缓慢降温,底板混凝土出现温峰历时 41h;侧墙混凝土于 5 月 1 日 17:00 出现最高温度 69.5℃,历时 42h;5 月 2 日 10:00 顶板混凝土出现最高温度为 67.8℃,温峰出现历时 50h。受气温和原材料温度的影响,足尺模型试验 S2 节段的混凝土各项温度指标均比 S1 节段要高。S2 节段混凝土的最高温度达到 69.8℃,接近控制值(≤70℃),底板和侧墙的混凝土最大内表温差均超过了 20℃,但未超过 25℃(表 8.1-34)。

足尺模型试验 S1 节段和 S2 节段混凝土温度结果对比　　　　　表 8.1-34

结构部位		环境温度（℃）	浇筑温度（℃）	升温幅度（℃）	最高温度（℃）	温峰出现时表面温度（℃）	最大内表温差（℃）	温峰出现时间（h）	降温速率（℃/d）
S2	底板	27.8	26.5	43.3	69.8	49.0	20.8	41	3~5
	侧墙	27.6	26.6	42.9	69.5	44.2	24.3	42	4~6
	顶板	27.8	24.2	43.6	67.8	50.1	17.7	50	3~5.5
S1	底板	12.6	16.9	37.4	54.3	37.3	17.0	51	5.8
	侧墙	12.1	16.3	34.8	51.1	30.9	20.2	56	4.7
	顶板	13.3	16.6	36.3	52.9	35.0	23.4	59	7.7

③E1、E2 首件沉管。

E1、E2 管节各管段温度汇总情况见表 8.1-35。

首件管节温度情况汇总　　　　表 8.1-35

部位	E1-S5	E1-S4	E1-S3	E1-S2	E1-S1	E2-S5	E2-S4	E2-S3	E2-S2	E2-S1
日期	8.9	9.2	9.16	10.2	10.20	8.5	8.29	9.13	9.27	10.18
历时(h)	47	41	37	35	37	51	46	33	35	31
环境温度（℃）	30.0	28.8	27.4	27.0	26.1	30.3	29.8	27.7	26.5	25.3
加冰量（kg）	60	60	60	60	60	60	60	60	60	60
浇筑温度（℃）	25.7	25.1	22.6	23.0	22.3	26.0	25.9	25.1	24.7	22.5
最高温度（℃）	68.8	68.5	66.9	68.1	64.1	70.0	70.4	69.7	71.9	67.1
温峰时间（h）	50	51	56	46	49	50	47	42	42	51
内表温差（℃）	23.9	24.8	25.0	21.9	18.8	24.4	18.4	25.0	26.5	23.0

从表 8.1-35 中可以看出，随着施工工艺的熟练，浇筑进度在逐渐加快，浇筑时间也越来越短。综合以上数据，E2 最高温度普遍要高于 E1，可能由于 E2 的入模温度普遍高于 E1，同时与施工工艺也有一定关系。

从测点被覆盖开始，由于浇筑温度低于环境温度，因此所测温度有一个下降的过程。浇筑温度较低抑制了水化热反应速度，前期升温较慢。随着时间的推移，温度持续上升，水化热反应速度加快，温度呈快速上升趋势。各测点持续到达温峰，E2 管节温峰最高为 71.9℃，E1 管节最高为 68.8℃，同时都出现在行车道板中间位置。虽然浇筑温度都满足温控要求，但还是存在超标情况，因此浇筑温度应该在满足施工条件的情况下尽量低于温控标准，以防止混凝土温峰过高，对混凝土控裂造成不利影响。温峰过后，混凝土呈自然散热状态，表面点由于散热较快，迅速拉大了内表温差，内表温差在此时继续增大。E2 管节最大内表温差为 26.5℃，E1 管节最大内表温差为 25.0℃。

8.2 离岸特长沉管隧道管节结构防火模型试验技术

8.2.1 离岸特长沉管隧道管节接头温度分布试验

试验主要研究在 RABT 升温曲线下,沉管隧道管节接头的耐火保护方案。主要通过测量管节接头钢剪力键处、止水带处温度,考察不同耐火保护材料及其不同安装方案下耐火保护效果。具体开展的试验工况如表 8.2-1 所示。

管节接头耐火保护试验工况　　　　　表 8.2-1

序号	升温曲线	测试时间 (min)	防火材料	保护方案	备注
1	RABT	50	玻镁防火板+硅酸铝耐火棉	防火隔断+底层防火板(不与防火隔断铆固)	具体安装见管节接头耐火保护方案一
2	RABT	120	玻镁防火板+硅酸铝耐火棉	防火隔断+底层防火板(与防火隔断铆固)	具体安装见管节接头耐火保护方案二
3	RABT	120	保全防火板+硅酸铝耐火棉	防火隔断+底层防火板(与防火隔断铆固)	具体安装见管节接头耐火保护方案三

1)管节接头构件制作

管节接头构件共制作 2 块,构件外部尺寸 1.7m×1.7m×1.35m(长、宽、高),内腔尺寸 1.7m×0.9m×0.9m(长、宽、高)(图 8.2-1)。

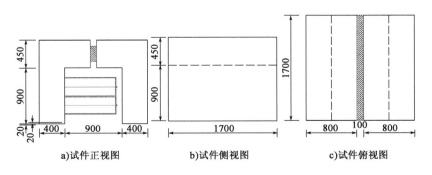

图 8.2-1　管节接头构件设计图（尺寸单位:mm）

2)管节接头耐火保护方案及安装

由于管节接头处止水带材质为橡胶,容许最高使用温度仅70～100℃。为保证沉管隧道在运营过程中,尤其是发生火灾的情况下,整体结构安全,须对管节接头构件进行重点防火设计。本试验针对管节接头构件耐火保护的总体思路为"接头防火隔断+底部防火板",如图8.2-2所示。

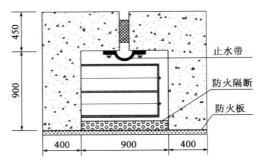

图8.2-2 管节接头构架总体防火方案（尺寸单位:mm）

为了比选出最合适的耐火保护方案,本试验共设计三种细化方案进行测试比较。

(1)方案一:防火隔断(轻钢龙骨+防火板+耐火棉+防火板)+底层防火板(与防火隔断不铆固)。

图8.2-3给出了管节接头耐火保护方案一示意图。防火隔断从上到下依次由3cm玻镁防火板、2cm硅酸铝耐火棉、1cm玻镁防火板构成,并通过连接螺栓固定在轻钢龙骨上。底面防火板为2cm后玻镁防火板,通过膨胀螺栓固定在接头两侧管节主体结构上。图8.2-4给出了保护方案一的安装过程。

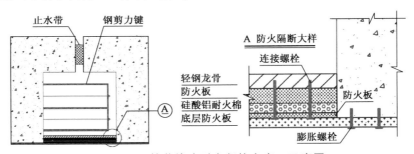

图8.2-3 管节接头耐火保护方案一示意图

(2)方案二:防火隔断(轻钢龙骨+防火板+耐火棉+防火板)+底层防火板(与防火隔断铆固)。

管节接头耐火保护方案二示意图如图8.2-5所示。本方案防火隔断与底层防火板构成方法同保护方案一。不同之处在于本方案采用螺栓将底层防火板与防火隔断铆固为一体。图8.2-6给出了管节接头耐火保护方案二中底层防火板与防火隔断的铆固效果。

图 8.2-4　管节接头耐火保护方案一安装过程

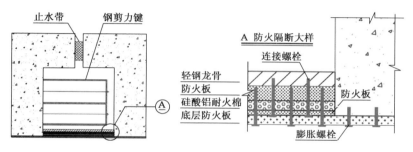

图 8.2-5　管节接头耐火保护方案二示意图

图 8.2-6　管节接头耐火保护方案二安装

(3)方案三:防火隔断(耐火棉+不锈钢龙骨+防火板)+底层防火板(与防火隔断铆固)。

管节接头耐火保护方案如图 8.2-7 所示,本方案总结了前两种方案的经验,对原方案进行了优化。两项主要改进为:

①采用了强度更高且耐腐蚀的不锈方钢龙骨;

②在龙骨两侧加装了防火板和固定钢板,增强了龙骨的固定强度,同时较好保护接头侧壁,防止高温烟气窜流。

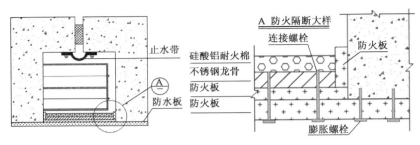

图 8.2-7　管节接头耐火保护方案三示意图

图 8.2-8 给出了管节接头耐火保护方案三安装过程。

图 8.2-8　管节接头耐火保护方案三安装过程

3）温度测点布置

本试验每个构件共布置 17 支测温热电偶,主要布设在止水带内外、钢剪力键处、防火隔断以及底层防火板之后,具体布设位置见图 8.2-9。

4）试验结果分析

(1) 工况一:耐火保护方案一(底层防火板不与防火隔断铆固)

本次试验中,底层防火板并未与防火隔断进行铆固,仅靠膨胀螺栓固定在接头两侧的管节主体结构上。

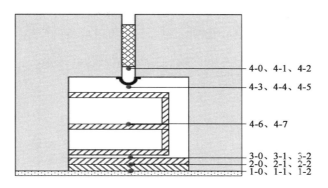

图 8.2-9　管节接头耐火保护试验温度测点布置

在试验点火 50min 后,就发现底层防火板之后测点温度超过 380℃,并很快显示读数异常。试验后吊装试件出炉,发现外层防火板烧穿,内层防火隔断的外层也损坏严重,如图 8.2-10 所示。

图 8.2-10　管节接头构件耐火保护方案一试验结果

图 8.2-11、图 8.2-12 分别给出了在保护方案一下,管节接头内层防火隔断处,以及 OMEGA 止水带处温度随时间变化情况。

从图 8.2-11、图 8.2-12 可看出,在 40~50min 时,外层防火板与内层防火隔断之间的测点 1-0、1-1、1-2 温度急剧上升,最高温度达到 1000℃,推测此时底层防火板已被烧坏,失去保护作用。为保证试验安全,试验操作人员及时终止试验,此时接头 OMEGA 止水条内/外侧温度均未超过 50℃。

原因分析:从图 8.2-11 所示的防火板破坏形态看,破坏首先发生在设置防火隔断的内腔处,底层防火板从中心开始烧穿,周边防火板未烧坏,状况较好,同时内腔温度较正常。分析其原因有以下两点:

①在接头内腔处,存在 90cm 的跨度,而底层防火板并未与防火隔断同时铆固在轻钢

龙骨上,导致接头附近底层防火板刚度不一致;

②炉子内部为喷嘴喷射明火加载,高温气流的反复冲击作用(与实际火灾现场火焰冲击类似)对接头空腔位置形成动力冲击,导致底层防火板首先开始损坏。

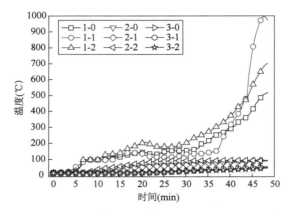

图 8.2-11　管节接头构件内层防火隔断各测点温度

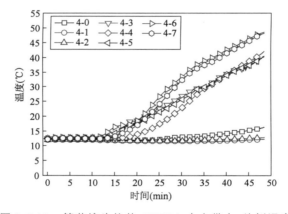

图 8.2-12　管节接头构件 OMEGA 止水带内/外侧温度

(2)工况二:耐火保护方案二(底层防火板与防火隔断铆固)

总结保护方案一试验经验,保护方案二采用螺栓将底层防火板与接头内腔处防火隔断铆固在一起,同时加强了防火隔断与接头内腔壁面密封,防止高温烟气从壁侧窜流。

经过 120min 高温灼烧之后,底层防火板已基本烧酥,剥开底层防火板之后,内侧防火隔断外观基本保持完好,仅被熏黑,如图 8.2-13 所示。

图 8.2-14 为在底层防火板与内侧防火隔断铆固在一起的情况下,内层防火隔断各点温度。从图中可以发现,布设于底层防火板与内侧防火隔断之间测点 1-0、1-1、1-2 温度相对较高,但也未超过 220℃;防火隔断中间层的测点 2-0、2-1、2-2 温度相对较低,未超过 100℃;防火隔断内侧测点 3-1、3-1、3-2 温度最低,未超过 80℃。综合来看,采用此

种保护方案下,底层防火板内侧温度均为超过380℃。但同时也应该看到,底层防火板与内侧防火隔断之间测点1-0、1-1、1-2在105min之后,温度快速攀升,可推测此时已基本达到底层防火板的耐火极限。

图8.2-13 管节接头内侧防火隔断烧坏

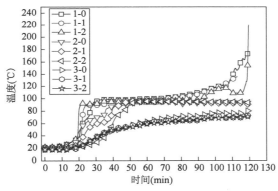

图8.2-14 管节接头构件防火隔断处各层温度

图8.2-15给出了OMEGA止水带内/外侧温度及钢剪力键处温度变化情况。可以发现,OMEGA止水带外侧测点4-3、4-4最高温度为72.3℃,内侧测点4-0、4-1、4-2最高温度低于49℃。即止水带内外侧温度均处于OMEGA止水带的正常工作温度范围内。本次试验成功实现了从外部火焰温度1200℃到内部正常工作温度70~100℃的转变,说明采用"2cm底面防火板+防火隔断(3cm玻镁防火板+2cm硅酸铝耐火棉+1cm玻镁防火板)"的构造,并将防火隔断作为整体与内部龙骨铆固的保护方案是成功的。

试验结果表明,在实际工程中,接头处的防火板安装一定要做好额外的支护,确保在火灾发生时,火焰冲击力不会对其产生影响。

(3)工况三:耐火保护方案三(更换龙骨,加强铆固强度)

本方案总结了前两种方案的经验,对原方案进行了优化。主要有以下两项改进:

①采用了强度更高同时耐腐蚀的不锈方钢龙骨；

②在龙骨两侧加装了防火板和固定钢板，增强了龙骨的固定强度，同时较好保护接头侧壁，防止高温烟气窜流。

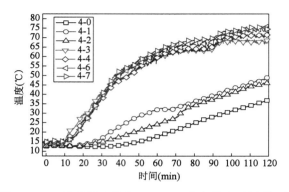

图 8.2-15　管节接头构件 OMEGA 止水带内/外侧温度

保护方案三具体为：防火隔断为 30mm 耐火棉 + 不锈钢方钢龙骨 + 27.5cm 单层保全防火板，底层防火板为 27.5mm 单层保全防火板，底层防火板与防火隔断通过螺栓同时铆固在不锈钢龙骨上。

将采用方案三进行保护的管节接头构件置于高温试验炉内，在 RABT 升温曲线下进行试验 120min，试验结果如图 8.2-16 所示。从图中看出，各测点温度随时间变化不断上升，其中底层防火板后测点上升速度最快。在整个试验过程中，底层防火板后测点最高温度为 371.5℃，防火隔断之后测点最高温度 85.5℃，止水带外侧最高温度 59℃，止水带内侧最高温度 42.5℃。保证了在给定的火灾持续时间之内，OMEGA 止水带始终保持在正常工作范围之内，实现了管节接头耐火保护目标。

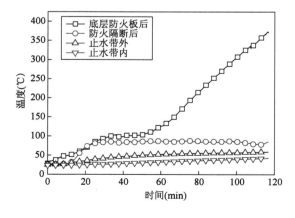

图 8.2-16　方案三保护下接头构件各处测点温度

8.2.2 离岸特长沉管隧道节段接头温度分布试验

1)试验工况

节段接头耐火保护方案总体设计思路同样按照"防火隔断+底层防火板"的思路。本节试验主要研究该耐火保护方案对节段接头的保护效果,同时本节还对比分析长期处于潮湿环境对耐火保护效果的影响。主要开展试验工况见表8.2-2。

节段接头耐火保护试验工况 表8.2-2

序号	升温曲线	测试时间(min)	防火材料	保护方案	暴露环境	备注
1	RABT	120	玻镁防火板+硅酸铝耐火棉	防火隔断+底层防火板	潮湿环境	
2	RABT	120	玻镁防火板+硅酸铝耐火棉	防火隔断+底层防火板	正常环境	

2)节段接头构件制作

节段接头构件共制作2块,构件外部尺寸1.7m×1.7m×0.7m(长、宽、高),内腔尺寸1.7m×0.5m×0.2m(长、宽、高)(图8.2-17)。

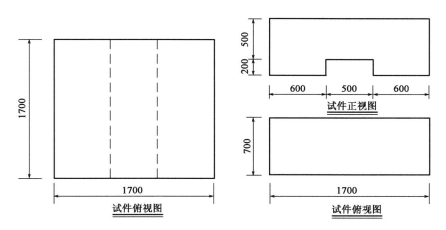

图8.2-17 节段接头构件设计图(尺寸单位:mm)

3)节段接头耐火保护方案及安装

本试验节段接头采用"防火隔断+底层防火板"保护方案。防火隔断由"龙骨+3cm玻镁防火板+2cm硅酸铝耐火棉+1cm玻镁防火板"构成,底层防火板为2层1cm厚玻镁防火板,同时利用螺栓将底层防火板与防火隔断铆固在龙骨上。具体安装方式如图8.2-18~图8.2-20所示。

4)温度测点布置

本节节段接头耐火保护试验温度测点布置方案如图8.2-21、图8.2-22所示。

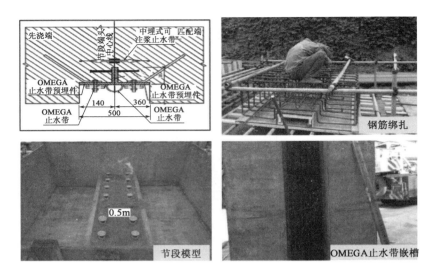

图 8.2-18　节段接头试验构件安装过程

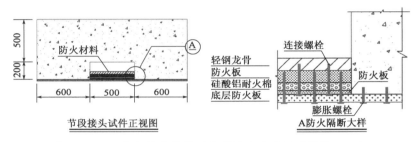

图 8.2-19　节段接头构件耐火保护方案（尺寸单位：mm）

图 8.2-20　节段接头耐火保护安装

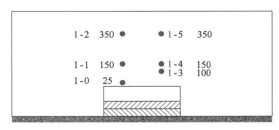

图 8.2-21　节段接头结构内温度测点布置

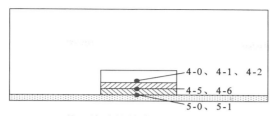

图 8.2-22 节段接头构件防火隔断处温度测点布置

5）试验结果分析

（1）工况一：节段接头暴露在雨季潮湿环境

本工况所用的编号为 8 的节段接头试件于 2012 年 8 月制作完成，外层防火板、内层防火隔断均按照设计方案安装到位，于 2012 年 11 月 27 日开始进行耐火试验。在此 3 个月期间，试验所在地重庆地区多次下雨，将 8 号试件安放在室外，尽管有雨布遮挡，但仍受到雨季潮气与少量地面溅水侵蚀。

高温试验之后，接头构件底层双层防火板被烧穿，内层防火隔断被烧坏，而位于接头内的 OMEGA 止水带被完全烧毁，同时接头构件部分混凝土结构爆裂（图 8.2-23）。

图 8.2-23 节段接头暴露于潮湿环境后高温试验结果

试验过程中，防火隔断处温度变化情况如图 8.2-24 所示。分析各温度曲线变化规律，可推测本工况节段接头构件烧毁过程如下：

①第一阶段，作为第一道防线的底层防火板首先被破坏，导致 40min 时外层防火板背后的温度传感器 5-0、5-1 温度急剧升温，短短 10min 的时间由 500℃ 急剧升温至 1100℃。

②第二阶段，内层防火隔断的第一层在约 70min 时烧毁，其背后温度传感器 4-5、4-6 温度急剧升温，15～20min 的时间由 200℃ 急剧升温至 1100℃ 以上。

③第三阶段，在 120min 左右时，内层防火隔断全部被烧毁，导致其背后温度传感器 4-0、4-1、4-2 温度急剧升温。在此阶段，OMEGA 止水带被焚烧殆尽。

（2）工况二：节段接头暴露在正常环境

本工况更换了全新的玻镁防火板材，仍然按照"防火隔断（龙骨 +3cm 玻镁防火板 +

2cm 硅酸铝耐火棉+1cm 玻镁防火板)+底层防火板(2cm 玻镁防火板)"方案进行耐火保护。安装及存放过程,保持该试验构件暴露在正常环境。在 RABT 曲线下,经过 120min 高温试验,试验结果如图 8.2-25、图 8.2-26 所示。

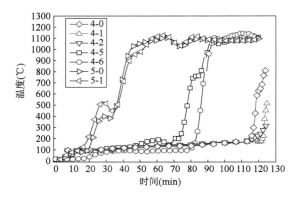

图 8.2-24　节段接头构件防火隔断测点温度变化

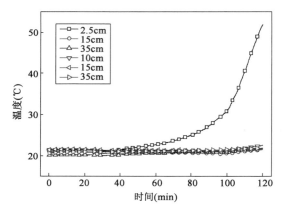

图 8.2-25　试验构件结构内部各测点温度变化

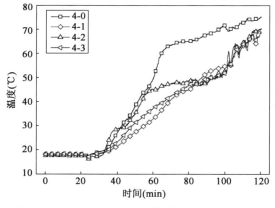

图 8.2-26　OMEGA 止水带附近测点温度变化

8.2.3 足尺沉管试验隧道防火灾综合试验

1) 足尺沉管试验隧道简介

试验隧道按照港珠澳大桥海底沉管隧道断面尺寸 1∶1 等比例建造,位于福建省漳州招商局经济开发区内,由隧道主体与辅助风道组成,其中隧道主体长约 150m,内宽 14.55m,内净高 7.1m,为钢筋混凝土结构,隧道侧壁上部设置排烟风道,排烟风道长 150m,面积 6.6m^2。烟道侧面开设 6 组(每组排烟口包括四个 1m×2m 的排烟口)排烟口,3 处逃生门。

本试验隧道为目前世界上断面最大的沉管试验隧道,配置有隧道通风系统、排烟系统、照明系统、报警系统、消防系统、监控系统等机电设施,可开展隧道通风排烟、照明、消防、火灾报警、火灾场景、人员疏散等大量研究性和工程应用性试验(图 8.2-27)。

图 8.2-27　1∶1 足尺沉管试验隧道

2) 试验工况

足尺沉管隧道火灾试验中,与本研究有关的代表性工况如表 8.2-3 所示。其中,热释放率最小为 5MW,最大为 40MW。40MW 的火灾试验是为了验证大功率火灾对隧道防火设计的有效性。充当火源的材料包括 93 号汽油、木垛、0 号柴油,并且为了测试真实火灾场景,试验中燃烧了两辆实体车,包括一辆小汽车、一辆中巴车,通过两次实体车试验功率标定,燃烧小汽车时热释放率约为 5MW,燃烧中巴车时热释放率约为 15MW。

试 验 工 况　　　　表 8.2-3

序号	试验工况		火源位置
1	5MW	木垛	中部中间车道
2		93 号汽油	中部中间车道
3		0 号柴油	中部中间车道
4		小汽车	中部中间车道

续上表

序号	试验工况		火源位置
5	10MW	93号汽油	中部中间车道
6	15MW	中巴车	中部中间车道
7	20MW	木垛	中部中间车道
8	40MW	93号汽油	中部中间车道

3) 监测断面及测点布置

沿隧道纵向共设置9个监测断面,断面编号分别为A1～A9。各断面位置及间距如图8.2-28所示,A6断面位于隧道正中央,为火源断面。每个断面设置6根纵向热电偶束,以测试整个断面温度分布。每根热电偶束上有6个热电偶,间距为1m,高度分别为1.6m、2.6m、3.6m、4.6m、5.6m、6.6m,共315个热电偶。所有热电偶均通过多通道温度采集模块与中控室连接,其线路用防火布包裹以防线烧坏。

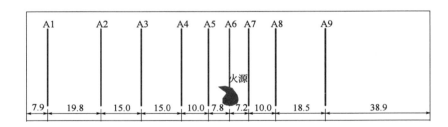

图8.2-28 试验隧道监测断面布置示意图(尺寸单位:m)

系统共采集了491个位置的温度信息,其中试验隧道结构中135个点,隧道横断面330个点,排烟口24个点,排烟通道中2个点。

A6断面是火源位置,沿火源三面布置空气温度测点,火源位置设置电子地秤,其温度传感器布置如图8.2-29所示。

A1～A5及A7～A9监测断面空气温度测点布设情况如图8.2-30所示。

4) 试验结果分析

(1) 最高温度变化过程

为了反映试验沉管隧道内点火燃烧时最高温度随时间的变化关系,现选取A6断面,即火源处断面来分析温度变化过程,由于隧道内环境及通风风速的影响,最高温度有可能不出现在A6断面,但基本位于A6断面附件,因此A6断面最高温度的变化过程也能反映真实燃烧情景,随着燃烧过程的持续,可燃物在慢慢减少,试验中大多燃烧时间为十几分钟,为了展现隧道内的升温过程,选取了 5min 内的试验结果来分析。图 8.2-31 给出了火源材料为燃料而非实体车情况下 A6 断面的最高温度变化过程。

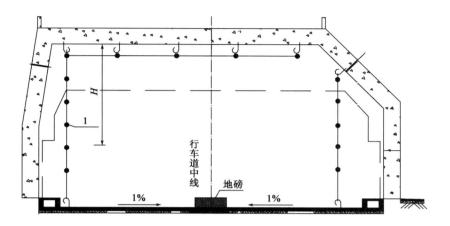

图 8.2-29　A6 断面空气温度测点布置示意图

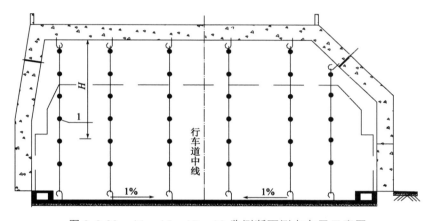

图 8.2-30　A1～A5、A7～A9 监测断面测点布置示意图

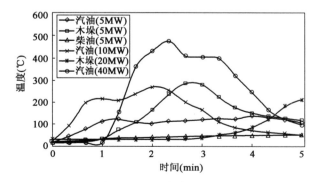

图 8.2-31　A6 断面最高温度变化过程(非实体车)

从图 8.2-31 中可以看出,各工况下温度升高都非常快,大部分在 5min 内已经达到

了最高温度,其中功率为 40MW 的汽油燃烧最高温度为 477℃,并且随着燃料的持续燃烧,可供燃烧物在持续减少,在 5min 内已经开始出现了降温阶段。对于汽油燃料来说,对比不同燃烧功率后发现,随着功率的增大,相应产生的最高温度也升高了。

为考虑燃烧物尺寸相对于隧道断面大小对温度的影响,试验中选取两辆实体车进行分析。图 8.2-32 给出了实体车情况下 A6 断面的最高温度变化过程。可以看出,实体车燃烧同样在 5min 内已经达到了最高温度,并且已经开始了降温,值得注意的是,实体车火灾试验中,由于点燃初期燃烧比较缓慢,会形成一个比较平缓的台阶,如图 8.2-32 中 0~1min 所示,而后,温度急剧升高,其中,中巴车在 A6 断面最高温度达到 507℃。

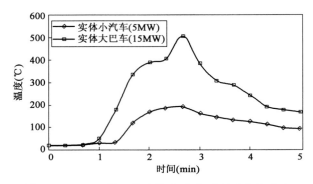

图 8.2-32　A6 断面最高温度变化过程(实体车)

综上分析可得,由于隧道内的空间相对封闭,与开敞空间火灾相比,隧道内发生火灾有个显著的特点是初始升温过程非常快,一般在 5min 内即可升高到最高温度。

(2)温度横向分布

为了反映隧道内温度的横向分布情况,选取近火源端 A6、A5 断面,远火源端 A2、A1 断面,图 8.2-33~图 8.2-38 给出了火源材料为非实体车燃烧时隧道内温度的横向分布情况。

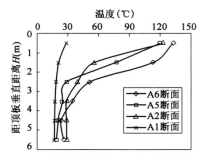
图 8.2-33　隧道温度横向分布(汽油 5MW)

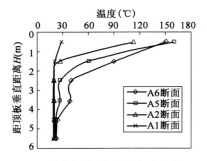
图 8.2-34　隧道温度横向分布(木垛 5MW)

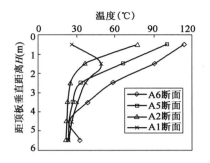
图 8.2-35　隧道温度横向分布（柴油 5MW）

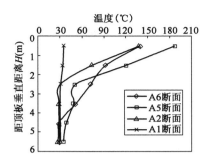
图 8.2-36　隧道温度横向分布（汽油 10MW）

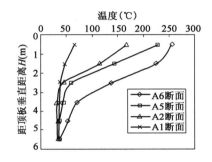
图 8.2-37　隧道温度横向分布（木垛 20MW）

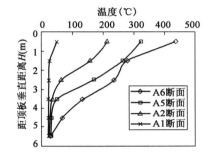
图 8.2-38　隧道温度横向分布（汽油 40MW）

从图 8.2-33～图 8.2-38 中可知，对于不同火源材料的火灾试验，断面上的横向分布规律为：

①顶板附近温度最高，路面附近温度最低。

②隧道横断面垂直方向，温度随着离顶板的距离增大而降低，大致呈线性关系。

③在距火源较近时（A6、A5），从顶板附近到距顶板 2.5m，温度大致按线性规律过渡；到距顶板 2.5m，温度均出现转折点。转折点以下部位也大致按线性规律过渡。

④随着火源功率增大，转折点趋于不明显，从顶板附近到路面附近均大致按线性规律过渡。

⑤在距火源较远时（A1 断面），从顶板附近到地面附近，温度过渡较平缓，无明显转折点，大致按线性规律过渡。

考虑到实体汽车的尺寸，给出了试验小汽车和试验中巴车燃烧时近火源端 A6、A5 断面，远火源端 A2、A1 断面上温度的分布情况。图 8.2-39 为试验小汽车燃烧时隧道内温度横向分布情况，图 8.2-40 为试验中巴车燃烧时隧道内温度横向分布情况。

从图 8.2-39、图 8.2-40 中可以看出，实体汽车燃烧时，隧道内温度的横向分布大致与其他火源材料燃烧时的温度分布趋势一致，此处不再赘述。

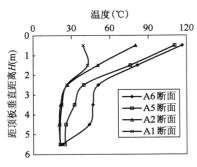 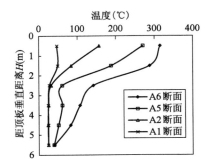

图 8.2-39　隧道温度横向分布（小汽车 5MW）　　图 8.2-40　隧道温度横向分布（中巴车 15MW）

综合以上分析可得，相比以往的研究而言，港珠澳大桥沉管隧道属于三车道特大断面隧道，隧道的断面尺寸与燃烧车辆横断面面积的比值较大，在断面上温度呈现上高下低的趋势，且火源功率越大，近火源端断面温度越趋于线性分布，而随着距离火源距离的增大，断面温度开始在距顶板 2.5m 位置出现拐点，随后温度趋于平缓，大致呈线性分布。在计算中，为简化计算，且在耐火设计选择相对安全保守的基础上，可以将断面上温度分布大致定义为线性分布。

(3) 温度纵向分布

为了反映隧道内温度的纵向分布情况，提取 A1～A9 断面的试验中距顶板最近测点的温度结果，图 8.2-41 给出了火源材料为非实体车燃烧时隧道内温度的纵向分布情况。

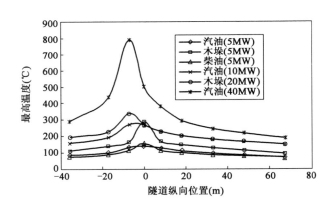

图 8.2-41　隧道温度纵向分布（非实体车）

从图 8.2-41 可以看出，有些工况最高温度出现在 A6 断面，有些工况最高温度出现在 A7 断面，出现在 A7 断面的原因是试验时隧道内有风，将火焰吹斜，致使最高温度出现在相邻断面。但是，温度纵向分布趋势大致一致，均是火源附近温度最高，远离火源后温度逐渐降低，且离火源 10m 范围温度降低较快，火源附近的温度梯度先增大后减小，最后纵向分布变得越来越平坦,从一定程度上反映了高温烟气的影响范围和火灾的蔓延程度。汽油(5MW)工况下,温度由 A6 断面 141.7℃降至 A1 断面 70.8℃;木垛(5MW)工况下,温度由 A6 断面 287.5℃降至 A1 断面 95.2℃;柴油(5MW)工况下,温度由 A6 断面 156.9℃降至 A1 断面 69.4℃。

通过对比分析不同燃料类型、不同火源功率火灾试验工况可知,同一种火源材料下,功率越高,其最高温度也就越高,高温烟气范围扩散的范围也越大。例如,汽油(5MW)最高温度为 141.7℃,当功率增大为汽油(40MW),最高温度也相应上升到 791.9℃,相应的高温烟气流扩散到 A1 断面时,温度由 70.8℃上升至 189.4℃;木垛(5MW)最高温度为 287.5℃,木垛(20MW)最高温度为 336.6℃,其最高温度也相应增加了 17.1%,相应的高温烟气流扩散到 A1 断面时,温度也相应增加了 59.8%。不同火源材料下,同是 5MW 的情况下,燃料为木垛时温度最高,为 287.5℃。

在温度的纵向分析中,同样考虑到实体车的尺寸效应,将距顶板最近距离测点试验结果单独列出,如图 8.2-42 所示。

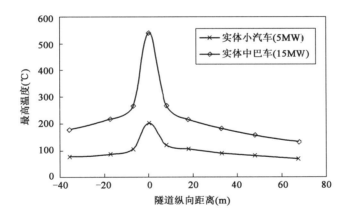

图 8.2-42 隧道温度纵向分布(实体车)

可以看出,试验中实体车燃烧时,温度分布趋势较稳定,没有出现火焰被吹散的现象,隧道内的温度纵向分布与其他火源材料的分布形式大致一致,均是火源附近温度最高,远离火源后温度逐渐降低,降温区间约为 0~80m,且实体中巴车燃烧时最高温度为 541.2℃。

综合以上分析可得,不论是否为实体车,隧道内的温度纵向分布均表现为火源附近温度最高、远离火源后降低的情况,降温区间大约为 0~80m,在计算时,对于温度的纵向分布,可以近似按试验结果所示指数分布趋势考虑。

8.3 沉管隧道碎石垫层物理模型试验技术

8.3.1 试验概述

港珠澳沉管隧道基础设计采用了先铺的碎石垫层,该基础方案的工程案例较少,尤其是隧道斜坡段支撑桩基础桩顶设桩帽,桩帽与沉管间设置碎石垫层,碎石垫层作为桩基与沉管结构间传力构造的工程实践经验极少,目前仅发现挪威 Bjorvika 隧道一个案例,而其建设条件与港珠澳沉管隧道差异较大,可比性不大;此外,桩基础采用碎石垫层传力的机理、理论分析资料,以及设计规范和依据资料缺乏,同时沉管隧道碎石垫层及桩基在水中作业时存在平整度、夹淤泥、偏位、倾斜、桩周软弱下卧层等诸多不确定性需要分析。

考虑到以上问题,拟通过试验对天然地基段和桩基段碎石垫层变形、传力机理开展研究,获取其沉降量、压缩模量等设计参数和指标,研究各影响因素对上述指标的影响,从而验证碎石垫层方案对本工程的适用性,为工程建设提供支持。

试验主要目的如下:

(1)研究沉管隧道基础碎石垫层在竖向静荷载及水平往复移动情况下的受力与变形机理。

(2)确定沉管隧道基础碎石垫层的合理碎石级配,以及各区段碎石垫层的合理厚度。

(3)获取基础碎石垫层沉降量、等效压缩模量、桩顶荷载分配等设计参数与指标。

(4)定量分析碎石垫层基底材料,淤泥夹层厚度,钢桩帽与碎石垫层相对偏位、倾斜等的影响。

(5)为设计和施工材料、设备、工艺的选择提供依据。

8.3.2 试验系统

试验设备主要包括试验槽、加载系统、量测系统三大部分。其中试验槽根据试验设计不同,采用了大、小两种试验槽。

1)试验槽

(1)大试验槽

试验槽内净空:长×宽×高 = $5.625m \times 4.8m \times 4.1m$,采用钢筋混凝土基座、型钢梁柱,侧墙顶底分别设置若干处进水孔和排水孔,并与加水和抽水装置相连。在试验槽四周侧壁设置光滑边界,边界应尽量平整、摩擦系数要求小于0.1(图8.3-1)。

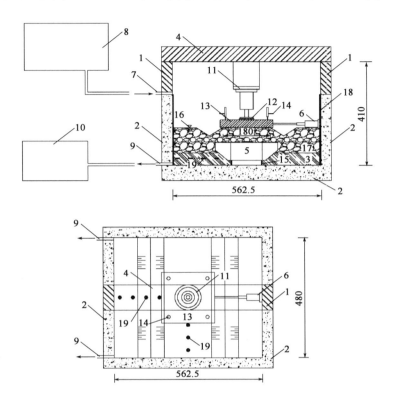

图 8.3-1　大试验槽立面、平面示意图(尺寸单位:cm)
1-钢结构立柱;2-试验槽;3-垫层基础;4-反力梁;5-钢桩帽;6-水平加载千斤顶;7-进水孔;8-水箱;9-排水孔;10-抽水装置;11-竖向加载千斤顶;12-水平滚动装置;13-加载板;14-位移传感器;15-应力传感器;16-水位;17-碎石垫层;18-光滑边界板;19-压力盒

(2)小试验槽

小试验槽置于大试验槽中部,内净空:长×宽×高=2.84m×2.84m×1.85m,四立面采用型钢梁柱和钢板拼装组成,小试验槽内空尺寸调整通过在内壁宽度方向上设置10cm厚可拆装钢结构来实现。

小试验槽内侧壁平整度不大于1/600、摩擦系数要求小于0.1(图8.3-2)。

2)加载系统

加载系统对试验中所需施加的荷载类型以及所施加荷载的大小、速率等进行控制。加载设备采用液压千斤顶,并配备数字显示装置和保压装置。液压千斤顶量程可满足设计最大荷载即可,千斤顶加载精度应满足设计要求(图8.3-3、图8.3-4)。

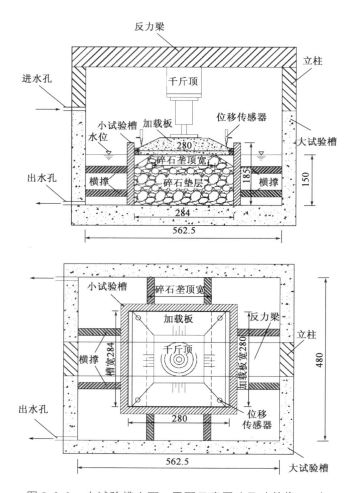

图 8.3-2 小试验槽立面、平面示意图（尺寸单位：cm）

图 8.3-3 竖向加载系统

图 8.3-4 水平加载系统

试验加载时千斤顶直接作用在反力梁上,而后荷载传递给与试验槽底板相连接的型钢框架,形成自平衡体系。

在加载板一侧设置水平千斤顶,水平往复移动加载板,研究加载板水平往复移动作用下碎石垫层的受力变形。水平往复移动加载中应确保加载板始终保持水平。

加载稳定的判别条件,试验前期采用慢速维持荷载法,考虑到采用慢速维持荷载法一次试验时间很长,试验的工况及组数有很多,为了在要求的时间内得出需要的结果,从第二批第二次试验开始将加载判稳条件调整为快速维持荷载法。

3) 量测系统

量测系统由各种量测设备组成,主要包括位移传感器、应力传感器、百分表、水准仪等,应力感应器主要用于量测碎石垫层传递与桩基顶面的荷载。根据不同的试验工况,选择不同的量测设备。应确保量测系统在水中工作的可靠性和量测精度。

在钢桩帽下方内侧应力传感装置应尽量远离桩帽肋板,以避免肋板连接处应力集中对量测成果的影响。

在桩基段碎石垫层试验中,在碎石层顶面下 20cm 处沿槽轴线方向特定位置各设置若干压力盒,研究加载板荷载扩散传递规律、桩和桩间碎石的荷载分担比例(图 8.3-5、图 8.3-6)。

图 8.3-5　位移量测系统

图 8.3-6　变形量测系统

8.3.3　试验结果及分析

2011 年 4—11 月开展第二期碎石垫层模型试验,共分 5 批开展了 25 次水中试验,试验研究过程见表 8.3-1。

试验研究过程　　　　　　　　表 8.3-1

批次	次数	简要介绍	开展时间
第一批	2次	天然地基段标准情况下大试验槽有限侧限水中试验	4月1日—6月11日
第二批	6次	天然地基段不同垄沟构造小试验槽完全侧限水中试验，支撑桩段标准情况大试验槽有限侧限水中试验	6月12日—7月22日
第三批	3次	支撑桩段垄沟偏位和桩帽倾斜情况下大试验槽有限侧限水中试验	7月23日—9月1日
第四批	2次	支撑桩段碎石满铺和回淤情况下大试验槽有限侧限水中试验	9月2日—9月17日
第五批	12次	天然地基段不同碎石级配、落管预压、回淤情况下小试验槽完全侧限水中试验	9月18日—11月4日

各批次试验的具体情况汇总见表 8.3-2。

1）第一批

（1）试验内容

本次试验为天然地基条件下，标准碎石垄沟垫层在竖向荷载及水平位移作用下的变形模量、荷载变形曲线、变形形态试验，试验示意见图 8.3-7。

表 8.3-2

碎石垫层物理模型试验情况汇总

编号	试验目的简要说明	试验条件												加载情况						沉降情况					等效压缩模量 (MPa)	等效割线模量 (MPa)
		碎石垫层								桩基		泡沫板密度(kg/m³)/厚度(cm)	回淤厚度(cm)	加载板尺寸(m×m)	竖向			水平		平均沉降量(mm)		卸载回弹量(mm)	加载结束时最大测点沉降差(mm)	加载结束时最大测点沉降速率(mm/h)		
		大槽/小槽	厚度(m)	垄顶宽(m)/沟宽(m)	级配编号/最大粒径(mm)	抗压强度(MPa)	初始空隙率(%)	初始密度(kg/m³)	含泥量(%)/含沙量(%)	桩顶碎石厚度(m)	平面偏位(m)/倾斜度(%)				最大加载量(kN)	管底最大等效荷载集度(kPa)	加载级数/卸载级数	移动幅值(cm)	速度(cm/min)/次数	竖向加载引起	水平移动引起					
1	天然地基-标准情况1	大	1.5	1.8/1.0	BI/53	116.3	47	1430	未提供	无桩基	无桩基	无	0	2×2	2484.29	175.66	5/1	±2.5	0.125/1	−252.86	−31.01	2.26	41.71	6.38	1.86	2.71
2	天然地基-标准情况2	大	1.5	1.8/1.0	BI/53	116.3	47	1430	未提供	无桩基	无桩基	无	0	2×2	1128.5	175.66	5/1	±1.5	0.033/2	−93.35	−139.36	3.32	39.04	46.68	3.81	4.07
3	天然地基-无垄沟	小	1.5	2.8/0	BI/53	116.3	47	1430	0.8/0	无桩基	无桩基	无	0	2.8×2.8	2850	363.53	12/1	无	无	−39.65	无	3.56	7.16	0.17	18.73	14.82
4	锥形碎石垫层	大	0.6	锥顶2.4/2.4	BI/53	116.3	未提供	1630	0.6/0	无桩基	无桩基	无	0	2×2	5640.49	1835.77	10/1	无	无	−135.38	无	0.23	34.63	6.56	7.05	6.46
5	天然地基-标准沟1	小	1.5	1.8/1.0	BI/53	116.3	未提供	1583	0.7/1	无桩基	无桩基	无	0	2.8×2.8	2850	363.53	12/1	无	无	−83.22	无	0.30	5.55	4.42	8.93	6.70
6	天然地基-标准沟2	小	1.5	1.8/1.0	BI/53	116.3	未提供	1510	0.6/0	无桩基	无桩基	无	0	2.8×2.8	2850	363.53	12/1	无	无	−59.58	无	1.82	9.52	3.96	9.78	9.39

续上表

编号	试验目的简要说明	试验条件 碎石垫层 垫顶宽(m)/沟宽(m)	厚度(m)	级配编号/最大粒径(mm)	抗压强度(MPa)	初始空隙率(%)	初始密度(kg/m³)	含泥量(%)/含沙量(%)	桩基 桩顶碎石厚度(m)	平面偏位(m)/倾斜度(%)	泡沫板密度(kg/m³)/厚度(cm)	回淤厚度(cm)	加载板尺寸(m×m)	加载情况 竖向 最大加载量(kN)	管底最大等效荷载集度(kPa)	加载级数/卸载级数	水平 移动幅值(cm)	速度(cm/min)/次数	沉降情况 平均沉降量(mm) 竖向加载引起	水平移动引起	卸载回弹量(mm)	加载结束时最大测点沉降差(mm)	加载结束时最大测点沉降速率(mm/h)	等效压缩模量(MPa)	等效割线模量(MPa)
7	天然地基-0.8m沟	小	1.5	1.8/0.8	BI/53 116.3	未提供	1350	未提供	无桩基	无桩基	无	0	2.6×2.8	2850	363.53	12/1	无	无	-68.38	无	0.47	13.38	4.91	8.16	7.82
8	支撑桩段-标准情况	大	2.5	1.8/1.0	BI/53116.3	未提供	1500	未提供	0.6	0/0	7/24	0	2.6×2.8	5947.9	161.19	10/1	无	无	-129.53	无	1.01	3.03	3.25	7.95	6.90
9	支撑桩段-偏位0.5m	大	2.5	1.8/1.0	BI/53 116.3	未提供	未提供	0.5/0	0.6	0.5/0	7/24	0	2.6×2.8	5947.9	161.19	10/1	无	无	-155.91	无	10.03	16.77	5.94	7.13	5.62
10	支撑桩段-倾斜4%	大	2.5	1.8/1.0	BI/53 116.3	未提供	未提供	0.5/0	0.6	0/4	7/24	0	2.6×2.8	5844.9	158.40	10/1	无	无	-127.46	无	0.8	7.77	2.53	6.89	6.72
11	支撑桩段-偏位+倾斜	大	2.5	1.8/1.0	BI/53116.3	未提供	1320	0.5/0	0.6	0.5/4	7/24	0	2.6×2.8	5947.9	161.19	10/1	无	无	-144.72	无	9.91	19.95	5.87	7.11	6.25
12	支撑桩段-满铺	大	2.5	2.8.0/B1/53116.3	BI/53 116.3	未提供	未提供	0.3/0	0.6	0/0	7/24	0	2.8×2.8	5947.9	161.19	10/1	无	无	-73.29	无	8.91	4.19	4.17	11.68	11.31
13	支撑桩段-回淤0.3m	大	2.5	1.8/1.0	BI/53 116.3	未提供	未提供	0.3/0	0.6	0/0	7/24	30	2.8×2.8	5947.9	161.19	10/1	无	无	-68.70	无	8.73	19.77	4.11	11.66	11.84

续上表

编号	试验目的简要说明	大槽/小槽	碎石垫层 厚度(m)	垫顶宽/沟宽(m)	级配编号/最大粒径(mm)	抗压强度(MPa)	初始空隙率(%)	初始密度(kg/m³)	含泥量/含砂量(%)	桩基 桩顶碎石厚度(m)	平面偏位/倾斜度(%)	泡沫板密度(kg/m³)/厚度(cm)	回淤厚度(cm)	加载板尺寸(m×m)	竖向 最大加载量(kN)	管底最大等效荷载集度(kPa)	加载级数/卸载级数	水平 移动幅值(cm)	速度(cm/min)/次数	平均沉降量 竖向加载引起(mm)	水平移动引起(mm)	卸载回弹量(mm)	加载结束时最大测点沉降差(mm)	加载结束时最大测点沉降速率(mm/h)	等效压缩模量(MPa)	等效割线模量(MPa)
14	天然地基-B4级配-1	小	1.5	1.8/1.0	B4/31.5	116.3	41.6	1600	2.0/0	无桩基		无	0	2.8×2.8	1343.6	171.36	6/1	无	无	−74.22	无	2.48	12.67	4.92	3.96	3.83
15	天然地基-B4级配-2	小	1.5	1.8/1.0	B4/31.5	116.3	41.6	1600	2.0/0	无桩基		无	0	2.8×2.8	1343.6	171.36	6/1	无	无	−72.37	无	2.50	6.5	5.14	3.93	3.78
16	天然地基-B4级配-3	小	1.5	1.8/1.0	B4/31.5	116.3	41.6	1600	2.0/0	无桩基		无	0	2.8×2.8	1343.6	171.36	6/1	无	无	−64.52	无	2.51	5.8	4.57	4.15	4.04
17	天然地基-B2级配-1	小	1.5	1.8/1.0	B2/63	116.3	45	1510	0.6/0	无桩基		无	0	2.8×2.8	1343.6	171.36	6/1	无	无	−27.67	无	2.60	6.76	2.64	7.96	8.54
18	天然地基-B2级配-2	小	1.5	1.8/1.0	B2/63	116.3	45	1510	0.6/0	无桩基		无	0	2.8×2.8	1343.6	171.36	6/1	无	无	−28.33	无	2.35	6.35	2.53	8.03	8.50
19	天然地基-B2级配-3	小	1.5	1.8/1.0	B2/63	116.3	45	1510	0.6/0	无桩基		无	0	2.8×2.8	1343.6	171.36	6/1	无	无	−28.04	无	2.56	5.23	2.95	7.97	8.60
20	天然地基-B5级配-1	小	1.5	1.8/1.0	B5/125	116.3	49	1400	1.4/0	无桩基		无	0	2.8×2.8	1343.6	171.36	6/1	无	无	−30.74	无	2.74	7.12	3.25	6.68	7.96

续上表

编号	试验目的简要说明	大槽/小槽	碎石垫层 厚度(m)	垄顶宽(m)/沟宽(m)	级配编号/最大粒径(mm)	抗压强度(MPa)	初始空隙率(%)	初始密度(kg/m³)	含泥量(%)/含沙量(%)	桩基 桩顶碎石厚度(m)	平面偏位(m)/倾斜度(%)	泡沫板密度(kg/m³)/厚度(cm)	回淤厚度(cm)	加载板尺寸(m×m)	最大加载量(kN)	管底最大等效荷载集度(kPa)	加载级数/卸载级数	水平移动幅值(cm)	速度(cm/min)/次数	平均沉降量(mm) 竖向加载引起	水平移动引起	卸载回弹量(mm)	加载结束时最大测点沉降差(mm)	加载结束时最大测点沉降速率(mm/h)	等效压缩模量(MPa)	等效割线模量(MPa)
21	天然地基-B5级配-2	小	1.5	1.8/1.0	B5/125	116.3	49	1400	1.4/0	无桩基	无桩基	无	0	2.8×2.8	1343.6	171.36	6/1	无	无	-38.40	无	2.92	4.45	3.56	5.31	6.17
22	天然地基-B5级配-3	小	1.5	1.8/1.0	B5/125	116.3	49	1400	1.4/0	无桩基	无桩基	无	0	2.8×2.8	1343.6	171.36	6/1	无	无	-34.49	无	2.72	0.83	3.57	5.50	7.01
23	天然地基-B3级配-1	小	1.5	1.8/1.0	B3/100	116.3	49	1400	1.4/0	无桩基	无桩基	无	0	2.8×2.8	1343.6	171.36	6/1	无	无	-53.31	无	1.53	8.99	4.90	4.23	4.74
24	天然地基-B3级配-2	小	1.5	1.8/1.0	B3/100	116.3	49	1400	1.4/0	无桩基	无桩基	无	0	2.8×2.8	1343.6	171.36	6/1	无	无	-37.56	无	2.35	6.74	4.06	5.50	6.39
25	天然地基-B3级配-3	小	1.5	1.8/1.0	B3/100	116.3	49	1400	1.4/0	无桩基	无桩基	无	0	2.8×2.8	1343.6	171.36	6/1	无	无	-44.27	无	2.54	7.07	4.35	4.89	5.39

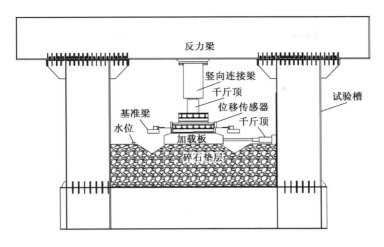

图 8.3-7　试验示意图

(2) 试验条件

试验条件见表 8.3-3。

试验条件　　　　　　　　　　　　表 8.3-3

试验槽	碎石垫层						桩基		泡沫板密度(kg/m³)/厚度(cm)	回淤厚度(cm)
	厚度(m)	垄顶宽(m)/沟宽(m)	级配编号/最大粒径(mm)	初始空隙率(%)	初始密度(kg/m³)	含泥量(%)/含沙量(%)	桩顶碎石厚度(m)	平面偏位(m)/倾斜度(%)		
大	1.5	1.8/1.0	B1/53	47	1430	0.8/0	无桩基	无桩基	无	0

注：石质花岗岩，岩石抗压强度 116.3 MPa，下同。

(3) 加载情况

加载情况见表 8.3-4。

加载情况　　　　　　　　　　　　表 8.3-4

加载板尺寸(m×m)	竖向			水平	
	最大加载量(kN)	管节底部等效荷载集度(kPa)	加载级数/卸载级数	移动幅值(cm)	速度(cm/min)/次数
2×2	2484.29	175.66	5/1	±2.5	0.125/1

注：最大加载量相当于天然地基段管节沉放、回填覆盖、最不利回淤并考虑管节受车辆荷载及 1.1 安全系数的管节底部等效荷载集度，并按隔垄受力考虑。

（4）试验现象

竖向加载过程中,碎石垄侧面逐渐塌陷,加载板陷入碎石顶面(图8.3-8)。水平往复位移试验过程中,碎石顶面无明显变化,加载板沉降明显(图8.3-9)。

图8.3-8　竖向加载完成垫层顶面情况　　图8.3-9　水平加载完成垫层顶面情况

（5）试验数据

本次试验加载过程 Q-S 曲线(荷载-沉降曲线)见图8.3-10,压缩模量曲线见图8.3-11。等效割线模量2.710MPa。

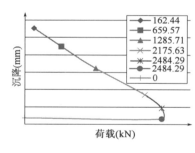
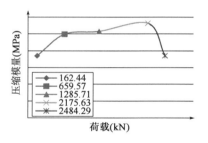

图8.3-10　Q-S 曲线图　　图8.3-11　压缩模量曲线

（6）小结

标准垄沟形式的碎石垫层在竖向荷载作用下沉降量较大,垄沟垫层对沉管结构水平位移敏感。

2）第二批

（1）试验内容

本次试验为标准碎石垄沟垫层及标准桩位情况下,碎石垫层-支撑桩在竖向荷载作用下的变形模量、荷载变形曲线、变形形态试验,试验示意见图8.3-12。

（2）试验条件

试验条件见表8.3-5。

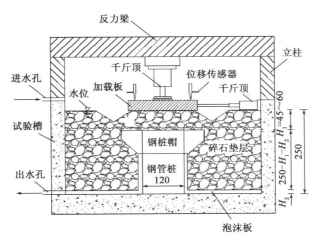

图 8.3-12 试验示意图(尺寸单位:mm)

试 验 条 件 表 8.3-5

试验槽	碎 石 垫 层						桩基		泡沫板密度(kg/m³)/厚度(cm)	回淤厚度(cm)
	厚度(m)	垄顶宽(m)/沟宽(m)	级配编号/最大粒径(mm)	初始空隙率(%)	初始密度(kg/m³)	含泥量(%)/含沙量(%)	桩顶碎石厚度(m)	平面偏位(m)/倾斜度(%)		
大	2.5	1.8/1.0	B1/53	—	1500	—	0.6	0/0	7/24	0

(3)加载情况

加载情况见表 8.3-6。

加 载 情 况 表 8.3-6

加载板尺寸(m×m)	竖 向			水 平	
	最大加载量(kN)	管节底部等效荷载集度(kPa)	加载级数/卸载级数	移动幅值(cm)	速度(cm/min)/次数
2.6×2.8	5947.9	161.19	10/1	无	无

注:最大加载量相当于支撑桩段管节沉放、回填覆盖并考虑管节受车辆荷载的管节底部等效荷载集度。

(4)试验现象

由于软弱下卧层的存在,在碎石垫层自重作用下,安装加载板前桩周碎石垫层顶面已经低于桩顶碎石垫层,可见碎石垫层顶面呈凸形,见图 8.3-13。随荷载增大,桩顶处垫层垄沟逐渐坍塌,见图 8.3-14。试验完成吊起加载板后,发现在桩顶区域碎石压碎情况明显(1.6m×2.1m 椭圆范围内),经分层开挖,桩顶 60cm 范围内碎石普遍存在该现象,见图8.3-15、图8.3-16。桩顶碎石试验前后筛分结果比较见图8.3-17。

图8.3-13 安装加载板前垫层顶面情况

图8.3-14 桩顶处垫层垄沟坍塌

图8.3-15 加载完成后垫层顶面情况

图8.3-16 桩顶区域碎石压碎情况

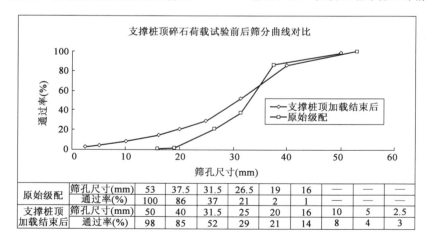

原始级配	筛孔尺寸(mm)	53	37.5	31.5	26.5	19	16	—	—	—
	通过率(%)	100	86	37	21	2	1	—	—	—
支撑桩顶加载结束后	筛孔尺寸(mm)	50	40	31.5	25	20	16	10	5	2.5
	通过率(%)	98	85	52	29	21	14	8	4	3

图8.3-17 试验前后桩顶碎石筛分结果

（5）试验数据

本次试验加载过程 $Q\text{-}S$ 曲线见图8.3-18，压缩模量曲线见图8.3-19。等效割线模量6.90MPa。

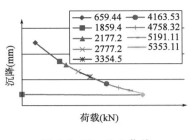
图 8.3-18　Q-S 曲线

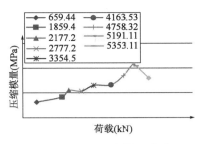
图 8.3-19　压缩模量曲线

(6) 小结

在碎石垫层自重作用下,支撑桩的存在导致碎石垫层产生不均匀沉降,桩顶碎石垫层沉降量小于桩间碎石垫层沉降量。沉管结构荷载主要由桩顶碎石垫层传递给桩,桩间碎石垫层受力很小。随着加载量的增加,碎石存在向两侧垄沟"挤出"的现象;桩顶碎石局部应力集中,部分碎石有压碎现象;顶部碎石垫层的压密沉降量较大,桩顶"刺入"碎石垫层作用明显;沉管底部碎石垫层有效支撑面积约为桩帽面积的60%,桩顶垫层顶面碎石有部分压碎现象。

3) 第三批

(1) 试验内容

本次试验为标准垄沟碎石垫层在桩位偏移0.5m情况下,碎石垫层-支撑桩在竖向荷载作用下的变形模量、荷载变形曲线、变形形态试验,试验示意见图8.3-20。

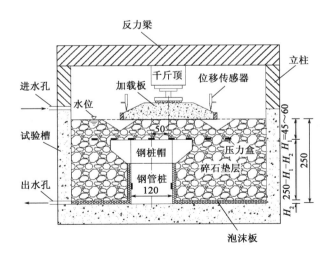

图 8.3-20　试验示意图(尺寸单位:mm)

(2) 试验条件

试验条件见表8.3-7。

试 验 条 件　　　　　　　　表 8.3-7

试验槽	碎石垫层						桩基		泡沫板密度(kg/m³)/厚度(cm)	回淤厚度(cm)
	厚度(m)	垄顶宽(m)/沟宽(m)	级配编号/最大粒径(mm)	初始空隙率(%)	初始密度(kg/m³)	含泥量(%)/含沙量(%)	桩顶碎石厚度(m)	平面偏位(m)/倾斜度(%)		
大	2.5	1.8/1.0	B1/53	—	—	0.5/0	0.6	0.5/0	7/24	0

（3）加载情况

加载情况见表8.3-8。

加 载 情 况　　　　　　　　表 8.3-8

加载板尺寸(m×m)	竖 向			水 平	
	最大加载量(kN)	管节底部等效荷载集度(kPa)	加载级数/卸载级数	移动幅值(cm)	速度(cm/min)/次数
2.6×2.8	5947.9	161.19	10/1	无	无

（4）试验现象

安装加载板前桩周碎石垫层顶面已经低于桩顶碎石垫层，可见碎石垫层顶面呈凸形，随荷载增大，桩顶处垫层垄沟逐渐坍塌，加载板逐渐向桩位偏移的反方向一侧倾斜，见图 8.3-21、图 8.3-22。试验完成吊起加载板后，桩顶区域碎石压碎情况明显（1.5m×2.0m 椭圆范围内），见图 8.3-23、图 8.3-24。桩顶碎石试验前后筛分结果比较见图 8.3-25。

图 8.3-21　安装加载板前垫层顶面情况　　图 8.3-22　桩顶处垫层垄沟坍塌

桩身应变计安装平面、断面及编号情况见图 8.3-26。桩间土承受约 23% 上部荷载。支撑桩身侧壁应变相差 10 倍，支撑桩承受较大偏心弯矩。

图 8.3-23 加载完成后垫层顶面情况

图 8.3-24 桩顶区域碎石压碎情况

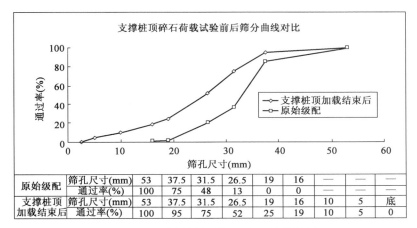

原始级配	筛孔尺寸(mm)	53	37.5	31.5	26.5	19	16	—	—	—
	通过率(%)	100	75	48	13	0	0	—	—	—
支撑桩顶加载结束后	筛孔尺寸(mm)	53	37.5	31.5	26.5	19	16	10	5	底
	通过率(%)	100	95	75	52	25	19	10	5	0

图 8.3-25 试验前后桩顶碎石筛分结果

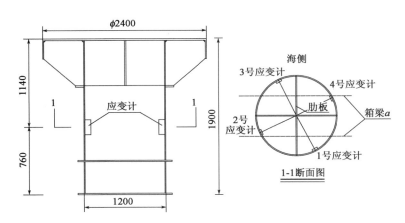

图 8.3-26 应变计安装位置(尺寸单位:mm)

各级加载过程中,加载板逐渐向桩位偏移的反方向一侧倾斜,采用水准测量方法,分别在第四、七、十级加载结束时测量 4 个百分表支座位置高程。计算 4 个百分表测点的沉降差,对侧沉降偏差 7.82mm。

(5）试验数据

本次试验加载过程 Q-S 曲线见图 8.3-27，压缩模量曲线见图 8.3-28。等效割线模量 5.62MPa。

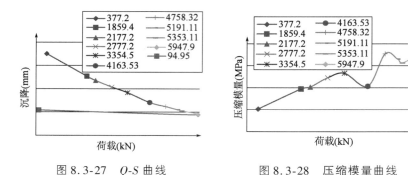

图 8.3-27 Q-S 曲线　　　　图 8.3-28 压缩模量曲线

(6）小结

当模拟碎石垄与桩中心存在施工偏位误差时，桩顶碎石垫层受力及变形更不均匀，总的压密沉降量和沉降速率更大，表明不同施工偏位情况下的基础刚度将有较大差异，支撑桩与碎石垄沟的相对偏位导致沉管底部承受不均匀支撑力，支撑桩承受较大偏心弯矩。

4）第四批

（1）试验内容

本次试验为无垄沟情况下，碎石垫层-支撑桩在竖向荷载作用下的变形模量、荷载变形曲线、变形形态试验，试验示意见图 8.3-29。

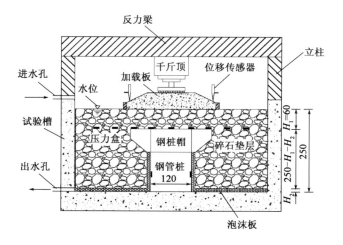

图 8.3-29 试验示意图（尺寸单位：mm）

(2)试验条件

试验条件见表8.3-9。

试 验 条 件　　　　表8.3-9

试验槽	碎石垫层						桩基		泡沫板密度(kg/m³)/厚度(cm)	回淤厚度(cm)
	厚度(m)	垄顶宽(m)/沟宽(m)	级配编号/最大粒径(mm)	初始空隙率(%)	初始密度(kg/m³)	含泥量(%)/含沙量(%)	桩顶碎石厚度(m)	平面偏位(m)/倾斜度(%)		
大	2.5	2.8/0	B1/53	—	—	0.3/0	0.6	0/0	7/24	0

(3)加载情况

加载情况见表8.3-10。

加 载 情 况　　　　表8.3-10

加载板尺寸(m×m)	竖向			水平	
	最大加载量(kN)	管节底部等效荷载集度(kPa)	加载级数/卸载级数	移动幅值(cm)	速度(cm/min)/次数
2.8×2.8	5947.9	161.19	10/1	无	无

(4)试验现象

安装加载板前桩周碎石垫层顶面已经低于桩顶碎石垫层,碎石垫层顶面呈圆凸形。加载过程中加载板四边底面始终未与碎石垫层顶面接触上,见图8.3-30。试验完成吊起加载板后,桩顶区域碎石压碎情况明显,见图8.3-31。

图8.3-30　加载完成后垫层顶面情况　　　图8.3-31　桩顶区域碎石压碎情况

(5)试验数据

本次试验加载过程 Q-S 曲线见图 8.3-32,压缩模量曲线见图 8.3-33。等效割线模量 11.31MPa。

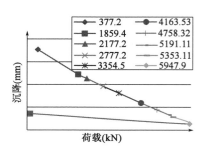

图 8.3-32 Q-S 曲线　　　　图 8.3-33 压缩模量曲线

(6)小结

与有垄沟垫层试验结果相比较,碎石垫层沉降显著减少,刚度明显增大。

5)第五批

(1)试验内容

本次试验为完全侧限条件下,标准垄沟碎石垫层(B4 级配碎石)在竖向荷载作用下的变形模量、荷载变形曲线、变形形态试验(图 8.3-34)。

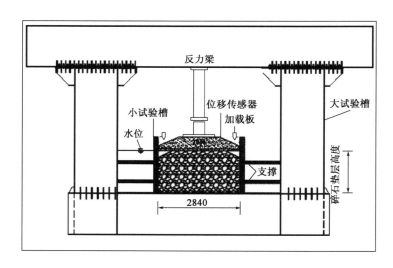

图 8.3-34 试验示意图(尺寸单位:mm)

(2)试验条件

试验条件见表 8.3-11。

试 验 条 件 表 8.3-11

试验槽	厚度(m)	碎石垫层					桩基		泡沫板密度(kg/m^3)/厚度(cm)	回淤厚度(cm)
		垄顶宽(m)/沟宽(m)	级配编号/最大粒径(mm)	初始空隙率(%)	初始密度(kg/m^3)	含泥量(%)/含沙量(%)	桩顶碎石厚度(m)	平面偏位(m)/倾斜度(%)		
小	1.5	1.8/1.0	B4/31.5	41.6	1600	2.0/0	无桩基	无桩基	无	0

(3)加载情况

加载情况见表 8.3-12。

加 载 情 况 表 8.3-12

加载板尺寸(m×m)	竖向			水平	
	最大加载量(kN)	管节底部等效荷载集度(kPa)	加载级数/卸载级数	移动幅值(cm)	速度(cm/min)/次数
2.8×2.8	1343.6	171.36	6/1	无	无

注:最大加载量相当于天然地基段管节沉放、回填覆盖、最不利回淤并考虑管节受车辆荷载的管节底部等效荷载集度。

(4)试验现象

带垄沟碎石垫层在竖向加载作用下垄沟形态轻微变化。加载完成垫层顶面情况见图 8.3-35。

图 8.3-35 竖向加载完成垫层顶面情况

(5)试验数据

本次试验加载过程 Q-S 曲线见图 8.3-36,压缩模量曲线见图 8.3-37。等效割线模量 3.83MPa。

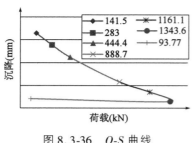
图 8.3-36　Q-S 曲线

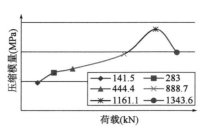
图 8.3-37　压缩模量曲线

（6）小结

与 B1 级配试验结果比较，碎石级配、粒径对垫层荷载-沉降变形、垫层刚度有一定影响，粒径减小，荷载作用下沉降量较大。

8.4　外海深水超长沉管隧道浮运沉放模型试验技术

8.4.1　复杂海域物理模型试验技术

8.4.1.1　试验依据的基本资料

（1）水位。

沉管管段在寄放系泊阶段，可选择一定水深的海域进行系泊，以保证系泊系统的安全性。根据《设计波要素和水流分析计算专题研究报告》桂山站 2006 年潮汐特征值统计表，最大潮差 2.250m，珠江口历史上 10 次高水位对应最大潮差 3.660m；根据《桥位附近水文测验报告》桂山站 2009 年潮汐特征值统计表，最大潮差 2.880m，试验水深取 13m 和 16m，水的密度取 1025kg/m³。

（2）潮流。

根据《桥位附近水文测验报告》，（CL10）点各垂线实测最大流速为 166cm/s，流向为 186°，根据《设计波要素和水流分析计算专题研究报告》，300 年一遇洪水过程落潮流速最大为 1.900m/s。试验水流最大速度取为 2.000m/s。

（3）波浪。

由于缺少寄放系泊区域的具体波浪、水文资料，同时考虑到将来可能在寄放区域建设防波堤等水工建筑物或布置相应防护措施，因此，此处对规则波取波高 H = 2.530 ~ 4.660m、周期 T = 6 ~ 24s。参考《设计波要素和水流分析计算专题研究报告》，该设计波要素的取值与隧道区10年一遇的波浪要素相近。

根据《港珠澳大桥主体工程初步设计阶段——设计波要素和水流分析计算专题研究报告》,桥位处波高 H_s 不大于0.400m出现频率66.780%,波高 H_s 不大于0.600m出现频率90.270%,波高 H_s 不大于0.800m出现频率97.470%。波浪周期范围为 T_s 为1.500~5.500s,试验波高 H 取为0.000m、0.400m、0.600m、0.800m,对应波浪周期 T 为0.000s、3.750s、6.000s、8.000s。

(4)运拖航参数。

沉管管段干舷值为20cm。试验吃水取10.950m、11.200m、11.450m,相当于干舷值为55.000cm、30.000cm、5.000cm;沉管管段浮运拖航绝对速度取为2kn左右。根据《港珠澳大桥主体工程初步设计阶段——桥位附近水文测验报告》,(CL10)点水流垂线平均最大流速(洪季大潮落潮)为1.470m/s,方向185°,为逆流,拖航相对速度为4.858kn,试验航速范围取0.500~6.500kn。

8.4.1.2 相似准则

实体与模型之间的线性尺度比λ为:

$$\lambda = \frac{L_s}{L_m} \tag{8.4-1}$$

式中,L_s 为原型长度,L_m 为模型长度。

模型试验采用重力相似准则,即模型与实体的 F_r 数相等,以保证模型与实体之间重力和惯性力的正确相似关系。此外,沉管在波浪上的运动和受力带有周期性变化的性质,模型与实体还必须保持斯特劳哈尔数相等。

模型试验在水池的淡水中进行,而实体则在海水中作业,因此模型试验的结果需要进行水密度的修正。考虑到上述相似准则,以及水密度的修正,模型与实体各物理量之间的转换关系如下所示(下标m及s分别表示模型和实体)。

1)模型重心位置的调节

模型重心坐标为:

$$x_{Gm} = \frac{x_{Gs}}{\lambda} \tag{8.4-2}$$

$$z_{Gm} = \frac{z_{Gs}}{\lambda} \tag{8.4-3}$$

将模型的一端悬吊,另一端置于台秤上面的支座上。设模型重量为 D;模型在台秤支座上的压力为 P,由台秤称出;模型重心 G 至悬吊平面的距离为 x_0;支座至悬吊平面的

距离为 x_0 则为：

$$x_0 = \frac{P}{D}x \tag{8.4-4}$$

模型重心的垂向位置可用横倾试验的方法确定。沿模型上表面横向移动重物造成横倾力矩，量取横倾角 φ，横稳性高 h 的计算方法如下所示：

$$h = \frac{pl}{D\tan\varphi} \tag{8.4-5}$$

式中，p 为重物重量；l 为移动臂长度。

模型重心位置的纵坐标为：

$$z_G = z_C + r - h$$

式中，z_C 为模型浮心的垂向坐标；r 为稳性半径，可通过计算得到。

2）模型转动惯量的调节

（1）模型转动惯量。

$$I_{xxm} = \frac{I_{xxs}}{\lambda^5} \tag{8.4-6}$$

$$I_{yym} = \frac{I_{yys}}{\lambda^5} \tag{8.4-7}$$

可用双线悬吊法确定模型的纵向转动惯量，模型应悬吊在两根等长度的绳索下，绳索固定在纵中剖面上，且两固定点与模型重心等距。可用下式计算扭摆周期 $T_{\psi m}$。

$$T_{\psi m} = 2\pi\sqrt{\frac{I_{zzm}l}{D_m c^2}} \approx 2\pi\sqrt{\frac{I_{xxm}l}{D_m c^2}} = T_{\theta m} \tag{8.4-8}$$

式中，c 为模型重心 G 至绳索的距离；l 为绳索自悬吊点至模型固定点之间的长度。

给模型一个初始扭转角，然后任其自由摆动，用秒表测定扭摆周期 T_θ。

（2）横摇周期。

事先算出实体的横摇固有周期，算出模型相应的横摇固有周期，将沉管管段模型吊入水中，让沉管管段模型在水中做自由横摇衰减运动，用秒表读得横摇周期。如果测得的横摇周期与要求的横摇周期不同，则在沉管管段模型同一水平面内横向对称移动压铁，直到测得的横摇周期满足要求的数值为止。

3）系泊链的模拟

系泊链的模型要求按实体根据几何相似和弹性相似进行制作和模拟。

根据实体系泊链的尺寸（长度和直径），按缩尺比选用模型系泊链的长度和直径。对于锚链和钢丝绳，模型选用微型锚链和钢丝绳模拟。

为了保证实物和模型的系泊链在静水中的悬链线形状几何相似,必须使两者单位长度的重量相似。根据实体系泊链的重量,按相似要求算出模型链的重量,然后将模型链加上配重(一般用细软的保险丝),用称重的办法得到满足要求的模型链重量。最后将保险丝截成等长度(1~2cm)的若干小段,并将每一小段在模型链全长均匀而离散地绕紧。

在制作模型系泊链时,还要求满足弹性相似的要求,才能使模型试验中系泊链受到的拉力及其伸长变形与实体相似。弹性系数是指拉力与伸长变形(应变)之间的关系,计算公式为:

$$\frac{F}{EA} = \frac{\Delta l}{l} \tag{8.4-9}$$

式中,l 为系泊链长度;Δl 为受到拉力 F 后的伸长量;E 为弹性模数;A 为截面面积。

模型试验中根据几何相似选用的系泊链模型的弹性系数一般很难满足弹性系数相似的要求。为了解决原型和模型之间的弹性模拟问题,在模型系泊链上配接合适的弹性系数和长度的弹簧,是普遍采用的模拟方法。要求模型系泊链加上配接弹簧后的长度要与实物系泊链的长度几何相似;配接的弹簧在试验范围内受力后的变形伸长,必须在弹性恢复的范围之内,不允许出现永久性变形。

对于锚链和钢丝绳,F 和应变 $\Delta l/l$ 之间呈线性关系,试验中采用一根弹性系数恒定的弹簧即可满足要求。

锚链弹性系数模拟过程如下:

(1)根据计算得到的实体弹性系数换算至模型。

模型锚链的抗拉刚度:

$$(EA)_\mathrm{m} = \frac{(EA)_\mathrm{s}}{\lambda^3} \tag{8.4-10}$$

实体锚链的抗拉刚度:

$$(EA)_\mathrm{s} = \frac{1}{2} E_\mathrm{e} \pi d_\mathrm{s}^2 \tag{8.4-11}$$

应变:

$$\varepsilon = \frac{\Delta l}{l} = \frac{F_\mathrm{s}}{(EA)_\mathrm{s}} = \frac{F_\mathrm{m}}{(EA)_\mathrm{m}} = \frac{2 F_\mathrm{m} \lambda^3}{E_\mathrm{e} \pi d_\mathrm{s}^2} \tag{8.4-12}$$

式中,F_m 为模型锚链拉力(N);E_e 为原形锚链的有效弹性模量(N/m²);d_s 为原型链环杆的直径(m)。

实体锚链和模型锚链的线应变应相等,假定实体锚链工作状态下处于线弹性范围内。

实体锚链的弹性系数：

$$k_s = \frac{E_e \pi d_s^2}{2L_s} \quad (8.4\text{-}13)$$

模型锚链的弹性系数：

$$k_m = \frac{k_s}{\lambda^2} = \frac{E_e \pi d_s^2}{2L_s \lambda^2} = \frac{E_e \pi d_s^2}{2L_m \lambda^3} \quad (8.4\text{-}14)$$

(2)根据几何相似制作系泊链模型,测量弹性系数,计算配接弹簧所需要的弹性系数值。

模型锚链直径 d_m：

$$d_m = \frac{d_s}{\lambda} \quad (8.4\text{-}15)$$

模型锚链单位长度重量 w_m：

$$w_m = \frac{w_s}{\lambda^3} \quad (8.4\text{-}16)$$

(3)挑选弹性合适的弹簧,计算并截取所需要的弹簧长度。

(4)组合而成的系泊链模型,通过挂砝码重量 F,测量伸长量 Δl,得到 F 和应变 $\Delta l/l$ 之间的关系。如果与所要求的曲线差异较大,则重新调整和测量,直到得到满意的结果为止。

对于钢缆,实体钢缆弹性系数计算方法如下：

$$k_s = \frac{E_e A_s}{L_s} \quad (8.4\text{-}17)$$

$$\frac{1}{k_s} = \frac{1}{E_e A_s} L_s \quad (8.4\text{-}18)$$

式中,A_s 为实体钢缆截面有效面积(m^2)；E_e 为实体钢缆的弹性模量(N/m^2)。

模型缆绳配接的弹簧弹性系数计算方法如下：

$$\frac{1}{k_m} = \frac{\lambda^2}{k_s} \quad (8.4\text{-}19)$$

若无实测值时,可按下式模拟(参见《波浪模型试验规程》)：

$$T_e = \frac{C_e d_c^2 (\Delta S/S)^n}{\lambda^3} \quad (8.4\text{-}20)$$

式中,T_e 为模型缆绳拉力(N)；C_e 为实体缆绳弹性系数,无实测值时,钢缆可取 $C_e = 2.697 \times 10^7 \text{N/cm}^2$,尼龙缆可取 $C_e = 1.54 \times 10^6 \text{N/cm}^2$；$d_c$ 为实体缆绳直径(cm)；$\Delta S/S$ 为

实体缆绳相对伸长;n 为指数,钢缆可取 $n=1.5$,尼龙缆可取 $n=3$。

沉子的模拟只考虑其重量相似。

4) 流的模拟

调节好水池中试验水深。通过控制潜水泵电机的转速来调节水流速度,在水池中的局部范围产生一定流向和流速的水流。如果测得的平均流速大于或小于要求模拟的流速,则调节水泵电机的转速,使测得的平均流速满足模拟要求。测得的平均流速和目标值之间的误差一般要求小于 10%。

5) 波浪的模拟

对于规则波来说,根据给定的条件产生造波机控制信号的时间序列,以此控制造波板的振幅与频率,从而产生规则的波浪。

对于不规则波来说,主要给出的参数是:波谱、有义波高、谱峰周期、浪向。模拟步骤如下:

(1) 根据给定的条件,应用计算机控制程序,产生造波机控制信号的时间序列,以此控制造波板的振幅与频率,从而产生不规则的波浪。

(2) 用浪高仪在试验持续时间内测量不规则波的数据,进行谱分析后得到模拟波谱。如果模拟的波谱与给定的目标谱差别较大,则应修正控制信号的时间序列,重新造波。

8.4.1.3 试验设备

物理模型试验所使用的主要试验设备与仪器如表 8.4-1 所示。

主要的试验设备与仪器   表 8.4-1

设备/仪器	主 要 参 数	备 注
造波机	—	二维规则和不规则波
水下推进器	—	输出功率350W,不锈钢护罩
拉力传感器	型号 CR,量程 0~20kg	输出 2.0mV/V,供电 10VDC,非线性度 0.03%,重复性 0.03%,灵敏度温漂<0.002%,零点温漂<0.002%
拉线位移传感器	型号 HPS-M-20-10V	0~10V 输出
应变放大仪表	型号 XSt/A-S3MA2BV0N	供电 AC220V,信号输入 24mV,外供电源+5V,0~5V 输出,基本误差优于±0.2%F·S,16 位 A/D 转换器,8 段折线功能

续上表

设备/仪器	主 要 参 数	备 注
超声波流量计	型号 TDS-100	重复性0.2%，最大流速64m/s
浪高仪	型号 BG-50，精度±0.5%F·S	低噪声、高输出、线长300m无衰减
加速度传感器	型号 LC0156，量程3g，分辨率0.00002g	—
倾角传感器	型号 AT201 232-90，分辨率0.5°	—
JYB微压差变送器	压力范围0~1000Pa；精度±0.075~±0.1%，线性输出	—

8.4.2 波流耦合下超大沉管管节浮运模型试验

8.4.2.1 试验模型

模型采用钢材制作，保证其外形、几何尺寸和重量的相似。尺度比为1∶60。沉管管段及模型的尺度、几何、物理属性如表8.4-2~表8.4-4所示。

沉管管段及模型的尺度 表8.4-2

内 容	符 号	管 段	模 型
长	$L(m)$	180.000	3.000
宽	$B(m)$	37.950	0.6325
高	$H(m)$	11.500	0.1917
吃水	$T(m)$	11.300	0.1883
排水量	$\Delta(t)$	77171.26	0.3486

沉管管段的几何、物理属性 表8.4-3

吃水	$G(t)$	$I_{xx}(t\cdot m^2)$	$I_{yy}(t\cdot m^2)$	$I_{yy}(t\cdot m^2)$	$Z_c(m)$
$T=11.300m$	77171.289	1.0532568×10^7	2.080981015×10^8	2.187981015×10^8	-5.944

试验模型的几何、物理属性 表8.4-4

吃水	$G(t)$	$I_{xx}(t\cdot m^2)$	$I_{yy}(t\cdot m^2)$	$I_{yy}(t\cdot m^2)$	$Z_c(m)$
$T=0.1883m$	348.5605	13.2146	261.0887	274.5133	-0.09907

注：表中G为管段总质量；I_{xx}、I_{yy}和I_{zz}分别是关于各轴的转动惯量；Z_c为管段重心相对于水面的垂向位置。

8.4.2.2 试验工况

1) 沉管管段横向水流作用力试验

试验的目的是确定横向水流作用在沉管管段上的横向流力及下沉力。试验中将沉管管段按照一定的吃水和流向通过测力传感器将其固定在水中,模型在流作用下不能移动,所承受的水流力全部由力传感器承担并测量。测力传感器的布置见图8.4-1,水平测力传感器 F_{y1} 和 F_{y2} 之间的距离为280cm,垂向测力传感器 F_{z1} 和 F_{z2} 及 F_{z3} 和 F_{z4} 之间的距离为208cm, F_{z1} 和 F_{z3} 及 F_{z2} 和 F_{z4} 之间的距离为48cm。共进行两个不同水深下的横向水流作用力试验。

试验 Ⅰ:水深 $d = 13$m;

试验 Ⅱ:水深 $d = 16$m。

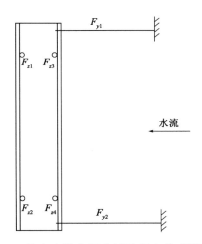

图 8.4-1 横向水流作用力试验测力传感器布置图

2) 沉管管段在横向水流作用下的运动及受力

如图8.4-2所示,用四根水平布置的缆绳连接4个拉力传感器将沉管管段固定,测量横向水流作用在管段上的横向水流力。相应于 $d = 16$m 水深进行了试验研究。另外在管段的上表面中心处设置了垂向位移传感器和倾角传感器,用于测量横向水流作用下管段的下沉量及横倾角。

8.4.2.3 试验结果与分析

1) 沉管管段横向水流作用力试验

(1) 试验 Ⅰ:水深 $d = 13$m。

水深 $d = 13$m,横向水流作用下,作用在沉管管段上的横向力 F_y 及下沉力 F_z 见图8.4-3

和图 8.4-4。

图 8.4-2 沉管管段在横向水流作用下的模型试验实景图

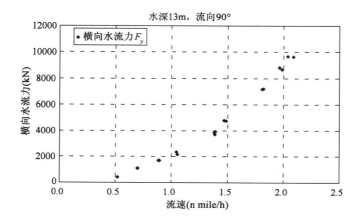

图 8.4-3 $d=13m$ 时横向水流作用在沉管管段上的横向流力 F_y

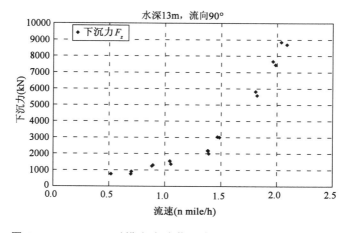

图 8.4-4 $d=13m$ 时横向水流作用在沉管管段上的下沉力 F_z

（2）试验Ⅱ：水深 $d = 16\text{m}$。

水深 $d = 16\text{m}$，横向水流作用下，作用在沉管管段上的横向力 F_y 及下沉力 F_z 见图 8.4-5 和图 8.4-6。

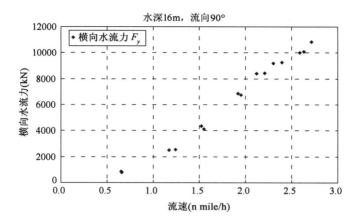

图 8.4-5　$d = 16\text{m}$ 时横向水流作用在沉管管段上的横向水流力 F_y

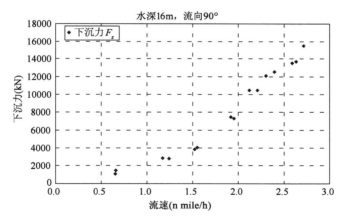

图 8.4-6　$d = 16\text{m}$ 时横向水流作用在沉管管段上的下沉力 F_z

（3）沉管管段在两种水深条件下横向力和下沉力的比较。

由图 8.4-7 可知，流速较小时，两种水深下的横向力差别不大，随着流速的增大，沉管管段在较浅水中所受的横向力则较大。而由图 8.4-8 可知，在试验流速范围内，两种水深下作用在管段上的下沉力则相差不大。

2）横向水流作用下沉管管段的运动及受力

水深 $d = 16\text{m}$，在横向水流作用下，原型流速超过 1.030n mile/h 后，沉管管段将出现迎流侧触底的现象。在沉管管段触底之前，因流速较小，沉管管段中心处的平均下沉量很小，几乎为 0，背流侧两根缆绳 F_{y3} 和 F_{y4} 不受力，其迎流侧两根缆绳的拉力 F_{y1} 和 F_{y2} 及沉管管段的横倾角见表8.4-5,其横倾角和总的横向水流力见图8.4-9和图8.4-10。

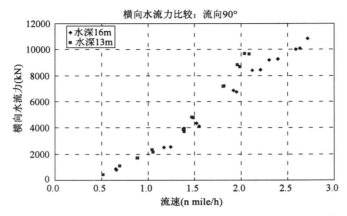

图8.4-7 两种水深下作用在沉管管段上横向水流力的比较

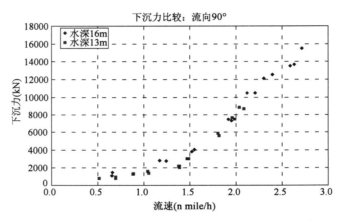

图8.4-8 两种水深下作用在沉管管段上的下沉力比较

$d=16m$,迎流侧缆绳拉力及沉管管段横倾角　　　　表8.4-5

模型流速 (m/s)	原型流速 (m/s)	原型流速 (n mile/h)	F_{y1} (kN)	F_{y2} (kN)	横倾角 (°)	$F_y = F_{y1} + F_{y2}$ (kN)
0.045	0.350	0.681	426.176	400.591	0.475	826.767
0.042	0.326	0.633	434.907	420.211	0.476	855.118
0.050	0.388	0.754	624.367	597.969	0.589	1222.326
0.053	0.408	0.794	642.751	610.054	0.619	1252.806
0.055	0.424	0.824	833.752	803.184	0.785	1636.936
0.057	0.440	0.856	797.936	756.616	0.785	1554.551
0.064	0.499	0.971	972.485	956.034	0.957	1928.528
0.060	0.461	0.896	987.259	957.427	0.877	1944.685

续上表

模型流速 (m/s)	原型流速 (m/s)	原型流速 (n mile/h)	F_{y1} (kN)	F_{y2} (kN)	横倾角 (°)	$F_y = F_{y1} + F_{y2}$ (kN)
0.069	0.532	1.035	1151.066	1106.470	1.136	2257.536
0.067	0.521	1.013	1209.946	1099.309	1.126	2309.254
0.068	0.530	1.030	1201.951	1151.292	1.217	2314.012
0.068	0.530	1.030	1221.786	1159.709	1.285	2381.495

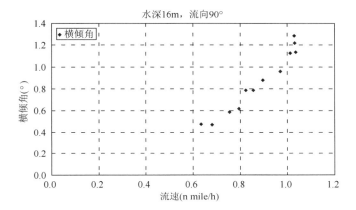

图 8.4-9　$d=16m$，横向水流作用下沉管管段的横倾角

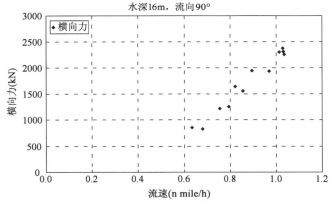

图 8.4-10　$d=16m$，作用在沉管管段上的横向水流力

将沉管管段固定时测得的横向水流力与相应于沉管管段横拖时的结果做比较，见图 8.4-11。由于横倾角的影响，横拖时沉管管段所受的横向流力（或阻力）将稍大于沉管管段固定时得到的流力值。

相应于横拖时沉管管段触底的临界流速约为 1.030n mile/h。经试验发现：当流速大于 1.030n mile/h 后，由于横倾角增大，沉管管段将周期性地触底，沉管管段的下沉量和横倾角随时间的变化过程见图8.4-12。在横倾角增大的同时,沉管管段迎流侧上表面浸入水中的比例增加,加速了管段的横倾和下沉,最终导致管段周期性触底现象的发生。流速进一步增大,如图8.4-13所示,管段触底的频率越来越快。流速继续增大,周期性变化过程将消失,管段迎流侧将完全搁浅在水底不动,见图8.4-14。

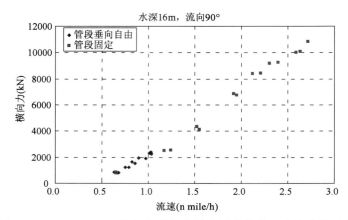

图8.4-11　$d = 16\text{m}$,沉管管段固定和横拖触底前横向水流力的比较

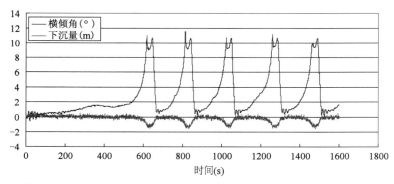

图8.4-12　流速刚超过1.03n mile/h的临界流速时沉管管段的下沉量和横倾角变化曲线

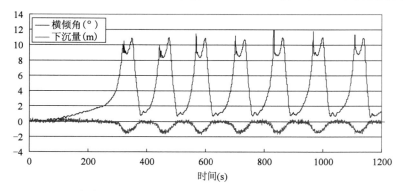

图8.4-13　流速1.387n mile/h时沉管管段的下沉量和横倾角变化曲线

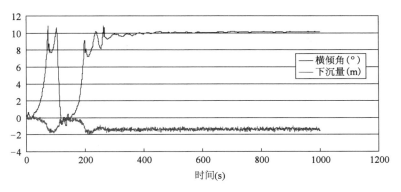

图 8.4-14 流速 1.536n mile/h 时沉管管段的下沉量和横倾角变化曲线

8.4.3 波流耦合下超大沉管管节系泊定位模型试验

8.4.3.1 试验模型

系泊试验模型采用钢材制作,保证其外形、几何尺寸和重量的相似。模型缩尺比 $\lambda = 60$。沉管管段及模型的尺度如表 8.4-6 所示。

系泊试验沉管管段及模型的尺度 表 8.4-6

内 容	符 号	实 体	模 型
长	L (m)	180.000	3.000
宽	B (m)	37.950	0.6325
高	H (m)	11.500	0.1917

对几何形状和重量相似的模型,其垂荡周期是相似的。但对于横摇和纵摇,还应遵守质量分布相似。在确保沉管管段模型满足几何相似的条件外,其重心位置和质量转动惯量应与实型相似。沉管管段与模型的质量和质量转动惯量如表 8.4-7 和表 8.4-8 所示。

系泊寄放模型试验如图 8.4-15 所示。

沉管管段的几何、物理属性 表 8.4-7

吃水	G (t)	I_{xx} (t·m²)	I_{yy} (t·m²)	I_{yy} (t·m²)	Z_c (m)
$T = 11.163$ m	76371.29	1.0423381×10^7	2.059408441×10^8	2.129708441×10^8	-5.896

物理试验模型的几何、物理属性 表 8.4-8

吃水	G (t)	I_{xx} (t·m²)	I_{yy} (t·m²)	I_{yy} (t·m²)	Z_c (m)
$T = 0.186$ m	344.9471	13.07761	258.3821	267.2022	-0.09827

图 8.4-15 系泊寄放模型试验

8.4.3.2 流作用力试验结果与分析

试验的目的是确定作用于模型上的流作用力,用于分析系泊系统。

在流作用的每个方向可用两根水平方向的钢丝绳与沉管管段相连,并接上拉力传感器测量每根钢丝绳的拉力,可得水平方向的流力。

实际操作时,潜水泵以不同转速造流,测量流速和流力,再将其换算到原型。模型流速范围:$0 \sim 0.26 \mathrm{m/s}$。

1)沉管管段纵向水流作用的寄放系泊模型试验

试验的目的是确定纵向水流作用在沉管管段上的纵向流力。用两根水平布置的缆绳连接两个拉力传感器将沉管管段固定,测量纵向水流作用在管段上的纵向水流力。共进行两个不同水深下的纵向水流作用力试验:状态Ⅰ,水深 $d=13\mathrm{m}$;状态Ⅱ,水深 $d=16\mathrm{m}$。

(1)状态Ⅰ:水深 $d=13\mathrm{m}$。

水深 $d=13\mathrm{m}$,纵向水流作用下,作用在沉管管段上的纵向水流力 F_x 见表8.4-9。

$d=13\mathrm{m}$,作用在沉管管段上的纵向水流力 F_x 表 8.4-9

模型流速 (m/s)	原型流速 (m/s)	原型流速 (n mile/h)	F_{x1} (kN)	F_{x2} (kN)	$F_x = F_{x1} + F_{x2}$ (kN)
0.0316	0.244773	0.475841	11.782	11.488	23.269
0.0641	0.496516	0.965234	39.260	40.918	80.177
0.0974	0.754457	1.466674	68.680	72.437	141.117
0.131	1.014722	1.972631	126.549	133.769	260.318
0.165	1.278085	2.484612	208.041	225.708	433.749
0.201	1.556939	3.026709	304.218	314.361	618.579
0.268	2.075919	4.035613	624.613	645.537	1270.150

(2) 状态Ⅱ:水深 $d=16\mathrm{m}$。

水深 $d=16\mathrm{m}$,纵向水流作用下,作用在沉管管段上的纵向水流力 F_x 见表8.4-10。

$d=16\mathrm{m}$,作用在沉管管段上的纵向水流力 F_x 表8.4-10

模型流速 (m/s)	原型流速 (m/s)	原型流速 (n mile/h)	F_{x1} (kN)	F_{x2} (kN)	$F_x=F_{x1}+F_{x2}$ (kN)
0.0318	0.246322	0.478853	5.700	6.396	12.096
0.0643	0.498066	0.968246	22.789	24.584	47.372
0.0976	0.756006	1.469686	52.582	55.819	108.401
0.132	1.022468	1.98769	101.053	117.848	218.900
0.166	1.28583	2.49967	179.523	187.263	366.786
0.202	1.564685	3.041768	266.538	282.136	548.673
0.269	2.083665	4.050671	501.301	520.538	1021.839

2) 沉管管段不同方向水流作用的寄放系泊模型试验

试验的目的是确定沉管管段在不同方向水流作用下的水流作用力及沉管管段在不同流速下的下沉量和横、纵倾角。

如图8.4-16所示,用四根水平布置的缆绳连接四个拉力传感器将沉管管段固定,测量作用在沉管管段上的水流作用力。测力传感器 F_3 和 F_4 之间的距离为279cm, F_1 和 F_2 之间的距离为48cm。另外,在沉管管段的上表面中心处设置了垂向位移传感器和倾角传感器,用于测量水流作用下沉管管段的下沉量及横、纵倾角。

图8.4-16 沉管管段上测力传感器布置图

共进行两个不同水深下的不同方向水流作用力试验:

状态Ⅰ:水深 $d=16\mathrm{m}$,水流与沉管管段中线夹角 $\alpha=10°$;

状态Ⅱ:水深 $d=16\mathrm{m}$,水流与沉管管段中线夹角 $\alpha=18.2°$;

状态Ⅲ:水深 $d=16\mathrm{m}$,水流与沉管管段中线夹角 $\alpha=45°$;

状态Ⅳ:水深 $d=13\mathrm{m}$,水流与沉管管段中线夹角 $\alpha=10.9°$;

状态Ⅴ:水深 $d=13\mathrm{m}$,水流与沉管管段中线夹角 $\alpha=22.4°$;

状态Ⅵ:水深 $d=13\mathrm{m}$,水流与沉管管段中线夹角 $\alpha=45°$。

(1) 状态Ⅰ:水深 $d=16\mathrm{m}$,水流与沉管管段中线夹角 $\alpha=10°$。

水深 $d=16\mathrm{m}$,流向 $\alpha=10°$时,作用在沉管管段上的纵向水流作用力、横向水流作用力及沉管管段的浮态数据见表8.4-11及图8.4-17、图8.4-18、图8.4-19。沉管管段在浮运过程中,在表中所列流速作用下,纵倾角变化不大。

表8.4-11 $d=16\text{m},\alpha=10°$,水流作用力及沉管管段浮态数据

模型流速 (m/s)	原型流速 (m/s)	下沉量 (m)	横倾角 (°)	纵倾角 (°)	F_1 (kN)	F_2 (kN)	F_3 (kN)	F_4 (kN)	$F_x = F_1+F_2$ (kN)	$F_y = F_3+F_4$ (kN)
0.103446	0.801	−0.041	0.10	−0.01	0.0	62.5	0.4	42.9	62.5	43.2
0.130788	1.013	−0.384	0.05	−0.04	65.5	270.1	31.2	236.8	335.6	268.0
0.165842	1.285	−0.394	0.09	−0.07	93.7	526.4	91.2	296.1	620.2	387.3
0.169725	1.315	−0.379	0.10	−0.13	144.0	532.9	246.2	249.7	676.9	495.9
0.189713	1.470	−0.265	0.13	−0.08	183.2	744.4	253.9	471.9	927.6	725.7
0.204627	1.585	−0.211	0.25	−0.24	331.8	1157.8	571.2	617.7	1489.6	1188.9
0.218463	1.692	−0.109	0.36	−0.05	358.9	1611.7	543.3	735.9	1970.6	1279.2

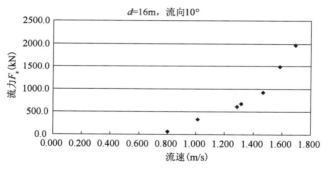

图8.4-17 $d=16\text{m},\alpha=10°$,纵向作用力与流速关系

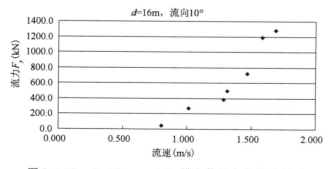

图8.4-18 $d=16\text{m},\alpha=10°$,横向作用力与流速关系

(2)状态Ⅱ:水深$d=16\text{m}$,水流与沉管管段中线夹角$\alpha=18.2°$。

水深$d=16\text{m}$,流向$\alpha=18.2°$时,作用在沉管管段上的水流作用力及沉管管段的浮态数据见表8.4-12及图8.4-20、图8.4-21、图8.4-22。当流速大于1.250m/s时,出现沉

管管段迎流侧底部触底的现象。

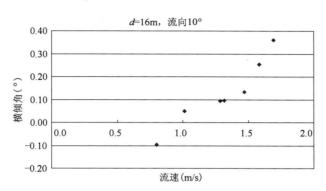

图 8.4-19　$d=16\text{m},\alpha=10°$，沉管管段横倾角与流速关系

$d=16\text{m},\alpha=18.2°$，水流作用力及沉管管段浮态数据　　表 8.4-12

模型流速(m/s)	原型流速(m/s)	下沉量(m)	横倾角(°)	纵倾角(°)	F_1(kN)	F_2(kN)	F_3(kN)	F_4(kN)	$F_x=F_1+F_2$(kN)	$F_y=F_3+F_4$(kN)
0.05521	0.428	-0.159	0.10	-0.01	41.4	62.8	0.0	162.4	104.2	162.4
0.106219	0.823	-0.324	0.32	-0.03	339.3	109.8	523.4	415.9	449.1	939.2
0.133113	1.031	-0.295	0.52	-0.04	514.4	305.6	772.1	679.4	820.0	1451.5
0.161322	1.250	-0.205	0.89	-0.07	643.5	571.4	1134.7	853.8	1214.9	1988.5
0.165938	1.2854	触底								
0.17923	1.388									

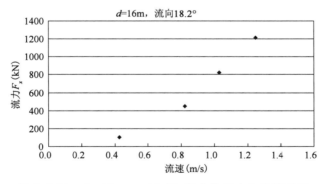

图 8.4-20　$d=16\text{m},\alpha=18.2°$，纵向作用力与流速关系

（3）状态Ⅲ：水深 $d=16\text{m}$，水流与沉管管段中线夹角 $\alpha=45°$。

水深 $d=16\text{m}$，流向 $\alpha=45°$ 时，作用在沉管管段上的水流作用力及沉管管段的浮态数据见表 8.4-13 及图 8.4-23、图 8.4-24、图 8.4-25。当流速大于 0.665m/s 时，出现沉管管段迎流侧底部触底的现象,流速为 0.861m/s 时横倾角随时间变化曲线见图 8.4-26。

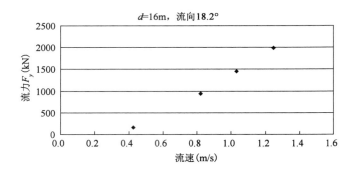

图 8.4-21　$d=16\mathrm{m},\alpha=18.2°$,横向作用力与流速关系

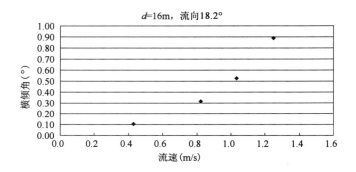

图 8.4-22　$d=16\mathrm{m},\alpha=18.2°$,沉管管段横倾角与流速关系

$d=16\mathrm{m},\alpha=45°$,水流作用力及沉管管段浮态数据　　表 8.4-13

模型流速 (m/s)	原型流速 (m/s)	下沉量 (m)	横倾角 (°)	纵倾角 (°)	F_1 (kN)	F_2 (kN)	F_3 (kN)	F_4 (kN)	$F_x = F_1+F_2$ (kN)	$F_y = F_3+F_4$ (kN)
0.056037	0.434	-0.027	0.27	-0.01	66.9	538.2	1.5	530.8	605.1	532.3
0.070273	0.544	-0.014	0.49	-0.03	126.4	829.3	10.6	818.9	955.7	829.6
0.085854	0.665	-0.107	0.77	-0.03	80.8	1074.0	13.4	1052.0	1154.8	1065.4
0.095892	0.743				周期性、触底					
0.111134	0.861									

(4)状态Ⅳ:水深 $d=13\mathrm{m}$,水流与沉管管段中线夹角 $\alpha=10.9°$。

水深 $d=13\mathrm{m}$,流向 $\alpha=10.9°$ 时,作用在沉管管段上的水流作用力及沉管管段的浮态数据见表 8.4-14 及图 8.4-27、图 8.4-28、图 8.4-29。当流速大于 0.986m/s 时,由于横倾角迅速增大,出现沉管管段迎流侧底部周期性触底的现象;当流速继续增加时,沉管管段将搁浅于水底不动。

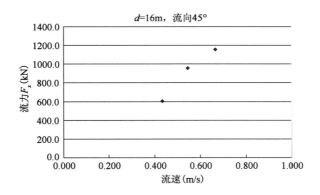

图 8.4-23　$d=16m, \alpha=45°$,纵向作用力与流速关系

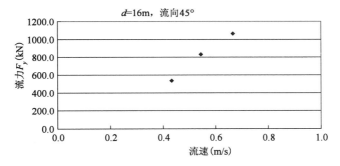

图 8.4-24　$d=16m, \alpha=45°$,横向作用力与流速关系

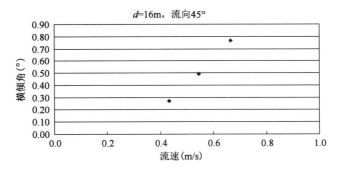

图 8.4-25　$d=16m, \alpha=45°$,沉管管段横倾角与流速关系

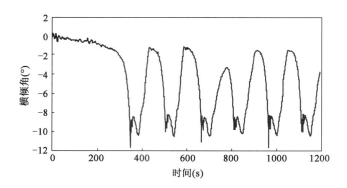

图 8.4-26　$d=16\mathrm{m}, \alpha=45°$，流速为 0.861m/s 时沉管管段横倾角随时间变化曲线

$d=13\mathrm{m}, \alpha=10.9°$，水流作用力及沉管管段浮态数据　　表 8.4-14

模型流速 (m/s)	原型流速 (m/s)	下沉量 (m)	横倾角 (°)	纵倾角 (°)	F_1 (kN)	F_2 (kN)	F_3 (kN)	F_4 (kN)	$F_x = F_1 + F_2$ (kN)	$F_y = F_3 + F_4$ (kN)
0.05558	0.43052	−0.030	0.073	−0.008	4.9	230.1	222.0	199.9	235.1	421.9
0.080693	0.62505	−0.155	0.212	−0.022	17.2	495.7	506.6	497.7	512.9	1004.3
0.107275	0.831	−0.299	0.388	−0.030	25.0	765.7	704.0	748.2	790.7	1452.1
0.127308	0.986	−0.225	0.703	−0.057	86.3	983.9	973.4	928.4	1070.1	1901.8
0.139773	1.083	周期性、触底								
0.153695	1.191	周期性、触底								
0.179995	1.394	触底								

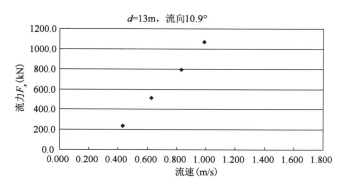

图 8.4-27　$d=13\mathrm{m}, \alpha=10.9°$，纵向作用力与流速关系

（5）状态 V：水深 $d=13\mathrm{m}$，水流与沉管管段中线夹角 $\alpha=22.4°$。

水深 $d=13\mathrm{m}$，流向 $\alpha=22.4°$ 时，作用在沉管管段上的水流作用力及沉管管段的浮态数据见表 8.4-15 及图 8.4-30、图 8.4-31、图 8.4-32。当流速大于 0.809m/s 时,由于横倾角迅速增大,出现沉管管段迎流侧底部周期性触底的现象;当流速继续增加时,沉管管段将搁浅于水底不动。

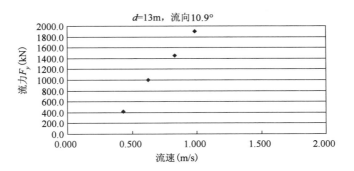

图 8.4-28　$d=13\text{m}, \alpha=10.9°$,横向作用力与流速关系

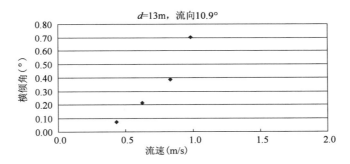

图 8.4-29　$d=13\text{m}, \alpha=10.9°$,沉管管段横倾角与流速关系

$d=13\text{m}, \alpha=22.4°$,水流作用力及沉管管段浮态数据　　表 8.4-15

模型流速 (m/s)	原型流速 (m/s)	下沉量 (m)	横倾角 (°)	纵倾角 (°)	F_1 (kN)	F_2 (kN)	F_3 (kN)	F_4 (kN)	$F_x = F_1+F_2$ (kN)	$F_y = F_3+F_4$ (kN)
0.051472	0.399	−0.107	0.13	−0.01	183.8	146.0	248.8	268.1	329.8	516.9
0.080523	0.624	−0.189	0.33	−0.03	388.1	250.2	595.7	503.0	638.4	1098.7
0.091998	0.713	−0.2603	0.4289	−0.03	431.6	303.7	744.1	616.2	735.3	1360.3
0.104492	0.809	−0.191	0.87	−0.07	647.0	395.7	1013.7	817.0	1042.7	1830.7
0.115283	0.893	周期性、触底								
0.126546	0.980	周期性、触底								
0.131436	1.0181	触底								

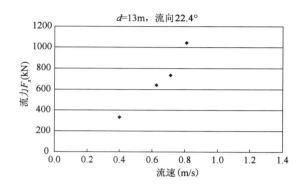

图 8.4-30　$d=13\mathrm{m}, \alpha=22.4°$, 纵向作用力与流速关系

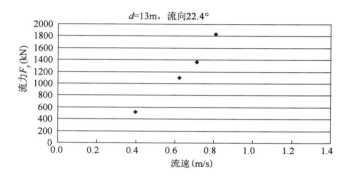

图 8.4-31　$d=13\mathrm{m}, \alpha=22.4°$, 横向作用力与流速关系

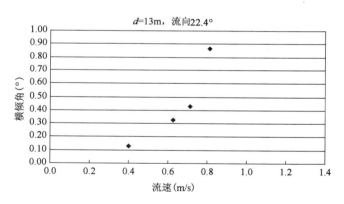

图 8.4-32　$d=13\mathrm{m}, \alpha=22.4°$, 沉管管段横倾角与流速关系

(6) 状态Ⅵ: 水深 $d=13\mathrm{m}$, 水流与沉管管段中线夹角 $\alpha=45°$。

水深 $d=13\mathrm{m}$, 流向 $\alpha=45°$ 时, 作用在沉管管段上的水流作用力及沉管管段的浮态数据见表 8.4-16 及图 8.4-33 图 8.4-34、图 8.4-35。当流速大于 0.550m/s 时, 出现沉管管段迎流侧底部周期性触底的现象; 当流速继续增加时, 沉管管段将搁浅于水底不动。

$d=13\text{m}, \alpha=45°$，水流作用力及沉管管段浮态数据　　　　表 8.4-16

模型流速(m/s)	原型流速(m/s)	下沉量(m)	横倾角(°)	纵倾角(°)	F_1(kN)	F_2(kN)	F_3(kN)	F_4(kN)	$F_x=F_1+F_2$(kN)	$F_y=F_3+F_4$(kN)
0.049699	0.385	−0.001	0.316	−0.01	300.3	268.7	174.4	471.2	569.0	645.6
0.063147	0.489	−0.017	0.532	−0.02	503.3	547.2	267.0	816.4	1050.6	1083.5
0.070962	0.550	−0.073	0.752	−0.04	673.5	635.5	320.4	1032.6	1309.0	1353.0
0.082465	0.639	周期性、触底								
0.088334	0.684	周期性、触底								
0.09415	0.729	触底								

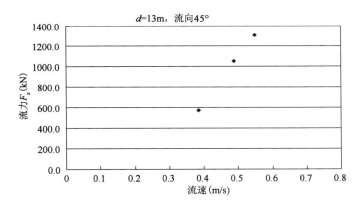

图 8.4-33　$d=13\text{m}, \alpha=45°$，纵向作用力与流速关系

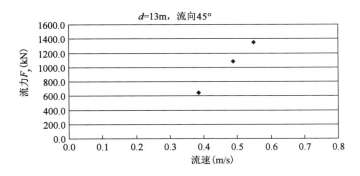

图 8.4-34　$d=13\text{m}, \alpha=45°$，横向作用力与流速关系

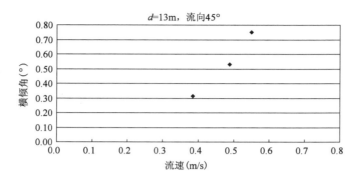

图 8.4-35 $d=13\mathrm{m}, \alpha=45°$,沉管管段横倾角与流速关系

8.4.3.3 规则波作用下寄放系泊模型试验结果与分析

在记录模型缆绳张力和沉管管段运动的同时,用浪高仪记录波浪要素,用每次实测的波浪资料整理试验数据。

1)沉管管段寄放系泊模型试验($\beta=0°, d=16\mathrm{m}$)

每根系泊缆绳的编号如图 8.4-36 所示。寄放系泊时每根缆绳系缆点在沉管管段上的位置见表 8.4-17。为了使锚泊系统具有抵抗一定横向波浪作用的能力,在编号 6、7、10、11 处分别设置两根缆绳。

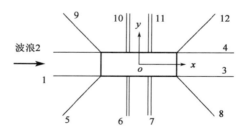

图 8.4-36 寄放系泊示意图($\beta=0°$)

寄放系泊系缆点在沉管管段上的位置　　　　表 8.4-17

序号	原型($\phi72$ 钢丝绳,$L_s=120\mathrm{m}$,系缆点离锚点水平距离 117m)			模型($\phi1.2$ 钢丝绳,$L_s=2\mathrm{m}$,系缆点离锚点水平距离 1.95m)		
	沉管管段上系缆点位置(m)			沉管管段上系缆点位置(m)		
	x	y	z	X	Y	Z
1	−87	−13.8	11.5	−1.45	−0.23	0.1917
2	−87	13.8	11.5	−1.45	0.23	0.1917
3	87	−13.8	11.5	1.45	−0.23	0.1917

续上表

序号	原型(ϕ72 钢丝绳,L_s = 120m,系缆点离锚点水平距离117m)			模型(ϕ1.2 钢丝绳,L_s = 2m,系缆点离锚点水平距离1.95m)		
	沉管管段上系缆点位置(m)			沉管管段上系缆点位置(m)		
	x	y	z	X	Y	Z
4	87	13.8	11.5	1.45	0.23	0.1917
5	-84	-13.8	11.5	-1.4	-0.23	0.1917
6	-6	-13.8	11.5	-0.1	-0.23	0.1917
7	6	-13.8	11.5	0.1	-0.23	0.1917
8	84	-13.8	11.5	1.4	-0.23	0.1917
9	-84	13.8	11.5	-1.4	0.23	0.1917
10	-6	13.8	11.5	-0.1	0.23	0.1917
11	6	13.8	11.5	0.1	0.23	0.1917
12	84	13.8	11.5	1.4	0.23	0.1917

$d = 16\mathrm{m},\beta = 0°$,不同波高和周期下,迎浪侧每根缆绳在系缆点处的最大张力峰值及沉管管段的运动见表8.4-18。

$d = 16\mathrm{m},\beta = 0°$时沉管管段的运动及各缆绳的张力　　表8.4-18

周期T_s(s)	平均值			双幅值			缆绳平均张力(kN)		缆绳张力最大值(kN)	
	波浪(m)	升沉(m)	纵摇(°)	波浪(m)	升沉(m)	纵摇(°)	1、2	5、9	1、2	5、9
24.700	-0.004	-0.773	-0.148	3.442	1.329	2.289	217.968	139.704	2187.189	1334.680
24.700	-0.017	-0.637	-0.149	3.041	1.258	2.032	140.803	105.713	1512.888	789.528
24.700	-0.001	-0.602	-0.126	2.530	1.034	1.806	129.786	159.707	1367.318	833.556
22.140	-0.025	-0.849	0.318	3.176	0.602	3.512	295.997	192.276	1531.537	883.685
22.140	-0.004	-0.793	0.269	2.892	0.632	3.346	243.288	158.235	1533.499	1147.181
21.700	-0.004	-0.928	0.000	3.183	0.443	3.874	277.917	229.652	1860.957	1105.587
21.700	-0.005	-1.012	0.087	3.617	0.484	3.942	345.175	299.862	2254.927	1406.852
21.700	-0.004	-1.070	0.032	3.864	0.490	4.039	252.343	214.211	1959.243	1133.065

续上表

周期 T_s (s)	平 均 值			双 幅 值			缆绳平均张力 (kN)		缆绳张力最大值 (kN)	
	波浪 (m)	升沉 (m)	纵摇 (°)	波浪 (m)	升沉 (m)	纵摇 (°)	1、2	5、9	1、2	5、9
21.700	-0.030	-1.053	0.030	3.916	0.491	4.146	302.786	254.177	1919.474	1190.002
20.900	-0.019	-0.790	0.644	3.411	0.826	2.521	118.181	118.887	605.591	259.926
18.600	-0.032	-0.981	-0.228	3.248	0.315	2.408	193.080	203.862	761.972	524.845
18.600	-0.050	-0.981	-0.127	3.283	0.325	2.277	253.167	234.910	1199.155	750.779
18.600	-0.086	-0.979	0.345	4.665	0.418	3.525	216.301	228.239	746.982	545.426
15.500	0.010	-0.664	0.192	3.755	0.322	1.932	62.627	111.824	850.527	829.239
15.500	-0.036	-0.942	-0.137	3.133	0.269	2.008	114.277	153.311	1173.472	788.822
12.400	-0.032	-1.017	-0.209	3.037	0.320	3.626	239.855	166.966	1271.749	765.033
9.300	-0.012	-1.000	0.004	3.616	—	2.030	145.512	200.762	445.963	407.213
6.200	-0.010	-0.621	-0.159	2.572	—	1.018	70.769	117.190	107.508	156.950
6.200	0.066	-0.008	-0.015	3.349	—	1.333	0.000	9.810	0.000	42.919

2) 沉管管段寄放系泊模型试验($\beta=90°$, $d=16\text{m}$)

每根系泊缆绳的编号如图 8.4-37 所示。寄放系泊时每根缆绳系缆点在沉管管段上的位置见表 8.4-19。为了使锚泊系统具有抵抗一定的横向波浪作用的能力,在编号 6、7、10、11 处分别设置两根缆绳。

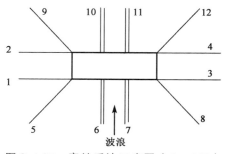

图 8.4-37 寄放系泊示意图($\beta=90°$)

寄放系泊系缆点在沉管管段上的位置　　　　　表 8.4-19

序号	原型(ϕ72 钢丝绳,L_s=120m,系缆点离锚点水平距离 117m)			模型(ϕ1.2 钢丝绳,L_s=2m,系缆点离锚点水平距离 1.95m)		
	沉管管段上系缆点位置(m)			沉管管段上系缆点位置(m)		
	x	y	z	X	Y	Z
1	−87	−13.8	11.5	−1.45	−0.23	0.1917
2	−87	13.8	11.5	−1.45	0.23	0.1917
3	87	−13.8	11.5	1.45	−0.23	0.1917
4	87	13.8	11.5	1.45	0.23	0.1917
5	−84	−13.8	11.5	−1.4	−0.23	0.1917
6	−6	−13.8	11.5	−0.1	−0.23	0.1917
7	6	−13.8	11.5	0.1	−0.23	0.1917
8	84	−13.8	11.5	1.4	−0.23	0.1917
9	−84	13.8	11.5	−1.4	0.23	0.1917
10	−6	13.8	11.5	−0.1	0.23	0.1917
11	6	13.8	11.5	0.1	0.23	0.1917
12	84	13.8	11.5	1.4	0.23	0.1917

$d=16\text{m},\beta=90°$,不同波高和周期下,迎浪侧每根缆绳在系缆点处的最大张力峰值及沉管管段的运动见表 8.4-20。

$d=16\text{m},\beta=90°$时沉管管段的运动及各缆绳的张力　　　　表 8.4-20

周期 T_s (s)	平均值			双幅值			缆绳平均张力 (kN)		缆绳张力最大值 (kN)	
	波浪 (m)	升沉 (m)	纵摇 (°)	波浪 (m)	升沉 (m)	纵摇 (°)	6、7	5、8	6、7	5、8
18.000	−0.026	−0.437	−0.726	1.512	1.243	5.362	74.899	208.619	493.561	907.052

续上表

周期 T_s (s)	平均值			双幅值			缆绳平均张力 (kN)		缆绳张力最大值 (kN)	
	波浪 (m)	升沉 (m)	纵摇 (°)	波浪 (m)	升沉 (m)	纵摇 (°)	6、7	5、8	6、7	5、8
17.900	-0.005	-0.568	-0.797	2.207	1.193	7.688	132.975	390.075	1909.350	3064.821
17.800	-0.010	-0.447	-0.733	1.778	1.240	4.700	107.488	275.210	1066.533	1451.556
12.610	-0.001	-0.614	-0.402	1.679	0.497	4.949	121.183	239.815	511.876	775.814
7.750	-0.024	-1.186	-1.266	2.177	0.200	3.240	205.765	468.575	962.018	1209.416
5.650	0.008	-0.460	-0.205	1.395	0.156	1.593	41.349	222.353	124.911	363.098
5.660	-0.015	-0.796	-1.136	2.042	0.138	2.872	97.462	417.259	268.343	687.877

8.4.3.4 沉管管段寄放系泊的静水弯矩和静水剪力分析

寄放系泊的沉管管段的静水弯矩和静水剪力参数如图 8.4-38 所示。

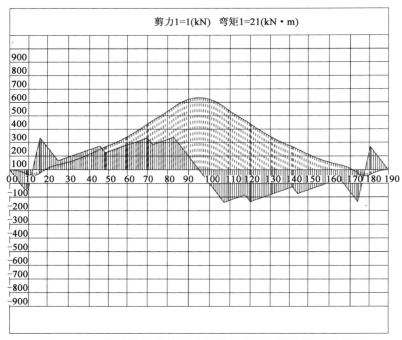

图 8.4-38 沉管管段寄放系泊的静水弯矩和静水剪力曲线图

注:1. 图中弯矩值符号的定义如下:以使管段发生中拱变形趋势为正;以使管段发生中垂变形趋势为负。

2. 在计算中以 1.0m 为插值计算的步长,计算了沿沉管管段长度方向分布的弯矩和剪力值,得到每单位长度上的弯矩和剪力值。作为数据输出,以 10m 为单位列出弯矩和剪力值。

8.4.3.5 沉管管段寄放系泊的垂向波浪诱导弯矩和剪力分析

由物理模型试验分析可获取沉管管段在波浪中运动的特性。根据管段在波浪中的运动特性,经数值模拟分析,可得沉管管段在波浪中运动所受的垂向波浪诱导弯矩和剪力,如表 8.4-21 和表 8.4-22 所示。

沉管管段寄放系泊的静水弯矩和静水剪力　　表 8.4-21

距离中点(m)	静水弯矩(kN·m)	静水剪力(kN)
−90.000	0.000	0.000
−80.000	−894.083	−64.335
−70.000	487.670	124.811
−60.000	1360.914	103.341
−50.000	2669.149	158.306
−40.000	4160.778	149.575
−30.000	5931.345	204.539
−20.000	8044.544	195.808
−10.000	10226.490	199.816
0.000	11225.570	0.000
10.000	10226.490	−199.816
20.000	8044.546	−195.808
30.000	5931.345	−204.539
40.000	4160.777	−149.575
50.000	2669.147	−158.306
60.000	1360.914	−103.341
70.000	487.670	−124.811
80.000	−894.083	64.335
90.000	0.000	0.000
距离中点(m)	最大静水弯矩(kN·m)	最大静水剪力(kN)
0.000	11225.570	—
−12.000	—	239.780
距离中点(m)	最小静水弯矩(kN·m)	最小静水剪力(kN)
−79.000/79.000	−924.700	—
12.000	—	−239.779

表 8.4-22

不同波高、不同周期的垂向波浪诱导弯矩和剪力

周期(s)	波高(m) 1.000		2.000		3.000		4.000		5.000		6.000		7.000	
	最大剪力(kN)	最大弯矩(kN·m)	最大剪力(kN)	最大弯矩(kN·m)	最大剪力(kN)	最大弯矩(kN·m)	最大剪力(kN)	最大弯矩(kN·m)	最大剪力(kN)	最大弯矩(kN·m)	最大剪力(kN)	最大弯矩(kN·m)	最大剪力(kN)	最大弯矩(kN·m)
4.8018	512	13760	1023	27519	1535	41279	2046	55039	2558	68799	3069	82558	3581	96318
8.3170	277	16769	553	33538	830	50307	1106	67077	1383	83846	1660	100615	1936	117384
9.6037	518	28618	1037	57236	1555	85854	2074	114472	2592	143090	3111	171708	3629	200326
10.1862	876	48666	1751	97333	2627	145999	3502	194665	4378	243331	5253	291998	6129	340664
10.7372	1225	63566	2450	127131	3676	190697	4901	254262	6126	317828	7351	381393	8576	444959
11.2613	1449	70899	2899	141797	4348	212696	5798	283594	7247	354493	8696	425392	10146	496290
11.7620	1444	73930	2888	147861	4332	221791	5776	295721	7220	369652	8664	443582	10108	517513
12.2423	1411	75541	2821	151082	4232	226623	5642	302164	7053	377704	8463	453245	9874	528786
12.7044	1377	75799	2754	151598	4132	227396	5509	303195	6886	378994	8263	454793	9640	530592
13.1503	1346	75191	2692	150383	4039	225574	5385	300766	6731	375957	8077	451148	9423	526340
13.5816	1305	73615	2610	147230	3915	220845	5220	294460	6525	368075	7831	441689	9136	515304
13.9996	1256	71374	2511	142747	3767	214121	5023	285495	6279	356869	7534	428242	8790	499616
14.4055	1203	68759	2407	137518	3610	206277	4813	275036	6016	343795	7220	412554	8423	481313
15.1847	1098	63068	2195	126136	3293	189204	4391	252272	5488	315341	6586	378409	7684	441477
最大值	1449	75799	2899	151598	4348	227396	5798	303195	7247	378994	8696	454793	10146	530592

8.4.4 波流耦合下超大沉管管节定位沉放模型试验

8.4.4.1 沉管管段及浮驳模型制作

模型采用钢材制作,保证其外形、几何尺寸和重量相似,尺度比为 1:60。浮于水面时,沉管管段及模型的尺度与浮运阶段相同。不同负浮力状态下沉管管段及模型的尺度、几何、物理属性如表 8.4-23 ~ 表 8.4-25 所示。

沉管管段及模型的尺度 表 8.4-23

内 容	符 号	实 体	模 型
长	$L(m)$	180.000	3.000
宽	$B(m)$	37.950	0.6325
高	$H(m)$	11.500	0.1917
吃水	$T(m)$	11.300	0.1883
排水量	$\Delta(t)$	77171.26	0.3486

沉管管段的几何、物理属性 表 8.4-24

吃水	$G(t)$	$I_{xx}(t \cdot m^2)$	$I_{yy}(t \cdot m^2)$	$I_{yy}(t \cdot m^2)$	$Z_c(m)$
$T=11.300m$	77171.289	1.0532568×10^7	2.080981015×10^8	2.187981015×10^8	-6.144
0 浮力	78324.410	1.073008516×10^7	2.102456212×10^8	2.209546300×10^8	-6.397
565t 负浮力	78889.41	1.082686356×10^7	2.112978513×10^8	2.220112741×10^8	-6.419
1130t 负浮力	79454.41	1.092364195×10^7	2.123500814×10^8	2.230679183×10^8	-6.439
1695t 负浮力	80019.41	1.102042034×10^7	2.134023115×10^8	2.241245625×10^8	-6.457
2260t 负浮力	80584.41	1.111719874×10^7	2.144545416×10^8	2.251812066×10^8	-6.472

试验模型的几何、物理属性 表 8.4-25

吃水	$G(t)$	$I_{xx}(t \cdot m^2)$	$I_{yy}(t \cdot m^2)$	$I_{yy}(t \cdot m^2)$	$Z_c(m)$
$T=0.1883m$	348.5605	13.2146	261.0887	274.5133	-0.10240
0 浮力	353.7688	13.4624	263.7830	277.2190	-0.10662
2.552kg 负浮力	356.3207	13.5838	265.1032	278.5447	-0.10698
5.104kg 负浮力	358.8727	13.7053	266.4234	279.8704	-0.10732
7.656kg 负浮力	361.4246	13.8267	267.7435	281.1961	-0.10762
10.208kg 负浮力	363.9766	13.9481	269.0637	282.5218	-0.10787

注:表中 G 为管段总质量,I_{xx}、I_{yy} 和 I_{zz} 分别是关于各轴的转动惯量,Z_c 为管段重心相对于水面的垂向位置。

浮驳为箱形船，主尺度为：长 $L=50\mathrm{m}$，宽 $B=12\mathrm{m}$，型深 $D=4.8\mathrm{m}$，沉管管段压载下沉前吃水为 $0.825\mathrm{m}$。试验模型缩尺比 $\lambda=60$。沉放试验模型如图 8.4-39 所示。

图 8.4-39　沉放试验模型

模型缆绳满足重量相似和弹性相似。

沉管管段吊放承重缆采用钢缆，直径 $d_s=120\mathrm{mm}$，单位长度质量 $w_s=60.2\mathrm{kg/m}$（空气中），抗拉强度为 1770MPa，最小破断拉力为 9080kN。

浮驳定位采用直径为 72mm 的锚链。模型采用直径为 1.2mm 的不锈钢链，单位长度质量为 32.5g/m。

8.4.4.2　试验工况

浮驳甲板上的四个角点为系缆点。沉放阶段每根缆绳的编号如图 8.4-40 和图 8.4-41 所示，编号 1~4 为与浮驳相连的吊放缆，对于原型而言，吊放缆 1 和 2 及 3 和 4 之间的距离为 124.8m，1 和 3 及 2 和 4 之间的距离为 28.8m。编号 5~12 为浮驳的定位锚链，每根锚链长为 120m，静止时锚点和系缆点之间的水平距离为 114m，每根锚链与 y 轴之间的夹角为 30°。

沉放试验如图 8.4-42 所示。

共进行 6 个不同状态的横浪和横向水流作用力试验：

状态Ⅰ：沉管管段浮于水面；

状态Ⅱ：零负浮力；

状态Ⅲ：负浮力 5537kN；

状态Ⅳ：负浮力 11074kN；

状态Ⅴ：负浮力 16611kN；

状态Ⅵ：负浮力 22148kN。

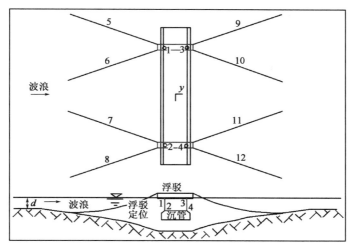

图 8.4-40　沉管管段沉放定位系泊示意图（不规则波）

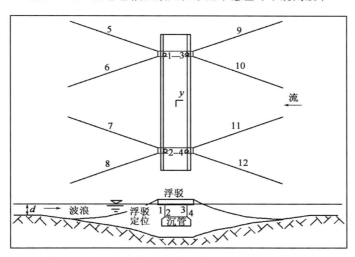

图 8.4-41　沉管管段沉放定位系泊示意图（流）

图 8.4-42　沉放试验

8.4.4.3 试验结果与分析

1）状态Ⅰ：沉管管段浮于水面

（1）横浪 $H_s=0.8\text{m}, T=8\text{s}$。

沉管管段浮于水面，吃水 $T=11.1\text{m}$，$H_s=0.8\text{m}$，平均周期 $T=8\text{s}$，在图 8.4-40 所示横浪作用下沉管管段运动见表 8.4-26。

沉管管段浮于水面，横浪 $H_s=0.8\text{m}, T=8\text{s}$ 时结果　　表 8.4-26

时域统计分析					
内容	单位	标准差	正值最大值	负值最大值	平均跨零周期(s)
波浪	(m)	0.214	0.681	-0.66	6.584
横荡	(m)	0.296	1.186	-1.249	6.213
升沉	(m)	0.259	1.117	-0.97	6.978
横摇	(°)	0.411	1.834	-1.211	11.909
谱分析							
内容	单位	m_0	m_2	$T_1(\text{s})$	$T_2(\text{s})$	$\sqrt{m_0}$	ε	1h 内最大幅值估算
波浪	(m)	0.045	0.001	6.618	6.075	0.212	0.679	0.681
横荡	(m)	0.086	0.004	5.409	4.575	0.293	0.677	0.909
升沉	(m)	0.065	0.003	5.962	4.979	0.256	0.719	0.788
横摇	(°)	0.167	0.001	13.394	11.105	0.409	0.781	1.147

注：m_0 为谱密度曲线下面积，称为零阶矩；m_n 为谱密度曲线对原点的 n 阶矩；T_1 为十分之一最大周期；T_2 为有效周期；ε 为幅值。

（2）横向水流。

沉管管段浮于水面，吃水 $T=11.3\text{m}$，在图 8.4-41 所示横向水流作用下沉管管段下沉量及横倾斜角的平均值见表 8.4-27。由于横向水流的作用导致沉管管段底部压力不均匀，沉管管段向迎流侧横倾。当流速大于 1.0m/s 时，下沉量和横倾角都偏大。

沉管管段浮于水面时，横向水流作用下沉管管段的运动　　表 8.4-27

流速(m/s)	下沉量(m)	横倾角(°)
0.61	0	-0.127
1.039	3.27	-6.8
1.461	5.37	-11.2
1.697	8.34	-16.7

2)状态Ⅱ:零负浮力

(1)横浪 $H_s = 0.8\text{m}, T = 8\text{s}$。

沉管管段零负浮力,遭遇图8.4-40所示横浪 $H_s = 0.8\text{m}$,平均周期 $T = 8\text{s}$ 作用时沉管管段运动及吊放缆绳张力结果见表8.4-28。

零负浮力,$H_s = 0.8\text{m}, T = 8\text{s}$ 时统计分析结果　　　　表8.4-28

时域统计分析					
内容	单位	标准差	正值最大值	负值最大值	平均跨零周期(s)
波浪	(m)	0.23	0.765	−0.718	5.267
横荡	(m)	0.231	0.951	−0.862	6.419
升沉	(m)	0.24	0.782	−0.957	6.389
横摇	(°)	0.352	1.752	−1.293	13.042
谱分析								
内容	单位	m_0	m_2	T_1(s)	T_2(s)	$\sqrt{m_0}$	ε	1h内最大幅值估算
波浪	(m)	0.053	0.002	6.48	5.851	0.231	0.72	0.765
横荡	(m)	0.056	0.003	5.266	4.516	0.236	0.67	0.735
升沉	(m)	0.056	0.003	5.526	4.696	0.236	0.689	0.733
横摇	(°)	0.112	0.001	23.092	14.006	0.335	0.903	0.913

(2)横向水流。

零负浮力,在图8.4-41所示横向水流作用下沉管管段下沉量及横倾斜角的平均值见表8.4-29。与浮于水面时比较,此时沉管管段向迎流侧横倾的角度更大,更危险。

零负浮力,横向水流作用下沉管管段的运动　　　　表8.4-29

流速(m/s)	下沉量(m)	横倾角(°)
0.41	0.122	−2.12
1.145	2.76	−10.29
1.468	4.12	−10.7

3)状态Ⅲ:负浮力 5537kN

(1)横浪,沉深4.29m。

沉深4.29m,横浪作用下,不同波高和周期,波浪持续时间1h,吊放缆绳可能最大张力值的比较见图8.4-43。由图可知,遭遇平均周期为8s的横浪时,吊放缆绳的张力值较短周期波为大。

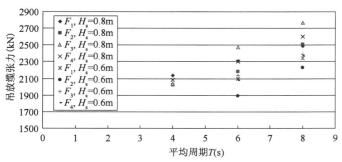

图 8.4-43　沉深 4.29m,负浮力 5537kN,波浪持续 1h 吊放缆绳可能最大张力值

(2)横浪,沉深 7.29m。

沉深 7.29m,横浪作用下,不同波高和周期,波浪持续时间 1h,吊放缆绳可能最大张力值的比较见图 8.4-44。

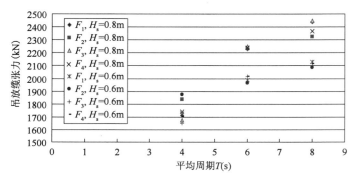

图 8.4-44　沉深 7.29m,负浮力 5537kN,波浪持续 1h 吊放缆绳可能最大张力值

(3)横向水流。

负浮力 565t,沉管管段在图 8.4-41 所示横向水流作用下沉管管段下沉量、横倾斜角及各吊放缆绳张力平均值见表 8.4-30。当沉管管段遭遇的横向流速大于表中所列流速时,沉管管段将有倾覆的可能。

负浮力 5537kN,横向水流作用下沉管管段的运动及吊放缆绳张力　　表 8.4-30

沉深 4.29m						
流速(m/s)	下沉量(m)	横倾角(°)	F_1(kN)	F_2(kN)	F_3(kN)	F_4(kN)
1.548	-0.769	-4.14	1067.989	1218.589	5442.489	6153.189
1.573	-1.528	-4.39	1351.289	2318.589	6086.389	7210.189
沉深 7.29m						
流速(m/s)	下沉量(m)	横倾角(°)	F_1(kN)	F_2(kN)	F_3(kN)	F_4(kN)
1.548	-1.157	-3.9	1165.189	1251.689	4286.789	5787.389
1.55	-1.585	-4.683	1564.689	773.7893	5178.389	5981.589

4)状态Ⅳ:负浮力11074kN

(1)横浪,沉深4.76m。

沉深4.76m,横浪作用下,不同波高和周期,波浪持续时间1h,吊放缆绳可能最大张力值的比较见图8.4-45。

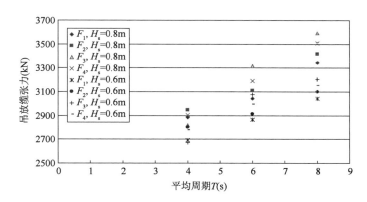

图8.4-45　沉深4.76m,负浮力11074kN,波浪持续1h吊放缆绳可能最大张力值

(2)横浪,沉深7.76m。

沉深7.76m,横浪作用下,不同波高和周期,波浪持续时间1h,吊放缆绳可能最大张力值的比较见图8.4-46。

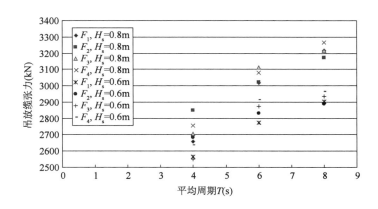

图8.4-46　沉深7.76m,负浮力11074kN,波浪持续1h吊放缆绳可能最大张力值

(3)横向水流。

负浮力11074kN,沉管管段在图8.4-41所示横向水流作用下沉管管段下沉量、横倾斜角及各吊放缆绳张力平均值见表8.4-31。当沉管管段遭遇的横向流速大于表中所列流速时,沉管管段将有倾覆的可能。

负浮力 11074kN，横向水流作用下沉管管段的运动及缆绳张力　　　表 8.4-31

沉深 4.76m					
流速(m/s)	下沉量(m)	横倾角(°)	F_1(kN)	F_2(kN)	F_3(kN)	F_4(kN)
1.547	1.219	-2.603	3577.379	3324.779	5089.579	6620.879
沉深 7.76m					
流速(m/s)	下沉量(m)	横倾角(°)	F_1(kN)	F_2(kN)	F_3(kN)	F_4(kN)
1.547	1.202	-4.19	2973.359	2069.179	5980.379	6492.079

5) 状态 V：负浮力 16611kN

(1) 横浪，沉深 5.23m。

沉深 5.23m，横浪作用下，不同波高和周期，波浪持续时间 1h 吊放缆绳可能最大张力值的比较见图 8.4-47。

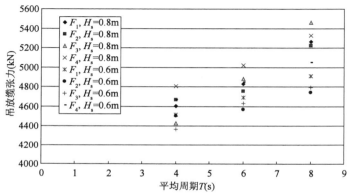

图 8.4-47　沉深 5.23m，负浮力 11611kN，波浪持续 1h 吊放缆绳可能最大张力值

(2) 横浪，沉深 8.23m。

沉深 8.23m，横浪作用下，不同波高和周期，波浪持续时间 1h，吊放缆绳可能最大张力值的比较见图 8.4-48。

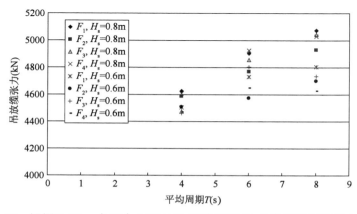

图 8.4-48　沉深 8.23m，负浮力 16611kN，波浪持续 1h 吊放缆绳可能最大张力值

(3) 横向水流。

负浮力16611kN,沉管管段在横向水流作用下沉管管段下沉量、横倾斜角及各吊放缆绳张力平均值见表8.4-32,超过表中流速即有倾覆的可能。

负浮力16611kN,横向水流作用下沉管管段的运动及各吊放缆绳张力　　表8.4-32

沉深5.23m						
流速(m/s)	下沉量(m)	横倾角(°)	F_1(kN)	F_2(kN)	F_3(kN)	F_4(kN)
1.547	0.724	-2.641	4065.068	4668.868	7208.468	7904.168
沉深8.23m						
流速(m/s)	下沉量(m)	横倾角(°)	F_1(kN)	F_2(kN)	F_3(kN)	F_4(kN)
1.532	1.16	-3.01	4419.268	3788.068	6497.368	7191.268

6) 状态Ⅵ:负浮力22148kN

(1) 横浪,沉深5.7m。

沉深5.7m,横浪作用下,不同波高和周期,波浪持续时间1h,吊放缆绳可能最大张力值的比较见图8.4-49。

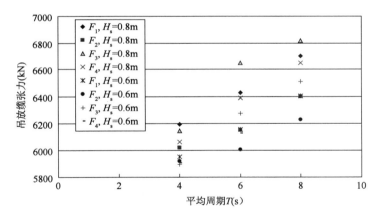

图8.4-49　沉深5.7m,负浮力22148kN,波浪持续1h吊放缆绳可能最大张力值

(2) 横浪,沉深8.7m。

沉深8.7m,横浪作用下,不同波高和周期,波浪持续时间1h,吊放缆绳可能最大张力值的比较见图8.4-50。

(3) 横向水流。

负浮力22148kN,沉管管段在横向水流作用下沉管管段下沉量、横倾斜角及各吊放缆绳张力平均值见表8.4-33,超过表中流速即有倾覆的可能。

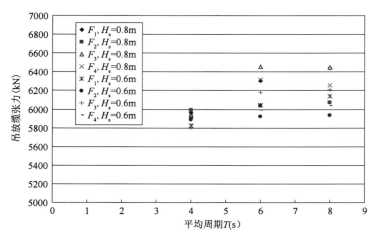

图 8.4-50　沉深 8.7m，负浮力 22148kN，波浪持续 1h 吊放缆绳可能最大张力值

负浮力 22148kN，横向水流作用下沉管管段的运动及各吊放缆绳张力　表 8.4-33

沉深 5.7m						
流速(m/s)	下沉量(m)	横倾角(°)	F_1(kN)	F_2(kN)	F_3(kN)	F_4(kN)
1.384	0.717	-1.887	5636.157	6147.757	7793.357	8502.457
1.468	0.618	-2.54	5581.157	5789.457	8143.757	8533.757
沉深 8.7m						
流速(m/s)	下沉量(m)	横倾角(°)	F_1(kN)	F_2(kN)	F_3(kN)	F_4(kN)
1.532	1.06	-2.36	5440.457	5281.557	7313.757	7945.757
1.540	0.952	-2.91	5532.157	5062.457	7949.757	8364.457

8.5　沉管隧道通风排烟模型试验技术

8.5.1　沉管隧道物理模型试验系统的研制

8.5.1.1　沉管隧道通风物理模型试验理论

1) 流动相似性原理

若两个流动相似，则两个流动对应点上的同名物理量(如线性长度、速度、压强、各种力等)应具备各自的比例关系，而且应满足两个流动的几何相似、运动相似和动力相似以及初始条件和边界条件的相似。

(1)几何相似。

两个流动的线性变量间存在固定的比例关系,即原型和模型对应的线性长度比值相等,则这两个流动为几何相似。

以 l 表示某一线性尺度,则有长度比尺:

$$C_l = \frac{l_p}{l_m} \quad (8.5\text{-}1)$$

由此可推得面积比尺和体积比尺,分别为:

$$C_A = \frac{A_p}{A_m} = \frac{l_p^2}{l_m^2} = C_l^2$$

$$C_V = \frac{V_p}{V_m} = \frac{l_p^3}{l_m^3} = C_l^3$$

式中,l_p 为原型长度;l_m 为模型长度;A_p 为原型面积;A_m 为模型面积;V_p 为原型体积;V_m 为模型体积。

(2)运动相似。

运动相似是指流体运动的速度相似,即两个流动各对应点大小为固定比尺 C_u。C_u 计算方法如下:

$$C_u = \frac{u_p}{u_m} \quad (8.5\text{-}2)$$

式中,u_p 为原型速度;u_m 为模型速度。

流速是位移 l 对时间 t 的微商 dl/dt,则时间比尺为:

$$C_t = \frac{t_p}{t_m} = \frac{C_l}{C_u} \quad (8.5\text{-}3)$$

式中,t_p 为原型加速度;t_m 为模型时间。

同理,在运动相似的条件下,流场中对应点处流体质点的加速度比尺为:

$$C_a = \frac{a_p}{a_m} = \frac{C_u}{C_t} = \frac{C_u^2}{C_l} \quad (8.5\text{-}4)$$

式中,a_m 为模型加速度。

(3)动力相似。

两流动对应点处流体质点受同名力 F 的方向相同,其大小之比均呈固定比尺 C_F,则称这两个流动动力相似。同名力是指具有同一物理性质的力。主要有重力 F_G、黏性力 F_μ、压力 F_P、弹性力 F_E、表面张力 F_T 等。两流动动力相似就要求下式成立:

$$\frac{F_{Gp}}{F_{Gm}} = \frac{F_{Pp}}{F_{Pm}} = \frac{F_{\mu p}}{F_{\mu m}} = \frac{F_{Ip}}{F_{Im}} = \frac{F_{Ep}}{F_{Em}} = \frac{F_{Tp}}{F_{Tm}} \quad (8.5\text{-}5)$$

式中,下标p,m分别表示原型和模型。

几何相似是运动相似和动力相似的前提和依据,动力相似是决定两流动相似的主导因素,运动相似是几何相似和动力相似的表现。因此,在几何相似前提下,要保证流动相似,主要看动力相似。

2)隧道通风基本假定

对于公路隧道通风模型试验,大多数相似条件可以不作为主要因素,因此作出以下假定:

(1)流体不可压缩。

在以空气为介质的试验中,当风速小于0.3倍马赫数时,气流压缩性影响可以忽略不计。在公路隧道通风中,《公路隧道通风照明设计规范》(JTJ 026.1—1999)推荐主隧道内风速为6~8m/s,送排风道内风速宜小于18m/s,送风口风速不大于30m/s,因此在公路隧道通风中可以忽略气流的压缩性影响。

(2)流体为等温流动。

在正常工况下公路隧道通风中,风机供风的温度与隧道内气体温度相差不大,隧道内空气温度较为稳定。因此,假定隧道内气流运动为等温流动,从而流体密度和黏性为定值。

(3)流体流动为稳定流。

隧道通风中遇到的风流类型,大部分都属于稳定流或可简化为稳定流。

(4)流体为连续介质。

将流体视为连续介质,质点间无空隙,单位时间内流程各断面通过的流体质量不变,服从连续性定律。对于密度为常量的稳定流,其各断面的流量不变,服从连续性定律。

(5)流体流动遵守能量守恒定律。

不可压缩稳定流流体在管道内做渐变流动时,其压力与速度沿流程各断面的变化(包括摩阻损失)服从能量守恒定律,称为伯努利定理。

3)相似性准则选取

通过以上假设,公路隧道通风可以理想化为黏性不变的不可压缩流体在重力场中有压管流运动。两个流动系统的动力相似条件可由无量纲形式的纳维-斯托克斯(Navier-Stokes)方程导出。结论表明,要使两个几何相似的封闭系统中不可压缩流体动力相似,仅需这两个系统的雷诺数相同。

4)自模区的确定

对于黏性流体流动,按其临界雷诺数R_e的数值分为第一自模区和第二自模区。黏性流体流动时,雷诺数 R_e 大于第一临界值时的范围称作第一自模区。黏性流体流动时,雷诺数 R_e 大于第二临界值时,流体流速分布、流动状态不再发生变化,且彼此相似,与雷诺数 R_e 无关,称为第二自模区。

对于第一自模区,在拉格朗日数 L_a 与雷诺数 R_e 无关时,作为流动流体进入第一自模区的标志,如图 8.5-1 所示。当所研究区域流动流体的欧拉数 E_u 与雷诺数 R_e 无关时,作为流动流体进入第二自模区的标志,如图 8.5-2 所示。

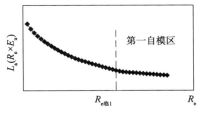
图 8.5-1　第一自模区的确定

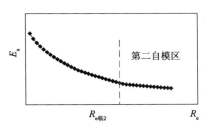
图 8.5-2　第二自模区的确定

对于研究对象,雷诺数 R_e 达到多少才能进入第二自模区,只有在模型建立后通过试验才能得知,这给模型设计带来困难。设计模型时,要根据雷诺数 R_e 的第二临界值及风机的容量来确定模型尺寸。一般情况下,只能通过参照类似试验模型的雷诺准数 R_e 第二临界值近似地估计所要研究的试验模型雷诺数 R_e,也可以先做小模型求出雷诺准数 R_e 的第二临界值后,再设计正式模型。

确定第二自模区 $R_{e临2}$ 的试验过程:

(1)选择确定所研究的区域。

(2)在此区域内测定流体的速度 V、研究区域的压降 Δp,选定区域的当量直径,流体的 ρ、μ 等物体参数。

(3)分别计算一组雷诺数 R_e 和欧拉数 E_u,在直角坐标中将其描绘成曲线。

(4)当雷诺数 R_e 和欧拉数 E_u 无关时,雷诺数 R_e 即为第二临界雷诺数 R_e 值。

对于较为复杂的流动,某一区域已进入自模区,并不意味着整个系统均已进入自模区。此时,只有确保所研究的区域进入自模区,才可保证研究的正确性。

8.5.1.2　沉管隧道通风物理模型试验系统

1)公路隧道通风物理模型设计

隧道是三维空间结构,隧道通风系统中的流速分布和压力分布,通常使用一维常规计算理论计算,计算得到的沿程风速和压力与实际隧道空间的流速场分布和压力场分布有一定误差。所以有必要对隧道通风系统进行物理模拟试验研究。通过分析通风系统基本组成部分达到分析整个系统的目的。隧道通风系统的某些组成部分(如汇流处的结构形式、风速比、面积比对损失系数的影响等)在一维常规计算中只是用一个综合系数来反映,且有些系数仅是经验值。在具体通风系统中,这些经验值偏差量需要进行物理模型试验分析。

尼古拉兹试验结果表明,黏性流体具有自模性,只有当雷诺数 R_e 大到一定程度时,原型的雷诺数 R_e 处于自模区内,阻力相似并不要求雷诺数 R_e 相等,则模型的雷诺数 R_e 就不必与原型雷诺数 R_e 相等,即与雷诺数 R_e 无关。该流动的特性称为"自模化区"。在该区域,由于阻力系数不受雷诺数 R_e 影响,模型雷诺数 R_e 不必与原型雷诺数 R_e 相等,只要与原型处于同一自模区就能自动保证流动相似。

(1)模型率选取。

港珠澳大桥海底隧道全长5990m,在前期试验模型的试制做中曾考虑1∶8、1∶9和1∶10三种比尺。其中,1∶8的比尺模型完成后,由于横向挠度太大,整体稳定性较差,最终放弃此比尺模型。1∶10的模型试制做后,排烟道面积较小,对后期的试验操作有影响。最终从试验条件、可行性及可操作性上综合考虑,通过多次试验比较取1∶9作为试验比尺,按照比尺1∶9隧道模型长665.6m,在室内模型试验中,隧道模型长度太大。

对于隧道长细比较大的结构,若想对其进行缩尺模型试验,则必须在不同的方向上采用不同的比例尺,即变率模型。变率模型试验中变率的选取对试验结果的可信度和可修正性有着重要的影响。根据水工物理模型仿真试验,在进行河流的淤积或冲刷试验时,通常取模型变率不大于8。隧道通风物理模型试验中,变率的选取可参考水工模型试验,同时结合实际隧道和试验室条件进行选取,根据隧道通风物理试验的经验,可取长度方向变率 $k=4$,则隧道模型长度为166.39m。

隧道、风道原型和模型横断面主要设计参数如表8.5-1和表8.5-2所示。

隧道原型、模型断面主要设计参数　　　　　表8.5-1

项　目	高度(m)	底宽(m)	断面面积(m²)	当量直径(m)
原型	7.128	14.55	103.72	9.569
模型	0.792	1.617	1.28	1.063

风道原型、模型断面主要设计参数　　　　　表8.5-2

项　目	高度(m)	底宽(m)	断面面积(m²)	当量直径(m)
原型	4.1	4.5	16	4.18
模型	0.548	0.404	0.221	0.464

(2)模型材料的选择。

了解模型材料的性质及其对试验结果的影响,进行合理选择是完成模型试验的一个重要条件。从试验技术角度考虑,模型材料的可加工性对加快试验进度和降低试验费用有着重要影响。

可用于制造隧道通风模型的材料较多,从试验观测需要考虑,拟选用透明材料。常用的透明材料主要有工程塑料、有机玻璃、树脂类聚合物等。经对比测试,有机玻璃的透明度优于工程塑料和树脂类聚合物。有机玻璃是一种各向同性的均质材料,可以用一般的木工工具进行加工,可以用胶黏合成整体,由于材料本身透明,连接处的缺陷极易发现。从模型材料获取的便利性考虑,目前市场上有多种规格的有机玻璃板、有机玻璃管、有机玻璃棒等原材料,给模型的制作提供了方便。黏合剂可用氯仿溶剂,操作简单。因此,选用有机玻璃制作隧道通风模型。

(3)模型制作与安装。

整体制作隧道通风模型从生产工艺、运输、安装和经济性上讲是不现实的,为了生产加工、运输和试验的方便性,将隧道模型分成每段 1.2m 进行加工,每段都开送排风(烟)口,送排风(烟)口分 1 型、2 型、3 型 3 种。主要设计尺寸见图 8.5-3。

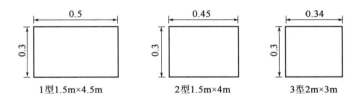

图 8.5-3 送排风口示意图(尺寸单位:m)

1 型送排风(烟)口:①设计原型尺寸为 4.50m×1.50m,原型面积为 6.75m^2;②设计模型尺寸为 0.50m×0.17m,模型面积为 0.0835m^2;③模型高度设计为 0.30m,高度可变,排风烟口大小可变,面积可调范围为 0.0835~0.15m^2。

2 型送排风(烟)口:①设计原型尺寸为 4.00m×1.50m,原型面积为 6.00m^2;②设计模型尺寸为 0.45m×0.17m,模型面积为 0.0765m^2;③模型高度设计为 0.30m,高度可变,排风烟口大小可变,面积可调范围为 0.0765~0.135m^2。

3 型送排风(烟)口:①设计原型尺寸为 3.00m×2.00m,原型面积为 6.00m^2;②设计模型尺寸为 0.34m×0.22m,模型面积为 0.0748m^2;③模型高度设计为 0.30m,高度可变,排风烟口大小可变,面积可调范围为 0.0748~0.102m^2(图 8.5-4、图 8.5-5)。

图 8.5-4　隧道模型正视图

图 8.5-5　模型总体示意图

2）动力系统设计与选型

通过隧道通风模型需风量计算和模型沿程阻力损失计算，隧道通风模型送风井的沿程阻力损失大于排风井的沿程阻力损失，所以在送、排风井选择不同功率的风机。试验选用4kW风门可调离心式送风机和排风机各两台（图8.5-6、图8.5-7），风机性能参数如表8.5-3所示。

图 8.5-6　轴流风机侧视图

图 8.5-7　轴流风机正视图

风机性能参数　　　　表8.5-3

风机类型	转速（r/min）	推力（N）	流量（m³/s）	输出速度（m/s）	电机功率（kW）	噪声声压（dB）
L4-72S-6P-4	1450	919	3.2	14.2	4	61
L4-72P-6P-4	1450	836	3.4	17.3	4	64
SDS112K-4P-22	1470	938	29	29.4	22	68
SDS112K-4P-30	1470	1140	32	32.5	30	70

根据轴流风机的控制特点，通过试验得出不同排风量与送风量比例下各测试断面风速大小。经测试，通过调节风门的大小，隧道风道模型入口处最大风速可达到30m/s，排风口处最大风速可达到20m/s，均满足模型设计的风速要求。

3) 数据采集系统设计与安装

数据采集测试系统包括采集软件、压力测试元件、风速测试元件、压电转换适配器等设备和装置。

(1) 软件测试系统。

在隧道通风模型试验中,通风模拟是一个动态过程,隧道模型内的风速、动压、静压等都是动态变化的数据,因此,能否准确及时地采集数据关系到隧道通风模型试验的成败。试验数据采集监控系统采用美国国家仪器 NI,公司推出的 LabVIEW 语言编写。

LabVIEW 是一种程序开发环境,由 NI 公司研制开发,类似于 C 和 BASIC 开发环境,但是 LabVIEW 与其他计算机语言的显著区别是:其他计算机语言都是采用基于文本的语言产生代码,而 LabVIEW 使用的是图形化编辑语言 G 编写程序,产生的程序是框图的形式。

LabVIEW 的核心思想即软件就是仪器,软件是一种虚拟仪器。虚拟仪器实际上是一个按照仪器需求组织的数据采集系统。虚拟仪器的研究中涉及的基础理论主要有计算机数据采集和数字信号处理。目前在这一领域内,使用较为广泛的计算机语言是美国 NI 公司的 LabVIEW。

虚拟仪器(virtual instrumention)是基于计算机的仪器。计算机和仪器的密切结合是目前仪器发展的一个重要方向。粗略地说,这种结合有两种方式,一种是将计算机装入仪器,其典型的例子就是所谓智能化的仪器。随着计算机功能的日益强大及其体积的日趋缩小,这类仪器功能也越来越强大,目前已经出现含嵌入式系统的仪器。另一种方式是将仪器装入计算机。以通用的计算机硬件及操作系统为依托,实现各种仪器功能,虚拟仪器主要是指这种方式(图 8.5-8)。

图 8.5-8 测试系统主界面

该系统输出结果为 Tdms 格式,通过程序转化为可用 Microsoft 的 Excel 报表形式,不但方便数据的整理,而且还可实现对象的链接和嵌入(OLE)。比如,可将 Excel 工作表嵌入 Word 文档,还可在 Excel 工作表中插入图形图像,见图 8.5-9。

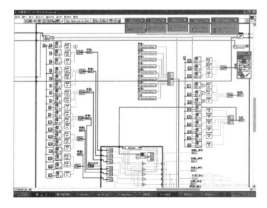 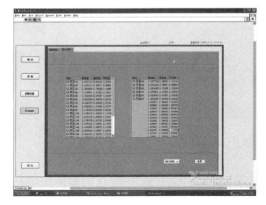

图 8.5-9　测试系统断面及风速分布

压力测量前端采用导风测压管,通过压电转换可以分别测量全压和风速测试仪器动压。每一个测试断面中设置 3 个测点,分别位于隧道拱顶和边墙处,风道内也安装有压力及风速测试元件。压电转换器固定在模型的顶部,通过屏蔽线把压电转换器连接到适配器,见图 8.5-10。

图 8.5-10　调理适配器检验与测试试验

隧道通风物理模型系统和数据采集系统安装完成后,为进一步测试在实际工况运行时系统的稳定性、实时性和可靠性,通过试验进行检测。试验结果表明该测试系统运行稳定,采集数据准确、快速,能很好地满足试验要求。

(2)压力测试仪器选取。

试验选取 Alpha Instruments(阿尔法仪器)的 361 系列微差压传感器。可测量差压或表压(静压),并将压力信号转换为相应的直流电信号,输出为 4-20mA、0-5VDC、0-10VDC,也可以特制为其他可能的输出形式(图 8.5-11、图 8.5-12)。

图 8.5-11　风压测试仪器　　　　　　图 8.5-12　风速测试仪器

4）阻力隔栅设计

在室内模型试验中,166.39m 的长度仍然存在测点调整等试验操纵问题,采用阻力隔栅来进一步缩减长度,由于隔栅间距不应小于 3 倍当量直径,取隔栅间距为 3.6m。阻力隔栅安装后,应在距离阻力隔栅不小于 5m 处设置测点测量阻力损失,以确定等效长度。通过数值模拟试验确定模型长度 72m,用阻力隔栅 19 个,符合试验要求,其中,阻力格栅的形状和规则分为 3 种类型,见图 8.5-13 和图 8.5-14,在后续的试验中可以调整阻力格栅的个数。

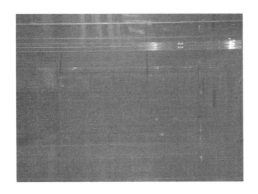 

图 8.5-13　钢丝网隔栅　　　　　　图 8.5-14　有机玻璃隔栅

针对港珠澳大桥海底隧道通风整体模型试验,综合考虑变率模型法和等效模拟法的技术可行性、经济性、适用性等,选取等效模拟法进行通风物理模型试验。

应用等效模拟法进行隧道通风整体模型试验,需按摩阻等效理论,在模型隧道的适当部位安装可调节阻力隔栅,获得等效阻力而取得相应长度。因为阻力隔栅属于局部阻力性质,隧道正常通风段流体运动为稳定流,所以隔栅并不影响系统整体的流动相似。

根据摩阻等效理论可以推导等效摩阻系数的计算公式。设等效模拟隧道通风模型

段长为 L_m，摩阻损失系数为 λ_m，当量直径为 D_m，模型断面平均流速为 V_m，隧道模型内空气密度为 ρ，则该段隧道通风模型阻力损失 ΔP_m 为：

$$\Delta P_m = \lambda_m \cdot \frac{L_m}{D_m} \cdot \frac{1}{2}\rho V_m^2 \tag{8.5-6}$$

阻力隔栅损失系数为 ξ_f，则模型流体通过阻力隔栅的压力损失 ΔP_f 为：

$$\Delta P_f = \xi_f \cdot \frac{1}{2}\rho V_m^2 \tag{8.5-7}$$

因为要求摩阻等效，所以令：

$$\Delta P_m = \Delta P_f \tag{8.5-8}$$

把式（8.5-6）和式（8.5-7）带入式（8.5-8）得：

$$\xi_f = \frac{\lambda_m \cdot L_m}{D_m} \tag{8.5-9}$$

在比尺为 1：9 的隧道通风模型中，$D_m = 1.063\text{m}$，取 $\lambda_m = 0.025$，带入式（8.5-9）得：

$$\xi_f = 0.0235 L_m \tag{8.5-10}$$

式中，L_m 的单位为 m。

针对港珠澳大桥海底隧道通风整体模型试验，应用等效模拟法进行隧道通风整体模型试验时，按式（8.5-10）在隧道通风模型的稳定流段安装阻力隔栅，即可获得相应长度的等效阻力。隔栅的损失系数可参照《公路隧道通风照明设计规范》（JTJ 026.1—1999）中表 A.0.5-2 出入口隔栅损失系数与有效面积比的关系、表 A.0.5-3 金属网筛损失系数与有效面积比的关系，初步确定隔栅的有效面积。

当需要获得的隧道模型长度较大时，可以采用多组阻力隔栅串联。试验研究表明，如阻力隔栅直接连接，相互干扰的结果可能使局部损失出现大幅度的增大或减少，变化的幅度约为所有单个正常局部损失总和的 0.5~3 倍；如阻力隔栅之间有一段长度不小于 3 倍当量直径的连接段，干扰结果可以忽略。

在隧道通风模型中采用多组阻力隔栅串联时，隔栅间距不应小于 1.08m，试验取隔栅间距为 3.6m。

阻力隔栅安装后，应在距离阻力隔栅不小于 $5D_m$ 处设置测点测量阻力损失，以确定等效长度。本模型取距离阻力隔栅 6.4m 处设置测点，测点 1、测点 2 分别位于阻力隔栅的两侧，测点 1 位于上风侧。测量两点的静压 P_{f1}、P_{f2}，风速 V_1、V_2。由式（8.5-9）推导出：

$$\xi_f = \frac{P_{f1} - P_{f2}}{\frac{\rho}{6}(V_1^2 + V_2^2 + V_1 \cdot V_2)} \tag{8.5-11}$$

根据式(8.5-11)计算得到阻力隔栅与两测点间的沿程阻力和 ξ_f，由式(8.5-10)得：

$$L_m = 42.5\xi_f \qquad (8.5\text{-}12)$$

则测点 1 和测点 2 的间距等效为隧道通风模型的长度 L_m，或由式(8.5-13)直接求得测点 1 和测点 2 之间的等效长度 L_m。

$$L_m = \frac{42.5(P_{f1} - P_{f2})}{\dfrac{\rho}{6}(V_1^2 + V_2^2 + V_1 \cdot V_2)} \qquad (8.5\text{-}13)$$

根据摩阻等效理论，应用等效模拟法对港珠澳大桥海底隧道通风整体模型试验的模型长度进行优化，在隧道模型的正常通风段安装多组阻力隔栅，获得等效阻力而取得相应长度；同时结合试验条件，选取隧道模型长度为 72m。

8.5.1.3 沉管隧道通风物理模型基本性能试验

1）动力系统试验

（1）风机性能试验。

在隧道通风模型送风井风机和排风井风机均开启的工况下，通过风门调节，使风道内的风速达到 18m/s、15m/s，则排风段最大风速为 9.73m/s，送风段最大风速为 8.82m/s，均大于隧道《公路隧道通风照明设计规范》(JTJ 026.1—1999)中设计风速 6~8m/s，所以选用 30kW 风门可调式风机模拟隧道送风井轴流风机、选用 22kW 风门可调式风机模拟隧道排风井轴流风机能满足隧道通风模型试验要求。

进口风压均为大气压，进口单开功率为 4kW 风门可调离心式送风机，风门全开的工况下，隧道内风速为 4.12m/s。《公路隧道通风照明设计规范》(JTJ 026.1—1999)中规定，一般可将自然风作为阻力考虑，自然风作用引起的洞内风速可取 2~3m/s。通过对风机风门的调节，可以使风速在此范围之内，从而用功率为 4kW 的离心式送风机模拟隧道通风模型试验的自然风和交通风，可以满足试验要求(图 8.5-15)。

（2）风机变频器性能试验。

在风机风门全开的工况下，使用功率为 30kW 的变频器调节风机对隧道模型进行送风试验，结果表明该变频器能使风道风速在 0m/s 和最大风速 18.37m/s 间变化，频率在 0~40Hz 之间，且能使风速稳定在任意点。在风机风门全开的工况下，使用功率为 22kW 的变频器调节风机对隧道模型进行排风试验，结果表明该变频器频率在 0~40Hz 之间运行时，风道内排风风速在 0m/s 和 14.48m/s 之间变化，且能使风速稳定在任意点。所以两台变频器均能满足隧道通风模型试验要求(图 8.5-16)。

图 8.5-15　隧道交通风和自然风流模拟装置

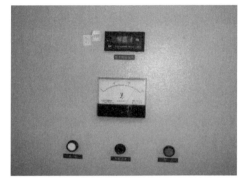

图 8.5-16　轴流风机变频装置

2）测试系统试验

测试系统选取 Alpha Instruments 的 361 系列微差压传感器。可测量差压或表压（静压），并将压力信号转换为相应的直流电信号，输出为 4-20mA、0-5VDC、0-10VDC，也可以特制为其他可能的输出形式。在隧道通风模型试验中，需要实时把隧道通风模型测试数据的动态信息传送并记录到计算机中，以保证信息的准确性和可靠性。为满足隧道通风模型试验需要，开发出了隧道通风模型试验"数据采集监控系统"。利用此系统，我们可以准确地测试风速和风压。图 8.5-17 为试验人员在采集与处理数据。

（1）压电转换器性能试验。

压电转换器工作原理：被检测的压力信号从引压管施加到压力传感器，应变膜片电阻因受压而改变，电阻信号经放大转换为电压信号，传到变送器。压电转换器主要技术指标为：供电电源 0-5VDC 或 0-10VDC，工作环境温度 $-18 \sim 75$℃。

Model 361 系列产品在出厂前已进行过精心标定，使用时一般无须再进行现场调整。但因为出厂标定是在垂直位置进行的（上盖与水平垂直），在其他方位使用时其零点会产生微小的漂移，可以通过零点电位器进行微调。

图 8.5-17　试验数据的采集与处理

（2）数据采集系统试验。

通过试验验证，开发建立的试验数据采集监控系统能实时监控，能自行设定数据采集间隔时间，能实时显示试验数据和数据曲线图，能调用任一时间段的试验数据，能对超出范围的数据报警，能存储、打印试验数据和数据曲线图。

3）模型断面风速试验

粗糙管紊流时均速度剖面的特征是中间大部分区域平坦，边缘陡峭，雷诺准数越高，中间平坦的区域就越大。隧道通风物理模型中流速分布与上述结论基本一致。试验中每一断面用三个风压传感器和一个风速传感器进行量测。风速传感器的插入深度可以在 10～300mm 间任意调节。预试验发现隧道中间部位流速较为平均，靠近壁面部分流速变化较大，风速测点的插入深度分为 50mm、100mm、200mm、300mm 四档进行测试。测点布置如图 8.5-18 所示。

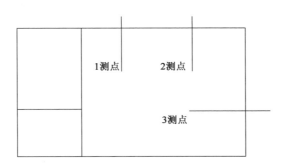

图 8.5-18　断面风速测试试验测点示意图

隧道共设置 8 个测试断面，测试断面 1、2 和 3 分别取在排风口端，每隔 3 节模型取一个测试断面；测试断面 4 和 5 在中隔板两侧；测试断面 6、7 和 8 取在送风口端，每隔 3 节模型取一个测试断面，各测试断面布置见表 8.5-4 和图 8.5-19、图 8.5-20。

测试断面编号对应表　　　　　　　　　表8.5-4

测试断面	排风(烟)口类型	风压测试(0~1.0kPa)	风压测试(0~250kPa)	风速测试
1	3型	03号	01号和02号	01号(侧)
2	2型	06号	04号和05号	无
3	1型	09号	07号和08号	02(主)
4	2型	12号	10号和11号	03(主)
5	2型	15号	13号和14号	04(主)
6	3型	18号	16号和17号	05(主)
7	2型	21号	19号和20号	无
8	1型	24号	22号和23号	06(侧)

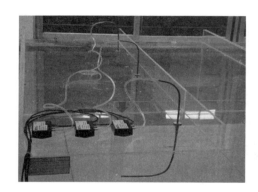 

图8.5-19　隧道模型内风压测试断面

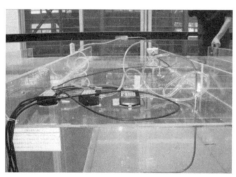 

a)主隧道内　　　　　　　　　　　b)风道内

图8.5-20　风压与风速联合测试断面

距隧道送风口较近处的隧道横断面风速分布如图8.5-21所示。该断面距离送风较近,受送风口影响,左侧1测点风速较大,3测点风速较小。该断面尚未充分混合,所以风速存在一定差异。

取隧道通风模型内气流稳定区域的某一断面,测量该断面内各个点的风速,横断面风速分布如图 8.5-22 所示。该断面距送排风口较远,风速稳定,距隧道界限距离相同时,风速基本相等,且随着与隧道界限距离的增加,风速稳定性增加。

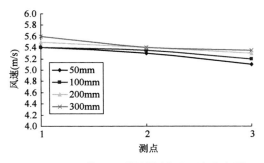

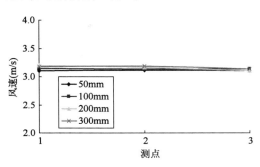

图 8.5-21　送风口附近横断面风速分布图　　图 8.5-22　远离送风口横断面风速分布图

8.5.2　排烟道沿程阻力损失试验

隧道通风物理模型与原型相似仅需雷诺数 R_e 相似,且当流动进入阻力平方区后,摩阻损失系数几乎不再随雷诺数 R_e 的变化而变化,而主要取决于管道内壁的粗糙度。为使模型流动和原型流动阻力相似,就要保证两者的摩阻损失系数相同。

隧道通风物理模型采用透明有机玻璃制作,其摩阻损失系数约为 0.013,小于试验要求的 0.025。为使模型与原型摩阻损失系数相同,须对模型进行加糙处理,增大摩阻损失系数。试验中按摩阻等效理论,在模型隧道中设置可调节阻力隔栅,获得等效阻力对模型进行加糙,即在模型隧道中每间隔一定距离设置一个阻力隔栅,测量该距离(内含一个阻力隔栅)的摩阻损失系数,调节阻力隔栅的密度使该距离的摩阻损失系数为 0.025,简称为以点代线法。因为阻力隔栅属于局部阻力性质,流体运动又具有"稳定性"特点,所以设置隔栅并不影响系统的流动相似。

试验参照《公路隧道通风照明设计规范》(JTJ 026.1—1999)中表 A.0.5-3 金属网筛损失系数与有效面积比的关系,选用铁丝网作为阻力隔栅对隧道通风物理模型进行加糙,确定隔栅的规格。摩阻损失系数计算公式如下:

$$\lambda_{综合} = \frac{6_D(p_1 - p_2)}{\rho L(V_1^2 + V_2^2 + V_1 \cdot V_2)} \quad (8.5\text{-}14)$$

式中,p_1,p_2 分别为上游与下游测点的静压(Pa);V_1,V_2 分别为上游点与下游点的平均风速(m/s);ρ 为空气密度(kg/m³);L 为两测点间距(m);D 为风道断面当量直径(m)。

通过隧道通风物理模型摩阻损失系数试验,可计算模型摩阻损失系数 $\lambda_{综合}$。通过不同风速下的试验,某一规格的铁丝网作为模型阻力隔栅的沿程阻力系数较接近 0.025,

所以在隧道通风模型中设置两种该规格的阻力隔栅分别进行试验,试验得出单片阻力隔栅的摩阻系数 $\xi=0.1664$。试验结果如表 8.5-5 所示。以 $\rho L(V_1^2+V_2^2+V_1 \cdot V_2)$ 为 x 轴、$6D(p_1-p_2)$ 为 y 轴将两种试验结果分别绘制为图表,则斜率为摩阻损失系数 $\lambda_{综合}$。

模型摩阻损失系数 $\lambda_{综合}$ 表 8.5-5

格栅类型	综合摩阻系数				平均值
阻力隔栅 1	0.0258	0.0264	0.0261	0.0246	0.0257
阻力隔栅 2	0.0263	0.0277	0.0265	0.0245	0.0262

试验结果表明,该规格的铁丝网作为模型阻力隔栅的摩阻损失系数在 0.025 附近波动,能满足试验要求。所以试验采用该规格的铁丝网作为隧道通风模型阻力隔栅进行加糙。

8.5.3 烟口局部阻力损失试验

通风系统局部模型试验主要包括 90°拐弯处导流板设置物理模型试验和出入口纵坡对风流流态影响物理模型试验。通风道拐弯处设置导流板可以避免风道内涡流或偏流的出现,进而可以达到减少通风道内压力损失的目的。本章通过在 90°拐弯处设置 3 片、5 片、7 片导流叶片进行模型试验,与未设置导流叶片工况相比较,分析是否设置导流叶片,以及合理的设置数量及方式。

8.5.3.1 90°拐弯处导流板数目设置仿真计算

通过 CFDesign 仿真计算分析,可知通风道设计形式采用的 r/D 取值越大,拐弯压力损失越小。但是对速度云图以及速度矢量图效果进行直观分析后,可知在通风道内,特别是在拐弯附近处仍然存在有涡流或回流现象,而这是通风设计所力求避免的。

根据试验,通过在通风道拐弯处设置导流板可以避免风道内涡流或偏流的出现,进而可以减少通风道内压力损失。

根据《公路隧道通风照明设计规范》(JTJ 026.1—1999),可以采用在弯曲和转折段设置导流板的措施,以减少局部压力损失。一般通风道中导流板的设计平面形状有以下两种形式:

①简化弯曲圆柱面形状的翼形导流板;
②同心圆弧形状的薄圆形导流板。

从理论上来讲,翼形导流板的体积较大,因此其在通风道拐弯处所占用的空间将是比较多的,而这种空间的占用会减少流体运动断面的有效面积比,实际上成为一种阻力,将不利用于风流的流动。课题组在采用 CFDesign 仿真模拟时,只对 Ⅱ 类型的导流板进行了仿真模拟计算。

根据《公路隧道通风照明设计规范》(JTJ 026.1—1999),可知导流板的设置分为正常导流板设置、减少导流板设置和最少导流板设置等3种情况。

(1)根据《公路隧道通风照明设计规范》(JTJ 026.1—1999)中建议采用的计算公式,可以计算出在给定的模型尺寸下所需的正常导流板的数目,计算公式如下:

$$a = 2.13 \times \left(\frac{r}{D}\right)^{-1} - 1 \qquad (8.5\text{-}15)$$

(2)根据《公路隧道通风照明设计规范》(JTJ026.1—1999)中建议采用的计算公式,可以计算出在给定的模型尺寸下所需的最少导流板的数目,计算公式如下:

$$a = 0.9 \times \left(\frac{r}{D}\right)^{-1} \qquad (8.5\text{-}16)$$

(3)根据《公路隧道通风照明设计规范》(JTJ 026.1—1999)中建议采用的计算公式,可以计算出在给定的模型尺寸下所需的减少导流板的数目,计算公式如下:

$$a' = 1.4 \times \left(\frac{r}{D}\right)^{-1} \qquad (8.5\text{-}17)$$

采用 CFDesign 对 r/D = 0.2、0.3、0.4、0.5 以及 0.6 下设置正常导流板、减少导流板和最少导流板的通风道进行仿真计算分析,以确定通风道所需导流板的合理数目以及设置导流板后拐弯处的压力损失系数。

工况1:

当 r/D = 0.2 时,其导流板的正常数目、减少数目、最少数目分别应为:10、7、5。分别对导流管数目为 0、5、7、10 的情况做出模拟计算,计算结果见表 8.5-6。

计 算 数 据　　　　　　表 8.5-6

导流板数目	断　面	流量 (m³/s)	平均速率 (m/s)	相对静压 (Pa)	绝对静压 (Pa)	绝对总压 (Pa)
0	断面1	449.451	14.1381	680.142	102005.14	102125.57
	断面2	449.908	28.259	30.1379	101355.14	101836.28
5	断面1	449.926	14.1531	685.907	102010.91	102131.59
	断面2	450.413	28.3368	75.296	101400.3	101884.09
7	断面1	450.12	14.1592	684.443	102009.44	102130.23
	断面2	450.174	28.3217	69.1606	101394.16	101877.44
10	断面1	450.077	14.1578	898.141	102223.14	102343.91
	断面2	450.382	28.3348	89.5225	101414.52	101898.25

计算结果分析,采用的压力损失计算公式如下:

$$\zeta = \frac{p_{\text{断面1全压}} - p_{\text{断面2全压}}}{\frac{1}{2}\rho v^2_{\text{断面1}}} \quad (8.5\text{-}18)$$

以上计算结果汇集如表 8.5-7 所示。

计 算 数 据　　　　表 8.5-7

导流板数目	压力损失系数 $\zeta_{\text{拐弯处}}$	$\zeta_{\text{设置导流板}}/\zeta_{\text{不设置导流板}}$
5	2.059355059	0.85
7	2.101565824	0.87
10	3.705635626	1.53
0	2.412178668	1

由以上数据绘制成散点图(图 8.5-23)。

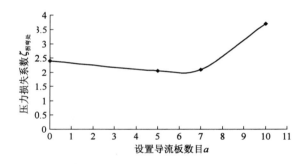

图 8.5-23 　$a\text{-}\zeta_{\text{拐弯处}}$ 关系图

对以上数据进行分析,同时结合对速度云图、速度矢量云图以及压强云图的直观比较,可以得出如下结论:

(1)加了导流板后均可以有效减少涡流和偏流现象,有效地减少压力损失,达到节约能量的目的。

(2)对给定尺寸的通风道进行计算可知,采用最少导流板计算出的压力损失系数最小,故建议在设计中采用设置最少导流板数目,以达到有效减少压力损失的目的。

(3)在 $r/D = 0.2$ 时,加 10 片导流板比不加导流板压力损失更大,所以导流板数量不宜过多。

工况 2:

当 $r/D = 0.3$ 时,其导流板的正常数目、减少数目、最少数目分别应为:6、5、3。分别对导流管数目为 0、3、5、6 的情况做模拟计算,计算结果见表 8.5-8。

计 算 数 据　　　　　　　　　表 8.5-8

导流板数目	断面	流量(m³/s)	平均速率(m/s)	相对静压(Pa)	绝对静压(Pa)	绝对总压(Pa)
0	断面1	450.176	14.1609	675.867	102000.87	102121.687
	断面2	450.346	28.3326	28.9541	101353.95	101837.6027
3	断面1	450.139	14.1598	611.79	101936.79	102057.5912
	断面2	450.228	28.3251	88.647	101413.65	101897.0396
5	断面1	450.099	14.1585	636.497	101961.5	102082.276
	断面2	450.289	28.329	78.82	101403.82	101887.3457
6	断面1	449.939	14.1535	706.37	102031.37	102152.0637
	断面2	449.749	28.295	72.6929	101397.69	101880.0586

计算结果分析,采用的压力损失计算公式如下:

$$\zeta = \frac{p_{\text{断面1全压}} - p_{\text{断面2全压}}}{\frac{1}{2}\rho v_{\text{断面1}}^2} \qquad (8.5\text{-}19)$$

以上计算结果汇集如表 8.5-9 所示。

计 算 数 据　　　　　　　　　表 8.5-9

导流板数目	压力损失系数 $\zeta_{拐弯处}$	$\zeta_{设置导流板}/\zeta_{不设置导流板}$
3	1.334594434	0.565243
5	1.620666799	0.686403
6	2.263070649	0.958482
0	2.361099456	1

由以上数据绘制成散点图(图 8.5-24)。

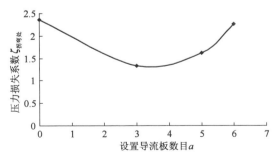

图 8.5-24 a-$\zeta_{拐弯处}$ 关系图

对以上数据进行分析,同时结合对速度云图、速度矢量云图以及压强云图的直观比较,可以得出如下结论:

(1) 设置导流板后可以有效减少涡流和偏流现象,可以有效地减少压力损失,达到节约能量的目的。

(2) 对给定尺寸通风道计算知,采用最少导流板计算出的压力损失系数最小,故建议在设计中采用设置最少导流板数目,以达到有效减少压力损失的目的。

工况3：

当 $r/D = 0.4$ 时,其导流板的正常数目、减少数目、最少数目分别应为:5、4、3。分别对导流管数目为0、3、4、5的情况做出模拟计算,计算结果见表8.5-10。

计 算 数 据　　　　　　　　　　　　表8.5-10

导流板数目	断面	流量(m³/s)	平均速率(m/s)	相对静压(Pa)	绝对静压(Pa)	绝对总压(Pa)
0	断面1	450.424	14.1687	624.7	101949.7	102070.65
	断面2	450.28	28.3284	29.3649	101354.3649	101837.87
3	断面1	449.899	14.1522	525.031	101850.031	101970.7
	断面2	449.637	28.288	61.1464	101386.1464	101868.27
4	断面1	450.007	14.1556	522.064	101847.064	101967.79
	断面2	450.582	28.3474	103.811	101428.811	101912.96
5	断面1	449.93	14.1532	616.363	101941.363	102062.05
	断面2	449.672	28.2901	70.6676	101395.6676	101877.87

计算结果分析,采用的压力损失计算公式如下：

$$\zeta = \frac{p_{\text{断面1全压}} - p_{\text{断面2全压}}}{\frac{1}{2}\rho v_{\text{断面1}}^2} \tag{8.5-20}$$

以上计算结果汇集如表8.5-11所示。

计 算 数 据　　　　　　　　　　　　表8.5-11

导流板数目	压力损失系数 $\zeta_{\text{拐弯处}}$	$\zeta_{\text{设置导流板}}/\zeta_{\text{不设置导流板}}$
3	0.852362028	0.441046
4	0.456035972	0.235971
5	1.532479012	0.792966
0	1.9325914	1

由以上数据绘制成散点图(图8.5-25)。

对以上数据进行分析,同时结合对速度云图、速度矢量云图以及压强云图的直观比较,可以得出如下结论：

(1)加了导流板后均可以有效减少涡流和偏流现象,有效地减少压力损失,达到节约能量的目的。

(2)对给定尺寸的通风道计算知,采用减少导流板计算出的压力损失系数最小,故建议在设计中采用设置减少导流板数目,以达到有效减少压力损失的目的。

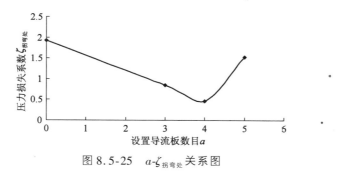

图 8.5-25　a-$\zeta_{拐弯处}$ 关系图

工况 4:

当 $r/D=0.5$ 时,其导流板的正常数目、减少数目、最少数目分别应为:4、3、2。分别对导流管数目为 0、2、3、4 的情况做出模拟计算,计算结果见表 8.5-12。

计 算 数 据　　　　　　　　表 8.5-12

导流板数目	断　面	流量 (m³/s)	平均速率 (m/s)	相对静压 (Pa)	绝对静压 (Pa)	绝对总压 (Pa)
0	断面 1	450.539	14.1723	589.137	101914.137	102035.15
	断面 2	450.519	28.2452	23.0733	101348.0733	101828.74
2	断面 1	449.995	14.1552	533.59	101858.59	101979.31
	断面 2	450.003	28.311	61.9878	101386.9878	101869.9
3	断面 1	449.894	14.1521	541.535	101866.535	101987.2
	断面 2	449.971	28.3089	54.377	101379.377	101862.22
4	断面 1	449.98	14.1548	459.829	101784.829	101905.54
	断面 2	450.725	28.3564	67.4842	101392.4842	101876.95

计算结果分析,采用的压力损失计算公式如下:

$$\zeta = \frac{p_{断面1全压} - p_{断面2全压}}{\frac{1}{2}\rho v_{断面1}^2} \tag{8.5-21}$$

以上计算结果汇集如表 8.5-13 所示。

计 算 数 据　　　　　表8.5-13

导流板数目	压力损失系数 $\zeta_{拐弯处}$	$\zeta_{设置导流板}/\zeta_{不设置导流板}$
2	0.910097095	0.531363
3	1.04010121	0.607266
4	0.237900789	0.138899
0	1.712760892	1

由以上数据绘制成散点图(图8.5-26)。

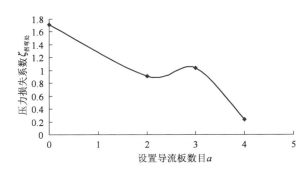

图8.5-26　a-$\zeta_{拐弯处}$关系图

对以上数据进行分析,同时结合对速度云图、速度矢量云图以及压强云图的直观比较,可以得出如下结论:

(1)加了导流板后均可以有效减少涡流和偏流现象,可以有效地减少压力损,失达到节约能量的目的。

(2)对给定尺寸的通风道计算可知,采用正常数目导流板计算出的压力损失系数最小,故建议在设计中采用设置正常导流板数目,以达到有效减少压力损失的目的。

工况5:

当$r/D=0.6$时,其导流板的正常数目、减少数目、最少数目分别应为:3、2、0。分别对导流管数目为0、2、3的情况做出模拟计算,计算结果见表8.5-14。

计 算 数 据　　　　　表8.5-14

导流板数目	断面	流量(m³/s)	平均速率(m/s)	相对静压(Pa)	绝对静压(Pa)	绝对总压(Pa)
0	断面1	450.109	14.1588	596.956	101921.956	102042.74
	断面2	450.792	28.3406	25.2288	101350.2288	101834.15
2	断面1	450.215	14.1621	561.597	101886.597	102007.44
	断面2	450.353	28.333	61.6972	101386.6972	101870.36
3	断面1	450.17	14.1607	676.795	102001.795	102122.61
	断面2	449.58	28.2844	75.245	101400.245	101882.25

计算结果分析,采用的压力损失计算公式如下:

$$\zeta = \frac{p_{\text{断面1全压}} - p_{\text{断面2全压}}}{\frac{1}{2}\rho v^2_{\text{断面1}}} \quad (8.5\text{-}22)$$

以上计算结果汇集如表 8.5-15 所示。

计 算 数 据   表 8.5-15

导流板数目	压力损失系数 $\zeta_{\text{拐弯处}}$	$\zeta_{\text{设置导流板}}/\zeta_{\text{不设置导流板}}$
2	1.139099	0.65686
3	1.99777	1.152012
0	1.734157	1

由以上数据绘制成散点图(图 8.5-27)。

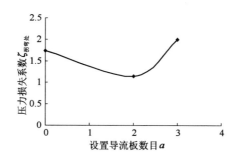

图 8.5-27　a-$\zeta_{\text{拐弯处}}$ 关系图

对以上数据进行分析,同时结合对速度云图、速度矢量云图以及压强云图的直观比较,可以得出如下结论:

(1)加了导流板后均可以有效减少涡流和偏流现象,有效地减少压力损失,达到节约能量的目的。

(2)对给定尺寸的通风道计算可知,采用减少数目导流板计算出的压力损失系数最小,故建议在设计中采用设置减少导流板数目,以达到有效减少压力损失的目的。

(3)在 $r/D=0.6$ 时,加 3 片导流板比不加导流板压力损失更大。

8.5.3.2　90°拐弯处导流板模型试验

1)工况 1

几何参数:

风道断面:断面宽度56cm;断面高度56cm;

通风道长度:467cm;

导流数目:0;

入口风机功率:15Hz、25Hz、35Hz。

试验模型如图8.5-28所示。

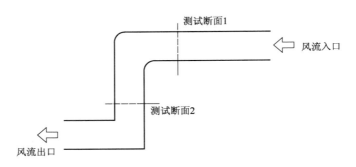

图8.5-28　不设导流板试验示意图

测试结果如表8.5-16所示。

试 验 数 据　　　　　　　　　　　　　　　　表8.5-16

断面	风机频率15Hz		风机频率25Hz		风机频率35Hz	
	平均流速（m/s）	绝对总压（Pa）	平均流速（m/s）	绝对总压（Pa）	平均流速（m/s）	绝对总压（Pa）
断面1	9.73	101373.5	18.68	101503.7	16.165	101458.8
断面2	6.125	101344.2	10.475	101381.2	27.015	101698.7

2) 工况2

几何参数:

风道断面:断面宽度56cm;断面高度56cm;

通风道长度:467cm;

导流数目:3;

入口风机功率:15Hz、25Hz、35Hz。

试验模型如图8.5-29、图8.5-30所示。

测试结果如表8.5-17所示。

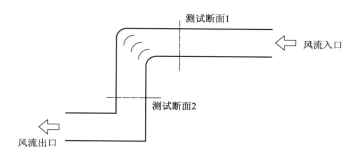

图 8.5-29　3 片导流板试验示意图

图 8.5-30　3 片导流板试验模型

试 验 数 据　　　　　　　　　　　　　　　　　表 8.5-17

断　面	风机频率 15Hz		风机频率 25Hz		风机频率 35Hz	
	平均流速（m/s）	绝对总压（Pa）	平均流速（m/s）	绝对总压（Pa）	平均流速（m/s）	绝对总压（Pa）
断面 1	7.385	101352.9	18.62	101502.5	26.85	101694.1
断面 2	5.395	101339.9	12.345	101403	18.02	101491.3

3）工况 3

几何参数：

风道断面：断面宽度 56cm；断面高度 56cm；

通风道长度：467cm；

导流数目：5；

入口风机功率：15Hz、25Hz、35Hz。

试验模型如图 8.5-31 所示。

测试结果如表 8.5-18 所示。

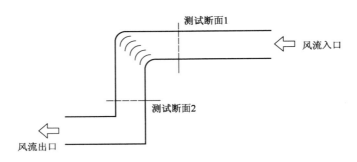

图 8.5-31　5 片导流板试验示意图

试　验　数　据　　　　表 8.5-18

断　　面	风机频率 15Hz		风机频率 25Hz		风机频率 35Hz	
	平均流速 （m/s）	绝对总压 （Pa）	平均流速 （m/s）	绝对总压 （Pa）	平均流速 （m/s）	绝对总压 （Pa）
断面 1	7.495	101353.8	14.76	101436.5	9.576667	101401.5
断面 2	6.045	101343.7	11.145	101388.6	12.22	101372

4）工况 4

几何参数：

风道断面：断面宽度 56cm；断面高度 56cm；

通风道长度：467cm；

导流数目：7；

入口风机功率：15Hz、25Hz、35Hz。

试验模型如图 8.5-32、图 8.5-33 所示。

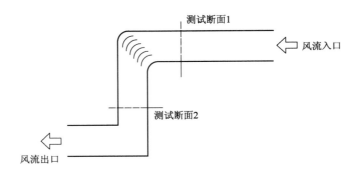

图 8.5-32　7 片导流板试验示意图

测试结果如表 8.5-19 所示。

图 8.5-33　7 片导流板试验模型

试　验　数　据　　　　　　　　　　　　　　　　　　　　表 8.5-19

断面	风机频率 15Hz		风机频率 25Hz		风机频率 35Hz	
	平均流速（m/s）	绝对总压（Pa）	平均流速（m/s）	绝对总压（Pa）	平均流速（m/s）	绝对总压（Pa）
断面 1	7.705	101371.6	13.845	101514	26.81	101531.1
断面 2	9.54	101355.4	19.215	101423.1	20.065	101693

5）计算结果分析

采用压力损失计算公式如下：

$$\zeta = \frac{p_{\text{断面1全压}} - p_{\text{断面2全压}}}{\frac{1}{2}\rho v_{\text{断面1}}^2} \quad (8.5\text{-}23)$$

计算结果如表 8.5-20 所示。

试验数据比较　　　　　　　　　　　　　　　　　　　　表 8.5-20

导流板数目	风机频率 15Hz		风机频率 25Hz		风机频率 35Hz	
	$\zeta_{\text{拐弯处}}$	$\zeta_{\text{设置导流板}}/\zeta_{\text{不设导流板}}$	$\zeta_{\text{拐弯处}}$	$\zeta_{\text{设置导流板}}/\zeta_{\text{不设导流板}}$	$\zeta_{\text{拐弯处}}$	$\zeta_{\text{设置导流板}}/\zeta_{\text{不设导流板}}$
3	0.466	0.772391	0.560	0.817500	0.550	0.856102
5	0.349	0.578892	0.430	0.627020	0.386	0.601031
7	0.348	0.575913	0.481	0.701388	0.440	0.685215
0	0.603734	1	0.685548	1	0.641952	1

根据以上试验数据绘制散点图，如图 8.5-34 所示。

对以上数据进行分析，可以得出以下结论：

(1)设置导流板后,可以明显减小风道拐弯处压力损失。从试验数据可以看出,减少的压力损失高达30%左右。

(2)当加设3个或5个导流板时,压力损失系数均明显减小。这是由于加设导流板后,减小了风道拐弯处的涡流与偏流现象,从而达到减小压力损失的目的,不同风速对设置5片导流板影响最小。

(3)当设置导流板增加至7个时,压力损失并没有持续减小,而是有所增加。这是由于过多的导流板占用了风道拐弯处过多的空间,减小了风流的有效过流断面面积,因此,不能够达到减小压力损失的目的。

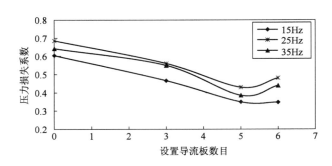

图8.5-34 导流板设置数目与压力损失系数关系图

8.5.4 排烟道壁面防火板性能

8.5.4.1 沉管隧道防火板耐火性能试验

将3种类型的构件置入高温试验炉进行单面受温试验,模拟沉管隧道结构真实的受火条件,如图8.5-35所示。

1)试验目的

(1)研究管节(节段)顶板、底板、侧墙等位置的结构单元、管节接头和节段接头在火灾高温条件下,结构内部及接头内部、OMEGA止水带温度变化情况。

(2)研究防火涂料、玻镁防火板、保全防火板的耐火性能,设置厚度及安装方法。

(3)研究管节接头、节段接头的"外层防火板+内层防火隔断"的构造方案以及该构造的耐火性能及要求(图8.5-36)。

2)试验内容

(1)研究在RABT升温曲线下,采用不同防火保护材料时,管节主体结构表面及内部温度变化情况、厚度方向分布情况。

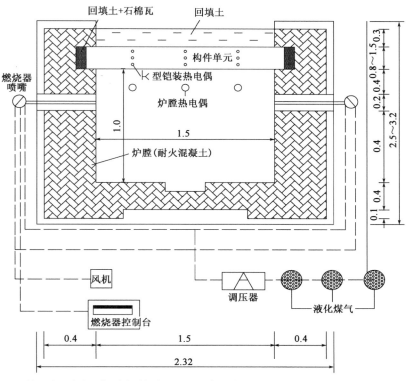

图 8.5-35 沉管顶板/底板/侧墙构件单元 1∶1 全比例尺火灾模拟系统示意图（尺寸单位：m）

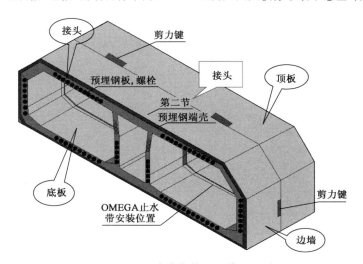

图 8.5-36 试验构件所取位置示意

（2）接头耐火保护方案研究——测试采用不同耐火保护方案时，沉管接头复合构造处 OMEGA 止水带温度变化情况。

试验过程如图 8.5-37 所示，试验工况汇总如表 8.5-21 所示。

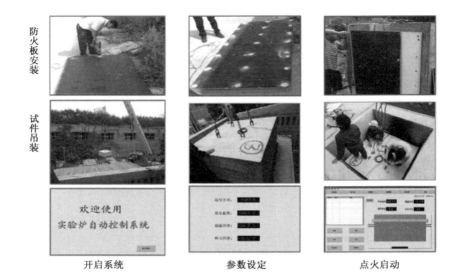

图 8.5-37 试验过程

试 验 工 况　　　表 8.5-21

主体结构耐火保护试验工况					
序号	升温曲线	测试时间(min)	防火材料	材料厚度(cm)	安装方式
1	RABT	83	防火涂料	2	挂网涂装
2	RABT	32	玻镁防火板	1	膨胀螺栓固定
3	RABT	120	玻镁防火板	2	双层错缝安装、膨胀螺栓固定
4	RABT	120	保全防火板	2.7	单层安装、膨胀螺栓固定
管节接头耐火保护试验工况					
序号	升温曲线	测试时间(min)	防火材料	保护方案	备注
1	RABT	50	玻镁防火板+硅酸铝耐火棉	防火隔断+底层防火板（不与防火隔断铆固）	具体安装方案见管节接头耐火保护(一)
2	RABT	120	玻镁防火板+硅酸铝耐火棉	防火隔断+底层防火板（与防火隔断铆固）	具体安装方案见管节接头耐火保护(二)
3	RABT	120	保全防火板+硅酸铝耐火棉	防火隔断+底层防火板（与防火隔断铆固）	具体安装方案见管节接头耐火保护(三)

续上表

节段接头耐火保护试验工况						
序号	升温曲线	测试时间（min）	防火材料	保护方案	暴露环境	备注
1	RABT	120	玻镁防火板+硅酸铝耐火棉	防火隔断+底层防火板	潮湿环境	具体构造方案见相关章节
2	RABT	120	玻镁防火板+硅酸铝耐火棉	防火隔断+底层防火板	正常环境	具体构造方案见相关章节

选用的防火板为单层厚度为 1cm 的玻镁板，如图 8.5-38 所示，其产品材质为硅酸钙、镁水泥、珍珠岩等成分。为避免串火，采用膨胀螺栓直贴式安装方法。

图 8.5-38　玻镁板及外贴防火板使用的膨胀螺栓

选用的防火涂料为非膨胀隔热型涂料，主要由黏结剂、无机隔热耐火材料、阻燃剂及助剂组成，其主要成分为水泥、珍珠岩、耐火细粉、云母粉等耐火成分。

对于防火涂料试验工况，每次刷上的不得厚于 8mm，且达到试验厚度后需养护 28d，涂料达到设计强度后才可进行试验，因此周期要长些。

3）试件制作

管节结构构件共制作 6 块，构件尺寸 1.7m×1.7m×0.7m（长、宽、高），其中，高代表管节结构顶板/底板/边墙的厚度，如图 8.5-39、图 8.5-40 所示。

采用跟港珠澳沉管隧道接头构造初步设计完全一致的模型，其结构强度、模型断面、结构尺寸、配筋均符合工程实际。管节接头与节段接头的构造形式及尺寸如图 8.5-41 和图 8.5-42 所示。

8.5.4.2　足尺结构耐火试验方案

1）试验目的

（1）确定管节结构、管节接头在真实火灾条件下的温度分布。

（2）确定管节结构、管节接头防火材料的防火性能。

图 8.5-39　管节结构构件现场浇筑成形

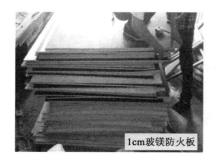

图 8.5-40　管节结构构件底面贴防火板

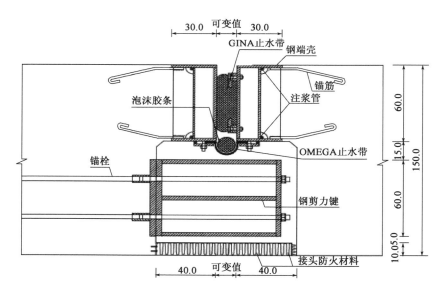

图 8.5-41　管节接头设计图（尺寸单位：cm）

2）试验内容

在足尺试验隧道中，选取不同位置开展大规模火灾试验（小汽车火灾、中巴车火灾、

40MW 油火、木垛火），测试不同火灾规模下管节结构及管节接头处结构内部的温度分布情况；测试不同火灾规模下隧道顶板、边墙附近高温烟气升温速率、持续时间及温度分布。其试验工况设计如表 8.5-22 所示。

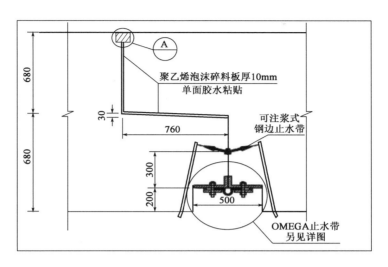

图 8.5-42　节段接头设计图（尺寸单位：mm）

足尺沉管隧道结构耐火保护试验工况　　　表 8.5-22

序号	燃料种类	燃料数量	燃烧持续时间（min）	火灾功率（MW）	备注
1	实体小汽车	1 辆/少量引燃汽油	25	5	环境风：东风 0~1m/s
2	实体中巴车	1 辆/少量引燃汽油	36.27	16	环境风：西风 0~1m/s
3	93 号汽油	300L，面积 1.5m×1.5m×4	12.13	20	环境风：东风 1~2.5m/s
4	93 号汽油	300L，面积 1.5m×1.5m×6	15	45	3min 开启喷淋

8.5.4.3　试验结论

（1）温度在管节顶板/底板内部传递时，距底部 30cm 范围内温度梯度较大，升温迅速。在双层（2×1.0cm）防火板错缝布置保护下，距底部 20cm 内基本降为常温。

（2）对温度分布进行指数衰减拟合，得到相应位置处的力学参数，由此评价火灾时材料的损伤及结构承载力。

（3）由各测区温度的时间变化，可知点火 70min 后曲线明显上扬，表明玻镁防火板在受火 1h 左右时发生破坏，耐火性能降低。建议实际隧道工程受火时间超过 1h 后，要更换防火板。

（4）当采用厚 2cm 防火涂料时，试验中防火涂料从结构表面脱落，失去对结构的耐火保护，尤其对高强混凝土建议不采用。

（5）点火 33min 后，结构采用单层（厚 1.0cm）防火板，混凝土底部温度已超标；采用双层（2×1.0cm）防火板错缝布置时，混凝土底部最高温度为 330℃左右，距构件底 2.5cm 处的温度为 200~230℃，均满足耐火目标要求。

（6）根据接头的耐火保护试验可知，采用防火隔断（龙骨+3cm 玻镁防火板+2cm 硅酸铝耐火棉+1cm 玻镁防火板）+底层防火板（2cm 玻镁防火板）可满足 1200℃的耐火要求。

（7）经潮湿环境考察和试验，防火板耐火耐久性受空气湿润度影响，接头不能满足 RABT 升温曲线下持续 2h 的耐火极限标准。建议港珠澳沉管隧道定期检测环境湿度与防火板性能。

8.5.5 隧道火灾烟气蔓延规律试验

1）试验模型

通过在隧道的不同断面、不同高度布设测试元件，采集测试数据。分析隧道内速度场分布规律，为隧道设计中送排风口位置的优化提供技术支持，在全纵向加集中排烟方案中，主要分析不同的排烟口大小和形状对排烟量大小的影响。排风口位置及断面示意图如图 8.5-43 所示。

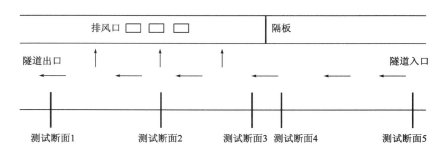

图 8.5-43 排风口位置及断面示意图

试验过程中，分别在风机频率为 25Hz 与 30Hz 通风动力下，用隔板将风道从中部分隔为两段，开启风道下游的一部分排风口，排风口共 3 种类型，分别为 1 型、2 型、3 型，各监测断面风速如表 8.5-23~表 8.5-25 所示。

1 型排风口隧道断面风速　　　　　　　　　　表 8.5-23

风机频率(Hz)	风速(m/s)				
	断面1	断面2	断面3	断面4	断面5
25	-1.490	-0.007	0.461	0.339	0.633
30	-1.784	-0.007	0.599	0.492	0.634

2 型排风口隧道断面风速　　　　　　　　　　表 8.5-24

风机频率(Hz)	风速(m/s)				
	断面1	断面2	断面3	断面4	断面5
25	-1.490	-0.007	0.462	0.340	0.548
30	-1.618	-0.008	0.554	0.530	0.633

3 型排风口隧道断面风速　　　　　　　　　　表 8.5-25

风机频率(Hz)	风速(m/s)				
	断面1	断面2	断面3	断面4	断面5
25	-1.490	-0.007	0.461	0.339	0.633
30	-1.784	-0.007	0.599	0.492	0.634

2）试验工况

排烟试验工况主要考虑不同排烟口类型、排烟风速、火灾发生位置等因素，具体试验工况如表 8.5-26 和图 8.5-44 所示。

试 验 工 况　　　　　　　　　　表 8.5-26

序号	排烟口类型	排烟风速(Hz)	火源位置
试验	1 型	5	1 号位(1 车道、2 车道、3 车道)
			2 号位(1 车道、2 车道、3 车道)
		10	1 号位(1 车道、2 车道、3 车道)
			2 号位(1 车道、2 车道、3 车道)
	2 型	5	1 号位(1 车道、2 车道、3 车道)
			2 号位(1 车道、2 车道、3 车道)
		10	1 号位(1 车道、2 车道、3 车道)
			2 号位(1 车道、2 车道、3 车道)
	3 型	10	1 号位(1 车道、2 车道、3 车道)
			2 号位(1 车道、2 车道、3 车道)

3)试验结果与分析

(1)试验1(1型、5Hz、1号位)。

图8.5-45、图8.5-46分别给出了烟雾发生位置位于不同车道上时,烟流扩散距离和完全排出所需时间。

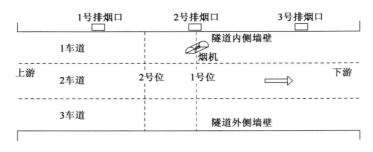

图8.5-44 试验方案示意图

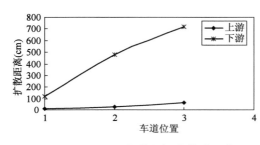

图8.5-45 不同车道上烟流扩散距离

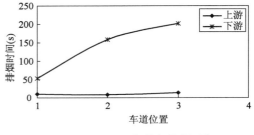

图8.5-46 不同车道上排烟时间

由图可以看出:当烟雾发生位置位于1车道时,烟流在上游和下游扩散的距离均相对最短,并且上下游的所需排烟时间也最短。这是由于1车道距离排风口最近,烟流发生后以发烟器为中心向四周扩散,但受到隧道内侧(排烟口一侧)墙壁的阻碍,使得烟流沿着隧道内侧墙壁扩散,同时1号发烟位置又位于排烟口下方。因此,在浓度差的作用下,烟流沿墙壁上升至排烟口时,随即经过排烟口向风道内扩散。这使得排烟风机开启前,隧道内已有一部分烟雾被排出,而沿隧道纵向扩散的烟雾量相对减小,扩散距离也相对较小,当排烟风机开启后,排烟所需时间也较短。

当烟雾发生在2车道时,发烟器位于隧道横断面的中间位置,距离隧道两侧墙壁均有一定距离,这使得烟雾扩散不受空间限制,可以向四周自由扩散。当烟流自由扩散至排烟口时,烟流浓度较低,不会因浓度差而通过排烟口自动扩散至风道中。因此,当烟雾发生在该位置时,隧道内烟流量比1车道多,烟雾向上游与下游扩散的距离均比1车道位置远,排烟所需时间也比1车道长。

当烟雾发生在3车道时,烟流在上游和下游扩散的距离均相对最长,并且上下游的所需排烟时间也最长。这是由于 3 车道距离隧道外侧墙壁较近,烟雾发生后向四周扩散,但受到隧道外侧墙壁的限制,烟雾只能沿隧道外侧墙壁向隧道纵向方向扩散。因此,当烟雾发生在该位置时,烟雾向上游与下游扩散的距离最远。另外,由于 3 车道距离排烟口最远,因此,烟雾发生在该位置时所需排烟时间最长。

(2)试验 2(1 型、5Hz、2 号位)。

图 8.5-47 给出了烟雾发生位置位于不同车道上时的烟流扩散距离。

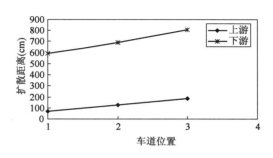

图 8.5-47　不同车道上烟流扩散距离

由图可以看出:当烟雾发生位置位于 1 车道时,烟流在上游和下游扩散的距离均相对最短,并且上下游的所需排烟时间也最短。这是由于 1 车道距离排风口最近,烟流发生后以发烟器为中心向四周扩散,但受到隧道内侧(排烟口一侧)墙壁的阻碍,使得烟流沿着隧道内侧墙壁扩散,同时 1 号发烟位置又位于排烟口下方。因此,在浓度差的作用下,烟流沿墙壁上升至排烟口时,随即经过排烟口向风道内扩散。这使得排烟风机开启前,隧道内已有一部分烟雾被排出,而沿隧道纵向扩散的烟雾量相对减小,扩散距离也相对较小,当排烟风机开启后,排烟所需时间也较短。

当烟雾发生在 2 车道时,发烟器位于隧道横断面的中间位置,距离隧道两侧墙壁均有一定距离,这使得烟雾扩散不受空间限制,可以向四周自由扩散。当烟流自由扩散至排烟口时,烟流浓度较低,不会因浓度差而通过排烟口自动扩散至风道中。因此,当烟雾发生在该位置时,隧道内烟流量比 1 车道多,烟雾向上游与下游扩散的距离均比 1 车道位置远,排烟所需时间也比 1 车道长。

当烟雾发生在 3 车道时,烟流在上游和下游扩散的距离均相对最长,并且上下游的所需排烟时间也最长。这是由于 3 车道距离隧道外侧墙壁较近,烟雾发生后向四周扩散,但受到隧道外侧墙壁的限制,烟雾只能沿隧道外侧墙壁向隧道纵向方向扩散。因此,当烟雾发生在该位置时,烟雾向上游与下游扩散的距离最远。另外,由于 3 车道距离排烟口最远,因此,烟雾发生在该位置时所需排烟时间最长。

(3)试验3(1型、10Hz、1号位)。

图8.5-48、图8.5-49分别给出了烟雾发生位置位于不同车道上时,烟流扩散距离和完全排出所需时间。

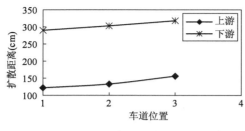
图8.5-48　不同车道上烟流扩散距离

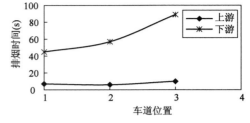
图8.5-49　不同车道上排烟时间

由图可以看出:当烟雾发生位置位于1车道时,烟流在上游和下游扩散的距离均相对最短,并且上下游的所需排烟时间也最短。这是由于1车道距离排风口最近,烟流发生后以发烟器为中心向四周扩散,但受到隧道内侧(排烟口一侧)墙壁的阻碍,使得烟流沿着隧道内侧墙壁扩散,同时1号发烟位置又位于排烟口下方。因此,在浓度差的作用下,烟流沿墙壁上升至排烟口时,随即经过排烟口向风道内扩散。这使得排烟风机开启前,隧道内已有一部分烟雾被排出,而沿隧道纵向扩散的烟雾量相对减小,扩散距离也相对较小,当排烟风机开启后,排烟所需时间也较短。

当烟雾发生在2车道时,发烟器位于隧道横断面的中间位置,距离隧道两侧墙壁均有一定距离,这使得烟雾扩散不受空间限制,可以向四周自由扩散。当烟流自由扩散至排烟口时,烟流浓度较低,不会因浓度差而通过排烟口自动扩散至风道中。因此,当烟雾发生在该位置时,隧道内烟流量比1车道多,烟雾向上游与下游扩散的距离均比1车道位置远,排烟所需时间也比1车道长。

当烟雾发生在3车道时,烟流在上游和下游扩散的距离均相对最长,并且上下游的所需排烟时间也最长。这是由于3车道距离隧道外侧墙壁较近,烟雾发生后向四周扩散,但受到隧道外侧墙壁的限制,烟雾只能沿隧道外侧墙壁向隧道纵向方向扩散。因此,当烟雾发生在该位置时,烟雾向上游与下游扩散的距离最远。另外,由于3车道距离排烟口最远,因此,烟雾发生在该位置时所需排烟时间最长。

(4)试验4(1型、10Hz、2号位)。

图8.5-50、图8.5-51分别给出了烟雾发生位置位于不同车道上时,烟流扩散距离和完全排出所需时间。

由图可以看出:当烟雾发生位置位于1车道时,烟流在上游和下游扩散的距离均相对最短,并且上下游的所需排烟时间也最短。这是由于1车道距离排风口最近,烟流发生后以发烟器为中心向四周扩散,但受到隧道内侧(排烟口一侧)墙壁的阻碍,使得烟流沿着隧道内侧墙壁扩散,同时1号发烟位置又位于排烟口下方。因此,在浓度差的作用下,烟流沿墙壁上升至排烟口时,随即经过排烟口向风道内扩散。这使得排烟风机开启前,隧道内已有一部分烟雾被排出,而沿隧道纵向扩散的烟雾量相对减小,扩散距离也相对较小,当排烟风机开启后,排烟所需时间也较短。

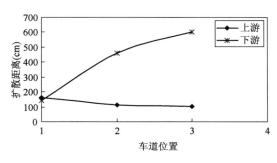
图 8.5-50　不同车道上烟流扩散距离

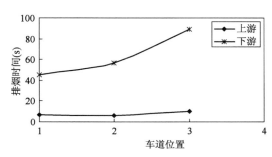
图 8.5-51　不同车道上排烟时间

当烟雾发生在 2 车道时,发烟器位于隧道横断面的中间位置,距离隧道两侧墙壁均有一定距离,这使得烟雾扩散不受空间限制,可以向四周自由扩散。当烟流自由扩散至排烟口时,烟流浓度较低,不会因浓度差而通过排烟口自动扩散至风道中。因此,当烟雾发生在该位置时,隧道内烟流量比 1 车道多,烟雾向上游与下游扩散的距离均比 1 车道位置远,排烟所需时间也比 1 车道长。

当烟雾发生在 3 车道时,烟流在上游和下游扩散的距离均相对最长,并且上下游的所需排烟时间也最长。这是由于 3 车道距离隧道外侧墙壁较近,烟雾发生后向四周扩散,但受到隧道外侧墙壁的限制,烟雾只能沿隧道外侧墙壁向隧道纵向方向扩散。因此,当烟雾发生在该位置时,烟雾向上游与下游扩散的距离最远。另外,由于 3 车道距离排烟口最远,因此,烟雾发生在该位置时所需排烟时间最长。

(5)试验 5(2 型、5Hz、1 号位)。

图 8.5-52、图 8.5-53 分别给出了烟雾发生位置位于不同车道上时,烟流扩散距离和完全排出所需时间。

由图可以看出:当烟雾发生位置位于 1 车道时,烟流在上游和下游扩散的距离均相对最短,并且上下游的所需排烟时间也最短。这是由于 1 车道距离排风口最近,烟流发生后以发烟器为中心向四周扩散,但受到隧道内侧(排烟口一侧)墙壁的阻碍,使得烟流沿着隧道内侧墙壁扩散,同时 1 号发烟位置又位于排烟口下方。因此,在浓度差的作用下,烟流沿墙壁上升至排烟口时,随即经过排烟口向风道内扩散。这使得排烟风机开启前,隧道内已有一部分烟雾被排出,而沿隧道纵向扩散的烟雾量相对减小,扩散距离也相对较小,当排烟风机开启后,排烟所需时间也较短。

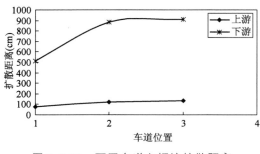 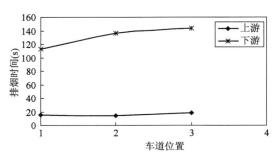

图 8.5-52　不同车道上烟流扩散距离　　　　图 8.5-53　不同车道上排烟时间

当烟雾发生在 2 车道时,发烟器位于隧道横断面的中间位置,距离隧道两侧墙壁均有一定距离,这使得烟雾扩散不受空间限制,可以向四周自由扩散。当烟流自由扩散至排烟口时,烟流浓度较低,不会因浓度差而通过排烟口自动扩散至风道中。因此,当烟雾发生在该位置时,隧道内烟流量比 1 车道多,烟雾向上游与下游扩散的距离均比 1 车道位置远,排烟所需时间也比 1 车道长。

当烟雾发生在 3 车道时,烟流在上游和下游扩散的距离均相对最长,并且上下游的所需排烟时间也最长。这是由于 3 车道距离隧道外侧墙壁较近,烟雾发生后向四周扩散,但受到隧道外侧墙壁的限制,烟雾只能沿隧道外侧墙壁向隧道纵向方向扩散。因此,当烟雾发生在该位置时,烟雾向上游与下游扩散的距离最远。另外,由于 3 车道距离排烟口最远,因此,烟雾发生在该位置时所需排烟时间最长。

(6)试验 6(2 型、5Hz、2 号位)。

图 8.5-54、图 8.5-55 分别给出了烟雾发生位置位于不同车道上时,烟流扩散距离和完全排出所需时间。

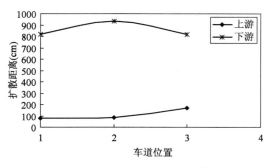 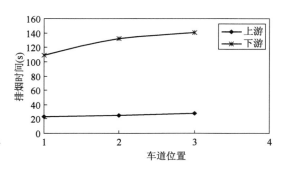

图 8.5-54　不同车道上烟流扩散距离　　　　图 8.5-55　不同车道上排烟时间

由图可以看出:当烟雾发生位置位于 1 车道时,烟流在上游和下游扩散的距离均相对最短,并且上下游的所需排烟时间也最短。这是由于 1 车道距离排风口最近,烟流发生后以发烟器为中心向四周扩散,但受到隧道内侧(排烟口一侧)墙壁的阻碍,使得烟流沿着隧道内侧墙壁扩散,同时 1 号发烟位置又位于排烟口下方。因此,在浓度差的作用下,烟流沿墙壁上升至排烟口时,随即经过排烟口向风道内扩散。这使得排烟风机开启前,隧道内已有一部分烟雾被排出,而沿隧道纵向扩散的烟雾量相对减小,扩散距离也相对较小,当排烟风机开启后,排烟所需时间也较短。

当烟雾发生在 2 车道时,发烟器位于隧道横断面的中间位置,距离隧道两侧墙壁均有一定距离,这使得烟雾扩散不受空间限制,可以向四周自由扩散。当烟流自由扩散至排烟口时,烟流浓度较低,不会因浓度差而通过排烟口自动扩散至风道中。因此,当烟雾发生在该位置时,隧道内烟流量比 1 车道多,烟雾向上游与下游扩散的距离均比 1 车道位置远,排烟所需时间也比 1 车道长。

当烟雾发生在 3 车道时,烟流在上游和下游扩散的距离均相对最长,并且上下游的所需排烟时间也最长。这是由于 3 车道距离隧道外侧墙壁较近,烟雾发生后向四周扩散,但受到隧道外侧墙壁的限制,烟雾只能沿隧道外侧墙壁向隧道纵向方向扩散。因此,当烟雾发生在该位置时,烟雾向上游与下游扩散的距离最远。另外,由于 3 车道距离排烟口最远,因此,烟雾发生在该位置时所需排烟时间最长。

(7)试验 7(2 型、10Hz、1 号位)。

图 8.5-56、图 8.5-57 分别给出了烟雾发生位置位于不同车道上时,烟流扩散距离和完全排出所需时间。

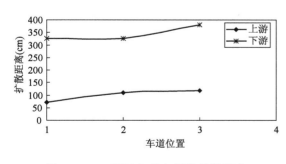 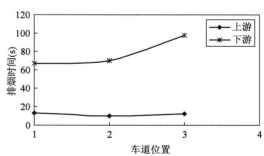

图 8.5-56　不同车道上烟流扩散距离　　图 8.5-57　不同车道上排烟时间

由图可以看出:当烟雾发生位置位于 1 车道时,烟流在上游和下游扩散的距离均相对最短,并且上下游的所需排烟时间也最短。这是由于 1 车道距离排风口最近,烟流发生后以发烟器为中心向四周扩散,但受到隧道内侧(排烟口一侧)墙壁的阻碍,使得烟流沿着隧道内侧墙壁扩散,同时 1 号发烟位置位又位于排烟口下方。因此,在浓度差的作用下,烟流沿墙壁上升至排烟口时,随即经过排烟口向风道内扩散。这使得排烟风机开启前,隧道内已有一部分烟雾被排出,而沿隧道纵向扩散的烟雾量相对减小,扩散距离也相对较小,当排烟风机开启后,排烟所需时间也较短。

当烟雾发生在 2 车道时,发烟器位于隧道横断面的中间位置,距离隧道两侧墙壁均有一定距离,这使得烟雾扩散不受空间限制,可以向四周自由扩散。当烟流自由扩散至排烟口时,烟流浓度较低,不会因浓度差而通过排烟口自动扩散至风道中。因此,当烟雾发生在该位置时,隧道内烟流量比 1 车道多,烟雾向上游与下游扩散的距离均比 1 车道位置远,排烟所需时间也比 1 车道长。

当烟雾发生在 3 车道时,烟流在上游和下游扩散的距离均相对最长,并且上下游的所需排烟时间也最长。这是由于 3 车道距离隧道外侧墙壁较近,烟雾发生后向四周扩散,但受到隧道外侧墙壁的限制,烟雾只能沿隧道外侧墙壁向隧道纵向方向扩散。因此,当烟雾发生在该位置时,烟雾向上游与下游扩散的距离最远。另外,由于 3 车道距离排烟口最远,因此,烟雾发生在该位置时所需排烟时间最长。

(8)试验 8(2 型、10Hz、2 号位)。

图 8.5-58、图 8.5-59 分别给出了烟雾发生位置位于不同车道上时,烟流扩散距离和完全排出所需时间。

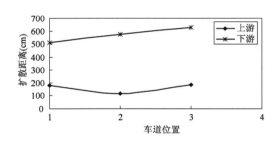

图 8.5-58　不同车道上烟流扩散距离　　图 8.5-59　不同车道上排烟时间

由图可以看出:当烟雾发生位置位于 1 车道时,烟流在上游和下游扩散的距离均相对最短,并且上下游的所需排烟时间也最短。这是由于 1 车道距离排风口最近,烟流发生后以发烟器为中心向四周扩散,但受到隧道内侧(排烟口一侧)墙壁的阻碍,使得烟流沿着隧道内侧墙壁扩散,同时 1 号发烟位置又位于排烟口下方。因此,在浓度差的作用下,烟流沿墙壁上升至排烟口时,随即经过排烟口向风道内扩散。这使得排烟风机开启前,隧道内已有一部分烟雾被排出,而沿隧道纵向扩散的烟雾量相对减小,扩散距离也相对较小,当排烟风机开启后,排烟所需时间也较短。

当烟雾发生在 2 车道时,发烟器位于隧道横断面的中间位置,距离隧道两侧墙壁均有一定距离,这使得烟雾扩散不受空间限制,可以向四周自由扩散。当烟流自由扩散至排烟口时,烟流浓度较低,不会因浓度差而通过排烟口自动扩散至风道中。因此,当烟雾发生在该位置时,隧道内烟流量比1车道多,烟雾向上游与下游扩散的距离均比1车道位置远,排烟所需时间也比1车道长。

当烟雾发生在3车道时,烟流在上游和下游扩散的距离均相对最长,并且上下游的所需排烟时间也最长。这是由于3车道距离隧道外侧墙壁较近,烟雾发生后向四周扩散,但受到隧道外侧墙壁的限制,烟雾只能沿隧道外侧墙壁向隧道纵向方向扩散。因此,当烟雾发生在该位置时,烟雾向上游与下游扩散的距离最远。另外,由于3车道距离排烟口最远,因此,烟雾发生在该位置时所需排烟时间最长。

(9)试验9(3型、10Hz、1号位)。

图8.5-60、图8.5-61分别给出了烟雾发生位置位于不同车道上时,烟流扩散距离和完全排出所需时间。

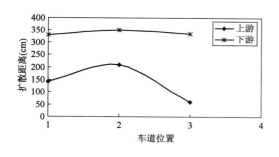
图8.5-60 不同车道上烟流扩散距离

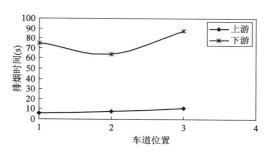
图8.5-61 不同车道上排烟时间

由图可以看出:当烟雾发生位置位于1车道时,烟流在上游和下游扩散的距离均相对最短,并且上下游的所需排烟时间也最短。这是由于1车道距离排风口最近,烟流发生后以发烟器为中心向四周扩散,但受到隧道内侧(排烟口一侧)墙壁的阻碍,使得烟流沿着隧道内侧墙壁扩散,同时1号发烟位置位又位于排烟口下方,因此,在浓度差的作用下,烟流沿墙壁上升至排烟口时,随即经过排烟口向风道内扩散。这使得排烟风机开启前,隧道内已有一部分烟雾被排出,而沿隧道纵向扩散的烟雾量相对减小,扩散距离也相对较小,当排烟风机开启后,排烟所需时间也较短。

当烟雾发生在2车道时,发烟器位于隧道横断面的中间位置,距离隧道两侧墙壁均有一定距离,这使得烟雾扩散不受空间限制,可以向四周自由扩散。当烟流自由扩散至排烟口时,烟流浓度较低,不会因浓度差而通过排烟口自动扩散至风道中。因此,当烟雾发生在该位置时,隧道内烟流量比1车道多,烟雾向上游与下游扩散的距离均比1车道位置远,排烟所需时间也比1车道长。

当烟雾发生在3车道时,烟流在上游和下游扩散的距离均相对最长,并且上下游的所需排烟时间也最长。这是由于3车道距离隧道外侧墙壁较近,烟雾发生后向四周扩散,但受到隧道外侧墙壁的限制,烟雾只能沿隧道外侧墙壁向隧道纵向方向扩散。因此,当烟雾发生在该位置时,烟雾向上游与下游扩散的距离最远。另外,由于3车道距离排烟口最远,因此,烟雾发生在该位置时所需排烟时间最长。

(10)试验10(3型、10Hz、2号位)。

图8.5-62、图8.5-63分别给出了烟雾发生位置位于不同车道上时,烟流扩散距离和完全排出所需时间。

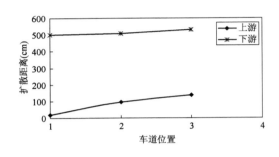 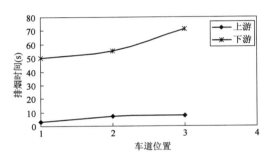

图8.5-62　不同车道上烟流扩散距离　　　　图8.5-63　不同车道上排烟时间

由图可以看出:当烟雾发生位置位于1车道时,烟流在上游和下游扩散的距离均相对最短,并且上下游的所需排烟时间也最短。这是由于1车道距离排风口最近,烟流发生后以发烟器为中心向四周扩散,但受到隧道内侧(排烟口一侧)墙壁的阻碍,使得烟流沿着隧道内侧墙壁扩散,同时1号发烟位置又位于排烟口下方,因此,在浓度差的作用下,烟流沿墙壁上升至排烟口时,随即经过排烟口向风道内扩散。这使得排烟风机开启前,隧道内已有一部分烟雾被排出,而沿隧道纵向扩散的烟雾量相对减小,扩散距离也相对较小,当排烟风机开启后,排烟所需时间也较短。

当烟雾发生在2车道时,发烟器位于隧道横断面的中间位置,距离隧道两侧墙壁均有一定距离,这使得烟雾扩散不受空间限制,可以向四周自由扩散。当烟流自由扩散至排烟口时,烟流浓度较低,不会因浓度差而通过排烟口自动扩散至风道中。因此,当烟雾发生在该位置时,隧道内烟流量比1车道多,烟雾向上游与下游扩散的距离均比1车道位置远,排烟所需时间也比1车道长。

当烟雾发生在3车道时,烟流在上游和下游扩散的距离均相对最长,并且上下游的所需排烟时间也最长。这是由于3车道距离隧道外侧墙壁较近,烟雾发生后向四周扩散,但受到隧道外侧墙壁的限制,烟雾只能沿隧道外侧墙壁向隧道纵向方向扩散。因此,当烟雾发生在该位置时,烟雾向上游与下游扩散的距离最远。另外,由于3车道距离排烟口最远,因此,烟雾发生在该位置时所需排烟时间最长。

8.6 创新性技术成果小结

1)沉管隧道预制管节足尺模型试验技术

与国内外同类工程模型试验相比,港珠澳大桥沉管预制足尺模型试验无论规模、尺寸、试验内容都是最大最全面的;通过小尺寸模型结构设计和混凝土浇筑,模拟测试了各种恶劣环境优化配合比的适应性,为选定沉管施工配合比提供了研究基础;通过足尺模型工艺设计和混凝土浇筑,采用全断面足尺模型设计,完全体现了沉管的尺寸效应;试验内容涵盖了配合比设计、浇筑工艺、混凝土控裂工艺、工厂法验证,验证并优化了钢筋、模板、预埋件、混凝土等的各项工艺,全面验证了工厂法预制沉管的可行性和可操作性;测试了节段接头水密性,获得控制水密性的工艺要点;通过布设传感器测试了沉管足尺模型的内部温度、应力情况,验证了裂缝控制工艺,为预制沉管控裂方案的设计和实施奠定了基础,为正式沉管预制控裂工作扫清了技术障碍。足尺模型试验的开展有效验证并完善了预制沉管混凝土施工工艺,形成了《预制沉管裂缝控制和浇筑施工工艺专用施工指南》,从而为最终形成岛隧工程预制沉管的设计施工方案提供了有效的技术支撑,为后续工程的顺利实施奠定了坚实的基础。

2)离岸特长沉管隧道管节结构防火模型试验技术

针对港珠澳大桥沉管隧道防灾减灾关键技术需求,结合沉管公路隧道防火技术特点,在国内外首次构建了1:1足尺沉管隧道防灾减灾综合试验平台,开展了管节结构、节段接头及管节接头1:1耐火模型试验研究,分析了不同结构火灾高温下温度分布规律、结构损伤范围及承载力,并基于试验结果提出了管节结构与接头耐火保护构造及设计参数。

3)沉管隧道碎石垫层物理模型试验技术

针对港珠澳大桥沉管隧道基础设计采用的碎石垫层方案工程案例少、承载机理不确定等技术难题,开展了一系列碎石垫层物理模型试验研究,根据工程特点设计大、小两种试验槽系统,基于大量试验结果分析了碎石垫层基床的工程特性,认为带垄沟碎石垫层的沉降变形对于加载板的水平移动较为敏感,试验结果对沉管隧道基础设计具有重要参考价值和指导意义。

4)外海深水超长沉管隧道浮运沉放模型试验技术

外海深水超长沉管隧道浮运沉放模型试验针对隧道沉管管段水上施工的关键问题展开研究,以物理模型试验手段为主、并通过相应的数值仿真分析进行补充和验证,对沉管管段起浮、浮运、系泊与座底寄放、沉放与对接等工作中的关键问题进行研究,获得以下结论:

(1)起浮阶段:沉管管段具有良好的初稳性,沉管管段起浮过程中静水弯矩最大值分别为正弯矩(拱)+11225.570kN·m,位于管段中部位置;负弯矩(垂)-924.700kN·m,位于管段靠近端部位置;纵向剪力最大值为239.780kN,位于管段中点附近。

(2)浮运阶段:沉管管段拖曳过程中,在相同水深和吃水条件下,随航速增高,阻力增大,随吃水增加,阻力增大;在相同吃水、不同水深下,随水深的减小,阻力增大;在相同吃水和水深、相同航速下,在波浪影响下阻力明显增加,并随着波浪周期增大,阻力增大。沉管管段浮运过程中,在波浪作用下,管段存在上浪的问题,且有平行下沉的现象;波向角等于90°时,升沉运动幅值则较大;横向水流作用下,随着流速的增大,管段横拖时存在较大的横倾角;流速超过临界流速时,出现管段周期性触底的现象,流速加大到一定程度,周期性触底现象消失,管段完全搁浅在水底;横拖时,管段所受的阻力稍大于沉管管段固定时测得的横向水流力。

(3)管段寄放阶段:当遭遇横流作用时,水流将产生较大的横向作用力、下沉力和横倾力矩,管段容易触底;当遭遇不同方向的流作用时,在水流作用下,水深越小,越容易出现管段迎流侧底部触底现象,α(<90°)越大,越早出现迎流侧底部触底现象;横浪时,波高增大,单根缆系泊力等会更大。

(4)沉放对接阶段:随着压载的增加,管段所受负浮力逐渐增加,管段的重心位置在水平方向上基本保持不变,在竖直方向上逐渐降低;管段的浮态基本不变,稳性逐渐变优;在1号和10号压载舱进行压载前,随着3号和8号压载舱压载的增大,管段的静水正弯矩逐渐减小,管段的静水负弯矩逐渐增大;在1号和10号压载舱进行压载后,管段的静水正弯矩随着压载的增大而增大,负弯矩随着压载的增大而减小。

通过开展外海深水超长沉管隧道浮运沉放模型试验,为沉管管段的设计以及施工提供技术支持以及理论参考。

5)沉管隧道通风排烟模型试验技术

为解决长大沉管隧道通风关键技术,建立沉管隧道通风系统物理试验模型,开展1:9通风模型试验,对沉管隧道通风关键参数进行研究,为港珠澳大桥隧道工程通风技术提供了基础数据。开展排烟道沿程阻力损失试验,确定合理的通风摩阻系数。为减小通风排烟系统拐角处的烟口局部阻力,通过在90°拐弯处设置3片、5片、7片导流叶片进行模型试验,与未设置导流叶片工况相比较,分析是否设置导流叶片,以及合理的设置方式及数量。针对沉管隧道防火性能问题,开展耐火试验,将3种类型的构件置入高温试验炉进行单面受温试验,模拟沉管隧道结构真实的受火条件,并开展足尺耐火试验,得到沉管隧道管节结构及接头的温度场分布及耐火性能,提出相应防火保护措施。

参考文献

[1] 《中国公路学报》编辑部.中国交通隧道工程学术研究综述·2022[J].中国公路学报,2022,35(04):1-40.

[2] Ge Y, Yuan Y. State-of-the-Art Technology in the Construction of Sea-Crossing Fixed Links with a Bridge, Island, and Tunnel Combination[J]. Engineering, 2019,5(1): 15-21.

[3] 宋仪.汕头市苏埃海底盾构隧道工程设计方案比选研究[J].隧道建设(中英文),2020,40(10):1391-1398.

[4] 李达宏,刘国秀,蒋树锋.内河沉管隧道岸上接口段设计与施工[J].隧道建设,2017,37(04):510-516.

[5] Zhu Y, Lin M, Meng F, et al. The Hong Kong-Zhuhai-Macao Bridge[J]. Engineering, 2019,5(1):10-14.

[6] 杨海涛.沉管隧道临时支承系统设计与施工控制[J].现代隧道技术,2013,50(04): 63-67.

[7] 李伟平,吴德兴,郭霄,等.宁波甬江沉管隧道大修设计与施工[J].现代隧道技术,2011,48(01):82-89.

[8] 管敏鑫.钢筋混凝土沉管隧道在设计与施工中的有关问题[J].现代隧道技术,2007,44(01):1-4.

[9] 孙钧.海底隧道工程设计施工若干关键技术的商榷[J].岩石力学与工程学报,2006(08):1513-1521.

[10] 林鸣,林巍.港珠澳大桥岛隧工程[J].Engineering,2017,3(06):15-17.

[11] 禹海涛,李心熙,袁勇,等.沉管隧道纵向地震易损性分析方法[J].中国公路学报,2022,35(10):13-22.

[12] 王延宁,周桓竹,俞缙.沉管隧道运维期回淤影响下的长期沉降模型[J].岩土工程学报,2023,45(02):292-300.

[13] 何聪,徐国元,张志刚.地震作用下沉管隧道节段接头剪力键的力学性能[J].东北大学学报(自然科学版),2021,42(06):871-878.

[14] 禹海涛,宋毅,李亚东,等.沉管隧道多尺度方法与地震响应分析[J].同济大学学报(自然科学版),2021,49(06):807-815.

[15] 程新俊,景立平,崔杰,等.沉管隧道管节接头剪切破坏试验[J].中国公路学报,2020,33(04):99-105.

[16] 谢雄耀,易成敏,李伟平,等.甬江沉管隧道运营期接头监测数据安全性分析[J].岩土工程学报,2019,41(12):2338-2344.

[17] 禹海涛,萧文浩,赵旭,等.沉管隧道柔性接头压缩性能研究[J].中国公路学报,2019,32(05):115-122+180.

[18] 袁勇,禹海涛,萧文浩,等.沉管隧道管节接头混凝土剪力键压剪破坏试验研究[J].工程力学,2017,34(03):149-154+181.

[19] 禹海涛,萧文浩,袁勇,等.沉管隧道接头减震耗能装置设计与试验验证[J].中国公路学报,2016,29(12):142-148.

[20] 胡传鹏,张涛,李云刚.沉管隧道下穿防波堤基础设计及沉降控制[J].中国港湾建设,2022,42(05):39-43+57.

[21] 李建宇,卢永昌,林佑高,等.复合地基及组合基床在港珠澳大桥沉管隧道中的应用[J].水运工程,2019,560(09):273-278.

[22] Zhang D, Zhang J, Huang H, et al. Machine Learning-based Prediction of Soil Compression Modulus with Application of 1D Settlement [J]. Journal of Zhejiang University-Science A, 2020,21(06):430-444.

[23] 王坤,李建宇,林佑高,等.刚性桩复合地基在港珠澳大桥中的应用[J].水运工程,2019,560(09):242-248.

[24] 刘亚平,胥新伟,魏红波,等.港珠澳大桥深水地基载荷试验技术[J].岩土力学,2018,39(S2):480-485.

[25] 王延宁,蒋斌松,张强,等.沉管基础岛-隧过渡段地基处理设计及试验验证[J].岩石力学与工程学报,2018,37(S2):4297-4307.

[26] 甘鹏山,赵国虎,袁勇,等.沉管隧道横向地基刚度分布模式初探[J].隧道建设(中英文),2018,38(04):611-618.

[27] 王延宁,蒋斌松,张强,等.深海沉管隧道基础水下沉降监测技术[J].长江科学院院报,2018,35(03):116-121.

[28] 王延宁,蒋斌松,于健,等.港珠澳大桥岛隧结合段高压旋喷桩地基沉降试验及研究[J].岩石力学与工程学报,2017,36(06):1514-1521.

[29] 苏宗贤,谭立心,宋神友,等.深中通道超宽钢壳混凝土沉管管节浇筑变形控制[J].中国公路学报,2022,35(10):36-46.

[30] 王晓东,李洪斌.沉管隧道钢筋混凝土管节预制及下水工艺比选研究[J].隧道建设(中英文),2022,42(S1):449-458.

[31] 吴旭东,席俊杰,刘辉,等.深中通道钢壳沉管管节自密实混凝土智能化浇筑工艺[J].隧道建设(中英文),2022,42(02):328-335.

[32] 肖晓春.大型沉管隧道管节工厂化预制关键技术[J].隧道建设,2011,31(06):701-705.

[33] 孙文火,刘梅梅,嵇廷.基于管节变形控制的深中通道钢壳混凝土沉管无支撑仓格式浇筑顺序研究[J].隧道建设(中英文),2021,41(12):2106-2112.

[34] 姜伟,袁勇.沉管结构预制阶段裂缝控制参数影响分析[J].中国公路学报,2020,33(02):114-124.

[35] Sheng Z, Yu F, Deng C, et al. Cracking Evaluation of Full-section Casting without Postcast Strip Method on Immersed Tube Tunnels Concrete[J]. Journal of Coastal Research, 2020,111(01):108-112.

[36] 锁旭宏,刘国辉,张德津,等.港珠澳大桥沉管隧道最终接头合龙口状态测量[J].深圳大学学报(理工版),2022,39(04):402-408.

[37] 黄涛,杨红,游川.港珠澳大桥岛隧工程沉管预制预应力施工技术[J].施工技术,2016,45(12):86-89.

[38] Yoon J, Lee J, Kim G, et al. Deep Neural Network-based Structural Health Monitoring Technique for Real-time Crack Detection and Localization Using Strain Gauge Sensors[J]. Scientific Reports, 2022,12(01):20204.

[39] 张志刚,林巍,刘晓东,等.港珠澳海底沉管隧道近陆域段管节防护设计[J].隧道建设,2015,35(11):1188-1193.

[40] 仇正中,蒋贤德,王金绪,等.基于轴线干坞法的沉管浮运关键技术[J].中国港湾

建设,2022,42(04):64-68.

[41] 雷鹏,王方正,张彦昌.深中通道管节浮运指挥系统研究[J].水道港口,2021,42(06):814-819.

[42] 文哲,杨国胜.海上导航系统在管节浮运、沉放、对接中的应用[J].隧道建设(中英文),2018,38(S2):285-291.

[43] Wu H, Rheem C, Chen W, et al. Experimental Study on the Tension of Cables and Motion of Tunnel Element for an Immersed Tunnel Element under Wind, Current and Wave[J]. International Journal of Naval Architecture and Ocean Engineering, 2021, 13:889-901.

[44] Liao Q, Fan Q, Li J. Translation Control of an Immersed Tunnel Element Using a Multi-objective Differential Evolution Algorithm[J]. Computers & Industrial Engineering, 2019, 130:158-165.

[45] 林巍,林鸣,花田幸生,等.沉管隧道管节出坞、拖航、系泊与沉放准备关键问题[J].水道港口,2018,39(S2):49-53.

[46] 李家林,王明祥,王明亮,等.超大型沉管隧道管节浮运安装船的建造与应用[J].公路,2018,63(08):60-63.

[47] 刘兆权,周相荣,王殿文,等.港珠澳大桥岛隧工程浮运操作指挥系统开发[J].中国港湾建设,2018,38(03):10-14.

[48] 吴刚,沈永芳,孙红.沉管管节内河浮运的水力学特性及其稳定性分析[J].现代隧道技术,2018,55(01):170-177.

[49] 朱建国,伦灿章.大型管节浮运关键技术分析[J].船海工程,2016,45(05):157-160.

[50] 蒋树屏,田堃,徐湃.沉管隧道火灾温度场分布规律研究——以港珠澳大桥沉管隧道为例[J].隧道建设(中英文),2018,38(05):719-729.

[51] 曹更任,蒋树屏,周健,等.沉管隧道侧向集中排烟模式烟雾流动规律研究[J].中国公路学报,2018,31(01):82-90.

[52] 陈越.沉管隧道技术应用及发展趋势[J].隧道建设,2017,37(04):387-393.

[53] 郭军,刘帅,曹更任,等.海底隧道管节接头防火试验[J].中国公路学报,2016,29(05):109-115.

[54] 徐晓扉,付石峰,白云.沉管接头突发渗漏水的红外监测模型试验[J].岩土力学,2014,35(08):2426-2432.

[55] 郭军,刘帅,蒋树屏.海底隧道管节结构防火试验与数值模拟[J].中国公路学报,2016,29(01):96-104+114.

[56] 李永轩,宋神友,金文良,等.钢壳-混凝土组合沉管结构抗剪试验[J].中国公路学报,2022,35(10):23-35.

[57] Chen W, Guo C, He X, et al. Experimental Study on the Mechanical Behavior and Deformation Characteristics of Gravel Cushion in an Immersed Tube Tunnel[J]. Journal of Zhejiang University-Science A(Applied Physics & Engineering),2020,21(07):514-524.

[58] 程新俊,景立平,崔杰,等.不同场地沉管隧道振动台模型试验研究[J].西南交通大学学报,2017,52(06):1113-1120.

[59] 穆保岗,张立聪,龚维明.减沉桩在沉管隧道中应用的室内模型试验[J].中国公路学报,2015,28(08):74-81+90.

[60] Zhu Y, Song S, Liu W, et al. Experimental and Numerical Investigation of the Cross-Sectional Mechanical Behavior of a Steel-concrete Immersed Tube Tunnel. Buildings,2022,12(10):1553.

[61] Li K. Experimental Study on Grouting Foundation Treatment of Immersed Tunnel[J]. Procedia Engineering,2016,166:317-325.

[62] 燕晓,禹海涛,袁勇,等.沉管隧道基槽边坡振动台试验及动力特性[J].中国公路学报,2016,29(12):149-156.

[63] 袁勇,禹海涛,燕晓,等.超长沉管隧道多点振动台试验模拟与分析[J].中国公路学报,2016,29(12):157-165.

[64] 张学明,闫维明,陈彦江,等.考虑行波效应的沉管隧道抗震性能:振动台阵试验研究[J].振动与冲击,2018,37(02):76-84.

[65] 吕卫清,吴卫国,苏林王,等.港珠澳大桥沉管隧道长大管节水动力性能试验研究[J].土木工程学报,2014,47(03):138-144.

[66] 闫磊,韩恒,贺拴海,等.深中通道沉管临时锚拉系统承载性能足尺模型试验[J].中国公路学报,2022,35(10):47-54.